中国人必备枕边书

年轻人要熟知的
2000个
历史常识

梦华 主编

中国华侨出版社
北京

图书在版编目（CIP）数据

年轻人要熟知的 2000 个历史常识 / 梦华主编. —北京：中国华侨
出版社，2014.4（2020.6 重印）
ISBN 978-7-5113-4578-3

Ⅰ.①年… Ⅱ.①梦… Ⅲ.①世界史—青年读物 Ⅳ.①K109

中国版本图书馆 CIP 数据核字（2014）第 081313 号

年轻人要熟知的 2000 个历史常识

主　　编：梦 华
责任编辑：文 丹
封面设计：韩立强
文字编辑：朱立春
图文制作：北京东方视点数据技术有限公司
经　　销：新华书店
开　　本：720mm×1020mm 1/16 印张：28 字数：680 千字
印　　刷：鑫海达（天津）印务有限公司
版　　次：2014 年 7 月第 1 版　2020 年 6 月第 4 次印刷
书　　号：ISBN 978-7-5113-4578-3
定　　价：68.00 元

中国华侨出版社　北京市朝阳区西坝河东里 77 号楼底商 5 号　邮编：100028
法律顾问：陈鹰律师事务所
发 行 部：(010)58815874　　　传 真：(010)58815857
网　　址：www.oveaschin.com　　E-mail：oveaschin@sina.com

如果发现印装质量问题，影响阅读，请与印刷厂联系调换。

前言

　　英国著名历史学家汤因比说："一个人如果能身处在历史感悟之中，他就一定是获得真知的人，因为历史的经验是最为丰富的一座智慧宝库。"历史记录着人类社会的成功与失败、兴盛与衰退、辉煌与悲怆、交替与更新，也预示着人类的未来。徜徉于书页中，闻着淡雅的墨香，我们总是想和它离得更近，把它看得更清晰些。

　　在短时间内了解中外历史，认识一个完整的世界，是古往今来很多人的梦想与追求。

　　要想了解历史，就不能不掌握必要的历史知识。在越来越注重"复合型人才"的今天，如果我们不懂得一些必需的历史知识，平日生活中难免会错误百出；如若不懂装懂，难免会贻笑大方；为人师者如不懂历史，难免要误人子弟，甚至导致以讹传讹……可以说，不阅读历史，就不能很好地把握未来！只有掌握了历史知识背后所蕴含的深厚底蕴，才能增进对历史乃至现实的解读与把握，才能与时俱进，适应社会的潮流。

　　然而在这条奔腾不息的历史长河中，大大小小的事件浩如烟海，经天纬地的人物繁似星辰，国度地域的脉络错综庞杂，辉映古今的思想文化异彩纷呈……到底哪些历史应该走进我们的记忆，进而浸润我们的心灵呢？《年轻人要熟知的2000个历史常识》在此做了有益的尝试，将让你用最短的时间，阅读最多、最应该知道的历史。

　　本书浓缩古今中外的历史知识，融知识性和趣味性于一体。在选编的过程中，我们查阅了大量相关资料，对各个国家、各个民族、各个历史时期的事件介绍详尽，选材兼顾政治、军事、经济、文化、宗教、科技等多个方面，内容涉及人们在学习、工作、生活中最常用的历史知识。打开此书，它将引领您在奔放、飞旋的历史舞台上体验中外不同文化的魅力，俯瞰人类文化的七彩画卷，探知远古的文明，感受先贤大师的哲思与智慧。

　　本书立足于全球历史观的开阔视野，共分为中国历史和世界历史两篇。在保证各自历史完整与延续的基础上，简要勾勒出历史演进的基本脉络，生动再现人类历史的波澜壮阔与风云变幻，帮助读者从宏观上把握历史，窥斑知豹，进而掌握历史发展的内在规律。

此外，我们还精心选配了100余幅插图，包括历史人物、古籍书影、历史文物、历史遗迹、历史典故的情节再现等，文图对应，为读者打造一个立体直观的阅读空间，使读者获得图与文赋予的双重享受。

有人说，想把一本书写得让人读不懂，是很容易做到的；但要把很专业的问题表述得使缺乏专业基础知识的人也能理解，并且还要使他读得有兴趣，就十分困难。我们的目的是后者。

学习中外历史，可以在潜移默化中增强个人的文化修养，使思想在"润物细无声"中得到浸润和升华。在这里，我们为您提供一种更便捷的读史方式去考察历史、感受历史、思考历史，相信有它在您的枕边，会为您的生活增添一分别样的味道。

目录

◎ 上篇　中国历史常识 ◎

第一章　三代文明

家天下 …………………… 2
太康失国 ………………… 2
少康中兴 ………………… 3
夏桀的覆灭 ……………… 3
商汤立国 ………………… 4
伊尹辅政 ………………… 5
九世之乱 ………………… 5
盘庚迁殷 ………………… 5
商王武丁 ………………… 6
商纣亡国 ………………… 7
武王伐纣 ………………… 8
分封制 …………………… 8
宗法制 …………………… 9
平定三监 ………………… 9
厉王止谤 ………………… 10
烽火戏诸侯 ……………… 11
西周灭亡 ………………… 11
王室衰微 ………………… 12

第二章　春秋战国

长勺之战 ………………… 13
尊王攘夷 ………………… 13

晏婴使楚 ………………… 14
"仁义之师" ……………… 15
晋文公成就霸业 ………… 15
城濮之战 ………………… 16
崤之战 …………………… 17
秦穆公独霸西戎 ………… 18
一鸣惊人 ………………… 19
弭兵之会 ………………… 19
伍子胥伐楚 ……………… 20
孙武练兵 ………………… 20
卧薪尝胆 ………………… 21
儒家学派 ………………… 22
三家分晋 ………………… 23
李悝变法 ………………… 23
西门豹治邺 ……………… 24
齐国改革 ………………… 24
申不害改革 ……………… 25
胡服骑射 ………………… 25
吴起变法 ………………… 26
商鞅变法 ………………… 26
燕王哙内乱 ……………… 27
求贤若渴 ………………… 28
乐毅离燕 ………………… 28

1

合纵抗秦 ……………………… 29
远交近攻 ……………………… 29
完璧归赵 ……………………… 30
负荆请罪 ……………………… 31
长平之战 ……………………… 31
自毁长城 ……………………… 32
嬴政亲政 ……………………… 32

第三章　帝国建立

王翦攻楚 ……………………… 34
秦灭六国 ……………………… 34
第一个统一的封建王朝 ………… 35
万里长城 ……………………… 35
郡县制和三公九卿制 …………… 36
统一文字、货币、度量衡 ……… 36
焚书坑儒 ……………………… 37
泰山封禅 ……………………… 38
沙丘之谋 ……………………… 38
腰斩李斯 ……………………… 39
陈胜、吴广起义 ………………… 40
巨鹿之战 ……………………… 40
先入者王 ……………………… 41
楚汉之争 ……………………… 41
鸿门宴 ………………………… 42
彭城之战 ……………………… 43
荥阳之战 ……………………… 44
垓下之围 ……………………… 44

第四章　大汉天下

汉初休养生息 …………………… 45
文景之治 ……………………… 45
晁错削藩 ……………………… 46
细柳阅兵 ……………………… 46
七国之乱 ……………………… 47
汉武盛世 ……………………… 48
罢黜百家，独尊儒术 …………… 48

张骞通西域 …………………… 49
扩充疆域 ……………………… 50
昭宣中兴 ……………………… 51
西汉的衰败 …………………… 52
匈奴的崛起 …………………… 52
白登山之围 …………………… 52
马邑之谋 ……………………… 53
卫青、霍去病征匈奴 …………… 54
苏武牧羊 ……………………… 55
昭君出塞 ……………………… 55
王莽发迹 ……………………… 56
王莽的新朝 …………………… 57
绿林、赤眉起义 ………………… 58
昆阳之战 ……………………… 58
刘秀建东汉 …………………… 59
光武中兴 ……………………… 60
明章之治 ……………………… 60
匈奴的南北分裂 ………………… 60
不入虎穴，焉得虎子 …………… 61
东汉经营西域 …………………… 62
外戚、宦官和士大夫 …………… 62
改革的清议 …………………… 63
党锢事件 ……………………… 64
黄巾起义 ……………………… 65
董卓之乱 ……………………… 66
东汉名存实亡 …………………… 66

第五章　群雄并起的魏晋

挟天子以令诸侯 ………………… 68
北方屯田 ……………………… 68
九品中正制 …………………… 69
煮酒论英雄 …………………… 69
官渡之战 ……………………… 70
司马氏夺权 …………………… 72
西晋替魏 ……………………… 72
三顾茅庐 ……………………… 73

2

汉中之战 ·················· 74
刘备承汉统 ·················· 74
夷陵之战 ·················· 75
白帝城托孤 ·················· 75
七擒孟获 ·················· 76
六出祁山 ·················· 76
姜维北伐 ·················· 77
魏灭蜀之战 ·················· 77
孙策定江东 ·················· 78
孙权建吴 ·················· 78
赤壁之战 ·················· 79
司马氏攻吴 ·················· 80
东吴灭亡 ·················· 80
太康繁荣 ·················· 81
周处除三害 ·················· 82
白痴皇帝 ·················· 83
贾后专权 ·················· 83
八王之乱 ·················· 84
西晋灭亡 ·················· 85
氐族的"成汉" ·················· 85
刘渊建立"汉赵" ·················· 86
羯族的"后赵" ·················· 87
鲜卑族的"前燕" ·················· 88
北方的短暂统一 ·················· 88
淝水之战 ·················· 89
北方再度分裂 ·················· 90
王导泰然自处 ·················· 91
闻鸡起舞 ·················· 91
陶侃运砖 ·················· 93
"遗臭万年"的桓温 ·················· 93
扪虱谈天下 ·················· 94
东山再起 ·················· 94
"三绝"顾恺之 ·················· 95
王羲之与《兰亭序》 ·················· 95
不为五斗米折腰 ·················· 96

第六章　南北朝的分裂

刘裕灭东晋 ·················· 98
刘宋暴君 ·················· 99
萧道成与南齐 ·················· 99
南梁乱局 ·················· 100
陈霸先建立南陈 ·················· 101
北魏与南朝对峙 ·················· 101
北魏的汉化 ·················· 102
北魏的分裂 ·················· 103
高欢与东魏 ·················· 104
宇文泰与西魏 ·················· 104
北齐取代东魏 ·················· 105
宇文觉建立北周 ·················· 105

第七章　短命的隋朝

杨坚夺权 ·················· 107
隋初政治 ·················· 108
突厥分化 ·················· 108
隋朝的武功 ·················· 109
杨广登位 ·················· 109
开凿大运河 ·················· 110
屠戮忠臣 ·················· 111
三征高句丽 ·················· 111
自作孽，不可活 ·················· 112
起义风起云涌 ·················· 113
杨玄感起兵 ·················· 113
瓦岗军起义 ·················· 114
李渊起兵 ·················· 115
统一天下 ·················· 115

第八章　唐朝及五代

玄武门之变 ·················· 117
贞观之治 ·················· 117
完善科举制度 ·················· 118
平定东突厥 ·················· 119
天可汗时代 ·················· 119

文成公主远嫁吐蕃 ·············· 120
从才人到一代女皇 ·············· 121
武则天时代 ···················· 122
中宗复位 ······················ 122
太平公主争权 ·················· 123
唐玄宗执政 ···················· 124
选用贤才 ······················ 125
奸相李林甫 ···················· 125
宠幸杨贵妃 ···················· 126
玄宗后期的腐败 ················ 126
安禄山起兵 ···················· 127
长安陷落 ······················ 128
平定安史之乱 ·················· 128
和亲回纥 ······················ 129
刘晏改革 ······················ 130
元载之死 ······················ 131
两税法 ························ 131
宦官专政 ······················ 132
甘露之变 ······················ 132
朋党相争 ······················ 133
黄巢起义 ······················ 134
唐王朝走向末日 ················ 135
朱温建后梁 ···················· 135
张承业辅佐后唐 ················ 136
儿皇帝石敬瑭 ·················· 137
周世宗改革 ···················· 138

濮议事件 ······················ 145
沈括出使 ······················ 146
王安石变法 ···················· 147
乌台诗案 ······················ 148
元祐更化 ······················ 148
宋哲宗亲政 ···················· 149
蔡京专权 ······················ 149
方腊起义和宋江起义 ············ 150
党项建立西夏 ·················· 151
金国的崛起 ···················· 151
金军灭辽 ······················ 152
金军攻宋 ······················ 153
李纲抗金 ······················ 153
靖康之耻 ······················ 154
宋高宗"巡幸东南" ············· 155
靖康耻，犹未雪 ················ 155
绍兴和议 ······················ 156
岳飞之死 ······················ 157
完颜亮南侵 ···················· 157
理学家朱熹 ···················· 158
父子猜忌 ······················ 159
庆元党禁 ······················ 160
韩侂胄北伐 ···················· 160
杨皇后干政 ···················· 161
贾似道误国 ···················· 161
元军攻打南宋 ·················· 162
文天祥抗元 ···················· 163
钓鱼城之战 ···················· 164

第九章　两宋风云

陈桥兵变 ······················ 139
杯酒释兵权 ···················· 140
宋太宗即位 ···················· 140
先南后北 ······················ 141
雍熙北伐 ······················ 142
澶渊之盟 ······················ 143
名将狄青 ······················ 143
庆历新政 ······················ 144

第十章　大元帝国

铁木真统一草原 ················ 165
成吉思汗分封 ·················· 166
耶律楚材 ······················ 166
建立大元 ······················ 167
元世祖的统治 ·················· 167
郭守敬与《授时历》 ············ 168
博学多才的赵孟頫 ·············· 169
马可·波罗 ····················· 169

元朝的对外交流 ························ 170
兄终弟及的混乱 ························ 171
南坡之变 ······························ 171
天历之变 ······························ 172
燕帖木儿家族 ·························· 172
帝国的衰落 ···························· 173
红巾军起义 ···························· 173

第十一章 大明王朝

定都应天 ······························ 175
朱元璋灭元 ···························· 175
洪武施政 ······························ 176
明初文字狱 ···························· 177
胡惟庸案 ······························ 177
靖难之役 ······························ 178
兴建北京城和编纂《永乐大典》 ······· 179
郑和下西洋 ···························· 179
土木之变 ······························ 180
北京保卫战 ···························· 181
夺门之变 ······························ 182
宦官专权 ······························ 182
马文升辅政 ···························· 183
大礼议事件 ···························· 184
严嵩父子弄权 ·························· 184
戚继光抗倭 ···························· 185
《本草纲目》 ·························· 186
徐光启和《农政全书》 ················ 187
商品经济的发展 ······················ 187
张居正变法 ···························· 187
万历清算张居正 ······················ 188
国本之争 ······························ 189
京察之争 ······························ 190
矿监税争 ······························ 190
明末三大案 ···························· 191
袁崇焕与宁远保卫战 ·················· 192
洪承畴兵败松山 ······················ 193
李自成入京 ···························· 193

第十二章 最后的王朝

努尔哈赤统一女真 ···················· 195
建立清朝 ······························ 196
福临登基 ······························ 196
清军入关 ······························ 197
南明灭亡 ······························ 198
郑成功收复台湾 ······················ 198
鳌拜擅权 ······························ 199
平定三藩 ······························ 199
经济大发展 ···························· 200
大兴文字狱 ···························· 201
统一台湾 ······························ 201
雅克萨之战 ···························· 202
康熙帝亲征噶尔丹 ···················· 203
雍正帝勤政务实 ······················ 203
乾隆的文治武功 ······················ 204
张廷玉历仕三朝 ······················ 204
"和珅跌倒，嘉庆吃饱" ··············· 205
闭关锁国 ······························ 206
虎门销烟 ······························ 206
第一次鸦片战争 ······················ 207
签订《南京条约》 ···················· 207
金田起义 ······························ 208
天京变乱 ······························ 209
第二次鸦片战争 ······················ 209
辛酉政变 ······························ 210
洋务运动 ······························ 211
中日甲午战争 ························· 212
签订《马关条约》 ···················· 213
瓜分狂潮 ······························ 213
戊戌变法 ······························ 214
义和团扶清灭洋 ······················ 214
义和团保卫天津 ······················ 215
八国联军进北京 ······················ 215
《辛丑条约》 ·························· 216
溥仪继位 ······························ 216

第一章　世界上古史

尼罗河的赠礼 …………………… 218
混战的早王国 …………………… 218
太阳神之子——法老 …………… 219
太阳神的女儿 …………………… 220
金字塔之谜 ……………………… 221
金字塔建造猜想 ………………… 221
木乃伊 …………………………… 222
狮身人面像 ……………………… 223
第一中间期 ……………………… 223
中王国时代 ……………………… 224
中王国经济 ……………………… 224
喜克索斯人 ……………………… 225
埃赫那吞 ………………………… 226
法老遇刺 ………………………… 226
法老的诅咒 ……………………… 227
卡叠石大战 ……………………… 228
拉美西斯三世 …………………… 229
后王朝时代 ……………………… 229
冈比西斯 ………………………… 230
象形文字 ………………………… 231
太阳历 …………………………… 231
底比斯古城 ……………………… 232
卢克索神庙 ……………………… 233
楔形文字 ………………………… 233
汉谟拉比 ………………………… 234
《汉谟拉比法典》 ……………… 234
哈什马战役 ……………………… 235
巴比伦之囚 ……………………… 235
新巴比伦城 ……………………… 236
空中花园 ………………………… 236
巴别通天塔 ……………………… 237
亚述征服 ………………………… 237
亚述的后继者 …………………… 238

辛赫那里布 ……………………… 238
传说中的亚述女王 ……………… 239
最早的史诗 ……………………… 239
赫梯的发迹 ……………………… 240
《赫梯法典》 …………………… 241
字母文字 ………………………… 242
紫红之国 ………………………… 242
希伯来与迦南 …………………… 243
约书亚、扫罗与大卫 …………… 243
所罗门珍宝 ……………………… 244
居鲁士传奇 ……………………… 244
宇宙四方之王 …………………… 245
贝希斯敦铭文 …………………… 246
大流士改革 ……………………… 247
希波战争 ………………………… 247
哈拉巴城 ………………………… 248
种姓制度 ………………………… 248
婆罗门教 ………………………… 249
悉达多王子降生 ………………… 249
佛教的诞生 ……………………… 250
阿育王和孔雀帝国 ……………… 252
古印度的奴隶经济 ……………… 252
《摩诃婆罗多》 ………………… 253
爱琴海的传说 …………………… 254
克里特迷宫 ……………………… 254
迈锡尼文明 ……………………… 255
特洛伊战争 ……………………… 256
木马计 …………………………… 257
荷马时代 ………………………… 257
斯巴达城 ………………………… 258
梭伦改革与雅典 ………………… 259
克利斯提尼与"陶片放逐" …… 260
马拉松战役 ……………………… 261
伯里克利黄金时代 ……………… 262

雄辩家德摩斯梯尼 …………… 263
伯罗奔尼撒战争 ………………… 263
西西里之战 ……………………… 264
亚历山大大帝 …………………… 264
奥林匹亚斯之死 ………………… 265
苏格拉底 ………………………… 266
柏拉图 …………………………… 267
亚里士多德 ……………………… 268
奴隶作家伊索 …………………… 268
萨福 ……………………………… 269
"历史之父"希罗多德 ………… 270
古希腊七贤 ……………………… 270
古希腊的戏剧 …………………… 271
奥林匹克运动会 ………………… 272
罗马与母狼 ……………………… 272
塞尔维乌斯改革 ………………… 273
《十二铜表法》 ………………… 274
罗马与白鹅 ……………………… 274
萨莫奈战争 ……………………… 275
登塔图斯的骄傲 ………………… 275
第一次布匿战争 ………………… 276
坎尼之战 ………………………… 277
西庇阿 …………………………… 278
格拉古兄弟改革 ………………… 279
"公敌宣告" …………………… 279
斯巴达克反抗 …………………… 280
角斗士 …………………………… 281
"三人同盟" …………………… 282
法萨卢战役 ……………………… 282
"三Ⅴ文书" …………………… 283
恺撒的改革 ……………………… 283
埃及艳后 ………………………… 284
"奥古斯都"屋大维 …………… 284
"大理石"罗马 ………………… 285
尼禄弑母 ………………………… 286
君士坦丁大帝 …………………… 287
希帕蒂亚的悲哀 ………………… 288

"数学之神"阿基米德 ………… 289
圣奥古斯丁 ……………………… 289
古城庞贝 ………………………… 290

第二章　世界中古史

匈奴称霸欧洲 …………………… 292
巴高达战士 ……………………… 293
阿拉里克攻罗马 ………………… 293
克洛维时期的法兰克王国 ……… 294
《萨利克法典》 ………………… 295
懒王时代 ………………………… 295
铁锤查理的改革 ………………… 295
《罗兰之歌》 …………………… 296
查理大帝 ………………………… 297
《凡尔登条约》 ………………… 298
分裂的德意志和意大利 ………… 298
圣殿骑士团 ……………………… 299
庄园与城市 ……………………… 299
黑死病 …………………………… 300
早期不列颠 ……………………… 301
《布勒丁尼和约》 ……………… 302
圣女贞德 ………………………… 302
玫瑰战争 ………………………… 303
圈地运动 ………………………… 304
亨利八世离婚案 ………………… 304
"血腥玛丽" …………………… 305
伊丽莎白一世 …………………… 306
英西海上争霸 …………………… 306
伊丽莎白一世的宠臣 …………… 307
绕好望角的欧洲第一人 ………… 308
新航路的开辟 …………………… 308
哥伦布 …………………………… 309
达·伽马 ………………………… 310
环球旅行 ………………………… 311
文艺复兴 ………………………… 311
但丁与《神曲》 ………………… 312

薄伽丘与《十日谈》 ⋯⋯⋯⋯⋯ 313
诗人彼特拉克 ⋯⋯⋯⋯⋯⋯⋯ 314
康帕内拉的《太阳城》 ⋯⋯⋯⋯ 314
旷世奇才达·芬奇 ⋯⋯⋯⋯⋯ 315
雕塑家米开朗琪罗 ⋯⋯⋯⋯⋯ 316
杰出的女画家 ⋯⋯⋯⋯⋯⋯⋯ 317
哥白尼的"日心说" ⋯⋯⋯⋯⋯ 317
发现宇宙的伽利略 ⋯⋯⋯⋯⋯ 318
拉伯雷与《巨人传》 ⋯⋯⋯⋯⋯ 319
塞万提斯与《堂吉诃德》 ⋯⋯⋯ 320
法国女诗人 ⋯⋯⋯⋯⋯⋯⋯⋯ 321
莎士比亚 ⋯⋯⋯⋯⋯⋯⋯⋯⋯ 321
培根 ⋯⋯⋯⋯⋯⋯⋯⋯⋯⋯⋯ 322
文艺复兴时期的科学成就 ⋯⋯ 323
中世纪的基督教 ⋯⋯⋯⋯⋯⋯ 323
罗马教皇 ⋯⋯⋯⋯⋯⋯⋯⋯⋯ 324
神学的集大成者 ⋯⋯⋯⋯⋯⋯ 324
基督教会的分裂 ⋯⋯⋯⋯⋯⋯ 325
宗教改革前的德意志 ⋯⋯⋯⋯ 326
德意志宗教改革 ⋯⋯⋯⋯⋯⋯ 326
加尔文的新教 ⋯⋯⋯⋯⋯⋯⋯ 327
捷克人的反抗 ⋯⋯⋯⋯⋯⋯⋯ 328
三十年战争 ⋯⋯⋯⋯⋯⋯⋯⋯ 329
尼德兰的坚持 ⋯⋯⋯⋯⋯⋯⋯ 329
基辅罗斯的盛衰 ⋯⋯⋯⋯⋯⋯ 330
查士丁尼大帝 ⋯⋯⋯⋯⋯⋯⋯ 331
《查士丁尼法典》 ⋯⋯⋯⋯⋯⋯ 332
东罗马帝国的陷落 ⋯⋯⋯⋯⋯ 333
印度教的产生 ⋯⋯⋯⋯⋯⋯⋯ 333
莫卧儿帝国 ⋯⋯⋯⋯⋯⋯⋯⋯ 334
朝鲜"三国时代" ⋯⋯⋯⋯⋯⋯ 334
李成桂建立李朝 ⋯⋯⋯⋯⋯⋯ 335
圣德太子改革 ⋯⋯⋯⋯⋯⋯⋯ 335
日本的军事贵族 ⋯⋯⋯⋯⋯⋯ 336
镰仓幕府的建立 ⋯⋯⋯⋯⋯⋯ 337
幕府与天皇的较量 ⋯⋯⋯⋯⋯ 337
日本的统一 ⋯⋯⋯⋯⋯⋯⋯⋯ 338

织田信长 ⋯⋯⋯⋯⋯⋯⋯⋯⋯ 338
丰臣秀吉 ⋯⋯⋯⋯⋯⋯⋯⋯⋯ 339
德川幕府 ⋯⋯⋯⋯⋯⋯⋯⋯⋯ 340
《源氏物语》 ⋯⋯⋯⋯⋯⋯⋯⋯ 341

第三章　世界近代史

断头的国王 ⋯⋯⋯⋯⋯⋯⋯⋯ 342
无冕之王克伦威尔 ⋯⋯⋯⋯⋯ 343
"海上马车夫"易主 ⋯⋯⋯⋯⋯ 344
海上的骷髅旗 ⋯⋯⋯⋯⋯⋯⋯ 344
光荣革命 ⋯⋯⋯⋯⋯⋯⋯⋯⋯ 345
《权利法案》 ⋯⋯⋯⋯⋯⋯⋯⋯ 346
东印度公司 ⋯⋯⋯⋯⋯⋯⋯⋯ 347
波旁王朝 ⋯⋯⋯⋯⋯⋯⋯⋯⋯ 347
红衣主教黎塞留 ⋯⋯⋯⋯⋯⋯ 348
路易十四的世纪 ⋯⋯⋯⋯⋯⋯ 349
伏尔泰 ⋯⋯⋯⋯⋯⋯⋯⋯⋯⋯ 350
孟德斯鸠、卢梭和狄德罗 ⋯⋯ 350
攻陷巴士底狱 ⋯⋯⋯⋯⋯⋯⋯ 351
八月法令 ⋯⋯⋯⋯⋯⋯⋯⋯⋯ 352
《人权宣言》 ⋯⋯⋯⋯⋯⋯⋯⋯ 353
断头台和热月政变 ⋯⋯⋯⋯⋯ 353
断头王后 ⋯⋯⋯⋯⋯⋯⋯⋯⋯ 354
雾月政变 ⋯⋯⋯⋯⋯⋯⋯⋯⋯ 355
青年拿破仑 ⋯⋯⋯⋯⋯⋯⋯⋯ 355
拿破仑称帝 ⋯⋯⋯⋯⋯⋯⋯⋯ 356
乌耳姆战役 ⋯⋯⋯⋯⋯⋯⋯⋯ 357
法军以智胜敌 ⋯⋯⋯⋯⋯⋯⋯ 358
西班牙受挫 ⋯⋯⋯⋯⋯⋯⋯⋯ 358
莫斯科大火 ⋯⋯⋯⋯⋯⋯⋯⋯ 359
兵败滑铁卢 ⋯⋯⋯⋯⋯⋯⋯⋯ 360
维也纳会议 ⋯⋯⋯⋯⋯⋯⋯⋯ 361
神圣同盟 ⋯⋯⋯⋯⋯⋯⋯⋯⋯ 361
拿破仑三世 ⋯⋯⋯⋯⋯⋯⋯⋯ 362
巴黎公社 ⋯⋯⋯⋯⋯⋯⋯⋯⋯ 362
瑞士的永久中立 ⋯⋯⋯⋯⋯⋯ 363

法国的文学巨匠巴尔扎克 ……… 363
雨果 ……………………………… 364
沙皇彼得 ………………………… 365
向欧洲学习 ……………………… 366
围攻纳尔瓦 ……………………… 367
野心勃勃的女沙皇 ……………… 367
十二月党人起义 ………………… 368
克里米亚战争 …………………… 369
1861 年农奴制改革 …………… 369
俄国文学始祖普希金 …………… 370
果戈理 …………………………… 371
陀思妥耶夫斯基 ………………… 371
哈布斯堡家族 …………………… 372
普鲁士的崛起 …………………… 373
铁血宰相俾斯麦 ………………… 373
马克思与恩格斯 ………………… 374
《共产党宣言》 ………………… 375
黑格尔的古典哲学 ……………… 375
音乐传奇莫扎特 ………………… 376
音乐大师贝多芬 ………………… 376
到美洲去 ………………………… 377
美利坚民族的诞生 ……………… 378
波士顿倾茶 ……………………… 379
莱克星顿枪声 …………………… 379
独立战争 ………………………… 380
华盛顿 …………………………… 381
1787 年宪法 …………………… 381
美洲属于美洲人 ………………… 382
自由海地 ………………………… 383
"解放者"玻利瓦尔 …………… 383
玻利瓦尔与圣马丁 ……………… 384
巴西的独立与奴隶贸易 ………… 385
富兰克林 ………………………… 385
电气时代的辉煌 ………………… 386
工业革命的影响 ………………… 387
明治维新 ………………………… 387
明治天皇 ………………………… 388

伊藤博文 ………………………… 389
章西女王葩依 …………………… 389
奴隶贸易 ………………………… 390
阿散蒂的抗英斗争 ……………… 391
阿拉比的反抗 …………………… 391
马赫迪起义 ……………………… 392
埃塞俄比亚的胜利 ……………… 394
美国黑奴困境 …………………… 394
美国内战 ………………………… 395
林肯 ……………………………… 396
《飘》 …………………………… 397
垄断组织 ………………………… 398
美国的"门户开放" …………… 398
光荣孤立政策 …………………… 399
巴拿马丑闻 ……………………… 400
日俄战争 ………………………… 400
"三国同盟"与"三国协约" … 401
萨拉热窝的枪声 ………………… 402
坦伦堡战役 ……………………… 403
马恩河交锋 ……………………… 404
凡尔登战役 ……………………… 404
索姆河战役 ……………………… 406
日德兰海战 ……………………… 406
兰斯保卫战 ……………………… 407
阿尔贡战役 ……………………… 408

第四章 世界现代史

俄国布尔什维克 ………………… 409
二月革命 ………………………… 409
《四月提纲》 …………………… 410
十月革命 ………………………… 410
德国十一月革命 ………………… 411
巴黎和会 ………………………… 412
凡尔赛—华盛顿体系 …………… 413
新经济政策 ……………………… 413
共产国际 ………………………… 414

9

柯立芝繁荣	415	列宁格勒保卫战	422
经济危机	415	斯大林格勒保卫战	422
罗斯福新政	416	坦克大战	423
墨索里尼登台	416	偷袭珍珠港	424
希特勒夺权	417	美国宣战	425
国会纵火案	418	中途岛海战	426
日本"二·二六事件"	418	德黑兰会议	427
《慕尼黑协定》	419	诺曼底登陆	427
《钢铁盟约》和《三国公约》	420	希特勒的末日	428
敦刻尔克大撤退	420	投放原子弹	429
"巴巴罗莎"计划	421	正义的审判	430

年轻人要熟知的2000个历史常识

◦上篇 **中国历史常识**◦

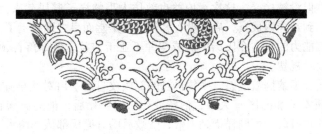

第一章　三代文明

家天下

大禹年老后，按照禅让的惯例，应该选举一个有能力的继承人来接替他的位置。许多人推荐掌管刑法的皋陶，可是不久后皋陶就病死了。于是大家又推举当年同大禹一起治水的伯益。

伯益在部落中威望很高，大禹也就确定了他的地位。可是，这时在氏族中实际掌管权力的人却不是伯益，而是大禹的儿子启。

不久后大禹死了，伯益为他举行了葬礼。当年大禹为舜举行葬礼后，曾将继承人的位置让给舜的儿子，但没被接受。这次，伯益也效仿大禹的样子避居起来，假意将王位让给禹的儿子启。没想到却弄假成真，启并没有客气，而是堂而皇之地登上了王位。

启是一个很有能力的人，在氏族中的威望并不亚于伯益。各部落首领看见启登上了王位，纷纷来都城表示祝贺。

伯益见此情况，不禁恼羞成怒，率领自己的部族攻打启。启对此早有预料，从容应战。两军在甘亭（今西安市鄠邑区）大战，伯益战死。伯益死后，他的氏族有扈氏十分愤怒，又联合了其他部落攻打启，可同样遭到失败，战败后的有扈氏部族都沦为了奴隶。

伯益和有扈氏的失败，使启的地位得到进一步巩固，并使禅让制彻底改变为世袭制。于是中国历史上第一个王朝——夏朝建立了。从此以后，帝王把国家当成了他一家的天下，他死后，王位不再选举有能力的人来继承，而是由他的儿子继承，并且希望能这样世世代代延续下去。

太康失国

大禹曾经告诫子孙说，如果贪图酒色游猎，就可能失去民心，但是他的后代并没有很好地领会他的话。启建立夏朝后，开始时还励精图治，可慢慢就腐化起来，天天饮酒打猎而疏于朝政。不久启死了，他的儿子太康继位。

太康的生活比启还要腐化，他最大的爱好就是打猎，对治理国家却没有兴趣。有一次，他带着随从去打猎，越打越起劲，一直打到黄河以南的有穷部落（今河南洛阳南）。

有穷部落的首长后羿看到太康只带了少数随从出来打猎，觉得这是个机会，就带兵悄悄地截住了他们回去的路。等到太康带着一大批猎得的野兽，兴高采烈回来的时候，却看到洛水对岸全是后羿的军队，才知道后羿不让他回都城了。各部落首领早就对太康荒唐的行事不满，加上又惧怕后羿的势力，所以没有人支持太康。没办法，太康只好在洛水南面过起了流亡生活。

由于世袭制已然确立，后羿的势力也没达到独立为王的程度，因此他不敢自立，便立了太康的兄弟仲康为王。

仲康虽然为王，可国家的实际权力却操控在后羿手中。不久仲康死了，后羿不再甘心躲在幕后，于是把仲康的儿子相撵走，正式夺了夏朝的王位。仗着自己射箭的本领高超，他也开始作威作福起来，和太康一样，经常四处打猎，把国家政事交给亲信寒浞打理。

少康中兴

寒浞掌握了实权后，瞒着后羿，慢慢收买人心，最终暗杀了后羿，夺取了王位。因为害怕夏朝王族的人跟他争夺王位，寒浞开始追杀被后羿撵走的相。

相当然逃不过大批的追兵，最终被寒浞杀死。那时候，相的妻子正怀着孕，她从一个墙洞里爬出，才捡回一条命，并逃到了娘家有仍氏部落，后来她生下儿子，取名少康。

少康长大后，以放牧为生。寒浞听说相的儿子还活着，又派人追捕。最后，少康逃到了舜的后代有虞氏的部族。部落首领虞思把两个女儿嫁给了少康，并给了他田地和奴隶。少康从小在艰难的环境中长大，练就了一身本领。他在有虞氏部族立足之后，开始招收人马，逐渐有了自己的队伍。后来，少康得到忠于夏朝的大臣和部落的帮助，率兵攻打寒浞，终于把王位夺了回来。

夏朝从太康到少康，中间经历了大约百年的混战，才恢复过来，历史上称作"少康中兴"，夏朝由此进入了由"治"到"盛"的局面。

此时的夏朝有了历法，夏历是按月亮的运行周期制定的，又叫阴历。由于历法中有节气变化和农事安排，所以又称农历。夏朝制定的历法影响深远，至今仍在发挥着作用。

夏历对农业生产有着相当准确的指导作用，再加上木制农具的使用，让当时的农业生产有了很大发展，粮食出现大量剩余。

剩余的粮食大多被用来酿酒。在夏朝遗址——二里头遗址中，出土最多的就是酒器，饮酒用的青铜爵更是精美。据文献记载，夏朝人很喜欢喝酒，一度酗酒成风。不光是大禹的子孙们，普通人也经常痛饮，喝醉了就彼此搀扶着大声唱歌。

夏桀的覆灭

夏朝在第十四位王孔甲统治时，逐渐走向末路。传说这位君主喜欢吃龙肉，专门叫人在王宫中养龙供他食用。除了这个怪癖外，孔甲还喜欢占卜，与鬼神交流。各地的诸侯对此十分不满，经常发动小规模的叛乱。这种混乱的局面一直持续到夏王朝最后一位君主姒履癸即位，矛盾越来越激化。

姒履癸算得上是文武全才，赤手空拳就可以搏斗虎豹。他本来可以成为一位英明的君主，可他却把所有的聪明才智都用到了暴虐和享乐上。

姒履癸喜欢把王宫修建得异常豪华。他的妻子施妹喜喜欢听绸缎撕裂时发出的声音，于是姒履癸就命宫女在她身旁日夜撕裂绸缎。

姒履癸还发明了一种酷刑，称为"炮烙"，就是在铜柱上涂抹膏油，下面燃烧炭火，让犯人赤足在铜柱上走过。可想而知，那是一定要滑下去的，滑下去便会跌到炭火上烧死，而姒履癸则最喜欢看人受这种酷刑时挣扎悲号的惨状。有一次，他一面看，一面问他的大臣关龙逄是不是也觉得快乐。关龙逄说："这种做法，好像春天走在薄冰上，危险就在眼前。"姒履癸则冷冷地说："你只知道别人危在眼前，却不知道自己危在眼前。"随即下令把关龙逄炮烙处死。关龙逄是中国历史上第一个因进忠言而被杀的臣子。

3

姒履癸的酷刑让人们感到十分恐惧，日益增加的赋税更让百姓苦不堪言。于是又有人来劝告姒履癸："您再不接受规劝，恐怕会亡国。"姒履癸大怒，说："你妖言惑众，人民有君主，犹如天空有太阳。太阳亡，我才亡。"于是全国人民喊叫说："太阳，你快亡吧，我情愿与你一起灭亡！"

夏朝在姒履癸的统治下危机四伏，四方诸侯纷纷背叛而去。于是，商族首领汤决定兴兵伐夏。夏、商二军在鸣条（今山西安邑）郊外展开决战，姒履癸战败出逃，后来死于南巢（今安徽寿县东南）。姒履癸死后，人们加到他头上的称号是"桀"，意为凶暴的君主。

商汤立国

灭掉夏朝的商族，一直生活在黄河下游。传说商的祖先是契，跟大禹一起治过洪水，是个有功的人。后来，商部落畜牧业发展得很快，到了夏朝末年，商汤成为首领的时候，已经发展成为一个强大的部落。在看到夏桀的腐败后，商汤就决心消灭夏朝。虽然他表面上对夏朝臣服，暗地里却在不断扩大自己的势力。

那时候，部落把祭祀天地、祖宗看作是最要紧的事。商部落附近有一个部落叫葛，首领葛伯不按时祭祀。商汤派人去责问葛伯。葛伯回答说："我们这儿穷，没有牲口做祭品。"商汤就送了一批牛羊给葛伯做祭品。可葛伯却把牛羊杀掉吃了。商汤又派人去责问，葛伯说："我没有粮食，拿什么来祭呢？"商汤就派人帮助葛伯耕田，还派人给耕作的人送酒送饭。不料在半路上，葛伯把那些酒饭都抢走了，还杀了一个送饭的孩子。这件事激起了大家的公愤。商汤借此出兵把葛族消灭了，并攻取了附近几个部落。

商汤娶了有莘氏女为妻，他的妻子带来的陪嫁奴隶中，有一个人名叫伊尹，是个厨师，专门服侍商汤。在交谈的过程中，伊尹对商汤说了许多治国的道理，商汤于是马上提拔伊尹做自己的助手。

商汤像

商汤和伊尹商量讨伐夏朝的事。伊尹说："现在夏朝还有力量，我们先不去朝贡，试探一下，看它会怎样。"商汤按照伊尹的计策，停止了对夏朝的进贡。姒履癸果然大怒，命令九夷发兵攻打商族。伊尹一看还有许多氏族服从姒履癸的指挥，便赶快向姒履癸请罪，并恢复了进贡。过了一年，一些部落忍受不了夏朝的压榨勒索，逐渐叛离夏朝，商汤和伊尹于是决定大举进攻。

自从启建立夏朝以来，同姓相传已经400多年，要把夏王朝推翻，并不是一件简单的事。商汤和伊尹商量了一番后，决定召集商军将士，由汤亲自向大家誓师。商汤说："不是我想进行叛乱，实在是姒履癸作恶多端，上天降下意旨，要我消灭他，我不敢不听从天命啊！"

商汤借上天的意旨来动员将士，再加上将士恨不得姒履癸早早灭亡，因此作战都非常勇敢。商汤一举灭亡了夏朝，建立了商王朝。

伊尹辅政

伊尹原名伊挚，他自幼聪慧，勤奋好学，虽耕于有莘国之野，但却喜爱尧舜之道；既熟悉烹调技术，又深懂治国的方法；既为奴隶主贵族做厨师，又给贵族子弟当"师仆"。他对三皇五帝和大禹王等英明君王的施政之道的研究使他远近闻名，使得求贤若渴的商汤王三番五次带着礼物去有莘国聘请他。在今嵩县空桑涧西南，有座很平的小山，传说就是商汤聘请伊尹的"三聘台"。由于有莘王并不答应，商汤只好将有莘王的女儿娶为妃子，以使伊挚以陪嫁奴隶的身份来到商汤王身边。

《孟子·万章》篇记载：伊尹"以尧舜之道要汤""而说之以伐夏救民"。其实就是教给商汤治国驭民的方法和灭夏的方略。

伊尹首先潜入夏朝做间谍，了解了夏桀的许多重要情报。为了知道九夷之师对夏桀的态度，伊尹劝说商汤，停止了对夏桀的进贡。结果夏桀十分生气，"起九夷之师"攻汤。伊尹看到夏桀还能够指挥九夷之师，就向商汤献计暂时恢复向夏王朝进贡，同时暗中做着攻夏的准备。

过了几年后，伊尹决定再次停止向夏王进贡，夏桀虽再次起兵，但"九夷之师不起"，伊尹觉得灭夏的时机已经成熟，便协助商汤立即攻夏。夏桀战败南逃，汤先灭掉了夏王朝的三个属国，然后向西进军，很快灭亡了夏朝。这一战使商汤伐夏取得了胜利，也是伊尹助汤建立商王朝所立的第一件大功。

商朝建立后，伊挚被封为尹。《史记·殷本纪》皇甫谧注云："尹，正也，谓汤使之正天下。"

九世之乱

商汤逝世后，他的两个儿子外丙和中壬先后继位。中壬逝世后，商汤的孙子太甲登上王位。太甲继位的前期表现还可以，但是后来渐渐变得残暴，贪图享乐，使得朝政混乱。于是，作为四朝元老的伊尹把太甲放逐到桐邑（今河南虞城），自己摄政。

桐邑在商汤墓的附近，太甲到那里后，看到祖父的墓很简陋，又从守墓人那里听说了许多祖父艰苦创业的事迹，对自己的所作所为感到愧疚，于是深刻反省，加以改正。七年后，在确定太甲已经改过自新后，伊尹迎回了这位废君，将政权重新交还给他，并辅佐他成为一位勤政爱民的好君王。

不过，在《竹书纪年》中，却有另一种记载，伊尹将太甲放逐后自立为王，7年后，太甲偷偷回到都城，将伊尹杀死后复位，但伊尹的儿子伊陟和伊奋依然在朝中为官。而出土的甲骨文中记载，一直到商代末年，商朝仍然在祭祀伊尹，所以《竹书纪年》中的说法可信度并不高。

商王朝在建立之初，王位是传给弟弟的，最后由最幼的弟弟再传给长兄的长子，依此类推。从第11世商王仲丁到第19世商王阳甲这五代九王期间，多次发生争夺王位的权力斗争，王位时常更迭，王室子孙为了争夺王位相互残杀。

为了结束这种混乱的局面，商朝废除了"兄终弟及"的制度，一律改为"父亡子继"，以保安宁。

盘庚迁殷

商王朝的命运一直很坎坷，除了王位的频繁更迭，还有黄河的不断泛滥，迫使商王朝迁都达6次之多。商汤建立商朝的时候，国都定在亳（今河南商丘）。到了第20代王盘庚时，国都始终没有最终确定下来。

盘庚是个能干的君主，为了改变当时社会不安定的状况，他决心再一次迁都。大多数贵族因为贪图安逸，都不愿意搬迁，甚至煽动平民起来反对，闹得很厉害。盘庚面对强大的反对势力，并没有动摇迁都的决心，坚持带着平民和奴隶，渡过黄河，搬迁到了殷（今河南安阳小屯村）。在那里盘庚整顿了商朝的政治，使衰落的商朝出现了复兴的局面。以后200多年，商朝一直没有迁都，从此商朝又被称作殷商。

从那时候起，经过3000多年的漫长岁月，商朝的国都早就变为废墟。近代人们在安阳小屯村一带发掘到了商朝国都的遗址，称之为"殷墟"。

殷墟中出土了大量龟甲（就是龟壳）和兽骨，有十多万片，在这些龟甲和兽骨上，都刻着文字——甲骨文，也就是我们现在使用的汉字的雏形。

商王朝崇拜祖先，也崇拜鬼魂和管理鬼魂的神灵，甚至鬼魂所居住的山岳河流都是他们崇拜的对象。从战争征讨到疾病、婚嫁，无论大事小事，商朝人在做决定之前都要征求祖先的意见，即向鬼神请示。请示的方法依靠占卜，占卜必须在隆重的祭祀典礼中举行，才能让祖先喜悦并得到赐福。于是祭祀就成了国家的第一要政，比军事和政治都重要。

商朝人把占卜的结果，也就是祖先鬼神的重要指示，刻在乌龟甲壳上或其他兽类的骨骼上，作为记录保存，这就是我们今天见到的甲骨文。

商王武丁

武丁是盘庚之弟小乙之子。商朝在武丁时期达到鼎盛，社会繁荣，百姓生活安定。武丁是一位有政治才能的君王，雄才大略，有着远大的政治理想。他年少时曾在民间生活，为了使殷商复兴，他破格提拔了有才能的人傅说，任以为相，励精图治，对四周侵扰商王朝的外邦进行了征讨，诸如羌方、土方、人方、鬼方、虎方、荆楚，等等。四方诸侯都臣服于商朝，国家出现了繁盛的局面。

这一时期，商朝的农业、手工业都有了很大发展，商业也繁荣起来，还出现了铜制的

海贝货币，用来进行贸易。由于商朝是一个极其重视祭祀的王朝，青铜礼器十分发达，青铜制造业有很大的发展。青铜器皿种类多，制作非常精巧，像后母戊大方鼎，重量有875千克，高130厘米，鼎上刻着精细的花纹，可见当时的冶铜技术和艺术水平已达到了相当高的程度。

除了礼器，商代的青铜兵器种类也很多，且使用广泛。商王的近卫部队、商军主力和战车兵都是装备青铜兵器的，只有一些消耗量特别大的兵器，如箭镞，仍用骨石和蚌质兵器。

武丁在位的59年间，社会平稳，经济繁荣。但这位英主的晚年却并不幸福。武丁的夫人妇好英勇善战，在武丁征讨外邦时，不仅同他一起出征，还立下了赫赫战功，深得武丁的喜爱。妇好死后，武丁虽

后母戊大方鼎

然另立了新王后，但仍然思念妇好，郁郁寡欢，对新王后百般冷落，致使这位王后在抑郁中病故。武丁继而立了第三个王后，生下儿子祖甲。为了让祖甲继承武丁的王位，新王后不断在武丁面前中伤妇好的儿子孝己。武丁逐渐受到蒙骗，不但日渐疏远孝己，还禁止孝己拜祭自己的母亲，导致孝己在忧愤中结束了自己的生命。

孝己死后，祖甲本可以获得王位的继承权，但他却不想在众目睽睽之下靠母亲的帮助登上王位，于是在宣布他是继承人的当天夜里潜逃出宫。武丁因此大受打击，从此一病不起。

商纣亡国

武丁之后，商朝逐渐转向没落，到了纣王的时候，终于走到了尽头。

纣王名叫帝辛，"纣"是后世给他的谥号，意为残义损善。帝辛见多识广，力大无穷，不用武器，仅凭双手就可以格杀猛兽，能把九头牛倒拉着走，而且颇有辩才。但他骄傲、自负，以为他人"皆出己之下"。帝辛的聪明足够使他拒绝规劝，智慧也足够让他掩饰错误。

从帝辛登上王位开始，宫廷建筑就没有停止过。他花费7年时间修建了"瑶宫"，与宠妃苏妲己一同居住。王宫中的肉像山林一样堆着，酒不是盛在瓶子里，而是盛在一个大池子里，酒波荡漾，可以在上面划船。帝辛和苏妲己就在这"酒池肉林"中举行宴会，男男女女都裸露着身子，嬉笑追逐，整夜狂欢，连续7个昼夜大吃大喝，然后沉醉不醒。

帝辛与夏桀一样，对酷刑有着偏好，他创造的酷刑可谓五花八门。其中对人肉进行加工、烹煮尤为恐怖，包括肉醢、肉脯和肉羹。肉醢是将人剁成肉酱，肉脯是将人烤成肉干，肉羹是把人肉做成肉汤。这不仅使很多百姓受害，就是诸侯也难幸免。

苏妲己与帝辛有着相同的爱好，看到有人赤脚走过结冰的小溪，她就命人敲碎那人的腿骨，研究他为什么不怕冷。看到孕妇，就下令剖开她的肚子，看看未出生的胎儿是什么模样。

帝辛有三个忠心的大臣：九侯、鄂侯和姬昌。九侯的女儿是帝辛的妃子之一，由于她不善于承仰颜色，帝辛就把他们父女剁成了肉酱。鄂侯据理力争，也被剁成肉酱。姬昌听到这个消息后，叹了一口气，结果被逮捕。

姬昌是周部落的酋长，他的部落因为他有很高的才干，都尊称他是圣人。姬昌被囚禁后，帝辛将姬昌的儿子姬伯邑考处决后，做成肉羹拿给姬昌吃。为了图谋日后报仇，姬昌只好忍痛吃掉。帝辛见此情形，得意地到处宣称说："谁说姬昌是圣人，他连自己的儿子都吃。"由此他也解除了对姬昌的戒心。这时周部落献上大批名马、美女和珠宝，换回了姬昌。姬昌回去后不久便逝世了，临终时他告诉儿子姬发，一定要消灭商王帝辛。姬发于是开始积极备战。

看到形势日益严峻，商王朝的大臣祖伊向帝辛提出了警告。可帝辛却说："我应天命而生，不同于普通人，怕什么？"帝辛的叔叔比干进言规谏，

殷墟 殷代车马坑

惹得帝辛大怒，说："我听说圣人的心有七窍，你好像是圣人，不知道你有几窍？"接着下令把比干的心挖出来看。敢于进言的臣子都被杀光了，帝辛的统治也走到了尽头。

武王伐纣

商代最后一个国王纣，是中国历史上有名的残暴君主。他大肆兴建琼楼瑶台，整日和他所宠幸的妲己以及贵族们宴饮享乐。为了满足自己的享受，他加重赋税，激化了社会矛盾。百姓反抗他的暴政，他就用重刑镇压。

这一时期，渭河流域的姬姓周部落逐渐发展壮大，部落的首领姬发积极策划消灭商朝。他继承父亲文王的遗志，在姜尚等人的辅佐下，国力日渐增强。当商军主力远征东方，国内军队比较少的时候，姬发联合其他部落，率领兵车300辆，虎贲3000人，士卒45000人，进军牧野（今河南淇县西南）。牧野距离商纣王所居的朝歌只有70里，他们在这里举行了誓师大会，公布纣王的罪状，决心率军与纣王决战。

玉制奴隶　商代晚期
商纣王的奴隶最终倒戈，击败了纣王。商纣王虽然没有成为阶下囚，却也引火自焚了。

当时，商纣王已感觉到周人对自己的威胁已到了比较严重的程度，决定对周用兵。然而这一计划却因为东夷族的反叛而无法实施。为平息东夷的反叛，纣王将主力部队调去进攻东夷，使得西线的防御极为空虚。与此同时，商朝统治集团内部的矛盾也已不可调和，商纣不听劝谏，肆意胡为，残杀王族重臣比干，将箕子关押起来，并逼走了微子。姬发、姜尚等人充分把握了这一有利战机，决定乘此机会讨伐纣王，经过牧野之战，姬发战胜了商朝军队，结束了商王朝的残暴统治。

分封制

周天子自称"周命于天"，为了巩固奴隶主的统治，西周时期采取了分封诸侯的政治制度。周武王灭了商朝后，封神农的后裔于焦，封黄帝的后裔于祝，封帝尧的后裔于蓟，封帝舜的后裔于陈，封大禹的后裔于杞。周代的大规模分封是在周公摄政和成康时期，是为了巩固周天子对广大土地的统治。《吕氏春秋·观世》谓"周之所封四百余，服国八百余"；《荀子·儒效》谓"周公兼制天下，立七十一国，姬姓独居五十三人"；《左传》中也记载了西周分封的状况："兄弟之国十有五人，姬姓之国者四十人。"

在西周分封的诸侯国中，按辈分来看，文王子辈的有管、蔡、郕、霍、鲁、卫、毛、聃、郜、雍、曹、滕、毕、原、酆、郇等，武王子辈的有邘、晋、应、韩、凡、蒋、邢、茅、胙、祭等。这些封国的位置多在今关中地区和黄河中下游地区，是当时经济发展最好的地方。还有其他姬姓诸侯国，如芮、息、随、贾、沈、密、郑、虢、滑、樊等。除了同姓被封为诸侯外，西周时期，还有不少异姓被封为诸侯，如姜姓的厉、吕、申、向、许；偃姓的蓼、轸；姒姓的鄫；妫姓的陈；嬴姓的江、黄；子姓的宋；曹姓的邾、邹；曼姓的邓等。在受封的异姓诸侯国里，最强大的是齐国，影响比较大的是楚国。从周初开始，诸侯国的分封延续了很长时间。

宗法制

姬发建立周王朝，定都在镐京（今陕西西安以西），他抛弃了以往"帝"的称谓，改称为"王"。后世则尊称姬发为"武王"。

在周王朝，国王姬发最为尊贵。其次是贵族，包括诸侯（封国君主）、卿（政府最高级官员）、大夫（政府次高级官员）、士（武官）。再次是平民，即自由民，也被称为"庶人"。最低一级是奴隶，多是商王朝的遗民，还有其他被征服部落的俘虏。

这种划分被周王朝用法律的形态加以巩固，使得贵族永远是贵族，平民永远是平民，奴隶永远是奴隶。如果不安分守己，企图逾越已定的界限，就是违犯了法律，要受到严厉的制裁；同时，那也违反了礼教，也为人所不齿。

在这种社会基础上，周王朝以首都镐京为中心，沿着渭水下游和黄河中游划出一块广大的土地，称为"王畿"，由国王直接统治。王畿以外的所有土地则全部分封。封国的面积很小，20 个或 30 个封国联合在一起，也没有王畿大，各封国像群星捧月一样，环绕着王畿。封国内，君主对封国内的平民、奴隶具有绝对的权力；对国王则每年要到首都觐见并进贡。当周王对外作战时，各封国的君主都要率领部队，听候调遣。

各封国之间地位平等，但由于封国的面积不一样，所以国君的爵位也有高低之分。爵位，是周王朝的新生事物之一，分为公、侯、伯、子、男五级。封国的爵位也是世袭的，实行"嫡长子继承制度"，即以母亲的身份和儿子出生的先后，把所有的儿子划分为"嫡""庶"。在众多儿子中，只有嫡长子才是唯一有权继承爵位的人。庶子即使比嫡长子年龄大，比嫡长子有才能，也不能继承。即"传嫡不传庶，传长不传贤"。如果嫡长子死了，则由嫡长子的嫡长子（即嫡长孙）继承。所有庶子和嫡次子都不能问津。如果嫡长子没有留下后代，那么嫡次子才有可能继承王位。

周朝建立的这个宗法制度，防止了各级贵族对爵位、财产的争夺，有效地维护了社会秩序，因此被此后的历代王朝所接受，一直到 20 世纪清王朝覆亡，这种宗法制才跟着消亡。

平定三监

姬发在位 4 年就逝世了，留下儿子姬诵继位。姬诵当时只有 12 岁，于是由他的叔父姬旦摄政。姬旦是一个非常有才能的政治家，周王朝的一切礼教和政治制度，据说都是他一手制定的，后人尊称他为周公。

封国的其他诸侯看到周公才能卓越，不免要担心他会杀死姬诵，自己称王。于是，管国的姬鲜（史称管叔）、蔡国的姬度（史称蔡叔）、霍国的姬处（史称霍叔），联合原来商朝的遗民武庚，起兵征讨周公。他们先散布谣言，说周公要杀死姬诵，自立为王，闹得镐京沸沸扬扬，大家都对周公产生了怀疑。

周公心里很难过，他找到召公奭，披肝沥胆地谈了一次话，表明自己绝没有野心。召公奭被他这番诚恳的话感动，决定和周公合作。于是二人调动大军，周公亲自东征。

这时，东方的淮夷、徐戎等部落都配合武庚蠢蠢欲动。周公授权太公望（姜尚），各国诸侯如果有不服周朝的，都由太公望征讨。这样，太公望控制了东方，周公则全力对付武庚。

周公用了 3 年的时间，终于平定了叛乱，又有一大批商朝的贵族成了俘虏。因为他们反抗周朝，所以叫他们"顽民"。周公觉得让这批人留在原来的地方不大放心，又觉得镐京在西边，要控制东部的广大中原地区很不方便，于是在东面新建了一座都城，叫作洛邑（今河南洛阳），把殷朝的"顽民"迁到那里，派兵监视他们。从此以后，周朝有了两座都城。西部是镐京，又叫宗周；东部是洛邑，又叫成周。

在姬诵满20岁的时候，周公将政权交还给姬诵，并继续辅佐他，一举平定了东方徐夷、淮夷、奄人的叛乱，进一步巩固了西周政权。随后，姬诵在周公治理的基础上，完善了畿服制、外服制、国野制、礼乐制等，使得社会繁荣，经济发达。姬诵被后人尊称为周成王。

成王的儿子周康王继位后，对内实行"息民养生"政策，对外则征讨东夷、淮夷、鬼方、南国等，平定了叛乱。成王和他的儿子康王，前后执政40多年，中原地区不断发展强盛，历史上将此称为"成康之治"。

厉王止谤

在成王、康王统治的时期，周朝政局比较安定。在接下来的几代中，由于不断发动征伐战争，社会开始出现动荡。为了镇压暴乱，周朝开始采用十分严酷的刑罚。周穆王的时候，制定了3000条刑法，像额上刺字、割鼻、砍脚等，都十分普遍。

到了周厉王姬胡即位后，情况更加严重。厉王宠信一个名叫荣夷公的大臣，实行"专利"，把人们赖以谋生的各种行业，全部改由政府经营。

那时候，住在野外的农夫叫"野人"，住在都城里的平民叫"国人"。周都镐京的国人不满厉王的暴虐措施，怨声载道。

大臣召公虎听到国人的议论越来越多，进宫告诉厉王说："百姓忍受不了啦，大王如果不趁早改变做法，出了乱子就不好收拾了。"厉王满不在乎地说："你不用急，我自有办法对付。"于是，厉王下了一道命令，禁止国人批评朝政，还从卫国找来巫师，专门刺探批评朝政的人，说："如果发现有人在背后诽谤我，你就立即报告。"

卫巫为了讨好厉王，派了一批人到处察听，敲诈勒索，随便诬告。厉王在听信了卫巫的报告后，杀了不少国人。在这样的压力下，国人真的不敢在公开场合里议论了。人们在路上碰到熟人只互相交换一个眼色，就匆匆走开，"道路以目"的成语由此而来。

见卫巫报告批评朝政的人渐渐少了下来，厉王十分满意，他扬扬得意地对召公虎说："你看，这回不是已经没有人议论了吗？"召公虎叹了一口气，说："唉，堵住人的嘴，不让人说话，比堵住河流还要危险哪！治水必须疏通河道，让水流到大海；治理国家也是一样，必须引导百姓说话。硬堵住河流，就要决口；硬堵住人的嘴，是要闯大祸的呀！"厉王撇撇嘴，不去理他，召公虎只好退出。

厉王和荣夷公的暴政越来越厉害，3年后，即公元前841年，国人忍无可忍，终于举行了一次大规模的暴动。起义的国人围攻王宫，要杀厉王。厉王慌慌忙忙逃出王宫，一直逃过黄河，到了彘（今山西霍县东北）这个地方。

国人打进王宫后没有搜到厉王，便一路追杀太子静，结果就追到了召公虎的家里。召公虎没办法，只好把自己的儿子冒充太子送出去，保住了太子的一条命。

㝬簋　西周

这是迄今出土的最大的一件商周青铜簋，周厉王㝬作器者，形体高大魁伟，可称簋中之王，内底铸铭文124字，作于厉王十二年（公元前867年）。

厉王跑了，国王没有了，怎么办呢？大臣们经过商议，决定由召公虎和另一个大臣周公定主持贵族会议，暂时代替周天子行使职权，历史上称为"周召共和"。这一年是公元前841年，是中国史籍记载有确切纪年的开始。

周召共和维持了14年后，周厉王在彘死去。大臣们立太子姬静即位，就是周宣王。宣王在政治上比较开明，但是，经过厉王的暴虐统治和这一场国人暴动，周朝早已经是外强中干了。

烽火戏诸侯

公元前781年，周宣王死了，其儿子姬宫涅继位，就是周幽王。

公元前780年，岐山崩裂，泾水、渭水、洛水相继干涸。赵国（今山西洪洞北）国君姬带提醒姬宫涅说："山崩川竭，显示人的血液枯干，肌肤消失。岐山又是周王朝的创业之地，一旦塌陷，更将非同小可。大王如果求贤辅政，还可能消除天怒。如果仍然只是一味地找美女、觅艳妇，恐怕要生变乱。"可姬宫涅根本听不进去，并把姬带贬回了他的封国。

见此情形，褒国（今陕西汉中西北）国君褒珦又进谏说："大王既不畏惧上天的警告，又舍弃忠良，国家如何能够治理好？"姬宫涅大怒，把褒珦囚入监狱。

褒珦在监狱里被关了3年。褒家的人在乡下买了一个美丽的女子，取名褒姒，把她献给姬宫涅，替褒珦赎罪。姬宫涅得了褒姒后，异常高兴，马上就释放了褒珦。

姬宫涅十分宠爱褒姒，可是褒姒自从进宫以后，从没笑过一次。姬宫涅想尽办法，可就是无法让美人开颜。没办法，姬宫涅便传下话去：谁能让王妃娘娘笑一下，赏1000两金子。大臣虢石父这时站出来，给姬宫涅出了一个主意。

原来，周王朝为了防备犬戎部落的进攻，在骊山（今陕西临潼东南）一带造了20多座烽火台，每隔几里地就有一座。如果犬戎打过来，把守第一道关的兵士就把烽火烧起来；第二道关上的兵士见到烟火后，也会立即点燃烽火。这样一个接一个，附近的诸侯见到了，就会发兵来救。虢石父对姬宫涅说："现在天下太平，烽火台长久没有使用了。大王跟娘娘不如上骊山去玩。到了晚上把烽火点起来，让附近的诸侯见了赶来，上个大当。娘娘见了这许多兵马扑了个空，一定会笑起来。"

姬宫涅听到这个妙计，不禁拍手叫好，马上带褒姒上了骊山，当晚就在骊山上把烽火点了起来。邻近的诸侯看到烽火骤起，以为犬戎打过来了，急忙带领兵马来救。没想到赶到一看，却发现一个犬戎兵也没有，山上还有一阵阵奏乐和唱歌的声音。这时姬宫涅派人告诉他们说："谢谢各位，没有外寇，我只不过用烽火解闷罢了。请你们原路回去，等候犒赏。"那些封国国君简直不敢相信自己的耳朵，于是纷纷偃旗息鼓，狼狈而去。

褒姒不知缘由，突然看见骊山脚下急匆匆来了好几路兵马，吵嚷一番后又乱哄哄地走了，就问姬宫涅是怎么回事。姬宫涅一说原委，褒姒果然笑了一下。见褒姒开了笑脸，姬宫涅大喜，赏给虢石父1000两金子。从此，姬宫涅更加宠爱褒姒，并废掉了王后和太子，立褒姒为王后，立褒姒生的儿子伯服为太子。

西周灭亡

周幽王立褒姒为王后，而原来的王后被废，王后所生的太子宜臼也被褒姒所生的儿子取代。原王后的父亲是申国的诸侯，他得到这个消息后，与犬戎联合出兵，将镐京包围。姬宫涅听到犬戎进攻的消息，惊慌失措，连忙下令把骊山的烽火点起来。烽火烧起来了，可是诸侯因为上次上了当，以为这次又是周幽王在戏弄他们，没有一支军队赶来援救。京城里的人马不足以抵挡敌军的进攻，于是犬戎兵像潮水一样涌进城来，杀了姬宫涅、虢石父和伯服，抢走了褒姒，将王宫内的财物洗劫一空，临走时还放了一把大火。待各路诸侯得知犬戎真的进攻镐京，匆匆赶来时，镐京已成为一片废墟。

于是，原来的太子姬宜臼被立为周王，即周平王。他虽然得到晋国、郑国和虢国等诸侯的支持，但周王室已十分衰微。周朝西边大多数土地都被犬戎占了去，平王恐怕镐京保不住，在公元前770年，把国都迁到了洛邑（今洛阳）。从此，自周平王至周景王，洛邑作为东周的都城存在了300余年的时间。

洛邑在镐京之东，周朝从此便被称为"东周"，而镐京时代则为"西周"。

在周幽王姬宫涅的烽火中，西周结束了，东周时代来临。周平王成为东周的第一位天子，虽然勉强支撑残局，但诸侯之间互相兼并的情况越来越多，中国历史进入春秋时代。

王室衰微

周平王东迁后，周王朝的版图只剩下了中原地区，王畿随之缩小，只剩下洛邑周围不过两万平方千米的弹丸之地。财源和兵源一天天趋于枯竭，再没有力量支持原有的威风和尊严。于是，各封国产生了自行扩张领土的野心。

第一个发难的是郑国国君姬掘突，他不满意自己狭小的疆域，于是把女儿嫁给了邻近胡国的国君。公元前763年，姬掘突召集会议，讨论应该先向谁用兵。大臣关其思说："胡国最近，是最好的目标。"姬掘突义愤填膺，大吼说："郑、胡两国有长期的友谊，胡国国君又是我的女婿，你竟有这种不仁不义的想法，天理不容。"随即把关其思斩首。胡国国君大为感动，不再在边界设防。结果，姬掘突发动奇袭，灭掉胡国。

对于郑国灭掉胡国这件事，周王朝竟然毫无反应，其他诸侯国见此情景，都明白周王朝的威风已不复存在。

姬掘突逝世后，其子姬寤生继位。此时的周王室，平王也刚刚逝世，桓王姬林继位。姬林年轻气盛，由于看不惯姬寤生的飞扬跋扈，免去了他在王室的职务。姬寤生为了报复，公然派军队进入王畿，把刚成熟的小麦和稻米统统割去。姬林气得七窍生烟，却无法制止。

郑国不久后与宋国发生了战争，一直难分胜负。姬寤生看到王畿丰收，于是来到洛邑朝觐。姬林问他："郑国粮食收成如何？"姬寤生说："托大王洪福，五谷丰登。"姬林如释重负，说："那就好，王畿的粮食，我可以留下自己吃了。"然后送给姬寤生10车黍米，并说："请你收下，郑国如果再遇荒年，请不要来抢。"

姬寤生用绸缎把这10车黍米密密包住，招摇过市，说："宋国久不朝贡，国王赐下10车绸缎，命我们讨伐宋国。"于是，鲁国、齐国都派出军队，与郑国联盟，击败了宋军。取得胜利后，姬寤生便把周王忘在脑后了。周王朝规定，封国国君3年不入朝进贡，即被视为叛逆。姬林见姬寤生久不进贡，于公元前707年，亲率军队讨伐郑国。

如果在镐京时代，郑国必然认罪，听候处分。可在春秋时代，郑国不但不认罪，反而出兵应战。只一战，周王室的军队就败下阵来。姬林被郑国大将祝聃一箭射中左肩，狼狈逃回了洛邑。

郑国这一箭，摧毁了400余年周王朝国王的权力和威望，各诸侯国开始竞相扩大自己的势力。

第二章 春秋战国

长勺之战

周庄王十三年（前684年），齐军仗着自己的军事实力强大，侵入鲁国境内。鲁庄公没有与齐军交锋，而是暂时避开齐军锋芒，撤退到有利于反攻的长勺（今山东曲阜北郊）。在齐国的大臣中，自鲍叔牙以下都轻视鲁军，认为鲁国军队不堪一击，于是声势汹涌地发起攻击。鲁庄公见齐军进攻，就要擂鼓下令应战。这时曹刿劝阻说："齐兵士气正旺，我军出击正合敌人心愿，没有胜利的把握，'宜静以待'，暂时不要出击。"庄公便命令鲁军在阵地坚守，只令弓弩手射击。齐军无法厮杀，又冲不进鲁军阵地，反而被鲁军弓弩猛射以致不能前进，只得向后撤退。稍事休整后，鲍叔牙下令展开第二次攻击，曹刿仍然劝庄公不要出击，坚守阵地。齐军攻势虽猛，但无法攻进阵内，士气受到影响，又一次退回到原阵地。

齐军的前两次进攻，鲁军都坚守不出，鲍叔牙和齐军将领都认为鲁国军队害怕了，于是齐军发起了第三次进攻。曹刿看到这次齐军来势虽猛，但势头与前两次相比已有所减弱，认为出击时机已成熟，立即建议庄公反击齐军。庄公亲自擂起战鼓，命令军队攻击。鲁军将士此时士气高昂，奋勇出击，令齐军无法阻挡，把齐军打得溃败而退。

鲁军获胜后，庄公传令追击。曹刿认为，齐国是大国，一向善于作战，不容易判定是不是真正的失败，很可能另有埋伏，于是阻止庄公追击。他登轼而望，见齐军败退得没有秩序，兵器倒曳；又下车观察齐军战车的车辙，发现也十分混乱，于是判定齐军是真正溃败，才建议庄公大胆追击。庄公令鲁军猛打猛追，齐军受到了沉重的打击，鲁国俘获了大量甲兵和辎重，把齐军赶出了国境。鲁军获胜后，庄公向曹刿询问战争胜利的原因。曹刿说："作战的时候，全凭勇气，'一鼓作气，再而衰，三而竭'，'彼竭我盈'，所以能战胜敌人。"在谈到追击的问题时，曹刿说："夫大国，难测也，惧有伏焉，吾视其辙乱，望其旗靡。"才同意下令追击。

尊王攘夷

齐桓公执政后，在管仲的辅佐下，对内政、经济、军事等多方面进行了改革，物质基础和军事实力都有了很大的提高，接着又打出了"尊王攘夷"的旗帜，以辅佐周天子的名义征伐不服的诸侯。

"尊王"，就是尊崇周天子的权力，维护周王朝的统治。公元前655年，周惠王打算另立太子。齐桓公会集诸侯国君，与周天子盟，确定了太子的正统地位。第二年，齐桓公因郑文公没有参加会盟，率联军讨伐郑国。又过了几年，齐桓公率各诸侯国国君与周襄王派

管仲像

来的大夫会盟，确立了周襄王的王位。公元前651年，齐桓公在葵丘召集鲁、宋、曹等国国君及周大夫宰孔举行会盟。宰孔代表周王正式将齐桓公封为诸侯长。同年秋天，齐桓公以霸主身份主持了葵丘之盟。此后如果有诸侯侵犯周王室，齐桓公就会以诸侯长的身份过问和制止。

当时，中原各国将游牧于长城外的戎、狄和南方楚国称为"夷"。"攘夷"，就是抵御他们对中原诸侯的侵扰。公元前664年，山戎攻打燕国，齐军救燕。公元前661年，狄人攻打邢国，齐桓公采纳管仲"请救邢"的建议，出兵打退了狄兵，并为邢国在夷狄建立了新都。次年，狄人大举攻卫，并杀死了卫懿公。齐桓公率诸侯国替卫国在楚丘建立新的都城。经过不断努力，齐桓公有力地回击了一再北侵的楚国。到公元前655年，齐联军伐楚，迫使楚国同意向周王室进贡，楚国也表示愿加入以齐桓公为首的诸侯联盟，这就是召陵之盟。对楚国的讨伐，抑制了楚国向北方扩大势力范围的势头，保护了中原诸国的利益。

"尊王攘夷"政策，使齐桓公的霸业显得合理合法，同时也对中原经济和文化的发展起到了一定的保护作用。

14

晏婴使楚

春秋末期，楚国的强大使诸侯畏惧，小国都去朝拜楚国，大国也不敢不与之结盟，楚国成了当时诸侯国中的霸主。齐景公命齐相国晏婴出使楚国，当楚灵王听说齐国使者是相国晏婴后，对身边的大臣说："晏婴身高还不到五尺，但他的贤名却闻于诸侯，寡人以为楚国比齐国强，应该好好羞辱齐国一番，扬我楚国之威，怎么样？"太宰对楚灵王说："晏婴应对问答反应机敏，一件事不足以使其受辱。"于是就向楚王献出计策，以羞辱晏婴，楚王非常高兴，依计而行。

晏婴身穿朝衣，坐着车来到了楚国都城东门，见城门未开，便叫守门人开门。太宰早已吩咐了守门人，于是守门人指着旁边的小门说："请相国从这狗洞中进去吧！这洞口很宽敞，足够您从这里进入，又何必费事打开城门进去呢？"晏婴听罢，笑着说道："这可是狗进出的门，并非人进出的门，只有出使狗国的人才从狗门出入，出使人国的人只能从人门出入，我有点糊涂了，到底自己是来到了人国，还是来到了狗国呢？我想楚国不是狗国吧！"守门之人将晏婴的话向楚灵王做了报告，楚灵王听罢，想了一想，也无可奈何，只好吩咐打开城门，晏婴便堂堂正正地进入了楚都。

楚灵王一见到晏婴，马上问："齐国是不是没有什么人才？为什么派你这样一个矮子作为使者？"晏婴说："大王，齐国人多着呢。国都临淄有百万人口，每人呼一口气，就能形成云；每人淌一滴汗，就像下雨一样。街市上行人川流不息，摩肩接踵，怎么能说没有人才？只是敝国的规矩是，贤明之人到贤国出使，不肖之人到不肖之国出使，大人到大国出使，小人到小国出使。像我这样无才无德的人，只能被派到楚国，请大王原谅。"

楚王一时不知说什么好，这时一对武士押着一名犯人从殿前经过，楚王问道："这个罪犯是哪国人？所犯何罪？""是齐国人，是因盗窃而被抓。"武士答道。"晏相国，齐国人是不是有偷东西的毛病呀？"晏婴知道楚王的用意是想取笑自己，报刚才之辱，但是他依然从容地回答说："小臣听说淮水以南的橘子称为橘子，非常甜美，若移至淮水以北，就会变成枳树，结的果子，又涩又苦很不好吃。之所以会出现这两种截然不同的情况，实在是因为土地的原因。正如这个齐国人出生在齐国，并不是盗贼，而是一个良民，可是来到楚国，为什么却变成了盗贼呢？这是楚国让他变成这样。楚国对于齐人来讲，正如橘子之于淮北，这和齐国又有什么关系呢？"

楚王沉默了好久，叹道："寡人本来打算今天让您受到些侮辱，没想到竟被您嘲笑了，是寡人做错了，请您原谅吧！"楚王善待晏婴，晏婴圆满完成了出使任务，回到齐国。

"仁义之师"

齐桓公死后，他的儿子们为争夺王位互相厮杀。宋襄公率领兵马打到齐国，帮助公子昭取得了王位，即齐孝公。

齐国本来是各诸侯的盟主，如今齐孝公靠宋国的帮助得到了君位，宋国的地位也就自然提高了。宋襄公从此雄心勃勃，想继承齐桓公的霸主事业。他约会各诸侯开会，但只有3个小国听从他的命令，几个中原大国都没有回应。宋襄公决定联络楚国，共同制伏那些不听他号令的诸侯。楚国虽然愿意与宋国结盟，但楚成王却打定主意要自己做盟主，因此两国不欢而散。

公元前638年，宋襄公出兵攻打郑国，郑国向楚国求救。楚成王见此情形，没有发兵救郑国，而是带领大队人马直接去打宋国。宋襄公没提防这一招，连忙赶回来，在泓水（今河南柘城西北）南岸与楚国形成对峙之势。

两军隔岸对阵后，楚军开始渡水进攻。宋国公子目夷见楚人忙着过河，就对宋襄公说："楚国仗着兵多，居然在白天渡河，不把咱们放在眼里。趁他们还没渡完的时候，咱们迎头打过去，一定能打个胜仗。"

宋襄公说："不行！咱们是讲仁义的国家。敌人渡河还没有结束，咱们就打过去，还算什么仁义呢？"待全部楚军渡河上岸，乱哄哄地排队摆阵势时，公子目夷又对宋襄公说："这会儿可不能再等了！趁他们还没摆好阵势，咱们赶快打过去！"宋襄公又责备他说："你太不讲仁义了！人家队伍都没有排好，怎么可以打过去呢？"

不一会儿，楚国的兵马摆好阵势，随着战鼓敲响，楚军像大水冲堤一般向宋军攻来，宋襄公大腿中箭，只得败退。

宋襄公逃回国都商丘后，国人议论纷纷，埋怨他不该跟楚国人打仗，更不该那么个打法。公子目夷把大家的议论告诉宋襄公。宋襄公揉着受伤的大腿，说："依我说，讲仁义的人就应该这样打仗。比如说，见到已经受了伤的人，就别再去伤害他；对头发花白的人，就不能捉他当俘虏。"

宋襄公的腿伤一直没好，过了一年便死了，争霸的事业也就此搁浅。

晋文公成就霸业

晋国国君姬诡诸，后世称为献公。他灭掉霍、耿、魏、虞、虢、骊戎、北狄等小国，扩大了晋国疆域，为文公的称霸打下了基础。

晋献公有3个儿子，长子姬申生为太子，次子姬重耳，三子姬夷吾。晋献公晚年宠爱骊姬，便想改立骊姬的儿子姬奚齐为太子。骊姬设计害死了太子姬申生，姬重耳和姬夷吾

晋文公复国图卷　南宋　李唐

被迫出逃。

晋献公死后，晋国的大臣们不满骊姬，发动政变，杀死了骊姬和姬奚齐。逃亡的姬夷吾听到晋国内乱的消息，向秦穆公嬴任好求助，许诺自己在继位后割5个城池给他作为酬劳。嬴任好于是派军队护送姬夷吾回国。可是，姬夷吾继位后立即食言，连一个城池也没有割给秦国。公元前645年，秦国大举攻晋，姬夷吾兵败，除了照割五城外，还把儿子姬圉送到秦国作为人质。

嬴任好很喜欢姬圉，把最心爱的女儿怀嬴嫁给了他。可是，当姬圉听说父亲病危后，怕其他兄弟趁他不在夺取宝座，心急如焚，于是抛下怀嬴私自逃回了晋国。如此一来，嬴任好大为震怒，认为他们父子全是忘恩负义之徒。恰巧姬重耳流亡到秦国，嬴任好就把怀嬴又嫁给了姬重耳，并许诺帮他复国。

公元前637年，姬夷吾去世，姬圉继位。第二年，强大的秦兵就攻陷了晋国首都绛城（今山西翼城），晋国大臣杀死了姬圉，迎立姬重耳即位，后世称其为晋文公。

晋文公继位后，执行通商宽农的政策，国内经济开始复苏。这时周王朝发生内乱，周襄王被弟弟夺位，逃出国后无处可去。晋文公听取了大臣赵衰"入王尊周"的建议，发兵勤王，帮助周襄王夺回了王位。

在周王朝内乱平息后的第二年，楚王率领曹、卫两国攻宋。宋国向晋国乞援，晋文公出兵先打败了曹、卫两国，又与楚国在城濮（今山东鄄城西南）决战，楚国大败。

通过城濮之役，晋国声名大振。晋文公在践土（今河南原阳）会盟各诸侯，周襄王也亲自参加会盟，封晋文公为侯伯，晋文公成了诸侯中的霸主。

城濮之战

公元前633年楚国攻打宋国，宋国向晋国求救，晋文公率军由棘津（今河南滑县西南）渡河，向楚国的附属国曹、卫进攻，企图引诱楚军来救援，替宋解围。晋早在正月就占领了卫国的五鹿（今河南清丰西北），并很快占领了卫国全境。

三月，晋军攻占了曹国都城陶丘。但楚军并不援救，反而加紧围攻商丘。宋国向晋告急，晋文公采纳了先轸的建议，利用秦、齐"喜贿怒顽"的心理，使用外交手段制造秦、齐与楚的矛盾。一面让宋向秦、齐行贿，请两国出面求楚退兵，一面将曹、卫之地分给宋，以坚定宋抗楚的决心。楚国没有攻下商丘，而曹、卫之地又被晋送给了宋国，因此楚国拒绝退兵。秦、齐于是派兵帮助晋国，形成三强联合对楚的局势。

楚成王见形势对自己不利，害怕秦乘机攻其后方，率军退至申邑，并令围攻商丘和缗邑以及占领谷邑的楚国军队也撤回。但楚军围攻商丘的主将子玉是个自负的人，他坚持与晋交战。楚成王有所动摇，同意了子玉的主张，但又不肯全力决战，只派了600王室亲兵增援子玉。子玉派人对晋国说：只要晋国让曹、卫复国，楚国就不再围宋。晋国君臣认为形势利于自己，希望决战，但又担心不答应子玉的条件，会被宋、曹、卫三国仇恨。于是他们一面暗中答应让曹、卫复国，劝其断绝与楚国的交往，一面扣留楚国使臣，以激怒子玉。子玉果然大怒，要求一战，率军进逼陶丘。晋文公为使楚军疲劳，诱使子玉轻敌深入，于是退避三舍（一舍为15千米），退到城濮，与秦、齐军队会合。

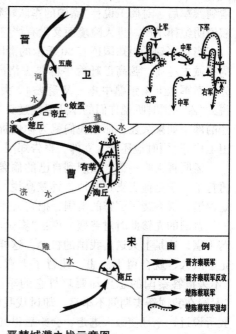

晋楚城濮之战示意图

四月初一，楚军来到城濮；初二，双方交战。晋军在秦、齐军队的声援下，配置为上、中、下三军；楚军以陈、蔡的军队为右军，申、息的军队为左军，本国主力为中军。晋军统帅先轸下令首先将较弱的楚右军击溃，并让晋上军假装败退，于阵后拖柴扬尘，使对方误以为后军已退，以诱楚左军进击，使他们的侧翼暴露，尔后回军与中军合击敌军，又击溃了楚的左军。子玉及时收住兵力，才避免了中军败溃。楚军败退到连谷时，子玉自杀。这一战，晋文公及先轸等人能够事先充分运用外交谋略；决战中，又按先弱后强的顺序，将敌军各个击破，这对先秦战术思想的发展起了重要作用。

崤之战

春秋时期，秦国和晋国为了各自的利益，有时结盟，有时对抗。晋献公把女儿嫁给秦穆公，秦穆公又把女儿嫁给晋献公的儿子，即后来的晋文公重耳。"崤之战"的前两年，秦晋联合攻打依附楚国的郑国，可开战之前，秦穆公却又暗中与郑国结盟，并留下杞子等人协助郑国对付晋国。

晋文公死后，杞子从郑国派人向秦穆公报告说："郑国人让我掌管他们都城北门的钥匙，如果您派兵来偷袭，可以攻取郑国的都城。"秦穆公向蹇叔征求意见。蹇叔力劝秦穆公不要盲目出兵，蹇叔说："动用军队去袭击远方的国家，我没有听说过。军队疲劳不堪，力量消耗尽了，远方的国君对我们有了防备。这样不行吧？关于我们军队的行动，郑国必然会知道，劳师动众却无收获，士兵们心中必然怨恨。况且千里行军，谁会不知道呢？"秦穆公不听，召集孟明视、西乞术、白乙丙，派他们率军从东门出发。大军出发那天，蹇叔哭着送他们说："孟子（孟明视），我今天看着军队出征，但是看不到他们回来了！"秦穆公派人对他说："你知道什么！如果你只有中等的寿命，你坟上的树早就长得可以合抱了！"

蹇叔的独子也在出征的队伍中，蹇叔哭着送他说："晋国人一定会在崤山伏击我们的军队。崤有南北两座山：南面的是夏朝国君皋的墓地；北面的是周文王躲避风雨的地方。你一定会死在这两座山之间的峡谷中，我会去那儿收你的尸骨！"秦国的军队于是出发了。

鲁僖公三十三年（前627年）春天，秦军从周都城的北门前经过。兵车上左右两边的战士都脱下战盔，下车致敬，接着有300辆兵车的战士跳上战车。当时还年幼的王孙满，看到秦军后，对周王说："秦国的军队轻狂又没有礼貌，一定会失败。轻狂就少谋略，没礼貌说明纪律不严。进入险境而又没有严整的纪律，还缺少谋略，怎么能不失败呢？"

当秦军到了距郑国还有80千米的滑国（今河南偃师东南）时，恰遇郑国商人弦高要到周都城去经商。弦高正赶着牛群要去洛邑贩卖，见到这种情景，他便伪装成郑国的使臣，先给秦军送上4张熟牛皮，又送去12头牛，宣称是奉了郑国国君的命令，前来犒军。他说："敝国国君听说你们的军队要经过敝国，冒昧地要我来慰劳您的部下。敝国不富裕，但您的部下如果久住，那么我们就为你们提供住宿的服务；要走，就为你们做好那一夜的保卫工作。"同时他还派人立即去报告郑国。

孟明视大吃一惊，没想到自己的偷袭计划已然被郑国发觉，想来郑国已有准备，不能再打了。于是他支支吾吾地告诉弦高说，他的目标不是郑国，而是滑国。为了证明自己不是说谎，就突袭了倒霉的滑国，把它灭掉后撤退了。

晋国的先轸此时对晋襄公说："秦国不听蹇叔的意见，因为他的贪得无厌而使老百姓劳苦不堪，这是上天送给我国的机会。这样的机会绝对不能放弃，更不能轻易放过敌人。放走了敌人，就会留下后患，违背了天意，是不吉利的。我们一定要攻打秦军！"栾枝说："不去报答秦国的恩惠却要攻打它的军队，你心目中难道没有已死的国君吗？"先轸说："秦国在我国新丧期间不举哀，却讨伐我们的同姓之国，这是无礼的行为，还有什么恩呢？我听说过，一旦使敌人逃走，会给后世几代人留下祸患。为后世子孙考虑，也就是为了已死的国君考虑吧！"于是下令调动姜戎的军队。四月十三日，秦军在撤退途中，走到了崤山峡谷，在一条仅可容纳一辆战车通行的狭长小道上，他们遭遇了晋国大军的突袭。秦军300辆战车和3000名骁勇的士兵全部覆没，晋军俘虏了秦军孟明视、西乞术、白乙丙三位将领，幸亏晋国国君姬欢的母亲怀嬴极力恳求，孟明视和其他大将才被释放。于是晋襄公就穿着黑衣服给晋文公送葬，从此晋国的丧服就成了黑色的。

正是这次崤之战，让秦晋两国结下世仇。

秦穆公独霸西戎

春秋兵阵示意图

秦军败回后，穆公仍然重用孟明视，并任用百里奚和蹇叔，重新训练军队。孟明视在失败后，也更加用心整顿内政，训练军队，发展生产。晋国的赵衰看到这一情况后，对将士们说："要是秦军再来，我们一定不能同他们硬打，秦军复仇心切，百战不殆，已经成了一股不可阻挡的力量了。"

3年后，秦国向晋国报复，秦军上下一心，士气大振，一举攻下了晋国的郊邑（今山西闻喜县西）和王官（今山西闻喜县南）两座城池。晋军避其锋锐，坚守不出。秦穆公见状，下令回到崤山，埋葬了那些被屠杀的秦国战士的尸体，全军在此哭祭3天。看着山中的累累白骨，秦穆公十分自责，告诫后人要牢记："古人行事常同年长的人商议，因此才不容易失败。而我因为不听蹇叔、百里奚的劝阻，才造成了这样重大的损失，后人一定要记住我的这一罪过啊。"

经过多年的较量，秦国和晋国势均力敌，秦国因为始终无法东进，因此就专力向西发展，接下来，秦国相继征服了邻近的封国达 12 个之多，向西方开疆拓土 200 千米，秦穆公称霸西戎一带。

然而，秦国的霸权也是短期的。公元前 621 年，秦穆公逝世，他的儿子嬴罃即位，是为秦康公，他用了 177 个人为父亲殉葬，这是自西周以来用人殉葬最多的一次。这次殉葬的不光有奴隶，连秦穆公时代的功臣也几乎被全部殉葬，这使得秦国又回到了蒙昧时代。

一鸣惊人

秦穆公死后，秦晋两国虽然长期兵戎相见，秦人却始终不能东进，于是秦人转而联楚抗晋。依靠了秦国的支援，楚国逐渐强大起来了。

楚国位于南方，楚庄王熊旅继位后，3 年都不曾发布过任何政令，每天只是玩乐，他还下令：凡是进谏的人都要被处死。大臣伍举一天对楚庄王说："有鸟在高处，三年不飞不鸣，这是什么鸟？"楚庄王回答说："三年不飞，一飞冲天；三年不鸣，一鸣惊人。你下去吧，我知道你的意思了。"

从此以后，楚庄王开始从政，任用伍举、苏从、孙叔敖等人，大力发展农业和商业，国力日渐雄厚。

公元前 606 年，楚庄王远征北方陆浑（今嵩山地区，距洛阳仅 60 千米）的戎部落，把戎部落灭掉后，又率领大军到了洛邑近郊，向周王示威。惊慌失措的周王急忙派大臣送去大批慰劳品，并问楚庄王为何屯兵于此。楚庄王说："我想看看九鼎有多大，问问它们到底有多重。"

九鼎是用青铜铸成的礼器，每一个鼎就代表夏王朝时代的一个州。周王朝掌有它，是作为中国最高统治的一种权力象征。周王的使臣回答说："九鼎归周是天命，它的轻重不宜过问。"楚庄王大笑说："放心，我不要你的九鼎。我国内只凭折掉戟的钩尖，就够铸出九鼎了。"

楚庄王在问鼎以表雄心之后，又率兵攻晋伐宋，宋人被围，易子而食，纷纷投降。楚国一举统一了长江、汉水、淮水流域，南下打到今云南地区，统一了南方许多部落，让华夏文明得以向南传播，从而促进了民族的融合。

弭兵之会

从楚庄王二十三年（前 591 年）楚庄王去世至楚共王十一年（前 580 年）的 11 年里，晋、楚两国一直对抗激烈，但同时，由于双方实力都不如从前，也开始进行和平交往的试探。

晋、楚争霸，处于中间地带的宋、郑等中小国家是受害者。这些弱国的统治者也希望停止战争。于是，就出现了第一次弭兵之会。

公元前 582 年秋，晋、楚在激烈对抗的同时，也相互试探实现和平的可能性。据《左传·成公九年》载，晋景公曾面见楚国俘虏钟仪。钟仪是公元前 584 年被郑国俘获后献给晋的，晋景公与他做了一番友好的交谈。范文子建议放钟仪回楚，"使合晋、楚之成"。晋景公也赞成，"重为之礼，使归求成"。这年冬天，楚共王也及时地将公子辰放回晋国，"报钟仪之使，请修好、结成"。第二年春天，晋景公又派使者出使楚国。

公元前 580 年，宋国的华元得知晋、楚两国使者互访，就主动出来促成晋、楚结盟。华元本人与晋国的栾书以及楚令尹子重都有私交，于是先后来到楚、晋两国，"合晋、楚之成"。经过华元的努力，公元前 579 年 5 月，晋大夫士燮与楚公子罢、许偃于宋西门之外结盟，12 月，晋厉公和楚公子罢在晋国的赤棘结盟。

19

宋西门之盟，只是暂时缓和了晋、楚双方的对抗，并未真正达到停兵与和平的目的。

公元前560年，楚共王去世，其子楚康王继位。公元前558年，晋悼公去世，其子晋平公继位。

晋平公继位后，为确立霸主地位，即于公元前557年在溴梁会盟宋、鲁、卫、郑等国国君。齐灵公没有来，只派大夫高厚参加。看到晋国国势强盛，许灵公背楚从晋，遂请迁于晋，许国大夫则反对，晋国于是攻打许国，并乘势攻打楚国，楚军失败。晋军一直攻到楚方城之外，复又讨伐许国。这是楚康王、晋平公时双方之间的一次较大规模的作战，但也只是局部性的。

伍子胥伐楚

伍子胥名员，字子胥，本是楚国人。公元前522年，楚平王要把原来的太子建废掉。这时候，太子建和他的老师伍奢正在城父（今河南襄城西）镇守。楚平王怕伍奢不同意，先把伍奢叫来，诬说太子建正在谋反，一面派人去杀太子建，一面又逼伍奢写信给他的两个儿子伍尚和伍子胥，叫他们回来，以便一起除掉。伍尚回到郢都（今湖北江陵西北）后，就跟父亲一起被楚平王杀害了，伍子胥则逃了出去。

楚平王旋即下令悬赏捉拿伍子胥，并叫人画了伍子胥的像，挂在楚国各地的城门口。传说伍子胥一连几夜愁得睡不着觉，连头发都愁白了，结果相貌大变，这才混出关去。

逃到吴国后，伍子胥辅佐吴王阖闾修法制以任贤能，奖农商以实仓廪，治城郭以设守备，又举荐深通兵学的孙武为将，选练兵士，整军精武，终于使吴国成为东南地区的强国。

这时，伍子胥做的第一件事就是进攻楚国，经过5次战役，终于攻破了楚国的国都。当初，伍子胥在逃跑时曾对朋友申包胥说："我一定要灭掉楚国。"申包胥则说："我一定要保卫楚国。"等到吴兵攻进郢都后，伍子胥挖开了楚平王的坟，拖出他的尸体，鞭打了300下才停手。当时申包胥已经逃到山里，他派人去对伍子胥说："您这样报仇，太过分了！我听说人多可以胜天，天公降怒也能毁灭人。您原来是平王的臣子，亲自称臣侍奉过他，如今竟然侮辱死人，这难道不是伤天害理到极点了吗！"伍子胥对来人说："你替我告诉申包胥，我就像太阳落山的时候，路途还很遥远。所以，我要逆情悖理地行动。"申包胥跑到秦国去求救，秦国不答应。申包胥就站在秦国的朝廷上日夜不停地痛哭了七天七夜。秦哀公同情他，说："楚王虽然是无道昏君，可是有这样的臣子，能不保存楚国吗？"于是他就派遣了500辆战车拯救楚国，攻打吴国，吴国这才退兵。

孙武练兵

孙武字长卿，后代人尊称他为孙子，是春秋末年著名的军事家。孙武本是齐国人，因为齐国内部争权夺利的斗争愈演愈烈，让孙武极其反感，而当时南方的吴国国势强盛，很有新兴的气象，于是孙武认定吴国是他理想的施展才能和实现抱负的地方。18岁时，他毅然离开故土投奔吴国，由此展开了一生的恢宏事业。

孙武自来到吴国后一直隐居著书，经过伍子胥多次的推荐，吴王才答应接见他。孙武于是带着他刚写就的兵法觐见吴王，吴王将兵法一篇一篇看罢，啧啧称好，但他又忽然产生一个念头：兵法头头是道，是否真的实用呢？孙武能写兵法，那怎样才能证明他不只是一位纸上谈兵的人呢？于是吴王便对孙武说："你的兵法13篇，我已经逐篇拜读，确实是耳目一新，受益匪浅，但不知实行起来如何，可否用它小规模地演练一下，让我们见识见识？"

孙武回答说："可以。"吴王又问道："先生打算用什么样的人去演练？"孙武答："随君王的意愿，用什么样的人都可以。不管是高贵的还是低贱的，也不论是男的还是女的，都可以。"吴王想给孙武出个难题，便要求用宫女来演练。于是，吴王下令将宫中美女180名召到宫后的练兵场，交给孙武去演练。

孙武把180名宫女分为左右两队，指定吴王最为宠爱的两位美姬为左右队长，让她们带领宫女进行操练，同时指派自己的驾车人和陪乘担任军吏，负责执行军法。一切安排就绪后，孙武击鼓发令，然而尽管孙武三令五申，宫女们却不听号令，只觉得好玩可笑。孙武于是召集军吏，要斩两位队长。

清版《孙子兵法》书影

正式称《孙子兵法》为武经，定孙子为武学教本，应当始于宋代。明代因之，亦列孙子于武经七书之首。清时，言兵者亦莫不奉孙子为圭臬。民国初年，蒋方震首以现代兵学为孙子作新释，从而为孙子研究开辟一崭新途径。

吴王见孙武要杀掉自己的爱姬，马上派人传命说："寡人已经知道将军能用兵了。没有这两个美人侍候，寡人吃饭也没有味道。请将军赦免她们。"孙武毫不留情地说："臣既然受命为将，将在军中，君命有所不受。"孙武执意杀掉了两位队长，再任命两队的排头充当队长，继续练兵。当孙武再次击鼓发令时，宫女们不敢再调笑，前后左右，进退回旋，全都合乎规矩，阵形十分齐整。

孙武命人请吴王检阅，吴王因为失去爱姬，心中不快。孙武对吴王说："令行禁止，赏罚分明，这是兵家的常法，为将治军的通则。对士卒一定要威严，只有这样，他们才会听从号令，打仗才能克敌制胜。"听了孙武的一番解释，吴王怒气消散，便拜孙武为将军，开始了一系列的争霸活动。

卧薪尝胆

楚国称霸南方后，对北方虎视眈眈。北方诸国中，晋国的势力最为强大，晋楚两国长期对峙，一直难分胜负。

当时南方有两个小诸侯国——吴国和越国，国力日渐强大。晋国联合吴国，想以此制楚。而楚国联合越国，希望以此制吴。吴越两国由此长期对立。

公元前515年，阖闾在伍子胥的帮助下，成为吴国国王。阖闾重用伍子胥和孙武，与楚国对抗。伐楚的战争异常顺利，吴军五战五胜，攻下了楚国都城郢（今湖北江宁以南），楚昭王逃跑。

吴王阖闾打败楚国后，成了南方霸主，都城设在吴（今江苏苏州）。因与越国（都城在今浙江绍兴）素来不和，公元前496年，两国在槜李（今浙江嘉兴西南）展开大战。吴王阖闾满以为自己国力强盛，可以打赢越国，没想到却打了败仗，自己也中箭受伤。回到吴国后不久，阖闾就咽了气，他临死时对其子夫差说："不要忘记报越国的仇。"夫差记住这个嘱咐，叫伍子胥和大臣伯嚭日夜操练兵马，准备复仇。

公元前494年，吴王夫差亲自率领大军攻打越国。越国大夫范蠡对越王勾践说："吴国练兵快3年了。这回报仇心切，来势凶猛。咱们不如守城，不跟他们作战。"勾践不同意，发大军去跟吴国军队硬拼，结果失败，带领残余部队5000人退守会稽山。

勾践派大臣文种去求和，大臣伍子胥表示反对。但由于越国送上大批珠宝，还有美女

21

吴越战争图

西施，所以吴王夫差不顾伍子胥的反对，答应了越国，但是要勾践亲自到吴国来做人质。

勾践把国家大事托付给文种，自己带着夫人和范蠡到了吴国。夫差让勾践夫妇住在阖闾坟旁的一间石屋里，叫勾践给他喂马，范蠡也跟着做奴仆的工作。夫差每次坐车出去，勾践就给他拉马，这样过了两年，夫差认为勾践已经真心归顺了他，就放勾践回国了。

勾践回到越国后，立志报仇雪耻。他唯恐眼前的安逸消磨了志气，便在吃饭的地方挂上一个苦胆，每逢吃饭的时候，就先尝一尝苦味，然后问自己："你忘了会稽的耻辱吗？"他把席子撤去，用柴草当作褥子。这就是后人传诵的"卧薪尝胆"。

勾践亲自参加耕种，叫他的夫人也亲自织布，以此来鼓励人们生产。因为越国遭到亡国的灾难，人口大大减少，所以他制定出奖励生育的制度，并叫文种管理国家大事，叫范蠡训练人马。

公元前 482 年，吴王夫差与晋国交战，勾践趁机攻打吴国，杀死了吴国太子。公元前 473 年，越国再次攻打吴国，夫差兵败自杀。勾践于是在徐州（今山东滕州市）大会诸侯，成为春秋时期的最后一个霸主。

22

儒家学派

在春秋时代，诞生了一位伟大的思想家——孔子，他开创了儒家学派，对后世影响深远。

孔子的远祖是宋国贵族，殷王室的后裔。孔子生在鲁国，名丘，字仲尼。由于早年丧父，家境衰落，孔子年轻时曾做过"委吏"（管理仓廪）与"乘田"（掌管放牧牛羊）。虽然生活贫苦，但孔子 15 岁即"有志于学"。他善于取法他人，且学无常师，好学不厌，乡人都赞他"博学"。

孔子学有所成之后，便开始授徒讲学，创办了我国最早的私学。公元前 517 年，鲁国内乱，孔子离鲁至齐。齐景公向孔子问政，孔子便讲了"君君，臣臣，父父，子子"的儒家纲领，又主张"政在节财"。可惜当时齐国政权操控在大夫陈氏手中，孔子在齐国总不得志，遂又返回鲁国，以教书为生。

公元前 501 年，孔子被鲁国国君任命为中都宰，后升为大司寇。齐国听说孔子受到重用，怕鲁国强大后兼并自己，就送了许多美女和乐工给鲁定公。鲁定公于是日日寻欢作乐，荒废了朝政。孔子见自己的政治抱负无法实现，遂带领弟子颜回、子路、子贡、冉求等人离开鲁国，开始了长达 14 年之久的周游列国的颠沛流离生涯，宣传自己的政治主张。

那个时候，大国都忙于争霸战争，小国都面临着被吞并的危险，整个社会正在发生变革。而孔子宣传的，却是要恢复周朝初年的礼乐制度，自然没人接受。孔子先后到过卫国、曹国、宋国、郑国、陈国、蔡国、楚国，这些国家的国君都没有用他。最后，孔子还是回到鲁国，把精力放到整理古代文化典籍和教育学生上。

晚年的孔子整理了《诗经》和《尚书》，并根据鲁国史料，编成了我国历史上第一部编年体史书——《春秋》，记载了从公元前722年到公元前481年的大事。

孔子去世后，他的弟子将他生前的言行编成《论语》一书，并继续传播他的学说，形成了儒家学派。

三家分晋

经过春秋时期长期的争霸战争，许多小的诸侯国被大国吞并了。有的国家内部发生了变革，大权渐渐落在几个大夫手里。这些大夫为了扩大自己的势力，用减轻赋税的办法笼络人心，势力越来越大。

一向被称为中原霸主的晋国，到了晋厉公的时代，国君的权力开始衰落，实权由六家大夫把持。他们各有各的地盘和军队，并且互相攻打。后来有两家被打散了，只剩下智家、赵家、韩家和魏家。这四家中，又以智家的势力最大。

智家的大夫智伯瑶想侵占其他三家的土地，对三家大夫赵襄子、魏桓子、韩康子说："晋国本是中原霸主，后来被吴、越夺去了霸主地位。为了使晋国强大起来，我主张每家都拿出100里土地和户口来归给公家。"

三家大夫都知道智伯瑶心存不良，想以公家的名义逼他们交出土地。可是三家心不齐，韩康子首先把土地交出，魏桓子不愿得罪智伯瑶，也把土地交了。

智伯瑶于是向赵襄子要土地，赵襄子不答应，说："土地是上代留下来的产业，说什么也不送人。"智伯瑶气得火冒三丈，联合韩、魏两家发兵攻打赵家。赵襄子自知寡不敌众，就带着自家兵马退守晋阳（今山西太原）。

晋阳城凭着城高、弓箭多，死守了两年多，三家兵马始终没能把它攻下来。智伯瑶命令士兵在晋阳城东北的晋水上拦河筑坝，等到雨季来临时，在水坝上掘开豁口，大水直冲晋阳。哪知晋阳城的老百姓恨透了智伯瑶，宁可淹死，也不肯投降。

赵襄子见此情景，派大臣张孟谈偷偷地出城，找到了韩康子和魏桓子，约他们反过来一起攻打智伯瑶。三家一拍即合，当即里应外合，一举消灭了智伯瑶。

赵、韩、魏三家灭了智家，不但把智伯瑶侵占两家的土地收了回来，连智家的土地也由三家平分。公元前403年，韩、赵、魏三家派使者上洛邑去见周威烈王，要求周天子把他们三家封为诸侯。周威烈王看到三家势力已然壮大，便承认了他们的诸侯地位。公元前377年，三家联合灭了晋侯，将晋国土地一分为三，正式瓜分了晋国。

从此以后，韩、赵、魏也成了中原大国，加上秦、齐、楚、燕4个大国，展开了更加凶猛的混战，历史从此进入了纷乱的战国时代。

李悝变法

李悝是战国初期魏国杰出的政治家，他主张"为国之道，食有劳而禄有功，使有能而赏必行、罚必当"，还要"夺淫民之禄，以来四方之士"。有赏有罚，唯才是用，这个思想成为战国时甚为流行的法家主张，不少国家都因贯彻这些主张而走向富强。

在经济策略方面，尽地力之教是李悝的主要主张，他认为田地的收成和为此付出的劳动成正比，"治田勤谨则亩益三斗，不勤则损亦如之"。他又认为粮贵则对士民工商不利，谷贱则伤农，善治国者必须兼顾士民工商和农民双方的利益。他指出五口之家的小农，每年除衣食、租税和祭祀等开支外，还亏空450钱，这就是农民生活贫困和不安心于田亩的原因。他针对此情况做"平籴"法，即将丰年分成大熟、中熟、小熟3个等级，按比例向农民籴粮；把荒年也分成大饥、中饥和小饥，在大饥之年把大熟之年所籴的粮食发放给农民，其余则类推。这样可使饥岁的粮价不至于猛涨，农民也不会因此而逃亡或流散。由于能"取有余以补不足"，所以"行之魏国，国以富强"。

而《法经》的编订，则是李悝在法律制度方面做出的重大贡献。其中包括盗、贼、囚、捕、杂、具六罪。盗是指侵犯财产的犯罪活动，大盗则戍为守卒，重者要处死。窥宫者和拾遗者要受膑、刖之刑，表明即使仅有侵占他人财物的动机，也仍构成犯罪行为。贼律是对有关杀人、伤人罪的处治条文，其中规定，杀一人者死，并籍没其家和妻家。杀二人者，还要籍没其母家。囚、捕两篇是有关劾捕盗贼的律文。杂律内容包罗尤广，包括淫禁：禁止夫有二妻或妻有外夫；狡禁：有关盗窃符玺及议论国家法令的罪行；城禁：禁止人民越城的规定；嬉禁：关于赌博的禁令；徒禁：禁止人民群聚的禁令；金禁：有关官吏贪污受贿的禁令。具律是《法经》的总则和序列。《法经》出现后，魏国一直沿用，后由商鞅带往秦国，秦律即从《法经》脱胎而成。汉律又承袭秦律，故《法经》在中国古代法律史上有着非常重要的地位。

西门豹治邺

西门豹在魏文侯（前446年~前396年在位）时任邺（今河北临漳西南）令。初到邺城时，他看到这里人烟稀少，田地荒芜，很是不解。后来才知道，当地百姓是为"河伯娶妇"所困扰。原来，魏国邺城屡遭水患，巫婆就勾结当地官吏，假借河伯娶妇，榨取民财。

到了"河伯娶妇"这天，西门豹借口新娘不够漂亮，对巫婆说："不行，这姑娘不漂亮，麻烦巫婆到河里对河伯说一声，另外选个漂亮的，过几天送去。"说完，叫卫士把巫婆投进了漳河。等了一会儿，西门豹又说："巫婆怎么还不回来？让她徒弟去催一催。"又将巫婆的几个徒弟相继投进河里。等了一会儿，西门豹道："看来女人办不了这事儿，麻烦地方上的管事去跟河伯说说吧！"说着又要叫卫士把管事的扔进漳河。地方上的管事早已吓得面色如土，急忙跪地求饶，承认了借漳河水患谎称"河伯娶妇"，榨取百姓钱财的事。

就这样，西门豹不仅惩治了地方上的恶霸势力，还禁止了巫风，原先出走的人也陆续回到了家乡。接着西门豹又率人勘测水源，组织百姓在漳河周围相继开掘了十二渠，使大片田地成为旱涝保收的良田。他在发展农业生产的同时，实行"寓兵于农、藏粮于民"的政策。邺城很快发展得民富兵强，成为战国时期魏国的重镇。

齐国改革

公元前356年，齐威王田因齐即位，一度迷恋弹琴，不理朝政，使国家日趋衰败。周边国家看到齐国软弱，接连起兵进犯，齐国连吃败仗。

一天，一个叫邹忌的人，自称是高明的琴师，要拜见齐威王。齐威王很高兴，立即召见邹忌。邹忌走进内宫聆听齐威王弹琴。听完后连声称赞。齐威王不等邹忌称赞声落音，连忙问道："我的琴艺好在哪里？"邹忌躬身道："我听大王那大弦弹出来的声音十分庄重，就像一位名君的形象；那小弦弹出来的声音清晰明朗，就像一位贤相的形象；大王运用的指法十分精湛纯熟，弹出来的个个音符都十分和谐动听，该深沉的深沉，该舒展的舒展，既灵活多变，又相互协调，就像一个国家明智的政令一样。听到这悦耳的琴声，怎么不令我叫好呢！"邹忌接着说道："弹琴和治理国家一样，必须专心致志。七根琴弦，好似君臣之道，大弦音似春风浩荡，就像国君一样；小弦音如山涧溪水，好似臣子一般；应弹哪根弦就认真地去弹，不应该弹的弦就不要弹，这如同国家政令一样，七弦配合协调，才能弹奏出美妙的乐曲，这正如君臣各尽其责，才能国富民强、政通人和。"

齐威王说："先生，你的乐理说到我的心坎里了，也请先生试弹一曲吧。"邹忌于是坐到琴位上，两手轻轻舞动，只摆出弹琴的架势，却没真的去弹。齐威王见邹忌如此，恼怒地指责道："你为何只摆空架子而不真弹琴呢？难道你敢欺君？"邹忌答道："臣以弹琴为生业，当然要悉心研究弹琴的技法。大王以治理国家为要务，怎么可以不好好研究治国的大计呢？这就和我抚琴不弹，摆空架子一样。抚琴不弹，就没有办法使您心情舒畅；您有国家不治理，也就没有办法使百姓心满意足。这个道理请大王三思。"

齐威王因之醒悟，开始起用邹忌进行变法，赏罚分明，任用贤才，使齐国在齐威王和齐宣王的时代强盛起来。

申不害改革

韩国是战国七雄中比较弱小的一个国家，它东边是魏国，西边是秦国，都是很强大的敌人。在韩昭侯时，他任命申不害为相，推行改革，使韩国的实力一度有所提高。

申不害是战国时期法家的代表人物之一，郑国人。申不害吸收了道家"君人南面之术"的学说，即主张加强君主的中央集权制度，用权术来驾驭臣子。他主张"因任而授官，循名而责实，操杀生之柄，课群臣之能"，主张君主应该考核臣下在工作中是否称职，禁止臣下越权办事，并根据考核的情况对臣下进行升降奖惩。

申不害将君主比作身体，将大臣比作双手，认为君主应该掌握立法、任免、赏罚等大权，至于具体的事务就交给大臣们去办。

申不害要求君主"藏于无事，示天下无为"，他认为君主应该"去听""去视""去智"，但同时要装作听不见、看不见并且明明知道了还要装糊涂，用这种做法使大臣不清楚君主的想法，也就没有办法有意讨好君主，只能按自己的真实想法做事，君主也就可以辨明忠奸。

在申不害推行改革的 15 年间，韩国的君主集权政治得到大力加强，吏治严肃，使韩国国治兵强，诸侯不敢侵犯韩国。申不害开创了法治的思想，被后世尊为法家之祖。但是他的思想实施的效果与君主个人的才能有密切关系，因此韩昭侯死后，韩国很快又衰落了。

胡服骑射

赵国的改革在赵烈侯时展开，用官举贤和节财俭用的措施，使赵国的国库日渐充盈。到了赵武灵王为国君的时候，改革的步子开始向着军事上迈进。

一天，赵武灵王对他的臣子说："咱们东边有齐国、中山国；北边有燕国、东胡；西边有秦国、韩国和楼烦。我们要是不发奋图强，随时会被人家灭了。我看咱们穿的服装，长袍大褂，干活打仗都不方便，不如胡人（泛指北方的少数民族）的短衣窄袖灵活。我打算仿照胡人的风俗，把服装改一改，再学胡人那样骑马射箭，抛弃笨重的兵车。"

这个提议一说出来，当即就有不少大臣反对。他们认为要改变祖先的传统，是大逆不道。而赵武灵王却认为，制度不分古今，应该顺应当时的情况；衣服器械，更是应该以方便实用为前提。双方

赵武灵王胡服骑射复原图

在朝堂上争论得面红耳赤，不欢而散。

到了第二天上朝的时候，赵武灵王首先穿着胡人的服装出来，表明了自己坚持改革的决心。于是，赞同改革的大臣们也相继换上了胡服。

随着穿胡服的大臣越来越多，赵武灵王正式下了一道改革服装的命令。过了没多久，赵国人不分贫富贵贱，都穿起胡服来了。接着，赵武灵王又号令大家学习骑马射箭。不到一年，就训练了一支强大的骑兵队伍。

公元前305年，赵武灵王亲自率领骑兵打败邻近的中山国，并收服了东胡和邻近几个部落，扩大了疆域，成为北方大国。

吴起变法

吴起是卫国人，家中生活富裕。他少年时外出求学，连母亲死了也不回家吊丧。为了让自己的政治抱负得以实现，吴起辗转到了许多国家。魏武侯十分欣赏吴起，想重用他，但考虑到吴起的妻子是齐国人，生怕吴起将来与齐国私通，因此犹豫不决。吴起于是杀了自己的妻子，谋得魏国西河守一职。

吴起在魏国的时候，秦国不敢进犯，韩、赵两国也屈居其下。后来王错从中挑拨，魏武侯逐渐失去了对吴起的信任，吴起只得逃离魏国，投奔楚国。

楚悼王任命吴起为令尹，进行变法。吴起在楚国的变法持续了10年，罢免了一批无能的官员，裁减了官吏们的俸禄，对努力耕战的人给予奖励，禁止儒生们到楚国宣讲不同的政治理念。经过吴起的改革，楚国恢复了昔日雄风。楚国向南平定了百越，向北兼并了陈国和蔡国，击退了韩、赵、魏的进攻，与西面渐渐强大起来的秦国形成对峙之势，使得各国都对楚国的强大感到害怕。

吴起的变法触犯了原来楚国贵族的利益，楚悼王死后，一些贵族和大臣要杀死吴起，吴起伏在楚悼王的尸身上，他以为叛乱者如果杀他，就会损害楚悼王的尸体，这会使他们有所顾忌。但是叛乱者还是射杀了吴起，也把箭射在了楚悼王的尸体上。

吴起总结多年的战争经验，著有《吴起兵法》，是我国古代重要的军事著作。据《汉书·艺文志》记载，本书共有48篇，但大部分散佚了，现仅存6篇。

商鞅变法

秦孝公嬴渠梁为了变法图强，打出求贤的大旗。秦孝公许诺：能出奇计强秦者，与之分土。卫国贵族商鞅于是入秦变法。

商鞅在颁布变法令之前，把一根10米长的木棍立在首都栎阳城（今陕西临潼）的南门，下令说："把它扛到北门的人，赏10两黄金。"大家都不相信。商鞅又提高赏金为50两。一个好奇的青年把它扛了过去，果然如数得到赏金。

商鞅的这步妙棋，让秦国人对他产生了极高的信任。接下来，商鞅就颁布了自己的改革措施：

一、颁布《秦律》，要求人们遵守礼仪，父子、兄弟、姐妹不能同睡在一个炕上，必须分室而居。

二、统一度量衡制度。

三、编制户籍，10家编为一组，互相勉励生产和监督行动，一家犯法，其他9家有检举的义务。而检举本组以外的其他犯罪，跟杀敌的功勋一样，有重赏；藏匿犯人，跟藏匿敌人一样，要重罚。

四、规定每一个人都要有正当职业，游手好闲的人，包括世袭贵族和富商子弟，如果不能从事正当职业，一律当作奴隶，送到边疆垦荒。

五、其他国家的人，凡愿意到秦国从事垦荒的，9年内不收田赋。

六、鼓励生产。耕田织布特别好的，积存粮食特别多的，免除赋税和劳役。

七、一家有两个成年男子的，必须分家。

八、人际间发生争执的，必须诉诸官府裁判，不准私人决斗。私人决斗的人，不论有理无理，一律处罚。

九、对敌作战是第一等功勋，受第一等赏赐。只有作战有功者才有资格升迁。贵族的地位虽高，商人的财富虽多，如果没有战功，都不能担任政府官职。

商鞅的变法持续了18年，宣传更是深入人心，就是乡间妇女也能把变法内容讲得头头是道。因为变法侧重军事，所以秦国自此崛起，成为一个超级强国。

不过，商鞅的变法虽然让秦国富强起来，却给他自己带来了灾难。一些旧贵族因商鞅的变法失去了权力和财富，将其视为眼中钉，不断进行诋毁。秦孝公死后，继任的秦惠文王以谋反罪，判商鞅车裂之刑。

商鞅虽然死了，但他的改革举措却被秦惠文王一如既往地执行下去，为日后秦统一六国奠定了坚实的基础。

燕王哙内乱

燕王哙的时候，任用子之为相国，采纳了公孙衍合纵的建议，与齐、楚、赵、韩共同支持魏国改用公孙衍为相，把张仪驱逐去了秦国。

公元前318年，苏代作为齐国使臣出使燕国。燕王哙问他："你觉得齐王怎么样？"苏代回答说："齐王必不能称霸。"燕王哙问："这是为什么？"苏代回答说："因为齐王不信任和重用他的大臣。"苏代想用这番话激燕王哙重用子之。果然，燕王哙更加重用子之。为此，子之送给苏代百余金，表示要听从苏代的吩咐。

大臣鹿毛寿见状劝燕王哙说："不如把国家让给子之。当年，帝尧之所以被后世称为贤君，是因为他曾经要把国家让给许由，许由没有接受，所以尧既得到了让贤的美名，又没有失去天下。现在，大王如果将国家让给子之，那么子之必然也不敢接受，这样一来大王便可以与当年的尧相媲美了。"

燕王哙听信了蛊惑，使子之的权位更大了。这时又有大臣劝燕王哙说："当年，禹把伯益定为自己的继承人，但他任用的官吏却都是启的党羽。等到禹老了，觉得启的党羽不足以担当统治天下的大任，就传位给了伯益。而启却和他的党羽攻打伯益，最终夺了伯益的国君之位。所以天下人都认为禹虽然名义上传位给了伯益，但不过是给了他一个虚位，而实际上是要让启取而代之。现在，大王您说要把国家让给子之，但所任用的官吏都是太子的人，这就和当年的禹一样，表面上要把国家让给子之，但实际上还是太子说了算。"

燕王哙一听，竟将300石俸禄以上大官的玺全部收回，由子之擢贤任用。子之大权在握，成了实际上的君主，燕王哙却再也不上朝听政了。

公元前314年，太子率军围攻子之数月，一时燕国人心惶惶。孟子见状，劝齐王抓住时机，攻打燕国。于是齐国派兵入燕干涉，燕王哙死于战乱，因为他把国家让给了子之，所以死后连谥号都没有。子之也没落个好下场，被齐人抓住砍成了肉酱。赵武灵王趁燕国内乱，将燕王哙的庶子姬职从韩国送回燕国，继承王位，是为燕昭王。

求贤若渴

燕昭王继位后，立志要使燕国重新强大起来。

燕昭王登门拜访老臣郭隗，说："齐国趁我们国家内乱侵略我们，这个耻辱我是忘不了的。但是现在燕国国力弱小，还不能报这个仇。要是有个贤人来帮助我报仇雪耻，我宁愿伺候他。您能不能推荐这样的人才呢？"

郭隗摸了摸自己的胡子，讲了一个故事：古时候有个国君，最爱千里马，派人到处寻找，找了3年都没找到。有个侍臣打听到远处某个地方有一匹名贵的千里马，就跟国君说，只要给他1000两金子，准能把千里马买回来。国君挺高兴，就派侍臣带了1000两金子去买。没料到侍臣到了那里，千里马已经害病死了。侍臣想，空着双手回去不好交代，就把带去的金子拿出一半，把马骨买了回来。侍臣把马骨献给国君，国君大发雷霆，说："我要你买的是活马，谁叫你花了钱把没用的马骨买回来？"侍臣不慌不忙地说："人家听说你肯花钱买死马，还怕没有人把活马送过来？"这个消息一传开，大家都认为那位国君是真的爱惜千里马。不出一年，果然从四面八方送来了好几匹千里马。

郭隗讲完了这个故事，说："大王要征求贤才治国，我愿意当马骨。"

燕昭王大受启发，马上派人造了一座精致的大房子给郭隗住，还拜郭隗为老师，礼遇丰厚。各国有才干的人听到燕昭王这样真心实意招揽人才，纷纷赶到燕国，其中最出名的就是赵国人乐毅。燕昭王拜乐毅为亚卿，请他整顿国政，训练兵马，燕国一天天强大起来。

公元前284年，燕昭王拜乐毅为上将军，联合了五国兵马，浩浩荡荡杀奔齐国。只一仗，就把齐国军队打得一败涂地，乐毅亲率大军，一直打下了齐国都城临淄。当时的齐国国君齐湣王逃出都城不久就被人杀死了。燕昭王认为乐毅立了大功，亲自到济水边劳军，封乐毅为昌国君。

乐毅离燕

乐毅率燕军在半年内一连攻下齐国70余城，让燕国变得空前强盛起来。

公元前278年，燕昭王死，太子乐资即位，史称燕惠王。燕惠王做太子时，就与乐毅有隙，所以当他即位以后，便对乐毅用而不信。齐国大将田单探知此种情况后，乘机进行反间，派人到燕国散布说："齐国大片土地全在燕国军队手里。乐毅能在短期内攻下齐国70余城，难道用几年工夫还打不下剩下的两座城池吗？其实他是想用恩德收服齐人之心，为他叛燕自立做准备。"

燕惠王本来就猜疑乐毅，听了这些话信以为真，派骑劫为大将去齐接替乐毅。乐毅深知燕惠王收回他的兵权，想要加罪于自己。他认为"善作者不必善成，善始者不必善终"，于是决定拒绝回燕而西向投奔赵国。赵惠文王见乐毅归赵，隆重地接待了他，并封他为望观津（在今河北武邑东南），号望诸君。赵王这样优待乐毅，是借以警惕燕、齐，使他们不敢轻举妄动。

骑劫寡思少谋又骄狂自大，乐毅奔赵后，他一反乐毅原来的战略部署和争取齐人的正确政策，而施之以暴政，激起了齐国军民的强烈反抗。结果，田单用火牛阵把燕军打得大败，收复了齐国所失城池，将燕军逐出齐境。

燕惠王后悔不迭，可他不但不肯认错，反而怨恨乐毅奔赵，派人责难乐毅说："先王曾以举国之兵托付将军，将军为燕大败齐军，报先王之仇，天下人为之震动，我也时刻记着你的功绩。可是刚逢先王去世，我又初立，听信于左右而误国。我之所以派骑劫代替将军，为的是将军经年累月暴露于荒郊野外，怕你太辛苦，所以请你回来调息，并想同你共议国事。将军却误听传言，和我产生怨隙，弃燕降赵。将军为自己打算，这样做是合宜的，可你要如何报先王的知遇之恩呢？"

于是，乐毅慷慨地写下了著名的《报燕惠王书》，针对惠王的无理指责和虚伪粉饰，表明自己对先王的一片忠心，及与先王之间的相知相得，驳斥惠王对自己的种种责难、误解，抒发了功败垂成的愤慨，申明自己不为昏主效愚忠，不学冤鬼屈死，故而出走的抗争精神。这才消除了燕惠王对乐毅的某些偏见，之后又封乐毅之子乐间为昌国君。

尽管乐毅受到不公，但他也并不因个人得失而说赵伐燕，以泄私恨，而是居赵、燕两国客卿的位置，往来通好，乐毅最后卒于赵国。

合纵抗秦

经过上述变法图强，魏、齐、赵、韩、楚、燕和秦相继强大，史称战国七雄。

这七雄并列，开始对身边的小国进行兼并。不久，七国便成对峙之势，开始了彼此间大规模的兼并战争。

战争初期，七国互相交战，魏国占有少许优势。但随着战争的深入，秦国越战越勇，竟然一举夺取了魏国700里土地，并迫使魏国向东迁移都城。

魏国的割地迁都引起了其他五国的惊恐，它们开始联合起来，想方设法抵御秦国。于是，合纵的对策产生了。合纵，即从北到南，各国缔结军事同盟，共同抵御秦国的侵略，秦国如对某一国发动侵略，即等于向所有的盟国发动侵略，各国就会同时出兵作战。

第一次合纵在公元前333年签订。秦国对此立即采取措施，向魏国表示让步，愿把从前侵占魏国襄陵（今山西襄汾）地区的7个城市归还。魏国抵抗不了这个诱惑，同意脱离合纵。为了扩张土地，魏国还向赵国发动攻击。齐国在秦国的鼓动下，认为可以从赵国瓜分到土地，就也站在魏国这一边。两国军队虽然被赵国击退，但第一次合纵对抗盟约只维持了一年便告瓦解。秦国在合纵对抗盟约瓦解之后，拒绝归还襄陵七城，魏国在大怒下攻击秦国，结果又被秦国击败。

公元前318年，第二次合纵对抗盟约达成，五国联军向秦国东方边界重镇函谷关（今河南灵宝东北）进发。当秦国守关大将樗里疾打开关门迎战之时，联军却慑于秦军的声威，谁都不愿先行攻击。僵持了几天后，他们的粮道被秦国切断，楚国率先撤退，其他国的军队也跟着仓皇拔营，合纵对抗盟约又一次瓦解。

远交近攻

对秦国而言，虽然再一次瓦解了合纵联盟，但南面的楚国和东面的齐国永远是其最大的威胁，两国一旦联合紧密，秦国的形势必然危急。于是相国张仪决定凭自己的三寸不烂之舌，使楚、齐两国断交。

公元前313年，张仪出使楚国，向楚怀王建议说："只要贵国跟齐国断绝邦交，秦国愿把从前占领你们的商於（今陕西丹凤至河南西峡一带河谷）600里地归还。"楚怀王听了十分高兴，想也没想就同意了，他立即宣布与齐国绝交，为了表示态度的坚决，还派人到边界上对齐国国君大肆辱骂，然后派使臣随同张仪到秦国接收土地。

结果，张仪交出的只是他自己的封地六里。使臣十分吃惊地说："我奉国王之命来此，言明600里。"张仪也做吃惊状："你们国王一定是听错了，秦国每一寸土地都是从血战中得来，岂能平白送掉600里？我说的是六里。"

使臣回报后，楚怀王愤怒至极，命大将屈丐进攻秦国，结果大败，汉中地区（今陕西南部）300余里疆土丧失殆尽。

气急败坏的楚怀王动员全国兵力，向秦国做了最猛烈的一击。这一次一直攻到距秦国首都咸阳（今陕西咸阳）40里的蓝田（今陕西蓝田），秦国岌岌可危。秦国于是向齐国求援，齐王恼恨楚怀王当初的辱骂，立即攻入楚国本土，韩、魏两国也开始集结军队，准备南下坐收渔翁之利。楚军因此不得不忍痛撤退。

公元前306年，楚、齐、韩三国第三次缔结合纵对抗盟约，准备攻秦。可是盟约刚刚签订，楚怀王又变了卦，致使三国无功而返。

为了不让六国的合纵策略再起作用，秦昭襄王任命范雎为相，实行"远交近攻"的策略。

近攻，就是对邻国施以武力，把它消灭。因为如果和邻国结交，恐怕变乱会在近处发生。远交，就是和远方的国家交好。当然，这种交好也不是长期和好，在消灭近邻之后，远交之国也就成了近邻，那时再展开新一轮的征伐也不晚。这个外交政策被有效地推行了，使所有国家都陷入了孤立。

范雎本是魏国大夫须贾的一个门客，在一次出使齐国时，齐襄王欣赏他的才能，秘密邀他到齐国任职。范雎不愿背叛魏国，没有同意。齐襄王在失望之余，依然送给范雎一份厚礼，却再次被范雎拒绝。须贾听说后，既妒且怒，一口咬定范雎泄露了魏国机密，将他毒打后下狱。

范雎在遭遇了魏国官员的凌辱后，哀求狱卒救他，狱卒在把范雎救出后，暗暗送他回家疗养。后来范雎逃亡到秦国，向秦昭襄王提出远交近攻的外交政策。

完璧归赵

有一回，赵王得了一件叫和氏璧的无价之宝。秦昭王知道后，就写信给赵王，说愿意拿15座城与这块璧交换。

赵王立即召集大臣来商议。大家都说秦王只是想把和氏璧骗到手，不能上他的当，但如果不答应，又怕秦国会派兵来攻。

赵国君臣正在为难的时候，有人说蔺相如机智勇敢，也许能化解这个难题。

赵王于是找来蔺相如，问他这件事该如何处理。

完璧归赵画像石

蔺相如想了想，说："我愿意带着和氏璧出使秦国。如果秦王真的拿出15座城，我就把璧交给他；如果他不愿拿出15座城，我一定把璧送回来。这样理屈的是秦国，他们就没有动兵的理由了。"

蔺相如到秦国后，进宫见了秦昭王，将和氏璧献上。秦昭王将璧捧在手中，一边看一边称赞，但就是不提15座城的事。蔺相如看出秦昭王没有拿城换璧的诚意，就走上前说："这块璧有点儿小毛病，我给您指出来。"秦昭王一听，就又把和氏璧交给了蔺相如。蔺相如捧着璧，退后几步，靠着柱子站定，理直气壮地对秦王说："我看您没有交付 15 座城的诚意，现在璧在我手里，您要是强夺，我的脑袋和璧就一块儿在这柱子上撞碎！"说着，他举起和氏璧就要往柱子上撞。秦昭王怕他真会把璧撞碎，连忙命人拿出地图，指给他 15 座城，说是用来交换的。蔺相如又说，和氏璧是无价之宝，必须举行个隆重的典礼才能交换。秦昭王只好定下举行典礼的日期。

蔺相如知道秦昭王并不是真的要拿城换璧，一回到住处，他就叫手下人化装后走小路送和氏璧先回赵国了。典礼的日期到了，蔺相如进宫，对秦昭王说："和氏璧已经被送回到赵国了。您如果真有诚意，就先割 15 座城给我国，我国会立即派人把璧送来。不然，即使您杀了我，也得不到璧，天下的人都知道秦国一向不讲信用！"秦昭王没有办法，只好放蔺相如回赵国。

负荆请罪

廉颇（前 327 年~前 243 年）是战国时赵国杰出的军事将领。

赵惠文王初年，秦王曾多次派兵进攻赵国，廉颇统领赵军屡败秦军，几乎百战百胜，威震列国。蔺相如出使秦国，以其大智大勇完璧归赵后不久，秦王欲与赵王在渑池（今河南渑池西）会盟，赵王非常害怕，不愿前往。廉颇和蔺相如磋商后认为，赵王应该前往，以显示赵国的国威和赵王的果敢。渑池大会上，廉颇的大将风度与周密安排壮了赵王的胆色，同时由于蔺相如不卑不亢地与秦王周旋，毫不示弱地回击了秦王施展的种种手段，不仅为赵国挽回了声誉，而且对秦王和群臣产生了震慑。

赵王回国后拜蔺相如为上卿，地位在廉颇之上。这一度引起廉颇的不满，扬言要当众羞辱蔺相如。蔺相如并不与廉颇争高低，而是采取了忍让的态度。蔺相如解释说："虎狼般的秦王我都敢当庭呵斥，我还会怕廉颇吗？强秦之所以不敢出兵赵国，这是因为我和廉颇同在朝中为官，如果我们相斗，就如两虎相伤，没有两全之理了。我之所以避他，无非是把国家安危放在个人的恩怨之上罢了。"廉颇听说后深受感动，他选择了蔺相如家宾客最多的一天，身背荆条，赤膊露体来到蔺相如家中请罪。从此两人结为刎颈之交，生死与共。这一段故事，就是被后世津津乐道的"将相和"。

长平之战

公元前 264 年，秦国首先攻击韩国，沿着黄河北岸向东挺进，占领南阳（今河南修武以西）。两年后占领野王（今河南沁阳），切断了韩国上党郡（今山西高平市西北）与国都新郑的联系。

秦军一路逼近，占领了上党。在到达长平关（今山西高平王报村）后，由于老将廉颇的坚守，3 年都没攻下。范雎于是用了反间计，向赵国散布谣言说："廉颇太老了，已经丧失了锐气，屡战屡败，早晚要投降。秦国最怕的是赵国的赵括，只要赵括不当统帅，秦国就一定会胜利。"赵孝成王中计，将廉颇免职，任命赵括继任。

赵括是赵国名将赵奢的儿子，但他的本事只是纸上谈兵而已。赵括的母亲知道儿子被任命为统帅后，立刻上书给赵孝成王说："赵括是一个书呆子，只会读父亲的兵书，不会灵活运用，不是大将之才，请不要派遣他。"赵孝成王以为其老母谦让，仍然坚持。没办法，赵括的母亲只得请求说："如果一定要用他，万一丧师辱国，但求赦免我们全家。"赵孝成王答应了。

赵括就任后，撤除所有防御工事，亲自率领精锐，向秦军最弱的营垒进攻。秦将白起下令退却。赵括突破秦军阵地后，仍保持猛烈的攻势以扩大战果，白起下令再退，然后派出25000人的奇袭部队，切断了赵括的退路。接着，白起又切断了赵军的粮道。赵括数次强攻，都无法突破秦军的包围。赵军勉强支持了40多天，士兵们杀马充饥，战马杀尽后又互相攻杀，煮食战友的尸体。赵括无奈，亲自挑选了敢死队作最后一次突围，结果全军覆没，他自己也死在乱箭之下。赵军剩下的40余万人全部投降。

为防兵变，白起命这40余万饥饿疲惫的俘虏，进入长平关附近一个名为"杀谷"的深谷之中，然后将谷口两端堵塞。预先埋伏在山顶上的秦军，像暴雨一样地抛下土石，将40余万赵军全部活埋。

长平关一战，活着回到赵国的只有240人。赵国举国上下哭声震天，全国的青壮年几乎都在这一役中牺牲，赵国从此没落。

自毁长城

赵国大将李牧，常年驻守在北部的代郡、雁门郡（今山西代县西北）边境地区防御匈奴。李牧防备匈奴侵扰的方法并不是主动出击，而是根据实际情况采取有力措施加强军队的战斗力。比如说，他任用能干的人为官，把收来的货物、税款掌握在自己的驻军公署，充当士卒的日常开销。每天，李牧都会宰杀数头牛犒赏将士，优待士兵。其次才是练习骑马射箭，重视情报系统，增设侦察人员。匈奴每次入侵，严密的情报系统都发挥了威力，士兵总是迅速退回营垒固守，不敢擅自出战，使匈奴掳掠无所得。赵国军队因此保存了实力，多年来在人员、物资上没有多少损失，但匈奴人却认为李牧胆怯，就连赵国边境上的士兵也认为自己的将军是胆小怕事。

李牧的我行我素激怒了赵王，于是另派将领替代他。新任将领到职一年多，每当匈奴兵来犯，他都命令部队出战，往往受挫失利，伤亡惨重，边境地区不能按时耕种、放牧。于是赵王又请李牧复出，可李牧闭门不出，坚持说自己有病。赵王一再恳请，李牧提出："王必用臣，臣如前，乃敢奉令。"赵王只好答应。

再次到边境后，李牧仍按原来的规矩行事，让匈奴始终认为是李牧胆怯。戍边的将士日日受到犒赏而不被使用，都请求愿与匈奴决一死战。李牧看准时机，一举歼灭了匈奴骑兵10余万人，其后10多年，匈奴都不敢接近赵国边境的城邑。

回到朝中任职后，李牧也是屡立战功，被封为武安君。公元前229年，秦国派王翦攻赵，赵以李牧、司马尚抵抗。秦军不得进，以重金贿赂赵王的宠臣郭开，让他在赵王面前说李牧、司马尚想谋反。赵王中计，派赵葱和齐将颜聚代李牧。李牧不从命，赵国暗中布置圈套捕获李牧并斩杀了他，接着又撤换了司马尚。3个月后，王翦大破赵军，虏获了赵王，赵国就此灭亡。

嬴政亲政

长平之战4年后（前256年），秦国军队在征讨韩、赵两国的路上，顺手灭掉了周朝。公元前246年，少年嬴政继位，吕不韦主持朝政。

吕不韦是赵国人，嬴政的父亲嬴异人在赵国当人质的时候，与吕不韦结识。吕不韦把嬴异人视为奇货，投下大量赌注。他亲自去咸阳，靠谋略和贿赂，使得嬴异人排挤了所有的弟兄，被立为太子。不仅如此，吕不韦还把自己最宠爱的赵姬送给嬴异人，这位赵姬一年后生了一个儿子，就是嬴政。后来，异人回到秦国，将嬴政母子留在赵国做人质。吕不韦买通了华阳夫人，使得异人认华阳夫人为母，改名子楚，最终取得了华阳夫人的信任，后来继承王位，就是秦庄襄王。嬴异人继位3年就病死了。公元前246年，13岁的嬴政坐上宝座，因其年幼，由太后和相国吕不韦执掌朝政。

由于嬴政年幼，吕不韦时常与太后（赵姬）偷情，后来他为了摆脱太后，献假宦官嫪毐给太后，嫪毐与太后生下两个私生子，又在太后的帮助下被封为长信侯，逐渐壮大自己的政治势力。

公元前237年，嬴政亲政，他先是打败了嫪毐的叛军，将嫪毐五马分尸，又将专权的吕不韦免职并放逐到巴蜀。然后，他听从了秦国贵族的建议，下"逐客令"驱逐客卿，但在看了李斯的《谏逐客书》后又取消了逐客的命令。他任命法家学派的李斯当宰相，制定了统一中国的伟大战略。

第三章 帝国建立

王翦攻楚

曾经灭掉赵国的秦国大将王翦，与其子王贲在统一六国的战争中立有大功。攻打楚国时，嬴政倾心于年少壮勇的秦将李信，认为他贤能果敢。李信曾领兵数千，破燕军并虏获太子丹。嬴政曾问李信，欲破楚国，须多少人马。李信表示20万即可。嬴政又问王翦，王翦道："非60万不可。"嬴政于是说："王将军老矣，何怯也！李将军果势壮勇，其言是也。"于是派李信和蒙恬将兵20万伐楚。王翦见状，托病辞官，回家养老去了。

不久秦军大败，嬴政后悔不已，知道王翦确有远见，于是他亲自向王翦谢罪，说："我没有听从将军的话，李信终使秦军受辱，如今楚军逐日西进，将军虽有病在身，怎能忍心背弃寡人？"嬴政坚持要王翦领兵，王翦说："若非要用老臣，必给我60万大军。"嬴政答应了。

出征之日，嬴政亲自为他送行，王翦于是请求赏赐给自己大批田宅。嬴政说："将军即将率大军出征，为什么还要担忧生活的贫穷呢？"王翦说："臣身为大王的将军，立下汗马功劳，却始终无法封侯，所以趁大王委派臣重任时，请大王赏赐田宅，作为子孙日后生活的依凭。"秦始皇听了放声大笑。王翦率军抵达关口后，又曾5次遣使者向嬴政要求封赏。有人劝王翦说："将军要求封赏的举动，似乎有些过分了。"王翦却说："你错了。大王疑心很重，用人不专，现在将秦国所有的兵力交给我，我如果不用为子孙求日后生活保障为借口，多次向大王请赐田宅，难道要大王坐在宫中对我生疑吗？"

就这样，王翦集60万大军来到前线，却是坚壁而守，不肯出战。楚军屡次挑战，秦军始终不出。王翦每日要求士兵休息洗沐，安排好的饭食安抚他们，同时与士卒同饭同食，意在养精蓄锐，消耗敌军，以待最后殊死一战。不久，王翦打听士兵们以什么来娱乐，有人回答说："投掷石头，跳远比赛。"于是王翦发令出兵，一举大破楚军，进而灭亡了楚国。

秦灭六国

公元前230年，秦国大军攻陷了韩国都城新郑（今河南新郑），把韩国的国土设为颍川郡，开始了统一霸业。

韩国的灭亡引起了其他各诸侯国的震恐，赵国在过度紧张中跳进了秦国间谍布下的圈套，把那位唯一可以挽救国家、忠心耿耿的名将李牧逼得自杀而死。公元前228年，秦国王翦攻陷邯郸，赵国灭亡。

此时的燕国由太子姬丹主持国政，大臣们劝他跟齐、楚、魏再组合纵联盟，姬丹认为那已不切实际，于是决心派刺客去刺杀嬴政。姬丹选择的刺客是著名的勇士荆轲，他的整

个计划是：燕国向秦国请求合并，派遣荆轲献上燕国的地图，在嬴政接见荆轲的时候进行刺杀。

公元前227年，荆轲按计划准备刺杀嬴政。可是，当荆轲举起匕首时，嬴政敏捷地挣脱了。行刺不成，荆轲被处死。愤怒的嬴政立即向燕国发起了攻击。公元前226年，蓟城（今北京）失守，燕王姬喜一直向东逃到襄平（今辽宁辽阳）。秦军继续追击，姬喜不得已，只得把太子姬丹缢死，将他的首级献给秦军，秦军方才撤退。

公元前225年，秦军进攻魏国，掘开黄河的堤防，使从天而降的河水灌入魏国都城大梁（今河南开封），魏国灭亡。

两年后（前223年），秦国名将王翦率领近60万精锐，一举荡平了楚国。

公元前222年，秦军进攻襄平，生擒姬喜，燕国灭亡。

公元前221年，在五个诸侯国尽数灭亡之后，齐国没做任何有效抵抗便投降了。

至此，秦国在10年之内便灭掉了东方六国，持续了260年的战国时代到此终结，秦王嬴政完成了统一大业。

秦始皇像

第一个统一的封建王朝

统一六国之后，嬴政认为自己德过三皇，功高五帝，因此下令废除国王的称号，改称皇帝。皇帝对自己则不再称"我"，而改称"朕"。嬴政废除了周王朝以来的谥号，所谓谥号，即一个尊贵的贵族死后，他的儿子、部下等人，根据他生前的行为，给他的一个评价。如周王朝第一任国王姬发，被称为"武王"，即武功盖世之王。第十二任国王姬宫湼，被称为"幽王"，即黑暗不明之王。皇帝的区别以简单明了的数字做标准，如嬴政大帝自己称秦王朝的创始皇帝，即秦始皇，他的后裔称"二世皇帝""三世皇帝"以至"万万世皇帝"。

六国的时候，每个诸侯国都有各自的法律。秦始皇把它们统统废除，以秦朝律法为基础制定了一部新法，颁行全国。这套刑法的规定极为详细具体，也非常残酷。比如一个人犯了死罪，要诛及三族；一家犯法，邻里连坐，等等。

秦始皇命令蒙恬在各郡之间修路，即现在所谓的国道。秦朝的"国道"统一为50步宽，贯通整个帝国。不仅整个国家的道路一样宽，就连车子，秦始皇也严格规定了大小。当时普及的是独轮车和两轮车，秦始皇规定了两个车轮之间的距离，让全国的车都是一样的宽窄，并直接在路上划出车辙，让车子统一沿着车辙走。天长日久，大路上车轮印变成了浅沟，还自然地分出了"车行道"和"人行道"。以前六国的车辆各有宽度，车辆只能在本国行驶，一出国境，因为不能合辙的缘故就寸步难行。现在，秦国的车子可以畅通全国。在贯通各郡的大道上，每隔10米即种植一棵松树或柏树，世界上最早的林荫大道就在这时产生了。

万里长城

秦始皇灭六国取得了统一，他所得到的领土，包括了黄河、长江以及桑干河三大流域的大部分。然而有一个新兴的威胁使他不能安枕，那就是在北方草原上悄然崛起的匈奴。

匈奴最南边的边界，距秦朝首都咸阳只有400千米，一天之内就可以兵临城下。

大将蒙恬除了亲率30万大军北上外，还迁徙了30万罪民到北河榆中（今内蒙古伊金霍洛）屯田戍边，迫使匈奴后退了700余里。

除了北击匈奴，秦始皇还南征百越，统一了西南地区。当时的中国南方还处于蒙昧时期，广袤的蛮荒土地上，到处都是崇山峻岭、恶雾毒虫和强悍的百越人。秦军一面开路一面前进，在行军中完成了两项伟大的工程，一是打通了大庾岭，一是开凿了灵渠运河。

大庾岭属于五岭之一，把南中国一分为二，秦军用双手在岭上辟出一条山道，使长江流域和珠江流域豁然相通。灵渠运河连接长江的支流湘江和珠江，穿过野蛮部落和巨山峡谷，贯通南北交通。

公元前217年，秦军攻占了岭南，设立桂林郡、象郡和南海郡，使中国的版图比以往任何时候都大，也奠定了中国领土的基础。

为了消除后顾之忧，秦始皇决心把匈奴逐出河套地区，为此，他下达了一个影响中国2000余年的伟大决策——修筑长城。

大将蒙恬接受了这项任务，他率领秦军越过黄河，挺进到阴山山脉（今内蒙古乌拉特后旗东南），将战国时代各国为了抵御北方蛮族劫掠而修建的小段长城连接起来。蒙恬连接、修筑的长城包括原来的燕国长城、赵国长城和秦国长城，东起碣石（今辽宁辽阳东南），西到临洮（今甘肃岷县），长达5000余千米，被称为万里长城。

郡县制和三公九卿制

在广袤的领土上，秦始皇没有分封任何一个诸侯，而是把全国划分为36个郡。

郡县制形成于战国时期，秦统一后，经过两次朝廷上的辩论，始皇帝决定在全国废除分封制，实行郡县制，郡县制得以健全。郡是地方行政单位，郡下再划分为若干县，县下再划分为若干乡。与分封制不同，郡县的长官不再世袭，而是由秦始皇亲自任命，从中央到地方，每一级都有明确的职责分工，地方官员完全听命于中央，便于统治者一级一级地对百姓进行统治，使得中央集权得以加强。

除了郡县制的确立，秦朝的官员实行"三公九卿"制。在以后2000多年的历代王朝中，九卿的官职一直保存着。

早在周代已有"三公九卿"的称谓，据《礼记》所载，"三公"指司马、司徒、司空。而秦朝的"三公"，则是指丞相、太尉和御史大夫。丞相是最高的文职官员，帮助皇帝处理国事。太尉是最高的军事长官，但没有皇帝的命令也不能私自调动军队。御史大夫则相当于现代的监察部长，负责监察大小官员是否尽职尽责地工作，并且掌握着地图和国家资料。

"九卿"中，典客负责外交，少府治理宫廷，治粟内史掌管财政，卫尉负责宫廷的安全，廷尉掌管刑法，郎中令统辖皇帝的侍从和警卫，奉常负责宗庙礼仪，太仆管理皇帝出行用的车马，宗正则是皇族的族长。

统一文字、货币、度量衡

战国时期的文字地方色彩很浓，一个字的写法，往往齐楚有异，秦燕不同，地域差别十分明显，辨别起来不太方便。秦国将这些异体字全部废除，把小篆作为唯一的标准字体通行全国。

秦国以黄金为上币，圆形方孔铜钱为下币，在全国通用。六国时期的刀币、蚁鼻钱、布币等，一律作废。统一的货币促进了贸易的发展，人们再也不用因为货币的不通用或是兑换难而犯愁了。

这些伟大的举措让后世受益匪浅，秦始皇本人更是认为自己是有史以来最伟大的人物。在公元前219年，他登泰山封禅，向上天称颂自己的功德。

秦朝以前，中国的度量衡没有一个统一的标准，各国诸侯都是按照自己国家的习惯或是他们自己的喜好来制定计算单位的，度量衡的混乱让商品交易很不方便。秦始皇于是颁布"法度衡石丈尺"诏书，规定依秦制，统一度量衡标准。

度制以寸、尺、丈为单位，采用十进制计数；量制以合、升、斗、桶为单位，也采用十进制计算；衡制则以铢、两、斤、钧、石为单位，24铢为一两，16两为一斤，30斤为一钧，4钧为一石固定下来。要求官吏每年至少检查校正一次度量衡。此后2000多年来，无论朝代如何更迭，这种计量方法几乎没有更改过。

此外，由于战国时各国的亩制也不一样，秦始皇还统一了田亩制度，规定以6尺为一步，240方步为一亩。

焚书坑儒

秦始皇所采取的这些政治措施，对后世产生了极为深远的影响。可是在当时仍有不少人对此表示反对，争议最大的就是郡县制。

博士淳于越就是反对郡县制最为积极的人，他认为自从周朝开始，一直都是分封制，将自己的兄弟和有功的大臣封为诸侯，朝廷才能像枝叶茂盛的大树一样生长。而且郡县制是以前从没有过的，违背了古代圣贤的法则，一定不能长久。

秦始皇非常生气，想想自己特意在九卿之下设立了"博士"一职，给予优厚的俸禄，可这些人竟然总跟自己唱反调。

当时秦朝的博士，多是法、儒、道三家的门生，此时的道家与阴阳家结合，开始学着炼丹，因此在政治上主要是儒家与法家相争。

秦始皇到泰山封禅时，儒家学派的博士建议他在泰山立一块石碑，将自己的丰功伟绩刻上，以期万世敬仰。当然，那些夸耀秦始皇征服六国，创下丰功伟业的碑文，自然是儒生代笔了。公元前219年，这块颂德碑立在了泰山顶上，秦始皇十分高兴。于是，儒家学派认为机会来了，建议秦始皇分封诸子到各地去当国王。

李斯听到这个建议，对秦始皇说："五帝的制度不相重复，三代的制度不相抄袭，应该各自使用各自的制度。儒家学者愚陋，对新的局面不能领略。淳于越说的古人的事，怎么能够效法？儒家只是一心一意崇拜古人，用虚伪的言语打击真实。见到新事物

秦始皇焚书坑儒图 清

这件清代的帛画以想象的方式向我们展现了秦始皇当年焚书坑儒的情形，图中在朝堂之上秦始皇巍然高坐，腐儒战战兢兢求命于下，朝堂之外已有许多儒士被绑，或被杀扔入坑中，或被押在坑边。

先议论纷纷，总说现在的不好，这是扰乱民心。"

秦始皇对于扰乱民心是不能原谅的，于是下令焚毁儒家的书籍，超过60天仍不焚毁的人，就要处以黥刑（在脸上刺字），还要罚做苦工。两个人以上聚在一起谈论儒书的，一律处决。

儒书虽被焚毁了，但"博士"的职位还在，儒生们依然可以继续他们的研究。可是祸不单行，在焚书的第二年（前212年），发生了方士事件，成为"坑儒"事件的导火索。

秦始皇为了能够长生不死，让一些方士为他炼制仙丹。方士侯生、卢生在背地里抱怨，说秦始皇太过残暴，经常处死那些炼制不出仙丹的方士。秦始皇知道后大怒，认为这些儒生没事就聚在一起诽谤自己和朝廷，拿着国家的俸禄却没干什么实事，于是下令把首都咸阳所有的儒生都逮起来，调查他们平日有没有讽刺皇帝的言论。调查结果是，罪状确凿的有460人，给他们的处罚是全部坑杀。

在奉行以法制天下的秦始皇看来，焚书坑儒是维护他尊严和统治的有效办法，是一种效果不错的政治手段。但后世的儒家学者却揪着这件事，骂了秦始皇2000多年，以至于提到秦始皇就想到他暴虐的统治，而忽视了他对统一做出的不朽功绩。

泰山封禅

封就是"祭天"，多指天子登上泰山筑坛祭天；禅就是"祭地"，多指在泰山下的小丘除地祭地。这种祭祀天地的大型典礼一般是古代帝王在太平盛世或天降祥瑞之时举行的。最早出现"封禅"的典籍是《管子·封禅篇》，后太史公在《史记·封禅书》中曾引用此篇中的内容，并加以演释。唐代张守节解释《史记》时曾解释了"封禅"的含义，并指出了封禅的目的。封禅指的是在泰山顶上建造一座圆坛以报天之功，在泰山脚下的小丘之上建造一座方坛以报地之功，《史记·封禅书》描述为"登封报天，降禅除地"。

中国古代帝王为巩固自己的统治，都大肆宣传"君权神授"的理论，为了给这种理论找到证据，便有了封禅泰山的行为，使泰山祭天的活动得以延续。封建帝王封禅泰山的活动让泰山在人们心中的神山地位得到加强，也成为每代帝王一生向往的大事之一。

传说公元前26世纪，黄帝建造了明堂，用来祀皇天上帝，这应该是中国古代祭祀建筑的开端。以后，中国几乎每一代统治者都建造了专用于祭祀皇天上帝的祭坛，周有明堂，秦有四畤，汉有甘泉宫，唐、宋皆建有圜丘，元世祖定都北京后，于丽正门外筑坛祭天，元成宗时又在大都城东南建成郊坛，合祀天地。

秦始皇雄才大略，他灭六国，一统天下，建立了统一的封建王朝——秦朝。秦始皇曾亲自到泰山举行封禅大典，虽然他这样做是为了标榜自己的伟大功绩，并没有多大诚意，但也反映了封禅泰山在封建社会政治生活中有很高的地位和很大的影响。从秦始皇开始，封禅泰山的活动成为强调君权神授的重要手段。

沙丘之谋

公元前210年，秦始皇到东南一带去巡视。随他一起去的，有丞相李斯、宦官赵高和其次子胡亥。而秦始皇的长子扶苏则在上郡（今陕西榆林南）监军，和大将蒙恬一起防御北方匈奴。

在返回的路上，秦始皇病倒在平原津（今山东平原南），吃药也不见好转。行至沙丘（今河北广宗西）时，其病情加重，秦始皇便吩咐赵高："快写信给扶苏，叫他赶快回咸阳去。万一我好不了，就叫他主办丧事，继承皇位。"然而信写好还没来得及交给使者送出，秦始皇便咽气了。

李斯跟赵高商量说:"这儿离咸阳还远,我们随行的军马不是太多,万一皇上去世的消息传开,恐怕会发生混乱,不如暂时保密,不要发丧,回到咸阳再做处理。"

于是他们把秦始皇的尸体安放在车里,关上车门,放下窗帷子,外面的人什么也看不见。随从的人除了胡亥、李斯、赵高和五六个内侍外,别的大臣全不知道秦始皇已经死了。车队照常向咸阳进发,每到一个地方,文武百官都照常在车外奏事。由于正值盛夏,秦始皇的尸体很快腐烂了,发出阵阵恶臭。赵高为了掩盖这臭味,就买来许多咸鱼,企图用鱼腥味加以掩饰。

蒙恬当初率军灭掉了赵国,赵高一家也因此沦为了奴隶,可以说,蒙恬与赵高有着不共戴天的国仇家恨。想到秦始皇的长子扶苏继位后,势必更加重用蒙恬,赵高于是与胡亥商量,准备将秦始皇的遗诏销毁,然后杀死扶苏,由胡亥继位。胡亥当然求之不得,但他们知道要干这样的事,必须赢得李斯的支持,否则不可能成功。

于是赵高找到李斯,说:"现在皇上的遗诏和玉玺都在胡亥手里,要决定哪个接替皇位,全凭我们两人一句话。您看怎么办?"李斯大吃一惊,赵高接着说:"您的才能比得上蒙恬吗?您的功劳比得上蒙恬吗?您跟扶苏的关系比得上他和蒙恬吗?"

李斯愣了一会儿,说:"我比不上他。"赵高说:"要是扶苏做了皇帝,他一定会拜蒙恬做丞相。到那时,您只能回家种地了。而公子胡亥待人宽厚,要是他做了皇帝,您和我都有好日子过。希望您好好考虑。"

赵高的游说果然起了作用,李斯是一个对权力极为看重的人,想到扶苏继承皇位以后,自己一定保不住丞相的位置,于是就和赵高、胡亥合谋,假造了一份诏书给扶苏,说他在外不能立功,反而怨恨父皇;将军蒙恬和扶苏是同谋,两人一同赐死,将兵权交给副将王离。

扶苏接到这封假诏书,万分悲痛。蒙恬怀疑这封诏书是伪造的,要扶苏向秦始皇申诉。可扶苏是个老实人,说:"既然父皇要我死,哪里还能再申诉?"就这样自杀了。蒙恬也悲愤而死。

赵高等人到了咸阳后,宣布秦始皇死去的消息,举行丧葬,并且假传遗诏,由胡亥继承了皇位,成为秦二世。

腰斩李斯

李斯(前280年~前208年),楚国上蔡县(今河南上蔡)人,著名政治家、书法家,辅佐秦王统一了中国,是中国封建王朝设置了"丞相"一职后,第一位官居此职的人物。

李斯在秦国时,韩人郑国为了削弱秦国的国力,说服秦王修建大规模的水利工程,即后来的郑国渠,这就是有名的"疲秦计"。在水渠修建过程中,"疲秦计"被识破,秦王大怒,要将所有从六国投奔来的"游士"都赶出去,李斯当然也在驱逐之列。为了说服秦王收回成命,李斯上了《谏逐客书》。文章中,李斯列举了游士对秦国的功绩,详细分析了留客、逐客的利弊,晓以利害。秦王读罢这篇洋洋洒洒的高论,立即废除逐客令,并对李斯加以重用。

李斯受到秦王嬴政的重用后,以卓越的政治才能和远见佐助秦王一统天下,并设立了郡县制,统一了文字、法律、货币、度量衡和车轨等。这些措施让秦国的经济得以快速发展,并对后世产生了极为深远的影响。

沙丘之变后,赵高开始离间李斯和胡亥的关系,并借机陷害李斯。陈胜、吴广起义时,李斯的长子李由曾镇守荥阳,没有挡住起义军西进的队伍。赵高于是抓住这一点,诬陷李由和陈胜是邻县的同乡,因此不肯积极镇压,而李斯身为丞相,仍然心怀企图,想自立为王。

李斯明白过来后，立即上书揭发赵高的罪行。但此时的胡亥已经被赵高所蒙蔽，因此下令将李斯关进监狱。胡亥还安排赵高来审理此案，赵高自然求之不得。他指使狱卒对李斯严刑拷打，让其招认谋反之事，位居三公的李斯哪受过这种酷刑，再加上年岁已高，最后迫不得已，只好承认了"谋反"之罪。

这时的李斯虽已招供，但依然心存侥幸，他认为自己并没有反叛之心，而且有功于秦朝，当年被秦始皇治罪时，曾依靠一篇《谏逐客书》而力挽狂澜，如果将自己的冤情告知皇上，说不定还能得到赦免。

可惜李斯聪明一世，糊涂一时，赵高耳目众多，他精心炮制的申辩书根本没送到胡亥眼前，就被赵高扣下了。赵高派人四处搜捕李斯的宗族，宣布李斯因谋反罪被判腰斩，株连三族。

在刑场上，李斯对儿子说："多想与你牵着黄犬，回老家上蔡东门去打猎呀！可现在却办不到了。"后来的文人墨客，把李斯这句将死之言缩成了"东门犬"三字，既表示恨不如初，也表示对自己追逐一生的权力的彻底决绝，但这种决绝却只有在人鬼交替、阴阳分界的这一刻，才能领悟。

司马迁在《李斯列传》的结尾处，写到了这次残酷的屠杀："二世二年七月，具斯五刑，论腰斩咸阳市，夷三族""一人有罪，延及三族"，即"父族，母族，妻族"，而这条残酷的法律正是出自李斯之手。

陈胜、吴广起义

作为中国历史上农民起义的第一人，陈胜是个很有志气的人。据《史记》记载，陈胜还是农民时，就对一起耕田的伙伴们说："苟富贵，勿相忘。"当时大家听了都笑话他："咱们卖力气给人家种田，哪儿来的富贵？"陈胜不免感慨，叹息道："燕雀安知鸿鹄之志哉！"

立志做鸿鹄的陈胜在举起反抗大旗后，得到了附近饱受秦苦的老百姓的积极响应，纷纷"斩木为兵，揭竿为旗"。陈胜也颇有战略意识，在控制了安徽、河南交界的大片地区后，即决定进攻战略要地陈县（今河南淮阳）。这时起义军已拥有战车六七百乘，骑兵1000多人，步卒数万之众。陈地郡守和县令闻风丧胆，早逃之夭夭了，只留下郡丞（郡守副职）龟缩城内，负隅顽抗。在起义军的强大攻势下，陈县县城很快就被攻克了。

打下陈县后，陈胜即召集当地三老（秦在乡设置负责教化的官）和豪杰（有声望的人）共商大计。陈胜以陈县为都城，国号为"张楚"。

可惜这一胜利来得太快，让陈胜骄傲的心迅速膨胀起来。早先和陈胜一起种田的一个同乡听说陈胜做了王，特意来陈县投奔他，可陈胜却将他拒之门外。老乡很是气愤，在陈胜外出时，拦路呼喊其小名，陈胜无奈，只好带他一起乘车回宫。

因为是陈胜的故友，这位老乡也不免和大家讲讲陈胜在家乡的一些旧事。陈胜十分羞恼，竟然把这个故友杀了，当年所说的"苟富贵，勿相忘"的话也早就抛到了九霄云外。自此以后，"诸陈王故人皆自引去，由是无亲王者"。

不久，那些被陈胜派往各地的将领不再服从陈胜，争相称王，起义军内部公开分裂，给了秦军反扑的机会，导致了最终的失败。

巨鹿之战

秦将章邯镇压了陈胜、吴广起义，并一连串扫荡了好几个起义的小国，一直攻到新建立的赵王国的重镇巨鹿（今河北平乡）。赵王歇向其他新建立的王国求救，各王国纷纷派出援军。可是，面对围城的秦军，他们却没有勇气挑战。

项羽是下相（今江苏宿迁西南）人，名籍，字羽。其祖父项燕为战国末年楚国名将，楚国灭亡时自杀殉国。其叔父项梁犯了杀人罪，带着项羽躲避在吴中，一直暗中训练宾客子弟。项羽力能扛鼎，才气过人，从小就发誓要干出一番惊天动地的大事业来。

楚怀王命"卿子冠军"宋义率项羽和范增领兵救赵，宋义也惧怕秦军，不敢前进。项羽怒斥宋义的懦弱并杀死了他，楚怀王于是改封项羽为上将军，统率英布和蒲将的军队一同救赵。

项羽率领的楚军渡过漳水后，命令部队破釜沉舟，只带3日的粮食，抱着必死的决心发动攻击。楚军以一当十，杀声震天，其他国的援军站在自己军垒上观战，一个个看得面无人色。楚军经过激烈的战斗，活捉了秦将王离，打得秦军大败而归。项羽邀集各国将领讨论联合追击事宜，那些将领又敬又怕，走进楚军营门时，都是跪在地上爬进去的，连头都不敢抬。他们都称颂项羽说："您的神威，从古到今没有第二个人能够赶得上，我们都愿意听从您的号令。"项羽的领袖地位由此一战而确定。

先入者王

巨鹿之战后，各国联军一起商讨伐秦，约定同时出发，先入关中者为王。

项羽率军西进，招降了章邯。章邯当时率领的20万秦军一齐投降了项羽，可项羽怕这20万人无法控制，于是下令全部坑杀。此时，有一支队伍已经加快了脚步，提前逼近了咸阳。那就是刘邦率领的汉军。

刘邦是沛郡丰邑（今江苏丰县）人，字季，做过沛县的泗水亭长。刘邦性格豪爽，只是不喜欢读书，不喜欢下地劳动，却对喝酒和美女兴趣较浓，因此被其父亲训斥为"无赖"。在一次奉命押送刑徒去骊山服役的路上，很多人逃跑了，刘邦无奈，索性松开了刑徒们身上的绳子，让他们自己逃命去。有十几个人不愿意丢下他一个人走，表示愿意跟随他。刘邦便开始带领大家逃亡，慢慢聚集了3000人。

为了提高自己的声望，刘邦说自己曾在路上将一条白色的大蟒蛇拦腰斩断，后来碰上一位老太太坐在路边哭，问她原因，她说有人把她的儿子杀了。刘邦就问为什么被杀，老太太说她的儿子是白帝的儿子，因为变成了蛇，在路边碰上赤帝的儿子，因此被杀。自此以后刘邦是赤帝之子的消息就不胫而走，投奔他的人也越来越多。

当刘邦率大军向咸阳进发时，秦二世方才意识到危机临近，急忙召见被他认为是最忠心的丞相赵高。然而赵高对内斗争是高手，对外平乱却是低能，没办法，他只好谎称卧病在床，不理秦二世。但卧病在床也不能解决问题，赵高害怕秦二世向自己发难，于是决定先下手为强，命咸阳令阎乐率兵闯进皇宫，把哀求饶命的秦二世杀掉，迎立扶苏的儿子嬴子婴继位。

让赵高始料未及的是，嬴子婴即位后的第一件事，就是把他治罪。虽然杀了赵高，但秦王朝已经四分五裂，嬴子婴无力回天。公元前206年，刘邦攻入咸阳，嬴子婴因为集结不到军队，只得投降。庞大辉煌的秦王朝，在秦始皇死后不到4年，即宣告灭亡。

楚汉相争

项羽在消灭了秦军主力后，听说刘邦已然入关，大怒，旋即率军入函谷关，与刘邦对峙。为了不让刘邦称王，项羽决意兴兵讨伐。当时项羽有40万大军，而刘邦仅有10万，

阿房宫图卷　清　袁江

此图所绘依山殿阁，傍水楼台，山水相连，花木并茂，并有龙舟、游艇、宫人等点缀。

双方力量悬殊。刘邦很害怕，便收买了项羽的叔父项伯，让他转告项羽自己并无背叛之意，并答应次日到项羽军中谢罪。项羽的谋士范增主张利用刘邦前来谢罪的机会除掉他。第二天，项羽在鸿门摆下酒宴，并设下埋伏。但席间项羽犹豫不决，再加上张良、樊哙、项伯等人的暗中帮助，刘邦得以安全逃脱，项羽放虎归山。

项羽引兵入咸阳后，大肆抢夺金银财宝，杀了降王嬴子婴，然后一把火烧了秦宫。大火直烧了3个月，秦朝于咸阳的建设，悉数付诸一炬。

当初刘邦进入咸阳城时，曾与咸阳百姓约法三章：杀人者死，伤人及盗抵罪。关中的百姓见刘邦的军队纪律严明，纷纷献上牛、羊和美酒犒军。如今项羽的一把火，虽然替六国的旧臣出了一股怨气，却把关中的民心都推向了刘邦。

项羽火烧秦宫之后，自立为西楚霸王，定都在彭城（今江苏徐州）。他封刘邦为汉王，封地在巴蜀。当时一个叫蔡生的人对项羽说："不如建都在咸阳，因为咸阳具有最适中的位置，可以统御全国。"但项羽拒绝了，他说："富贵不回故乡，好像穿了漂亮的衣服在黑夜里走路。"蔡生很失望，到处对人说："人们都说项羽像一个穿人衣戴人帽的猴子，果然不错。"这话传到项羽耳中后，项羽就把蔡生投到巨锅中煮死了。

刘邦表面上接受了项羽的分封，率部队前往巴蜀，在到达秦岭时，还故意烧毁了部分栈道，表示已无北归之意，以此消除项羽的猜忌。但其人马到了汉中，他就停下来休养生息，训练士卒，更起用韩信为大将，突袭章邯并取得胜利，重新占据了关中地区。

鸿门宴

项羽在刘邦之后到达函谷关，却被守关的将士拦在了外面。项羽非常生气，命令将士猛攻函谷关。刘邦兵力少，项羽很快就打进了关。碰巧刘邦手下有个将官想投靠项羽，就偷偷派人去告密，说沛公进入咸阳，是想在关中做王。

范增也对项羽说："刘邦这次进咸阳，不贪图财货和美女，他的野心可不小。现在不消灭他，将来会后患无穷。"项羽于是下决心要把刘邦的军队消灭掉。

项羽的叔父项伯是张良的老朋友，张良曾经救过他的命。项伯怕仗一打起来，张良会跟着刘邦遭难，就连夜骑着快马到灞上去找张良，劝他逃走。张良不愿离开刘邦，更把项伯带来的消息告诉了刘邦。刘邦再三辩白自己没有反对项羽的意思，请项伯帮忙在项羽面前说好话，还送上了一份厚礼给项伯。

第二天一早，刘邦带着张良、樊哙和100多个随从，来到鸿门拜见项羽。刘邦说："我跟将军同心协力攻打秦国，将军在河北，我在河南。我自己也没有想到能够先进了关。今天在这儿和将军相见，真是件令人高兴的事。哪儿知道有人在您面前挑拨，叫您生了气，这实在是太不幸了。"

项羽见刘邦低声下气地与他说话，再加上其叔父事先的解劝，气也消了，就老老实实地说："这都是你的部下曹无伤来说的。要不然，我也不会这样。"

于是，项羽留刘邦在军营喝酒。范增找来项羽的堂弟项庄，让他舞剑刺杀刘邦。

张良一看形势紧张，急忙叫来樊哙。樊哙是个直肠子，他一冲进营帐就高喊道："当初，怀王跟将士们约定，谁先进关，谁就封王。现在沛公进了关，可并没有做王。他封了库房，关了宫室，把军队驻在灞上，天天等将军来。像这样劳苦功高的人，不但没受到什么赏赐，将军怎么反倒还想杀害他？"

项羽十分吃惊，按着剑问："这是什么人，到这儿来干什么？"

张良忙说："这是替沛公驾车的樊哙。"

项羽赞道："好一个壮士！"立即吩咐侍从赏他一杯酒，一只猪腿。

樊哙于是挨着张良身边坐下了，刘邦给他递了个眼神，说要去上厕所，起身离开了。樊哙护着刘邦从小道跑回灞上，张良见他们走远了，便进去向项羽说："沛公酒量小，刚才喝醉了酒先回去了。叫我奉上白璧一双，献给将军；玉斗一对，送给亚父范增。"

项羽接过白璧放了座席上，范增却非常生气，狠狠地将玉斗摔在地上，拔出剑来砍得粉碎，并骂项羽说："真是没用的小子，没法替你出主意。将来夺取天下的，一定是刘邦，我们等着做俘虏就是了。"

43

彭城之战

公元前205年，刘邦在平定关中后，率大军向楚都彭城进发。当时项羽正在全力进攻齐国，彭城空虚，因此被刘邦一举攻占。

也许是胜利得来太容易了，刘邦开始搜罗珠宝、美女，日日置酒高歌。项羽闻讯后大怒，留其部将驻守齐地，亲率精兵3万杀回。项羽的骑兵乘黑夜将汉营团团围住，在拂晓时突然发起了攻击。当时的汉军将士还在睡梦中，遭到意外的袭击，加上又缺乏指挥，仓皇间只好向彭城逃走。

项羽追至彭城，与汉军展开大战，在彭城近郊斩杀了10余万汉军。刘邦害怕起来，继续败退，项羽军一直追到今安徽宿县灵璧城东的濉水上游。这一仗打得天昏地暗，汉军大败，想逃跑的更是慌不择路，直接就往濉水里跳，结果被杀、被溺死的约有二三十万人，尸体堆积如山，濉水都无法流动。

就在项羽军将刘邦及其残部包围了三层，准备聚歼之际，忽然西北方刮起了大风，一时间飞沙走石，树木都被拔起。刘邦见项羽的阵形乱了，带着十余骑兵突围，终于杀出了一条血路。

逃出包围圈后，刘邦见到了从家乡逃出来的儿子刘盈和女儿鲁元，忙将他们拉上了车子。很快楚军追来，刘邦嫌车子跑得慢，索性把儿女推下车去。刘邦扔孩子，其下属夏侯婴就捡孩子，再塞进车里，一连捡了三次。刘邦无奈，只希望马儿能再跑快些。而此时，刘邦的父母和妻子都已经被楚军俘获了。

荥阳之战

刘邦在彭城大败后逃至荥阳（今河南荥阳北）南，收集散兵，驻扎下来。这时萧何发关中老弱前往增援，楚汉双方在此开始了对峙。一年多来，两军你来我往，展开了拉锯战。

荥阳被项羽围了个严实，在范增的建议下，楚军不断袭击汉军运粮的通道。刘邦见城内的粮食越来越少，只好向项羽求和。项羽不同意，扬言要刘邦的命。这时，陈平使出了离间计，让项羽对谋士范增产生怀疑，范增怒而辞归，病死在路途中。

项羽的臂膀已失去了，可荥阳之围却还没解，于是陈平又让城内的2000余名女子穿上军装，在晚上放出东门。楚军以为汉军出来了，都向东门集结。与此同时，将军纪信装扮成刘邦的模样，乘坐汉王的车驾走出东门，命士兵高喊："没有粮食啦，汉王来投降！"

楚军信以为真，都扔下武器跑到城东去看热闹，刘邦趁机率领数十骑亲随从西门逃跑了。待到项羽发现上当后，只能烧死纪信泄愤。这时消息传来，韩信正率大军攻击楚国，项羽担心后方有失，只得同意议和。刘邦于是与项羽约定，两军以鸿沟（今荥阳东南）为界，其西属汉，其东属楚，并要求项羽归还自己的父母妻子。

签约之后，项羽长长地舒了一口气，率领大军东归，以为从此就可以休息一段时间了。然而，刘邦不是受诺言拘束的人，见项羽撤军，他立即从其背后开始追击。

垓下之围

公元前202年，项羽被汉军重重包围在垓下（今安徽灵璧东南）。夜间，项羽忽然听到汉军军营中传来楚地的歌声，大吃一惊，以为自己的根据地楚国已被刘邦攻占，心神俱乱。士兵们听到悲伤的乡音，更是无心恋战，纷纷逃走。

其实，这是刘邦的谋臣张良设下的计谋。他知道项羽的军士都是楚地人，于是命汉军高唱楚歌，以动摇楚军军心。项羽在四面楚歌中坐在帐中饮酒，并大声唱道："力拔山兮气盖世，时不利兮骓不逝。骓不逝兮可奈何，虞兮虞兮奈若何？"虞姬是项羽的宠姬，她知道大势已去，而项羽不忍与自己分别，又担心兵败后会受到汉军的侮辱，于是在歌声中拔剑自刎。

见虞姬自杀，项羽率领仅存的800人突围，等他来到乌江边上时，身边只剩下28个人。乌江亭长将船停在江边，对项羽说："江东虽小，却地方千里，有数十万人，足以使您称王。愿大王赶紧渡江，此茫茫大江仅有我一只船，汉军即使追到这里也无船可渡。"项羽听后微微一笑，说："天要亡我，我还渡江干什么！况且我当年与江东子弟8000人渡江征战，如今无一人生还，纵使江东父老可怜我，称我为王，我还有什么脸面去见他们？"说完，将坐骑送给亭长，回身手持短刃与汉军厮杀。项羽一人杀了汉军数百人，但终因寡不敌众，身受重伤，最后自刎在乌江边上。

公元前202年，刘邦击败项羽，统一了中国，建立起汉王朝，定都洛阳，3个月后迁都长安（今陕西西安），史称西汉。

霸王别姬　年画
这是杨柳青年画中表现项羽兵败、痛别虞姬的场面，可见霸王别姬的故事在民间流传之广。

第四章　大汉天下

汉初休养生息

中原在经历了秦朝末年的苛政、四年楚汉战争之后，人口大减，国力衰微。汉朝建立之初，刘邦想坐四匹马拉的车出行，居然找不到四匹同一个颜色的马。而朝廷大臣外出，也只能乘坐牛车。刘邦从白登山逃到曲逆（今河北顺平东南）时，曾赞扬曲逆城市的繁华，说它可以和洛阳媲美，因为这座城市竟然有5000户人家！曲逆在秦朝时可是一个3万户的城市，如今沦落至此，还被刘邦夸耀，可见当时的国家状况是何等凄凉。

为了让人们能够休养生息，西汉实行了较低的税收政策和较轻的徭役，让人们能够安心劳作，大力发展农业生产。萧何制定的一切法规，都是以黄老学说为指导的清静无为、与民休息的措施。所谓黄老学说，就是黄帝之学，老子之说。萧何认为，要使天下长治久安，就必须减轻刑法。

刘盈继位后不久萧何就逝世了，曹参接替他的官位，一切都依照萧何所定的规章行事，没有丝毫变更，凡向他建议改进的人，他就请那人喝酒，直到喝得酩酊大醉，不能开口才罢。

汉惠帝刘盈对此很不解，不免有些埋怨曹参。曹参于是问刘盈："你的才能，比你父亲如何？"刘盈说："不如。"曹参又问："我的才能，比萧何如何？"刘盈说："似乎也不如。"曹参说："这就对了，他们两位定下的法令规章，我们这些不如他们的人，岂可自求表现，随意变更？"刘盈听后便没话说了。

平息了吕氏一族后，刘恒继位，史称汉文帝。刘恒的妻子窦皇后信奉道家学说，刘恒受妻子的影响，也喜欢黄老学说。刘恒在位期间，废掉了割鼻断足的酷刑，对80岁以上的老人都有赏赐，还经常免除全国的田赋。刘恒最宠爱慎夫人，但他却禁止慎夫人穿流行的拖地样式的衣服，原因就是这种衣服所费布料较多。

后来，刘恒的儿子刘启继位，即汉景帝，依然由母亲窦太后主持国政，继续追求维持现状的安定。

文景之治

"文景之治"能够成为封建社会的盛世，与文帝个人励精图治密切相关。他即位不久，就将诽谤妖言之罪废止，使臣下敢于大胆提出不同的意见。秦代以来有一种叫作"秘祝"的官，凡有灾祥就认为是臣下的过错。文帝下诏废除这种做法，并且声明：百官的错误和罪过，都要由皇帝来负责。他又不许祠官为他祝福。

文帝自身生活也相当节俭，他在位23年，没有增添宫室苑囿、车骑服御之物。他屡次下诏禁止郡国向皇帝贡献奇珍异物。他所宠爱的慎夫人的衣着和屋内布置也很朴素。文帝

汉文帝像

曾想建造一座露台，当他听说需要百金，相当于中人十家之产后，就下令作罢。因为文帝生活节俭，所以当时国家的财政开支也比较节省，贵族官僚也不敢太过奢侈，人民的负担也有所减轻，这是"休养生息"政策的一项重要内容。

文景两代施行了上述一系列措施，使得当时社会经济有显著的发展，汉王朝的统治秩序也渐渐巩固。西汉初年，较大的侯，封国不过万家，小的只有五六百户；经过文景之治，人民不再流离，人口增长迅速。较大的封国有三四万户，小的也户口倍增，而且比过去更加富有。农业有了发展，粮价也大大降低。据《汉书·食货志》记载，自汉初至武帝即位，70年之间，国内政治安定，如果不是水旱之灾，百姓总是人给家足，郡国的粮仓中堆满了粮食。太仓里由于粮食过多，都到了腐烂而不可食的程度；京师的钱财以千百万计，连串钱的绳子都朽断了。这些都生动地描述了"文景之治"。

晁错削藩

汉景帝统治的时候，国力已日趋恢复，商业也开始向着繁荣发展。这时各诸侯国的势力也强大起来，靠着土地多，又都是刘邦的子孙，一些诸侯王便不愿再受朝廷的束缚。

其中的吴王刘濞，他的封国靠海，盛产铜矿，财富一点儿也不亚于大汉皇帝。汉朝规定各诸侯王要定期到长安来拜见皇帝，可刘濞却一直不来。

汉景帝还是太子的时候，晁错任太子家令，是太子府内的重要官员，他善于根据问题提出建议，深得太子赏识，被誉为太子的"智囊"。他在文帝时就上书建议削藩，但没有被文帝采纳。太子登基为景帝后，他出任内史，后升任御史大夫，位列三公。他对汉景帝说："吴王一直不来朝见，按理早该治他的罪。先帝在世时对他宽大，他反倒越来越狂妄。不但私自开铜山铸钱，煮海水产盐，还招兵买马，扩充军队。不如趁早削减他们的封地，以除后患。"

汉景帝有点犹豫，怕削地会激起他们马上造反。晁错说："诸侯存心造反的话，削地要反，不削地也要造反。现在造反，祸患还小；将来他们势力雄厚了再反，祸患就更大了。"晁错认为吴王这样的诸侯必反，是有道理的，但削藩的做法有些性急，也激化了诸侯与中央政权的矛盾。

汉景帝觉得晁错的话有道理，决心削减诸侯的封地。果然，吴王刘濞率先造起反来了。他打着"请诛晁错，以清君侧"的幌子，煽动其他诸侯一同起兵叛乱。

细柳阅兵

汉文帝在即位之初，对匈奴继续采取和亲的政策，双方没有再发生过大规模的战争。后来，匈奴听信了汉奸的挑拨，跟汉朝绝交。在公元前158年，军臣单于起兵6万，侵犯上郡（今陕西榆林东南）和云中（今内蒙古托克托东北），抢夺财物后还杀了许多老百姓。

边境的烽火台放起烽火来报警，远远近近的火光，连长安也望得见。

汉文帝连忙派 3 位将军带领 3 路人马去抵抗。为了保卫长安，另外派了 3 位将军带兵驻扎在长安附近：将军刘礼驻扎在灞上，徐厉驻扎在棘门（今陕西咸阳东北），周亚夫驻扎在细柳（今咸阳西南）。

一天，汉文帝去慰劳军队，到灞上后，刘礼和他的部下将士纷纷骑着马来迎接。接着，汉文帝又来到棘门，受到的迎送仪式也是一样隆重。

最后汉文帝来到细柳，周亚夫军营的前哨一见远远有一队人马过来，立刻报告周亚夫。将士们披盔带甲，弓上弦，刀出鞘，完全是准备战斗的样子。汉文帝的先遣队到达了营门，守营的岗哨立刻拦住，不让进去。先遣的官员威严地吆喝了一声，说："皇上马上驾到！"但营门的守将毫不慌张地回答："军中只听将军军令。将军没有下令，不能放你们进去。"

周亚夫像

这时汉文帝的车驾到了，守营的将士照样挡住。汉文帝只好命令侍从拿出皇帝的符节，派人给周亚夫传话："我要进营来劳军。"周亚夫这才下令打开营门，让汉文帝的车驾进来。护送文帝的人马一进营门，守营的官员又郑重地告诉他们："军中有规定，军营内不许车马奔驰。"随从的官员都很生气，汉文帝却吩咐大家放松缰绳，缓缓地前进。

47

到了中营，只见周亚夫披戴着全身盔甲，拿着兵器，威风凛凛地站在汉文帝面前，拱拱手作了个揖，说："臣盔甲在身，不能下拜，请允许按照军礼朝见。"汉文帝大为震动，也扶着车前的横木欠了欠身，向周亚夫表示答礼，并向全军将士传达了他的慰问。

慰问结束后，汉文帝离开细柳。在回长安的路上，汉文帝的侍从都愤愤不平，认为周亚夫对皇帝太无礼了。但汉文帝却赞不绝口，说："这才是真正的将军啊！灞上和棘门两个地方的军队，松松垮垮，如果敌人来偷袭，不做俘虏才怪呢。像周亚夫这样治军，敌人怎敢侵犯他啊！"

在这一次视察中，汉文帝认定周亚夫是个军事人才，就把他提升为中尉，负责都城的治安。临终时，汉文帝把太子叫到跟前，特地嘱咐他说："如果将来国家发生动乱，叫周亚夫统率军队，准错不了。"

七国之乱

公元前 154 年，吴、楚、赵、胶西、胶东、菑川、济南 7 个诸侯王发动叛乱，史称"七国之乱"。

叛军声势很大，一连攻下了好几座城池。朝廷里一些本来就反对削藩的人于是上奏，主张杀了晁错，让齐国失去兴兵的理由，可以不战而胜。汉景帝不愿杀晁错，一直不下决断。于是一批大臣上奏章弹劾晁错，说他大逆不道，应该腰斩。汉景帝无奈，只得同意。

于是，中尉来到晁错家，传达皇帝的命令，要他上朝议事。晁错完全蒙在鼓里，立刻穿上朝服，跟着中尉上车走了。车马经过长安东市，中尉忽然拿出诏书，要晁错下车听诏。

刚宣布完汉景帝的命令，武士们就一拥而上，把晁错绑了起来。这个一心想维护汉家天下的晁错，竟这样莫名其妙地被腰斩了。

汉景帝杀了晁错后，下诏书要七国退兵。这时吴王刘濞已经夺得了半壁江山，使臣要他拜受汉景帝的诏书，刘濞冷笑说："现在我也是皇帝，为什么要下拜？"汉景帝这时才明白，吴王借削地的由头发兵，就是为了夺取天下，自己是错杀了晁错。

这时，汉景帝想起了汉文帝临终时的嘱咐，拜周亚夫为太尉，统率兵马去讨伐叛军。周亚夫不跟叛军正面作战，只派了一队轻骑兵抄了吴、楚两国的后路，断绝了他们的粮道。没有了粮食，叛军自己就先乱了起来。周亚夫这才发动精兵出击，把吴、楚两国的兵马打得一败涂地。吴、楚两国是带头叛乱的，这两国一败，其余五国也很快垮了。不到 3 个月的时间，汉军就把七国的叛乱平定了。

汉景帝平定了叛乱，虽然仍旧封了七国的后代继承王位，但规定诸侯王只能在自己的封国里征收租税，不许干预地方行政，不能任命地方官员。诸侯国的权力被大大削弱了，中央政权则巩固下来。

汉武盛世

公元前 140 年，汉景帝的儿子刘彻登基，史称汉武帝。

汉武帝在继位后不久，就开始了改革措施。首先，他对官员的选择制度进行了改革，不再单纯依靠以往的功臣，而是大力启用儒生。汉武帝命令各诸侯国举荐孝廉和贤良方正的文学人才，并亲自考察任命，从中选拔了许多有才华的人。

譬如主父偃，他给汉武帝出了一个"推恩令"的好主意，不费一兵一卒，就解决了诸侯国威胁中央的问题。诸侯国的传位，都是由嫡长子继承王位，其他儿子没有权力。而"推恩令"则允许诸侯王的所有儿子都分一杯羹。每个儿子都分一块儿土地，这样他们的土地越分越少，势力也就越来越小，无法再对中央构成威胁。

还有桑弘羊，他提出在长安设置一个名为"平准"的机构，把所有国库的剩余物品都集中在这里，当市场上某种商品价格上涨时，就以低价出售这种商品；价格下跌时，则予以收购，以此保持物价稳定。应该说，这种官营商业确实起到了平抑物价，限制富商大贾操纵市场的作用，还使政府获得了巨额的利润。只是在实际执行中，还是免不了官商勾结起来囤积居奇，贱收贵卖，进行投机的行为。

桑弘羊还建议把盐铁收归国家经营，禁止民间私铸铁器和煮盐，召盐铁商做盐铁官，实行盐铁官营。由此朝廷不仅增加了巨大的收入，而且又削弱了地方豪强的割据势力。

除此之外，汉武帝还亲自参加治水。他下令开漕渠，自长安昆明湖引水通向黄河，灌溉了农田万余顷；亲率民工数万人，填塞黄河缺口；奖励西北边郡修渠灌田，在关中及山东淮南各地引水修渠，使农业生产大大提高。

这一系列的改革措施，使西汉很快就进入鼎盛时期。

罢黜百家，独尊儒术

在汉武帝刘彻执政时期，汉朝出现了空前繁荣的景象，社会上物资充足，贸易发达，对匈奴也一扫以往的败局。

汉武帝不同于文帝和景帝，他性格刚毅，不喜欢老子那套与世无争、清静无为的理论。有作为，有大作为，才是武帝真正想要的。因此他在公元前 134 年，采纳了董仲舒的建议，不再奉行黄老政治，而是以儒家的纲常名教来维护统治。这就是罢黜百家，独尊儒术。

此外，汉武帝大量提拔儒生充当中央和地方官吏，不奉行儒学的博士都被罢免。汉武帝还设立五经博士，专授儒家经典，同时设太学、办学校，使儒家理论渗透到各阶层领域，成为国家政策及管制的理论根据。

建立汉朝的刘邦原本就是一个厌恶儒家学派的人。他在没当皇帝的时候，只要见了儒生，就把他们的帽子抓下来，当众往里面撒尿。刘邦登基之后，他的那些大臣将军都是当初一块厮混的流氓朋友，丝毫不讲礼法。在皇宫里饮宴，他们也还像过去在刘邦家里一样，大吃大喝，喝醉了就放声高歌，然后拔出刀剑乱砍。

刘邦隐隐觉得这样不妥，但又不知道该怎样改正。这时儒生叔孙通就教了刘邦一个儒家的礼仪——朝仪，即朝见皇帝的仪式，要求大臣们学习。一个月后，恰值长乐宫落成，群臣朝贺，于是正式启用"朝仪"。大臣将军们在宫廷官员的引导下，按顺序入殿，然后分为两班，在大殿两侧坐下，禁卫军官在大臣、将军们的身后整齐站定。这时一连串的官员，从远到近开始传报："皇帝驾到！"刘邦坐着辇车慢慢上殿，大臣和将军们按照官职大小的顺序，一一念出他们早已背诵得滚瓜烂熟的祝贺言辞，殿内一片肃穆之气。接着宴会开始，大臣将军们都向前伏着身子，仰头上望，按顺序向刘邦敬酒。

"朝仪"结束后，刘邦大喜："我到今天才知道当皇帝的威风。"于是他立即擢升叔孙通当九卿之一的"奉常"，并赏赐其黄金。

儒家学派虽然在仪式上博得了皇帝的欢心，但因为当时正逢黄老政治时代，他们还是无法施展抱负。当时有一位博士辕固生，因为对李耳、庄周不满，窦太后就叫他赤手空拳到兽栏里去打野猪。幸亏汉武帝暗中给了他一把刀子，才没有丧生猪口。

如今好时候终于来了，窦太后死后，汉武帝刘彻对儒教的尊崇，让压抑很久的儒生们纷纷摩拳擦掌，准备大干一番。

董仲舒的意见被皇帝采纳后，规定国家所设的"博士"官职，只有儒家学派的人才能充当，并且只能研究"五经"，其他学派的人都被排除。国家的太学内，由博士担任教师，传授"五经"和孔子的思想，学成后即到地方政府中任职。学习儒教，自此成为平民进入政府的唯一途径，而且久而久之，儒家学派布满了各级政府，成为一种排他性极强的儒家系统。

诸子百家从此只剩一家，而这一家中只剩下"五经"。儒家思想遂成为皇帝钦定、中国唯一的正统思想。

张骞通西域

汉武帝继位之初，匈奴中有人投降了汉朝。汉武帝从他们的谈话中得知，西域有一个月氏国，与匈奴有世仇。汉武帝想，月氏在匈奴西边，如果能联合月氏，就形成了东西夹攻之势，还可以切断匈奴跟西域各国的联系，等于是切断了匈奴的右臂。于是下诏书征求能干的人到月氏去联络。

年轻的郎中张骞，自小就听家中的匈奴仆人堂邑父讲述草原大漠的雄壮，他看到汉武帝的诏书，认为这是一件有意义的事，便毫不犹豫地应征了。

在张骞的带动下，陆续征集了100余名勇士。公元前138年，汉武帝派张骞带着这些勇士，扮作商旅模样出发，去寻找月氏国。月氏国本来立国在河西走廊，首都设在张掖（今甘肃张掖），后来被匈奴汗国击溃，才不断向西逃亡。

张骞跟他的使节团在进入河西走廊后不久，就被匈奴汗国捉住。但匈奴人并没有杀他们，只是派人把他们分散开来管住，堂邑父跟张骞住在一起。这一住就是10多年，张骞等

西域城邦国家分布图

人都在匈奴娶了妻子。后来他们终于找到机会逃了出来。

他们一直向西跑了几十天，吃尽苦头才逃出匈奴地界，虽然没找到月氏，却闯进了另一个国家——大宛（在今中亚细亚）。

大宛王早就听说汉朝是个富饶强盛的大国，这回听到汉朝的使者到了，很欢迎他们，并且派人护送他们到康居（约在今巴尔喀什湖和咸海之间），再由康居到了月氏。

月氏被匈奴打败以后，迁到大夏（今阿富汗北部）附近重新建立了大月氏国。由于在当地生活安逸，他们已经不想再跟匈奴作战了。所以大月氏国王听了张骞的话后，并不感兴趣，但因为张骞是汉朝的使者，大月氏国王还是很有礼貌地接待了他。

张骞和堂邑父在大月氏住了一年多，又到大夏去了一次，看到了许多以前从未见到过的东西。但是他们却始终没能说服大月氏国共同对付匈奴，于是只好返回。

在返回的途中，他们再次经过匈奴地界，又被扣押。幸好匈奴发生了内乱，张骞和堂邑父才逃了回来。

这一趟行程足足用了13年，汉武帝本来以为张骞一行人都死了，现在看见张骞平安归来，非常高兴，封他为太中大夫。

张骞向汉武帝详细报告了西域各国的情况。他说："我在大夏看见邛山出产的竹杖和蜀地（今四川成都）出产的细布。当地的人说这些东西是商人从天竺（今印度）贩去的。既然天竺可以买到蜀地的东西，一定离蜀地不远。"

汉武帝于是再派张骞为使者，让他带着礼物从蜀地出发，去结交天竺。张骞把人马分为4队，分头去找天竺。四路人马各走了2000里地，都没有找到，有的还被当地的部族打了回来。往南走的一队人马最后绕过昆明，到了滇越（今云南东部）。滇越国王的上代原是楚国人，已经有好几代跟中原隔绝了，现在见到了汉朝使臣，表示愿意和汉朝建交。

张骞回到长安，汉武帝认为他虽然没有找到天竺，但是结交了一个一直没有联系过的滇越，这样的结果也让他很满意。

扩充疆域

汉王朝的疆域，通过不断的战争向四方扩充。

在南方，曾被秦王朝收入版图的闽中郡、南海郡、桂林郡和象郡，曾随着秦王朝的覆灭而宣告独立，建立了东海王国、闽越王国和南越王国。

公元前138年，闽越王国攻击东海王国，东海王国向汉朝求救。闽越军队见汉朝大军来势汹汹，慌忙撤退。东海国归降汉朝。3年后，闽越王国又攻击南越王国，南越王国也向汉朝求救，闽越国王骆郢的弟弟骆余善一看情形不对，即把骆郢杀掉，向汉朝乞和。

公元前111年，汉朝大军南下，一举灭亡了南越王国。第二年又拿下了闽越王国。秦王朝开拓的南方故疆，至此全部恢复。

在东北，汉朝跟朝鲜王国接壤。公元前108年，汉朝军队强渡清川江，攻陷王险城（今朝鲜平壤），国王卫右渠被他的部下所杀，卫氏朝鲜灭亡。汉朝将它的故地分为下乐浪郡（今朝鲜平壤）、临屯郡（今朝鲜江陵）、玄菟郡（今朝鲜安边）和真番郡（今朝鲜汉城）。

在西南，汉朝边界只到巴郡（今四川重庆）和蜀郡（今四川成都），越过此线，便是"西南夷"，那里崇山密布，散布着数不清的部落，主要有夜郎、滇、邛都、昆明、徙、筰都、冉駹、白马等。汉武帝在公元前135年，遣唐蒙出使招抚夜郎，以其地设犍为郡，后又遣司马相如招抚邛都、筰都、冉駹等地。到了公元前125年，武帝从张骞口中得知，从西南地区经身毒（今印度）可通至大夏、乌孙，要想联合西域乌孙等国夹击匈奴，必须重视经营这一地区，但其派出的使者虽得滇王之助，却被昆明的少数民族所阻。汉武帝于是派兵征讨西南的少数民族，将其逐个消灭。

昭宣中兴

公元前87年，汉武帝逝世，临终时颁下遗诏，立少子弗陵为太子，也就是汉昭帝，命霍光以大司马、大将军身份辅政。

不久，左将军上官桀想把他6岁的孙女嫁给汉昭帝做皇后，霍光没有同意。最终上官桀靠汉昭帝的姐姐盖长公主的帮助，还是如愿以偿。

接着，上官桀和他的儿子上官安，打算封盖长公主的一个身边人做侯，霍光还是死活不同意，这让上官桀父子、盖长公主都十分恼火，他们把霍光看作眼中钉，想要除掉他。

汉昭帝14岁那年，一次霍光检阅羽林军（皇帝的禁卫军）时，把一名校尉调到了他的大将军府。上官桀抓住这件事，假造了一封燕王的奏章，派一个心腹冒充燕王的使者，送给汉昭帝。信上说：大将军霍光检阅羽林军的时候，坐的车马跟皇上坐的一样。他还自作主张，调用校尉，这里面一定有阴谋。我愿意离开自己的封地，回到京城来保卫皇上，免得坏人作乱。汉昭帝看过奏章之后，就把它搁在了一边。

第二天，霍光听说燕王刘旦上书告发他，吓得不敢进宫。这时汉昭帝吩咐内侍召霍光觐见。霍光没办法，一进去就脱下帽子，伏在地上请罪。汉昭帝说："大将军尽管戴好帽子，我知道有人存心陷害你。"霍光很奇怪，磕了个头说："陛下怎么知道？"汉昭帝说："大将军检阅羽林军是在长安附近，调用校尉还不到10天。燕王远在北方，怎么可能知道这件事？就算一知道就马上写奏章送来，现在也还送不到宫中呢。再说，大将军如果真的要叛乱，也用不着靠调一个校尉。这明明是有人想陷害大将军，燕王的奏章是假造的。"在场的大臣们听了，无不佩服少年皇帝的聪明。

上官桀见一计不成，又生一计。他请盖长公主出面，请霍光喝酒。自己则埋伏在路上，准备在霍光赴宴时刺死他。没想到有人早把这个秘密泄露给了霍光，霍光随即报告了汉昭帝。汉昭帝命令丞相田千秋火速发兵，把上官桀一伙统统逮起来处死。

可惜汉昭帝在21岁时得病死去，因为他没有孩子，霍光就把汉武帝的一个孙子，昌邑王刘贺立为皇帝。刘贺原是个浪荡子，天天吃喝玩乐，把皇宫闹得乌烟瘴气。霍光和大臣们商量后，决定联名上书，请皇太后下诏，废了刘贺，另立汉武帝的曾孙刘询为帝，就是汉宣帝。

宣帝直到霍光死后才亲政，其亲政的20年中，着重于整肃吏治，加强皇权。因为霍氏家族掌权时间很长，宣帝亲政后首先族灭了霍氏家族，并且诛杀了一些地位很高的官员。

此外，宣帝还召集著名儒生在未央宫讲论五经异同，使得儒学得到很大发展。他屡次蠲免田租，在发展农业生产方面继续霍光的休养生息政策。

这时适逢匈奴发生内乱，呼韩邪单于亲至五原塞上请求入朝，宣帝至此得以完成武帝倾全国之力用兵而未竟的功业。

西汉的衰败

汉宣帝死后，刘奭即位为汉元帝，西汉的衰败从这时开始显现。元帝"柔仁好儒"，在治理社会秩序时，采取放纵的策略，经常大赦，导致盗贼横行，土地集中的情况越来越严重。这也逐渐导致皇权旁落，外戚与宦官专权的现象日益严重。元帝死后，刘骜即位为成帝。成帝好女色，先后宠爱的有许皇后、班婕妤和赵飞燕、赵合德姐妹，由于赵氏姐妹不能生育，因而对其他可以生育的妃嫔以及她们的子女都很嫉妒，赵飞燕姐妹害死成帝与其他妃嫔的子女，史称"燕啄皇孙"。成帝最终因"酒色侵骨"，竟死在"温柔乡"之中。

成帝不理朝政，这使得外戚王氏集团因此有了兴起的条件，皇太后王政君的权力也越来越大。成帝死后，定陶王之子刘欣即位，为汉哀帝。汉哀帝有"断袖之癖"，也就是今天所说的同性恋，他宠信董贤，终日与其厮混，使得国家的权力进一步集中到外戚王氏的手里。国家已呈现出非常衰败的景象，民间到处流传着"再受命"的说法。

汉哀帝去世后，太皇太后王政君任命王莽为大司马，接替了董贤的位置，并迎接中山王刘衍即位为汉平帝，年号为元始。但是，大权掌握在王莽手中，刘衍已经沦为傀儡。5年后，王莽将年仅14岁的平帝毒死，并迎立太子刘婴即位，自己当上了"摄皇帝"。

公元8年，王莽强迫刘婴退位，自己称帝，建立新朝，西汉王朝至此走到了尽头。

匈奴的崛起

在西汉王朝建立的同时，匈奴部落也在漠北完成了统一。

在秦始皇时，因为蒙恬率军进取河套，匈奴部落的酋长头曼带领自己的部族向北迁徙；秦末边防松弛，他又带领部族回到南边。因为他打算在自己死后传位给幼子，所以就派长子冒顿到月氏王国（今甘肃张掖）当人质。冒顿去后，这位狠心的父亲随即发兵猛攻月氏，希望月氏国王在大怒之下把人质杀掉。不料其计策被冒顿察觉，没有成功。没办法，头曼只得分给冒顿一部分人马，但仇恨的种子还是种下了。

不久，冒顿发明了一种射出时能发声的响箭——鸣镝，他下令给他的部属说："响箭射什么，你们就射什么，不射的处死。"最初这种响箭用在打猎上，冒顿在响箭射出后，发现有未跟着射的，就立即杀掉。后来，冒顿用响箭射自己的马，有的部属不敢跟着射，就立即被杀掉。接下来，冒顿又用响箭射自己的妻子，部属中还有不敢跟着射的，也立即被杀掉。一段时间以后，冒顿用响箭射他父亲的坐骑，部属们全都跟着射。

公元前201年，冒顿用响箭射他的父亲，头曼死在了儿子的乱箭之下。冒顿把他的继母与弟弟同时杀掉，宣称自己是"单于"，建立了匈奴汗国。匈奴汗国在冒顿的统领下，四处征伐。

汉朝刚建立的时候，冒顿单于就带领40万人马，包围了韩王信的封地马邑（今山西朔县）。韩王信抵挡不了，向冒顿求和。刘邦得知后非常生气，派使者责备韩王信。韩王信害怕刘邦日后杀他，竟然向匈奴投降了。

白登山之围

冒顿占领了马邑后，继续向南进攻，围住晋阳，刘邦亲自赶去迎战。公元前200年的冬天，天降大雪，中原的兵士没碰到过这样冷的天气，有的人甚至都冻掉了手指。但是，汉朝的军队和匈奴兵一接触，匈奴兵就败走。刘邦派兵侦察，回来的人都说："冒顿的部下全是一些老弱残兵，马匹都瘦得皮包骨。如果趁势打过去，准能打胜仗。"

刘邦怕这些兵士的侦察不可靠，派大臣娄敬到匈奴营地去刺探。娄敬回来说："我们看到的匈奴人马的确都是些老弱残兵，但我认为冒顿一定是把精兵埋伏起来了，陛下千万不能上这个当。"刘邦大怒，说："你胆敢胡说八道，想阻拦我进军。"接着把娄敬关押起来。

刘邦率领一队人马来到平城（今山西大同东北），突然四下里拥出无数匈奴兵来，个个人强马壮，原来的老弱残兵全不见了。刘邦拼命杀出一条血路，然后退到平城东面的白登山。冒顿单于派精兵把白登山团团围住，刘邦被困在山上整整7天，无法突围。

陈平一直守在刘邦身边，他见援兵也无法攻入，便派使者带着黄金、珠宝去见冒顿的宁胡阏氏（匈奴王后），请她在单于面前说些好话。阏氏一见这么多的礼物，非常高兴，便对冒顿说："我们虽然占领了汉朝地方，却没法长期住下来，再说，汉朝皇帝也有人会来救他。咱们不如早点撤兵回去吧，免得吃亏。"

冒顿听了阏氏的话，第二天一早，就下令将包围圈撤开一角，放汉兵出去。刘邦一口气逃到广武，赶快把娄敬放了出来，说："我没听你的话，弄得在白登山被匈奴围了起来，差点儿不能和你见面了。"

逃出虎口后，刘邦知道自己还没有力量征服匈奴，只好先返回长安。匈奴却是士气大长，时不时就来侵扰一下，大肆掠夺后即返回草原。

刘邦于是问娄敬该怎么办。娄敬说："最好采用'和亲'的办法，大家讲和，结为亲戚，彼此可以和和平平地过日子。我们把公主嫁给他，嫁妆一定要丰富，用不着抢掠就可得到这么多金银财宝，他就不会来烧杀了。将来公主生下儿子，继任单于，就是我朝的外甥，外甥和舅父怎么能够打仗呢？"

刘邦觉得很有道理，于是派娄敬到匈奴去说亲，冒顿也同意了。刘邦大喜，立刻下令将他的独生女儿鲁元公主远嫁匈奴。但皇后吕雉哭闹不休，极力阻挠，刘邦只得选了一个宫女，将她封为大公主，送到匈奴去和亲。

马邑之谋

在国力日渐雄厚之际，汉武帝的注意力又转向了北方，念念不忘要打败匈奴，一雪以前的羞辱。

公元前133年，大商人聂壹来找大臣王恢，说："匈奴在边界经常侵犯我们，总是一个祸根。现在趁他们提出和亲，不如把匈奴引进来，我们来一个伏击，准能打个大胜仗。"王恢问他："你有什么办法能把匈奴引进来？"聂壹说："我经常在边界上做买卖，匈奴人都认识我。我可以借做买卖的由头，假装把马邑献给单于。单于贪图马邑的货物，一定会来。我们把大军埋伏在附近，只要单于一到马邑，将军就可以截断他们的后路，活捉单于。"

王恢把聂壹的主意告诉汉武帝。汉武帝决心采用聂壹的计策，于是派王恢、韩安国、公孙贺、李广等将军带领30万人马埋伏在马邑旁边的山谷里。聂壹故意逃到匈奴，跟军臣单于说："我有办法混进马邑，杀死那里的官吏，这样就可以稳稳当当拿下马邑。"军臣单于听了很高兴，但是到底还是有点怀疑，于是他先派几个心腹跟聂壹一起到马邑去，只等聂壹真的把官吏杀了，再发兵进去。聂壹回到马邑，按照事前和王恢商量好的办法，杀了几个已经定了死罪的犯人，把他们的头挂在城头上，骗匈奴使者去看，说这就是马邑县官的脑袋。匈奴使者见了人头后，信以为真，立刻回去报告军臣单于。军臣单于亲自带领10万骑兵去接管马邑，到了离马邑大约100里地的武州地方（今山西左云），只见草原上放着许多牲口，却没有放牲口的人。军臣单于犯了疑，抓住一个看守亭堡的亭尉，威胁他说："你把情况老实告诉我！要是说半句谎话，我马上把你的头砍了。"那亭尉就把汉兵布置的埋伏全都告诉了军臣单于。

军臣单于一听，赶快命令全军撤退。等到埋伏在马邑的汉军得到匈奴逃回去的消息时，已然追不上了。汉武帝的诱击战没有成功，汉朝和匈奴的和亲关系也宣告破裂，之后接连发生了几次大规模的战争，双方互有胜负。

卫青、霍去病征匈奴

公元前127年，卫青、李息大败匈奴，一直将匈奴驱出了河套地区。卫青在河套沙漠与黄河之间兴筑了朔方城（今内蒙古杭锦旗北）。

公元前124年，卫青率6位将领，分别出高阙（今内蒙古乌拉特后旗东南）、右北平（今内蒙古宁城西南）、朔方（今内蒙古杭锦旗北），3路进击，深入匈奴汗国600里，俘虏小王10余人，男女15000余人，牛羊近100万头。

公元前123年，卫青再率6位将领出定襄（今内蒙古和林格尔）进击。这一次吃了败仗，大将苏建所率领的3000骑兵，全军覆没。大将赵信于兵败后投降匈奴。因为赵信深知汉朝内情，匈奴汗国像宝贝一样看待他，特地为他兴筑了一个赵信城。

公元前121年，年仅19岁的霍去病被封为骠骑将军，出陇西（今甘肃临洮），越过焉支山（今甘肃山丹东南胭脂山）千余里，斩匈奴名王以下8000余人，俘获匈奴休屠王祭天时用的金人。同年，霍去病再出陇西作第二次进击，越过居延海（今内蒙古额济纳旗），深入匈奴腹地2000余里，杀虏3万多人。

霍去病一年中取得两次空前胜利，横穿河西走廊如入无人之境。河西走廊是匈奴汗国浑邪王的防地，匈奴单于伊稚斜大怒，要追究失败的责任。浑邪王害怕被杀，率众投降了汉朝。这对匈奴汗国是一个沉重打击，他们悲哀地唱道："亡我祁连山，使我六畜不繁息。失我焉支山，使我妇女无颜色。"

匈奴汗国知道自己的昔日光荣已失，于是便采纳了赵信的建议，认为汉军不能深入沙漠，就远走瀚海沙漠。可是汉武帝却不肯罢休，公元前119年，卫青出定襄，霍去病出代郡，深入漠北，向匈奴发起总攻。伊稚斜单于大败，向北突围逃走。汉朝便在浑邪王故地河西走廊设立四郡：酒泉郡（今甘肃酒泉）、武威郡（今甘肃武威）、张掖郡（今甘肃张掖）、敦煌郡（今甘肃敦煌）。

漠北之战版画

在击退伊稚斜单于后，汉武帝指派了许多工匠，修建了一所豪华的房子送给霍去病。住宅落成后，汉武帝让霍去病去看看是否满意。霍去病看都不看，对汉武帝说："匈奴未灭，何以家为！"这一句爱国忘家的豪言壮语，流传至今。

可惜的是，霍去病从军只有 6 年，年纪轻轻就得病死了，死时还不到 24 岁。霍去病死后，汉武帝十分悲痛，给霍去病举行了隆重葬礼，下令边界上 5 个郡的百姓，都穿上黑衣来护送霍去病的灵枢。

苏武牧羊

匈奴北逃之后，看到汉朝与西域各国交好，十分不快，总想找机会报复。

在武力上，匈奴已经处于劣势。于是他们在口头上表示要跟汉朝和好，一次次派使者来求和，但当汉朝的使者到匈奴回访时，有的却被他们扣留下来。

公元前 100 年，汉武帝想出兵再打匈奴，这时匈奴派使者来求和，还把以往扣押的汉朝使者都放了回来。汉武帝为了答复匈奴的善意表示，派中郎将苏武拿着旌节，带着副手张胜和随员常惠，出使匈奴。

但副手张胜做了一件与其外交身份不符的事情——参与了一场不成功的政变。匈奴单于一怒之下，将毫不知情的苏武一并扣押。匈奴单于把苏武关在地窖里，不给他食物和水，逼他归顺匈奴。这时候正是入冬天气，苏武忍饥挨饿，渴了就捧一把雪止渴；饿了，就扯一些皮带、羊皮片啃啃，就是不肯归顺匈奴。

单于见他如此坚决，就把苏武送到北海（今贝加尔湖）边去放羊，说："等你的羊生了小羊，就放你回去。"可匈奴给苏武的这 100 只羊全是公羊，根本就不可能生小羊。苏武明白，自己如果不归顺，就要被长期监禁。他一个人带着这 100 只羊在北海的冰天雪地里，靠掘野鼠洞里的草根充饥，依然不愿向匈奴低头。

直到公元前 85 年，匈奴单于死了，匈奴发生内乱，分成了 3 个国家。新单于没有力量再跟汉朝打仗，又打发使者来求和。那时候，汉武帝已经死去，他的儿子汉昭帝刘弗陵在位。

汉昭帝要求放回苏武，但匈奴谎说苏武已经死了，汉昭帝信以为真，派了使者出使匈奴。这时，当初跟随苏武一同出使的随从常惠还在匈奴，他买通匈奴人，私下和使者见了面，告知苏武在北海牧羊的情况。使者见了单于，严厉责备他说："匈奴既然有心同汉朝和好，就不应该欺骗汉朝。我们皇上在御花园射下一只大雁，雁脚上拴着一条绸子，上面写着'苏武还活着，你怎么说他死了呢？'"

单于吓了一大跳，以为真的是苏武的忠义感动了飞鸟，连大雁也替他传送消息，于是急忙向使者道歉："苏武确实是活着，我们把他放回去就是了。"

苏武出使匈奴的时候 40 岁，在匈奴受了 19 年折磨，胡须、头发全白了。回到长安的那天，长安人都出来迎接。他们瞧见白胡须、白头发的苏武手里拿着一个光秃秃的杆子，那是出使时的旌节，因为年深日久，旌节上的穗子都掉光了，但苏武却依然没有放弃。

昭君出塞

匈奴汗国在北逃以后，被西方的乌孙王国击败，国势萎缩。当时在位的单于又暴虐好杀，导致匈奴发生了分裂。

公元前 58 年，匈奴内部东方的将领们拥立呼韩邪为单于，起兵杀死了握衍朐鞮单于。这时西方将领们也拥立了一位亲王即位，号称屠耆单于。两个单于互相攻击。第二年，匈奴内部又崛起了 3 个单于，于是 5 个单于并立，全国大乱。

昭君出塞图 明 仇英

昭君出塞的故事在唐宋两代主要出现在诗词里，从北宋中期开始，成为常见的绘画题材，元、明、清三代，更是频繁出现于各种文学艺术作品和手工制品当中。

经过一番自相残杀，最后呼韩邪单于取胜。可是他的一位族兄却又在东方自立，号称郅支单于。公元前54年，郅支单于向西进攻，进入王庭（今蒙古哈尔和林），呼韩邪单于向南败退，匈奴分裂为南北两个汗国。

呼韩邪单于不久就无法抵挡郅支单于的攻势，在公元前51年，他率领南匈奴汗国全部的人口和牲畜，向汉朝投降，并亲自到长安朝觐，请求迁居河套地区。

呼韩邪是第一个到中原来朝见的单于，汉宣帝像招待贵宾一样设宴款待他，不仅答应了他的要求，还派了两个将军，带领1万名骑兵护送他到了漠南，不久又给他送去3.4万斛（十斗为一斛）粮食。呼韩邪单于对此十分感激。

郅支单于不久后开始侵犯西域各国，还杀了汉朝派去修好的使者。汉朝于是派兵一直打到康居，杀死了郅支单于。郅支单于一死，呼韩邪单于便向汉朝请求回归漠北的匈奴故地，得到同意后便率部众北迁，但仍然不断来长安朝觐汉朝。

公元前33年，呼韩邪单于再一次来到长安，请求同汉朝和亲。这时汉宣帝已经死了，他的儿子刘奭即位，就是汉元帝。

汉元帝同意了，但因为他没有女儿，便决定在宫中选一个宫女册封为公主，送去和亲。后宫的宫女都不愿意远离家乡，因此没人报名。这时宫女王嫱却主动站出来，表示自己愿意到匈奴去和亲。

王嫱字昭君，自幼进宫，不仅长得非常美丽，还知书达理。据说当时皇帝挑选妃子，都是看画工给宫女画的画像。许多宫女为了得到皇帝的召见，都贿赂画工，请他把自己画得美一点。王昭君由于不愿意贿赂画工毛延寿，因此被画得姿色平平，没被皇帝看中。

汉元帝听说有人报名和亲，十分高兴，马上封王昭君为公主，令呼韩邪单于在长安完婚。呼韩邪单于得到这样一个美貌的妻子，高兴和感激的心情自是不言而喻，亲自带着王昭君来向汉元帝谢恩。汉元帝看到王昭君如此美丽，心中奇怪。回到内宫找出王昭君的画像，发现根本没有本人十分之一的美貌，他越想越懊恼，一气之下便把毛延寿杀了。

为了纪念王昭君，汉元帝特意将昭君出嫁这年的年号改成"竟宁"。这个年号果然名实相符，自从王昭君做了呼韩邪单于的阏氏后，就深得呼韩邪单于的喜爱，和匈奴人也相处得很好，并把中原的文化传给了匈奴。匈奴从此和汉朝和睦相处，60多年没有发生过战争。

王莽发迹

王莽虽出身世家大族，但因为其父亲早死，以致家境贫苦。王莽虽然没有官职，但以孝顺母亲而有声名，他尊敬寡嫂，悉心照顾侄子，生活十分俭朴，加上博学多览，手不释卷，为人谦恭有礼，一时广受赞誉。

王莽的伯父就是大将军王凤，王凤病重时，王莽尽心尽力地照料，亲尝汤药，一连几月衣不解带。王凤颇为感动，临死前将王莽托付给了王政君，并请求汉成帝委任王莽官职，王莽因此做了黄门郎。

做官之后，王莽广结名士和将相大臣，赡养救济名士，家里不留余财，连自己的车马衣服都拿来分发给宾客，深得人心。一次王莽的母亲生病，公卿列侯都遣夫人去问候。王莽的妻子出去迎接，她衣不曳地，破布蔽膝，诸位公卿夫人都以为她是婢佣，后来才知道是王莽的妻子，对此都惊诧莫名。

于是，许多大臣、名士联名上书，大赞王莽的品德和才学。对王莽本来就颇为欣赏的汉成帝当即下旨，封王莽为新都侯，封地在南阳郡新野都乡（今河南新野境内），晋升骑都尉光禄大夫侍中。年仅30岁的王莽一跃成为朝中重臣，可参与决策国家大事。

然而，王莽对此并不满足，只是表面还是一如既往地谦恭，没有一丝骄横之气。王莽深知，自己还未能站到把握朝政的核心位置，他还有一个强劲的对手——淳于长。

淳于长是帮助汉成帝宠妃赵飞燕登上皇后之位的功臣，汉成帝为了表示对淳于长的感激之情，封他做了关内侯，之后又封为定陵侯。无论从官职还是宠信程度上看，王莽始终比不过淳于长。

淳于长此时大权在握，哪里想到会有人敢算计自己。他勾搭上了被废的许皇后的姐姐，将其纳为小妾，还吹嘘自己可以让废后重新获得汉成帝的宠爱。许皇后信以为真，送了不少金银珠宝给这位大能人。淳于长果然是拿人钱财，与人消灾，竟然说动了皇太后和汉成帝，将已经被废黜的许皇后升为了婕妤，许婕妤因此对淳于长感激不尽。

没想到的是，淳于长一下子忘乎所以起来，竟然色胆包天，常常对许婕妤动手动脚。经过一番打探，王莽对淳于长和许婕妤之间的事情了解得一清二楚，他连忙将这个情况汇报给了汉成帝。汉成帝怒不可遏，罢免了淳于长的所有官职。不久又有人落井下石告淳于长谋反，汉成帝不由分说，给他定了个大逆之罪，最终淳于长死在狱中。

王莽就这样神不知、鬼不觉地扫清了障碍。不到40岁就成为大司马大将军。

王莽的新朝

成帝死后，他的儿子哀帝登基。此时王莽受到排挤，被迫回家闲居。哀帝在位仅6年就死了，汉平帝刘衎登基，由太皇太后王政君临朝听政，王莽东山再起，被任命为大司马，总揽朝政。公元1年，王莽被封为"安汉公"，第二年，他把自己的女儿嫁给平帝为皇后。平帝在位只5年就不明不白地死去，王莽遂立年仅两岁的孺子婴为帝，自己则独揽大权。臣民都称王莽为"摄皇帝"。

公元8年，王莽发动宫廷政变，由尚不识字的5岁顽童孺子婴，颁下用深奥古文写成的诏书，宣布把皇帝宝座禅让给王莽。历时215年的西汉王朝，到此结束。王莽命名他的政权为"新"。

应该说，王莽是一位儒家学派的巨子，他崇尚三皇五帝的时代，梦想着把儒家的学说一一实现，缔造一个理想的快乐世界。新王朝一建立，王莽立即着手进行改革，依照《周礼》，实施了一连串新政策，希望重现周公时代。因为王莽的改革完全附会《周礼》，所以后人称之为"托古改制"。

这场改革确实是全方位的，而其带来的混乱更是全方位的。王莽将全国上下所有的官名都按照《周礼》修改，就是地名也改了许多，搞得人们头昏脑涨，不知道这些官名究竟负责什么职务。王莽宣布土地都是"王田"，不能买卖，全国按人口重新分配土地。可想而知，这根本就是无法实行的政令。在经济方面，王莽屡次改革币制，货币名目繁多，换算也极不合理，甚至将早已失去交换价值的龟、贝等也作为货币。

这场荒唐的改革很快便使社会生活出现了混乱，国内民怨四起。

绿林、赤眉起义

首先向新王朝发难的是王匡和王凤，他们在公元17年，在新市（今湖北京山东北）率领荆州地区的饥民起义，以绿林山为基地，攻打附近的乡聚，很快就发展到了5万人。不久绿林山发生了疫病，5万人差不多死了一半。剩下的只好离开绿林山，后来分作3路人马——新市兵、平林（今湖北随州东北）兵和下江（今湖北西部）兵。这3路人马各自占领一块地盘，队伍又慢慢强大起来。

当南方的绿林军在荆州一带活动时，东方的起义军也壮大起来。琅琊海曲（今山东日照）有个姓吕的老大娘，她的儿子是县里的一个公差，因为不肯依县官的命令毒打没钱付税的穷人，被县官杀了。这一来就激起了公愤，上百个穷苦农民发动叛乱替吕大娘的儿子报仇，杀了县官，跟着吕大娘逃到了黄海的岛屿上，一有机会就上岸攻打官兵。

这时候，琅琊人樊崇在莒县起事。吕大娘死后，她手下的人投奔樊崇的起义军，在青州和徐州之间往来打击官府。为了与官兵区别，樊崇和他的部众都把眉毛染红，所以称赤眉军。

王莽派军队来平剿，结果分别被绿林军和赤眉军打败。消息一传开，别的地方的农民也都活跃起来，黄河两岸的大平原上，大大小小的起义军就有几十路。

南阳郡春陵（今湖南宁远北）乡的豪强刘縯、刘秀兄弟两人，因为王莽废除汉朝宗室的封号，不许刘姓人做官，心里怨恨，此时他们也趁机发动族人和宾客七八千人起兵。他们和绿林军3路人马联合起来，接连打败了几名王莽的大将，声势逐渐壮大起来。

绿林军的几支队伍都没有统一的指挥，如今人马多了，总要有个首领来统一号令。公元23年，绿林军各路将士经过商议，正式立刘玄做皇帝，恢复汉朝国号，年号"更始"，所以刘玄又称更始帝。更始帝拜王匡、王凤为上公，刘縯为大司徒，刘秀为太常偏将军。绿林军从此也称为汉军。

昆阳之战

王莽听到起义军立刘玄为皇帝，顿时感到坐立不安。后来又听说起义军打下了昆阳（今河南叶县），更是急得像热锅上的蚂蚁，他立即派大将王寻、王邑率领43万兵马，从洛阳出发，直奔昆阳。

王莽军中有一个巨人，名叫巨毋霸，不但个子特别高，身子也像牛那样粗大。他有一个本领，就是能够驯养老虎、豹、犀牛、大象等猛兽。

驻守在昆阳的汉军只有八九千人，有的将领望见王莽的军队人马众多，主张放弃昆阳，回到原来的据点去，刘秀却主张守卫昆阳，自己带一支人马突围出去，到定陵和郾城去调救兵。当天晚上，刘秀带着12个勇士，趁王莽军不备，冲杀出了昆阳。

刘秀到了定陵，想把定陵和郾城的人马全部调到昆阳去。但是有些汉军将领贪图已经夺取的财产，不愿意离开这两座城。刘秀劝他们说："现在咱们到昆阳去，把所有的人马集中起来。打败了敌人，便可以成大事，立大功。要是死守在这里，敌人打来了，咱们打了败仗，连性命都会保不住，到时还谈得上财物吗？"将领们被刘秀说服了，才带着所有人马跟着刘秀上昆阳。

刘秀带着3000名敢死队，率先向王莽军的中坚部队冲杀过去，把轻敌的王莽大将王寻杀死。昆阳城里的汉军一见外援打了胜仗，就打开城门冲了出去。这时天空突然暗了下来，响起了一声大霹雳，接着狂风呼啸，大雨像倾盆一样地直倒下来。巨毋霸带来助威的猛兽，不但不往前冲，反而往后面乱窜。王莽的军队好像决了口子的大水一样直往滍水（今河南鲁山沙河）逃奔，兵士掉在水里淹死的成千上万，惨不忍睹。当王莽军大将王邑逃回洛阳的时候，43万大军只剩下几千人。

昆阳大战消灭了王莽的主力，更始帝派大将申屠建、李松率领汉军乘胜进攻长安。王莽惊慌失措，只得把关在监狱里的囚犯都放出来，拼凑成一支军队，以抵抗汉军。但这支军队还没等看到汉军的影子，就陆续逃散了。

不久汉军攻进长安城，王莽被杀，维持了15年的新王朝土崩瓦解。

刘秀建东汉

昆阳大战后，刘縯和刘秀的名声越来越大，更始帝借口刘縯违抗命令，把他杀了。

刘秀一听哥哥被杀，知道自己的力量还敌不过更始帝，就立刻赶到宛城（今河南南阳），向更始帝赔不是。有人问起他昆阳大战的情形，他也一点都不居功，说全是将士们的功劳。刘秀不敢给他哥哥戴孝，照常吃饭喝酒，有说有笑，一点也看不出难过的样子。

更始帝以为刘秀不记他的仇，反倒有点儿过意不去，于是拜刘秀为破虏大将军，但还是不敢放心重用他。直到杀了王莽后，更始帝才给了刘秀少数兵马，让他到河北去做招抚工作。此时，各地的豪强大族有的自称将军，有的自称为王，还有自称皇帝的，各据一方，刘秀也趁机占据了河北。

更始帝自从到了长安以后，便认为自己的江山已经坐定，逐渐开始腐败起来，整天在宫里喝酒作乐，还纵容手下的兵士抢劫。

赤眉军的首领樊崇眼看更始帝不行了，就率领20万人进攻长安。攻下长安后，樊崇觉得自己是汉军，所以一定要找个姓刘的来做皇帝。当时赤眉军中姓刘的一共有70多个，其中有个15岁的放牛娃刘盆子，据说跟西汉皇族的血统最近，樊崇就硬把刘盆子立为了皇帝。

赤眉军虽然声势浩大，可一直是土匪打法，没有稳固的后方，几十万将士的口粮问题几乎天天困扰着樊崇，因此他们只能边打边抢。刘秀在听到赤眉军向东转移的消息后，就带领20万大军分两路埋伏在那里，打扮得和赤眉军一模一样。双方混战在一起，分不出谁是赤眉兵，谁是汉兵。赤眉军正在为难的时候，打扮成赤眉军的汉兵高声叫嚷着"投降！投降！"赤眉军兵士一看有那么多人喊投降，一时没了主意。军心一乱，全缴了武器。

就这样，刘秀先是看着赤眉军击败更始帝，渔翁得利，然后几乎是兵不血刃地就消灭了赤眉军，消灭了统一的大部分障碍。

光武帝涉水图　明　仇英

接着又消灭了割据陇右和蜀地的两个割据政权，统一了中国。史学家称刘秀建立的汉朝为东汉，追称刘邦建立的王朝为西汉。

光武中兴

刘秀建立东汉王朝后，决心采取休养生息的政策，下令减轻捐税，释放奴婢，兴修水利，因此在东汉初年，经济得到了恢复和发展。

同样是开国皇帝，但刘秀在对待功臣的问题上，显然比刘邦更有办法。刘秀对开国功臣都给予优厚的爵禄，给予他们大量财产，但是严格禁止其干政。

刘秀将三公的官职保留，但名称和职掌范围都发生了变化。大司马改成太尉，大司空改司空，大司徒改司徒，分别管军事、土木工程和民政，权力比过去大大减小。同时他还规定，国家大事必须三公一起讨论，共同负责，一人有罪，三人同当。与此同时，尚书台的权力渐渐加重，尚书直接对刘秀负责，也就是说，实际的权力都掌握在刘秀一人手里。史称刘秀此举是"矫枉过直，政不任下，虽置三公，事归台阁"。

由于刘秀的政策和他本人的勤政节俭，使经济有了明显的恢复，政治也相对稳定，没有出现过大的战争和内讧。刘秀在位期间，采用"柔道"法治理国家，减轻赋税，精简行政机构，下令释放战争期间被卖为奴婢之人。刘秀还兴建太学，推尊儒学，他曾派大司空祭祀孔子，并加封孔子后裔孔志为褒成侯。他的一系列举措使社会矛盾有所缓和，社会生产逐渐恢复，社会稳定，人口增长。因为刘秀的谥号是光武，史称刘秀统治的东汉时期为"光武中兴"。

明章之治

光武帝去世后，其子刘庄继位为汉明帝，明帝死后，其子刘炟继位为汉章帝。东汉在明帝和章帝统治时期，实行息兵养民的宽松政策，使得社会稳定，经济发展，是汉王朝比较繁荣的一段时期，史称"明章治世"。

明章之治主要的政策及取得的成就有以下几点：

第一，减轻赋税和刑罚。明帝和章帝都鼓励农业生产，他们降低赋税，减轻徭役，兴修水利，又安置无地的贫民，使他们定居下来从事生产。到了明帝末年，"天下安平，人无徭役，岁比登稔，百姓殷富，粟斛三十，牛马被野"。章帝时期，又废除苛刻的法律50多条。

第二，推崇儒家学说。明帝曾亲赴太学演讲，当时的王公大臣都受到他的影响，学习儒家思想。章帝曾亲自祭祀孔子，又在白虎观召集儒家名流进行学术讨论，当时形成了较好的学术风气。

第三，讨伐匈奴，征服西域。明帝时，派窦固等打败了北匈奴，一直将北匈奴赶到天山和蒲类海（今新疆巴里坤湖）一带，同时派班超出使西域，使西域各国与匈奴断绝关系，重新归附于汉朝，为后来和帝年间窦宪等再次出击北匈奴并大破之打下了基础。北匈奴共有20多万人投降，"遂登燕山，去塞3000余里，刻石勒功，纪汉威德，令班固作铭"，使得北匈奴最终向西远逃。

匈奴的南北分裂

东汉初年，匈奴内部接连发生旱灾、蝗灾，而且内讧不断。公元48年，8位亲汉的匈奴部落首领拥立日逐王比为单于，这八部首领的祖先曾追随呼韩邪单于降汉，他们拥立日逐王比时，又恢复了呼韩邪单于的称号，日逐王比于是成为第二位呼韩邪单于。呼韩邪单于率众降附汉朝，屯居于五原西部塞，后又徙于云中、美稷、朔方、定襄、雁门一带。这部分匈奴被称为南匈奴，留在原处的被称为北匈奴。北匈奴在力量有所强大之后，不时南下侵扰。

公元 73 年，刘秀之子汉明帝刘庄，采纳耿秉的建议，分兵 4 路出击北匈奴。最西一路，是奉车都尉窦固、骑都尉耿忠率领的酒泉、敦煌、张掖 3 郡的兵马和庐水羌胡的 12000 骑，击败了匈奴呼衍王，一直追到蒲类海（今新疆巴里坤湖），在当地置宜禾都尉，屯田伊吾（今新疆哈密）。

公元 74 年，汉明帝再命窦固、驸马都尉耿秉击平车师前、后王，重置西域都护，断了北匈奴的右臂。北匈奴陷入困境，南下降汉者越来越多。

到了公元 89 年时，窦固、耿秉的汉军得到南匈奴的帮助，再次大败北匈奴，追逐了5000 里，在燕然山（今蒙古杭爱山）勒石记功而返。两年后，汉军又连续大破北匈奴，单于逃遁。此后鲜卑在匈奴故地兴起，北匈奴部分降于鲜卑，部分西迁。匈奴对汉朝的威胁，自此消失。

不入虎穴，焉得虎子

汉光武帝刘秀建立东汉王朝后，请了一个大学问家班彪整理西汉的历史。班彪有两个儿子，班固和班超，还有一个女儿班昭，他们从小就都跟随其父亲学习文学和历史。

班彪死后，汉明帝叫班固做兰台令史，继续完成他父亲所编写的历史书籍，也就是《汉书》。班超也跟着哥哥做抄写工作。虽然兄弟两个都很有学问，可是性情不一样，班固喜欢研究百家学说，专心致志写他的《汉书》。班超可不愿意老伏在案头写东西。他只要一听到匈奴侵扰边疆的消息，就扔下笔，气愤地说："大丈夫应当像张骞那样到塞外去立功，怎么能老死在书房里呢？"

就这样，班超投笔从戎，到大将军窦固军中当了代理司马。窦固想采用以往汉武帝的办法，派人联络西域各国，共同对付匈奴。他赏识班超的才干，派班超担任使者到西域去。

班超带着随从 36 人先到了鄯善（今新疆境内）。鄯善因为匈奴逼他们纳税进贡，勒索财物，一直对匈奴很不满意，如今看到汉朝派了使者来，鄯善王非常殷勤地招待了他们。过了几天，班超发现鄯善王对待他们忽然冷淡起来，便起了疑心，跟随从的人员说："你们看得出来吗？鄯善王对待咱们跟前几天不一样，我猜想一定是匈奴的使者到了这儿。"刚巧鄯善王的仆人送酒食来，班超装得早就知道的样子说："匈奴的使者已经来几天了？住在什么地方？"鄯善王和匈奴使者打交道，本来是瞒着班超的。那个仆人被班超一吓，以为班超已知道这件事，只好老实回答说："来了 3 天了，住的地方离这儿有 30 里。"

班超把那个仆人扣留起来，对随从说："鄯善王要是改变主意，我们就都要成为匈奴人的俘虏了。不入虎穴，焉得虎子，现在我们只有冒险一试，偷袭匈奴使者。"当晚，班超带头冲进了匈奴使者的帐篷，杀了匈奴使者和 30 多个随从。鄯善王一看匈奴使者被班超杀了，马上表示愿意服

班超像

从汉朝的命令。班超回到汉朝，汉明帝提拔他做军司马，又派他到于阗去。班超便带着原来的36名随从到了于阗，劝于阗王脱离匈奴，跟汉朝交好。

于阗王决定不下，便找来巫师向神请示。那个巫师本来就反对于阗王跟汉朝友好，于是故意装神弄鬼，对于阗王说："你为什么要结交汉朝？汉朝使者那匹浅黑色的马不错，可以拿来给我。"于阗王于是派国相向班超去讨马。班超说："可以，叫巫师自己来拿吧。"巫师得意扬扬地到班超处取马。班超二话不说，拔出刀就把巫师斩了，提了巫师的头去见于阗王，责备说："你要是再勾结匈奴，这巫师就是你的榜样。"于阗王早就听说班超的威名，看到这个场面，急忙表示愿意跟汉朝修好。

东汉经营西域

鄯善、于阗是西域的大国，他们结交了汉朝后，别的西域国，像龟兹（今新疆库车一带）、疏勒（今新疆喀什噶尔一带）等也都跟着与汉朝修好。汉朝于是重设西域都护一职，由班超长期担任。西域经过了王莽时期的混乱，此时重返中国版图，班超功不可没。

公元102年，班超卸任返回洛阳，职位由任尚接替。任尚向班超请教说："我初次担当这么大的责任，深感难以负荷。您在塞外30年，请赐指教。"班超说："塞外的汉朝官员，差不多在国内都犯过错误，才出塞立功求赎，并不都是小心谨慎的人。至于外国人士，更各有各的企图，很容易激起他们的反抗。你的性情严正，俗话说：'水至清则无鱼，人至察则无徒。'我建议你凡事求其简单，对小过错多加宽恕。"班超走后，任尚却没把这番语重心长的话放在心上，反而讥讽道："我以为班超有什么了不起，原来只是个平凡人物。"

只4年时间，任尚就激起西域各国的不满。任尚的总督府继班超之后，设在疏勒王国（今新疆喀什）。公元106年，各国联合向疏勒进攻，任尚不能阻挡。东汉政府把他召回，另行派遣段禧继任。但混乱的局势已不可收拾，段禧转战到龟兹王国（今新疆库车），不能再进。龟兹王是支持段禧的，但龟兹人民叛离了他们的国王，与温宿王国（今新疆乌什）、姑墨王国（今新疆阿克苏）组织联军，攻击段禧和龟兹王。段禧虽然把他们击败，不过整个西域却只剩下龟兹一座孤城与汉朝修好。勉强支持了一年后，东汉政府只得再撤销西域总督，撤回所有残留的屯垦区。

公元119年，敦煌太守曹宗试探着派遣部将索班再进入伊吾卢（今新疆哈密）屯垦，鄯善王国（今新疆若羌）和车师前王国（今新疆吐鲁番）重又归附汉朝。不久，尚未向西移尽的北匈奴残余部落（今新疆阿尔泰山南麓）跟车师后王国（今新疆吉木萨尔）联合，攻陷伊吾卢，杀死索班。鄯善王国向汉朝求救，班超的儿子班勇担任西域长史，进驻敦煌，他率领6000人反击，生擒车师后王国国王，带到索班死难处斩首，并把其人头送到洛阳悬挂示众。北匈奴向北逃走，从此再没有出现。

继班勇之后，再没有了一个像样的西域长史。最后一任王敬，在公元152年击斩于阗（今新疆和田）国王。于阗人民反攻，把王敬杀掉。这时，汉朝正陷于内争，不能再派出使节，西域遂再一次脱离，但其与中原在经济文化上的交往并没有中止。

外戚、宦官和士大夫

汉章帝死后，10岁的和帝刘肇即位，由太后的兄长窦宪执掌朝政。窦家兄弟为所欲为，公报私仇，凡是对他们专权不满的人都被逼迫致死。窦宪不让和帝与朝臣有过多接触，于是和帝在14岁时，依靠宦官郑众所掌握的禁军，消灭了窦氏势力。从此，外戚和宦官轮番干政弄权。

到安帝刘祜时期，太后的兄弟邓骘掌权。太后一死，安帝与宦官李闰、江京等合谋消灭邓氏势力，形成了皇后阎氏及其兄弟阎显等与宦官共同专政的局面。

公元125年，安帝死，阎皇后因太子刘保不是自己亲生的，将其废为济阴王，囚禁在德阳殿下，而立章帝曾孙，北乡侯刘懿为帝，自己临朝。

没想到刘懿当年即亡故，朝野上下人心浮动，中常侍孙程与其他宦官18人，拥济阴王为帝，是为顺帝。顺帝将帮自己登基的这19个宦官都封了侯。因为怕宦官专权，顺帝同时也重用外戚，拜梁皇后之兄梁冀为大将军。

约束外家

此图描绘的是东汉明德马太后训诫宗族亲戚不要骄横越礼的故事。马太后是东汉名将马援小女，明帝皇后。她曾以西京败亡之祸为戒劝阻章帝封爵诸舅，以防止外戚专权。

梁冀跋扈专权，在顺帝去世后，连续立冲、质、桓三帝。公元159年，桓帝与宦官单超等合谋，消灭了梁氏势力，从此宦官独揽政权。

在外戚和宦官们轮流粉墨登场的时候，一个新的阶层——士大夫产生了，并逐渐凝聚了力量。

士大夫都是高级知识分子，在儒家学派唯我独尊之后，儒生们读书、当官、掌握朝政。他们不像外戚是靠裙带关系掌握权力的。士大夫们或是靠苦读"五经"当的官，或是因为有出众的"孝行""廉行"，或是敢于"直言进谏"的"贤良方正"。他们有着扎实的儒学知识，具备儒教的道德礼仪，虽然不免迂腐，但比之外戚和宦官，还是要强许多的。

士大夫为了维护自己的既得利益，首先宣布政府选择的孝廉儒生必须出身于士大夫家庭。这种门第观念逐渐深入人心，让社会形态成直线发展，木匠的儿子继续当木匠，农夫的儿子继续当农夫，士大夫的儿子继续当士大夫。譬如杨震，4代中出了3个宰相，这种门第受到了人们普遍的羡慕和崇敬。

随着士大夫们门第的尊贵，他们越来越看不惯外戚靠女人取得权力，也鄙视宦官靠谄媚赢得圣心。面对朝政被这两个集团轮流玩弄，士大夫与外戚、宦官的冲突一触即发。

改革的清议

清议，就是根据儒家的伦理道德来臧否人物。做官的人如果触犯了清议，便会丢掉官职，被禁锢乡里，没有再次入仕的机会。这是庶族与士族斗争的产物。

东汉后期，宦官专政，当时政治黑暗，宦官把持了官员的任免权，这时的选举、征辟等，都要按照他们的意图执行，这就严重地侵犯了士人上进的权力。这一时期，太学生的人数已超过3万，各郡县也有很多儒生，由于上进无门，这些太学生就与官僚士大夫结合，形成了庞大的官僚士大夫反宦官专权的社会政治力量，在朝野都有很大影响。他们"激扬名声，互相题拂；品核公卿，裁量执政"，这就叫作"清议"。

"激扬名声，互相题拂"的意思，主要是比较廉正的官吏、士人、太学生等，他们互相标榜。例如，"天下模楷李元礼（李膺），不畏强御陈仲举（陈蕃），天下俊秀王叔茂（王畅）。"而"品核公卿，裁量执政"，主要是对宦官专权乱政进行批评。例如，"举秀才，不知书；察孝廉，父别居。寒素清白浊如泥，高第良将怯如鸡。"这样的议论从社会影响到太学，以郭泰为首的太学生，将司隶校尉李膺、太尉陈蕃奉为领袖，站在宦官集团的对立面，这对当时的社会来讲，也起到了激浊扬清的作用。

党锢事件

公元165年，有人告发宦官张让的兄弟野王县令张朔贪污勒索。李膺要查办张朔，张朔便躲进了哥哥家里。李膺亲自带领公差到张让家搜查，在张家的夹墙里搜出张朔，把他抓走并杀了。

张让马上向汉桓帝哭诉，桓帝知道张朔确实有罪，因而并没有难为李膺。于是李膺名气大增，读书人要是受到李膺的接见，就被看作是很光彩的事，称作"登龙门"。

第二年，有一个和宦官来往密切的方士张成，从宦官侯览那里得知朝廷马上要颁布大赦令，就纵容他的儿子杀死了自己的仇家。李膺马上把杀人凶手逮捕起来。第二天，大赦令下来，张成得意地对众人说："诏书下来了，不怕司隶校尉不把我儿子放出来。"李膺听后心中冒火，说："张成预先知道大赦，故意叫儿子杀人，大赦就不该轮到他儿子身上。"于是下令砍了张成儿子的头。

张成求宦官侯览、张让替他报仇。这两人就叫张成的弟子牢修向桓帝上书，诬告李膺和太学生、名士结成党派，诽谤朝廷，败坏风俗。

汉桓帝接到牢修的控告后，下令逮捕党人。除了李膺之外，还有杜密、陈蕃和范滂等200多人，都被通令悬赏捉拿。

李膺和杜密都是名人，很快即被下狱。陈蕃本来是个太学生，因为有名望，也被划到党人名单里去。有人劝他逃走。陈蕃说："我入了狱，相信可以壮壮大家的胆量。"于是他自己投案，进了监狱。范滂一看陈蕃主动投案，也挺着腰板进了监狱。

捉拿党人的诏书到了各郡，各郡的官员不管真的假的，都上报党人名单，多的有几百个。只有青州平原相史弼一个没报。青州于是派了一个官员到平原去查问，责问史弼为什么不报党人的名单。史弼说："我们这里没有党人，叫我报什么？"那官员脸一沉，说："青州下面有6个郡，5个郡都有党人，怎么平原偏偏会没有？"史弼回答说："各地的水土风俗不一样。别的地方有是别的地方，为什么平原就一定也有党人呢？"那官员拿他没有办法，就胡乱把平原的官员收在监狱里，回报朝廷。

宦官对被捕的党人进行了残酷的折磨。他们的头颈、手、脚都被上了刑具，叫作"三木"，然后被蒙住头一个挨一个地拷打。由于当时被捕的都是有名望的人士，很多人以不在党人名单为耻。一些儒生纷纷上书，称自己也是附党，应该连坐。这下却让桓帝感到难办了，但也只好置之不理。

第二年，太学生贾彪自告奋勇到洛阳替党人申冤。汉桓帝的皇后窦氏的父亲窦武也上书要求释放党人。李膺在狱中故意招出了好些宦官的子弟，说他们也是党人。宦官这才害怕了，对汉桓帝说："现在天时不正常，应当大赦天下了。"

汉桓帝正愁没有台阶下，听宦官如此一说，马上宣布大赦。这批党人虽然被释放，但是宦官却不许他们留在京城，打发他们一律回老家，并且把他们的名字通报各地，罚他们一辈子不得做官。历史上把这叫作"党锢事件"。锢，就是禁止的意思。

黄巾起义

东汉在宦官的把持下走向了衰亡。为了镇压羌族人的反抗，东汉政府加大了赋税，加上汉灵帝公开卖官，各级官员疯狂盘剥，致使逃亡和民变日益增加。此时的朝廷，宦官和士大夫们正打得不可开交，对于在死亡中挣扎的农民没有丝毫兴趣。农民为了生存，遂逐渐集结在一个标帜"黄巾"之下，希望改变自己的命运。

所谓"黄巾"标帜，指的是张角领导的起义军，因为这支队伍以头上包裹黄色头巾为标志，因此被称为黄巾军。

张角以他的家乡巨鹿（今河北宁晋）为根据地，供符咒传教，一方面称太平道，一方面又称自己是弥勒佛再世，佛、道二教并用。

据说佛教是在秦朝末年传入中国的，西汉张骞通西域时才开始为多数人所知。东汉明帝刘庄，有一次梦见一个金人。第二天他和大臣们说起这个梦，有人告诉明帝，金人是西域的一个被称为"佛"的神祇。汉明帝于是遣郎中蔡愔等出使天竺（今印度）。两年后蔡愔回国，带来了一些佛经，和他一同回来的，还有摄摩腾和竺法兰两位高僧。明帝于是修建白马寺，供摄摩腾和竺法兰居住，并派人翻译《四十二章经》，至此佛教开始在中原广泛传播。

道教是纯中国的宗教，以前那些炼丹炼金，求长生不死药的高人方士们，有一部分转变为念咒画符的人物，道教在不知不觉中形成。东汉时，道教还没有固定的名称。当时方士中的张道陵，在四川鹄鸣山修炼，用符咒为人治病祈祷，称"太平道"。凡是追随他的门徒，都要奉献五斗米，所以也称"五斗米道"。

"苍天乃死"字砖　东汉

字砖中"苍天乃死"四字与黄巾起义的口号不谋而合，起义军因此广泛传布太平道，表达民众推翻汉朝的普遍心愿。

张角懂得医道，并以此传教有10余年，门徒数10万人。他将全国分为36方，每方1万人，用"苍天已死，黄天当立，岁在甲子，天下大吉"作口号。甲子年是公元184年，即约定在这一年发动起义。

公元183年年末，张角的门徒马元义潜入都城洛阳，联络宦官做内应，准备在明年日期到时，夺取首都。但恰在此时，另一位门徒唐周向东汉政府告了密。马元义立即被捕，车裂而死。东汉军队根据唐周的报告，杀了1000多人，并通缉张角。张角在仓促间下令起兵，一夜之间，百万以上的农民掀起了暴动。

但农民军毕竟无法跟正规军相比，不久后张角病死，其弟张梁、张宝被杀。黄巾军主力在坚持了9个月之后，被镇压下去。

起义军的主力虽然失败，但是零星的黄巾军一直坚持战斗了20多年。东汉王朝为了镇压这次民变，不得不依赖地方势力。各地军阀、豪强乘势而起，令全国陷入四分五裂的局面，东汉政府名存实亡。

董卓之乱

持戟青铜骑士俑出行仪仗　东汉

公元189年，汉灵帝死，少帝刘辩即位，何太后临朝，其兄大将军何进辅政。此时宦官蹇硕为上军校尉，总领八校尉兵，势力很大。何进非常讨厌蹇硕，便找机会除掉了蹇硕，将其兵权收回自己掌控。中军校尉袁绍劝何进将掌权的宦官全部诛杀，但何太后不允。袁绍于是献策，召地方将士入京，杀尽宦官。

他铲除宦官。但快到洛阳时，董卓却突然下令停止前进。这时何进入宫，再次要求太后下令，诛杀宦官。宦官张让等埋伏在宫中，趁何进不防备，将其杀死。袁绍便与其弟虎贲中郎将袁术，率军闯入宫中，不分老幼，杀宦官2000余人。张让、段珪劫持刘辩出宫，逃至黄河南岸，被尚书卢植等率兵赶上，张、段二人投河而死。

董卓本来按兵不动，待何进被杀，袁绍尽诛宦官后，董卓即率军火速赶至洛阳，坐收渔翁之利。董卓在大将吕布的帮助下，控制了洛阳的禁军，袁绍见董卓力量大过自己，转而逃走。董卓于是废了少帝，立年仅9岁的陈留王刘协为帝，即汉献帝。董卓自封为相国，平素带剑上朝，见了皇帝也不行礼。

本以为控制了首都，控制了皇帝，就等于控制了天下的董卓，还没有得意几天，各地的反对势力就蜂拥而起，袁绍就是这些势力的代表。

董卓想，自己的地盘毕竟在关中，洛阳周围恐怕不是自己能掌握的，于是下令迁都到长安。皇帝和整个洛阳城的百姓，在兵士的看管下，也一齐跟跟跄跄上了路。途中马蹄的践踏和饥饿疾病，让沿途堆满了尸体。董卓临走还不忘放火，把繁华的洛阳付诸一炬。

回到长安后，董卓以为这回安全了，却想不到顺心的日子只过了3年。公元192年，当讨伐董卓的战争进入胶着状态时，司徒王允唆动吕布叛变，把董卓刺死，屠灭了董卓三族。

东汉名存实亡

董卓死后，他的部下互相残杀，争夺地盘。大大小小的军阀在一起混战，虽然表面上对皇帝十分尊敬，即使任用一个小小的官员，也要上奏章请求批准，但实际上恰恰相反。当汉献帝刘协回到洛阳后，身边一片瓦砾，却没有一个军阀愿意送给他一粒粮食或一文金钱。

唯一不同的是曹操，在刘协逃回洛阳的次月，曹操率领他的兖州军队赶来，说洛阳太过残破，无法居住，请刘协迁都到他的根据地许县（今河南许昌）。曹操这一举动，让他得以使用皇帝的名义向全国发号施令，即"挟天子以令诸侯"。袁绍不服，率军攻打曹操。

公元200年，袁绍跟曹操在官渡（今河南中牟东北古鸿沟渡口）决战。虽然袁绍兵多，但曹操的军队军纪严明，不像袁绍的队伍，兵虽多但职责不明，将虽多但骄横跋扈。加上曹操在许县屯田多年，粮食储备充足，因此大胜袁绍，控制了黄河以北地区。

公元 208 年，曹操攻击以襄阳（今湖北襄樊）为根据地的刘表。恰逢刘表逝世，他的儿子刘琮便举起了白旗。当时投靠刘表的刘备正驻扎在樊城（与襄阳隔汉水相望），仓促间他急忙南撤，到夏口（今湖北武汉）跟刘表的另一个儿子刘琦会合。曹操率军南下，打算一举荡平刘备和盘踞在江东（今鄱阳湖以东）的孙权。

这时候，双方的兵力极为悬殊，曹操的兵力是孙权、刘备、刘琦总兵力的 5 倍。刘备和孙权结成联盟，决定共同抵抗。刘备于是进驻樊口（今湖北鄂州西北樊口镇），孙权则坐镇柴桑（今江西九江），派大将周瑜迎战。曹操的大军从江陵（今湖北江陵）顺流而下，双方在赤壁（今湖北蒲圻西北）会战。

没料到时值隆冬，竟然刮起了东风，这让周瑜抓住了机会，他利用顺风的优势采取火攻，把曹操的战舰全部焚毁。曹操本以为此仗必胜，没想到结果是大败而归。

赤壁之战后，刘备进入益州（今四川及云南），在公元 214 年攻陷成都，有了自己的根据地。

公元 220 年，曹操逝世，其子曹丕继位为魏王，并逼早已徒具虚名的汉献帝"禅让"。汉献帝只得宣布退位，将皇位"禅让"给曹丕。曹丕故作推辞，在"三让"之后才接受。

曹丕称帝，改国号为魏，即魏文帝，并尊曹操为"武皇帝"，庙号"太祖"，废汉献帝为山阳公，定都洛阳。至此，历时 190 余年的东汉正式结束。

消息传到成都，刘备一向以刘姓皇族的后裔自居，于是他宣称继承刘协的帝位，建立蜀汉帝国。孙权随后也宣布建国，国号为吴。

第五章　群雄并起的魏晋

挟天子以令诸侯

魏武帝曹操像

受《三国演义》的影响，在许多人的心目中，曹操是个反面人物。实际上，曹操是一位雄才大略的政治家和军事家，他统一北方，使混乱的社会经济得到恢复，对于结束东汉末年的战乱功不可没。同时，曹操在文学上也卓有建树。

曹操的祖父曹腾，是东汉末年宦官集团十常侍中的一员。父亲曹嵩是曹腾的养子，曾任司隶校尉、大司农、太尉等官。曹操"少机警，有权数"，博览群书，善诗词，通古学，还有着过人的武艺。素以知人名世的太尉桥玄一见到曹操，就大为惊奇，说道："天下将乱，非命世之才不能济也，能安之者，其在君乎！"随后，桥玄又让曹操去拜访汉末主持"月旦评"的名士许邵，许邵评价曹操说："子治世之能臣，乱世之奸雄。"由此，曹操渐知名于世。

20岁的曹操被举为孝廉，任命为洛阳北部尉。洛阳为东汉都城，是皇亲贵势聚居之地，很难治理。曹操一到职，就申明禁令、严肃法纪，造五色大棒10余根，悬于衙门左右，"有犯禁者，皆棒杀之"。皇帝宠幸的宦官塞硕的叔父违禁夜行，曹操毫不留情，立即将其处死。于是，"京师敛迹，无敢犯者"。

董卓进入洛阳后，曹操不愿与其合作，于是逃出京师，在陈留组织起一支5000人的军队，准备讨伐董卓。当时声称要讨伐董卓的军队很多，实际上他们是各怀鬼胎，意在伺机发展自己的势力。不久，诸军之间相互火并，形成了诸侯割据的局面。曹操经过6年的经营，也终于有了一块自己的根据地。

董卓死后，汉献帝刘协逃回洛阳，曹操率领他的兖州军队赶来，请刘协迁都到他的根据地许县（今河南许昌）居住。这一举动，让曹操得以使用皇帝的名义向全国发号施令，即"挟天子以令诸侯"，这是曹操政治上的一大成功。

北方屯田

东汉末年，连年战乱，人民流离失所，社会经济萧条。

因为粮食短缺，军队也遇到了粮荒，公元196年，曹操在许昌进行了大规模屯田。民屯是曹操屯田的主要形式，由设在中央的大司农及地方上的典农校尉、典农都尉等官员进行分级管理，最基本的单位是"屯"，每屯50人，设有屯司马管理屯田事宜。为了保证统一战争的需要，曹操还创办了军屯，军屯最基层的单位是"屯营"，每营 60 人。军屯实行无偿劳役制，所得谷物就地充当军粮。军屯兵士束缚较严且屯兵身份世代相传，成为军户，如果兵士逃亡将罪及其妻子。

在兴置屯田的同时，曹操还采取各种措施，扶植自耕农经济。针对当时人口流失、田地荒芜的情况，曹操先后采取招徕流民、迁徙人口、劝课农桑、兴修水利、检括户籍等办法，充实编户，恢复农业生产。此外，曹操还陆续颁布法令，恢复正常租调制度，防止豪强兼并小农。这一系列措施，不仅在一定程度上解决了军粮问题，也使农业生产得到了恢复，使濒于崩溃的经济得到了发展。

屯田制使北方的农业经济得以恢复，加强了曹操的政治经济力量，为其在三国逐鹿中争取了优势，并为其统一北方霸业奠定了坚实的经济基础。不久后官渡一战的胜利，让曹操击溃了他最大的敌人袁绍，统一了北方。

九品中正制

三国鼎立的局面持续了 40 余年，各国间战争不断，唯一对社会有所贡献的，就是政治和文化了。

九品中正是对东汉的官吏选拔制度的继承和改革。从"三公九卿"制建立以来，这种政府组织维持了 500 余年。魏国建立后，在九卿制度下建立了"尚书台"制度，负责收发皇帝的文件。其最高长官为"尚书令"，底下的官员称"尚书"，负责政策筹划，诏命颁布，以及随时向皇帝提出建议，工作效率大大提高。

所谓"九品"，是由政府任命一个官员，对全国的大小官吏进行考核，依他们的才能和道德行为，分别评定为 9 个等级，称为"九品"，即上上、上中、上下；中上、中中、中下；下上、下中、下下。评定等级后呈报给宰相，宰相审定后再送给尚书台，以此作为官员任免或升降的标准。这个制度虽然有不少漏洞和弊病，但却使审核官员的必要性被提上了台面，因此一直保持了 300 多年。

起初，这一制度是为了解决朝廷选官和乡里清议的统一问题，它既延续了汉代选官的传统，对曹操的用人政策也有所继承。但到了魏晋之交，因各个州郡的"著姓士族"垄断了大小中正官，在评定品级时，对士族人物很偏祖，"不计门第"已成空谈。此后政权逐渐被"上品无寒门，下品无士族"的门阀士族垄断。到了隋代，士族没落，九品中正制也被废除。

煮酒论英雄

曹操把汉献帝迎到许都的这一年，徐州牧刘备前来投奔他。那时，刘备驻守的徐州被袁术和吕布联军夺了去。

刘备是河北涿郡（今河北涿州）人，是西汉皇室的宗亲。他从小死了父亲，家境败落，跟他母亲一起靠贩鞋织席过日子。他对读书不太感兴趣，却喜欢结交豪杰。有两个贩马的大商人经过涿郡，很赏识刘备的气度，就出钱帮助他招兵买马。

当时，到涿郡应募的有两个壮士，一个名叫关羽，一个名叫张飞。这两人武艺高强，又跟刘备志同道合，日子一久，三个人的感情真比亲兄弟还密切。

刘备投奔曹操以后，曹操和刘备一起去攻打吕布。吕布兵败被杀。回到许都后，曹操请汉献帝封刘备为左将军，并且非常尊重刘备，走到哪儿，都要刘备陪在他身边。

这时候，汉献帝觉得曹操的权力太大了，又很专横，便要外戚董承设法除掉曹操。他写了一道密诏缝在衣带里，又把这条衣带送给董承。

董承接到密诏，就秘密地找来几个亲信，商量如何除掉曹操。他们觉得自己力量不够，认为刘备是皇室的后代，一定会帮助他们，就秘密与刘备联络。刘备果然同意了。

此后过了不久，曹操邀请刘备去喝酒。两个人一面喝酒，一面说笑，谈得很投机。他们谈着谈着，很自然地谈到天下大事上来了。曹操拿起酒杯，说："您看当今天下，有几个人能算得上英雄呢？"

刘备谦虚地说："我说不清楚。"

曹操笑着对刘备说："我看啊，当今的天下英雄，只有将军和我曹操两个人。"

刘备心里想着跟董承同谋的事，正感觉不安，听到曹操这句话，大吃一惊，身子打了一个寒战，手里的筷子掉在了地上。正巧在这时，天边闪过一道电光，接着就响起一声惊雷。刘备一面俯下身子捡筷子，一面说："这个响雷真厉害，把人吓成这个样子。"

刘备从曹操府中出来，总觉得曹操这样评价自己，将来会丢了性命，便等待机会离开许都。

事也凑巧，袁绍派他儿子到青州去接应袁术，要路过徐州。曹操认为刘备熟悉那一带的情况，就派他去截击袁术。刘备一接到曹操命令，就赶紧和关羽、张飞带着人马走了。

刘备打败了袁术，夺取了徐州，决定不回许都去了。

到了第二年春天，董承和刘备在许都合谋反对曹操的事败露了。曹操把董承和他的3个心腹都杀了，并且亲自发兵征讨刘备。

刘备听说曹操亲自带领大军进攻徐州，慌忙派人向袁绍求救。袁绍手下的谋士田丰劝袁绍乘许都兵力空虚的时候偷袭曹操，袁绍没有听从。

曹操大军进攻徐州，刘备兵少将寡，很快就抵挡不住，最后只好放弃徐州，投奔冀州的袁绍。

官渡之战

袁绍看到刘备兵败后，才感到曹操是个强大的敌人，决心进攻许都。

公元200年，袁绍调集了10万精兵，派沮授为监军，从邺城（冀州的治所，在今河北临漳西南）出发，进兵黎阳（今河南浚县）。他先派大将颜良渡过黄河，进攻白马（今河南滑县）。

当时，曹操的部下刘延驻守白马，坚守不出。曹操虽亲率大军驻扎在官渡（今河南中牟县），但是兵力也很少，只有三四万人，没有办法分兵来救。曹操很是着急。谋士荀攸向曹操献计说："我军兵少，面临强敌，正面交锋恐怕不易得手，应该分散袁绍的兵力。曹公您领兵向延津（今河南延津北）推进，摆出要渡黄河进攻袁绍后方的阵势，袁绍一定分兵向西，然后我们用轻骑突袭白马，攻其不备，一定可以擒获颜良。"曹操认为荀攸说得很有道理，便按他说的去做，进军延津。

袁绍知道后，十分惊慌，急忙命令黎阳的袁军星夜赶到延津渡口，截住曹军，不让他们过河。曹操见袁绍中计，便立即率领轻骑直扑白马。当时围攻白马的是袁绍的大将颜良、郭图，他们自恃兵多将广，又有黎阳做后盾，麻痹轻敌。曹军到白马后立即发动袭击，颜良、郭图毫无防备，被杀得大败。

袁绍听到这个消息，决定孤注一掷，全军渡河，追击曹军。沮授一再劝告袁绍，但袁绍向来刚愎自用，不听劝告，率大军渡过黄河朝延津以南而来，并派大将文丑率精兵追击曹军。

曹操见袁绍军追来，下令以后军为前军，绕道西进；令徐晃率600多名精锐骑兵在树丛中埋伏起来。文丑率大军追到，见路上扔满车辆物资，士兵们纷纷跳下马抢东西。这时曹军突然杀出，袁军仓促应战，大败而逃。文丑被徐晃一刀砍死，袁军士兵逃降的不计其数。

袁绍一再战败，一心想跟曹操决一死战。沮授经仔细分析，认为袁军新败不宜决战，曹操虽胜，但兵少粮缺，只要与曹操长期对峙，曹操必败。袁绍骄傲成性，无人能劝，亲率大军直逼官渡。官渡离许都不到200里地，是许都的屏障，也是南北咽喉要道。一旦官渡失守，许都危在旦夕。这时曹操只有死守官渡。曹军作战勇猛，又占有地利，袁绍攻了好几次，都无功而返，两军处于相持状态。

粮草缺乏的曹军被困官渡已一个多月，再也坚持不下去，曹操决定退守许都。荀彧正在许都留守，知道后便给他来信，让他再坚持一下，事情可能会

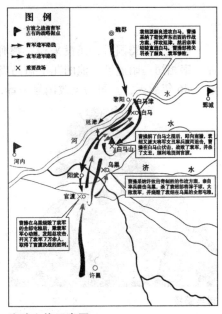

官渡之战示意图

有转机。在袁绍那里，许攸一眼看破曹操困境，认为曹操兵少，此时又去集中力量与袁军对抗，许都一定空虚；如果派一支精锐轻骑去偷袭许都，一定能攻下，也能把汉献帝控制在手中，再来讨伐曹操，曹操必被擒。即使许都攻不下，也会造成曹操首尾不能相顾的局面，曹操必败。但袁绍不听从他的建议。

许攸在袁绍手下郁郁不得志，想起曹操是他的老朋友，就连夜投奔了曹操。曹操在大营里刚脱下靴子，正想入睡，听说许攸来投奔他，高兴得顾不上穿靴子，光着脚板跑出来迎接许攸。他一见许攸的面便说："您来了，真是太好了！我的大事有希望了。"

许攸说："我知道您的情况很危急，特地来给您透露个消息。现在袁绍有10000多车粮食、军械，全都在乌巢放着。那里的守将是淳于琼，他的防备很松。您只要带一支轻骑兵去袭击，把他的粮草全部烧光，3天之内，袁兵就会不战自败。"

曹操得到这个重要情报后，立刻布置好官渡大营防守，自己带领5000骑兵，连夜向乌巢进发。他们打着袁军的旗号，对沿路遇到袁军的岗哨说，他们是袁绍派去增援乌巢的。曹军顺利地到了乌巢，放起一把火，把一万车粮食，烧了个一干二净。乌巢的守将淳于琼匆忙应战，也被曹军杀了。

乌巢被烧，袁绍决定偷袭曹操大营，切断他的归路，而不派兵去乌巢。张郃、高览被袁绍派去攻打曹军大营。张郃深知，如果粮草被烧，袁军将无法支持，必败无疑，他便去劝袁绍，但没有效果。张郃只好硬着头，同高览领着几万大军攻打官渡曹军大营。他们刚到达官渡，就遇到曹军的顽强抵抗，背后又受到从乌巢得胜回来的曹操的猛攻。张郃见袁绍成不了大事，便与高览率军投降了曹操。

袁绍经此打击，实力大大削弱，袁绍的士兵不攻自乱，曹操率军奋力冲杀，袁军大败。袁军7万多人被杀死，袁绍慌忙带着儿子袁谭和800骑兵，向北逃窜。官渡之战结束后，曹操继续向袁绍的地区进兵。公元202年，袁绍病死。公元205年，曹操对袁谭发动进攻，袁谭兵败被杀，袁绍的另外两个儿子袁熙和袁尚逃往乌桓。公元206年，曹操攻下了冀、青、幽、并4州，统一了北方。

司马氏夺权

魏国灭掉蜀国后，还没来得及挥师南下剿灭吴国，厄运便降临在自己头上。公元265年，宰相司马昭逝世，他的儿子司马炎立即下令给最后一任皇帝曹奂，叫他禅让，魏国在建立46年后灭亡。司马炎改国号为晋，首都仍设在洛阳。

司马懿像

司马氏的夺权，始于大将司马懿。司马懿（179～251年）字仲达，河内温（今河南温县）人，号冢虎，当时有"卧龙凤雏幼麒冢虎"一说，是三国时期魏国杰出的政治家、军事家，多次与诸葛亮作战。其孙司马炎称帝建立晋朝后，追尊他为晋宣帝。在曹操刚刚掌权的时候，曾经征召司马懿出来做官。司马懿瞧不起曹操，认为他祖上是宦官的养子，出身低微，因此不愿意应召。但司马懿又不敢得罪曹操，就假装得了风瘫。曹操怀疑司马懿有意推托，就派了一个刺客深夜闯进司马懿的卧室去察看，果然看到司马懿直挺挺地躺在床上。刺客不信，拔出刀装出要劈下去的样子。他以为司马懿要不是风瘫，一定会吓得跳起来。可司马懿只瞪着眼望着刺客，身体纹丝儿不动。刺客这才不得不相信，收起刀向曹操回报去了。

司马懿知道曹操不肯放过他，自己也不能一辈子装下去。过了一段时期，便说风瘫病好了，于是曹操召他到军中效力。

司马懿先后在曹操和魏文帝曹丕手下担任重要职位，到了魏明帝曹叡即位时，司马懿已经是魏国的元老了。由于他长期带兵在关中跟蜀国打仗，因而一直掌握着兵权。

魏明帝病重时，把司马懿和皇族大臣曹爽叫到床边，嘱咐他们共同辅助太子曹芳。曹芳即位后，任命曹爽当大将军，司马懿当太尉，共同掌管兵权。

曹爽虽说是皇族，但论能力、资格，都跟司马懿差得很远。为了独掌大权，曹爽建议皇帝提升司马懿为太傅，实际上是夺取了司马懿的兵权。接着，曹爽又把自己的心腹、兄弟都安排了重要的职位。司马懿看在眼里，装聋作哑，不但不干涉，还推说自己有病，不再上朝了。

公元249年1月，曹爽兄弟随魏帝祭扫明帝高平陵（今河南洛阳南），司马懿乘机发动政变，夺取武库，其长子司马师奉命屯兵司马门，司马懿自己则和太尉蒋济出屯洛水浮桥，将曹爽的归路截断，又迫明帝的皇后郭太后下令废去曹爽兄弟官职，然后派人送奏章给魏帝，要求将曹爽兄弟的官职罢免。曹爽开始时很犹豫，但为求活命，最终只好同意交出大权。数日后，司马懿以谋反的罪名将曹爽兄弟族诛，曹爽的亲信何晏、丁谧、毕轨等人也被杀。自此以后，曹魏政权的实权由司马氏集团所掌握。

西晋替魏

司马懿杀了曹爽后不久便死了，司马师接替了他的职位，大臣中只要有人说他的坏话，司马师就会把那人除掉。曹芳恨透了司马师，想找机会撤掉司马氏兄弟的兵权。但没等曹芳找到机会，司马师就逼着皇太后把曹芳废了，立魏文帝曹丕的一个孙子曹髦为帝。

司马师不久后得病死了，他的弟弟司马昭做了大将军。司马氏父子3人，一个比一个厉害，一个比一个专横。魏帝曹髦实在忍耐不住了，他把尚书王经等3个大臣召进宫里，气愤地说："司马昭之心，路人皆知，我不能坐着等他来收拾我。今天，我要同你们一起去讨伐他。"20岁的曹髦，根本不懂得怎样治司马昭。他集合了宫内的禁卫军和侍从太监，吵吵嚷嚷地从宫里杀了出来，自己还拿了一口宝剑，站在车上指挥。

司马昭的心腹贾充忙带了一队兵士赶来拦截，双方立时打了起来。贾充手下的兵士一见皇帝自己动手，毕竟有点胆怯，准备逃跑。贾充手下有个叫成济的，对贾充说："您看该怎么办？"贾充厉声说："司马公平时养着你们是干什么的！还用得着问吗？"贾充这一说，成济也胆大了，拿起长矛就往曹髦身上刺去。曹髦来不及反应，就被成济刺穿了胸膛，跌下车来死了。

司马昭听说他手下的人真的杀了皇帝，也有点着慌，连忙赶到朝堂上，召集大臣们商量。老臣陈泰主张斩了贾充，但司马昭不愿意。后来，司马昭用太后的名义下了一道诏书，给曹髦加上许多罪状，宣布将其废为平民，想把曹髦被杀的事轻轻掩盖过去。但是朝中大臣还是议论纷纷，司马昭没办法，就把罪责一股脑儿全推给了成济，下令将其满门抄斩。

除掉了曹髦后，司马昭从曹操的后代中找了一个15岁的孩子曹奂接替皇位，这就是魏元帝。这位傀儡皇帝在司马昭死后即被司马炎废掉，西晋正式取代曹魏。

三顾茅庐

诸葛氏是琅琊的望族，诸葛亮早年丧父，失去了生活依靠，便移居隆中（今河南襄阳之西20里，一说南阳），隐居乡间耕种。诸葛亮在隆中隐居了10年，直到27岁时，才终于遇到了合意的君主。

当时是东汉末年，黄巾事起，天下诸侯混战，势力较大的曹操逐渐统一北方，孙权占据东吴。汉宗室豫州牧刘备虽然也想成就一番事业，但却屡战屡败，后来他听徐庶和司马徽说诸葛亮很有学识，就和关羽、张飞带着礼物来到隆中，就是今河南南阳城西（还有一种说法是湖北襄阳城西南）。他们到位于这里的卧龙岗请诸葛亮出山辅佐自己。第一次来的时候，恰巧诸葛亮出去了，刘备很失望，只好先回去。不久，刘备和关羽、张飞冒着大风雪又一次去请。想不到诸葛亮又出外闲游去了。原本张飞这次就不愿意来，见诸葛亮不在家，就催促刘备回去。刘备只得留下一封信，在信中表达了自己对诸葛亮的敬佩，并提出请他出来帮助自己挽救国家的危险局面。过了一些时候，刘备斋戒三天，准备再次去请诸葛亮。关羽说诸葛亮也许只是徒有虚名，并无真才实学，不用去了。张飞说这次他一个人去叫，如诸葛亮不肯来，就用绳子把他捆来。刘备狠狠地责备了张飞一顿，兄弟三人又第三次去拜访诸葛亮。到那里时，正赶上诸葛亮在睡觉。刘备不敢惊动他，一直在外面站着，等到诸葛亮自己醒来，才坐下彼此交谈。当然，这些生动的情节是《三国演义》所描述的，但据诸葛亮本人的《出师表》中所讲，"三顾茅庐"一事应该是发生过的。

三顾茅庐图

诸葛亮见到刘备有替国家做事的志向，并且非常有诚意地来请他，就同意出山，辅佐刘备建立蜀汉王朝。

汉中之战

汉中是益州的门户，有着极为重要的战略地位。曹操收降张鲁，占领了汉中。蜀郡太守、扬武将军法正建议刘备攻取汉中，他认为：如果能够占领汉中，兴农积粮，观察、等待机会，那么上可以进取关中，统一中原；中可以蚕食雍、凉，扩大疆域；下可以固守要害，作为益州的屏障。现在据守汉中的仅有夏侯渊、张郃二将，集中主力攻打他们，一定可以取胜。刘备采纳了法正的建议，进兵攻打汉中。

建安二十三年（公元218年），刘备部将吴兰、张飞等作为先遣部队进至武都（今甘肃成县西北），但是败于魏军。于是，刘备令军师诸葛亮留守益州，自己亲率大军北征。同年四月，刘备率军进至阳平关（今陕西勉县西）。夏侯渊、张郃、徐晃等率军迎战。刘备部将陈式袭击马鸣阁（今四川广元北），以切断曹军后方通道，但是徐晃击败陈式；刘备又亲自率兵攻打张郃据守的广石（今陕西勉县西），也没能攻下，两军相持之时，刘备给诸葛亮写信要他增调兵力。

7月，曹操担心汉中战事，决定亲征刘备。9月，他率领军队来到长安（今陕西西安西北）。建安二十四年正月，刘备率主力渡过沔水，依托山势，隐蔽疾行，绕到阳平关侧后方的定军山（今陕西勉县南），占据了险要地势，等待机会对付敌人。夏侯渊希望变被动为主动，于是率兵争夺定军山。讨虏将军黄忠在山上，居高临下地发动迅猛冲击，杀了夏侯渊及刺史赵禺，击败曹军，曹军退守阳平关东。司马郭淮和督军杜袭认为张郃可以继夏侯渊为魏军主将，曹军在汉水以北列阵，欲待蜀军渡河至一半时进行反击，刘备识破了他们的计谋，与其隔水相持，暂不渡河。

3月，曹操的军队从斜谷（今陕西眉县西南）进入汉中，占据了沿途的险要之地，欲与刘备主力进行决战。刘备占据险要地形，不与其交战，始终不正面与曹操主力争锋。蜀将黄忠夺了曹军运至山北的粮食，蜀翊军将军赵云率数十骑兵巡逻，没有料到与曹魏大军相遇，赵云临危不惧，从容退至营中，偃旗息鼓，将营门大开，曹兵害怕营内有埋伏，于是退去。赵云命鼓手擂鼓，鼓声震天，又命劲弩射后面的魏兵。魏兵一时惊慌而自相践踏，落入汉水中，死了很多人。刘备得知后，称赞道："子龙一身都是胆。"

曹刘两军又经过一个多月的相持，曹操最终不能取胜，到了五月，曹操下令将进攻汉中的军队全部撤出，刘备成功地占据了汉中。

刘备承汉统

建安十六年（公元211年），刘备以帮助刘璋讨伐张鲁为借口，以法正、张松为内应，率军进入益州。刘备向北行军到葭萌便停住，在那里收买人心。后来事情败露，张松被杀，于是刘备与刘璋公开反目。刘璋派遣刘溃、冷苞、张任、邓贤等在涪江与刘备交战，结果都被刘备打败，除张任逃走外，其余皆战死。刘备的军队来到洛城，攻城时庞统中箭身亡，于是法正顶替了庞统谋士的位置。一年后，刘备攻破洛城，张任不愿投降，被刘备杀死。包围成都时，诸葛亮、张飞、赵云等奉刘备之命进入益州。在成都城前，马超归降刘备，简雍劝说刘璋向刘备投降，于是刘备自领为益州牧。建安二十年（公元215年），张郃进攻蜀中，与张飞交战，败走。建安二十三年（公元218年），刘备起兵攻汉中，打算收取东川。刘备听取了法正的建议，夜袭夏侯渊，黄忠杀死夏侯渊。刘备取得了这次战争的主动权，曹操亲自到来后，刘备壁垒不战，最终使得曹操在无奈之下退军。刘备控制了汉中，自立为汉中王。

后来，关羽进攻樊城，水淹七军，收服于禁。但这时曹操与孙权联合，吕蒙从背后奇袭荆州，关羽大意失荆州后走投无路，最后在麦城被俘，被东吴杀害。建安二十五年，曹操66岁，因病去世，他的次子曹丕继位为魏王。曹丕逼汉献帝禅位，建立了魏朝。第二年，刘备在成都称帝，正式建立了蜀国政权，国号为汉，史称蜀汉。

夷陵之战

东吴的孙权占领了荆州，从刘备的角度来讲，为了自己的帝业，他必须夺回荆州，但是由于他想夺回荆州的想法过于急切，因而在并没有做好大战准备的情况下，就在匆忙间发兵了。

公元222年1月，蜀汉的吴班、陈式率水军进入夷陵地区，于长江两岸驻扎。2月，刘备亲自率领主力大军从秭归进抵猇亭，从1月到6月间，吴、蜀两军一直相持不决。为迅速同吴军进行决战，刘备频繁派人到阵前辱骂挑战，但是东吴主将陆逊很沉得住气，对此一概不予理睬。刘备又派遣吴班率数千人在平地安下营寨，派8000人马在山谷中埋伏，企图引诱吴军出战，然后伏击。但是陆逊依然坚守不战，这使得刘备倚恃优势兵力企求速战速决的战略意图无法实现。逐渐地，蜀军的斗志松懈了，6月江南的酷暑时节，暑气逼人，刘备无可奈何，只得将水军转移到陆地上，于深山密林里安下营寨休整，以待秋后再发动进攻。蜀军当时正处于吴境二三百千米的崎岖山道上，距后方很远，后勤保障不方便，并且百里连营，兵力分散，使得陆逊有了实施战略反击的可乘之机。

陆逊看到战略反攻的时机业已成熟，于是上书吴王孙权说，准备展开反攻。

在大规模反攻之前，陆逊先派遣小部队进行了一次进攻以试探刘备。这次进攻虽然没有成功，但却使陆逊从中寻找到了火攻蜀军连营的破敌之法。当时正值江南的炎夏季节，天气闷热，而蜀军的营寨都是用木栅筑成的，周围被树林、茅草包围，一旦起火，火势就不可阻挡。

决战的时刻到了，陆逊命令吴军士卒各持一把茅草，在某个夜里突袭蜀军营寨，顺风放火。火势猛烈地蔓延起来，蜀军大乱。陆逊乘势大举反攻，刘备见己军全面溃败，便逃到夷陵西北马鞍山。陆逊集中兵力围攻，又歼灭数万蜀军。刘备在夜里突围逃遁，逃入永安城（又名白帝城）中。

白帝城托孤

刘备不顾诸葛亮的劝阻讨伐孙权，结果被东吴的陆逊火烧连营，兵败后逃至白帝城。刘备大受打击，在白帝城的永安宫一病不起，他知道自己的病已经难以治愈，便派人到成都日夜兼程地请诸葛亮前来嘱托后事。

当时，太子刘禅留守成都，诸葛亮带着刘备的另外两个儿子刘永和刘理赶到白帝城。刘备病危之际，对诸葛亮托付后事说："自从我得到丞相的辅佐，终于建立了蜀国，但这次由于没有听从丞相的劝谏，以至有今天的失败。你的才华高过曹丕十倍，一定可以安定国家，成就北伐大业。如果我的儿子刘禅可以辅佐，你就辅佐他；如果他不争气，你可以取而代之。"

诸葛亮见刘备如此信任自己，十分感动，流着泪说："臣将竭尽全力辅佐幼主，贡献忠贞之节。"刘备又请诸葛亮在自己旁边坐下，叫刘永、刘理到面前，吩咐他们说："你们要记住，我死之后，你们弟兄三人，都要把丞相当作自己的父亲那样对待，不能有丝毫的怠慢。"说完，叫两个儿子向诸葛亮下拜，又对众将官说："我已经将国家大事都托付给了丞相，要我儿子像对待父亲一样对待他，也请诸位共同辅佐。"说完，刘备闭上了双眼，这一年他 63 岁。

从这时起，蜀国进入了"诸葛亮时代"。军政事务无论大小，都交由诸葛亮来裁决。蜀国开始恢复与东吴的关系，诸葛亮希望能够与吴国联盟共抗曹魏。

七擒孟获

刘备托孤后，诸葛亮立志北伐，重兴汉室。这时候，蜀国南方的少数民族侵犯蜀国，诸葛亮亲自带兵南征。

第一次交战，诸葛亮就大获全胜，将其首领孟获生擒。孟获却并不服气，他认为胜败乃兵家常事。诸葛亮于是放了孟获。孟获走后，诸葛亮找来孟获的副将，故意告诉他孟获说此次叛乱是他的主意。副将听了很生气，说自己是冤枉的，然后诸葛亮将他也放了回去。副将回营后，一直对孟获愤愤不平。一天，他请孟获到自己帐里，抓住了孟获后将他送至汉营。诸葛亮用计第二次生擒孟获，孟获却还是不服，于是诸葛亮又把他放了。

这次，汉营的将领们都有些想不通了。他们认为这么轻易就将敌人放走，简直是在开玩笑。诸葛亮却认为：只有以德服人，才能让人从内心归服；如果以力服人，那么就一定会留下后患。

这次孟获回去后，他的弟弟孟优给他出了个主意。半夜时分，孟优带人来到汉营，他假装向诸葛亮投降，但是一眼就被诸葛亮识破了，诸葛亮下令赏给他们大量的美酒，结果孟优带来的人都喝醉了。这时孟获按计划前来劫营，但是却无人接应，结果是自投罗网，又一次被诸葛亮擒获。但他却仍是不甘心，诸葛亮便第三次将他放走。诸葛亮前后一共放了他六次，当孟获第七次被擒时，诸葛亮再次表示要放了他。孟获终于心服口服，忙跪下起誓：以后绝不敢再谋反。诸葛亮见他这一次是真的心悦诚服，便委派他掌管那片区域。

六出祁山

诸葛亮再次与吴结盟平定了蜀国南方，然后准备北伐曹魏。蜀汉建兴六年（公元 228 年）春，他开始第一次北伐，他令赵云等做疑兵，假装由斜谷（今陕西眉县南）攻郿城（今陕西眉县北），以吸引魏军；自己则率主力攻向祁山（今甘肃西和县祁山堡）方向，陇右的天水、南安、安定等郡相继投降蜀国，接着他又收服了姜维，关中为之震惊。可是马谡丢了街亭，诸葛亮无奈只得退回汉中。不久，天水、南安、安定三郡又归附了魏国。

这年冬天，陆逊在石亭打败曹休，诸葛亮乘机出散关，包围陈仓（今陕西宝鸡西南），20 多天未能攻下，待魏国援军赶到，他只得再次退回汉中。建兴七年，诸葛亮第三次北伐魏国，进攻武都（今甘肃成县）、阴平（今甘肃文县西北），打败魏援军，攻克这两郡，留兵据守，自己撤军。第二年，魏军进攻汉中，诸葛亮又增调援军，加强防守。由于连续大雨，子午谷、斜谷等道路难以通行，魏军撤退。第四次北伐在建兴九年，蜀军包围祁山，司马懿统率魏军迎击，他知蜀军远来，军粮不多，于是坚守不出。诸葛亮退兵，想引诱敌人来追，但司马懿很谨慎，蜀军一停，他就扎下营寨。此时李严假传刘禅圣旨命令诸葛亮退兵，由于蜀军粮草也接应不上，诸葛亮只得班师，在撤退时以伏兵

三国木牛模型

木牛相传由诸葛亮发明，蜀军常用来运送军用物资，非常适于山地使用。

杀了魏国名将张郃。

第五次北伐时，诸葛亮率 10 万大军出斜谷口，到达郿城，驻扎在渭水南岸的五丈原。司马懿也在此扎营，不与蜀军作战，他认为蜀军远来，粮草运输困难，不能久持。诸葛亮对此的准备，是在渭水分兵屯田，以支持长期的战争。这次出兵前，诸葛亮曾与孙权约定同时攻魏。5 月，10 万吴军攻魏，没有取胜，撤回江东，所以依然只是蜀军与魏军周旋。8 月，诸葛亮积劳成疾，病势无法挽救，不久后就与世长辞。诸葛亮去世后，姜维等遵照他的遗嘱，秘不发丧，率军退入斜谷。诸葛亮共 5 次出师北伐，只有两次真正出兵祁山；另有一次是魏军向汉中进攻，不是诸葛亮出击，但被后世笼统地说成是"六出祁山"。

姜维北伐

诸葛亮"出师未捷身先死"，于五丈原逝世后，姜维被后主刘禅任命为右监军、辅汉将军，统率诸军，进封平襄侯。后来又历任司马、镇西大将军，兼任凉州刺史、卫将军、大将军。据《三国志》记载，公元 238 ~ 262 年间，姜维共 11 次出兵北伐。

第一次，是在公元 238 年，姜维和蒋琬率偏师从陇右出击，与魏军在南安相持不下。

第二次，是在公元 244 年，姜维和费祎从兴势出兵，派王平袭击魏将曹爽，大败之。

第三次，是在公元 247 年，出兵陇西，在洮西与魏将郭淮、夏侯霸大战。

第四次，是在公元 249 年，姜维派廖化去洮城，在这种"蜀中无大将，廖化作先锋"的情况下，姜维凭一己之力与魏国众多将领作战，互有胜负。

第五次，是在公元 250 年，姜维在羌胡的辅佐下，于洮西与郭淮交战，双方平手。

第六次，是在公元 253 年，费祎被刺杀后，姜维出兵包围南安，因粮草用尽而退兵。

第七次，是在公元 254 年，于陇西狄道出兵，杀死魏将徐质。

第八次，是在公元 255 年，与夏侯霸出狄道，于洮西大破王经，王经退守狄道城，被陈泰派兵所救。

77

第九次，是在公元 256 年，姜维再次出兵，蜀将胡济延误战机，于段谷为邓艾所败，死伤惨重。

第十次，是在公元 257 年，姜维乘魏将诸葛诞叛乱出兵秦川，魏军坚守不战，直到公元 258 年诸葛诞兵败才退兵。

第十一次，是在公元 262 年，姜维与邓艾战于侯和，被邓艾击败，然后回兵沓中。这是姜维最后一次北伐，蜀国的黄皓想用阎宇替代姜维，姜维因对黄皓擅权的行为十分厌恶，曾向后主建议诛杀黄皓，但后主没有同意，姜维觉得自己可能已经惹怒了黄皓，便居沓中避祸。钟会、邓艾领大军征蜀。公元 263 年，终于灭亡了蜀国。

魏灭蜀之战

魏景元三年（公元 262 年），魏国大将军司马昭决定先灭蜀，然后顺江灭吴，他任命司隶校尉钟会为镇西将军前往关中整顿军队，准备伐蜀。景元四年 8 月，魏军兵分 3 路向蜀国进攻。

蜀汉右车骑将军廖化率军前往沓中增援姜维；左车骑将军张翼等驻守阳安关口。

由于蜀军对咽喉险道斜谷、骆谷、子午谷的防守不够成功，这些地方很快被魏国魏兴太守刘钦占领。钟会于是分兵几路，同时进取汉中，并留下两万人在汉、乐二城外围困，自率主力直下阳安关口，蜀将傅金被杀，蒋舒投降，魏军攻克关城（今陕西阳平关），接着又向南进军。

姜维知道汉中是保不住了，急忙摆脱邓艾，向阴平退去，但是抢先占了桥头（今阴平东南）的诸葛绪阻住姜维。姜维做出向北欲绕道而东的假象，诱使诸葛绪离开桥头向北堵击，姜维乘机迅速通过桥头，会合了廖化、张翼等，在剑阁坚守。邓艾率军来到阴平，打算与诸葛绪合兵，一同南下。诸葛绪不同意，自带军向东，向钟会靠拢。钟会想独霸军权，诬告诸葛绪害怕敌人，不敢向前，并将其押回治罪，然后率军南下，被姜维于剑阁阻住去路。因魏军粮草接应不上，于是钟会准备退兵。邓艾向他建议，可以出奇兵从阴平经江油（今四川江油北）、涪县（今四川绵阳东），偷袭成都。

10月，姜维还被钟会牵制在剑阁，邓艾率军自阴平沿景谷道东向南，到了剑阁以南两百多里，钟会的部将田章等也跟进。邓艾率军从小道攀登，从700余里无人烟的险域越过，令人意想不到地直抵江油，迫使守将马邈投降。然后派其子邓忠等向退守绵竹的蜀将诸葛瞻进攻，攻克绵竹，斩诸葛瞻。紧接着就攻陷了雒县（今四川广汉北），逼近成都。蜀后主刘禅感到大势已去，又受到主降派的劝导，决定向邓艾请降。姜维得知绵竹失守，担心腹背受敌，便率军退至巴西境，行军至郪县时，奉刘禅之命，前往钟会处投降。邓艾率军入成都，西蜀灭亡。

孙策定江东

孙策是孙坚的长子，公元192年，孙坚战死，死时只有38岁。当时，18岁的孙策将孙坚的灵柩运回，葬于曲阿县（今江苏丹阳），渡江居留在江都（今江苏扬州），与豪俊之士广泛交结，扩充势力，为父报仇。

孙策的势力不断壮大，他平定江东最重要的一战就是攻打刘繇。

刘繇与孙策交战失败后，逃往丹徒（今江苏镇江），公元195年，孙策占据曲阿。

一开始，百姓们得知孙策的兵到了，都吓得避之不迭，当地的官长们也往往弃城逃跑。后来，人们渐渐发现，孙策的军士们都严遵将令，对百姓秋毫无犯。于是，百姓都非常高兴，送来酒肉犒劳部队。

孙策发布文告，晓谕下属各县："如果有刘繇、笮融的乡人和部下来投降，愿意从军的就允许从军，并将其全家的赋税徭役免除；不愿从军的也绝不勉强。"

文告发布后，归附者从四面八方赶来，不久，就招募了两万多士兵，1000多马匹。此时寿春的袁术得知孙策大胜，上表奏请，将孙策封为殄寇将军。

很快，刘繇放弃丹徒向西逃走，孙策向东进兵夺取吴郡。公元196年，孙策的大军渡过浙江（今钱塘江），向会稽逼近。会稽太守王朗不听功曹虞翻的建议，在固陵（今浙江萧山西）阻击孙策。孙策发动了几次水上进攻，均没能成功。

孙策的叔父孙静建议采用声东击西的战术，从查渎进兵，出其不意地攻击敌人。孙策采纳了这条计策。于是当天夜里，孙策的军队一面到处点燃火把，迷惑、牵制正面的敌人，一面暗中分出兵马从查渎出击。王朗事先没有料到，大惊之余派周昕率兵仓促迎战，孙策杀死周昕，击溃王朗，王朗带虞翻乘船逃到东冶。孙策乘胜追击，王朗、虞翻投降。孙策就此平定了江东。

孙权建吴

孙权（公元182~252年），字仲谋，吴郡富春县（今浙江富阳）人，孙坚次子，三国时吴国开国皇帝。孙权幼年时跟随其长兄孙策平定江东，15岁被举为孝廉、秀才，任阳羡（今江苏宜兴）长，代行奉义校尉。公元200年，26岁的孙策遇刺身亡，临死前他对孙权说：

"内事不决问张昭，外事不决问周瑜。"孙坚对他的评价是："中国方乱，夫以吴、越之众，三江之固，足以观成败，公等善相吾弟。举江东之众，决机于两阵之间，与天下争衡，卿不如我。举贤任能，各尽其心，以保江东，我不如卿。"孙策死后，孙权继位，为讨逆将军。

公元208年，孙权收服甘宁，剿灭黄祖。同年7月，曹操南下，刘备大败，曹操占了荆襄后，写信给孙权，有攻取东吴之意。东吴内部的主战派以鲁肃为首，主和派以张昭为首，互相争论不休。鲁肃从江夏带来诸葛亮，诸葛亮表明了刘备联吴抗曹的决心。周瑜及时返回，分析了战胜曹操的可能。孙权果断决定，任命周瑜为主帅，出兵三江口，大破曹兵。这便是历史上著名的赤壁之战。

公元217年，魏、吴于濡须口大战，互有胜负。战后，孙权与曹操和解。

公元219年，关羽进攻樊城，孙权的部下吕蒙袭取荆州又在麦城生擒了关羽，关羽被孙权杀害。公元220年，曹丕逼汉献帝禅位，改元黄初。公元221年，刘备称帝，然后率大军攻打东吴。孙权任命陆逊为大都督，陆逊在彝陵用"火烧连营"之计击败刘备。公元223年，63岁的刘备于白帝城驾崩。诸葛亮派邓芝过江讲和。孙权与蜀汉联盟，共同对付曹魏。公元226年5月，曹丕驾崩。孙权趁机率大军攻打江夏。公元229年，孙权称帝，改国号大吴，改元黄龙。东吴王朝正式成立，随后将都城迁到建业（今江苏南京）。

赤壁之战

孙权、刘备联军在长江赤壁一带大败曹操军队，这是三国形成时期奠定三国鼎立基础的著名战役。赤壁，位于今湖北蒲圻西北（一说位于今嘉鱼东北）。

曹操完成了统一北方的大业后，作玄武池训练水兵，于建安十三年（公元208年）7月出兵10多万，欲取荆州（约今湖北、湖南）以实现南北统一。这时孙权已攻克夏口（今武汉境），正欲向西攻取荆州，再吞并益州（今四川成都）以向北发展；刘备正寄荆州的刘表篱下，他"三顾茅庐"，请诸葛亮出山相助。诸葛亮为其制定了先占荆、益，联合孙权，再图取中原的策略。曹操的军队远来疲劳、水土不服、不善水战，使孙权坚定了抗曹的决心。孙权任命周瑜为大都督，程普为副都督，鲁肃为赞军校尉，率精锐水兵3万，联合了刘备的军队，共约5万，进驻夏口迎敌。

曹操的军队习惯陆战，一旦面对大江，就失去了威势，其新改编的及荆州投降的水兵，战斗力差，再加上疾疫流行，初次交锋便失利，只好暂退北岸，在乌林（今湖北洪湖境）与联军隔江对峙。

曹操下令将战船用铁链连在一起，减弱了风浪颠簸，使北方兵士能够适应。周瑜认为敌众己寡，不能久持，应该速战。部将黄盖看出了曹军"连环船"的弱点，建议他采取火攻，周瑜采纳了这个建议。黄盖派人送降书给曹操诈降，然后带领数十艘船出发，船上满载着浸油的干柴草，船上插着与曹操约定的旗号，并在船后系上轻快小艇，顺东南风向曹军驶去。在曹军皆争相观看黄盖来降的时候，黄盖下令将柴草点燃，自带人换乘小艇退走。火船乘风撞向曹军船阵，江面一片火海，火势延及岸边营屯。联军发起了进攻，曹操知败局已定，便将余船烧毁，带领军队败走。

赤壁之战，曹操由于自负轻敌，在指挥上出现了失误，加之曹军不善水战，终致战败。孙权、刘备面对强敌，对形势把握正确，结盟抗战，利用自己擅长的水战，巧用火攻，创造了这一以弱胜强的经典战例。

司马氏攻吴

司马昭灭了蜀汉，又准备进攻东吴。正在这时，他得了重病死了。他的儿子司马炎废掉魏元帝曹奂，自己做了皇帝，建立了晋朝，这就是晋武帝。从公元265～317年，晋朝都以洛阳为国都，史称西晋。

西晋政权初步稳定以后，晋武帝司马炎接受羊祜的建议，积极准备攻灭东吴，统一中国。

公元279年，司马炎终于下了攻打吴国的决心，他发兵20万，采取大将羊祜生前制定的战略，由镇南大将军杜预打中路，向江陵进兵；安东将军王浑打东路，向横江（今安徽）进军；还有一路水军，由益州刺史王濬率领，沿着大江，顺流向东进攻。

杜预到达荆州后，积极进行军事部署，同时派兵奇袭西陵。西陵（今湖北宜昌东南）是孙吴的西部边镇，战略位置十分重要。只要晋军能突破西陵，益州的水师就可以顺流而下，驰骋荆州了。大军部署完毕后，杜预命令他的军队包围江陵。江陵城防坚固，易守难攻，杜预不想在这里消耗时间和兵力，因而对它只是围而不歼，切断了江陵和外部的联系。

其实杜预本人并没有什么武艺，连骑马都不会，射箭的技术就更谈不上了。但每有军事活动，朝廷都要召他参谋规划，因为他总是能知彼知己，善于同敌人斗智。在灭吴战争中，吴人最恨杜预，主要是因为他善于用兵，常常给敌人以致命的打击。杜预有大脖子病，东吴人就给狗脖子上戴个水瓢；看见长包的树，就写上"杜预颈"，然后砍掉，借以发泄对杜预的仇恨。

王濬也是个有能耐的将军，他早在益州就督造了大批战船，船上还造了城墙城楼，人站在上面，可以四面瞭望。

为了不让东吴发觉，造船一直是秘密进行的。但是仍有许多削下的碎木片掉在江里，顺水漂流到东吴的地界。东吴太守吾彦发现后，敏锐地感觉到事情不妙，连忙向吴主孙皓报告，说："这些木片一定是晋军造船时劈下来的。晋军在上游造船，看来是要进攻东吴，我们要及早做好防守的准备。"可是孙皓对这一正确的分析并没在意，只是满不在乎地说："怕什么！我不去打他，他们还敢来侵犯我？"

吾彦没办法，只得在江面险要的地方打上大木桩，钉上大铁链，把大江拦腰截住，又把一丈多高的铁锥安在水面下，好像无数的暗礁，以使晋国水军没法通过。

当杜预和王浑的两路人马节节胜利之时，王濬也得到了杜预的大力援助——大批木筏运到。王濬命士兵在每个木筏上放上草人，披上盔甲，手拿刀枪。他先让几个水性好的兵士带领这一队木筏随流而下。这些木筏碰到铁锥，铁锥的尖头便扎在木筏子底下，被木筏扫掉了。

至于那一条条拦在江面的铁链，王濬命士兵在木筏上架起一个个很大的火炬，然后让这些装着大火炬的木筏驶在战船前面，遇到铁链，就烧起熊熊大火，时间一长，铁链铁锁便都被烧断了。这样，大队战船便顺利地打进东吴，很快和杜预的大军会师。晋军虽然已是长时间作战，但杜预却信心百倍，他说："现在我军军威大振，正像劈竹子一样，劈开了几节以后，下面的竹子，就可以迎刃而解，一劈到底了。"

果然，东吴很快就被平定了，武帝司马炎在庆功宴上流着泪说："此羊太傅之功也。"

东吴灭亡

魏、蜀、吴三国中，最后灭亡的是吴国。

自孙权死后，吴国内部宗室和大臣争夺权力，朝政十分混乱，末帝孙皓更是骄奢淫逸。

其实孙皓在刚刚继位的时候，还曾下令赈济贫苦人民，减少宫女数量，放生宫里的珍禽异兽，受到人们的颂扬。后来孙皓命令大臣的女儿要先经过他的挑选，漂亮的入后宫供他一人享受，剩下的才能谈婚论嫁，这就使他丧失了大臣们的支持。对他劝谏的大臣不会受到表扬，反而会被他用烧红的锯条残忍地锯下舌头或是打死。孙皓杀人的方法很多，且十分残忍，像挖眼、剥脸皮和砍掉双脚等，这让他手下的将领们丧失了信心，纷纷投降西晋。陆逊的族子陆凯和次子陆抗均为东吴名臣，也曾劝谏孙皓，孙皓对他们也很不满，但因陆家家族势力很大，孙皓一时也没有办法处置他们。

看到蜀国灭亡后，人人都知道吴国也时日无多了，只有孙皓不知道，而且还雄心勃勃地想消灭新兴的晋国。孙皓想灭晋国，便找了一个方士来占卜，得出的卦辞是："庚子年，青盖入洛阳。"庚子年是公元 280 年；青盖，是皇帝专用的伞。

孙皓看到这个卦辞，高兴地跳起来，因为这分明是指出在那一年他就可以征服他的敌人。结果却是，晋帝国在公元 280 年攻陷了建业（今江苏南京），吴军竟然没有抵抗的能力。孙皓被活捉，连同他的青盖，一齐被送到洛阳。吴国自孙权称帝到被晋武帝司马炎灭亡，共历 52 年。

太康繁荣

晋武帝司马炎在位的 25 年间，是西晋王朝相对安定的时期。自从公元 280 年灭掉吴国以后，晋武帝就把年号改为太康，10 年间没有发生大的战争，社会得到了一个喘息的机会。武帝司马炎开始贪图醇酒和美女。他宫中的姬妾多到一万余人，以致他每天发愁，不知道该到谁那里睡觉才好。于是他就乘坐羊车，任凭羊停在何处，他就宿在何处，聪明的姬妾因此用盐汁洒到竹叶上，引羊驻足。

不仅如此，晋武帝每天仅 3 餐饭就要花费 1 万钱，即便这样，他还嫌没有可吃的菜，无法下筷子。而那 1 万钱，在当时足够 1000 人一个月的伙食。

奢侈也许是一种病，会传染蔓延。当时都城洛阳有 3 个出名的大富豪：一个是掌管禁卫军的中护军羊琇，一个是晋武帝的舅父、后将军王恺，还有一个是散骑常侍石崇。

羊琇、王恺都是外戚，虽然权势比石崇大，但在豪富方面却比不上石崇。石崇早年做过荆州刺史，不仅搜刮民脂民膏，还敲诈勒索，杀人劫货。石崇的家极尽奢华，就连厕所都修建得华美绝伦。10 多个女仆站在里面恭立侍候，一律穿着锦绣，打扮得艳丽夺目。客人上过了厕所后，这些婢女就会要客人把身上原来穿的衣服脱下，侍候他们换上了新衣后才让他们出去。凡上过厕所的，衣服就不能再穿了，以致客人大多不好意思如厕。官员刘寔一次去石崇家拜访，上厕所时，见厕所里有绛色蚊帐、垫子、褥子等极讲究的陈设，还有婢女捧着香袋侍候，忙退了出来，赔礼道："我错进了你的内室。"石崇大笑，说："那就是厕所！"

金谷园图
此图描绘的是西晋富豪石崇与小妾绿珠在金谷园中的宴乐情景。

石崇到洛阳后，听说王恺是洛阳首富，就有心跟他比一比。听说王恺家里洗锅子用糖水，石崇就命令他家厨房用蜡烛当柴火烧。王恺为了炫耀自己富有，在家门前的大路两旁，夹道40里，用紫丝编成屏障。谁要上王恺家，都要经过这40里紫丝屏障。这个奢华的装饰把整个洛阳城都轰动了。石崇为了压倒王恺，用比紫丝贵重的彩缎，铺设了50里屏障，比王恺的屏障更长，更豪华。

王恺哪里肯甘心罢休，便向晋武帝求助。晋武帝觉得这样的比赛挺有趣，就把宫里收藏的一株两尺多高的珊瑚树赐给王恺。王恺故意在石崇面前炫耀，石崇看了看这株大珊瑚，冷笑了一声，顺手抓起身边的一个铁如意，朝着大珊瑚树正中砸去，珊瑚顿时粉碎。

王恺气得满脸通红，可石崇却笑着说："您用不着生气，我还您就是了。"石崇叫他随从的人回家，把家里的珊瑚树统统搬来让王恺挑。不一会儿，一群随从回来，搬来了几十株珊瑚树。这些珊瑚中，三四尺高的就有六七株，王恺那株根本上不了台面。在众人的惊叹中，这场比阔气的闹剧就这样结束了，石崇的豪富在洛阳更是出了名。

大臣傅咸看不下去，上了一道奏章给晋武帝，说："这种严重的奢侈浪费，比天灾还要严重。现在这样比阔气，比奢侈，不但不被责罚，反而被认为是荣耀的事。这样下去怎么了得。"晋武帝对这份奏章却视而不见，他跟石崇、王恺一样，一面加紧搜刮，一面穷奢极侈。"太康繁荣"就这样在腐败中走向末路。

周处除三害

晋武帝在位期间还出了一个传奇人物：周处。

周处原是东吴义兴（今江苏宜兴）人，长得十分高大魁梧。因为他父亲很早就死了，自小没人管束，所以他成天在外游荡，动不动就打人，周围的人都害怕他。

义兴邻近的南山有一只白额猛虎，经常出来伤害百姓和家畜；当地的长桥下有一条大蛟龙，出没无常。义兴人把周处和南山白额虎、长桥大蛟龙联系起来，称为义兴"三害"。而在这"三害"中，又以周处排名第一。

一天，周处走在街上，看见人们都闷闷不乐，便找了一个老人问："今年年成不错，为什么大伙都那样愁眉苦脸呢？"老人没好气地回答："三害还没有除掉，怎样高兴得起来！"周处第一次听到"三害"这个词，就问："什么是三害？"老人说："南山的白额虎，长桥的大蛟龙，再加上你，不就是三害吗？"

周处吃了一惊，没想到乡间的百姓都把他当作虎、蛟一般的大害了。他沉吟了一会儿，说："这样吧，既然大家都为'三害'苦恼，我就去把它们除掉。"

第二天，周处带着弓箭进山杀死了恶虎，又拿起刀剑跳进水里去杀蛟龙。那条蛟龙隐藏在深处，发现有人下水，就想跳上来咬他。周处早就准备好了，在蛟龙身上猛刺一刀。蛟龙受了伤，往江的下游逃去，周处见蛟龙没有死，便紧紧追去。

三天三夜过去了，周处还没有回来。大家议论纷纷，认为这下子周处和蛟龙一定是两败俱伤，都死在河底里了。本来，大家以为周处能杀死猛虎、大蛟已经不错了，这回"三害"都死了，大家更是喜出望外，互相庆贺。

没想到到了第四天，周处竟安然无恙地回家来了，这让人们大为惊奇。原来大蛟龙受伤以后，被周处一路追击，最后流血过多，终于被周处杀死。

周处回到家里，知道他离家3天后，人们以为他死去，都挺高兴。这件事使他认识到，自己平时的行为被人们痛恨到什么程度了。周处于是痛下决心要重新做人，并离开家乡出外学习。周处的勤奋好学逐渐被人们认同，一年后，州郡的官府都征召他出来做官。

传说的周处除"三害"的故事难免有些夸张，但周处浪子回头的故事却是真实的。在周处担任广汉（今四川广汉北）太守的时候，当地原来的官吏腐败，积下来的案件，有30年都没有处理的。周处一到任，就把积案都认真地处理完了。后来他被调到京城做御史中丞，不管皇亲国戚，凡是违法的，他都能大胆查处。

白痴皇帝

公元290年，晋武帝死，他的儿子司马衷即位，是为晋惠帝。

司马衷是个低能儿，对世事一窍不通。晋武帝在位时，有些大臣建议另立太子，但被晋武帝驳回了。其实，晋武帝也有点犹豫，只是不知道儿子到底傻到什么程度。一次，他想试试儿子，便送给太子一卷文书，里面提出了几件公事，要太子处理。

太子虽傻，太子妃贾南风却是个机灵的女人，见到这卷文书后，她连忙把宫里的老师请来，替太子做答案。老师引经据典，写得头头是道。贾妃看了挺满意，可想到皇上是知道太子平常不大懂事的，现在写出这样一份卷子，反倒叫他怀疑。于是就让太监照着那份答卷另外起草了一份粗浅的，让太子依样画葫芦抄写一遍，送给晋武帝。

晋武帝一看，卷子虽然写得不高明，但总算有问有答，可见太子的脑子还是清楚的。恰巧不久后的一天晚上，宫中着了火，司马炎到城楼上观看火情。这时，司马衷年仅5岁的儿子跑过来拽爷爷的衣服，说夜里危险，不能让光亮照到皇帝身上。

司马炎听了又感动，又惊讶，如此小的孩子竟有这样的智力。司马炎从此坚定了让傻儿子做太子的决心，希望孙子以后能有大的成就。

临终时，晋武帝立了遗诏，要皇后的父亲杨骏和汝南王司马亮一起辅政。杨骏为了独揽大权，和杨皇后串通起来，另外伪造一道遗诏，指定杨骏单独辅政。

晋惠帝即位后，国家政事一件也管不了，而且还总是闹笑话。有一年，各地闹饥荒，地方的官员把灾情上报朝廷，说灾区的老百姓饿死的很多。晋惠帝就问大臣："好端端的人怎么会饿死？"大臣回奏说："当地闹灾荒，没粮食吃。"惠帝忽然灵机一动，说："为什么不叫他们多吃点肉粥呢？"大臣们听了，个个目瞪口呆，不知如何回答。

看到皇帝是这样一个无能之人，周围的一群野心家便开始蠢蠢欲动了。

贾后专权

晋武帝认为魏朝的灭亡，是因为没给皇族子弟权力，使皇室孤立了。所以，他在即位以后效法刘邦，封了27个同姓王。每个王国都有自己的军队；王国里的文武官员，都由诸侯王自己选用。

晋惠帝即位以后，外戚杨骏排挤了汝南王司马亮，单独辅政。晋惠帝的妻子贾后不愿让杨骏操纵政权，秘密派人跟汝南王司马亮和楚王司马玮联络，要他们带兵进京，讨伐杨骏。楚王从荆州带兵进了洛阳，贾后马上宣布杨骏谋反，把杨骏杀了。

杨骏被杀之后，汝南王司马亮进洛阳辅政，可此时兵权已掌握在楚王司马玮手里，于是两人产生了矛盾。贾后也觉得两个王太多，就假传晋惠帝的密令，派楚王把汝南王抓起来杀了。

楚王本来是贾后的同党，但是贾后怕他连杀两王之

"富贵万岁"瓦当　西晋

后，权力太大。当天晚上，又宣布楚王假造皇帝诏书，擅自杀害汝南王，把楚王也办了死罪。楚王知道自己上了贾后的当，大叫冤枉，可惜为时已晚。

从此以后，朝廷上没有辅政大臣，名义上是晋惠帝做皇帝，实际上却是贾后专权。太子司马遹不是贾后所生，贾后怕他长大后自己的地位不保，于是千方百计想除掉太子。

贾后事先叫人起草一封用太子口气写的信，内容是逼晋惠帝退位。然后把太子请来喝酒，把他灌得烂醉，再趁太子昏昏沉沉的时候，骗他把那封信抄了一遍。第二天，贾后叫晋惠帝召集大臣，把太子写的信交给大家传看，宣布太子谋反。大臣们一看果然是太子亲笔，都不敢再说什么。

贾后于是宣布废太子司马遹为庶人，把他及其3个幼小的儿子皆软禁于金墉城，并下诏杀掉太子的生母谢妃以及太子的侧妃。不久，太子被送往洛阳之外的许昌宫囚禁。颠沛道中，太子本来就生病的长子困厄而死。

曾经在太子东宫做过侍卫官的左卫督司马雅、常从督许超等人不甘心，聚集在一处商议，准备废掉贾后，复太子之位。大家商量来商量去，都觉得大臣张华和裴頠可以共事，而手握重兵的右军将军赵王司马伦也可以利用。

贾后废了太子后虽然心里高兴，天天欢宴淫乐，但一天都没放松警惕，常派宫女太监乔装打扮，混于市场坊间探听消息。听说有人要拥复太子后，便决定抢先一步——毒杀太子。

司马遹被废黜后，一直怕被贾后毒杀，天天都是自己在屋内煮饭。贾后派去的太监孙虑到许昌后，根本无从下手，就与监守太子的刘振商议对策。刘振派人把太子迁移到一处小黑房子里，断绝了他的食物来源。宫中侍女及太子带来的从人对太子很忠心，不时隔墙抛扔食物，司马遹因此又苟延了几日。孙虑等得不耐烦，便破门而入打死了太子。

这样一来，赵王司马伦抓住了把柄，派禁军校尉、齐王司马冏带兵进宫杀了贾后。

八王之乱

西晋末年，周边少数民族壮大是从"八王之乱"开始。赵王司马伦掌握了政权后，干脆把晋惠帝软禁起来，自己称帝。赵王一即位，就把他的同党，不论文官武将，或是侍从、兵士，都封了大大小小的官职。那时候，官员戴的官帽上都用貂的尾巴做装饰，由于赵王封的官实在是太多太滥了，因而官库里收藏的貂尾不够用，只好找些狗尾巴来凑数。所以，民间就编了歌谣来讽刺他们，叫作"貂不足，狗尾续"。

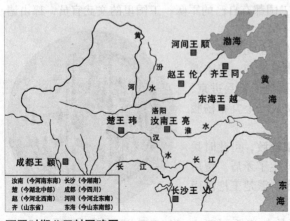

西晋时期八王封国略图

各地的诸侯王听说赵王做了皇帝，谁都想来夺这个宝座，于是展开了一场又一场的厮杀。参加这场混战的有赵王司马伦、齐王司马冏、成都王司马颖、河间王司马颙、长沙王司马乂、东海王司马越。加上后来被杀的汝南王司马亮、楚王司马玮，一共有8个诸侯王，史称"八王之乱"。

西晋诸王之间的这场大恶斗前后持续了16年，数十万人丧失了生命，许多城市被洗劫和焚毁。在洛阳，13岁以上的男子全部被迫服役，城内米价贵到一石万钱，不少人因饥饿而死，并掀起了大规模的流亡的浪潮。

司马衷作为一个傀儡，被诸王玩弄于股掌间，天天以泪洗面，经常随乱军颠沛流离，风餐露宿。八王之乱结束后，司马衷回到了洛阳宫里。但他的非人生活却没有结束，大权掌握在东海王司马越手中。

到了公元306年，八王中的7个都死了，东海王司马越觉得威胁都已不在，立个傀儡皇帝也没用处，就暗中命令宫人在饼中下毒，送进显阳殿。司马衷取来吃了几个，便觉得腹中绞痛，接着扑倒床上，翻滚哀号，等宫人叫来御医，他已睁眼张口不省人事了。御医搭脉后连连摇头说："完了，完了。"经宫人再三催问病由，御医才低声说是中毒，说完就急忙溜走了。

司马越不敢自己称帝，立了惠帝的弟弟司马炽——司马炎最小的儿子为帝，这就是晋怀帝。

西晋灭亡

公元317年长安陷落，西晋皇帝司马邺被俘，西晋灭亡。此时，镇守建康（今江苏南京）的司马邺的堂叔司马睿宣布继位，史称晋元帝。为了和司马炎建立的晋朝（西晋）相区别，历史上把这个朝代称为东晋。

南渡后，北方的士族地主纷纷逃到江南来避难，王导劝说司马睿把他们中间有名望的人都吸收到王府来。司马睿听从王导的意见，不但拉拢了江南的士族，又吸收了北方的人才，巩固了地位，心里十分感激王导。

晋元帝司马睿登基那天，王导和文武官员都进宫来朝见。晋元帝一见到王导，立即从御座站了起来，把王导拉住，要他一起坐在御座上接受百官朝拜。这个意外的举动让王导大为吃惊，忙不迭地推辞。后来王导每次上朝，晋元帝都要起立相迎。

晋元帝认为自己能够得到这个皇位，全靠王导、王敦兄弟的力量，所以对他们特别尊重，封王导担任尚书，掌管朝内的大权；让王敦总管军事。王家的子弟中，很多人都封了重要官职。

当时民间流传着一句话，叫作"王与马，共天下"。意思就是王氏同皇族司马氏共同掌握东晋的大权。

不久，掌握了军权的王敦开始不把晋元帝放在眼里。晋元帝看出了王敦的骄横，另外重用了大臣刘隗和刁协，对王氏兄弟渐渐疏远起来。由于王敦握有当时晋国最大的兵力，于是起兵，宣称要肃清君主身旁的奸臣。

公元322年，王敦攻陷建康，把司马睿所有的亲信大臣杀了个精光，但仍维持着司马睿的帝位。司马睿一气之下病死，儿子司马绍继位。公元324年，司马绍下诏讨伐王敦，王敦再次起兵东下，可是在围攻建康时，却病死在军营里，其军队也随之溃散。

司马绍死后，他5岁的儿子司马衍继位，由其母亲庾太后抱着听政，庾太后的兄长庾亮当宰相。

庾亮跟镇守历阳（今安徽和县）的大将苏峻不和，下令征调苏峻当大司农，想以此剥夺苏峻的军权。苏峻遂起兵叛变，在公元328年攻陷建康，庾亮逃走，庾太后自杀。不过苏峻在不久之后也被陶侃杀死，内战由此才告一段落。

氐族的"成汉"

公元298年，关中地区闹了一场大饥荒，略阳（今甘肃天水东北）、天水等六郡十几万流民逃荒到蜀地。氐族人李特和他的兄弟李庠、李流，也跟着流民一起逃荒。

益州刺史罗尚不愿意让这批流民进入蜀地，想要把他们赶回关中去。李特几次向官府请求放宽遣送流民的限期。流民听到这个消息，都感戴李特，纷纷投奔他。

李特在绵竹设了一个大营，收容流民，不到一个月就收了两万人。李特派使者阎彧来到罗尚的刺史府，看到那里正在修筑营寨，调动人马，知道他们准备遣送流民了，便回到绵竹禀告李特。

当天晚上，罗尚派部将带了步兵、骑兵共 3 万人，偷袭绵竹大营，要劫掠流民。不料李特早有准备，3 万晋军刚进营地，四面八方就响起锣鼓声。大营里预先埋伏好的流民，手拿长矛大刀，一起杀了出来。这批流民勇猛无比，将晋军杀得丢盔弃甲，四散逃窜。流民们杀散了晋军，知道朝廷不会罢休，就请求李特替他们做主，领导他们抗击官府。大家推李特为镇北大将军，李流为镇东将军，整顿兵马，攻下了附近的广汉。

罗尚兵败后重新集结队伍，围攻李特。李特战败牺牲，他的儿子李雄继续率领流民战斗。公元 304 年，李雄自立为成都王，两年后称帝，国号大成。后来到李雄侄儿李寿在位时，改国号为汉，史称"成汉"。

成汉立国 44 年，在公元 347 年被东晋所灭。

刘渊建立"汉赵"

但是，给西晋致命创伤的不是远在西南边陲的成汉，而是另一个流民集团所建立的汉赵国。

汉赵国的首领是匈奴人刘渊。百余年来，匈奴人跟汉人杂居通婚，绝大多数已经汉化。刘渊本姓栾提，打着"尊汉"的旗号起义，自称是汉王朝公主的后裔，所以改姓为刘。刘渊趁"八王之乱"时起兵，被族人推为大单于。公元 308 年，刘渊称帝，建立汉赵国。

汉赵国一直局促于并州（今山西）甫部一隅，后来定都平阳（今山西临汾），假如没有大将石勒，汉赵也不可能灭亡西晋。

刘渊当了皇帝后不久就逝世了，经过一场夺位斗争，他的儿子之一刘聪继位。刘聪的汉赵大军在石勒的率领下，打到了洛阳城下，怀帝司马炽被俘。刘聪问他说："你们司马家骨肉之间，为什么自相残杀得这么厉害？"司马炽说："汉赵帝国受天命而兴，司马家的人不敢劳你们动手，所以自己先替你们铲除。"这段话说得相当沉痛。刘聪封司马炽为侯爵，但却叫他跟奴隶们在一起生活，不久后还是把他杀了。

司马炽被杀后，他的侄儿司马邺，一个 14 岁的孩子，被一批野心家带着逃到长安，宣布继承西晋皇位。这个小朝廷勉强维持了 4 年，公元 316 年，汉赵大军兵临城下，司马邺投降后被杀，西晋灭亡。

汉赵虽然灭了西晋，但它仍然是一个小得可怜的国家，刘聪和继任皇帝刘粲都荒淫且凶恶无比，只知道营建宫殿和搜罗美女。公元 318 年，宰相靳准杀掉刘粲，还将刘姓皇族，不管男女老幼，全部屠杀。刘姓皇族的坟墓，包括刘渊、刘聪在内，全部剖棺焚尸。

政变发生后，镇守襄国（今河北邢台）的大将石勒和镇守长安的亲王刘曜，分别向平阳进军，靳姓家族无论男女老幼也被如法炮

匈奴人黄金铠甲

制，全部屠杀。刘曜继任皇帝，把首都迁到长安。

公元 319 年，石勒派人到长安向刘曜献礼致敬。石勒虽是汉赵国的大将，但他自己拥有一支庞大善战的部队，汉赵国一半以上的土地都是由石勒夺取的，而且由他控制。刘曜见石勒来献礼，自然大喜过望，下诏封石勒为赵王，给予他优厚的赏赐。可是，献礼的队伍中有一个人对刘曜说："石勒之所以进贡，并不是效忠您，而是另有阴谋，目的在于探听虚实，准备发兵攻击。"刘曜立时震怒起来，把已踏上归途的石勒部众追回，不由分说，全体处斩。

石勒闻讯，立即宣布独立，脱离汉赵，建立后赵国。公元 328 年，汉赵国和后赵国在洛阳决战，刘曜父子都战败而死，汉赵灭亡。

羯族的"后赵"

建立后赵的石勒是羯族人，他的家里世代都是部落的头目。年轻的时候，由于并州地方闹饥荒，石勒和部落失散了，曾经给人家做过奴隶、用人。一次，石勒被乱兵捉住，关在囚车里。正好他的囚车旁边有一群鹿跑过。乱兵纷纷去追捕鹿群，石勒才趁机会逃走。受尽苦难的石勒召集了一群流亡的农民，组成了一支强悍的队伍。刘渊起兵后，石勒投奔了刘渊。

羯族人的文化比匈奴人要低。石勒不像刘渊，受过汉族文化的教育，他可是连字都不认识。担任大将以后，石勒渐渐懂得要成大事业，光靠武力不行，于是就收留了一批北方汉族中贫苦的读书人，组织了一个"君子营"。

石勒做了皇帝后，删定律令，减百姓一半的田租，严禁兵士欺侮衣冠华族士人，并在都城内立小学十余所，崇文敬教，要他部下将领的子弟都进学校读书，还建立了保举和考试的制度。凡是各地保举上来的人经过评定合格的，就选用他们做官。

石勒不是一个好大喜功、奢侈浪费的君主，他对自己的地位和功绩很有自知之明。公元 332 年，石勒设国宴款待高丽使臣，酒到半酣，石勒问臣子徐光："你看我能和前代哪个皇帝相提并论呢？"

徐光说："陛下您应该高过汉高祖刘邦，比您高的仅仅是轩辕黄帝。"

石勒笑道："人应该有自知之明，我没有那么大的功绩，假如我能遇到刘邦，我会向他俯首称臣的。大丈夫做事要光明磊落，怎么能像曹操和司马懿那样，欺负孤儿寡母篡夺人家的天下呢？"大家听了，对石勒莫不心悦诚服。

因为是少数民族，石勒严禁部下提到"胡""羯"等字。但是为了安抚汉族士人，有时候也没有绝对执行禁令。一次，汉族官员樊坦被任用做官，进宫朝见的时候，他穿了一身破破烂烂的衣服。石勒吃惊地问他："你怎么穷到这个地步？"樊坦忘了禁令，回答说："刚刚碰到一批羯贼，把我的家当都抢走了，连一件像样的衣服都没留下。"石勒笑着说："羯贼这样乱抢东西，太不应该！我来替他们赔偿吧！"樊坦这才意识到自己犯了禁令，吓得浑身发抖，连忙向石勒请罪。石勒则笑着说："我这个禁令，是对付一般百姓的。你们这些老书生，我不怪你们。"说着，真的赔给樊坦一些衣服钱财，还赏给他一辆车，一匹马。

还有一次，有位饮酒大醉的羯人骑马闯入王宫，石勒大怒，立即怒问卫队小队长汉人冯翥："君王威行天下，王宫之内，为何有人敢驰入，作为守卫值班的军官，你为什么不能阻止来人！"惶惧之间，冯翥忘了忌讳，回答说："刚才那个羯胡乘马驰入，速度很快，我向他喊叫了半天，那个羯胡也听不懂我在说什么。"话音刚落，冯翥忽然意识到自己刚才犯了"国讳"，叩头出血，以求宽恕。谁料石勒只是笑了笑，说："胡人确实很难和他们讲话沟通。"

石勒因为自己不识字，便常找一些读书人把书讲给他听，一边听，一边还发表自己的见解。一次，他让人给他读《汉书》，听到有人劝汉高祖封旧六国贵族的后代的历史，就说："唉！刘邦采取这样的错误做法，还怎么能够得天下呢？"讲书的人马上给他解释，后来由于张良的劝阻，汉高祖并没有这样做。石勒点头说："这才对啦。"

由于石勒重用人才，在政治上比较开明，后赵初期出现了兴盛的气象。

鲜卑族的"前燕"

后赵国石勒死后，他的儿子石弘继位，石勒的侄儿石虎把石弘杀掉，自己上台。这时后赵内部发生大乱，石虎的养子冉闵称帝，建立了魏国，历史上称为冉魏。

冉闵称帝后四处征伐，虽屡战屡胜，但军队疲乏，缺少粮食，军队四处游击掠夺。当时大乱四起，人们根本无法耕种，饥荒成灾。

公元 352 年，燕王慕容儁派慕容恪、慕容霸等人深入中原，进击冉闵以及其他后赵的残存势力。

冉闵的大将军董闰和车骑将军张温久经战阵，谏劝说："鲜卑乘胜锋锐，彼众我寡，宜先避之；俟其骄惰，然后益兵以击之！"冉闵不听，大怒道："晋欲以此众平幽州，斩慕容儁。今遇慕容恪而避之，人谓我何？"见冉闵刚愎自用，司徒刘茂长叹："吾君此行，必不还矣，吾为何坐待戮辱？"说完便自杀了。

冉闵神勇的名声早已远播，燕兵也不敢贸然进攻。双方经过 10 次试探性的交锋，鲜卑燕兵虽然数倍于魏兵，但都吃了败仗。

慕容恪是鲜卑军中罕有的智勇双全的人物。最后，他想出一招毒计，利用"连环马"，诱冉闵步军于平地决战。燕军将领很是犹豫，认为自己的骑兵都打不过冉闵的步兵，平地决战更是没有胜算了。慕容恪说："冉闵性子轻锐，一定会与我军死战。我将大部分力量与他决战，等他的体力消耗尽了，你们在从旁边突袭，一定能够取胜！"

慕容恪的"连环马"，人马即使死掉了，仍旧是用锁连在一处的，这样就形成了重重障碍，阻挡了冉闵及其兵众的突围。三面受敌之下，冉闵又寡不敌众，激战半日，魏军悉数英勇战死。冉闵虽被围数重，最后仍向东跑出了 20 多里。本来他可以马上脱险了，但这时他所乘的朱龙宝马却忽然倒地死了，冉闵被重重摔在地上。鲜卑骑兵于是一拥而上，生擒了这位盖世英雄。

冉闵被俘送到燕国首都蓟城后，慕容儁高声斥责道："汝奴仆下才，何得妄自称帝？"冉闵一脸蔑视，大声说："天下大乱，尔曹夷狄，人面兽心，尚欲篡逆。况我中土英雄，何为不可做帝王？"

慕容儁大怒，下令把冉闵处斩。冉魏立国 3 年，即宣告灭亡。

公元 337 年，慕容儁的父亲慕容皝建立燕国称帝，史称前燕。

北方的短暂统一

公元 351 年，氐族贵族苻健占领了关中，宣布建国，国号为秦，史称前秦。

苻健去世后，苻生即位，虽然他还在为苻健居丧，但游玩酗饮如常，在朝接见大臣们时，也总是佩刀带箭，以及锤、钳、锯、凿等可以残害人的刑具。苻生即位不到一年，后妃、公卿以下至于奴仆，被杀掉的总共有 500 多人。被截下小腿、折断胸肋、锯断脖子、剖开孕腹的人，比比皆是。

一次，苻生在太极殿宴请群臣，让尚书令辛牢做掌酒官。正喝到尽兴时，苻生突然愤怒起来，说："为什么不让人们尽力去喝居然还有坐着的！"说着就拉开弓箭射死了辛牢。群臣十分害怕，再也没有人敢不喝醉，全都横躺竖卧，衣冠不整。苻生这才高兴了。

苻生继位两年来，其残暴的行为变本加厉。一次苻生做梦，梦见大鱼吃蒲草，想起最近城中流传的谣谚说："东海大鱼化为龙，男皆为王女为公。"由此他想到了太师鱼遵，觉得这是说鱼遵将要反叛，于是杀了鱼遵以及他的7个儿子、10个孙子。

这位残暴的皇帝喜怒无常，一次他问周围的人说："自从我统治天下以来，你们在外边都听到些什么？"有人说："圣明君主主宰天下，赏赐得当，刑罚严明，天下人只有歌颂太平盛世了。"苻生愤怒地说："你向我献媚！"于是就把他拉出去杀了。

第二天他又问这个问题，有人对他说："陛下的刑罚稍微过分了一点。"苻生又愤怒地说："你诽谤我！"这人也被杀了。有功的臣子和亲戚几乎被诛杀殆尽，群臣们能保全一天，如同度过十年。大家忍受不了苻生的残暴，都劝苻生的族兄苻坚取而代之。苻坚亲眼见到苻生的残忍，心里也同意大家的想法，只是畏惧苻生的勇捷凶猛，没敢作声。

一天夜里，苻生对服侍他的婢女说："苻坚、苻法兄弟也不可信赖，明天我就把他们除掉。"婢女连夜把这一消息告诉了苻坚。苻法和苻坚看到箭在弦上，当晚便率兵闯入王宫。王宫中的将士们全都丢掉武器，归顺了苻坚。苻生此时还醉倒大睡，直到士兵闯入了卧室才惊醒过来，他问周围人说："这是些什么人？"周围的人回答："强盗！"苻生说："为什么不叩拜！"苻坚的士兵全都笑了。苻生又大声说："为什么不赶快叩拜，不拜者杀头！"苻坚的士兵于是把苻生抓了起来，让他去叩拜苻坚。苻坚废黜苻生为越王，后来又把他杀了，定其谥号为厉王。

苻坚即位后废除了皇帝称号，自称大秦天王，在他的领导下前秦慢慢走向了强大。

淝水之战

公元382年，苻坚认为自己的准备已经成熟，下决心大举进攻东晋，于是召集大臣商量策略。没想到，大臣们纷纷表示反对。权翼说："晋国虽然弱小，但是他们的国主还没犯什么大错，手下还有像谢安、桓冲那样的大臣，团结一致。东晋有长江作为天然屏障，再加上百姓都想抵抗，咱们要大举攻晋，恐怕还不是时候。"

苻坚听了很不高兴，大声说："长江天险有什么了不起，我们的军队那么多，大家把手里的马鞭子投到长江里，也可以把长江的水堵塞，他们还能拿什么来做屏障！"

这时，苻坚的弟弟苻融站出来说："现在打晋国，不但没有必胜的把握，而且京城里还有许许多多鲜卑人、羌人、羯人。陛下一旦离开长安远征，要是他们起来叛乱，后悔都来不及。您难道忘记了王猛临终前讲的话吗？"

苻坚的脑袋里此刻好像塞满了黏土，什么都听不进去。他转头要慕容垂谈谈看法。慕容垂说："强国吃掉弱国，大国并吞小国，这是自然的道理。像陛下这样英明的君王，手下有雄师百万，满朝是良将谋士，要灭掉小小晋国，不在话下。陛下只要自己拿定主意就是，何必去征求许多人的意见呢？"苻坚这才高兴起来，马上吩咐左右拿500匹绸缎赏给慕容垂。

第二天，苻坚下令，派苻融、慕容垂充

天宁寺，东晋时建造，是东晋时期谢安的故居。

当先锋，姚苌为龙骧将军，指挥益州、梁州的人马，准备出兵攻晋。慕容垂的两个侄儿偷偷跟慕容垂说："皇上骄傲得过分了。看来，这次倒是我们恢复燕国的好机会呢！"

公元 383 年，苻坚先派苻融率军 25 万为先锋，从长安向东进发。9 月，苻坚亲率大军进驻项城（今河南沈丘）。此时，苻融已向东晋在淝水西岸的重镇寿阳展开进攻。东晋派谢玄等统率北府兵 8 万将士迎战苻坚，另派水军 5000 人增援寿阳。

很快寿阳失守，水军部队只得在离洛涧（今安徽淮南东）20 里处驻扎下来。苻坚得知秦军攻下了寿阳，便把大军留在项城，自己率 8000 轻兵赶至寿阳。他自以为胜利在望，便派朱序去劝晋军投降，但朱序却将秦军的底细告知了晋军。谢玄根据朱序所报进行部署，突袭驻在洛涧的秦军前哨阵地，歼灭秦军万余人，接着挺进至淝水东岸，与秦军对峙于淝水。

苻坚登上寿阳城楼，见晋军阵营严整，又远望八公山上的草木，以为那都是晋军，心中不由畏惧。当时秦军涉水布阵，谢玄要求秦军稍退，让晋军渡过淝水进行决战。苻坚以为可以乘晋军半渡时进行偷袭，便一口应允。岂料秦军皆是强征而来的乌合之众，人心浮动，将士厌战，加上从前的晋军降将朱序乘机高呼："秦军败了。"于是秦军一退不止，东晋军队乘胜追击，大败秦军。苻坚在逃跑途中，听到风声鹤唳，都以为是晋军追来了。

淝水之战，东晋以少胜多，前秦大伤元气。苻坚逃到洛阳，收拾残兵败将，只剩下十几万。

北方再度分裂

苻坚死后，他的儿子苻丕在晋阳（今山西太原）继位，但前秦已走到了尽头。居住在苑川（今甘肃榆中）的另一支鲜卑民族的酋长乞伏国仁，在勇士堡（今甘肃榆中）独立，建立西秦王国。

公元 386 年，前秦大将吕光在姑臧（今甘肃武威）听到苻坚死亡的消息，宣布建立后凉王国。同年，由漠北鲜卑酋长拓跋珪建立的代王国，在遥远的塞外盛乐（今内蒙古和林格尔）悄悄崛起。

公元 394 年，前秦帝国被西秦所灭。公元 397 年，后凉王国分裂，形成了鲜卑民族的南凉和匈奴民族的北凉。

前秦帝国的瓦解，让北中国陷入一片混战，少数民族纷纷宣布建国，先后有 19 个小政权，你争我夺，国运都不长久。

此时，代国改名为魏，史称北魏。它向后燕进贡，以求得到保护。公元 391 年，北魏国君主拓跋珪派他的弟弟到后燕都城中山（今河北定州）朝觐，后燕国太子慕容宝向他索取良马，遭到拒绝。于是慕容宝把拓跋珪的弟弟扣留不放，两国关系自此破裂。

慕容宝为了挽回面子，率领 9 万精兵讨伐拓跋珪。慕容宝长驱直入，一路上都没有北魏军队阻挡，一直抵达了黄河北岸。没想到拓跋珪的奇兵切断了他的后路，又教人散布谣言说，本已患病的慕容垂已经死亡。慕容宝听说父亲死了，疑惧不安，只好撤退。退到参合陂（今山西阳高）时，遇到拓跋珪的大军，后燕兵一半战死，一半投降，但投降的兵士也都被坑杀，只有慕容宝和数千人逃回。

慕容宝不甘心失败，在公元 396 年再次出征，慕容垂也带病上阵。大军到了参合陂，看到遍山堆积的 8 万余战士的白骨，军士们哭声震天。慕容垂惭痛交集，病情加重，不能再进，于是命令退军。他在途中死掉，慕容宝继承了帝位。

北魏乘机反攻，不到一个月，就把后燕帝国所属的华北平原全部占领。慕容宝在惊恐中逃回部落的根据地龙城（今辽宁）。慕容垂的弟弟慕容德痛恨慕容宝昏庸误国，见慕容宝逃跑后没有消息，就宣布独立，建南燕王国。

王导泰然自处

王导（276～339年）字茂弘，山东临沂人。正是他协助司马睿建立了东晋政权，并与自己的兄弟王敦反目，又以"镇之以静，群情自安"为方针，辅佐着东晋王朝。

在平定了苏峻之乱后，皇帝司马衍下诏，把祭祀剩下的胙肉送给王导，并且令他不用下拜谢恩。王导非常惶恐，以有病为由，推辞不敢承受。

当初，因为司马衍即位时年纪幼小，王导又是三朝元老，因此每次见到王导，司马衍都会下拜；给王导下手诏，第一句话也是"惶恐而言"。如今皇帝一天天长大了，对王导依然礼敬有加。一些官员则私下议论说："元旦大会群臣时，圣上应当礼敬王导吗？礼书中可没有君王拜大臣的记载，我们认为应当免除礼敬。"

王导对此惶恐不安，由于他性情宽容仁厚，因此由他委任的许多将领，如赵胤、贾宁等人，大多不守法令，大臣们为此很忧虑。

王导像

庾亮曾给太尉郗鉴写信说："皇上从八九岁以至长大成人，入内则由宫女守护，外出则只有武官、小人们侍从，未曾遇见君子。王导大权独揽，不说恭敬地归还政权，却开始自居太师、太傅的尊位，豢养许多没有才能的士人，这样的大奸之人不清除，将来有什么脸面到地下去见先帝呢？"

但郗鉴不同意他的说法，还把庾亮的这番言语告知了王导。王导身边的人都劝王导秘密地加以防备。王导却说："我和庾亮休戚与共，像这种庸俗的传说，不应当由智慧之人的口中传播。如果庾亮来到都城任职，我就头戴方巾，归隐还乡，有什么可惧怕的！"王导于是给陶侃写信，说："庾公是皇上的大舅，你可要好好辅佐他呀！"

征西参军孙盛悄悄地劝谏庾亮说："王导经常有辞绝政事、优游于尘世之外的愿望，怎么会干俗人所干的事情呢？这一定是奸佞邪恶之徒想离间内廷与百官的关系。"庾亮这才作罢。

那时庾亮虽然驻守于外镇，却遥遥控制朝廷大权，权势显赫，又拥有强大的军队，趋炎附势的人大多归附于其门下。王导心中不平，每当遇到西风扬起尘埃，便举起扇子遮蔽自己，说："庾亮的尘土玷污人呀！"讽刺归讽刺，但因王导性情平和，无意争权，因此二人也一直相安无事。

王导历任东晋三朝首辅，从没有争权夺利。他笼络江南士族，协调南方土著士族与北方侨姓士族的关系，在叛乱频发的东晋政府内部一直坐守相位，维护司马氏的统治，巩固了东晋政权，保障了南方社会经济的持续繁荣发展。

闻鸡起舞

永嘉南渡时，北方大族祖逖也率族人南迁，来到京口（今江苏镇江）。早在东晋建国前，他就向司马睿请求北伐，收复失地，被任为豫州（今河南东部和安徽北部）刺史。

彩绘闻鸡起舞图　民国　魏墉生　瓷板画

本画源自《晋书·祖逖传》："祖逖与司空刘琨俱为司州主簿，情好绸缪，共被同寝。中夜闻荒鸡鸣，蹴琨觉曰：'此非恶声也。'因起舞。"祖逖立志为国效力，与刘琨互相勉励，半夜鸡啼起床舞剑。后成为有志者及时奋发的典故。

司马睿登基后，虽然天天叫嚷着要打回北方去，但实际上却是雷声大，雨点小，但求偏安一隅，过太平日子，并没有恢复中原的打算。

然而祖逖的北伐决心却很坚决，司马睿没办法，只得拨给了祖逖1000个人吃的粮食和3000匹布，至于人马和武器，则叫他自己想办法。

祖逖带着随同他一起来的几百家乡亲，组成一支队伍，横渡长江。到了淮阴后，他们停下来招兵买马，向北进发。南迁的人们都是迫于战乱才离乡背井的，无不希望早日重返故土，因此祖逖的军队所到之处，人人欢迎支持，迅速收复了许多失地。

公元319年，陈留地方的豪强地主陈川投降后赵国主石勒，祖逖决定发兵进攻陈川。石勒派兵5万援救陈川，结果被祖逖打得大败。接着，后赵的将领桃豹和祖逖的部下韩潜又争夺蓬陂（今河南开封附近）城，战斗相持了40多天不分胜负。

此时，双方的军粮都发生了困难。祖逖用布袋装满了泥土，派1000多名兵士扛着，运到了晋营，装作运粮的样子。最后又派了几个兵士扛着几袋米，运到半路上，故意停下来休息。桃豹在赵营内看到晋兵运来那么多的米，自然眼红，就趁晋兵休息的时候，派了大批兵士来抢，晋兵丢下米袋就逃。赵营里早已断粮，抢到了一点米，只够勉强维持几天，大家看到晋营里军粮那么充足，军心不免动摇起来了。

桃豹赶快派人向石勒求救，石勒派了1000头驴子装运了粮食接济桃豹。祖逖在路上设下伏兵，把后赵的粮食全部截下。如此一来，桃豹再也坚持不住，连夜逃跑了。

祖逖收复了黄河以南的全部领土，晋元帝封他为镇西将军。但晋元帝怕祖逖势力太大了不好控制，就派戴渊来当征西将军，统管北方六州的军事，祖逖归他指挥。祖逖辛辛苦苦收复失地，反而受到朝廷的牵制，心里很不舒坦。

刘琨和祖逖在西晋时曾一起在司州（今河南洛阳东北）做主簿，晚上两人就睡在一张床上，谈论国家大事，常常谈到深更半夜。每天清晨公鸡一报晓，祖逖就起来舞剑，刘琨对他十分佩服，便与祖逖一起苦练武艺，研究兵法。

后来刘聪攻破洛阳，西晋在北方的兵力大多被打散了，只有刘琨还在并州一带坚持战斗。晋愍帝在长安即位后，派人封刘琨为大将军。不久石勒进攻乐平（今山西昔阳西南），刘琨派兵去救，被石勒预先埋伏好的精兵打得几乎全军覆没。这时候传来长安被刘聪攻陷的消息。刘琨无奈，只好率领残兵南渡。

不久，祖逖听说好友刘琨在幽州被王敦派人害死，而晋元帝跟王敦正在明争暗斗，遂在忧愤中死于军中。

祖逖、刘琨死后，东晋内部连续发生内乱，朝廷忙于平乱，无暇北顾，石勒乘机占领了河南，晋军被迫退到淮南，祖逖北伐的成果很快化为乌有。

陶侃运砖

祖逖死后，东晋王朝一直忙于内乱，直到荆州刺史陶侃出兵，花了两年时间平定了苏峻的叛乱，国家才安定下来。

陶侃是庐江浔阳（今湖北黄梅西南）人，原来是王敦的部下，后王敦因妒忌陶侃受朝廷重用，便利用职权降了陶侃之职，并将他调遣至广州做刺史。

当时的广州还是蛮荒地区，人口不多。陶侃在那里没有多少公事可办，生活很清闲。陶侃于是叫人运来100多块砖，每天一早，他把砖搬运到外面去，到了晚上，又把砖搬进屋子里。这样天天如此，从不间断。

人们看到他每天这样做，都感到很奇怪，忍不住问他为什么。陶侃严肃地说："我虽然身在南方，但心里想的却是收复中原。如果闲散惯了，将来国家需要我的时候，还怎么能担当重任呢？所以，我每天借这个练练筋骨。"

王敦失败后，东晋朝廷把陶侃提升为征西大将军兼荆州刺史。一次，陶侃到郊外去视察，看见一个过路人一面走，一面随手摘了一把没有成熟的稻穗，拿在手里玩弄。陶侃叫住他问："你拔了这棵稻子，干什么用？"那个过路人说："没有什么，顺手拔一点玩玩罢了。"陶侃一听，勃然大怒："你自己不耕种，还无缘无故毁坏人家的庄稼，真是岂有此理！"说罢，就命令兵士把那人捆绑起来，狠狠地鞭打了一顿。

荆州地处长江边上，官府造船常常留下许多木屑和竹头。陶侃总吩咐人去把这些木屑和竹头收拾起来，收藏在仓库里。人们见了，不懂他为什么要这样做，也不敢问。一次新春过节，荆州的官员都来拜见陶侃。恰好前几天下了几场大雪，天气放晴积雪融化后，大厅前面又湿又滑，不好走路。陶侃就吩咐管事的官吏，把仓库里的木屑拿出来铺地，这样，走路的时候就再也不怕摔跤了。不久，东晋水军要造一批战船，需要竹钉。陶侃又叫人把收藏起来的竹头拿出来给兵士去做造船用的竹钉。由此荆州上下无不佩服陶侃考虑得周到。

陶侃前前后后带兵41年，由于他执法严明，办事认真，大家都很佩服他。荆州也在他的治理下富裕起来，此时的东晋，获得了暂时的安定和发展。

"遗臭万年"的桓温

东晋获得了相对稳定的发展，待到后赵灭亡，将军桓温便向晋穆帝（东晋的第五个皇帝）上书，要求带兵北伐。

晋穆帝表面上提升了桓温的职位，实际上还是猜忌他，不敢派桓温带兵，而是派了殷浩带兵北伐。殷浩出兵到洛阳，被羌族人打得大败，死伤了一万多人马，连粮草武器也丢光了。晋穆帝没办法，只好把殷浩撤了职，同意让桓温带兵北伐，但这次北伐没有成功。

后来，桓温又进行了两次北伐。最后一次是进攻前燕，一直打到枋头（今河南浚县西南），因为被前燕切断粮道，结果遭到失败。

桓温长期掌握东晋的军事大权，野心也越来越大，他常自言自语地说："男子汉如果不能流芳百世，也应当遗臭万年。"

那时候，晋穆帝已经死去，在位的是司马奕。桓温带兵到建康，把司马奕废了，另立一个司马昱当皇帝，这就是晋简文帝。桓温当了宰相，带兵驻在姑孰（今安徽当涂）。

不久晋简文帝病重，留下遗诏，由太子司马曜继承皇位，这就是晋孝武帝。桓温本来以为简文帝会把皇位让给他，听到这个消息后十分失望，于是带兵进了建康。

桓温到达建康那天，随身带的将士都是全副盔甲，手里拿着明晃晃的武器。朝廷官员到路边去迎接时，看到这个情景，都吓得变了脸色。

桓温请了当时两个最有名望的士族大臣王坦之、谢安到他官邸去会见，准备杀掉他们，免得他们妨碍自己登基。王坦之和谢安已经听到了风声，来到相府后，王坦之浑身出冷汗，衣服都湿透了。但谢安却十分镇静，他对桓温说："我听说自古以来，讲道义的大将，总是把兵马放在边境去防备外兵入侵。桓公为什么却把兵士藏在壁后呢？"桓温听了，也有点不好意思，说："我也是不能不防备点儿。"说着，就命令左右把后面埋伏好的兵撤去。看到建康的士族中反对他的势力还不小，桓温也不敢轻易动手。不久，桓温就病死了。

桓温死后，谢安担任了宰相，桓温的弟弟桓冲担任荆州刺史，两人同心协力辅佐晋孝武帝，东晋王朝出现了团结的气氛。

扪虱谈天下

桓温第一次北伐驻军灞上的时候，一天，一个穿着一身破旧短衣的读书人到军营求见。

这个读书人名叫王猛，从小家里就很贫困，靠卖畚箕过活。但是他挺喜欢读书，学问渊博。当时关中士族嫌他出身低微，都瞧不起他。桓温想试试王猛的学识才能，便请他谈谈当今天下形势。

王猛把南北双方的政治军事形势分析得一清二楚，见解十分精辟，桓温听了不禁暗暗佩服。王猛一面谈，一面把手伸进衣襟里摸虱子。桓温身边的兵士们见了，差一点笑出声来，但王猛却旁若无人，谈得起劲。

桓温问："这次我带了大军，奉皇上的命令远征关中，但为什么地方上的豪杰都不来投奔我呢？"王猛淡淡一笑说："您不怕千里跋涉，深入敌人腹地。但是长安近在眼前，您却不渡过灞水。大家不知道您心里是怎么打算的，所以不愿来见您。"

王猛这一番话正说中了桓温的心事，桓温北伐，主要是想在东晋树立自己的威信，制伏他在政治上的对手。他驻军灞上，不急于攻下长安，正是想保存实力。桓温无话可答。但他看出王猛是一个难得的人才，再三邀请王猛一起南下。王猛知道东晋王朝内部矛盾很大，便拒绝了桓温的邀请，回到他隐居的华阴山去了。

但是这样一来，这个摸虱子的读书人却出了名，不久就被苻坚请去当了参谋。前秦的皇帝苻坚对王猛非常信任，一年里就提升了他5次。前秦在苻坚和王猛的治理下，国力越来越强大，先后灭掉了前燕、代国和前凉3个小国，统一了黄河流域。

公元375年，王猛得了重病，苻坚去探望他。王猛恳切地对苻坚说："东晋虽然远在江南，但它继承晋朝正统，而且现在朝廷内部相安无事。我死之后，陛下千万不要去进攻晋国。我们的敌手是鲜卑人和羌人，留着他们总是后患。一定要把他们除掉，才能保障秦国的安全。"

东山再起

谢安（320～385年），字安石，陈郡阳夏（今河南太康）人。出身名门，喜爱读书，却不愿做官。他隐居到会稽的东山，与王羲之等名士名僧频繁交游，出则渔弋山水，入则吟咏属文，挟妓乐优游山林。时人本都对他寄予三公和相辅的期望，士大夫们也常在一起议论说："谢安不出山，叫百姓怎么办！"这终于激起了不少大臣的不满，接连上疏指责谢安，朝廷因此做出了对谢安禁锢终生的决定。然而谢安却不屑一顾，泰然处之。

直到他的弟弟谢万被废黜，谢氏家族的权势受到了很大威胁后，谢安这才有了进身仕途的志向，当时他已经40多岁了。因为谢安长期隐居在东山，所以后来把他重新出来做官这样的事称为"东山再起"。

谢安总揽东晋朝政后，实行了着眼于长远，以和谐安定为重的执政方针。他信任和重用桓温的弟弟桓冲，让他担任都督徐、豫、兖、青、扬五州诸军事和徐州刺史，负责镇守京口，后来又转为都督七州诸军事，兼任荆州刺史。桓冲也深明大义，认为自己的德望不及谢安，心甘情愿地以镇守四方为己任。将相关系的协调，促进了政局的稳定。当时人赞扬谢安，将他比作王导，而其文雅则更胜一筹。

内部安定后，谢安又把注意力转向对付来自北方的威胁。当时，前秦在苻坚的治理下日益强盛，东晋军队在与前秦的交战中屡遭败绩。谢安派自己的弟弟谢石、侄子谢玄率军征讨，接连取得胜利。又命谢玄训练出战斗力很强的北府兵，为抗击前秦做好了准备。

淝水一战，东晋以少胜多，前秦大伤元气。坐镇后方的谢安接到谢玄报告胜利的书信时，正与客人玩围棋，他拿着信放到了床上，毫无高兴的样子，继续下棋。客人问他是什么事，他慢条斯理地回答说："小孩子们已经攻破了寇贼。"下完棋后，谢安返回屋里，过门槛时，高兴得竟然连屐齿被折断都没有发觉。

淝水之战后，谢安趁前秦崩溃的时机，派谢玄收复了黄河流域的大片失地。谢安的功名至此已经是非常显赫了，晋孝武帝司马曜因为害怕谢安功高盖主，便开始渐渐疏远他。谢安自此以后便没有了再施展才能的机会了。

"三绝"顾恺之

顾恺之（348～409年）字长康，小字虎头，晋陵无锡（今江苏无锡）人，东晋画家。他博学多艺，除绘画外，还工诗赋、书法。他有着极为高超的绘画技巧，人物、佛像、禽兽、山水皆能，被人称为"才绝、画绝、痴绝"。他作画师法卫贤，画人物时，尤其善于画人物的眼睛，他自己曾说："四体妍蚩，本无关于妙处；传神写照，正在阿堵之中。"唐代张彦远对其画的评价是："意存笔先，画尽意在。"他对画论也很精通，著有《论画》《魏晋胜流画赞》《画云台山记》等书。他关于作画的著名论点，如"迁想妙得""以形写神"，深远地影响了中国绘画的发展。

在"才绝、画绝、痴绝"这三绝里，表现得最突出的是"痴绝"。

据记载，顾恺之"好谐谑，人多爱狎之"。有一次，顾恺之一个人在月下朗诵诗歌，他的邻居谢瞻一开始听着新鲜，就不停地叫好，顾恺之非常得意。可是过了一会儿，谢瞻要睡觉了，但又不忍心让顾恺之扫兴，就叫替自己捶腿的仆人代替自己给顾恺之叫好，顾恺之并没有发觉有什么不同，一直独咏到天明。

这表现了顾恺之的"真痴"。他对自己的才华一向自负，虽然他以画留名青史，但他的文才也很出色，称他为文学家，他也是当之无愧的。

但是顾恺之的"痴"也并非全是真痴，有一部分也是装出来的，即"假痴"。顾恺之对"蝉翳叶"很迷信。民间有一种说法，蝉躲藏的地方，被一片叶子盖着，鸟雀就都看不见它了，这片树叶就是所谓的"蝉翳叶"，如果人也用"蝉翳叶"将自己遮蔽，别人也就无法看到他了。一天，桓玄拿了一片柳树叶子送给顾恺之，告诉他这是"蝉翳叶"。顾恺之非常高兴，竟像小孩子一样，用柳叶挡住自己，并问桓玄还能不能看见他。桓玄故意对他撒尿，他却觉得这是因为桓玄看不见他才这样做的，于是将这片柳叶珍藏起来。

王羲之与《兰亭序》

王羲之字逸少，琅琊临沂（今山东临沂）人，后居山阴（今浙江绍兴）。官至右军将军、会稽内史，故世称王右军、王会稽，是东晋时著名的书法家，出身门阀世族，为人豪

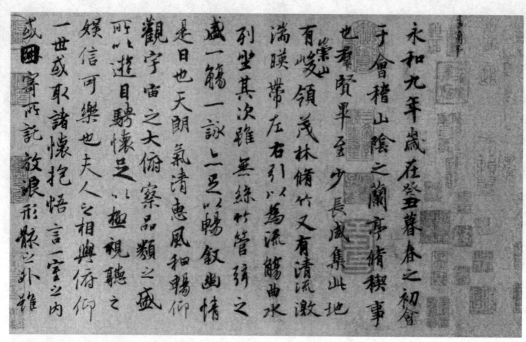

《兰亭集序》帖　东晋　王羲之

放坦率。

王羲之20岁时，太尉郗鉴派人到王导家去选女婿。当时，人们十分讲究门第等级。王导的儿子和侄儿听说太尉家要来提亲，纷纷打扮起来，希望自己能被选中。只有王羲之置之不理，袒露着肚子躺在东边的竹榻上，快活地大吃烧饼。来人观察了一番后回去，把看到的情况禀报给郗太尉："王导家的孩子都十分优秀，有礼矜持，只有一个人例外，他在东床袒衣而食，对到访不作理会。"郗鉴不禁拍手赞叹道："这正是我所要的女婿啊！"于是便把女儿郗璿嫁给了王羲之。从此，中国的女婿都被称作"东床快婿"。

王羲之自小就开始学习书法，据说就连平时走路时，他也随时用手比画着在身上练字，日子久了衣服都划破了。他的楷书师法钟繇，草书学张芝，亦学李斯、蔡邕等，博采众长，给人以静美之感，被后代尊为"书圣"。

永和九年（353年）的农历三月三日是传统的禊节，王羲之同谢安、孙绰等41人在绍兴兰亭游玩，众人饮酒赋诗，汇诗成集，王羲之即兴挥毫作序，这便是有名的《兰亭序》。因为当时兴致高涨，王羲之写得十分得意，其中有20多个"之"字，写法各不相同，堪称天下行书第一。

不为五斗米折腰

在东晋动荡的年代里，出了一位文学大家——陶渊明。陶渊明名潜，因为家门前有5株柳树，他给自己取了个别号，叫五柳先生。

陶渊明的曾祖父就是东晋名将陶侃，虽然做过高官，却不是富有的人家。到了陶渊明这一代，其家境已经是很贫寒了，穷得常常揭不开锅。

后来陶渊明越来越穷了，靠自己耕种田地，也养不活一家老小。亲戚朋友劝他出去谋个一官半职，他没有办法只好答应了。但是没过多久，他就看出当时的官员将军互相倾轧，心里很厌烦，又要求出去做个地方官。于是上司就把他派到彭泽（今江西九江）当县令。

当时做个县令，官俸是不高的。陶渊明一不会搜刮，二不懂贪污，日子过得并不富裕，但是比起他在柴桑家里过的穷日子，当然还是要好一些。再说，他觉得留在一个小县城里，没有什么官场应酬，也还比较自在。

一天，郡里派了一名督邮到彭泽视察。县里的小吏听到这个消息，连忙向陶渊明报告。陶渊明正在他的内室里捻着胡子吟诗，一听到来了督邮，十分扫兴，只好勉强放下诗卷，准备跟小吏一起去见督邮。

小吏一看他身上穿的还是便服，吃惊地说："督邮来了，您该换上官服，束上带子去拜见才好，怎么能穿着便服去呢！"

陶渊明向来看不惯那些依官仗势、作威作福的督邮，一听小吏说还要穿起官服行拜见礼，哪里受得了这种屈

陶渊明像

辱！他叹了口气说："我可不愿为了这五斗米官俸，去向那号小人鞠躬作揖！"说完，他也不去见督邮，索性把身上的印绶解下来交给小吏，辞职不干了。

陶渊明写过一篇非常有名的文章，叫作《桃花源记》。在那篇文章里，他描述了武陵地方的一个渔人一次沿着小溪划船打鱼，来到了一座繁花似锦、芳草鲜嫩的桃树林。渔人被眼前的景色吸引住了，划着船再往前走，到了树林尽头，发现了一个小洞。他丢了船，顺着洞口摸进去，开始时地方很狭窄，走了一段，才豁然开朗，原来洞里有一个很大的村子，那里土地肥沃，桑木成行，男女老幼，来来往往，勤恳劳动，过着无忧无虑的和平生活。大家看到渔夫是个陌生客人，都热情地邀请他喝酒吃饭。渔夫跟大家谈起，才知道那村子里的人的祖先还是秦朝末年避难到这儿来的。他们根本不知道秦以后还有汉朝，更不用说有什么魏、晋了。渔人在那里住了几天后，便告别回家。他在回家的路上，做了好多标记，准备下一次再去访问。回到武陵，他报告了太守。太守也很感兴趣，派人跟着渔人去找桃花林，但是却怎么也找不到那个洞口了。

陶渊明写的那个世外桃源，在当时的社会里是不会有的。但是他在文章里描绘的那种人人安定生活的图景，给了当时生活在动荡时代的人们一种美好的愿望。

97

第六章　南北朝的分裂

刘裕灭东晋

在南朝建立宋帝国的刘裕，本是东晋大将。小时候他家里非常贫困，长大后，依靠贩卖鞋子维持生计，因为爱好赌博，常被同村的人轻视。

东晋的刘牢之征讨起义的变民孙恩，把刘裕征召来任参军事。刘裕因为作战英勇，官职不断上升。

晋安帝复位，封刘裕为侍中、车骑将军、都督中外诸军事，使持节、徐青二州刺史如故。刘裕愈推让，群臣就愈积极，簇拥着安帝亲幸刘裕的宅第。此时的刘裕，对于皇帝赐给他的封号表现出诚惶诚恐的样子，这可不是假装，因为当时刘裕资历还较浅，虽新立大功，但没有多少势力基础。而且桓玄的灭亡，也让刘裕清楚地看到：冒险称帝是件很危险的事情。刘裕是个聪明人，他在接受了册封后，移镇京都之外，遥控朝廷。这样既保证了自己军权在手，又远离了京城这块是非之地，可以进退自如。

几年后荡平了南燕，刘裕开始进攻后秦，他派大将王镇恶、檀道济带领步兵，从淮河一带出兵向洛阳方向进攻，他自己则率领水军沿着黄河进军。那时北方鲜卑族建立的北魏开始强大起来，在北岸集结了10万大军，威胁晋军。刘裕的水军沿着黄河前进，有时风猛水急，晋军的船只被水冲到北岸，就受到魏兵的攻击。

刘裕派水军上北岸去攻打魏军，魏兵就逃，等晋军回到船上，他们又在北岸骚扰，弄得晋军来回奔跑，没法顺利进兵。刘裕派了一个将军带了700兵士、100辆兵车登上北岸，沿岸摆开一个半圆形的阵势，两翼紧紧靠着河岸，中间鼓出，当中的一辆兵车上竖了一根白羽毛。因为这种布阵形状像个月钩，所以名叫"却月阵"。

魏兵远远观察着晋军的布阵，不懂那是什么意思，也就没敢动。一会儿，只见晋军中间车上有人举起白羽毛，两侧就拥出了2000名兵士，带着100张大弓，奔向兵车。魏兵看看这个阵势，觉得也没有什么大不了，就集中三万骑兵向河岸猛攻晋阵。晋阵上100辆兵车上的弓箭齐发，仍旧挡不住魏兵。

没料到晋军在却月阵后面，另外布置好1000多支长矛，装在大弓上。这种长矛约有三四尺长，矛头特别锋利。魏兵正向晋军猛攻的时候，晋军兵

宋武帝像

士们就用大铁锤敲动大弓，那长矛向魏军飞去，每支长矛就能射杀魏兵三四个，三万名魏兵一下子就被射死了好几千。其他魏兵不知道晋军阵后还有多少这种武器，吓得抱头乱窜，全线立即崩溃。晋军又乘胜追击，杀死了大批魏兵。

刘裕就这样打通了沿黄河西进的道路，灭了后秦。大权在握后，刘裕灭了东晋，改国号为宋。刘裕为人十分节俭，寡欲严整，就是做了皇帝之后也没什么改变，常穿着连齿木屐，在神虎门外散步。他采取了许多措施，相对减轻了人民的负担，并对世家大族的横暴侵占进行了严厉打击，抑制了豪强势力。可惜的是，登基刚刚三年，刘裕就得了重病死去，谥号武帝。

刘宋暴君

南朝的宋帝国只有短短的 60 年，却有 9 任皇帝，其中 6 任都是暴君。

第一任皇帝刘裕死后，他的儿子刘义符就因过度荒暴，被托孤的大臣们罢黜而死。刘义隆是刘义符的弟弟，他在第三次北伐失败的次年（453 年），被他的儿子刘劭所杀。弑父凶手坐上金銮殿后不久，又被他弟弟刘骏击败处斩。

刘骏死后，其 16 岁的儿子刘子业继位，不久刘子业的母亲王太后病重将死，派人唤他，刘子业说："病人住的地方鬼多，我怎么能去？"王太后大怒，高喊："拿刀来剖开我的肚子，我怎么会生出这种畜生？"刘子业疑心他叔祖刘义恭对他不利，便亲自率领军队到刘义恭家，把刘义恭和他的 4 个儿子一齐杀死，然后肢解其四肢，剖出肠胃，又挖掉其眼睛，泡在蜂蜜里，名"鬼目粽"。刘子业把姑母新蔡公主接进皇宫，收为姬妾，还把所有王妃公主都召到皇宫，命左右亲信轮流奸淫。他的婶母江妃拒绝，刘子业便打了她 100 皮鞭，并把她的 3 个儿子都处斩。

一天晚上，刘子业梦见被他杀死的宫女向他咒骂，认为宫中有鬼，就手执弓箭，到处射鬼，宫中顿时乱作一团。等到射鬼已毕，宫中的人已逃得一个不剩了。这时宦官寿寂之拔刀而上，将刘子业杀死。

刘子业死后，他的叔叔刘彧登上皇位，把刘子业的 28 个兄弟也全部杀掉，然后又把自己的兄弟全部杀掉。刘彧死后，其儿子刘昱继位。这个年轻的少年身边总带着铁钉铁锥，一天不杀人，就觉得不快乐。

萧道成与南齐

萧道成，字绍伯，宋明帝时为右军将军，后升任南兖州刺史，后平定江州刺史桂阳王刘休范的反叛，被封为公爵。公元 477 年，萧道成杀刘昱，立刘准为宋顺帝，自己晋爵齐王，后来他又逼宋帝禅位，建国号为齐，史称南齐。他在建国后减免了百姓的租债，宽简刑罚，下令扩大清理户籍，使局势平静，社会经济有所发展。

萧道成奋斗半生，既切身体会到创业艰难，也深刻明了误国祸患，所以和其他许多开国之君一样，他勤勉于朝政，谨慎治国，取得了较好成果。

萧道成在剪除刘宋残余势力的同时，大力改革，下令免除老百姓的旧租宿债，减轻市税；下令诸王不得各自营立邑邸，封略山湖，以保护自耕农的利益，希望达到"公不专利、氓不失业"的理想境界。

南齐朝廷规定：禁止招募部曲，安抚流民返乡务农。在这个基础上，政府派员检定户籍、整顿户口，以分辨门第清浊界限，防止偷漏税赋，保证财政收入。这也是南齐的一项重大举措。萧道成办事历来雷厉风行，为此他设立了专门的机构，实行严格、全面的检籍，凡有违抗，便罚充远戍。但在实践中，由于官吏贪赃枉法，实际效果有限。

萧道成身为天子，倒是能够一直以身作则。他倡导节俭，自己便衣着简朴，不饰文绣、不求精细。后宫的器物栏杆等，以铜为装饰的，一概以铁取代。

这一系列的举措，确实起到了节省政府开支、提高行政效率、改良民风的作用。此外，萧道成还提倡儒学，注重学校教育和文化发展。一次视察衣库时，萧道成看见里面有一个玉导，说："留着此物，正是滋长一切弊病的根源！"当即命令将玉导打碎，还检查库中存放着什么奇巧的物品，一概依照这一事例处理。他经常说："假如我能够有 10 年时间治理天下，我就能让黄金的价值与泥土相等。"

这固然是大话，但萧道成治国的成效却是不可否认的。可惜的是，萧道成在位仅仅 4 年便因病死去，萧齐的前途也随之葬送了。

南梁乱局

萧道成临死前，要求其子武帝继续统治其方针，并且不要手足相残。武帝遵其遗嘱，继续统治国家，使南朝维持了一段相对稳定发展的局面。但武帝死后，齐国的几代皇帝又走上了宋灭亡的老路，他们纷纷杀戮自己的兄弟、叔侄，至东昏侯萧宝卷时，因其疑心过重，几乎将朝内大臣全部处死，导致齐国政权风雨飘摇。公元 501 年，雍州刺史萧衍起兵攻入建康，结束了南齐的统治。萧衍发动兵变成功后，立了萧宝卷 14 岁的弟弟萧宝融当皇帝。公元 502 年，萧衍命萧宝融下诏禅让，南齐帝国宣告结束。萧衍建立了南梁帝国，史称梁武帝。

萧衍登基后不久即对北魏发起了攻击，但都无功而返。一次萧衍梦见北朝的刺史、太守都来向他投降，便认为这是个好兆头。过了 20 多天，恰好西魏的大将侯景派人来，说他跟东魏、西魏都有冤仇，决心向南梁投降，还表示愿意把他控制的函谷关以东 13 个州都献给南梁。

萧衍接见了侯景派来的使者后，马上召集大臣商议。大臣们大多认为南梁和北朝多年来相安无事，现在接纳了北朝叛将，只怕会引起纠纷。但是萧衍一心恢复中原，再想起他做过的那个梦，便认为这是佛祖来帮助他了，于是他不听大臣的劝阻，把侯景封为大将军、河南王，派侄儿萧渊明带兵 5 万去接应侯景。

萧渊明带兵北上，受到东魏的进攻，几乎全军覆没，萧渊明也被俘虏了。东魏又进攻侯景，侯景大败。

东魏派使者到南梁，主张双方重新讲和。侯景害怕起来，便派一个人冒充东魏使者送信到建康，提出用萧渊明交换侯景。梁武帝不知道这是侯景的试探，便写了一封信交给使者，信中说只要把萧渊明放还，就立即把侯景交给东魏。

侯景走投无路，他找到萧衍的一个侄子萧正德，诱骗他说，只要他肯做内应，推翻萧衍之后，就拥戴他做皇帝。萧正德权迷心窍，秘密派了几十艘大船，帮助侯景的叛军渡过长江，把梁武帝居住的内城——台城包围起来。由于救援的兵马都隔岸观火，因此台城很快失守，萧衍成了侯景的俘虏。

侯景自封为大都督，先杀了同伙萧正德，又把梁武帝软禁起来，将其活活饿死。梁武帝死后，侯景又先后立了两个傀儡皇帝。公元 551 年，他自立为皇帝。

因为侯景到处屠杀掠夺，百姓对他切齿痛恨。第二年，梁朝大将陈霸先、王僧辩率领大军进攻建康，侯景政权立刻土崩瓦解。

南梁王朝经过这场大乱，内部四分五裂。公元 557 年，陈霸先在建康建立了陈朝。

陈霸先建立南陈

建立了南陈的陈霸先，字兴国。永嘉之乱时，其先辈南渡，迁居吴兴长城（今浙江长兴），家世寒微。

陈霸先相貌堂堂，"身长七尺五寸，日角龙颜，垂手过膝"。年轻时，陈霸先因为"多武艺"，好舞刀弄棒，当上了里长。陈霸先善于交际，到处游走后，他当上了梁朝的"油库吏"。陈霸先"倜傥有大志，不事生产"，终日游手好闲，又有铁饭碗，不时倒腾"公家"的油出来贩卖，挣些碎银后，在都城广交朋友，因此在下层社会中很有人缘，认识了上上下下不少人物。

陈霸先像

梁朝宗室新喻侯萧映当吴兴太守时，陈霸先给他送了很多礼，终于成为这位侯爷的僚佐。从此，他正式开始了发达的运程。萧映对陈霸先非常器重，因为这位小吏出身的僚佐黑道白道路路通，而且讲义气，重许诺，一呼百应。

萧映病逝后，陈霸先护送老上司的灵柩返回建康，中途获知贼人李贲反叛，便拥兵进讨，大破李贲叛军。后来侯景作乱，陈霸先与王僧辩会师，大败侯景，收复了建康，并被梁元帝封为长城县侯。

101

不久梁元帝被西魏军俘杀，陈霸先就与王僧辩共迎梁元帝的第九子、时任江州刺史的萧方智为帝，是为梁敬帝。梁敬帝只有 13 岁，一切军国大事皆由陈霸先和王僧辩说了算。

这时，北齐把在寒山俘虏的梁武帝的侄子萧渊明送回，王僧辩聪明一世，糊涂一时，想让萧渊明当傀儡，任由自己摆布。于是拥立萧渊明继皇帝位，把原先和陈霸先共立的小皇帝萧方智封为"皇太子"。

陈霸先认为王僧辩废萧方智是名不正、言不顺，多次劝阻，皆被王僧辩拒绝，自此陈霸先决定和王僧辩反目成仇。而王僧辩对于陈霸先则一直心存感激，对这位曾大度地分给自己 30 万石粮食的老战友始终信任有加。得知北齐有大举入侵寿春的可能后，王僧辩马上派人告知陈霸先，要他提前做好防备。陈霸先于是以拒抵北齐为名，留于京口，准备举兵突袭王僧辩。陈霸先夜间出兵，全军上下都以为是出兵抵御北齐，根本不知是去建康突袭自己人。待到王僧辩听说城外有兵来攻，慌忙四处寻找兵甲时，已经来不及了。

公元 555 年，王僧辩的残余势力杜龛、王僧智等人起兵，并引北齐军入寇。面对强敌，陈霸先披甲跨马，亲自带兵从建康西明门出击，大败北齐军，缴获无数战利品。公元 556 年，北齐又遣萧轨、东方老以及任约等人率 10 万大军攻梁，但全被陈霸先打败。

公元 557 年，陈霸先见北齐已经无法对自己构成威胁了，便将自己封为陈王。3 天后，这位陈王就让梁敬帝"禅位"于己，改国号为陈，梁朝至此灭亡。

陈霸先只做了 3 年皇帝，便重病不治，死了。

北魏与南朝对峙

北魏统一北方后，与南朝宋相峙，南北朝时期开始。

北魏帝国趁南朝宋开国皇帝刘裕逝世之际，发兵占领了南朝宋国黄河以南的地区。公元 430 年，刘裕的儿子刘义隆决心恢复其固有疆域，于是大举北伐。北魏因春天冰解雪融，

南北朝战争形势图

不利于骑兵驰骋，所以放弃虎牢、洛阳等重镇，向后撤退。南朝宋军渡过黄河追击，失土全部收回，举国欢腾。但是到了当年冬天，黄河冻结时，北魏发动反攻，南朝宋所收回的土地又全部失去。

公元445年，北魏帝国的杏城（今陕西黄陵）发生大规模民变，变民领袖盖吴派人向南朝宋帝国求援。刘义隆大喜，颁发给盖吴很多空白诏书，许诺为其封官拜爵，企图在北魏国内制造反抗力量。可是盖吴的起义很快失败，北魏皇帝拓跋焘南征，围攻悬瓠（今河南汝南）以示报复。这次攻击持续了40多天，但因为久攻不下只好撤退。

刘义隆认为北魏实力不济，即命他的弟弟刘义恭进驻彭城（今江苏徐州），又命萧斌、王玄谟沿黄河西上进攻。南朝宋大军经过的地方，人们纷起响应，送来慰问品，希望收复失地，早日返回故乡。可是王玄谟却把北伐当作了发财的机会，他把归附的义民们拆散，分别分配给他的嫡系部队，每家发一匹布作犒赏，却命每家缴800个大梨，运到江南贩卖。如此一来，人们大失所望，已来的设法逃走，没来的也不再投奔。

北魏皇帝拓跋焘亲统大军，从首都平城（今山西大同东北）南下赴援，战鼓与胡笳互动，声闻百余里。两军还没碰面，王玄谟已心胆俱裂，不敢迎战，遂命令部队后撤。结果被追兵冲击，全军覆没。

南朝宋的军队节节败退，拓跋焘的大军直抵长江北岸，在瓜步（今江苏六合南）渡口构筑阵地，与建康隔江相望。拓跋焘虽然派人伐木造船，扬言渡江，但他深恐彭城（今江苏徐州）的南朝宋的大军攻击他的后背，切断其粮道，所以到了公元451年的春天即行撤退，把愤怒都发泄到了战区那些没来得及逃走的农民身上，那里的男人全被杀死，女人全被掳掠北去，婴孩和儿童全部用槊矛刺穿肚肠，举到空中盘旋舞动，当作游戏。从黄河到长江的千里地方，只有断瓦残垣，人迹灭绝。

公元452年，拓跋焘被宦官谋杀，刘义隆听到消息，认为这是千载难逢的复仇良机，于是下令第三次北伐，结果再次大败。由于南朝宋和北魏彼此都没有能力统一全国，因此形成了南北对峙的局面。

北魏的汉化

在南朝的皇帝们以杀人为乐时，北朝的北魏却在努力推行改革。

北魏是鲜卑拓跋部落建立的帝国，文化程度很低，没有文字。自拓跋焘死后，北魏的政治也陷入腐败，鲜卑贵族和大商人的压迫，不断引起北方人民的反抗。

公元471年，拓跋宏即位，史称孝文帝。即位后，他下决心改革，巩固北魏的统治。拓跋宏受过很好的汉族教育，他认为要使国家强大，就一定要吸收中原的文化，改革一些落后的风俗。为此，他决心把国都从平城（今山西大同东北）迁到洛阳。

公元494年，孝文帝终于力排众议，把都城迁到了洛阳，改变了过去对中原遥控的形势，也摆脱了100多年来鲜卑贵族保守势力在平城形成的羁绊和干扰。

国都定下之后，孝文帝又颁布了一系列措施：

一、禁止穿鲜卑传统衣服，改穿汉装。

二、规定汉语为国语，禁止说鲜卑话。年龄超过30岁的人，由于学习不易，准许继续使用鲜卑话，但30岁以下的人，必须使用汉语。

三、取消鲜卑姓，改为汉姓。如拓跋氏为首姓，改姓元氏，是最高的门第等级；丘穆陵氏改姓穆氏，步六孤氏改姓陆氏，贺赖氏改姓贺氏，独孤氏改姓刘氏，贺楼氏改姓楼氏，勿忸于氏改为于氏，纥奚氏改姓嵇氏，尉迟氏改姓尉氏。这八姓贵族的社会地位，等同于北方最高门第崔、卢、郑、王四姓。其他等级稍低一些的鲜卑贵族姓氏亦改为汉姓，其门第与汉族一般士族相当。

四、从平城迁都洛阳的人，就成为洛阳人，死亡之后，就葬在洛阳，不准归葬平城。

五、鼓励鲜卑人跟汉人通婚。

这场改革使北魏的政治、经济、文化有了较大的发展，进一步促进了鲜卑族和汉族的融合。公元497年夏天，北魏孝文帝见改革顺利进行，于是发兵20万，直向南朝杀来。

但是这次南伐并没取得多大成功，北魏孝文帝也因劳累过度，自此缠绵病榻，两年后便去世了。

北魏的分裂

自孝文帝改革以来，北魏进入了鼎盛时期。但随着官员们以穷奢极侈、夸耀为荣，其政治日益腐败，官逼民反的暴动发生得越来越频繁。

北魏帝国有一个传统，每当选立太子时，太子的母亲即被迫服毒，以免其日后干预朝政。所以每到太子名字被公布之日，内宫即哭声震天。到宣武帝元恪（孝文帝之子）立他的儿子元诩当太子时，元诩的母亲胡贵嫔本应处死，但元恪没能下得了这个狠心。

公元515年元恪逝世后，6岁的元诩即位，史称孝明帝。胡贵嫔顺理成章地当上了皇太后，掌握了政府大权。

胡太后是个专横奢侈的人，她相信佛教，在皇宫旁边造起一座气势宏伟的永宁寺，寺里供奉的佛像有用金子塑的，也有用白玉雕的。寺的旁边建造了一座90丈高的九层宝塔，每到夜深人静的时候，风吹动塔上的铃，发出的声音10里以外都能听得到。寺里有1000间僧房，都用珠玉锦绣装饰，叫人看了眼花缭乱。据说从佛教传到中国以后，像这样华丽的寺院，还从来没有过。

有了胡太后带头，下面的贵族豪门也互相比阔气。河间王元琛在家举办宴会，宴席上用的食器，有水晶杯、玛瑙碗，都精巧华丽得出奇。元琛还请大家参观他堆满金银绸缎的仓库。后来大家到他家的马厩一看，发现喂马的食槽都用银子打的。

北魏的皇室贵族这样穷奢极侈，当然得向百姓穷凶极恶地搜刮，因此反抗的暴动越来越多。那时候，北魏在北方边境设立了6个镇。公元523年，沃野镇（今内蒙古五原北）的匈奴人破六韩拔陵发动起义，其他5个镇的兵士纷纷响应。北魏政府为了防止六镇兵民的反抗，把起义失败的六镇兵士20多万人都押送到冀州、定州、瀛洲。这些兵士在鲜卑族葛荣的率领下再次起义，向洛阳进军。这时候，秀容（今山西）有个部落酋长尔朱荣，手下有8000强悍的骑兵，孝明帝就利用尔朱荣的兵力来对付葛荣。葛荣认为尔朱荣人马少，容易对付。他把兵士在几十里的阵地上散开，准备围捕尔朱荣。想不到尔朱荣把兵埋伏在山谷里，发动精兵突击，把葛荣的兵士冲散，再前后夹击。起义遭到失败，葛荣本人也被杀害了。

葛荣起义失败后，北魏内部也发生大乱。尔朱荣和胡太后、孝明帝在内乱中互相残杀。

公元528年，孝明帝的妃子生了一个女儿，胡太后却宣称生的是男孩，于是大赦天下，以示庆祝。孝明帝这年已19岁了，看到母亲的这种行为，他觉得情势危急，于是暗中命令尔朱荣向洛阳进兵，用以胁迫母亲胡太后。消息泄露，胡太后遂把孝明帝毒死。

孝明帝死后，大臣们都要求立孝明帝的儿子为帝，胡太后知道已无法隐瞒，只好宣布，所谓皇子，本是皇女，于是另立了孝明帝的侄子、刚生下来才3个月的元钊当皇帝。

这种重大的事件竟如此儿戏，尔朱荣首先发难，一面扬言要追查孝明帝的死因，一面拥立元子攸当皇帝，并向洛阳进攻。很快洛阳陷落，胡太后和婴儿皇帝，都被尔朱荣装入竹笼，投进黄河溺死。

元子攸当上皇帝后，把尔朱荣诱进皇宫杀了。尔朱荣的妻子逃出洛阳，在城外集结尔朱家族散布在各地的武装部队，开始攻城。洛阳不久陷落，元子攸被叛军绞死。冀州（今河北冀州）刺史高欢又出兵讨伐尔朱家族，混战由此展开，一发不可收拾。

高欢与东魏

高欢（496～547年），祖籍渤海蓚（今河北景县南），鲜卑名为贺六浑，世居位于今内蒙古自治区包头东北的怀朔镇，是鲜卑化的汉人。曾任东魏大丞相，执掌兵权，他以晋阳为基地对外征讨。《北齐书》中记载："并州平。神武以晋阳四塞，乃建大丞相府而定居焉""神武自发晋阳，至此凡四十启""神武留洛阳部分，事毕还晋阳""十月壬辰，神武西讨，自蒲津济，众二十万。崩于晋阳"。后来，其子高洋建立北齐，追尊高欢为神武帝。

高欢在六镇起义爆发后，先后投靠杜洛周和葛荣；后来又脱离义军，投靠尔朱荣，受到他的宠信，被任命为晋州刺史。葛荣失败后，葛荣余众也被高欢收编，高欢以山东的冀、定、相诸州为据点。同年，北魏孝庄帝杀死尔朱荣，但尔朱氏族人控制了朝廷。北魏普泰元年（531年），高欢起兵讨伐尔朱氏，在信都（今河北衡水市冀州区）拥立元朗。北魏永熙元年（532年）夺取邺城，将内部不和的尔朱氏联军打得大败。进入洛阳后，又将尔朱氏和他自己所立的两个皇帝废掉，另立元脩为孝武帝，自己出任大丞相、太师、世袭定州刺史，出兵平定并州，在晋阳造大丞相府。他对东魏的建立起到了决定性的作用。

当时，宇文泰据有关陇，孝武帝想依靠他消灭高欢，但计划不成，于永熙三年（公元534年）逃奔长安。高欢在洛阳立元善见为孝静帝，建立东魏。

宇文泰与西魏

宇文泰（507～556年），字黑獭，鲜卑族，代郡武川（今内蒙古武川西）人。他是西魏王朝的建立者，也是实际统治者，西魏皇帝将皇位禅让与宇文觉后，他被追尊为文王，庙号太祖，是一位杰出的统帅和军事改革家。

他是北周的实际创建者。早在北魏末年六镇起义中，宇文泰便加入了鲜于修礼和葛荣的起义军。尔朱荣将葛荣镇压后，宇文泰隶属于尔朱荣部将贺拔岳。公元530年，尔朱天光、贺拔岳进入关中，镇压万俟丑奴起义，宇文泰跟随贺拔岳平定关陇。尔朱氏失败后，高欢将贺拔岳任命为关西大行台，宇文泰是他的得力助手。北魏永熙三年（534年），贺拔岳被高欢的同党侯莫陈悦杀死在平凉（今属甘肃平凉西南），宇文泰带领军众，击败侯莫陈悦，向东占领了长安。北魏孝武帝与高欢之间有矛盾，于是任命宇文泰为大将军、雍州刺史兼尚书令。第二年，宇文泰杀孝武帝，立元宝炬为文帝，改元大统，建立西魏，宇文泰掌握了实际的大权。

宇文泰多次与东魏作战，互有胜负。西魏大统三年（537年）春，东魏向潼关进攻，宇文泰率精锐出潼关左面的小关，趁东魏军没有防备，大败之，东魏大将窦泰自杀。当年秋，东魏10万军队进至沙苑（今陕西大荔南），宇文泰的兵力不满万人，但东魏军十分轻敌，宇文泰亲自鸣鼓奋战，大胜敌军，俘虏7万人。西魏财力兵力都较东魏为弱，在军事上主要成守势。

北齐取代东魏

北齐是南北朝时北方的一个王朝，在公元550年，文宣帝高洋取代东魏，建立齐政权，建元天保，定都在邺，史称北齐。北齐共有6位皇帝，即文宣帝高洋，废帝高殷，孝昭帝高演，武成帝高湛，后主高纬，幼主高恒。北齐在公元577年被北周消灭，这一政权共存在了28年。

北齐继承了东魏的领土，占有今黄河下游流域的河北、河南、山东、山西以及苏北、皖北等地区，是一个地方性政权，与其同时存在的还有西魏、北周（取代西魏）、南朝梁、南朝陈等政权。

北齐天保三年（552年）以后，北齐向北出击库莫奚，在东北方向驱逐契丹，又向西北打败柔然，向西平定山胡（属匈奴族），向南攻取淮南，国力达到鼎盛。北齐有相当发达的农业、盐铁业、瓷器制造业，在北齐、陈、北周这3个同时鼎立的国家中是最富庶的。北齐继续推行大体上与北魏相同的均田制，但也略有不同。例如，受倍田的规定在北齐被取消了，不过一夫一妇的实际受田数仍与倍田相当。

然而到了北齐统治的后期，自皇帝至各级官吏的统治者们大多昏庸残暴。他们所养的狗、马、鹰都要加封官号，赋敛越来越严重，徭役日益繁重，造成人民疲劳不堪，府库空虚的局面；阶级矛盾逐渐加深，统治阶级内部的激烈斗争也更加表面化。

宇文觉建立北周

宇文觉（542～557年），一名陀罗尼。代郡武川（今属内蒙古）人。鲜卑族，北周孝闵帝。他是北周文帝宇文泰的三子，母亲是北魏公主冯翊。宇文觉7岁（《周书》记载为九岁）时，被晋封为略阳郡公。当时有个叫史元华的人善于相面，为他面相后，私下告诉他的亲人："这位公子有至贵之相，不过可恨的是，他寿命不长。"

西魏恭帝三年（556年）三月，宇文觉被西魏恭帝拓跋廓封为安定公世子；四月，又受封为大将军。十月，宇文泰去世，宇文觉继承太师等官位。十二月，拓跋廓又下诏，将岐阳之地赐给他，封他为周公。第二年，宇文觉在其堂兄宇文护的支持下，接受禅让继帝位，国号周，史称北周。

建立北周政权后，宇文觉将西魏恭帝封为宋国公，不久又将他杀死。而他的堂兄宇文护居功自傲，自任大冢宰，掌握了实权，独断专行。

宇文觉生来性格刚毅，对于宇文护专政极为不满，而司会李植与军司马孙恒也对位高权重的宇文护颇有微词，他们便与乙弗凤、贺拔提等人联合，私下向宇文觉请求诛杀宇文护，宇文觉表示同意。他们又联合了张光洛，却想不到张光洛将此事告诉了宇文护。于是宇文护将李植改封为梁州刺史，将孙恒改封为潼州刺史，这就相当于将他们外放了。乙弗凤又表示，他会想办法把宇文护引进宫后诛杀，但此事又被张光洛告知宇文护。宇文护于是与尉迟纲合谋，要废掉宇文觉。他们先设计诛杀了乙弗凤，接着派贺兰祥逼迫宇文觉逊位，贬宇文觉为略阳公，将其幽禁，不久又将他毒死。宇文觉死时年仅16岁。

后来，宇文护被北周武帝宇文邕所诛杀，宇文邕下令派遣蜀国公尉迟迥在南郊上谥宇文觉为孝闵皇帝，其陵墓被称为静陵。

第七章 短命的隋朝

杨坚夺权

　　杨坚（541~604年）出身高贵，他家是从汉朝以来，直到魏晋、南北朝时期的名门望族。西魏时期，杨坚的父亲杨忠便和独孤信一起投靠了权臣宇文泰，此后杨忠因为屡建功勋，帮助宇文觉建立了北周政权，所以官爵升至柱国，封隋国公。

　　据《隋书》记载，北周明帝见杨坚面相不凡，顿生猜疑，曾派名誉京城的相面先生赵昭审视杨坚，赵昭诡言回禀周明帝："不过柱国耳。"之后，赵昭就私下跑到杨坚官邸，对杨坚说："公当为天下君，必大诛杀而后定，善记鄙言。"

　　公元575年，北周武帝下诏伐齐，杨坚在此次作战中功劳不小，进位柱国。不久周武帝驾崩，皇太子宇文赟即位，这就是周宣帝。他立了杨坚的女儿杨丽华为皇后，日常政务全由杨坚处理。年轻的宣帝是个酒色之徒，做皇帝不过两年，就禅位于7岁的皇太子宇文阐，也就是静帝，自己则做太上皇去了，北周王朝的统治迅速走向黑暗。这让觊觎着皇位的杨坚心中暗喜。

　　很快周宣帝就死了，杨坚趁机用假诏书夺取了军政大权，以及京城部队的指挥权。周宣帝的弟弟宇文赞在朝廷中和杨坚的地位不相上下，杨坚于是派人对他说，你不必再这样劳累地参与政事，以后的皇帝位置肯定是你的，你只管回家等着就行了。宇文赞年轻，也没什么谋略，就相信了他的说辞，回家等着杨坚来迎接他登基。

　　宇文家族还有5位有势力的亲王，都在地方统兵，如果他们联合起兵，杨坚还是很难对付的。所以，在他们得知宣帝病逝的消息之前，杨坚便用假诏书将他们召回长安，然后收缴了他们的兵权和印信。

　　五位亲王见自己无法与杨坚抗衡，便设下了"鸿门宴"。

　　杨坚对于五王的警惕不足，觉得自己既然已经解除了他们的兵权，谅他们也没什么作为了，见宇文招有请，遂带着杨弘、元胄等几个随员前往。到了王府，随从都被挡在门外，杨弘和元胄硬闯了进

隋文帝

去。元胄进去一看就知道苗头不对，对杨坚道："相府有事，丞相不宜久留！"宇文招马上斥责元胄，喝令他退下。元胄不但不退，反而提刀上前保护杨坚。宇文招不敢动强，只得赐给元胄一杯酒，说："我哪有什么恶意，你何必如此紧张？"说完，装作呕吐，想要离开座位，却被元胄强行扶回座位上。宇文招几次想离开，都被元胄"劝"止。宇文招被置于元胄的威胁下，他手下的人也不敢轻举妄动。此时，元胄听到后堂有披挂盔甲的声音，急了，上前对杨坚说："相府的事那么多，丞相怎么这样，老坐着不走？"说完，拉着杨坚就走。宇文招快步追出来，元胄堵在门口，等杨坚出了府邸大门，他才紧走几步赶上。

杨坚回到相府后，马上以谋反罪杀掉了这5个亲王。宇文皇室的势力被消除后，杨坚的皇帝之路才彻底平坦了。

隋初政治

杨坚，史称隋文帝，是隋朝的建立者，他是弘农华阴（今陕西华阴）人，出身于武将王公之家。

隋文帝统一全国以后，一面躬行俭朴，一面采取了许多有利于巩固政权的措施。

隋文帝除了提倡节俭外，还建立了科举制度，选用称职的官员，严办贪官污吏等，这一系列政策使人口迅速增加，经济日渐好转，社会呈现了一派繁荣景象。隋文帝的年号是"开皇"，历史上就将隋文帝统治的这20年称为"开皇之治"。

这一系列措施中，对后世影响最大的要算建立科举制度了。隋朝以前，政府选用官员用的是九品中正制度，在一定程度上规定了门第出身，名门望族的子弟可以被选为上品做高官，庶族寒门出身的人只能被选为下品小官，以至出现了"上品无寒门，下品无士族"的现象。

隋文帝废除了九品中正制，命令京官五品以上，和地方总管、刺史等官员，以"志行修谨、清平干济"两个条件举荐人才，也就是要德才兼备的人。他希望通过这一制度缓和江南汉人的不满情绪，给中下层读书人提供入仕之途。考生不分出身，地位一律平等。到了隋炀帝杨广即位后，又创置了进士科，国家用考试的方法以才取人，考取的就可以到中央或地方政府中做官。

突厥分化

在南北朝时期，中国东北地区的许多少数民族都趁机南进，使得弱小的拓跋部落所属的柔然部落趁机悄然兴起。北魏帝国不止一次对柔然汗国发动攻击，但都没有取胜。原因并不是柔然汗国强大，而是北魏大军一到，柔然汗国就后退，等北魏军队找不到人走了，他们又立即回来。

柔然汗国属于金山（今新疆阿尔泰山）的一个匈奴血统的突厥部落，突厥部落的酋长阿史那土门，在公元552年称伊利可汗，建立突厥汗国。公元555年，伊利可汗的儿子大举进攻柔然汗国，柔然军队自此溃散。

突厥在灭掉柔然汗国后，完全统治了原来匈奴汗国的故地，其东方跟新崛起的契丹部落接壤，西方到葱岭、中亚。北齐、北周都没有力量跟它抗衡，只好竞相呈献珠宝财货和公主美女给他们。隋王朝统一中国后，仍不能马上摆脱它的威胁。

不过，突厥汗国内部并不太平，大小可汗时有内斗发生。隋朝皇帝杨坚对突厥采取和亲政策，但他这么做的目的并不是和解，而是分化。

杨坚把安义公主嫁给小可汗之一的突利可汗，突利可汗遂偏向隋朝。公元599年，当都蓝大可汗准备攻击大同城（今内蒙古乌拉特前旗东北）时，突利可汗马上向隋朝报信。都蓝大可汗大怒，跟另一小可汗达头可汗，联合攻击突利可汗，突利可汗部众溃散，投奔隋朝。杨坚改突利可汗为启民可汗，那时安义公主已经去世，杨坚再把义成公主嫁给他，又在朔方地区（今河套地区）筑大利城（今内蒙古和林格尔），安置启民可汗陆续来归的部众，并派军队驻屯黄河北岸，防御都蓝大可汗和达头小可汗的攻击。

隋朝的武功

隋朝时，台湾被称为流求。公元607年，隋炀帝杨广令羽骑尉朱宽"入海求访异俗"，到达流求。不久，炀帝又派朱宽到流求去招降，流求不从。公元610年，隋朝派虎贲郎将陈稜等率军攻流求，隋的政治和军事力量随着陈稜等的军事活动范围已至台湾。其实在此之前，大陆商人已常到流求进行贸易活动。从此以后，大陆人移居台湾的日益增多。

吐谷浑是鲜卑慕容部的一支，原居于徒河之青山（今辽宁义县境内），后来迁徙到今青海地区，他们逐渐征服了当地的羌族，建立起吐谷浑国。吐谷浑在东晋时期扩张至今新疆东南部地区，成为西陲的一个强大势力。北周时，吐谷浑主慕容吕夸称可汗，建都于青海湖西45里的伏俟城，其部落民众仍然过着游牧生活。

隋朝初年，吐谷浑曾袭击隋朝边境。公元581年，隋朝派军队在青海打败吐谷浑，慕容吕夸逃走，其他的部落头领纷纷率众而降。公元583年，隋朝再次击败吐谷浑。到了公元609年，隋炀帝率军亲征吐谷浑，沿途西巡。吐谷浑战败远遁，炀帝命令裴矩劝说高昌王麴伯雅、伊吾吐屯设来朝见。炀帝在燕支山（今甘肃山丹东），麴伯雅、吐屯设等西域27国均派使者来朝见。炀帝举行了歌舞盛会招待他们，前来参加盛会的人群和乘骑，周亘数十里，以此夸耀大隋帝国的强盛。炀帝在原吐谷浑占据之地置西海（今青海湖西）、河源（今青海兴海东南）、鄯善（今新疆若羌）、且末（今新疆且末南）四郡，将一些罪犯发配到这里守边，重开丝绸之路。

杨广登位

隋王朝在杨坚的统治下，社会出现了繁荣安定的局面。杨坚认为，不但他的国家安定，他的家庭也同样安定。杨坚的皇后独孤氏嫉妒心很强，他们有5个儿子，都是皇后所生，因此杨坚曾骄傲地说："从前的帝王，姬妾太多，儿子们不同母亲，所以往往分党相争；不像我的5个儿子，一母同胞，亲如手足。"

可是，世界上有两种东西能摧毁人性和人伦，那就是权力和金钱。

杨广，小名叫阿摩，从小就聪慧过人，深得父母的欢心。公元581年，隋文帝立长子杨勇为太子，将杨广封为晋王。杨广在南下灭陈和抵御北方突厥的战斗中立有大功，见父亲立了哥哥做继承人，开始对杨勇心怀妒恨，私下里与大臣杨素勾结，想夺取太子的地位。

杨勇是个花花公子，疏阔豪爽，不拘小节。独孤皇后最讨厌男人三妻四妾，杨勇偏偏有许多姬妾；杨坚最讨厌大臣花天酒地，杨勇偏偏喜欢音乐歌舞，常常通宵饮宴。杨广就从这些细微之处下手，离间父母与杨勇的关系。杨广只有妻子萧妃一人，家里的乐器上都布满灰尘，有的连弦都断了。杨坚夫妇每次到儿子的府里去，杨勇总是礼数淡薄，而杨广夫妇一定是双双站到门口亲自迎接。杨广出镇江都（今江苏扬州），每次入朝辞行时，都痛哭流涕，依依不舍。杨坚夫妇见儿子如此孝心，也流下眼泪，不忍他远离膝下。再加上杨广有很好的文学素养，对任何人都很诚恳，且谦虚有礼，因此朝中对他是一片颂扬之声。

后来，杨广见杨坚渐渐疏远了杨勇，便在独孤皇后面前潜言，说杨勇要加害自己，还在父亲生病的时候诅咒，希望父亲早点死。独孤皇后不断对杨坚诉说杨广的好处，这让杨坚最终在公元600年下诏，废太子杨勇为庶人，改立杨广为太子。

公元602年，独孤皇后病逝，两年后，文帝也病重卧床。杨广认为登上皇位的时机已到，便迫不及待地写信给杨素，请教他怎样处理将要到来的文帝后事。不料送信人误将杨素的回信送给了文帝，文帝读后大怒，马上宣召杨广入宫，要当面责问他。此时，文帝最宠爱的宣华夫人衣衫不整地跑进来，哭诉杨广乘她换衣时无耻地调戏她，文帝这才明白自己受了杨广的蒙骗，于是拍着床大骂："这个畜生如此无礼，怎能担当治国的大任？皇后误了我的大事。"

文帝急忙命身旁的大臣柳述、元岩草拟诏书，废黜杨广，重立杨勇为太子。杨广早在文帝身边安插了爪牙，听说文帝要废了自己，忙与大臣杨素商量，带兵包围了皇宫，赶散宫人，逮捕柳述、元岩。杨广的部下张衡猛击文帝的胸口，文帝口吐鲜血，立时死亡。

杨广即位后，马上假传文帝遗诏，要杨勇自杀。杨勇还来不及做出回答，就被来人杀死了。杨广的弟弟汉王杨谅不服，在并州起兵，杨广即令杨素率兵镇压，杨谅降后被幽禁死去。不久，杨广又派人毒死了杨勇所有的孩子，清除了家族中对自己构成威胁的对手。

开凿大运河

为了游玩和加强对全国的统治，杨广征调了100多万民工，历时5年，修建了一条东北起自涿郡（今河北涿州市），东南到苏杭，全长2000多里的大运河。河的两旁开辟大道，道旁种上榆树和柳树，岸边每隔两个驿站设置一座供杨广休息的行宫，一共建了40多座。

杨广命令江南赶造龙舟，好带自己下江都。龙舟完成之前，杨广不堪寂寞，先在洛阳西郊兴建西苑，山上宫殿林立，每座宫里都有美女两三百人，宫内布置豪华，犹如天堂。杨广每次出游，骑马随驾的宫女就有数千人之多。等到龙舟造成，运到洛阳，他就立刻出游江都。偌大的龙舟不用桨篙，完全用纤夫拉，一次就要动用纤夫8万人。杨广出游一次，加上护卫的军队，大概有一万余艘船，首尾相衔可以绵延200多里。骑兵还夹岸护卫，万马奔腾，旌旗遍野，场面甚是壮观。饮食供应由200多千米以内地方政府奉献，极尽精美，宫人们无法吃完的，临走时一概抛弃。

到了江都，官员们都来朝见，杨广从不问他们的政绩，只问他们奉献多少礼物钱粮，多的升官，少的贬黜。有些官员搜刮民女进贡，便能马上受到奖赏。

虽然隋炀帝开凿运河的目的是达到自己游玩享乐的目的，但隋运河以洛阳为中心，北起涿郡，南到余杭，共2000多里，分为4段，这4段是永济渠、通济渠、山阳渎（邗沟）、江南河，运河将黄河、长江、海河、淮河、钱塘江五大水系连接起来，促进了沿途城市的发展，使江都、余杭、涿郡等地很快繁荣起来，对维护国家统一、促进中央集权的稳定也有一定的意义。

隋炀帝龙舟出行图　清　佚名

110

屠戮忠臣

杨广即位后，起用了老臣高颎为太常卿。高颎字玄昭，又名敏，自称是渤海条县（今河北景县）人，其实是汉化了的鲜卑族，他辅佐隋文帝杨坚统一华夏，功不可没。

高颎在隋文帝的时候便做了宰相，一天他陪皇帝外出，随口问母亲想要些什么。母亲突然间泪流满面，说："自从你做了官，家里什么都不缺，如今你做了宰相，富贵已到顶了，所缺的就剩下砍头一项！你要小心啊！"高颎听后心中一惊。

后来，高颎的儿子娶了太子杨勇的女儿，因而他自然是不主张废太子的，皇后独孤氏对此很不高兴，挑拨隋文帝疏远了他，隋文帝便找了个碴儿，将高颎除名为民。

杨广即位后能够起用昔日的政敌，高颎真是感恩戴德，以为自己又能为国出力了。他对隋炀帝克尽臣道，只要是他认为不正确的地方，就直言不讳，结果很快就招来了隋炀帝对他的仇恨，决定跟他新仇旧恨一起算账。

当年灭陈国之时，杨广是统帅，高颎是统帅府的长史，掌握实权。隋军攻入建康后，抓住了陈叔宝和他的宠姬张丽华。杨广派高颎的儿子传话，让高颎把张丽华留下来。高颎不予理会，斩了张丽华，并且说："周武王灭殷，杀了妲己。现在平定陈国，不宜娶纳张丽华。"杨广对此恨之入骨。加之后来高颎反对改立太子，杨广对他更是憎恨。

大业三年（607年），高颎以诽谤朝政罪被杀。所谓"诽谤朝政"，一是隋炀帝下诏收集北齐、北周故乐人及天下散乐，高颎谏止，他认为："此乐早就废弃。现在要是收集，恐怕那些缺乏鉴别能力的人要丢掉原来的正宗，追逐这一末流，相互学习传播起来。"炀帝听了很不高兴。高颎于是对太常丞李懿说："北周天元皇帝喜爱音乐，结果亡了国，前车之鉴不远，怎么可以这么搞呢！"另一个是漠北突厥君主启民可汗来隋朝朝贺，隋炀帝为了显示中原的富庶，在接待的时候花费很大。高颎认为不应该这么做，结果就招来了杀身之祸。

杨素，字处道，弘农华阴（今陕西华阴）人。杨坚与杨素是同乡，因此杨素很快便成为杨坚的亲信，跟随隋文帝杨坚南征北战，功勋卓著，并协助他称帝。

杨素在隋文帝时就因屡立战功，长期左右朝政，其家人也都为朝做官。后来帮助杨广登基为帝后，其势力更是不一般。为了稳固自己的地位，杨素一直采取"顺我者昌，逆我者亡"的策略，结党营私，大肆排除异己。

等到杨素帮杨广消灭了足以威胁他的诸位兄弟后，再面对杨素，杨广有了一种威胁感。加上杨素权势甚盛，门生故吏遍布朝野，所以为隋炀帝所猜忌，炀帝开始对杨素采取明举暗夺的策略。

想到自己立了大功，如今却受到猜忌，杨素忧郁成疾。隋炀帝虽常派名医来诊断，赐名药治疗，可暗中却问医生杨素何时能死。杨素听说后，不肯再服药，对儿子说："我恐怕是活不成了。"没过多久，杨素便死了。

三征高句丽

公元607年，杨广向北出游，到了突厥汗国启民可汗的王庭。启民可汗用最尊荣的礼节接待他，让杨广大为满意。此时，高句丽王国正巧派了使节到突厥汗国，杨广看见这个使节，便吩咐他，让高句丽的国王高元来朝觐见。可是，高元一直没有来，这让杨广感到很没有面子，于是下令讨伐高句丽。

公元610年，杨广着手进攻高句丽的准备工作，造车造船，调集军队，征发物资。成百万的农民被征发来从事运输和各种劳役。被征发的农民昼夜不停地劳作，死亡者不计其数。恰巧这时黄河发大水，30余郡成为水乡泽国。但征粮却毫不放松，交不上的农民纷纷逃亡，政府指称他们是"盗贼"，不但派兵征剿，还逮捕他们的家属处刑。于是，官逼民反，灾民纷纷武装起来，杀死官员，抢夺富民的粮食，天下于是大乱。

杨广一面派人平暴，一面毫不放松地进攻高句丽。公元612年，集中了100多万大军的杨广，御驾亲征。

辽东（今辽宁辽阳）是高句丽王国西境第一大城，在隋朝大军的猛烈攻击下，城垣塌陷，高句丽守军悬白旗乞降。将领们既不敢接受，也不敢继续攻击，急忙停止攻击，向御营报告杨广。等到指示回来，守军已把缺口填住，恢复了抵抗。一连3次，都被耽误，加之渡鸭绿江深入高句丽国境的另一支军队失败，杨广只好狼狈撤退，这一战损失了30万人。

公元613年，杨广第二次御驾亲征。此时，杨素的儿子杨玄感正在黎阳（今河南浚县）督运军粮。他突然发动叛变，截断了杨广的退路。杨广只得放弃辽东，回军迎战，第二次东征便这样草草收场。

公元614年，国内的起义已经呈汪洋之势，但杨广仍打算第三次东征。高句丽王国一连3年受到攻击，筋疲力尽，他们把杨玄感的同党，去年投奔到高句丽的斛斯政，送还给杨广，以表诚意。杨广觉得争到了一点面子，便撤军来到洛阳，用酷刑把斛斯政处死后，杨广再次征召高元入朝。

没想到高元仍然不来，杨广火冒三丈，下令准备第四次东征。

自作孽，不可活

在第四次东征准备期间，杨广也没有闲着。公元615年，他从洛阳出发，先到汾阳宫（今山西宁武）避暑，又悠悠北进，打算开始第四次军事行动。

突厥汗国的始毕可汗（启民可汗之子）得到消息后，亲统骑兵10余万，向杨广发动突袭。杨广退到雁门郡（今山西代县），被突厥团团围住，流箭直射到杨广面前，城内存粮又仅够20余日。杨广魂飞魄散，整天抱着幼子杨杲哭泣，后来采用了樊子盖和萧瑀的建议，即一面坚守，一面下诏书去求救兵，才得以脱险。

隋炀帝像

杨广回到洛阳，心神稍定，发现又处于绝对安全之境时，他生怕自己在雁门郡的懦夫表现被人耻笑，于是决定一手遮天下耳目。他拒绝封赏守雁门郡的兵将，樊子盖一再请求杨广不可失信，杨广大怒说："怎么，你打算收买军心呀！"樊子盖不敢再说话。杨广又向群臣宣布萧瑀的罪状："一小撮突厥丑类，窜以雁门城下，萧瑀怕得不成样子，实在可羞。"于是把萧瑀贬出了洛阳。接着，杨广下令加强第四次东征的准备工作。

公元616年，杨广再次巡游江都。农民起义的烽火此刻越燃越烈，杨广预感末日临头，一直胆战心惊，晚上也难以安睡，睡梦中又常惊呼有贼。

公元618年，瓦岗军逼近江都，李渊也在太原起兵，将作少监宇文智及与郎将司马德戡、直阁裴虔通等人决定先下手为强。他们推右屯卫将军宇文化及为主，煽动士兵，于傍晚时分杀入宫中，发动了兵变。杨广仓皇改换服装，逃入西阁。

112

叛将裴虔通、元礼、马文举等引兵赶到西阁，只见炀帝和萧皇后正坐在一起哭泣，杨广还责问叛将道："我犯了什么罪，你们要如此对待我？"叛将们说："你穷兵黩武，游玩不息，穷奢极侈，荒淫无度，相信奸邪，拒绝忠言，使男子枉死战场，妇女儿童死于野外，百姓失去生计，天下大乱，你还说自己没有罪吗？"杨广说："我确实对不起百姓，至于你们，跟着我享尽了荣华富贵，我没有对不起你们，今天的事，是何人为首？"叛将说："天下人对你这个昏暴之君都恨之入骨，岂止是一个人带的头？"说完就上前拉杨广。这时，叛军封德彝赶来，传宇文化及的命令说："这种昏君，用不着带来见我，赶快结果了他。"萧皇后哀求说："皇上实在不贤，但看在以往对你们的恩情上，叫他让位，降为三公，留他一条命吧。"叛将们不允，并当面把杨广最心爱的幼子，12 岁的杨杲杀掉。杨广这时才发现求生已没有希望，于是叫喊道："你们别动手，让我喝毒酒自尽吧。"裴虔通不准，说毒酒不如刀锋省事。杨广哭着说："我怎么也是一位天子，就让我留个全尸吧。"说完解下了自己的巾带，马文举接过巾带，和士兵们一起将他拥入内室勒死。事后，萧皇后叫宫女拆去床做成棺材，装殓了杨广的尸体。杨广死时 50 岁，当了 13 年皇帝，谥号炀帝。

起义风起云涌

自从隋炀帝杨广发动攻打高句丽的战争后，民变就不断发生，且规模越来越大。

首先起义的是山东邹平县人王薄，他在公元 611 年率众在长白山（今山东章丘东北）起事，自称"知世郎"，表示自己先知先觉，号召人们拒绝参加出征高句丽的战争，反对官府，因而吸引了众多逃避征役的农民加入。王薄的起事虽然不久就被官军镇压下去，但从此各地农民起义相继出现，星星之火，迅速蔓延成了燎原之势。

公元 611 年，清河漳南人孙安祖为逃避兵役，在高鸡泊（今河北故城西南）起事。不久窦建德也加入了起事军队并成为首领，军队得到迅速发展。公元 616 年，杨义臣率军攻入高鸡泊，打败了孙安祖。窦建德招集余众，重整队伍，次年在河间乐寿称长乐王（今河北献县），大败隋将涿郡留守薛世雄的 3 万大军，控制了河北大部分地区。

公元 613 年，江苏、淮河一带的农民起事不断发生，至公元 616 年，形成了 3 支较大的起事队伍：泰州李子通，淮北左才相和六合杜伏威、辅公祏。当时隋炀帝曾派兵前来镇压，却被起义队伍打得大败。公元 617 年，李子通占领了丹阳（今江苏南京），杜伏威则自称总管，并以辅公祏为长史，成为江淮一带最大的起事队伍，直接威胁隋炀帝所在的江都。

在众多的起义军中，影响最大的要算瓦岗军和后来建立唐朝的李渊的军队。

杨玄感起兵

隋炀帝第二次进攻高句丽时，大臣杨玄感反叛，致使第二次东征夭折。杨玄感的父亲杨素是隋炀帝的亲信，帮助炀帝夺取了皇位，但后来受到炀帝猜忌，郁郁而终。杨玄感为此对隋炀帝早就不满，这一回看到局势混乱，就想利用这个时机推翻隋炀帝。

杨玄感用督运粮草的名义，征发了年轻力壮的民夫、船工 8000 多人，要他们运粮到辽东前线。这些年轻人恨透了劳役，听说叫他们远离家乡去干苦差事，更加气愤。一天，杨玄感把民夫集合在一起，说："当今皇上不顾百姓的死活，让成千上万的父老兄弟死在辽东，这种情况不能再忍受下去。我也是被逼来干这件事的。现在我决心跟大伙一起，推翻暴君。你们看怎么样？"大伙儿一听有人带头反对朝廷，顿时群起而呼应。

杨玄感把这 8000 农民编成队伍，发给他们武器，准备进攻隋军。他发现自己身边还缺少一个谋士，不禁想起了正在长安的好朋友李密。

李密的上代是北周贵族，少年时，李密被派在隋炀帝的宫廷里当侍卫。他生性灵活，在值班的时候左顾右盼，被隋炀帝发现了，认为这孩子不大老实，就免了他的差使。李密并不懊丧，回家以后发奋读书。有一回，李密骑了一头牛，出门去看朋友。在路上，他把《汉书》挂在牛角上，抓紧时间读书。正好宰相杨素坐着马车在后面赶上来，看到前面有个少年在牛背上读书，暗暗奇怪，便招呼他谈了一阵，觉得这个少年人很有抱负。回家以后，杨素便跟他儿子杨玄感说："我看李密这孩子的学识、才能，比你们几个兄弟强得多。将来你们有什么紧要的事，可以找他商量。"杨玄感从此就跟李密交上了朋友。

杨玄感把李密接来，向他请教要如何推翻隋炀帝。李密说："要打败官军，有3种办法。第一，皇上现在在辽东，我们带兵北上，截断昏君退路。他前有高句丽，后无退路，不出10天，军粮接济不上，我们不用打也能取胜，这是上策；第二是向西夺取长安，抄他的老巢。官军如果想退军，我们就拿关中地区做根据地，凭险坚守，这是中策；第三是就近攻东都洛阳。不过这可是一条下策。因为朝廷在东都还留着一部分守兵，不一定能很快攻得下来。"

杨玄感急于求成，听完这3条计策，觉得前两条都太费时间，就说："我看你说的下策倒是个好计策。现在朝廷官员家属，都在东都。我们攻下东都，把家属都俘虏起来。官军军心动摇，保管能取胜。"

于是杨玄感立刻出兵攻打东都洛阳，一路上有许多农民踊跃参加起义军，队伍扩大到10万人，接连打了几个胜仗。隋炀帝连夜退兵，派大将宇文述等带领大军分路去攻杨玄感。杨玄感抵挡不住，想往西退到长安去。宇文述带兵跟踪追击，最后把杨玄感的人马围住。杨玄感没路可走，最终被杀。

瓦岗军起义

李密从混乱中逃了出来，想找个起义军的首领做靠山，但是有的起义军首领看他是个文弱书生，不大重视他。李密没办法，只好改姓换名，东躲西藏，几次都险些被官府抓去。最后，他听说东郡（今河南滑县东）瓦岗寨有一支起义军，兵力很强。带头的叫作翟让，为人厚道，又喜欢结交英雄，就决定上东郡去投奔瓦岗军。

瓦岗军首领翟让，本来是东郡的一个小吏，因为得罪了上司，才被打进牢监，还被判了死罪。有个狱吏同情他，跟他说："我看你是条好汉，怎么能在牢里等死呢。"一天夜里，狱吏偷偷把翟让放了。翟让逃到东郡附近的瓦岗寨，召集了一些贫苦农民，组织了一支起义队伍。当地一些青年人都来投奔他，其中有一个青年叫徐世勣，才17岁，不但武艺高强，而且很有计谋。

徐世勣劝翟让说："这里附近都是贫苦的老乡，我们不应该去打扰他们；我看荥阳一带，来往的豪门富商很多，不如到那里去筹办点钱粮。"翟让听从徐世勣的意见，带领农民军到荥阳一带，专门打击官府富商，夺取大批资财。附近农民来投奔翟让的越来越多，很快就发展到一万多人。

李密投奔翟让以后，帮助翟让整顿人马。那时候，附近各地还有一些小股的农民队伍。李密到各处去联络，说服他们联合起来，听从翟让指挥。翟让十分高兴，跟李密渐渐亲近起来。翟让虽然有了很多人马，但他并没想到自己能推翻隋炀帝。李密对翟让说："从前刘邦、项羽，本来也是普通老百姓，后来终于推翻秦朝。现在皇上昏庸暴虐，百姓怨声载道，官军大部分又远在辽东。您手下兵强马壮，要拿下东都和长安，打倒暴君，还不是轻而易举的事！"

翟让听了很高兴，两人商量了一番，决定先攻打荥阳。荥阳太守向隋炀帝告急。隋炀帝派大将张须陀带大军镇压。李密请翟让摆开阵势，正面迎击敌人；他自己带了1000人马在荥阳大海寺北面的密林里设下埋伏。翟让假装不敌败退，张须陀紧紧追赶，中了李密布置的埋伏，全军覆没。

经过这一场战斗，李密在瓦岗军里提高了威信。他不但号令严明，而且生活朴素，凡缴获来的钱财，都分给起义将士。

李渊起兵

公元617年，翟让将大权让于李密后，反被李密除掉了。同年，李渊在太原起兵了。

李渊本是隋朝的贵族，号唐国公。在民变初起时，李渊曾带兵平乱，打败了不少起义队伍。但随着起义队伍越来越多，李渊逐渐感到情势恶化，起了脱离隋朝的心。

李渊有4个儿子，次子李世民是个很有胆识的青年。晋阳（今山西太原）县令刘文静，十分看重李世民，二人是知心朋友。刘文静跟李密有亲戚关系，李密参加起义军后，刘文静受到株连，被革了职，关在晋阳监牢里。

李世民赶到监牢里去探望，刘文静对他说："现在皇上远在江都，李密逼近东都，到处都有人造反。这可是打天下的好时机。"

李世民回到家里，想想刘文静的话，越想越觉得有道理。正好这时太原北面的突厥可汗进攻马邑，李渊派兵抵抗，打了败仗。李渊怕隋炀帝追究他的责任，心里非常着急。李世民抓住这个机会，劝父亲起兵反隋。

李渊犹豫了一下，也觉得不起兵确实无路可走了，便把刘文静从监牢里放了出来。刘文静帮助李世民招兵买马，李渊又派人把正在河东打仗的另外两个儿子李建成和李元吉召了回来。

李渊听从刘文静的计策，派人备了一份厚礼，到突厥可汗那里讲和，约他一起反隋。突厥可汗一口答应。

李渊稳住了突厥，就在太原正式起兵反隋，带领3万人马向长安进军。一路上他继续招募人马，打开官仓发粮给贫民，应募的百姓越来越多。在关中农民军的配合下，唐军顺利渡过黄河。留在长安的李渊的女儿见状，也招募了1万多人马，号称"娘子军"，响应唐军进关。

彩绘贴金武官俑　唐
此俑所穿铠甲颜色华丽，边缘绘绿、红、蓝等色构成的宝相花纹。

很快，李渊便攻下了长安，为了争取民心，李渊宣布约法12条，将隋王朝的苛刻法令一概废除，并且让隋炀帝的孙子杨侑做了个挂名皇帝。

第二年（618年），江都传来了隋炀帝被杀、宇文化及称帝的消息，李渊于是把杨侑废了，隋王朝宣告灭亡。李渊即位称帝，改国号为唐，史称唐高祖。

统一天下

公元620年，李渊派李世民统率大军进攻东都洛阳。李世民不但善于打仗，更善于用人。他从原瓦岗军和别的割据势力的降将中，收留了一批人，像有名的秦叔宝、程咬金、尉迟敬德等。一次，李世民亲自带了500名骑兵在阵地上巡视，结果被王世充发现。王世充发动1万多步兵、骑兵围上来，他的大将单雄信冲到李世民身边，用长矛直刺，本以为一枪就能结果了唐军主帅。不料李世民身后的尉迟敬德飞马赶上，大喝一声，把单雄信刺下马来。尉迟敬德保护李世民突出包围，两个人又带着骑兵转过身来，在郑军阵地来回冲杀，吓得敌兵不敢阻挡。接着，后面的唐军源源不绝地上来，把敌军打得一败涂地。

唐军将洛阳围得水泄不通，王世充被逼得走投无路，只好派人偷偷出城，赶到河北向窦建德求救。窦建德自从王世充称帝以后，也自称皇帝，国号为夏，攻占了唐军许多土地。他接到王世充的求救信，一面带领30万人马，水陆并进，援救东都；一面派出使者给李世民送去一封信，要李世民退回关中。

李世民把李元吉留下，继续围攻王世充，自己带3000多精兵北上，扼守武牢关（即虎牢关，在今河南荥阳）。窦建德的大军到了武牢关，被唐兵拦住，久攻不下。李世民派轻骑兵抄小路，把夏军的粮道切断了。

窦建德十分气恼，他认为自己的兵力远胜过唐军，于是命令全军出动，摆开阵势准备与唐军决一死战。夏军从早上站到中午，可唐军就是不出来交战，兵士们又疲劳，又饥饿，有的坐在地上，有的到河滩上舀水喝。李世民一见时机已到，就命令将士渡过汜水，直冲窦建德大营。李世民乘夏军不防备，自己带领一支队伍插到夏军阵后，举起了唐军的大旗。夏军将士回头一看，以为唐军已经占领大营，没有心思再战，争先恐后地逃散了。窦建德在混战中受了伤，也被唐军俘虏。王世充眼看大势已去，也只好向唐军投降。

窦建德被送到长安后不久就被杀了，他的部将刘黑闼率领河北夏军，继续和唐军作战。唐军又花了3年时间，才把河北地区稳定下来。

此时，江淮起义军势力仍在发展。公元619年，杜伏威接受了唐朝的官爵。公元622年，他亲自赴长安，向唐投降。第二年，辅公祏在丹阳称帝，建国号为宋。但辅公祏的斗争仅坚持了7个月，到公元624年春，也被唐军镇压下去。至此，唐军统一中国的战争基本结束。

第八章　唐朝及五代

玄武门之变

唐高祖李渊建立唐朝后，封其长子李建成为太子，次子李世民为秦王，李元吉为齐王。3个儿子中，李世民战功最多，威信也最高，但因为李建成是长子，从而取得了太子地位。

李世民不但有勇有谋，而且他手下还聚集了一批人才。文的有房玄龄、杜如晦等，号称十八学士；武的有尉迟敬德、秦叔宝、程咬金等勇将。太子李建成也知道自己的威信比不上李世民，心里妒忌，就和弟弟李元吉联合，一起在李渊面前进谗言，排挤李世民。

那时候，突厥进犯中原，李建成向唐高祖建议，让李元吉统帅尉迟敬德、秦叔宝、程咬金带兵北征。这样一来，便调走了李世民的左膀右臂，自己就可以下手了。

李世民识破了这个计策，他感到形势紧急，连忙找长孙无忌和尉迟敬德商量。两人都劝李世民先发制人。李世民说："兄弟互相残杀，总不是件体面的事。还是等他们动了手，我们再来对付他们。"

尉迟敬德、长孙无忌都着急起来，他们说如果再不动手，自己也不愿留在秦王府里白白等死。李世民看他的部下十分坚决，就下了决心。

当天夜里，李世民进宫向唐高祖告了一状，诉说太子跟李元吉要谋害他。唐高祖答应到明天一早，叫兄弟三人一起进宫，由他亲自查问。

第二天早上，李世民叫长孙无忌和尉迟敬德带了一支精兵，埋伏在皇宫北面的玄武门，只等李建成、李元吉进宫。

没多久，李建成和李元吉骑着马朝玄武门来了，他们到了玄武门边，觉得周围的气氛有点反常，心里便犯了疑。两人拨转马头，准备回去。李世民忙从玄武门里骑马赶了出来，高喊说："殿下，别走！"李元吉转过身来，拿起弓箭就想射杀李世民，但心里一慌张，弓竟然没拉开。李世民眼明手快，抢先射出一支箭，把李建成给射死了。尉迟敬德紧跟着带兵冲上，一箭就将李元吉也射下马来。东宫和齐王府的将士听到玄武门出了事，于是全部出动，猛攻秦王府。李世民一面指挥将士抵抗，一面派尉迟敬德进宫胁迫李渊，李渊在不得已的情况下让位给次子李世民。

贞观之治

在唐太宗李世民即位之初，隋末混战带来的恶果还没完全消除，国家农田荒芜，民不聊生。唐太宗沿用了父亲李渊创立的政策，并逐步加以完善，在短短数年之间，就使流散的人回到故里耕作，粮价稳定，社会经济得到了迅速的恢复。

在农业方面，唐太宗很重视水利工程，当时的人们又创造了连筒、桶车和水轮等灌溉

唐太宗像

新工具，大大提高了灌溉效率。唐朝实行"均田制"，严格规定了占田的额度，抑制了土地兼并。农业生产的发展，让粮价越来越便宜，人口也随之大幅度增多。

在政治上，唐朝实行三省六部制。三省是中书、门下和尚书省。

中书省是决策机构，负责军国大事、重要官员的任免、替皇帝起草诏旨，其长官叫中书令。门下省负责审核中书省起草的诏旨，有不恰当的，可以驳回，其长官叫侍中。

尚书省是最高的执行机构，长官有尚书令、左右仆射、左右丞等。尚书省下设吏、户、礼、兵、刑、工六部，长官为尚书，副职称侍郎。

吏部掌管全国官吏的任免、考察、升降、调动；户部掌管天下土地、户籍、赋税、财政收支等；礼部掌管国家典章法度、祭祀、学校、科举、接待外宾等事务；兵部掌握武将选用、兵籍、军械、军令等；刑部掌管法律、刑狱事务；工部掌管山泽、屯田、工匠、水利、交通、各项工程等。

在唐太宗统治的20余年间，政治清明稳定，经济繁荣，与周边民族的关系也十分融洽。唐太宗的年号是"贞观"，所以这段时期史称"贞观之治"。

说到贞观年间的清明政治，很大程度上要取决于唐太宗的善于用人和敢于纳谏。

唐太宗的用人之道有很多特点：首先，他广泛吸收人才，包括敌对集团的人才。在隋末征战时，他就吸收了原李密、王世充、窦建德集团的人才。他吸收了瓦岗军的秦叔宝、程咬金等；在攻破刘武周时吸收了尉迟敬德；在攻破窦建德集团时，吸收了张玄素；在消灭李建成时，吸收了魏徵。其次，他用人不避亲仇。长孙无忌是唐太宗的妻子长孙皇后的哥哥，在玄武门事变中立下大功。因为历来外戚掌权都会被众人攻击，因此长孙皇后和长孙无忌本人为了避嫌，也再三请求只当一个空头官儿，不要实权。但长孙无忌确有宰相之才，因此唐太宗用人不避亲，仍任命他为宰相。

完善科举制度

唐太宗时期，科举制得到了进一步的完善，成为选拔官吏的重要手段。

唐代的学校，在中央设有国子监、太学、四门、律学、书学、算学等六学，统由国子监领导，共招学生2000多人，最多时达8000人。其中大部分为官僚子弟，还有外国留学生。各地方州县也开设学校，此外还有大量私学。

每年冬季，各官办学校负责把毕业学生贡给尚书省，参加科举考试。在私学毕业的也可以由州县保荐参加考试。应试的方法主要有帖经、墨义、口试、策问、诗赋五种。

"帖经"就是将书本上的某行贴上几字，要求应试者将贴住的字填写出来，类似现在的填空题。"墨义"是一种简单地对经义的回答。因为"帖经""墨义"简便易行，一般在应试时常常要问三五十条，更甚者问至100条之多方可通过。

"策问"是主考官设题指事，由考生做文章，题目的范围一般是人事政治，称为方略策和时务策等。"诗赋"是为克服考生存在的多背诵经义和旧策，而缺乏真才实学的现象，是后来加试的一种方法，在一定程度上还推动了唐代诗赋的兴盛。

考试及格被称为"进士及第"，第一、第二、第三名，专称为"状元""榜眼""探花"，属光荣中的光荣。每当唐太宗看到进士们鱼贯而入的肃穆行列时，总忍不住兴奋地说："天下英才都被我装到口袋里了。"

在此之前，当官只限于贵族和门第世家。正因为科举制度的实施，才使政权的大门向民间开放，让没有门第作后盾的英才们，也得以施展自己的政治抱负。

平定东突厥

唐太宗即位初期，中原战事虽然结束，但西部边境上还很不安定。特别是东突厥，当时它还很强大，成为唐朝主要的威胁。东突厥贵族不断侵扰唐朝边界，闹得地方不得安宁。

唐太宗即位不满20天，东突厥的颉利可汗就率领人马10多万，一直打到离长安只有40里的渭水边。颉利可汗以为唐太宗刚即位，未必有能力抵抗自己，便派出使者进长安城，扬言突厥兵100万，马上赶到。

唐太宗可不是等闲之辈，他不理颉利可汗的威胁，把使者扣押起来，并亲自带了房玄龄等6个人，骑马到渭水边的便桥，指名要颉利可汗出来，隔河对话。

颉利可汗听说使者被扣，已经有点吃惊了，又看到唐太宗亲自上阵，后面唐军旌旗招展，军容整齐，不禁害怕起来，于是带着将领在渭水对岸，下马拜见唐太宗。

唐太宗隔着渭水对颉利可汗说："我们两家早已订立盟约，几年来也没有少给你们金帛，为什么要背信弃义，带兵进犯？"颉利可汗被责备得无话可说，表示愿意讲和。双方在便桥上订立盟约，颉利可汗退兵，唐太宗于是开始加紧训练将士。

第二年，北方下了一场大雪，东突厥的牲畜死了不少，发生了饥荒。颉利可汗对其他部族索要贡品，引起了部族的反抗。颉利可汗派他的堂兄弟突利去镇压，反被打得大败。突利逃回来后，被颉利可汗责打了一通，两人因此翻脸，突利投降了唐朝。唐太宗决定抓住这个时机，派出李靖、徐世勣等4名大将，率领大军10多万，分路出击东突厥。

天可汗时代

公元630年，李靖亲自率领3000名精锐骑兵，从马邑出发，趁颉利可汗不防备之时，连夜进军，逼近突厥营地。颉利可汗毫无防备，发现唐军突然出现，不由大惊失色。李靖又派间谍混进东突厥内部，说服了颉利可汗的一个心腹将领投降。颉利可汗一看形势不妙，便偷偷逃跑了。

李靖攻下定襄，得胜回朝，唐太宗十分高兴，说："从前汉朝李陵带兵5000，结果不幸被匈奴俘虏；现在你以3000轻骑深入敌人后方，克服定襄，威震北方，这是自古以来少有的盛事啊！"

颉利可汗逃到阴山以北，怕唐军继续追赶，便派使者到长安求和，还说要亲自朝见。唐太宗一面派唐俭去安抚，一面又命令李靖带兵前去察看颉利可汗的动静。李靖领兵到白道（今内蒙古呼和浩特西北）和徐世勣会师，两支军队一起向阴山进发。

颉利可汗的求和实际上只是缓兵之计，他想等草青马肥的季节来到，再逃到漠北。当他看到唐俭来到时，以为唐太宗中了他的计，暗暗高兴，防备也松懈下来。没想到李靖和徐世勣率领唐军也很快到了阴山，命令部将苏定方率领200名轻骑，冒着夜雾进军。等到东突厥的前哨发现唐军的时候，唐军离颉利可汗的营帐只有7里地了。颉利可汗慌忙骑上他的千里马逃走，李靖指挥唐军追杀，东突厥军找不到主帅，顿时乱成一团。唐军歼灭东突厥兵 1 万多，还俘获了大批俘虏和牲畜。颉利可汗也没有跑掉，最后被他的部下抓住交给了唐军，押送长安。

东突厥灭亡了，唐太宗在东突厥原地设立了都督府，让东突厥贵族担任都督，由他们管理东突厥各部。

这次胜利提高了唐太宗在西北各族中的威信，回纥等各族首领一起来到长安朝见，拥护唐太宗为他们的共同首领，尊称他是"天可汗"。在中国的历代皇帝中，唐太宗是唯一一个被沙漠绿洲之国尊称为"天可汗"的人。在今天甘肃敦煌的莫高窟中，就有一尊画像被认为是唐太宗像，画上除了唐太宗，还有唐朝的官员和西域各国国王的身影。

之后，唐太宗开始和西突厥展开斗争。公元 640 年，唐军在侯君集等的率领下攻取高昌，以其地为西州，又置安西都护府于交河城（今吐鲁番西雅尔和卓）。公元 642 ~ 648 年，唐军在接连打败西突厥后，又攻取焉耆、龟兹等地。天山南路各国纷纷摆脱西突厥的控制，归附唐朝。唐迁安西都护府于龟兹，统领龟兹、焉耆、于田、疏勒四镇，称"安西四镇"。

文成公主远嫁吐蕃

在与东突厥战斗的时候，唐朝的南方还出现了一个新的国家——吐蕃王国。

吐蕃兴起于青藏高原，建立吐蕃王朝的，是活动在雅隆河谷的牦牛部，统一牦牛部各部落的叫弃聂弃赞普。"赞普"是雄强丈夫的意思，以后成了吐蕃君长的尊称。从弃聂弃开始，吐蕃确立了酋长世袭制度，第八世赞普布袋巩甲以后，吐蕃社会获得了较快的发展，逐渐由原始社会过渡到奴隶社会。公元 629 年，年仅 13 岁的松赞干布平息叛乱，统一了部族，建立起强盛的吐蕃王国。

在唐代画家阎立本绘制的《步辇图》中，生动描绘了吐蕃使者觐见的场面。那是公元 634 年，唐太宗端坐在女子抬着的步辇上，由唐朝官员引入的就是吐蕃使者——宰相禄东赞。禄东赞入唐，是为了和唐朝建立联姻关系。

据说，当时各国来求亲的使者很多。唐太宗下了一道命令，要前来求亲的使者先解答 5 个难题。哪一国使者能够解答，就应允和哪一国和亲。

第一道题目是要求把一根很细的丝线，穿过一颗有九曲孔道的明珠。禄东赞把丝线系在一只蚂蚁的腰部。蚂蚁带着丝线，爬过明珠的九曲孔道，丝线也就带过来了。

第二道题目是把 100 匹母马和 100 匹小马驹儿放在一起，要求辨认出哪匹马驹儿是哪匹母马生的。禄东赞把母马和马驹儿分开关了一天，断绝了马驹儿的饲料和水。第二天，再把它们放在一起。饿慌了的马驹儿分别奔到自己的母亲那里去吃奶。它们的母子关系也就被认出来了。

禄东赞通过了一道道考试，最后一道是要从 2500 名美貌年轻的女子中，找出谁是文成公主。禄东赞凭他敏锐的眼力，一下子就把那位仪态万方的公主认出来了。

步辇图 唐 阎立本
此图描绘唐太宗会见吐蕃赞普派来迎娶文成公主的使者禄东赞的情景。

　　唐太宗立时和吐蕃应允了亲事，史书中记录了当时唐太宗的话，他说："这些少数民族都重视妻子的力量，等她生了孩子，就是我的孙子，这样吐蕃就不会向唐发起进攻了。为此，我怎么能喟惜自己的一个女儿呢？"

　　贞观十五年（641年）正月，文成公主入嫁吐蕃，松赞干布前往位于黄河源头的美丽湖泊柏海（今青海鄂陵湖或札陵湖）边上迎接远道而来的公主。文成公主带去了大量物品，有锦帛珠宝、生活用品、医疗器械、生产工具、蔬菜种子，还有经史、诗文、工艺、医药、历法等书籍，打开了吐蕃工艺发展、繁荣的时代。

　　70年后，唐朝的又一位公主——金城公主，携带着锦缯数万匹、多种工匠以及一个龟兹乐队进入吐蕃，嫁给了弃隶缩赞赞普。吐蕃通过互市，向唐朝购买茶叶、丝绸等物品。一些吐蕃贵族子弟进入长安学习汉文化。双方派遣的使臣不绝于途。汉文化的输入对吐蕃社会起了巨大的促进作用，吐蕃的马和形制优美奇异的金银器等物品不断地传到内地，吐蕃的赭面风俗也被汉族妇女所模仿。

从才人到一代女皇

　　唐太宗是个精明能干的皇帝，但是他的儿子高宗李治却是个庸碌无能的人。

　　公元649年，22岁的李治即位。李治的性格优柔寡断，朝廷大事都靠他的舅父、宰相长孙无忌拿主意，直到他立了皇后武则天，情况才发生了根本性的变化。

　　武则天13岁时成为唐太宗的才人。公元649年，唐太宗逝世，依照皇家规定，已故皇帝的姬妾，都要出家为尼。因而唐太宗的所有姬妾都被送到长安感业寺，武则天也在其中。

　　唐高宗李治在他还是太子的时候就见过武则天，且对她一直念念不忘。公元654年，唐高宗与妻子王皇后到感业寺进香，又看见了武则天，二人相对垂泪，这一切被王皇后收入眼底。那时，王皇后正跟李治的另一位姬妾萧淑妃争宠，于是王皇后把武则天接回皇宫，封为昭仪，想用她帮助自己打击萧淑妃。

　　武则天回宫后，立时赢得了唐高宗的宠爱，高宗不仅疏远了萧淑妃，还想废了王皇后，立武则天做皇后。这件事遭到很多老臣的反对，特别是长孙无忌，说什么也不同意。那时武则天私下拉拢了一批大臣，他们在唐高宗面前支持武则天当皇后。他们对唐高宗说："册立皇后是陛下的家事，别人管不着。"唐高宗这才下了决心，把王皇后废了，让武则天当皇后。

　　武则天当了皇后之后，使出果断泼辣的手段，把那些反对她的老臣一个个降职、流放，连长孙无忌也被逼自杀。

　　没过多久，唐高宗生了一场病，成天头昏眼花，有时候连眼睛都张不开。本就不喜欢处理国政的高宗，见武则天能干，索性把朝政大事全交给她管了。

　　武则天掌了权，渐渐不把高宗放在眼里。高宗想干什么，没有经过武则天的同意，就干不了。唐高宗心里气恼，于是有一次，他跟宰相上官仪商量，打算废了武则天。上官仪下去起草废除皇后的诏书，而此时，早就有太监把这件事报告了武则天。

　　等上官仪拿着起草好的诏书来见高宗时，

武后步辇图　唐　张萱

武则天也已到了。她厉声问高宗："这是怎么回事？"唐高宗见了武则天，吓得好像矮了半截，把上官仪起草的诏书藏在袖子里，结结巴巴地说："我本来没这个意思，都是上官仪教我干的。"于是武则天立刻下命令把上官仪杀了。从此以后，唐高宗上朝，武则天也坐在旁边，大小政事都得由皇后点了头才算数，朝中称之为"二圣"。

公元683年，唐高宗逝世。武则天先后把自己的两个儿子立为皇帝——中宗李显和睿宗李旦，但他们都不中她的意。于是她又把中宗废了，把睿宗软禁起来，自己以太后的名义临朝执政。这一来，又遭到一些大臣和宗室的反对，并有人起兵，发动叛乱。

武则天派兵镇压了叛乱，全国恢复了安宁，自此没有人敢再反对武则天。后来一名叫傅游艺的官员，联络了关中地区900多人联名上书，请求太后即位称帝。武则天一面推辞，一面提升了傅游艺的官职。结果，劝她做皇帝的人越来越多。公元690年，武则天接受大家的请求，自称圣神皇帝，改国号为周，成了中国历史上唯一的女皇帝。

武则天时代

武则天虽然广用人才，但她过分相信酷吏，使得在她统治的这一时期，酷吏的酷刑代替了律法和诉讼。

周兴是有名的酷吏，除了武则天自己和武姓亲属外，所有的官员和牵连所及的民众，都在他的酷刑下发抖，只要是周兴逮捕审讯的人，很少有能活着走出狱门的。

可是有一天，同样的命运也降临到了他的头上。武则天接到告密信，说周兴跟已经处死的叛党是同谋。武则天是宁可错杀一千，也不放过一个的人，于是她立刻下密旨给另一个酷吏来俊臣，叫他负责审理这个案件。

说来也巧，当太监把密旨送到来俊臣家时，来俊臣正和周兴在一起喝酒。来俊臣看完武则天的密旨后，不动声色，把密旨往袖子里一放，仍旧回过头来跟周兴谈话。

来俊臣说："最近抓了一批犯人，大多不肯老实招供，您看该怎么办？"周兴微微笑着说："这还不容易！我最近就想出一个新办法，拿一个大瓮放在炭火上。谁不肯招认，就把他放在大瓮里慢慢烤，还怕他不招？"

来俊臣听了连连称赞："好办法，好办法。"一面说，一面就叫公差去搬一只大瓮和一盆炭火到大厅里来，把瓮放在火盆上，盆里炭火熊熊，烤得整个厅堂的人都禁不住流汗。

周兴正在奇怪，来俊臣站起来，拉长了脸说："接太后密旨，有人告发周兄谋反。你如果不老实招供，只好请你进这个瓮了。"

这就是著名的"请君入瓮"成语的由来。周兴死后，来俊臣当上了酷吏的头。他所用的酷刑，仅"枷"一项，就有10种使人心悸的名号："定百脉""喘不得""突地吼""着即承""失魄胆""实同反""反是实""死猪愁""求即死""求破家"。其他酷刑，如"凤凰展翅"，名称虽美，却是把人的手足绑上短木，像扭绞绳索一样地扭绞双臂。"玉女登梯"，是让犯人爬上高梯，用绳子拴着脖子，向背后牵引，或窒息而死，或跌下摔死。来俊臣还写有《罗织经》一书，把他逼供的种种招数都记述在内。

中宗复位

公元705年，宰相张柬之奉迎李显复位，派兵把武则天逐回皇太后应该居住的上阳宫。当时武则天已经82岁了，因受不住这一生中最后的当头一棒，回到上阳宫后即一命呜呼。

李显史称唐中宗，复位后不久，他的妻子韦皇后就效法当年的武则天，跟李显同时出现在金銮殿上听政。因为唐中宗昏庸懦弱，大权不久就落入了韦皇后手中。韦皇后与李显最宠爱的小女儿安乐公主一起，公开招权纳贿，把国家官爵分别标定价格，公开兜售。

人们期待的唐朝中兴的局面没有出现，相反，朝政日益腐败起来。随着权力欲望的不断膨胀，韦皇后希望丈夫早日死掉，以便自己能够像武则天一样女主天下。安乐公主也要求父亲立她为皇太女，希望能登上权力的最高峰。李显知道大臣们不会接受这个决定，不肯答应。于是，母女二人合谋，在公元710年毒死了唐中宗。

这时，武则天的第四子李旦和女儿太平公主还有相当大的势力，是韦后登基的障碍。就在韦氏母女打算除掉李旦和太平公主的时候，李旦的第三子李隆基发动羽林军，抢先一步攻进皇宫，杀了韦后、安乐公主，并将韦氏党羽一并铲除。

李隆基发动政变时，李旦并不知道。等到知道时，政变已经成功。这时由太平公主出面，请李旦继承皇位，是为唐睿宗，李隆基被立为太子。

太平公主完全继承了她母亲的坚强性格，对政治充满野心。李旦在位时，太平公主通过哥哥的手控制政府。当时朝中的7个宰相，5个都是太平公主的党羽。

李旦是一个生性淡泊的人，对权力名位并不太在意。公元712年，唐睿宗李旦让位给太子。李隆基即帝位，是为唐玄宗，改年号为"开元"。这时太平公主的势力已相当强大，与唐玄宗势同水火。唐玄宗再一次先发制人，展开大规模逮捕整肃，剿杀了太平公主的党羽，逼太平公主自杀。至此，经过一连串的宫廷政变，动荡的局面才稳定下来。

太平公主争权

太平公主是唐高宗李治与武则天的小女儿，极受父母兄长尤其是武则天的宠爱，权倾一时。有人依《全唐文·代皇太子上食表》一文，认为她的本名是李令月。

太平公主与武攸暨（武则天伯父武士让的孙子）结婚后，人们通常认为，这场婚姻是武则天为了保护太平公主而采取的手段。武则天在太平公主第二次结婚的两个月后正式登基，太平公主因为成为武家的儿媳而避免了危险。因为武攸暨性格谨慎谦退，太平公主开始大肆包养男宠，与朝臣通奸，并将自己中意的男宠进献给母亲。

武则天认为小女儿的长相、性格都像自己，常与之商议政事，但从不让太平公主将她参与政事的事情外泄。太平公主畏惧母亲，行事也比较收敛。渐渐地，武、李两家矛盾尖锐化，武则天召回李显，立其为继承人，并通过一系列联姻将武李两家联系起来，以图消弭未来的政治斗争。太平公主虽是武家儿媳，但在政治上却一直是李家的拥护者。

唐中宗复位后，太平公主逐渐走到幕前，积极参与政治，很受中宗的尊重。可惜唐中宗不久便被韦后与安乐公主毒死。上官婉儿与太平公主一起草拟遗诏，立李重茂为皇太子，皇后知政事，相王李旦参谋政事，试图在韦后与皇族之间谋取平衡。但宗楚客与韦后党羽商议，改李旦为太子太师，架空了李旦，打破了这一平衡。太平公主遂派其子薛崇简与刘幽求一起参与了李隆基等人诛杀韦后的行动，清除了韦氏党羽，并亲手将李重茂拉下皇位，拥立李旦复位，是为唐睿宗。太平公主因此番功劳而晋封万户，且有三子封王，为唐朝公主权势之顶峰。

在协助李隆基政变除掉韦后以后，太平公主与李隆基发生了权力之争。她要求睿宗废掉太子李隆基，并积极培植自己的党羽。此时，朝中7位宰相有5位是经由太平公主任命的，文武百官除了姚崇、宋璟等寥寥数人外，大多数都依附太平公主。睿宗则试图在李隆基和太平公主之间寻求政治平衡，以避免伤害到任何一人。

公元712年，李隆基即位。次年，太平公主准备起兵夺权。不料李隆基早有防备，先发制人，诱杀了左、右羽林将军和宰相。太平公主见其党羽被诛杀殆尽，不得不逃入南山佛寺，3 日后返回。太上皇李旦出面请唐玄宗恕其死罪，被唐玄宗拒绝，太平公主最终被赐死家中。

唐玄宗执政

唐玄宗李隆基即帝位后，首先把自己的兄弟都派到地方去做官，免得他们在长安积聚力量，由此堵塞他们发动宫廷政变的可能。

随后，唐玄宗先后任命干练正直的官员姚崇、宋璟、张嘉贞、张九龄、韩休等人为宰相，针对当时的弊政进行了一些改革。裁减了韦氏母女"出售"的冗官，精减了庞大的官僚机构，还下令减免赋税，让农民努力生产。

在武则天统治时期，修建了很多佛寺，许多人出家为僧。中宗、睿宗也信佛，佛教势力继续发展，全国的僧尼人数膨胀到数十万。因为僧尼不服役，不纳税，建寺造像又耗资无数。所以唐玄宗接受姚崇的建议，下令淘汰天下僧尼，强使还俗的有 1 万余人。并下令各地不得创办佛寺，禁止民间铸佛像和抄写佛经，抑制了佛教的发展。

就在唐玄宗励精图治的时候，河南一带发生了特大蝗灾。中原的广阔土地上，到处都是成群的飞蝗，蝗群飞过的时候，黑压压的一大片，连太阳都被遮没了，庄稼更是颗粒无收。

当时，人们认为蝗灾是上天降给人们的灾难，非常恐慌。各地为了消灾求福，都烧香求神，可蝗灾还是在不断扩大。宰相姚崇这时向玄宗上了一道奏章，认为蝗虫不过是一种害虫，没有不能治的。只要各地官民齐心协力驱蝗，蝗灾是可以扑灭的。

唐玄宗十分信任姚崇，立刻批准了姚崇的奏章，下令百姓一到夜里就在田头点起火堆，等飞蝗看到火光飞下来，集中扑杀。这个命令一下去，汴州（今河南开封）刺史倪若水拒不执行。他也写了一道奏章，说蝗虫是天灾，人力是没法抗拒的，要消除蝗灾，只有积德修行。

这时长安朝廷里的一些官员也站出来反对，认为姚崇灭蝗的办法，过去从来也没人做过，现在这样冒冒失失推行，只怕闯出什么乱子来。

唐玄宗听到反对的人多，也动摇起来，又找姚崇来问。姚崇从容不迫地回答说："做事只要合乎道理，就不能讲老规矩。再说历史上大蝗灾的年头，都因为没有很好扑灭，造成严重灾荒。现在河南河北，积存的粮食已经不多了，如果今年因为蝗灾而没收获，将来百姓没粮吃，流离失所，国家就危险了。"

唐玄宗听姚崇说得有道理，亲自到了灾区视察，看见漫天的蝗虫肆虐，而百姓却因为害怕遭天谴而不敢捕杀。唐玄宗于是叫人捉来几只蝗虫，煮熟了，当着众人的面吃了下去，表示自己坚决治虫的决心。

人们看见皇帝吃了蝗虫，马上放了心，开始用姚崇的办法灭蝗，果然这个办法很有效，灾情马上缓和了。

唐玄宗在他即位以后的前 20 多年里，比较肯接受宰相和大臣们的正确意见，采取了一些有利于经济发展的措施。这个时期唐朝国力强盛，财政充裕。据说，当时各州县的仓库里都堆满了粮食布帛，长安和

唐玄宗像

洛阳的米和帛都跌了价。历史上把这段时期称为"开元之治"。

选用贤才

唐玄宗以前的几代君主，朝政不稳定，其中一个很重要的原因就是宰相太多，其中许多人的任期又很短，因此唐玄宗总揽政务后，就开始削减宰相人数。

经过认真选择、仔细考虑，唐玄宗起用了姚崇为相。一次唐玄宗召姚崇骑马打猎，然后讨论政治，曾问姚崇是否愿意出任宰相。姚崇答，除非唐玄宗接受10条改革纲领，即著名的十事要说，否则就难以从命。纲领的内容是：皇帝应以仁爱治天下，而不是靠严刑峻法的威慑力量；不进行军事冒险；行使法律应不论亲疏，同样严厉；禁止宦官参政；禁止开征苛捐杂税来取宠于皇帝；禁止任命皇亲国戚在中央政府任职；树立皇帝以前因与大臣们关系过分亲密而受损的个人权威；容许大臣们直谏而不用担心专横的惩处；停止建造佛寺道观；清除外戚过分的政治权力。唐玄宗表示同意，姚崇于是接受任命。姚崇著名的十事要说，几乎囊括了武则天末年以来所有的弊政，总结了历史上盛衰治乱的经验及教训，为开元施政的基本方针奠定了基础，时人称他为"救时之相"。

唐玄宗信任宰相，除军国大事须与自己共同商定外，其他一般庶务都放手让他去做。姚崇还受到玄宗的特别礼遇，每在便殿相见，玄宗必起立相迎，事毕退朝，则临轩相送。这是其他宰相所未曾受到的宠遇，因此，他辅佐玄宗竭智尽力，任相时间虽然不长，却颇有成就。也正是在这一时期，确定了唐玄宗在位期间实行的一种新的施政形式：只用为数甚少的宰相，通常只有二三人。继姚崇之后，唐玄宗又先后任命了张说、李元纮、韩休、张九龄等人为相，国力日盛。

奸相李林甫

唐玄宗执政20多年，见天下太平，便渐渐滋长了骄傲怠惰的情绪。他觉得，天下太平无事，宰相管政事，将帅守边防，自己何必那么为国事操心。于是，他就追求起奢侈享乐来了。

宰相张九龄看在眼里、急在心上，常常给唐玄宗提意见。唐玄宗本来对张九龄很尊重，但是到了后来，再也听不进张九龄的意见了。

吏部侍郎李林甫能登上宰相的高位，并在这个位置上一待就是19年，固然是靠了他的政治手腕，同时也是由于他的阿谀奉承非常符合唐玄宗晚年的口味。

在唐玄宗的眼中，李林甫善解人意，从不跟他唱反调，用起来顺手。李林甫每次上奏，玄宗都很满意。这是因为李林甫的工夫下得深，他通过宦官和妃嫔，把玄宗的心理活动摸得一清二楚。掌了大权后，他第一个要做的，就是将谏官们的嘴巴封住。唐玄宗听不到有人说李林甫的坏话，自然就更加信任他了。

李林甫当了宰相之后，对才能、声望在自己之上并受皇帝器重，因而有可能对自己构成威胁的人，就千方百计进行排斥。天宝初年，左相为李适之，右相为李林甫。李适之心胸宽阔，坦率正直。一次，李林甫故意告诉李适之说："华山发现金矿，如果开采，可以使国家富裕，圣上尚不知此事。"等到李适之将此事告诉了玄宗，李林甫又对玄宗说："我早就知道华山蕴藏金矿，但华山是陛下王气所在，不宜开凿，所以未曾提出。"李隆基于是认为李林甫处处替自己着想，对李适之则逐渐冷淡，并对李适之说："以后报告事情，最好先跟李林甫商议一下，不要轻率发言。"李适之哑口无言，对心怀叵测的李林甫产生畏惧之心，遂提出退居。

这样的事李林甫着实做了不少，因此当时的人们就说，李林甫这个人是"嘴上像蜜甜，肚里藏着剑"。成语"口蜜腹剑"就是这样来的。由此，玄宗以为国家繁荣，因此逐渐倦怠了政事。

宠幸杨贵妃

杨玉环，蒲州永乐（今陕西华阴）人，出身宦门世家。其曾祖父杨汪是隋朝的上柱国，唐初被李世民所杀。其父杨玄琰是蜀州司户，在他去世后，杨玉环就被寄养在洛阳的三叔杨玄珪家。

杨贵妃像

杨贵妃（719～756 年），小名玉环，自幼丧父，在叔父家长大，后入选寿王府，被封为寿王妃。天宝四载（745 年）八月，唐玄宗册封杨玉环为贵妃，从此恩宠十余年，杨门也随之显贵。

杨玉环天生丽质，加上优越的教育环境，使她具备一定的文化修养，她性格婉顺，精通音律，擅长歌舞，并善弹琵琶。唐玄宗的女儿咸宜公主在洛阳举行婚礼时，杨玉环也应邀参加。咸宜公主之胞弟寿王李瑁对杨玉环一见钟情，遂册立她为寿王妃。婚后，两人甜美异常。

不料，唐玄宗对这个儿媳妇同样也是一见钟情。为了得到杨玉环，唐玄宗先是打着孝顺的旗号，下诏令她出家做女道士，说是要她为自己的母亲窦太后荐福，并赐其道号"太真"；不久后便正式纳她为自己的妃子。那年，玄宗 61 岁，杨玉环 27 岁。

玄宗对杨玉环的宠爱无与伦比，贵妃每次乘马，都有大宦官高力士亲自执鞭；专为贵妃制作衣服的织绣工就有 700 人；为了让心爱的人尝到她喜欢的新鲜荔枝，玄宗不惜动用 800 里加急来运送。

杨玉环自入宫以来，从不过问朝廷政治，更不插手权力之争，只是以自己的妩媚温顺及过人的音乐才华，受到了玄宗的百般宠爱。而玄宗为了表达这种宠爱，愿意将杨玉环家所有的亲戚都封为高官，给予重禄。

对于这段旷世爱情，后人写了许多诗歌故事来纪念，其中著名的有杜牧的《过华清宫》、白居易的《长恨歌》、白朴的《唐明皇秋夜梧桐雨》杂剧、洪昇的《长生殿》传奇等。

玄宗后期的腐败

唐玄宗统治的后期，把唐朝的军事制度由府兵制改成了募兵制，在边疆设立节度使，形成了兵权外重内轻的格局，加上这一时期土地兼并日益严重，社会矛盾逐渐激化，唐朝慢慢由盛入衰，这一过程集中爆发的导火索，就是安史之乱。

唐玄宗设立募兵制的初衷，是为了加强边境的防御，在重要的边境地区设立了 10 个藩镇，长官叫节度使，不仅带领军队，还兼管行政和财政，权力很大，地位非常重要。按照惯例，节度使立了功，就可能被调到朝廷当宰相。

可惜当时是李林甫掌权，这个人心胸狭窄，不但排挤朝廷的文官，还猜忌边境的节度使。担任朔方等4个镇节度使的王忠嗣，立了很多战功。他手下的将领哥舒翰、李光弼，都是骁勇善战的名将。李林甫看王忠嗣的功劳大，威望高，怕他被唐玄宗调回京城当宰相，便派人向唐玄宗诬告王忠嗣想拥戴太子谋反，害得王忠嗣险些丢了性命。王忠嗣受不了这个冤枉，一气之下就病死了。

当时，边境将领中有一些胡人。李林甫认为胡人文化低，不会被调到朝廷当宰相，就在唐玄宗面前竭力主张重用胡人，理由是胡人善战，而且跟朝臣没联系，靠得住。唐玄宗本来就最怕边境的将领谋反，于是便听李林甫的话，提拔了一些胡人当节度使。在这些节度使中，唐玄宗、李林甫特别看中平卢（今辽宁朝阳）节度使安禄山。

安禄山年轻时在平卢军里当过将官，因为不遵守军令，打了败仗，边境守将把他解送到长安，请朝廷处分。当时的宰相张九龄为了严肃军纪，将安禄山判了死刑。可是唐玄宗听说安禄山挺能干，便下令把安禄山释放。

张九龄对唐玄宗说："安禄山违反军令，损兵折将，按军法不能不杀；而且据我观察，安禄山不是个善良人，不杀他恐怕会后患无穷。"

但唐玄宗不听张九龄的劝谏，还是赦免了安禄山。后来，张九龄被撤了职。安禄山却靠他奉承拍马的手段，一步一步地升官，当上了平卢节度使。不出3年，又兼任范阳（今北京）节度使。

安禄山起兵

安禄山当了节度使以后，就尽量搜罗奇禽异兽、珍珠宝贝，经常送到宫廷讨好唐玄宗。他知道唐玄宗喜欢边境将领报战功，就采取阴谋手段，诱骗平卢附近的少数民族首领和将士参加宴会。再在酒席上用药酒灌醉他们，并把兵士杀了，又把他们的首领割了头，献给朝廷报功。唐玄宗果然高兴，召安禄山到长安朝见。

安禄山长得特别肥胖，凸肚子，矮个子，装出一副傻乎乎的样子。唐玄宗一见到他就乐了，指着他的肚子开玩笑说："这么大的肚子，里面装的什么东西？"安禄山不假思索地回答说："没有别的，只有一颗赤诚的心。"

唐玄宗一听更高兴了，立即封安禄山为郡王，还替他在长安造了一座华丽的府第，并让杨贵妃把安禄山收作干儿子，亲热得像一家人一样。安禄山取得了唐玄宗和李林甫的信任，除了范阳、平卢两镇外，又兼了河东（今山西太原）节度使，控制了北方边境的大部分地区。

不久李林甫病死，杨贵妃的同族哥哥杨国忠凭着他的外戚地位，接任了宰相。杨国忠本来是个流氓，安禄山很瞧不起他。一次杨国忠向安禄山索取巨贿，被安禄山一口拒绝，而且他对杨国忠也不维持应有的礼貌。杨国忠不能忍受这种轻蔑态度，决心打击他。

杨国忠不止一次对唐玄宗说，安禄山会谋反，可唐玄宗不相信。于是，杨国忠采取了"逼他反"的手段，派遣军队包围了安禄山在长安的住宅，逮捕他的宾客，将他们全部处死，希望安禄山会有激烈的反应。安禄山果然震恐，随之愤怒起来，并决定叛变。

公元755年，安禄山经过一番周密准备，决定发动叛乱。这时候，正好有个官员从长安到范阳来，安禄山假造了一份唐玄宗从长安发来的诏书，召集将士宣布说："接到皇上密令，要我立即带兵进京讨伐杨国忠。"

15万步兵、骑兵在河北平原上进发，一路上烟尘滚滚，鼓声震地。中原一带已经有100年左右没有发生过战争了，老百姓好几代都没有看到过打仗，沿路的官员也是跑的跑，降的降。安禄山的叛军一直向南进攻，几乎没有遭到什么抵抗。

127

长安陷落

明皇幸蜀图　唐　李昭道

此图描绘唐玄宗为避安史之乱而行于蜀中的情景，画中山石峻立，着唐装的人物艰难行于途中。

范阳叛乱的消息传到长安，唐玄宗认为是有人造谣，不相信。到后来警报一个个传来，他才慌了起来，立刻召集大臣商议。杨国忠得意扬扬地说："我早说安禄山要反，还不是被我说准了吗。不过，陛下尽管放心。他的将士不会跟他一起叛乱。不出 10 天，一定会有人把安禄山的头送来。"

唐玄宗听了这番话，便安心了。但是，安禄山的头没到长安，叛军却长驱直入，渡过黄河，直接占领了洛阳，安禄山自称大燕皇帝。公元 756 年，安禄山向西进击，直逼潼关。

潼关是京城长安的门户，形势险要，道路狭窄。唐玄宗派大将哥舒翰带领重兵把守。叛将崔乾祐在潼关外屯兵半年，没法打进去。潼关的守军每天晚上在烽火台烧起一把火，作为平安的信号。关里的烽火台接到信号，也一座接一座放"平安火"，一直传到长安。

叛军攻不进潼关，但是关里的唐王朝内部却闹起矛盾来。哥舒翰主张坚守潼关，等待时机；郭子仪、李光弼也从河北前线给唐玄宗上奏章，请求引兵北上，攻打安禄山的老巢范阳。但是，宰相杨国忠却反对这样做。他想到重兵都掌握在哥舒翰手里，如果哥舒翰打胜了，回到长安，自己的宰相位子肯定就保不住了。于是，杨国忠天天在唐玄宗面前说潼关外的叛军已经不堪一击，哥舒翰守在潼关按兵不动，会丧失歼灭叛军的时机。唐玄宗听信杨国忠的话，接二连三派使者到潼关，逼哥舒翰带兵出潼关杀敌。

哥舒翰明知出关没有好处，但是他又没法违抗皇帝的圣旨，痛哭一场后，只好带兵出关了。关外的叛将崔乾祐早已养精蓄锐，只等唐军出来。他派精兵埋伏在灵宝（今河南西部）西面的山谷里。哥舒翰的 20 万大军一出关，就中了埋伏，几乎被叛军打得全军覆没。叛军乘胜打进潼关，哥舒翰也被俘虏了。

潼关一失守，关内也就无险可守了。从潼关到长安之间的一些地方官员和守兵，都纷纷弃城逃走。烽火台上的"平安火"再也见不到了，唐玄宗这才感到形势危急，不由着急起来，要杨国忠赶快想办法。杨国忠哪里想得出办法，只有劝玄宗逃走。

于是，唐玄宗、杨国忠带着杨贵妃和一批皇子皇孙，在将军陈玄礼和禁卫军的护送下，逃出了长安。他们一路上走走停停，第三天到了马嵬驿（今陕西兴平西），随行的将士又饿又累，想到这一切都是受了奸相杨国忠的累，大家便不肯再走，并发生了哗变。

这个时候，有二十几个吐蕃使者拦住杨国忠的马，向杨国忠要粮。杨国忠还没来得及答话，周围的兵士已经嚷起来："杨国忠要造反了！"一面嚷，一面射起箭来。杨国忠慌里慌张想逃，几个兵士赶上去，把他的头砍了下来。

平定安史之乱

兵士们杀了杨国忠后，情绪激昂，把唐玄宗住的驿馆包围了起来。唐玄宗听到外面闹哄哄的，问是怎么回事，左右太监告诉他，兵士们已把杨国忠杀了。唐玄宗大吃一惊，不得不扶着拐杖，走出驿门，慰劳兵士，要将士们回营休息。兵士们不理唐玄宗的话，照样吵吵嚷嚷，要求将杨贵妃处死。

唐玄宗怎么舍得杀这个宠爱的妃子呢？他低着头站了半晌，才说："贵妃住在内宫，怎么知道杨国忠谋反呢？"高力士知道不杀杨贵妃，不能平息兵士的气愤，就说："贵妃是没有罪，但是将士们杀了杨国忠，如果留着贵妃，将士哪会心安？希望陛下慎重考虑，将士心安，陛下也就安全了。"

唐玄宗为了保自己的命，只好狠了狠心，叫高力士把杨贵妃带到别的地方，用带子勒死了。将士们听到杨贵妃已经被处死，总算消了气，撤围回营。

经过这场兵变，唐玄宗像惊弓之鸟一样，急急忙忙逃到成都去了。太子李亨留下来主持朝政。李亨从马嵬驿一路收拾残余的队伍北上，在灵武（今宁夏灵武西南）即位，这就是唐肃宗，他遥称唐玄宗为太上皇。

此时的安禄山虽然称帝，但他的集团内部却矛盾重重，加上安禄山在登上皇帝宝座后便得了眼病，双目全盲，心情烦躁，动辄杀戮。最后，当他要杀掉他的长子安庆绪时，反被安庆绪杀死。安庆绪即帝位后，史思明屯驻范阳，拥有重兵，不听调遣。

唐朝趁机从陇右、河西、安西、西域等地陆续调集了10多万军队，又向回纥借兵4000人，唐肃宗以其子李豫为天下兵马元帅，以郭子仪为副元帅，率军一举收复了长安。

公元759年，史思明杀掉了安庆绪，在范阳称大燕皇帝。两年后，史思明大败李光弼率领的唐军，乘胜向长安进犯，可是在途中被其子史朝义杀死。史朝义在洛阳称帝后，叛军内部更加分裂，从此没有力量再向唐朝发动进攻。

公元762年，唐朝宫廷内发生政变，宦官李辅国杀死了张皇后，唐肃宗受惊而死。随后李辅国拥立太子李豫即帝位，即代宗。

唐代宗调集各路兵马，又向回纥借到一部分军队，以其子李适为天下兵马元帅，仆固怀恩为副元帅，率军收复了洛阳、河阳、郑州、汴州等失地。史朝义逃往河北，河北叛将见他大势已去，纷纷向唐朝投降。公元763年，史朝义在唐军打击下，穷蹙自杀。历时7年多的安史之乱至此结束，可唐朝的繁盛却一去不复返了。

和亲回纥

安史之乱除了直接引起藩镇割据外，更引起严重外患，使西域再度丧失。

安禄山兵变后，唐朝中央把西部边界属于陇右战区（今青海乐都）和河西战区（今甘肃武威）的军队，调往中原参战，边界等于没有防务。吐蕃王国抓住这个机会，于公元763年，沿着1000余千米的边境，发动全面总攻，唐军节节败退，河西走廊与中原之间的交通，被拦腰切断。

河西走廊和西域，最后终于全部沦入吐蕃王国和回纥汗国之手。西疆的防卫力量，经这次摧残，再无力振作。唐朝又陷于藩镇的混战，也没有力量西顾。于是吐蕃兵团经常长驱直入，在关中地区攻城略地，烧杀掳掠，过去繁华富庶的地方，如今却变得一片荒凉。

公元788年，德宗李适采用宰相李泌以夷制夷的建议，把女儿咸安公主嫁给回纥汗国的天亲可汗。3年后，吐蕃军攻击灵州（今宁夏灵武），回纥出兵迎击，吐蕃遭到空前大败，天亲可汗把俘虏送到长安献捷。咸安公主在回纥生活了21年，经历了4位可汗，为回纥与唐朝的和平做出了极大贡献。

公元793年，南诏王国第三任国王异牟寻归附唐朝。公元794年，吐蕃王国向南诏征兵1万人，想一雪灵州的耻辱。异牟寻表示国小力弱，只能派出3000人。在吐蕃使节的一再坚持下，才勉强出了 5000 人。但是，异牟寻却又悄悄派了数万人的南诏精锐军，遥遥跟在这"借"出的 5000 人之后，在进入吐蕃国境的神川（今云南丽江）后，纵兵攻击，吐蕃大败。南诏砍断横亘在金沙江上的古老铁索吊桥，断绝了两国交通，然后派遣使节到长安献捷。

吐蕃王国从此衰落下去，不久就被瓦解为若干部落。

刘晏改革

安史之乱后，唐王朝开始走向衰败，财政方面日渐紧缩。乾元元年（758 年），唐肃宗李亨决定对长江、淮河流域和四川地区的富裕家庭强行征收财产税，同时批准各地对商人携带的价值超过一贯的货物征收关津通过税。与此同时，大规模出售道士、和尚、高级知识分子、官员资格的活动也在进行。但是，这些应急措施所带来的收入仍然不能为平息战争和对功臣的赏赐提供足够的经费，政府急需开辟新的财政来源。于是，一大批原来名不见经传的官员开始上台执政，其中最为著名的就是刘晏。

刘晏是曹州南华（今山东东明）人，字士安。开元十三年（725 年）唐玄宗东封泰山，刘晏作为神童被地方举荐，作了一篇《东封书》，对玄宗封禅一事大加颂扬，因此得到玄宗的赏识，被称为"国之祥瑞"，封为秘书省正字，成为当时最年轻的政府官员，不过此后他的官运却并不亨通。

唐代宗上台后，信任大臣元载，而元载过去是刘晏的老部下。面对当时繁杂的经济事务，元载想到了刘晏，保荐他担任户部侍郎，并兼任度支、转运、盐铁、铸钱等使职，帝国的经济命脉一下子便归刘晏一手执掌了。

刘晏经过了几次官场沉浮后，意识到自己在政府上层缺乏强有力的支持者，因而除了继续维持好与元载的关系外，他又把眼光投向了当时权势熏天的程元振，送去不少礼物给程元振。

不幸的是，刘晏的赌注下错了。程元振在处理一次吐蕃入侵事件中表现得惊慌失措，被流放到江陵。元载不顾大臣们的反对，依然起用刘晏为河南、江淮以东转运使，全权负责当时对中央来说生死攸关的漕运。

也许是意识到了自己的政治才干不如元载，刘晏上任后，将政治上的抱负放到了次要地位，决心在经济工作中一展宏图。在元载的全力支持下，刘晏对漕运进行了全面彻底的整顿和改革，并很快就取得了令人震惊的成就，不但使原来已经断绝的东路漕运得以恢复，而且在效率方面较之前代也大有提高。当他组织运输的第一批粮食运达长安时，代宗皇帝欢喜异常，组织了军乐队到东渭桥迎接运粮船队，又派宦官对刘晏进行慰劳表彰，将他比喻成西汉开国皇帝刘邦那个在后勤组织方面特别有天赋的助手萧何。

在继续做好漕运工作的同时，刘晏开始对食盐专卖制度作深力度的改革，以增加专卖收入。通过对食盐专卖各环节所做的明智变通，政府得自食盐专卖的收入在短短的几年间翻了 10 倍有余，由刘晏接管时的每年 60 万贯猛增至大历末年的 600 万贯。刘晏在经济工作中所表现出来的殚精竭虑不但获得了代宗和元载的赏识，也为他本人带来了巨大声誉，甚至宋代一贯对财政官员嗤之以鼻的司马光，也在他的著作《资治通鉴》中不惜大费笔墨对刘晏进行夸赞。

在户税的管理上，刘晏加重了官僚、寄庄户的户税，整顿了各种浮客户的户税，减轻了商贾的户税。地税和户税既扩大了征收面，又趋于合理负担，既加强了管理又增加了国家的财政收入，效果甚佳。

元载之死

在刘晏全力以赴于经济工作的同时，元载与宦官鱼朝恩的斗争进入了白热化阶段。很快，鱼朝恩的专权傲慢，使代宗对他起了杀机，与元载站在了同一条战线上。

出于对鱼朝恩所统领禁军的畏惧，元载直到在军事、人事上做出了一系列的安排后，才将自己处心积虑拟就的对付鱼朝恩的计划向代宗和盘托出。代宗于是安排了一场不怀好意的酒宴，一无所知的鱼朝恩欣然赴约，元载收买了鱼朝恩的亲信周浩，将鱼朝恩当场缢杀。

元载在肃清自己最大的敌人后，便有些忘乎所以了，他开始肆无忌惮地迫害仅仅被怀疑为对自己不忠诚的人，其中不乏代宗赏识之人，但代宗保护他们的意图在元载那里从来没有受到过认真对待。随着一批批的官员被清洗，代宗对元载的野心也认识得越来越清楚，但他还是很畏惧，情急无奈中，他曾说了当时很著名的一句话："三品以上皆是贼。"并开始试图改变这种由元载一手遮天的现状。

元载对刘晏放心不下，总想对刘晏进行牵制，但慑于刘晏此时的威势，也不敢轻举妄动，只是变本加厉地培植自己的势力对付刘晏，却从来没想到皇帝会对自己起杀机。

大历十二年（777年），代宗的舅父、统领宫廷禁军的吴凑发动突然袭击，带兵在元载的官衙将他抓获，押至万年县监狱中处死。刘晏负责主审此案，他曾请求皇上饶过元载，但其他官员一向对元载心怀不满，一番酷刑后，对元载仅仅想死得痛快点的愿望也不给以满足，在向元载口中塞入一双袜子后，才让元载在满嘴臭气中死去。同时被杀、被贬的，还有元载的诸多死党。

刘晏没有保住元载，却保住了元载的亲信、也是自己的副手之一杨炎。但刘晏没有想到，他放过了杨炎，杨炎却在不久之后成为他的掘墓人。

两税法

公元780年，宰相杨炎建议推行两税法，实质上就是以户税和地税来代替租庸调的新税制。它取消了租庸调及各项杂税的征收，保留户税和地税。量出置入，由政府先预算开支以确定赋税总额。户税是按户等高低征钱，户等高的出钱多，户等低的出钱少。地税是按亩征收谷物。无论户税和地税，都分夏秋两季征收，所以被称为两税法。

两税法在施行的初期取得了可观的成绩，德宗对杨炎的信任也因此与日俱增，而面对身为四朝元老的刘晏，德宗越来越感觉压力重重。谨慎的刘晏感到了德宗对自己的猜忌，为了避免有结党嫌疑，他开始减少与自己在朝廷中的近亲和过去的老部下之间的走动，但对于手中的财政大权，刘晏却一直紧抓不放。

杨炎不甘心让刘晏挡他的路，借口理顺财政管理体系，顺利解除了刘晏的所有财政职务，德宗于是又借口刘晏在工作汇报中有欺骗行为，将他贬为忠州刺史。

杨炎对此很高兴，为了斩草除根，他派自己的亲信，也是从前元载的亲信庾准出任刘晏的顶头上司，诬陷刘晏谋反。杨炎通过表面的复查，证实了庾准的报告。虽然一切罪名都已成立，德宗在最后关头却表现得心虚异常，他连将刘晏明正典刑的胆量也没有，而是派宦官以最快的速度赶赴忠州，将刘晏秘密杀害。在刘晏被杀的19天后，德宗才向全体臣民公布了刘晏的罪状，全国上下一片哗然。

杨炎害死刘晏后，刘晏的家人被流放到岭南，他的几十个部下都因受到不同程度的牵连而被贬官流放，但杨炎坚决主张抄刘晏的家。结果，刘晏的全部财产不过书籍两车、米麦数斛（每斛十斗）而已。而在对刘晏的罪行上，却写有"按问赃贿，不知纪极"的罪名。

刘晏的被害在朝廷内外引起轩然大波，对于那些为刘晏鸣冤的人，杨炎都不放过，一律予以打击。由于不少手握重兵的节度使对中央随随便便杀害刘晏这样的重臣表示愤慨，杨炎只得派遣大批人员到各节度使那里做解释工作。为了推卸自己的责任，他说自己完全是秉承德宗的意旨所为。德宗不久就对此有所耳闻，也派亲信宦官到淄青节度使李正己那里核实。李正己本来就曾为刘晏遇害一事向杨炎率先发难，遇此良机自然大加利用，使德宗对杨炎起了杀机。公元781年，在德宗的支持下，杨炎被赶出京城到遥远的海南担任崖州司马，还未到达目的地，就被德宗派遣的宦官追上赐死。

唐朝就在这种不断的官场角逐中，陷入了更深的泥潭。

宦官专政

唐朝初年，宦官数量不多，地位也很低，更无权过问军政大事。这种情况，到玄宗时才发生显著变化。晚年的唐玄宗怠于政事，进奏的文表都先让宦官高力士审阅，小事就由高力士处理，大事才自己裁决。虽然高力士并不热衷于政治，但权势仍震慑朝野，连皇太子李亨都唤他"二哥"，公主、驸马都尊称他"老太爷"。唐玄宗还委派宦官监军、到藩国出使等重任。

安史之乱后，皇帝对将领们充满猜忌，开始信任宦官。唐肃宗时，用权阉李辅国掌禁军。德宗时，设立护军中尉二人、中护军二人，全以宦官充任，统率左右神策军、天威军等禁军。从此，宦官掌典禁军成为定制。

唐后期，顺宗、宪宗、敬宗皇帝皆死于宦官之手。从唐穆宗以后，唐朝的皇帝都是由宦官拥立的。这样一来，宦官的权力就更大了，连皇帝的命运都掌握在他们的手里。

唐文宗李昂（穆宗的儿子）即位的第二年，各地推荐的举人到京都应试。有一个举人叫作刘蕡，他在试卷里公开反对宦官掌权，认为要国家安定，应该排斥宦官，把政权交给宰相，把兵权交给将帅。

这份考卷落在几个考官手里，考官们传来传去地看，对其赞不绝口，觉得不但文采好，而且说理精辟，是篇难得的好文章。但是到了决定录取的时候，却谁也不敢表态，因为录取了刘蕡，就得罪了宦官，他们的位子也会保不住。

结果，跟刘蕡一起来投考的22人都中了，刘蕡却落了选。刘蕡是大家公认的杰出人才，这次因为说了些正直话落选，大家都觉得委屈了他。

三彩宦官俑　唐
中国高度集权的政治体制为宦官乱政提供了环境和条件，宦官专权的历史由来已久。此宦官俑头部仰起，双拳紧握，一副大权在握的得意表情。

132

甘露之变

李训、郑注两人取得了唐文宗的信任，文宗把自己想除掉宦官的心事告诉他们。他们跟文宗秘密商量，想法削弱王守澄的权力。王守澄手下有个宦官仇士良，跟王守澄有矛盾，李训、郑注就请文宗封仇士良为左神策中尉，带领一部分禁卫军。接着，李训又解除了王守澄的兵权。王守澄失了兵权后，很快就被杀了。

杀了王守澄，接下来就要除掉仇士良。李训经过一番策划，联络了禁卫军将军韩约，决定动手。公元835年的一天，唐文宗上朝的时候，韩约上殿启奏，说禁卫军大厅后院的一棵石榴树上，昨天夜里降了甘露。天降甘露被认为是好兆头，李训当即带领文武百官向文宗庆贺，还请唐文宗亲自到后院观赏。

唐文宗命令宰相李训先去察看，李训装模作样到院子里去兜了一圈回来说："我去看了一下，恐怕不是真的甘露，请陛下派人复查。"唐文宗又命令仇士良带领宦官去观看。仇士良叫韩约陪着一起去。韩约走到门边后，神情紧张，脸色也发白了。仇士良觉得奇怪，问韩约说："韩将军，您怎么啦？"

正说着，一阵风吹来，吹动了门边挂的布幕。仇士良发现布幕里埋伏了不少手拿明晃晃武器的兵士，大吃一惊，连忙退出，奔回唐文宗那里。李训看到仇士良逃走，立刻命令埋伏的卫士赶上去。哪知仇士良和宦官们已经把文宗抢在手里，把他拉进软轿，抬起就走。李训赶上去，拉住文宗的轿子不放，一个宦官抢前一步，朝李训劈胸一拳，把他打倒在地。仇士良趁机扶着文宗的软轿，进内宫去了。

李训预谋失败，只好从小吏身上讨了一件便衣，化装逃走。仇士良立即派兵出宫，大规模逮捕一些参加预谋的官员，把他们全都杀了。李训东奔西逃，最后走投无路，在路上被杀。当时郑注正从凤翔带兵进京，得到消息后，便想退回凤翔，结果也被监军的宦官杀死。

唐文宗和李训、郑注策划的杀宦官的计谋彻底失败，这次事变即被称作"甘露之变"，在这次事变后，受株连被杀的有1000多人。宦官们从此把唐文宗严密监视起来，唐文宗的日子更不好过了，过了5年便得病死去。仇士良立文宗的兄弟李炎即位，这就是唐武宗。而宦官则一直掌控着大权。

133

朋党之争

在藩镇和宦官夹缝中，唐王朝的中央政府又出现了朋党斗争，这两个政客集团，一称"李党"，一称"牛党"。李党的重要人物有李德裕、李绅、郑覃；牛党的重要人物有李逢吉、牛僧孺、李宗闵。李党多是世家士大夫；牛党则是寒门士大夫，出身平民。两派官员互相倾轧，争吵不休，一直闹了40年，历史上把这种争吵叫作"朋党之争"。

这场争吵还是在唐宪宗在位时候开始的。一年，长安举行考试，选拔能够直言敢谏的人才。在参加考试的人中，有两个下级官员，一个叫李宗闵，一个叫牛僧孺。两个人在考卷里批评了朝政。考官看了卷子，认为这两个人符合选拔的条件，就把他们推荐给唐宪宗。

这件事让宰相李吉甫知道了，李吉甫是个士族出身的官员，本来就瞧不起科举出身的官员，现在出身低微的李宗闵、牛僧孺居然敢批评朝政，揭了他的短处，这让他更加生气。他在唐宪宗面前说，这两人被推荐，完全是因为跟试官有私人关系。唐宪宗听信了李吉甫的话，把几个试官降了职，李宗闵和牛僧孺也因此没有受到提拔。

李吉甫死后，他的儿子李德裕依靠父亲的地位，做了

朋党之争图
唐代党争既有传统士族与庶族斗争的一面，又混杂了大官僚地主阶级之间的斗争。争斗中两派又援引宦官做靠山，得势后便大力排挤政敌，从而演变成为掌权而进行的互相倾轧，结果进一步加深了统治危机。

翰林学士。那时候，李宗闵也在朝做官。李德裕对李宗闵批评他父亲这件事，仍旧记恨在心。

唐穆宗即位后，又举行进士考试。有两个大臣因为熟人应考，私下里托过考官，考官钱徽没卖他们的面子。正好李宗闵有个亲戚应考，被选中了。这些大臣就向唐穆宗告发钱徽徇私舞弊。唐穆宗问李德裕是否有这么回事，李德裕回答有。结果唐穆宗就把钱徽降了职，李宗闵也受到牵连，被贬谪到外地去。

打这以后，李宗闵、牛僧孺就跟一些科举出身的官员结成一派，李德裕也跟士族出身的官员结成一派，两下明争暗斗得十分厉害。

牛、李两派为了争权夺利，都讨宦官的好。到了唐武宗即位，李德裕当了宰相，他竭力排斥牛僧孺、李宗闵，把他们都贬谪到南方去了。

公元 846 年，唐武宗病死，宦官们立武宗的叔父李忱即位，就是唐宣宗。唐宣宗在登基之日就对左右说：“刚才靠近我身边的人是不是李太尉？他每次看我的时候，我都感到毛发耸立。”果然没过几天，李德裕即被罢相，然后一贬再贬。李党成员也被纷纷斥出，牛党却时来运转，一升再升。然而这些争了大半辈子的牛僧孺、李宗闵等，毕竟年事已高，虽得到升迁，却多数病死在途中。

闹了 40 年的朋党之争终于收场，但是混乱的唐王朝却已经闹得更加不好收拾了。

黄巢起义

公元 873 年，关东地区遇到了一场严重的旱灾，可唐朝政府依然催促地方上缴赋税。濮州（今河南范县南）人王仙芝领导几千人在长垣（今河南长垣）起义，以天补均平大将军兼海内诸豪都统的名义传檄诸道，痛斥唐政府官吏“贪沓，赋重，赏罚不平”，深得人们的拥护。公元 875 年，王仙芝打下了濮州和曹州，队伍壮大到数万人。这时，黄巢率领数千人在冤句（今山东菏泽西南）起义，响应王仙芝。

黄巢和王仙芝两支起义队伍会合后，转战山东、河南一带，接连攻下许多州县，声势越来越大。唐王朝非常恐慌，命令各地镇压。但是各地藩镇都不愿意损伤自己的队伍，于是互相观望，使唐王朝束手无策。

唐王朝看硬的不行，就采用软的手法。在起义军攻下蕲州（今湖北蕲春）的时候，派宦官来见王仙芝，封他“左神策军押牙兼监察御史”的官衔。王仙芝听到有官做，便迷了心窍，表示愿意接受任命。黄巢得知这个消息后，气极了，带了一群将士冲到王仙芝那里，狠狠责备王仙芝，说：“当初大家起过誓，要同心协力，平定天下，现在你想去当官，叫我们弟兄往哪里去？”王仙芝还想搪塞，黄巢抡起拳头，朝王仙芝劈头盖脸地打了过去，打得王仙芝满脸是血。王仙芝自知理亏，只好认错，把唐朝派来的宦官赶跑了。

经过这番波折，黄巢决定跟王仙芝分两路进军。王仙芝向西，黄巢向东。不久，王仙芝率领的起义军在黄梅（今湖北）被唐军打败，他本人也被杀死。王仙芝失败后，起义军重新会合，大家推黄巢为王，称冲天大将军。

起义军在黄巢的带领下，一路上势如破竹，接连打下越州、衢州；接着又劈山开路，打通了从衢州到建州（今福建建瓯）的 700 里山路，一直打到广州。在广州休整以后，岭南地区发生瘟疫，黄巢带兵北上，顺利渡过长江，直达淮河。

公元 880 年，黄巢带领 60 万大军，浩浩荡荡开进潼关。唐王朝惊慌失措，唐僖宗李儇和宦官头子田令孜带着妃子，逃到成都去了，来不及逃走的唐朝官员全部出城投降。黄巢进入长安城，即位称皇帝，国号大齐。

但是，由于黄巢起义军长期流动作战，占领过的地方，都没留兵防守。几十万起义军进入长安以后，四周还是唐军的势力。没有多久，唐王朝调集各路兵马，包围长安。长安城里的粮食供应发生了困难。

黄巢派出大将朱温驻守同州（今陕西大荔），但是朱温却投降了唐朝。唐王朝又召来沙陀贵族、雁门节度使李克用，率领4万骑兵进攻长安。起义军遭到大败，只好撤出长安。

黄巢带领起义军撤退到河南，又遭到朱温、李克用的围攻。公元884年，黄巢在攻打陈州（今河南淮阳）失败之后，受到官军的紧紧追赶，最后退到泰山狼虎谷，兵败自杀。

唐王朝走向末日

黄巢起义失败后，唐僖宗回到长安。这时候，各地藩镇在镇压黄巢起义的过程中，都扩大了自己的势力，成为大大小小的割据力量。其中最强大的，是河东节度使李克用和宣武（治所在今河南开封）节度使朱温。朱温自从背叛黄巢投靠唐朝后，唐僖宗就给了他高官厚禄，还赏他一个名字，叫"全忠"。

当黄巢从长安退到河南的时候，其兵力还很强，有一次，黄巢军攻打汴州，朱温向李克用求救。李克用打败了起义军，回到汴州，朱温假意殷勤招待，大摆酒宴，趁李克用喝得酩酊大醉的时候，派兵把驿馆团团围住，想把李克用害死。李克用靠几个亲兵拼命救出，才突围逃走。从此，李克用与朱温便结下了冤仇，一直互相攻打。

唐僖宗病死后，他的弟弟唐昭宗李晔想依靠朝臣来反对宦官，结果都失败了。到了后来，宦官还把唐昭宗软禁了起来，打算另立新皇帝。

这件事给野心勃勃的朱温提供了一个好机会。朱温派出亲信偷偷溜进长安，跟宰相崔胤秘密策划，发兵杀了宦官头目刘季述，并迎接唐昭宗复位。

唐昭宗和崔胤还想杀掉所有宦官，另一些宦官就投靠另一个藩镇、凤翔节度使李茂贞，把唐昭宗劫持到了凤翔。崔胤向朱温求救，朱温带兵进攻凤翔，要李茂贞交出唐昭宗。李茂贞兵力敌不过朱温，只好投降。

朱温把唐昭宗抢了过来，带回长安。从此唐王朝政权就从宦官手里，转到了朱温手里。

朱温掌了大权后，把宦官全部杀光，挟持唐昭宗迁都洛阳。离开长安的时候，朱温派人把长安的宫室、官府和民屋全部拆光，把材料运到洛阳，还逼迫长安的官吏、百姓一起搬到洛阳去。长安百姓扶着老人，拖着孩子，在兵士的驱赶下赶路，惨不忍睹。

唐昭宗到了洛阳后，还想秘密召各地藩镇来救他。但是他还没有盼到，朱温已经动手把唐昭宗给杀了，另立了一个13岁的孩子做傀儡，这就是哀帝。

宦官完了，皇帝也完了，留下的还有一批唐王朝的大臣。朱温手下的谋臣对朱温说："你要干大事，这批人最难对付，他们平时自命清高，把自己称作'清流'，应该把他们扔到浊流（指黄河）里去。"朱温依了他的话，在一个深夜，把30多名朝臣集中起来杀掉，扔到了黄河里。

公元907年，朱温废了哀帝，自立为帝，改国号为梁，建都汴（今河南开封），史称后梁。至此统治了将近300年的唐朝宣告结束。

朱温建后梁

朱温手下的宰相张全义，和他一样喜欢改名字，而且是反复地改。张全义原名张居言，有的史书上写作张言，字国维。开始，他和朱温一起参加了黄巢起义军，后来叛变投降了唐朝廷，也和朱温一样被唐昭宗赐了名字——全义。

朱温灭唐建梁时，他在朱温手下做官，为避讳朱温的名字全忠，张全义主动提出让朱温给他改名，朱温很高兴，便赐他宗奭。等到后来后唐灭掉后梁时，他又请罪、行贿归降了后唐，再次做了高官。为了表示忠心，张全义主动去掉朱温赐的宗奭这个名字，请求恢复他张全义这个名字。由于李存勖建立后唐也是为表示继承唐朝的江山，所以张全义这次请求恢复唐昭宗所赐的名字，很明显是一种讨好的举动。

改名的做法虽然并不少见，但像张全义这样改来改去的还真不多见。张全义祖上世代耕田务农，其祖父张琏、父亲张诚都是农民。朱温的父亲恰好也叫朱诚，不过张全义只是自己改来改去，还没为了避讳朱温父亲名讳而替自己的父亲改名。

张全义投降唐朝后在洛阳任职，很是尽忠职守，将白骨遍野、荆棘一望无边的洛阳治理得井井有条，几年时间便以富庶闻名天下，在物质上给了朱温很大的帮助。

朱温称帝建立后梁，倒也没有忘记张全义的功劳，加封其为魏王。后来朱温因兵败得病返回洛阳，到张全义家中休养。住了10来天，朱温见张全义的妻子、女儿、儿媳都颇有姿色，便把她们一一召来强迫侍寝，满足自己的淫欲。张全义强忍着没有发作，他的儿子张继祚却愤恨至极，持刀要去杀朱温这个老淫棍。张全义死死拉住儿子，说："别忘了他的救命之恩！河阳被围困时，我们只能吃木屑为生，最后剩下一匹马，想杀了给军士充饥。如果不是朱温派兵相救，我们早就死了，哪会有今天的富贵，救命之恩不可忘啊！你就忍忍吧。"儿子听了只得作罢。张全义还把洛阳的财力以及自己的家财全都拿出来，支持朱温对李克用的战争，以求朱温不对自己下毒手。

朱温死后，张全义投靠了李存勖。在李存勖晚年，他的养子李嗣源的势力逐渐变得很大，大有取代李存勖之势。这时魏州发生兵变，张全义极力保举李嗣源，李存勖犹豫了一番，还是派李嗣源领兵出征了。让张全义万万没想到的是，李嗣源竟与兵变将士一起反攻回来。听到这个不祥的消息，张全义忧虑恐惧，整天愁眉不展，饭也吃不下，最后得了病，不久便死去了，终年75岁，总算是委曲求全地得以长寿了。

张全义的委曲求全，让他历任三个朝代，侍奉了八个皇帝，并都为各个皇帝所宠幸，任官经历简直可以称为奇迹。张全义在官场上就像一根墙头草，风向哪边吹，他就向哪边倒。见风使舵是他的本事，含辱忍垢也是他的长处，而所有这些，都是为了利益。

张承业辅佐后唐

张承业，字继元，本姓康，同州（今陕西大荔）人，自幼为宦，一心辅佐李克用，将兴复唐朝的全部希望都寄托在了李克用父子身上。

朱温在对宦官大开杀戒之时，曾命各地节度使杀尽所在地的宦官。李克用因为赏识张承业的才华，杀了一个死囚冒名顶替他。有了这次救命之恩，张承业便对李克用忠心耿耿，从此主持内政事务，专门负责给前线输送粮草。

由于张承业的忠诚，李克用对他也极为信任，临终时还拉着张承业的手托付后事："我儿李存勖还小，没什么经验，群臣又骄横难制，我死之后，一切就全靠你来照顾了。"

李存勖继承晋王位时年仅24岁，朝中人心浮动，大将周德威拥兵晋阳，内患随时可能爆发。张承业当即便对李存勖说："您现即便是守孝，也不应该放弃家业。现在不同于一般百姓之孝，新旧交替之时，狡猾凶顽之徒正在窥视您的王位。梁军想趁我们服丧期间攻城略地。您现在如果不节哀治国，领兵退敌，那不但长敌人的威风，恐怕内部也会出大乱子，到时就难以收拾了！"

张承业的话正中要害，当时李存勖的叔叔李克宁也掌握着兵权，他打算将李存勖和李克用的夫人曹氏送往后梁做人质，一起投降后梁。不料消息走漏，被李存勖母子知道了，曹氏马上向张承业求救，张承业抢先诛杀了李克宁等人，稳定了局势。从此，李存勖对张承业感激万分，称他为"七哥"，且常到张承业的府第去看他，每次都向张母跪拜请安。

李存勖和梁军在黄河两岸展开了长达10年的艰苦争夺，在这期间，他将太原的一切军政事务全交给了张承业。张承业勤勤恳恳、鞠躬尽瘁，征兵买马支援前线，招抚流民生产务农，征集准备粮草充实军用，大大小小的事务都处理得井井有条，让李存勖不但没有后顾之忧，可以专心对付后梁，还能得到源源不断的兵源和粮草的支持。最后李存勖之所以能出奇兵灭掉后梁，张承业起了极其重要的作用。

张承业辅佐李存勖，一直是为了灭掉后梁，复兴唐朝。不久后他见李存勖要称帝，便顾不得身体有病，让人抬着他去劝说："大王父子血战30余年，都是为国报仇，复兴唐室。现在梁贼未灭，民财快要用完了，如果称帝，财力就将耗尽，这是臣认为不能称帝的第一个原因；臣先前在宫中时，常见国家继位大礼要举办的时候，总是准备达一年之久才能完成。假如大王非要称帝，也不可违背制度，而礼乐现在还没有准备好，这是臣认为不可的第二个原因。凡做事要量力而行，不可听信他人的游说。"

可惜，帝位的诱惑实在是太大了，张承业号哭着劝说也没有用，绝望的张承业恸哭不止，对李存勖说了最后一句话："诸侯血战是为李唐王朝，现在我王自取之，误老奴矣！"然后他便丧魂落魄般回到晋阳，忧郁成疾，不久便病死了。

儿皇帝石敬瑭

李嗣源生于公元867年，自幼随其父长于军中，后隶属李克用帐下，曾于上源之难中冒死救得李克用性命，为李克用所爱重，收为养子，赐名李嗣源。他先后随从李克用征战近30年，排难解纷，屡建奇功，和其他将领辅佐李存勖立霸业，建立后唐。然而，李存勖当了皇帝之后，渐渐地变得昏庸起来，对昔日的功臣们也妄加猜疑。公元926年，李嗣源被兵变将士强迫率领他们反攻李存勖，并最终继承帝位，李存勖则因为倒行逆施而自食苦果，丢掉了性命。李嗣源继位后，吸取了李存勖的教训，励精图治，成为五代的一位明君。

李嗣源继承了李存勖的帝位，他死后，其子李从厚继承。公元934年，李从厚下令调他的义兄凤翔（今陕西凤翔）节度使李从珂到太原（今山西太原）当河东节度使。当时，这种调动往往是一种屠杀陷阱，被调动的将领一旦离开据点，失去自卫力量，在中途可能就会受到处决。因而李从珂拒绝接受命令，并起兵攻陷洛阳。李从厚在逃亡途中被杀，李从珂继位。

公元936年，李从珂犯了同样的错误，他下令调他的姐夫河东节度使石敬瑭到郓州（今山东东平）当天平节度使，石敬瑭不接受命令，并起兵叛变。

石敬瑭向塞北的契丹帝国要求援助，应许割让长城以南16个州的土地作为报酬。契丹帝国皇帝耶律德光（开国皇帝耶律阿保机的儿子）异常兴奋，御驾亲征，击溃后唐帝国讨伐石敬瑭的大军。李从珂全家自焚，后唐灭亡。

石敬瑭在太原叛变时，耶律德光封石敬瑭为皇帝，国号后晋。后晋帝国建立后，立即把长城以南的16个州交割给契丹，史称"燕云十六州"。燕，指幽州。云，指云

石敬瑭像

州。这 16 州是：幽州（今北京）；蓟州（今天津蓟州区）；瀛洲（今河北河间）；莫州（今河北任丘）；涿州（今河北涿州）；檀州（今北京密云）；顺州（今北京顺义）；新州（今河北涿鹿）；妫州（今河北怀来）；儒州（今北京延庆）；武州（今河北宣化）；云州（今山西大同）；应州（今山西应县）；寰州（今山西朔州东）；蔚州（今河北蔚县）；朔州（今山西朔州）。

石敬瑭除了割地外，还尊称耶律德光为"父"，自称为"儿"，甘做"儿皇帝"。那一年耶律德光 37 岁，而石敬瑭已 47 岁。

石敬瑭当儿皇帝只 7 年就死了，其侄儿石重贵继位，他采纳大臣景延广的意见，向辽帝国皇帝耶律德光只称"孙"，而拒绝称"臣"。也就是说，私人关系我是孙皇帝，但后晋帝国跟契丹帝国立于平等地位，不再臣属。不久，石重贵下令把在中原经商的契丹人全部杀掉，断绝两国贸易，自己要亲自北征。

耶律德光气得七窍生烟，率契丹军大举南下。很快，开封陷落，后晋帝国灭亡。

周世宗改革

契丹兵撤出开封后，后晋大将刘知远在太原称帝，接着他率军南下，很快收复了洛阳和汴京，并改国号为汉。刘知远只做了 10 个月皇帝就死了，他的儿子刘承祐即位以后，内部发生动乱。刘承祐嫌手下将领权力太大，秘密派人去杀害大将郭威。这激怒了郭威，于是他发动了兵变。

公元 950 年，郭威推翻了后汉，被将士拥戴为皇帝，国号周，他就是后周太祖。周太祖出身贫苦，也读过一点书，他注意重用人才，改革政治。在他的治理下，五代时期的混乱局面开始好转。

周太祖没有儿子，他的皇后有个侄儿叫柴荣，从小就聪明能干，且练得一身武艺。周太祖就把他收作自己的儿子。公元 954 年，周太祖死去，柴荣继承皇位，这就是周世宗。

周世宗即位不久，北汉勾结契丹，联兵南下。周世宗亲自出征，打败了北汉的军队，获得大捷。战后，周世宗简选禁军骑、步诸军，将精锐者升为上军，羸弱者裁汰，革除了唐后期豢养冗兵的积弊。为了让国力提升，周世宗鼓励人们开垦荒田，把中原的无主荒田都分配给逃亡人户耕种，且优待返回的逃户，并免收人民以前所欠的两税，取消了两税以外的苛捐杂税和一些徭役。周世宗在政治、经济和军事上进行的相关改革，取得了一定的成效，为北宋统一全国奠定了基础。可惜他英年早逝，欲进兵攻取幽州时，突患重病，卒年仅 38 岁。

第九章 两宋风云

陈桥兵变

唐朝灭亡之后，在中原地区相继出现了定都于开封和洛阳的后梁、后唐、后晋、后汉和后周5个朝代。

公元959年，后周世宗柴荣见国力恢复，即向北攻击辽帝国，打算一举收回燕云十六州。他的兵锋锐不可当，一连攻陷十六州中最南的二州：瀛洲（今河北河间）和莫州（今河北任丘）。再向北挺进，又连陷三关：益津关（今河北霸州）、瓦桥关（今河北雄县）、高阳关（今河北高阳）。可是，当柴荣乘胜再向北继续挺进，打算进攻十六州中最重要的幽州（今北京）时，却忽然病倒了，于是只好撤退。回到开封后，柴荣驾崩，他7岁的儿子柴宗训继承帝位，史称周恭帝。周恭帝即位的时候，年纪太小，由宰相范质、王溥辅政，殿前都点检赵匡胤掌握军权。赵匡胤是周世宗手下的得力大将，南征北战，立下不少战功，他统率的禁军是后周一支最精锐的部队。

公元960年，后周朝廷正在举行朝见大礼的时候，忽然接到边境送来的紧急战报，说北汉国主和辽朝联合，再次出兵攻打后周边境。范质、王溥马上派赵匡胤带兵抵抗。赵匡胤接到出兵命令，立刻调兵遣将，带着他的弟弟赵光义和亲信谋士赵普，开拔到距京城20里的陈桥驿，命令将士就地扎营休息。

兵士们倒头就呼呼睡了，一些将领却聚在一起悄悄商量。有人说："现在皇上年纪那么小，我们拼死拼活去打仗，将来有谁知道我们的功劳，倒不如现在就拥护赵点检做皇帝吧！"大伙听了，都赞成这个意见，并推一名官员把这个意见先告诉赵光义和赵普。赵光义和赵普听了，都暗暗高兴，一面叮嘱大家一定要安定军心，不要造成混乱，一面赶快派人告诉留守在京城的大将石守信和王审琦，让他们做好兵变的准备。

没多久，这消息就传遍了军营，天刚亮，将士们就都闹哄哄地拥到赵匡胤住的驿馆。赵匡胤听得外面一片嘈杂的人声，刚打开房门，几个人就把早已准备好的一件黄袍，七手八脚地披在了赵匡胤身上，然后大伙跪倒在地上磕了几个头，高呼"万岁"。接着，又推又拉，把赵匡胤扶上马，请他一起

宋太祖赵匡胤像

回京城。

赵匡胤骑在马上，才开口说："你们既然立我做天子，我的命令，你们都能听从吗？"将士们齐声回答说："自然听陛下命令。"

赵匡胤就发布命令：到了京城以后，要保护好周朝太后和幼主，不许侵犯朝廷大臣，不准抢掠国家仓库。执行命令的将来有重赏，否则就要严办。

赵匡胤本来就是禁军统帅，再加上有将领们拥护，没有谁敢不听号令。到了汴京，又有石守信、王审琦等人做内应，没费多大劲就拿下了京城。

将领们把范质、王溥找来。赵匡胤见了他们，装出为难的样子说："世宗待我恩义深重。现在我被将士们逼成这个样子，你们说怎么办？"范质等见米已成粥，也只得向新皇上行礼。

周恭帝让了位，赵匡胤即位做了皇帝，国号叫宋，定都东京（今河南开封），历史上称为北宋，赵匡胤就是宋太祖。

杯酒释兵权

赵匡胤当上皇帝后，赵普暗示他要早日收回兵权，以免大将发动兵变。赵匡胤保证说："我待这些将领恩重如山，绝不会有问题。"赵普说："周世宗待你也恩重如山，你不是也做了皇帝？我的意思不是说他们会主动叛变，但是，万一他们的部下贪图富贵，也把黄袍披到他们身上，那时想不叛变也不可能。"

果不其然，有两个节度使一看赵匡胤称帝，立即起兵反对宋朝。赵匡胤亲自出征，费了很大的劲才把他们平定。

这件事让赵匡胤如梦初醒，过了几天，赵匡胤在宫里举行宴会，请石守信、王审琦等几位老将喝酒。酒过三巡，宋太祖命令在旁侍候的太监退出。他拿起一杯酒，先请大家干了杯，说："我要不是有你们帮助，也不会有现在这个地位。但是你们哪里知道，做皇帝也有很大难处，还不如做个节度使自在。不瞒各位说，自坐上这个位子，我就没有一夜睡过安稳觉。"

石守信等人听了十分惊奇，连忙问为什么。赵匡胤说："皇帝这个位子，谁不眼红呀？"

石守信等听出话音来了，都跪在地上说："陛下为什么说这样的话？现在天下已经安定了，谁还敢对陛下三心二意？"

赵匡胤摇摇头说："对你们几位我还信不过？只怕你们的部下将士当中，有人贪图富贵，把黄袍披在你们身上。到时你们想不干，能行吗？"

石守信等听到这里，感到自己就要大祸临头，于是连连磕头，含着眼泪说："我们都是粗人，没想到这一点，请陛下指引一条出路。"

宋太祖说："我替你们着想，你们不如把兵权交出来，到地方上去做个闲官，买点田产房屋，给子孙留点家业，快快活活度个晚年。我和你们结为亲家，彼此毫无猜疑，不好吗？"

石守信等齐声说："陛下替我们想得太周到了！"

第二天上朝，昨晚在皇宫喝过酒的大将便每人都递上一份奏章，说自己年老多病，请求辞职。赵匡胤马上照准，收回了他们的兵权，然后赏给他们一大笔财物。

宋太宗即位

赵匡胤称帝后，其弟赵匡义为避讳而改名为"赵光义"。相传在赵匡胤去世的当晚，曾召时任开封府尹的弟弟赵光义入宫，兄弟二人独自酌酒对饮，商议国事。室外的宫女和宦官在烛影摇晃中，远远看到赵光义时而离席摆手后退，时而又见赵匡胤手持玉斧戳地，"嚓嚓"的斧声清晰可闻。

两人饮酒直至深夜，赵光义才告辞出来，之后赵匡胤便睡下了。然而次日凌晨，突然传出赵匡胤的死讯，皇后立即命宦官王继恩去召皇子赵德芳入宫，然而王继恩却将赵光义请了来。

皇后心知不妙，只得哭喊道："我们母子性命都托付于官家了。"官家是对皇帝的称呼，皇后这样说，也就表示承认赵光义做皇帝了。赵光义也伤心流泪，说："共保富贵，不用担心。"两天后，赵光义登基为帝。

赵匡胤以50岁的盛年逝世，而且是突然死去，本就容易令人起疑。再加上赵光义在赵匡胤死的当晚与之单独相处，又抢在赵德芳之前登基，留下了许多令人不解的疑团。

为了显示自己即位的合法性，赵光义抛出了其母杜太后的遗命，即所谓的"金匮之盟"。说是杜太后在临终之际，曾召赵普入宫记录遗命。杜太后当时问赵匡胤何以能得天下，赵匡胤说是祖宗和太后的恩德与福荫。太后却说："错了，若非周世宗传位给幼子，主少国疑，你怎能取得天下？你当吸取教训，他日帝位先传匡义，匡义再传匡美，匡美传于德昭，如此，则国有长君，是社稷之幸。"赵匡胤于是泣拜接受教训，杜太后便让赵普将遗命写为誓书，藏于金匮之中。

"金匮之盟"到底有没有，至今没有定论，但就杜太后的这番话来分析，却也是合情合理的。而且赵匡胤兄弟二人的感情一直很好，赵匡胤每次出征，都让赵光义留守都城，军国大事也都和这个弟弟共同决策。一次赵光义生病，赵匡胤不但亲自去探望，还亲手烧艾草为弟弟治病，并且在自己身上试验，观察药效。

关于赵光义继位的猜疑和各种传说暂时被压制下去了，但这个继位的阴影却始终困扰着赵光义，而且他也不想按照"金匮之盟"把弟弟赵光美立为继承人，再由光美传回太祖之子。为此，赵光义绞尽脑汁，逼死了弟弟和侄儿，想达到传位给儿子的目的，可令他没想到的是，自己的长子也在这场明争暗斗中被逼疯了。

先南后北

宋帝国稳固了内部后，即着手统一中国。因为北方辽国的势力很大，赵匡胤和赵普便制订了先南后北的计划，花了近10年时间，先后出兵消灭了南平、后蜀、南汉。这样，南方的割据政权就只剩下南唐和吴越两国。

南唐是"十国"中最大的一个割据政权，加上其土地肥沃，战乱不像中原那样频繁，所以一直是经济繁荣，国家富裕。南唐的最后的一个国主李煜，史称李后主，是一个著名的词人，对诗词、音乐、书画都十分精通，可就是不懂得处理国事。

北宋建国后，李煜每年向北宋进贡大量金银财宝，想维持他的地位。后来他看到宋朝接连消灭了周围3个小国后，才着慌起来，表示愿意取消南唐国号，自己改称"江南国主"。但是这一点小小让步，根本不能改变赵匡胤统一中国的决心。

公元974年，赵匡胤派大将曹彬、潘美带领10万大军，分水陆两路攻打南唐。由于被辽阔的江面挡住了进军的道路，宋军开始赶造浮桥。

这个消息传到南唐的国都金陵（今江苏南京）后，李后主问大臣该怎么办，大臣说："自古以来，没听说搭浮桥过江的，一定办不成！"李后主听了也哈哈大笑，说："我早说他们是小孩子闹着玩罢了。"

3天后，宋军搭好浮桥，一举跨过了长江，10万宋军很快打到了金陵城边。这时候，李后主还在宫里跟一批和尚道士诵经讲道，浑然不知宋军已到了城外。

等到发现了宋军，李后主连忙调动驻守上江的15万大军来救。兵到皖口时，却受到宋军两路夹攻。南唐军放火烧宋军，哪知正碰到起北风，反烧了自己，全军覆没。

李后主投降后被押到东京汴梁，宋太祖对他还比较优待。但是李后主从一个尽情享乐的国君变成一个亡国的俘房，心里十分辛酸，每天都是流着眼泪过日子。他本来是写词的能手，在这段时期里，写下了"问君能有几多愁，恰似一江春水向东流"的词句。这首词让后来即位的宋太宗赵光义心里很不舒服，赵光义怀疑李后主还想复辟南唐，就把他毒死了。

公元 978 年，割据漳、泉二州的陈洪进和吴越的钱俶看到南唐灭亡，相继归附了宋朝，至此南方的割据政权就全被消灭。

雍熙北伐

赵匡胤在统一了中国南方后，马上出兵攻打北汉都城太原。北汉请辽朝出兵援助，结果宋军吃了败仗。

公元 979 年，宋太宗亲率大军出征北汉，把"十国"中的最后一国灭掉，消除了五代十国分立割据的局面。北汉国有一名老将杨业，也归附了宋朝。宋太宗早就听说杨业武艺高强，因而十分器重他，并任命他做大将。

宋太宗灭了北汉，想乘胜攻打辽朝，收复北方失地。宋军攻势凌厉，北方有几个州的辽朝守将纷纷投降。宋军在打到幽州（今北京）时，辽朝大将耶律休哥带领援兵赶到，双方在高梁河（今北京城西）大战，宋兵惨败。宋太宗乘了一辆驴车，狼狈逃回东京。

从那以后，辽军不断袭击宋朝边境。宋太宗十分担心，就派杨业为代州刺史，扼守雁门关。雁门关在杨业的把守下，坚若磐石，辽军多次进攻都被击退。

不久辽景宗耶律贤死去，即位的辽圣宗耶律隆绪才 12 岁，由他的母亲萧太后执政。这时有边将向宋太宗上奏章，认为辽朝政局变动，正好趁这个机会收复燕云十六州。宋太宗接受了这个意见，在公元 986 年，派曹彬、田重进、潘美率领三路大军北伐。这一年，宋太宗的年号是雍熙，史称"雍熙北伐"。

三路大军分路进攻，旗开得胜。潘美和杨业并为一路人马，出了雁门关，很快就收复了 4 个州。但是曹彬率领的主力因为孤军深入，被辽军杀得大败，宋太宗赶快命令各路宋军撤退。

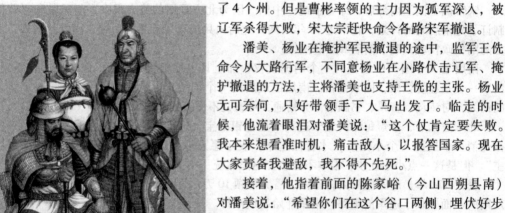

宋代武士复原图

潘美、杨业在掩护军民撤退的途中，监军王侁命令从大路行军，不同意杨业在小路伏击辽军、掩护撤退的方法，主将潘美也支持王侁的主张。杨业无可奈何，只好带领手下人马出发了。临走的时候，他流着眼泪对潘美说："这个仗肯定要失败。我本来想看准时机，痛击敌人，以报答国家。现在大家责备我避敌，我不得不先死。"

接着，他指着前面的陈家峪（今山西朔县南）对潘美说："希望你们在这个谷口两侧，埋伏好步兵和弓弩手。我兵败之后，退到这里，你们带兵接应，两面夹击，也许有转败为胜的希望。"

杨业出兵没有多远，果然遭到辽军伏击，杨业抵挡不住，只好一边打一边后退，把辽军引向陈家峪。到了陈家峪，只见两边静悄悄的，连宋军的影子都没有。

原来杨业走后，潘美也曾经把人马带到陈家峪。等了一天后，都听不到杨业的消息，王侁便认为一定是辽兵退了，怕杨业抢了头功，于是催促潘美把伏兵撤去，离开了陈家峪。等到他们听到杨业兵败，便又从另外一条小道逃跑了。

杨业兵败被俘后，绝食了三天三夜，最后牺牲了。宋太宗丧失了一名勇将，便把潘美降了职，王侁革职查办。但宋辽之间的对峙也从此转变，宋朝由攻转守，再无力主动发起北伐。辽朝欺侮宋朝无能，多次进犯边境，掠夺人口和财物。

澶渊之盟

宋太宗死后，他的儿子宋真宗赵恒即位，有人向宋真宗推荐寇准，说他忠于国家，办事有决断。寇准在宋太宗时期曾经担任过高官，因为得罪了一些权贵人物，被排挤到地方做了知州。宋真宗看到边境形势日益紧急，于是接受了大臣的推荐，把寇准召回京城。

1004年，辽朝萧太后和圣宗耶律隆绪亲自率领20万大军南下，前锋直达澶州（今河南濮阳）。寇准劝宋真宗带兵亲征，宰相王钦若和大臣陈尧叟却暗地里劝真宗逃跑。王钦若是江南人，主张迁都金陵（今江苏南京）；陈尧叟是蜀人，劝真宗逃到成都去。

宋真宗犹豫不决，只得让寇准拿主意。寇准一听迁都的建议，就知道是王钦若和陈尧叟搞的鬼，便声色俱厉地说：“这是谁出的好主意？出这种主意的，应该先斩他们的头！皇上亲自带兵出征，可以鼓舞士气，一定能打退辽兵。如果南逃，人心动摇，敌人就会乘虚而入，国家就保不住了。”

宋真宗听了寇准的一番话，也壮了胆，决定亲征，由寇准随同指挥。

这时候，辽军已经三面围住了澶州。宋军在要害的地方设下弩箭，辽军主将萧挞览带了几个骑兵视察地形，正好进入宋军伏弩阵地，弩箭齐发，萧挞览中箭丧命。

澶州城横跨黄河两岸。宋真宗在寇准、高琼等文武大臣的护卫下，渡过黄河，到了澶州北城。这时候，各路宋军也已经集中到澶州，将士们看到宋真宗的黄龙大旗，士气高涨，欢声雷动。

辽军主将一死，萧太后是又痛惜又害怕；又见宋真宗亲自率兵抵抗，觉得宋朝不好欺负，就有心讲和了。

辽国坚持要索回被后周帝国夺取的瓦桥关（今河北雄县）以南的“关南地区”，包括莫州（今河北任丘）、瀛洲（今河北河间）。宋真宗不肯接受，他希望的是没有损失的和平。但是辽国后卫部队已对莫、瀛二州开始猛烈攻击，危在旦夕，如果陷落，辽国的条件势必更加苛刻。于是宋真宗表示，关南地区不可以割让，但宋国愿每年向辽国进贡，以作为补偿。于是宋辽双方正式达成和议，宋朝每年给辽朝绢20万匹，银10万两，称“岁币”；北宋与辽朝确立为叔侄关系；双方开放边境贸易等。历史上把这次和议叫作“澶渊之盟”。

宋朝向辽国进贡，显然大失面子。但是，两国对抗，最好能把敌人消灭；如果不能，那么也只有忍气吞声。长期的缠斗不休，再强大的国家都会因精疲力竭而瓦解。以当时的形势，和解确实是最明智的决策。

“澶渊之盟”是一次长时间的和解，宋辽两国自此100多年内没有发生大的战斗，这使沉沦在混战中200多年的黄河以北的人们，终于得到了安定。

名将狄青

西夏李元昊严重威胁着北宋王朝，无良将可用的宋仁宗急需杰出的军事将领。这时，普通士兵出身的狄青便进入了求贤若渴的仁宗的视野。

狄青家世代为农，入伍后即参加了对西夏的战斗。当时宋军常打败仗，士兵更是士气低落，而狄青每次作战却都身先士卒。他总是披散头发，戴着铜面具，手持利刃冲入敌阵，往往所向披靡。在对西夏战争的 4 年中，狄青经历大小 25 战，身上留下了 8 处大伤痕。因作战英勇，狄青得到了当时主持西北战事的韩琦和范仲淹的赏识，范仲淹还送给狄青一部《春秋左传》，说："将领若不知天下古今之事，顶多只是匹夫之勇。"自此狄青开始潜心苦读，研习历代将帅兵法。

宋仁宗从范仲淹的口中听说了狄青的事，打算召他进京。但前线战事紧迫，狄青离不开，于是仁宗就让他画出作战的地图送至京师。狄青是士兵出身，脸上有从军时的刺字，仁宗曾下诏让他将脸上的刺字印记用药除去，狄青却说："陛下以功擢臣，不问门第，臣之所以有今日，是因为有这印记，臣愿意留着印记，用以激励军心，所以不敢奉诏。"仁宗因此更加器重和信任这名爱将。

宋夏议和后，狄青被升为马军都指挥使，他屡立战功，升迁很快，逐渐引起了朝野上下的侧目。一次，狄青家夜间焚烧纸钱祭奠祖先，事先忘记了通知负责消防的厢吏，结果厢吏连夜报告开封府。第二天，城中盛传狄青家夜有怪光冲天。

家中夜有怪光冲天，这在古代涉及非常严肃的问题，常被看作臣子有图谋不轨之心的自然表象，甚至更被视为改朝换代的征兆。除此以外，各种类似的传闻相继而起，有人说狄青家里养的狗也长出了奇怪的角；有人说在京师发大水时，见到狄青身穿黄衣坐在相国寺的大殿上……

狄青就在这些谣言的中伤中被罢官、监视，终于郁郁而终。

庆历新政

范仲淹（989～1052 年），宋苏州吴县（今江苏苏州）人。父亲在他很小的时候就死去了，因为家里贫穷，母亲不得不带着他改嫁了人家。范仲淹在十分艰苦的环境中成长，他在一座庙里居住、读书，穷得连三餐饭都吃不上，每天只得熬点薄粥充饥，但是他仍旧苦学不辍。有时候，读书到深更半夜，实在倦得睁不开眼，就用冷水泼在头上，去除倦意，继续攻读。这样苦读了五六年，终于成为一个学识渊博的人。

宋真宗大中祥符年间，范仲淹中进士。入仕后，他关心民众疾苦，政绩显著。宋仁宗天圣初年他任泰州兴化令，主持修筑捍海堰，世称"范公堤"。

范仲淹最初在朝廷当谏官，因为看到宰相吕夷简滥用职权，谋求私利，就向仁宗大胆揭发。这件事触犯了吕夷简，吕夷简怀恨在心，诬陷范仲淹结交朋党，挑拨君臣关系。宋仁宗听信了吕夷简的话，贬谪范仲淹去了南方。直到西夏战争发生以后，才把他调到陕西去防守边境。

范仲淹在宋夏战争中屡立战功，宋仁宗觉得他确实是个难得的人才。这时候，宋王朝因为内政腐败，加上在跟辽国和西夏战争中军费和赔款支出浩大，财政极为紧张。宋仁宗就把范仲淹从陕西调回京城，任命他为副宰相。

范仲淹回到京城后，宋仁宗马上召见了他，要他提出治国的方案。范仲淹知道朝廷弊病太多，不可能一下子都改掉，准备一步一步来。但是，禁不住宋仁宗一再催促，就提出了 10 条改革措施。

一、对官吏定期考核，按他们的政绩好坏决定提拔或者降职。

二、严格限制大臣子弟靠其父亲的关系得官。

三、改革科举制度。

四、慎重选择任用地方长官。

五、均衡官员的职务收入。

六、重视农桑，兴修水利。

七、整治军备，在京城附近地区招募强壮男丁，充作京畿卫士，辅助正规军，每年用3个季度的时间务农，一个季度的时间教练战斗，寓兵于农。

八、派遣使臣，巡察那些应当施行的各种惠政是否施行。

九、严肃对待和慎重发布朝廷号令。

十、减轻徭役。

宋仁宗正在改革的兴头上，看了范仲淹的方案后，立刻批准在全国推行。历史上把这次改革称为"庆历新政"（"庆历"是宋仁宗的年号）。

范仲淹的新政一推行，立刻就像捅了马蜂窝一样。一些皇亲国戚、权贵大臣纷纷闹了起来，并散布谣言，说范仲淹与一些人交结朋党，滥用职权。

范仲淹像

这时，曾做过西北统帅的夏竦，在革新派石介、欧阳修的抨击下，丢掉了枢密使的官职。他恼羞成怒，让家里的一个使女天天临摹石介的手迹，然后伪造出一封石介写的信，说是要废掉仁宗。于是流言四起，人心惶惶。宋仁宗虽然对这件事未必全信，但看到反对革新的势力这么强大，便开始动摇了。

一年后，宋仁宗由于抵挡不住各方的压力，终于下诏废弃一切改革措施，并将范仲淹贬至邓州（今河南邓州市），其他革新派人士也都相继被逐出朝廷，坚持了一年零四个月的庆历新政宣告失败。

范仲淹为了改革政治呕心沥血，受了很大打击。隔了一年，他的一位在岳州（今湖南岳阳）做官的老朋友滕宗谅，修建当地的名胜岳阳楼，请范仲淹写篇纪念文章。范仲淹挥笔写下了《岳阳楼记》，其中的"先天下之忧而忧，后天下之乐而乐"的名句，一直被后人传诵。

范仲淹被排挤离开朝廷后，谏官欧阳修曾上书给宋仁宗，为范仲淹鸣不平，结果也被降职，贬谪到了滁州（今安徽滁县）。

欧阳修是庐陵（今江西永丰）人，4岁丧父，母亲带着他到随州（今湖北随州）依靠叔父生活。欧阳修的母亲一心想让儿子读书，可是家里穷，买不起纸笔，于是她就在屋前的池塘边用荻草秆儿在泥地上划字，教欧阳修认字。欧阳修从小便苦读诗书，20岁便在文坛声名鹊起。

被贬到滁州后，欧阳修常常游览山水。当地有个和尚在滁州琅琊山上造了一座亭子供游人休息。欧阳修登山游览的时候，常在这座亭里喝酒。他自称"醉翁"，给亭子起个名字叫醉翁亭。他写的散文《醉翁亭记》，成为人们传诵的杰作。

濮议事件

宋仁宗没有儿子，死后由一个皇族子弟做了他的继承人，这就是宋英宗赵曙。

赵曙亲政后，宰相韩琦等人就提议为赵曙的生父濮王重新评定名分，由此引发了一场持续 18 个月的论战，即北宋历史上有名的"濮议事件"。

以王珪为首的人认为，濮王于仁宗为兄，赵曙应称其为皇伯，而以欧阳修为首的人则认为，赵曙应称其为皇考（皇父）。经过长时间的争论，赵曙和韩琦等人逐渐意识到，要想取得论战的胜利，曹太后的态度才是关键。

治平三年（1066 年），中书大臣共同议事于垂拱殿，当时韩琦正在家中祭祀，赵曙特意将其召来商议，议定濮王称皇考，由欧阳修亲笔写了两份诏书。中午时分，曹太后派了一名宦官，将一份封好的文书送至中书，韩琦、欧阳修等人打开文书，相视而笑，这份文书正是欧阳修起草的诏书，只不过多了太后的签押。

曹太后与养子赵曙的关系一向很冷淡，这次竟不顾朝廷礼仪和群臣的反对，尊赵曙的生父为皇考，这着实令人费解。于是便有了诸多传言：有人说，诏书是曹太后酒后误签的。还有人说，是大臣韩琦、欧阳修等人交结太后身边的宦官，最终说服了太后。但无论如何，白纸黑字，曹太后是不能抵赖的。

最高兴的人莫过于赵曙，他拿着这份太后签押的诏书，立刻下诏停止讨论，同时商量如何平息百官的情绪，稳定时局。韩琦对赵曙只说了一句："臣等是奸是邪，陛下自然知道。"说完便垂手而站，不再说话。

欧阳修表示："御史既然认为其与臣等难以并立，陛下若认为臣等有罪，即当留御史；若以为臣等无罪，则取圣旨。"赵曙犹豫再三，最后将吕海等 3 名御史贬出京师。这三人本没有什么罪过，不过是认为赵曙既然过继给了宋仁宗赵祯，就不能再管自己的生父叫父亲，而应该按照宋仁宗的排行，称呼生父为"伯父"。赵曙心里明白这 3 个人是无过受罚，心里多少有些过意不去，于是特地对左右的人说："不宜责之太重。"

赵曙同时宣布，濮安懿王称亲，以茔为园，即园立庙。这项决定又捅了马蜂窝，立时遭到朝臣们的坚决抵制，包括司马光在内的台谏官员全部自请同贬，甚至赵曙在濮邸时的幕僚王猎、蔡抗等人都表示反对。这是赵曙万万没想到的，但为了生父死后的名分，赵曙不惜一切，绞尽脑汁用了各种手段，耗费了 18 个月的光阴，最终达到了目的。

赵曙虽有一定的政治才能，但在位仅 4 年便因病早逝，一番抱负无从施展。

沈括出使

宋英宗死后，太子赵顼即位，史称宋神宗。

沈括是杭州钱塘人，曾被宋神宗派遣出使上京（辽朝的京城，在今内蒙古自治区巴林左旗南）。沈括收集了许多地理资料，并且叫随从的官员都背熟。到了上京，辽朝派宰相杨益戒跟沈括谈判辽方提出的边界问题，沈括和官员们对答如流，有凭有据。杨益戒一看没有空子好钻，就板起脸来蛮横地说："你们连这点土地都斤斤计较，难道想跟我们断绝友好关系吗？"沈括理直气壮地说："你们背弃过去的盟约，想用武力来胁迫我们。真要闹翻了，我看你们也得不到便宜。"辽朝官员也知道沈括的话不是吓唬人，虽然不服气，但也只能放弃自己的无理要求。

沈括圆满完成了出使任务，便带着随员从辽朝回来，一路上，他每经过一个地方，都会把那里的大山河流、险要关口画成地图，还把当地的风俗人情了解得清清楚楚。回到汴梁以后，沈括把这些资料整理起来，献给了神宗。

神宗从此更看重沈括，并派他到定州（今河北定县）巡视。沈括假装在那里打猎，花了 20 多天的时间，详细考察了定州边境的地形，制成了一个立体模型献给皇帝。这种立体地图模型比绘制在纸上的地图更清楚，神宗十分喜欢。

因为对沈括画的地图和制作的地图模型很感兴趣，神宗便叫沈括编制一份全国地图。但是不久后沈括因受人诬告，被贬谪到随州（今湖北随州）去了。此后又换了几个地方的官职。虽然条件不如京城，但沈括得以一面考察地理，一面修订地图，坚持了12年后，终于完成了当时最准确的一本全国地图——《天下郡国图》。

沈括最著名的作品是《梦溪笔谈》，全书30卷，内容十分丰富，涉及政治、经济、文化、军事和科学技术等各个方面。其中关于科技的内容，占全书的1/3，包括了数学、天文历法、气象、地质、地理、物理、化学、生物、农业、水利、建筑、医学、药物学等，汇集了我国古代、主要是北宋的多种科技成就。

王安石变法

宋神宗即位的时候才20岁，有心改革一番，他身边的官员韩维便推荐了王安石。

王安石是抚州临川（今江西抚州西）人。宋仁宗时曾调他到京城当管理财政的官，他一到京城，就向仁宗上了一份万言书，提出他对改革财政的主张。当时宋仁宗刚刚废除范仲淹的新政，一听到要改革就头疼，根本没理王安石。

这一回，王安石接到宋神宗召见的命令，又听说神宗正在物色人才，改革朝政，就高高兴兴地应召上京了。一到京城，宋神宗果然召他单独进宫谈话。王安石趁机提出了改革的主张。1069年，宋神宗把王安石提升为宰相，进行变法改革。这场改革发生在熙宁年间，因此也叫"熙宁变法"。

王安石变法的主要内容是：

一、青苗法：在每年青黄不接之际，将官仓里的存粮贷给农民，减少高利贷的盘剥，又使官仓存粮"新陈相易"。

二、募役法：官府的各种差役、民户不再自己服役，改为由官府雇人服役。民户按贫富等级，交纳免役钱，原来不服役的官僚、地主也要交钱。这样既增加了官府收入，也减轻了农民的劳役负担。

三、农田水利法：政府鼓励地方兴修水利，开垦荒地。

四、方田均税法：为了防止大地主兼并土地、隐瞒田产人口，由政府丈量土地，核实土地数量，按土地多少、肥瘠收税。

五、市易法：政府设立市易务，出钱收购滞销货物，市场短缺时再卖出。这就限制了大商人对市场的控制，有利于稳定物价和商品交流，国家收入有所增加。

由于王安石的改革面比范仲淹大多了，因此遭到更多地主、贵族的反对，其中最著名的反对派代表就是司马光，他认为祖宗所制定的法律规章，是绝不能有任何改变的。

1074年，河北闹了一次大旱灾，农民到处逃荒。一些官员趁机进言，说旱灾是王安石变法造成的，要求神宗把王安石撤职。神宗的祖母曹太后和母亲高太后也在神宗面前哭哭啼啼，诉说天下被王安石搞乱了，逼神宗停止新法。

宋神宗本来在众多的反对声中就已是勉强支

王安石像

持了，如今也只好先妥协，他让王安石暂时离开东京，到江宁府去休养。

第二年，宋神宗又把王安石召回京城当宰相。然而刚过了几个月，天空便出现了彗星。彗星也叫扫把星，在当时被认为是不吉利的预兆。宋神宗慌了，要大臣对朝政提意见。一些保守派又趁机攻击新法。王安石迫不得已，只好再一次辞去宰相职位，回江宁府去了。

王安石走后，他的助手吕惠卿继续主政，然而不久即被攻击去职，只靠宋神宗一人坚持新法。1085年，宋神宗去世，10岁的赵煦即位，是为哲宗，由祖母高太皇太后临朝执政。这位老太后立即召回被贬到洛阳的司马光来担任宰相，变法也立即停止，所有的新法全部撤销，一切恢复原状，王安石变法宣告失败。

乌台诗案

反对王安石变法的不光有司马光，还有苏轼。不过虽然政见不同，但王安石和苏轼仍彼此推崇，私交颇深。

一次苏轼去见王安石，在书房等候时，见桌上有一首没写完的诗："西风昨夜过园林，吹落黄花满地金。"苏轼认为不妥，心想这老夫子大概忙晕头了，菊花开在秋天，就算枯萎也不会掉落花瓣。于是，这位文豪便蘸笔续了两句："秋花不比春花落，说与诗人仔细听。"王安石回来后看到那两句很是生气，认为他这是书生意气，明明不知道还要胡说八道。

不久后苏轼被贬调湖州，按照惯例，要向皇帝上表致谢。苏轼的谢表中有"知其生不逢时，难以追陪新进；查其老不生事，或可牧养小民"一句，多少带点发牢骚的意味。主张变法的一些人便抓住这个机会，指责苏轼以"谢表"为名，讥讽朝廷，发泄对新法的不满。御史李定、何正臣、舒亶等人还断章取义，说苏轼"谢表"中的"东海若知明主意，应教斥卤变桑田"一句，是指责兴修水利的措施。神宗大怒，下令将苏轼免职下狱，交御史台审讯。一些与苏轼关系密切的亲友，如苏辙、司马光、张方平，甚至已经去世的欧阳修、文同等20多人均受到牵连，这就是历史上著名的"乌台诗案"。"乌台"是御史台的别称，据《汉书·朱博传》记载，御史府（台）中有许多柏树，常有数千只乌鸦栖息在树上，晨去暮来，后人因此将御史台称为"乌台"。

苏轼下狱后，其长子苏迈每天去监狱给他送饭。由于父子俩不能见面，他们便暗中约好，平时只送蔬菜和肉食，如果有死刑判决的坏消息，就改送鱼。一天苏迈有事，不能去给父亲送饭，便托朋友代劳，但却忘记告诉朋友这个约定了，偏巧这个朋友就给苏轼送去了一条鱼。苏轼一见大惊，以为自己难逃一死，便写了两首绝命诗给弟弟苏辙。苏辙看到哥哥的绝命诗，不由痛哭流涕，立刻上书给皇帝，希望能以自己的官爵赎哥哥的罪。神宗一向很欣赏苏轼的才华，也没有将其处死的意思，只是想借此警告那些反对变法的官员罢了。这时王安石及时地站了出来为苏轼说情，言道圣朝不宜诛名士，建议贬其为黄州团练副使。

轰动一时的"乌台诗案"就此了结，苏轼到了黄州后的第一个重阳节，就见到了菊花落瓣的景观，深悔自己当初的鲁莽。

元祐更化

神宗病重之时，其年龄最大的儿子延安郡王赵煦还不到10岁，而他的两个同母弟弟却年富力强，他们时常去皇宫探视神宗的病情。神宗弥留之际，高太后命人关闭宫门，禁止两位亲王出入皇帝的寝宫，然后暗中叫人秘密赶制了一件10岁孩童穿的黄袍，以备不时之需。

几天后神宗去世，赵煦即位，史称哲宗，改元"元祐"，太皇太后高氏垂帘听政，掌握大权达8年之久。

在高太后执政时期，年少的哲宗对朝政没有任何发言权，大臣们向来是向太后奏事，背朝哲宗，也从不转身向哲宗禀报，以致哲宗只能看朝中官员的臀部和背部。

哲宗17岁时，高太后本应还政，但她却仍然不肯放权，大臣们也是有事先奏告太后，有宣谕必听太后之言，视哲宗不存在，令哲宗心中很是怨恨。

其实哲宗自幼便聪慧过人，八九岁时便能背诵七卷《论语》，字也写得非常漂亮。即位后，辽朝派使者来参加神宗的吊唁活动，宰相蔡确因两国服饰不同，怕年幼的哲宗害怕，便反复给他讲契丹人的衣着和礼仪。哲宗先是沉默不语地听着，待蔡确絮絮叨叨讲完，便直言问道："辽朝使者是人吗？"蔡确一愣，回答说："当然是人，但是夷狄。"哲宗说："既是人，怕他做甚？"言辞极犀利，蔡确无言以对，惶恐退下。

但是在高太后当政时，哲宗并没有实权，高太后重用反对王安石的司马光和文彦博等保守派官员，打着"以母改子"的旗号，推翻了王安石的新法，史称"元祐更化"。

宋哲宗亲政

高太后垂帘时，新政被废，新党被排挤，蔡确也被贬到了陈州。蔡确在安州游车盖亭时，写下了《夏日游车盖亭》10首绝句，诗被与蔡确有过节的吴处厚所得。吴处厚曾在蔡确手下为官，希望他推荐自己，但被蔡确拒绝了，由此吴处厚对他怨恨不已。吴处厚拿着蔡确的诗，说诗中将高太后比作武则天。高太后怒不可遏，将蔡确贬到新州。

车盖亭诗案一翻开，马上不可收拾，旧党利用高太后对蔡确的不满，捕风捉影，对整个新党进行一次次斩草除根式的清算。在蔡确被贬到新州时，旧党将司马光、范纯仁和韩维誉为"三贤"，将蔡确、章和、韩缜斥为"三奸"。他们将王安石和蔡确的新党名单张榜公布，以示警告，新党成员几乎都被降官贬斥。司马光的同僚及追随者们在高太后的支持下，欲给新党以毁灭性的打击。

哲宗亲政后，马上召回了章惇、蔡卞、黄履和张商英等新党。章惇等人曾是神宗变法时的重要人物，在经历了旧党的残酷倾轧后，他们与亲政的哲宗一样，都有着强烈的报复心理。

一次，章惇与苏轼外出游玩，走到一个深潭边，见潭下临万仞绝壁，有根木头横在上面。章惇请苏轼到绝壁上去题字，苏轼见绝壁下深不见底，当即摇头。章惇却从容地吊下绳索攀着树下去，在壁上大书："苏轼章惇来。"上来后仍面不改色，神采依旧。苏轼拍拍他的肩膀说："君他日必能杀人，能自判命者，能杀人也。"章惇听罢哈哈大笑。

章惇返回朝廷后，决心变本加厉地对旧党进行报复，在哲宗的支持下，他将旧党的主要人物吕大防、刘挚、苏轼、梁焘等人都贬到岭南，对已故的司马光等人也追贬或削夺恩封。绍圣初年，每逢郊祀大礼，朝廷都要颁布大赦诏令，通常连死囚都会被免去死刑。有大臣请示哲宗，可否赦免贬谪的旧党官员，哲宗回答得极为干脆："决不可以。"这就等于彻底宣判了旧党的死刑。

蔡京专权

蔡京字元长，兴化仙游（今属福建）人。1070年，蔡京进京应试，得中进士，开始步入仕途。

蔡京天资聪明，据说有过目不忘的本事，而且练就了一手好书法。北宋神宗、哲宗时

149

期，一会儿是变法派上台执政，一会儿又是保守派反攻夺权，蔡京始终看不清方向，始终左右摇摆，时间一长，两头都不讨好。

蔡京苦苦等待多年，终于得到了宋哲宗的一句夸奖："蔡爱卿书法，天下第一。"可惜的是，哲宗亲政刚刚6年就病死了。宋徽宗继位后，召回了一批被贬官的守旧派大臣担任要职，蔡京好似挨了当头一棒，被逐出京城。

为了能够重返京都，蔡京竭力讨好奉宋徽宗之命前来江南搜集民间书画和奇巧之物的宦官童贯，还将自己画的屏风、扇面等物送给童贯，让他献给徽宗。童贯对蔡京的字画也非常欣赏，便每天派使者送一幅到京城，还附上一些吹捧之词。宋徽宗本身也是爱好书法绘画的，他对蔡京的书法赞赏不已，于是决定重新起用蔡京。

蔡京几经起落，一到朝廷，就投宋徽宗所好，经常进奉自己的字画博取徽宗的欢心。经过蔡京不断地献媚和取悦，宋徽宗最终决定拜蔡京为右相，一年后，又拜为左相。

蔡京掌权后，荐引党羽，排斥异己，大肆专权。蔡京的弟弟蔡卞，一直在政治上坚持追随其岳父王安石，渐有担任宰相的意图，但后起的蔡京一日千里，抢在自己前面担任了首辅，他对此懊恼万分。兄弟二人不时因政事发生争执。一次，蔡京请求任命童贯为制置使，蔡卞反对，说不能任用宦官担当边防大吏。蔡京于是给弟弟加上一个"诋毁"的罪名，把蔡卞赶到河南做府尹去了。

蔡京专权日久，宋徽宗也不是不知道，他任用蔡京主要是因为蔡京能将自己的腐化生活安排得十分周到。当初宋徽宗还是端王的时候，有个叫郭天信的人预言端王当富有天下，贵为天子。待到宋徽宗即位，郭天信便因预言被验证而得宠。他每次上奏天文时，必定要通过陈述来动摇蔡京的地位。一次，郭天信秘密禀告说日中有黑子，并且连续禀告数次，宋徽宗十分恐惧，于是开始怀疑蔡京。正好御史中丞石公弼、殿中侍御史张克公屡屡揭发检举蔡京的罪恶，宋徽宗便借此机会，将蔡京罢官。

蔡京被贬不到两年，宋徽宗又鬼使神差地将他召回了京师。蔡京担心言官攻击自己，便事先做御笔秘密进献，请皇帝亲笔书写下达，称为"御名手诏"，如有违背者便按违背皇帝之命论罪。

蔡京自应召回京后，不但进献奇珍异宝，还大兴土木，任意更改官名。结果弄得官名混杂，人浮于事。政和六年（1116年），宋徽宗诏令恢复蔡京的三公相位，总理尚书、中书、门下三省事务。蔡京再次成为政坛上的风云人物，蔡家人也跟着鸡犬升天，个个身居显位，就连杂役也身居大臣。

方腊起义和宋江起义

花石纲指专门运输奇花异石以满足皇帝喜好的一种运输，在宋徽宗时，蔡京、童贯为徽宗搜罗花石，把东南一带闹得昏天黑地，出产花石多的地方，百姓遭殃也重。睦州青溪（今浙江淳县）出产各种花石竹木，朱勔的应奉局常常派人到那里搜刮。

当地有个叫方腊的人，家里有个漆园，平时靠这个园里的出产来度日。自从朱勔办了花石纲以后，方腊家经常遭到勒索，简直就活不下去了。方腊恨透了那些官府差役，于是决心造反。

公元1120年，方腊打起杀朱的旗号，发动起义。方腊自称"圣公"，追随他的将士们带着各色头巾作为标志。青溪附近的百姓都被花石纲害苦了，纷纷响应方腊起义军。没到10天，起义军就聚集了几万人马。

当地官军派兵镇压，结果被起义军打得落花流水。起义军乘胜攻进青溪县，赶跑了那儿的县官。接着，又接连打下了几十座县城，很快打到了杭州。

宋徽宗听说方腊造反，赶忙派童贯带领 15 万官军到东南去镇压起义。童贯到了苏州后，知道花石纲引起的民愤太大，就用宋徽宗的名义下了一道诏书，承认自己的错误，并且撤销了专办花石纲的"应奉局"，把朱勔撤职。

东南的百姓看到朝廷取消了花石纲，罢免了朱勔，总算出了一口气。童贯利用这个间隙，集中各路大军进攻，方腊不得不退回青溪，据守在山谷深处的帮源洞。官军不知道山路，没法进攻，这时起义军里出了奸细，给官军引路。方腊没有防备，兵败被俘，押解到东京后被杀。

方腊起义失败后，宋徽宗立即恢复了苏杭"应奉局"，并在开封重新设置了"应奉司"，加紧搜刮"四方珍异之物"，宫殿、园林等巨大土木工程也照旧进行。

几乎与方腊起义同时，北方的宋江等 36 人也从河北起兵，在青州、齐州、濮州流动作战，给宋王朝造成了沉重打击。到了元朝末年，小说家施耐庵以宋江起义为原型，加工写成了长篇小说《水浒传》。

党项建立西夏

党项族是羌族的一支。唐朝初年，党项酋长拓跋赤辞率众归附，唐太宗赐其李姓。唐后期，党项族受到吐蕃的压迫，逐步移入今陕甘宁边境，居住在夏州（今陕西靖边北）的部落称平夏部。平夏部酋长拓跋思恭曾带领军队参加镇压黄巢起义军，被封为定难军节度使，晋爵夏国公，赐予李姓。五代时，各朝都默认了党项李氏对这一地区的统治，直到北宋初年。

宋太祖时，党项李氏曾经入贡。到了太宗、真宗时期，党项酋长李继迁和辽朝结成掎角之势，共同对付宋朝。1002 年，李继迁攻下灵州（今甘肃灵武），改称西平府，次年迁都于此。

1038 年，李元昊即位，自立西夏国主，继续向西用兵，攻占了瓜州（今甘肃安西）、沙州（今甘肃敦煌）、肃州（今甘肃酒泉），领土东尽黄河，西界玉门（今敦煌西），南接萧关（今宁夏固原西南），北控大漠，地方万余里。

西夏对北宋曾在 3 年间接连发动了 3 次大规模战争，使北宋再无力对抗，李元昊对此心满意足。而此时的西夏内部，皇权急剧扩张，激化了和党项贵族势力的矛盾，一些反对李元昊的人接连造反，但都被平息。

金国的崛起

中国东北部的女真族，长期以来一直附属于契丹族，其中居住西南部的编入契丹户籍，称为熟女真；居住东北部不编入户籍的，称为生女真。生女真人数多，包括几十个部落，其中又以完颜部最大。

1112 年的春天，辽国天祚帝耶律延禧到东北春州（今吉林）巡游，兴致勃勃地在混同江（今松花江）捕鱼，并且命令当地的女真各部酋长都到春州朝见。

按照当地风俗，在每年春季最早捕到的鱼，要先给死去的祖先上供，并且摆酒宴庆祝。辽天祚帝便在春州举行了头鱼宴，请酋长们喝酒。天祚帝几杯酒下肚，有了几分醉意，便叫酋长们给他跳舞。那些酋长虽然不愿意，但是不敢违抗命令，就挨个儿离开座位，跳起舞来。

接下去轮到一个青年人，他神情冷漠，两眼直瞪瞪地望着天祚帝，一动也不动。这个青年就是女真族完颜部酋长乌雅束的儿子，名叫阿骨打。

天祚帝见阿骨打不跳舞，很不高兴，一再催他跳。一些酋长怕得罪天祚帝，也从旁相劝。可是不管好说歹说，阿骨打拿定主意，就是不跳，这叫天祚帝下不了台阶。

这场头鱼宴闹得不欢而散。天祚帝虽然没有当场发作，但散席之后，他就对大臣萧奉先说："阿骨打这小子这样跋扈，实在使人没法容忍。不如趁早杀了他，免得发生后患。"萧奉先认为阿骨打没有大的过失，又是酋长的儿子，杀了他怕引起其他酋长的不满，就说："他是个粗人，不懂得礼节，不值得跟他计较。就算他有什么野心，小小一个部落，也成不了气候。"天祚帝觉得萧奉先说得有道理，也就把这件事搁在一边了。

可阿骨打不是这样想，他早就对辽朝贵族欺负女真人不满了。现在天祚帝竟然叫女真的酋长们给他跳舞解闷，明显是侮辱他们。眼看辽朝越来越腐败，阿骨打决心要自立门户，摆脱辽朝的统治。

1113 年，阿骨打的父亲乌雅束死去，阿骨打继任完颜部首领，他建筑城堡，修理武器，训练人马，先后在宁江州（今吉林扶余东南）等地大败辽兵。接着攻占辽朝边境州县，壮大了自己的军事力量。

1115 年，完颜阿骨打称皇帝，史称金太祖，国号"大金"，定都会宁府（今黑龙江阿城南）。

金太祖自立后，攻打辽朝东北重镇黄龙府（今吉林农安）。天祚帝派了 20 多万步兵、骑兵到东北去防守，但还是被金兵打得大败，武器都丢得精光。天祚帝看硬的不行，就想跟金朝讲和。但金太祖并不答应，还指名道姓要天祚帝投降。天祚帝恼羞成怒，组织兵力70 万，亲自带领到黄龙府去。

金太祖命令将士筑好营垒，挖掘壕沟，准备抵抗。正在这个时候，辽朝发生内乱，天祚帝下令撤兵。金太祖趁机追击，几十万辽军一下就被击垮，天祚帝一天一夜逃了几百里，才算保住了一条命，而辽朝的兵力已大部丧失。

金军灭辽

自宋朝建立以后，收复燕云地区一直是自太祖以来历代帝王的梦想。宋徽宗向来好大喜功，更想完成祖宗的未竟之业，建立"不朽功勋"。

政和元年（1111 年），宋徽宗派童贯出使辽国，途经燕京时，童贯结识了燕人马植。马植声称自己有灭辽的良策，因此童贯将他带回，为其改名为李良嗣。在李良嗣看来，北方金朝崛起，并一直将辽朝视为劲敌，如果联合金国，肯定能灭亡辽国。宋徽宗听后大喜，当即赐李良嗣国姓赵，并授以官职。

重和元年（1118 年），宋徽宗派遣马政等人，由海路出使金国，希望联合灭辽。双方几经往返后，确定由金国攻取辽国的中京大定府，北宋则攻取辽国的燕京析津府和西京大同府。灭辽后，燕云之地归宋，宋朝把过去每年给辽的岁币如数转给金国，这就是历史上有名的宋金"海上之盟"。

双方约定好后，金兵于是向南进攻，接连攻下了辽朝的四座京城，还留下一个燕京，按双方约定该由宋军攻打。此时童贯刚刚镇压了方腊起义，忙带领 15 万大军赶到北方，攻打燕京。他满以为辽兵的主力已经被金军消灭，打下燕京可以不费多大劲。哪知道辽兵虽然虚弱，可比宋军还强得多。童贯一连打了两次败仗，不但燕京没有收复，而且还损兵折将，把多年以来积存的粮草、武器也全都丢光了。

为了逃避失败的责任，童贯暗地里派人请金军攻燕京。金军一举拿下了燕京，却不肯还给北宋。童贯只好答应把燕京的租税每年 100 万贯钱献给金朝，才把燕京赎了回来。这一来，北宋的腐朽衰弱尽收金太祖完颜阿骨打的眼底。

1125 年，金太祖的弟弟金太宗完颜晟继位不久，马上派出人马追杀辽国天祚帝，一举灭了辽朝。紧接着，金军发兵南下，进攻矛头直指北宋王朝。

金军攻宋

金太宗借口宋朝收留了一名辽国逃亡的将领，分兵两路进攻北宋。西路由宗翰率领，攻打太原；东路由宗望率领，攻打燕京。两路大军约定在东京汴梁（今河南开封）会师。

前线的告急文书像雪片一样飞到朝廷，金太宗还派出使者到汴梁，胁迫北宋割地称臣。这时，西路金兵已攻下燕京，直奔汴梁而来。

宋徽宗看到形势危险，又气又急，拉住一个大臣的手说："唉，没想到金人会这样对待我。"话没说完，一口气塞住喉咙，就昏厥过去。大臣们手忙脚乱地把他救醒，宋徽宗醒来之后，马上向左右侍从要了纸笔，写下了"传位东宫"的诏书，宣布退位。不久，就带着两万亲兵逃出汴梁，到亳州（今安徽亳县）避难去了。

太子赵桓即位，就是宋钦宗。宋钦宗把主张抵抗的李纲提升为兵部侍郎，并且下诏亲自讨伐金兵。其实，宋钦宗心里也很害怕，看着宋军在前线接连打败仗，汴梁吃紧，宰相白时中、李邦彦两人又积极主张逃跑，宋钦宗也动摇了。

李纲好不容易才稳住了宋钦宗，开始积极准备防守，在京城四面都布置了强大的兵力，配备好各种防守武器；还派出一支精兵到城外保护粮仓，防止敌人偷袭。

很快，宗望率领的金兵就到了城下。他们用几十条火船，从上游顺流而下，准备火攻宣泽门。李纲招募敢死队兵士 2000 人，在城下列队防守。金军火船一到，兵士们就用挠钩钩住敌船，使它没法接近城墙。然后李纲又派兵士从城上用大石块向火船投掷，石块像冰雹一样泻了下来，把火船打沉了，金兵纷纷落水。

宗望眼看东京城防坚固，一下子攻不下来，就派人来讲和。宋钦宗和李邦彦早就想求和，于是立刻派出使者到金营谈判。

宗望提出的议和条件十分苛刻，不仅要北宋赔给金朝大量金银、牛马、绸缎，割让太原、中山、河间三镇土地，还要宋钦宗尊称金国皇帝为伯父，并派亲王、宰相到金营做人质。宋钦宗、李邦彦一心求和，准备全部接受。

李纲抗金

李纲听到朝廷准备接受这些丧权辱国的条件，怒火中烧，主张跟金人拖延谈判时间，只等四方援兵一到，就可以反攻。宋钦宗却很不耐烦，说："你只管带兵守城，和谈的事不要管。"

过了 10 天，各地救援的宋军 20 万人马陆续到了城外，此时围城的金兵只有 6 万。宗望一看形势不妙，赶快把人马后撤，缩在堡垒里。援军大将种师道、姚平仲都支持李纲的抗战主张。种师道主张长期相持，等敌人粮草接济不上被迫退兵的时候，再找机会反击；但是姚平仲心急，主张派一支人马乘黑夜偷袭金营，活捉宗望。这个偷袭计谋偏偏又被泄露了出去，金军得到情报，事先做了准备。姚平仲偷袭没成功，反而中了金军伏击，损失了1000 多人马。

这一来，一批投降派大臣幸灾乐祸，大肆造谣，说援军已经全军覆没，还趁机攻击李纲。宋钦宗惊慌失措，一面派使者到金营赔礼，一面把李纲、种师道撤职。

153

李纲像

这个消息一传出来，汴梁全城骚动，军民个个气愤。特别是太学里的学生，群情激昂。太学生陈东，自从汴梁被金人围攻以后，曾经带领太学生3次上书宋钦宗，要求处斩蔡京、童贯、朱勔等6名国贼。听说李纲被撤职，陈东又马上集合了几百名太学生，拥到皇宫的宣德门外，上书请愿，要求朝廷恢复李纲、种师道的职位，惩办李邦彦、白时中等奸贼。

汴梁的军民听说太学生请愿，都不约而同地来到宣德门前，一下子就聚集了几万人。这时候，李邦彦正好从宫里退朝出来，被请愿的太学生看到，一阵砖头、瓦块乱砸，吓得李邦彦抱头缩颈，赶快逃进宫去。

宋钦宗在宫里听见太学生闹了起来，没办法，只好派人召李纲进宫，并且当众宣布，恢复李纲、种师道的职务。

李纲复职后，重新整顿队伍，并下令凡是能够英勇杀敌的一律受重赏。宋军阵容整齐，士气高涨。宗望看到这种情况，也有点害怕，不等宋朝交足赔款，就匆忙撤退了。

宗望被迫退兵，种师道马上向宋钦宗建议，在金兵渡黄河退却的时候，发动一次袭击，把金兵消灭掉。但是宋钦宗没有同意，想到李纲和种师道得到了太学生的拥护，他心中总是七上八下，害怕他们拥兵自重，发动兵变，于是找了个理由把李纲赶出了朝廷，将种师道撤了职。

靖康之耻

李纲被罢了官，除了宋钦宗松了口气，金太宗更是异常高兴，马上命令宗翰、宗望再次南攻。

这时候，太原城已经被宗翰的西路军围困了8个月，太原守将王禀率领军民坚决抵抗。此时城里早已断了粮，待到牛马吃完、皮革烧光、野草糠皮吃尽，太原城也终于被金兵攻破，王禀带着饥饿的兵士跟金兵巷战之后，跳进汾水牺牲了。

太原失守，两路金兵合力南下。各路宋军将领听到汴梁吃紧，纷纷带兵前来援救。可宋钦宗和一些投降派大臣却忙着准备割地求和，竟命令各路援军退回原地。

这时候，在黄河南岸防守的宋军还有12万步兵和1万骑兵。宗翰的西路军到了黄河北岸，不敢强渡。到了夜里，宗翰虚张声势，派兵士打了一夜战鼓。南岸的宋军听到对岸鼓声，以为金兵要渡河进攻，纷纷丢了营寨逃命，13万宋军一下子逃得无影无踪，宗翰没动一刀一枪，就顺利过了黄河。

宗望率领的东路军也攻下大名（今河北大名），渡河南下。两路金兵不断向汴梁逼近。宋钦宗吓昏了，只好派他弟弟康王赵构去求和。

赵构经过磁州（今河北磁县），州官宗泽跟赵构说："金朝要殿下去议和，这是骗人的把戏。他们已经兵临城下，求和又有什么用呢？"赵构害怕被金朝扣留，就在相州（今河南安阳）留了下来。

没有多久，两路金军杀到汴梁城下，猛烈攻城。宋钦宗这时候再想召回李纲，已经来不及了。眼看末日来到，宋钦宗痛哭了一场，亲自带着几个大臣手捧求降书，到金营去求

154

和。宗翰勒令宋钦宗把河东、河北土地全部割让给金朝，并且向金朝献金 1000 万锭、银 2000 万锭、绢帛 1000 万匹。宋钦宗一一答应。

汴梁城不能马上备齐这么多物品，金将就借口宋钦宗太慢，扣押了徽宗、钦宗两个皇帝和皇族、官吏二三千人，满载着搜刮到的财物，回北方去了。这是 1127 年，宋钦宗当时的年号是靖康，史称"靖康之耻"。北宋王朝统治了 167 年，自此宣告灭亡。

二帝北上抵达上京后，金人命他们身穿孝服，拜祭阿骨打庙，这被称为献俘仪，实际上是以此羞辱北宋君主。宋朝的皇室成员，女子被分配到洗衣房做工，男子则被编入军队。钦宗的妻子朱皇后不甘忍受侮辱，自杀了。

后来，金人将徽宗和钦宗赶到荒凉偏僻的边陲小镇——五国城，徽宗没过几年就病死了，钦宗异常悲痛，身心都受到沉重打击。南宋宋高宗绍兴十二年（1142 年），宋金关系有所缓和，徽宗的韦贤妃由五国城归宋。她离开时，钦宗挽住她的车轮，请她转告南宋高宗，说自己若能归宋，当一太乙宫主足矣。但南宋的高宗担心哥哥回来后威胁自己的帝位，虽然表面上高喊要迎回宋钦宗，心里却巴不得他早早客死异地。

绍兴二十六年（1156 年），钦宗死去。直到 5 年后，死讯才传到南宋。高宗表面上痛不欲生，内心却暗自高兴。

宋高宗"巡幸东南"

留在相州的赵构，看到徽宗和钦宗被俘，便在应天府（今河南商丘）宣布登基。史称赵构建立的宋国为南宋，赵构就是南宋高宗。

南宋建立后，由于金兵的严重威胁，不得不起用抗战派代表人物李纲为左相。那时，河北、河东的军民纷纷组织义军抗敌，多的几万人，少的也有上万人。李纲认为应该支持这些武装力量，收复失地，并且推荐宗泽留守开封。但是李纲只当了 75 天宰相，就被投降派黄潜善（右相）、汪伯彦（知枢密院事）挤走，他所苦心经营的抗金措施，也一概被废除。在这种情况下，太学生陈东、进士欧阳澈先后上书，请求留用李纲，罢免黄、汪，还都开封，结果竟被高宗处死。

南宋帝国的建立引起金军第三次总攻。这一次，金军用了一年多的时间，把黄河以南、淮河以北，包括开封、洛阳、长安（今陕西西安）在内的几个重要城市全部占领。

高宗无奈，只得渡过长江后定都临安（今浙江杭州）。金国大将完颜兀术不肯罢休，仍然尾追。1129 年，南宋陈邦光降敌，引导完颜兀术过江，直攻临安。赵构逃向明州（今浙江宁波），金军又攻陷明州。赵构乘船漂向大海，金军追不上，只得向江北撤退。完颜兀术一直撤退到长江，要渡江时，才遇到困难。南宋大将韩世忠在黄天荡（今江苏南京东北）迎击，韩世忠的妻子梁红玉亲擂战鼓。金朝军队遭到自开国以来的第一次挫败，但是他们仍然突围而去。其原因很简单，金军有 10 万人，而宋军只有 8000 人。

完颜兀术摆脱韩世忠的阻击，带兵回到建康，抢掠了一阵，准备撤回北方，到了静安镇（今江苏江宁西北），又遭到了岳飞军的袭击，被杀得一败涂地，狼狈逃窜。岳飞赶走金兵，收复了建康。

靖康耻，犹未雪

完颜兀术在黄天荡的挫败，加上宋国民兵在各地发动的有效阻击，使金国无法继续扩张。金兵北撤以后，金朝在中原地区立了一个傀儡皇帝刘豫，国号大齐。

南宋高宗回到都城临安，偏安一隅，不愿再和金国交战，至于收复中原失地，更是想也不想。但是，宋朝的军民却都盼望朝廷北上抗金，夺回故土。

在众多主张抗金的将领中，以岳飞最为有名。岳飞一心想恢复中原，对自己和部下要求都十分严格。他的军队被称为岳家军，军纪严明，作战勇猛。在金军中更是流传着一句话："撼山易，撼岳家军难。"

南宋有岳飞、韩世忠等一批名将，再加上各地百姓组织的义军配合，要打退金兵本来也是有可能的，但是宋高宗还是一味向金朝屈辱求和。

1140年，金朝再次发动全国精锐部队，以完颜兀术为统帅，分四路大举南下。宋高宗这才不得不下诏书，要各路宋军抵抗。

岳飞得到命令后，立刻派兵出击，自己坐镇郾城指挥，先后收复了颍昌（今河南许昌东）、陈州（今河南淮阳）和郑州。完颜兀术见状，带大军"铁浮图"直逼郾城。

"铁浮图"是经过专门训练的一支骑兵，这支人马都披上厚厚的铁甲，以三个骑兵编成一队，居中冲锋；又用两支骑兵从左右两翼包抄，叫作"拐子马"，号称刀枪不入。

岳飞看准了拐子马的弱点，命令将士上阵时带着刀斧。等敌人冲来，弯着身子，专砍马脚。马砍倒了，金兵跌下马来，被岳飞的军队打得一败涂地。

完颜兀术在郾城失败后，又改攻颍昌，结果又被岳飞打败。岳家军节节胜利，一直打到距离汴梁只有45里的朱仙镇。各地的义军听到岳家军打到了朱仙镇，都欢欣鼓舞，渡过黄河来同岳家军会合。岳飞看到胜利在望，也止不住心里的兴奋，鼓励部下"直捣黄龙（金朝国都）"。

绍兴和议

完颜兀术束手无策，打算放弃黄河以南地区，退守燕京（今北京）。但他的一个智囊却阻止他说："自古以来从没有听说过，当权人物在政府内部猜忌掣肘，而大将能够在外建立功勋的。岳飞生命都有危险，岂能有所作为。"

这位智囊的判断完全正确，自从南宋高宗赵构登上皇帝宝座以后，他日夜恐惧的只有两件事，一是他的哥哥钦宗赵桓突然被释放回国，他的皇帝便做不成；二是将领权力过大，万一发生"陈桥"式兵变，他的皇帝同样也做不成。

此时，高宗的心腹宰相秦桧提议跟金国和解，并暗示说和解只是一种手段，目的在于解除帝位的威胁。而岳飞日夜不忘打败金军，迎回二位被俘的皇帝，让宋高宗既憎恶又害怕。眼看岳飞打下了朱仙镇，又雄心勃勃直捣黄龙，宋高宗急忙下令撤退，并在一天之内，连续颁发十二道召回金牌。

岳飞在前线等待高宗的进军诏令，不想接到的却是朝廷催促退兵的紧急金牌。在接到第十二道金牌时，他再也不能不退兵，否则就是叛变。他垂着泪向拦在马前苦苦哀求的民众说："十年之功，废于一旦。"

果然，完颜兀术看到岳家军撤走，马上重整旗鼓，向南进攻。本来被岳飞收复的河南许多州县，一下子又丢得精光。

秦桧和宋高宗决心向金朝求和，他们唯恐受到岳飞、韩世忠等人的阻挠，便任命韩世忠做枢密使，岳飞做枢密副使，名义上是提拔，实际上是解除了二人的兵权。1141年，金朝派使者到临安，谈判议和条件。谈判结果是：宋、金之间划定界线，东面以淮河为界，西面以大散关（今陕西宝鸡西南）为界；南宋向金朝称臣，每年进贡银、绢各25万。历史上把这次屈辱投降的和约叫作"绍兴和议"（"绍兴"是高宗的年号）。

岳飞之死

绍兴和议后，宋高宗决心铲除岳飞，他命秦桧诬陷岳飞谋反，逮捕岳飞父子入狱。岳飞在狱中受尽酷刑，始终不承认谋反，在供词纸上只写下 8 个大字："天日昭昭，天日昭昭"。审讯持续了两个月，仍然毫无结果。朝廷官员都知道岳飞是冤枉的，于是有些官员大胆上奏替岳飞申冤，结果也遭到秦桧的陷害。

韩世忠亲自去找秦桧，质问他岳飞是不是真的谋反。秦桧回答说："莫须有。""莫须有"即"也许有""不见得没有"之意。韩世忠当即叹息："'莫须有' 3 个字，怎么能服天下人心？"

从此，"莫须有" 3 个字在中国就成为"诬陷"和"冤狱"的代名词。

公元 1142 年的一天夜里，年仅 39 岁的民族英雄岳飞在牢里被害，同时被害的还有他的儿子岳云和部将张宪。岳飞被害以后，临安狱卒隗顺偷偷地把他的遗骨埋葬起来。直至孝宗年间，岳飞的冤狱才得以昭雪，人们把岳飞的遗骨改葬在西湖边栖霞岭上，后来还修了岳飞庙，庙内立有戎装端坐的岳飞塑像，塑像上方悬挂的匾额上，刻着岳飞亲笔书

岳飞坐像，在今浙江杭州岳王庙内。

写的"还我河山" 4 个大字。在岳飞墓对面，放着用生铁浇铸的诬陷岳飞的秦桧夫妇、审判岳飞的万俟卨和张俊 4 个反剪双手的跪像，表达了人们对抗金名将的景仰，以及对残害忠良的奸臣的憎恨。

完颜亮南侵

完颜亮生于 1122 年，是金太祖完颜阿骨打庶长孙，完颜宗干次子，史称海陵王。

完颜亮的父亲是阿骨打的长子，却不是嫡子，因此阿骨打的弟弟太宗完颜晟将帝位传给了阿骨打的嫡孙完颜亶，史称熙宗。完颜亮对此心怀不满，发动政变，杀死了熙宗，自立为帝。

不过起初在表面上，完颜亮对熙宗还是表现得十分忠诚。一次熙宗召完颜亮去谈话，在讲到阿骨打艰苦创业时，完颜亮故意做出一副感动的样子，呜咽流泪，让熙宗十分感动。完颜亮和熙宗的妻子裴满皇后关系很密切，1149 年完颜亮生日时，熙宗命亲信赐了贺礼，裴满皇后也附赐了礼物。熙宗得知后很不满，不但将裴皇后的礼物追回，还杖责了送礼的人。完颜亮自此开始感到不安，以为熙宗已经察觉了自己的夺位用心。

不久，翰林学士张钧获罪被处死，有大臣揭发张钧之罪是受完颜亮指使的，熙宗很生气，将完颜亮贬出了京城。这一来完颜亮的心中更是愤恨，在经过中京（今北京）时，便与中京留守萧裕密谋，准备在河南起兵夺权。刚走到良乡（今北京良乡镇），熙宗突然又召他回上京，封他为平章政事，完颜亮于是和唐括辩、乌带密谋，准备在京城发动政变。唐括辩和乌带主张在废去熙宗后，立皇弟完颜常胜或邓王子完颜阿懒为帝。完颜亮很不满，说："即位者，舍我其谁。"恰巧这时河南兵士孙进起义，自称皇弟。完颜亮就乘机散布谣言，使熙宗处死了完颜常胜和完颜阿懒等有资格继承王位的宗室。

见劲敌都被诛杀，完颜亮终于发动政变，杀死了熙宗，自立为帝。为了防止别人和自

己争夺皇位，完颜亮又杀死了许多同宗贵族，并决定迁都燕京（今北京）。营建新都的工程自 1151 年开始，历时 3 年。因工程浩大，工期又急，从役的百余万工匠、民夫挣扎劳作，倒毙者不计其数。

进入新的都城后，完颜亮慷慨陈词，表明了自己的志向："吾有三志。国家大事，皆我所出，一也；率师伐国，执其君长问罪于前，二也；得天下绝色而妻之，三也。"

第一愿此时已告达成，第二愿不易一蹴而就，这第三愿，对完颜亮来说易若探囊取物。被他收入深宫而"妻之"的，有他的弟媳、小姨子、堂姐妹，更有甚者，连其叔母、舅母都不放过。

1161 年，海陵王完颜亮把首都从中都（今北京）南迁到了开封（河南开封），称为南京，向南宋提出最后通牒，要求其割让淮河以南、长江以北的大部分土地。当吃惊的南宋高宗还没来得及做出反应时，完颜亮已发兵 60 万，分 5 路杀来。在出发之前，完颜亮趾高气扬地跟将领们说："从前梁王（指兀术）进攻宋朝，费了多少时间，没取得胜利。我这次出征，多则 100 天，少则 1 个月，一定能扫平南方。"

与此同时，金朝皇族已拥立完颜雍即位，进据中都（今北京），声讨完颜亮，下令南征军回国复员。

完颜亮却还不知道这些，其攻击仍照常进行。大军渡过淮河后，毫无阻挡地到达了长江北岸的和州（今安徽和县），对岸即是采石（今安徽马鞍山采石一镇）。这时，南宋官员虞允文奉命到达采石劳军，看到江北的金军，他立刻集结当地军民，自任统帅，严密布防。金军只善于骑马，不善于驾船，因此被虞允文打败。

完颜亮气得发疯，把逃跑的士兵全体驱到江边杀死，然后放弃和州，向东前进至瓜洲（今江苏扬州瓜洲）。虞允文临时组织的军队也向下游行动，到达瓜洲对岸的京口（今江苏镇江）。完颜亮这时得到了内部叛乱的消息，更加怒不可遏。但他认为完颜雍不足挂齿，等他消灭宋国之后，完颜雍自会瓦解。接着他下令 3 日内渡江，败退者即斩。士兵们听到如此惨急的军令，大批逃亡，扬言要投奔新皇帝，于是军心开始动摇。来不及逃跑的士兵发动兵变，杀死了完颜亮，一代枭雄就这样化为了一撮黄土。

理学家朱熹

宋王朝的教育比过去任何时代都发达，这是士大夫努力推广的结果。国子监是当时的最高学府，设于首都开封。此外，地方都设有学校，各乡镇也有私塾，一些名士也设立书院讲学。其中最著名的，就是朱熹在白鹿书院讲学。

朱熹字元晦，号晦庵，别号紫阳，南宋江西婺源人，宋高宗建炎四年（1130 年）出生在尤溪，19 岁就考取了进士及第。

朱熹继承和发展了北宋程颢和程颐的理学，南宋孝宗时期，他建议皇帝博访真儒，讲明《大学》之道，以修身为本，并严厉批驳当时的朝政。结果皇帝不予采纳，于是朱熹退居崇安武夷山寒泉精舍授徒讲学，探求学问，著书立说，逐步形成了他完整的理学体系。

朱熹在学术上的成就使朝廷感到为难，若不任用，会招弃贤之嫌；如任用，又恐其"干扰"朝政。经过一番研究后，便决定差遣他去偏僻之地南康任职。

朱熹像

朱熹在南康时，亲至白鹿洞书院视察。眼见这座曾经与岳麓、睢阳、石鼓并称"天下四大书院"的遗址，毁于兵火的一片废墟，他非常伤心，再三向朝廷请求重修。孝宗皇帝批准了重兴白鹿书院，朱熹便开始在这里讲学。

朱熹的理学强调"天理"和"人欲"对立，提出"去人欲、存天理"。他的理学，在明清两代被奉为儒学正宗。

朱熹将《大学》《中庸》《论语》《孟子》定为儒家的"四书"，对儒家学说的发展影响深远。

父子猜忌

宋孝宗赵昚是宋太祖的七世孙，36岁时被立为太子，同年登基。

孝宗可谓南宋最有作为的君主。他为人勤政，节俭，且不甘偏安，力图恢复中原，同时改革内政，希望重振国势，高宗时弥漫朝野的妥协求和之风曾一度有所扭转。然而，面对高宗的处处牵制、主和派的极力阻挠、主战派的人才凋零等内外不利因素，孝宗深感力不从心，中兴大业最终不得不付之东流。

孝宗赵昚的皇后郭氏共生四子，长子死后，孝宗认为次子庆王的秉性过于宽厚仁慈，不如三子恭王"英武类己"，于是册立恭王赵惇为太子，也就是后来的宋光宗。

赵惇入主东宫后，勤奋好学，一举一动都严守礼法，对孝宗更是恪尽孝道。

赵惇就这样小心翼翼地做了十几年孝子，可是他年过不惑时，父亲却依然身体康健，而且也没有将皇位传给他的意思，于是心中很是烦恼。一天，赵惇终于捺不住性子了，向孝宗试探道："我的胡须已经开始白了，有人送来染胡须的药，我却没敢用。"

孝宗何等聪明，他立刻便听出了儿子的弦外之音，回答道："有白胡须好，正好向天下显示你的老成，要染须药有什么用！"太子碰了个软钉子，更加摸不清父亲的意思，只得求助于太皇太后吴氏（高宗的皇后）。太皇太后便开始向孝宗暗示，早点传位给太子，但得到的回答却是太子还须历练。

淳熙十四年（1187年），81岁高龄的高宗驾崩，孝宗悲恸欲绝。对高宗的禅位之恩，孝宗一直心存感激，加上自己已年逾六旬，对恢复中原也深感力不从心，便表示自己要为高宗守孝3年。赵惇终于盼到了禅位大典，登基为帝，是为宋光宗。

孝宗退居重华宫，而登上了帝位的赵惇，长长地出了一口气，觉得自己终于没有必要装出孝子的模样来讨孝宗的欢心了，心中不由大快。不过在即位之初，赵惇还不敢造次，依然仿效孝宗侍奉高宗的先例，每月4次朝见重华宫，偶尔再陪孝宗宴饮、游赏。孝宗以为自己能像高宗那样颐养天年了，但不久，赵惇便找借口不来了，父子二人逐渐产生隔阂。不久，赵惇立独子赵扩为太子，孝宗表示反对，说这孩子天性懦弱。这让赵惇感到恐惧和不安，在他看来，父亲不仅对太子不满，甚至对自己的皇位都是潜在的巨大威胁。这种恐惧感逐渐成为一种挥之不去的阴影，终于导致了赵惇无端猜疑和极度偏执的症状。

绍熙二年（1191年），李皇后趁赵惇离宫之机，残忍杀死了情敌黄贵妃。次日，太子赵扩主持祭祀天地的大礼，仪式进行中突然狂风大作，继而大雨倾盆而下，祭坛上的灯烛燃起大火，祭祀被迫中断。

这一幕让正处于极度伤心中的赵惇受了惊吓和刺激，"心病"加重，不仅不再去看望父亲，还经常不理朝政。不久孝宗逝世，赵惇连丧事也不肯主持，根本不相信孝宗已死，以为这是一个篡夺自己皇位的圈套。他每天只是待在深宫中喝酒，时刻担心遭人暗算，佩剑和弓箭从不离身。就在这位皇帝终日提防自己已经死去的父亲暗算自己的时候，其皇位却已经被他的儿子赵扩悄悄取代了。

庆元党禁

说到宋宁宗赵扩，实在不是个做皇帝的料。当太皇太后吴氏命赵扩穿上黄袍时，赵扩吓得绕着殿柱逃避，口中大声喊叫："儿臣做不得，做不得！"最后，还是大臣们夹扶着赵扩，强行给这个懦弱的皇子披上了黄袍。史载宁宗"不慧"，也就是智商不高，毫无主见，一直是听凭他人摆布。所以，赵扩大概只想做一个饱食终日、无所用心的亲王，不愿做九五之尊的皇帝，为国家大事劳心费神。

赵扩即位后，韩侂胄渐渐把持了朝政，大肆消灭异己。韩侂胄首先要对付的是宰相赵汝愚，他命手下参奏赵汝愚图谋不轨，证据是赵汝愚曾经做过的一个"乘龙授鼎"的梦。宁宗不辨真伪，贬赵汝愚为宁远军节度副使，将其安置在永州。赵汝愚接到诏书后，从容上路，对 9 个儿子说："韩侂胄一定要害死我才算完事，我死后，你们就可以免除灾祸了。"果然，当赵汝愚走到衡州时，衡州地方官按照韩侂胄的指示，对其百般羞辱，气得赵汝愚饮食不进，不久就自杀了。

随后，韩侂胄将朱熹的理学称为伪学，支持朱学说的人都成了逆党，大多都被贬官到岭南和海南。此事发生在庆元年间（1195 年），因此被称为"庆元党禁"。

韩侂胄此时官至少傅，封豫国公，朝中大小官吏多为其党羽，一些不得其门而入之人，对韩侂胄极尽奉迎谄媚之能事。一次，韩侂胄与客人在南园饮酒，园内景色优美，其中还有一个小山庄，是竹篱笆的茅草房，很有田园韵味。韩侂胄对客人说："这么美的田园风光，只是少了点鸡犬之声。"客人们本来也只是说着些不关痛痒的赞美之词，突然就听到篱笆间有"汪汪"的狗叫声，众人惊讶不已，一看，原来是一个叫赵师择的官员趴在那里学起了狗叫，并做摇尾乞怜状。韩侂胄甚为开心，从此以后更加信任赵师择。

韩侂胄在宁宗庆元、嘉泰、开禧年间专权 10 余年，权倾朝野，排挤了一批忠直人士，加之他轻启兵端，涂炭生灵，可谓误国不浅。开禧北伐后，宋国和金国由侄叔之国改为了侄伯之国，还增加了 10 万匹绢和 10 万两白银的岁币，赔偿金国军费 300 万两，南宋的国力愈加衰微了。此时蒙古兴起，对金国屡战屡胜，而宋朝统治者在对金的策略上却不知该如何了，是战是和还是守，内部意见不统一。

韩侂胄北伐

开禧二年（1206 年），奸相韩侂胄认为国富民强了，于是不甘心再过安宁日子，鼓动南宋宁宗赵扩北伐。韩侂胄任命京洛招抚使郭倪出奇兵突击，攻陷了金国边境重镇泗州（今江苏盱眙北）。宁宗赵扩随即昭告全国，宣布了金国的诸多罪状，并下令北伐。金帝国安稳了 40 年，突然被南宋攻击，着实吓了一跳。他们不但吃惊南宋的进攻，更惊异于南宋的自不量力。

南宋军队四道并进，郭倪攻宿州（今安徽宿州）；大将李爽攻寿州（今安徽凤台）；皇甫斌攻唐州（今河南唐河）；王大节攻蔡州（今河南汝南）。四道大军来势汹汹，却相继失败。金军分 9 路渡过淮河追击，一连攻陷 10 余州，再度抵达长江北岸的真州（今江苏仪征），扬言要造舰渡江，南宋上下震恐异常。

韩侂胄的美梦破灭，急向金国求和。金国要求南宋交出发动战争的祸首。于是宁宗赵扩的妻子杨皇后布下罗网，乘韩侂胄入朝时，将他杀掉，把他的人头送到金国中都（今北京），悬挂街头。北伐再一次失败。

杨皇后干政

赵扩在登基之前，经常赴太皇太后宫中的家宴，见到过本为太皇太后宫中杂剧演员的杨氏，被她深深吸引。即位后，太皇太后便将杨氏赐给了赵扩，封为贵妃。尽管有皇帝的宠爱，但杨氏感到自己出身低微，很难立足，便冒认杨次山为兄，把其作为她在外朝的耳目和帮手。

就在杨氏被封为贵妃的这一年，宁宗的韩皇后去世，韩侂胄失去了宫中的靠山。此时后宫除了杨氏，还有一位曹美人也正得宠幸。在立新皇后的问题上，韩侂胄觉得曹美人性情柔顺，较易控制，而杨贵妃则工于心计，因此他力劝赵扩立曹美人为后。杨氏知道后，虽然心里万分愤恨韩侂胄，表面上却丝毫不表现出来，只是极力讨得赵扩的欢心，最终被立为皇后。

韩侂胄北伐失败，正好给了杨皇后报复的好机会，她竭力向赵扩斥责韩侂胄轻启兵端，祸国殃民。但是赵扩对韩侂胄仍然没有失去信任，朝廷大权也还在韩侂胄手上。杨皇后清醒地认识到，自己与韩侂胄势不两立，必须抢先下手为强。就这样，杨皇后找到了与韩侂胄素来不和的史弥远，二人一拍即合，诛杀了韩侂胄。

诛杀韩侂胄的成功，使史弥远和杨皇后的往来更加密切，开始一内一外操纵着宁宗。杨皇后心思缜密，对赵扩的脾气秉性了如指掌。赵扩自奉节俭，杨皇后也在饮食、衣服上尽量朴素。赵扩体弱多病，杨皇后就精心照顾，连他该服什么药都能推测得八九不离十。一次，赵扩得了痢疾，召御医入宫诊治，御医刚号了脉，问了症状，还没开方子，杨皇后就问道："官家吃得感应丸否？"御医回答："吃得，吃得。"杨皇后又说："须多给官家吃些。"御医惊诧，但没敢多开，只给赵扩服了200丸感应丸，病情略止。于是又服了一次，病情果然痊愈。

赵扩日渐衰老，杨皇后比皇帝大7岁，因而她自己也开始担心起来，虽然她生过皇子，但都夭折了。现在养育的皇子赵昀不是自己亲生的，但好在母子关系还不错。在赵昀被正式立为太子的过程中，杨皇后鼎力支持。为了答谢杨皇后，赵昀做太子后，不遗余力地颂扬皇后。对于赵昀的知恩图报，杨皇后十分满意。然而，赵昀却于嘉定十三年（1220年）去世了，赵扩新选立的皇子赵竑，对杨皇后和史弥远内外勾结十分不满，这让杨皇后深感不安。

嘉定十七年（1224年），宋宁宗病死，史弥远发动宫廷政变，20岁的赵昀登基，是为宋理宗，由杨皇后垂帘听政。

贾似道误国

开庆元年（1259年），蒙古大汗蒙哥出兵3路进攻南宋，宋理宗宠信的奸臣贾似道以右丞相兼枢密使的身份带兵出征。然而贾似道并没有指挥的才能，更无作战的勇气，在移兵黄州的途中，他远远看见一支队伍，以为是蒙古军袭来，吓得抱头叹息："这番死了！这番死了！"等军士报知前面的敌人不是蒙古军，而是一小股南宋的叛军时，贾似道才下令迎战。

当时，鄂州城的守卫战打得很是激烈，城中南宋军民死伤很大，但蒙古军也伤亡不小。如果宋军坚守，蒙古人很难轻易向南推进。可是贾似道却恨不得早早逃离这个危险的地方，因此当忽必烈扬言要进攻扬州时，贾似道连忙遣使向蒙古人求和，自许了许多投降条件。

但忽必烈拒绝议和，这使得贾似道忧恐万状，一筹莫展。

正在这时，进攻四川一带的西路蒙古军战败，蒙古大汗蒙哥在进攻四川合州钓鱼城时中箭受伤，病发而死，蒙古内部发生了权力之争，留在后方的王室趁机自立为大汗。忽必烈为了争夺汗位，准备起兵北还。这时，贾似道若能乘势追击，一定会大获胜利。可贾似道明知蒙古军即将撤走，偏偏又主动去求和，忽必烈当然乐得捡个大便宜，就与贾似道签订了议和条约，要南宋每年输纳大量钱物，这才带兵北还。

蒙古兵退去后，贾似道向朝廷报捷，说经过苦战，终于打跑了蒙军。一下子，贾似道竟然变成大英雄了。没过多久，忽必烈派郝经来催要贾似道许下的岁币，贾似道慌忙派人把他关押起来，不敢让理宗知道。继而更加卖力地为皇帝搜罗美女、艺伎，引诱皇帝纵情享乐。

很快，理宗死去，其侄子赵禥即位，是为度宗，依然重用贾似道。此时蒙军南下，襄阳被困两年，贾似道密而不报，还骗赵禥说元兵已经退去。襄阳在蒙古兵的围攻之下越来越危急，贾似道却每天躲在他的宅邸里斗蟋蟀。

1273 年，元军攻破樊城，都统范天顺自杀，统制牛富率军巷战，后来也自尽身亡。一个月后，襄阳宋将吕文焕向元军投降。这时候，贾似道也知道瞒不住了，就把责任推给襄阳守将，将其革职了事。

忽必烈看到南宋这样腐败，决定一鼓作气将其消灭，他派左丞相伯颜率领元兵 20 万，分两路进军，一路从西面攻鄂州，另一路从东面攻扬州。宋度宗又惊又怕，病死了，贾似道于是拥立了一个 4 岁的幼儿赵㬎做皇帝，是为宋恭帝。伯颜攻下鄂州后直取临安，宋军全线崩溃，贾似道逃回扬州。到了这个时候，南宋距离亡国只有一步之遥了。

元军攻打南宋

元兵进逼临安，宋恭帝赵㬎的祖母谢太皇太后和大臣们一商量，赶紧下诏书要各地将领带兵援救。诏书发到各地，响应的人很少，只有赣州的文天祥和郢州（今湖北钟祥）守将张世杰两人带兵赶来。

文天祥到了临安，右丞相陈宜中派他到平江（今江苏苏州）防守。这时候，元朝统帅伯颜已经渡过长江，分兵 3 路进攻临安。其中一路从建康出发，已经越过平江，直取独松关（今浙江余杭）。陈宜中又命令文天祥退守独松关。文天祥刚离开平江，独松关已经被元军攻破，想再回平江，平江也失守了。

文天祥只得回到临安，跟张世杰商量，要集中兵力跟元军决一死战。但是胆小的陈宜中说什么也不同意。

伯颜带兵，很快到了离临安只有 30 里的皋亭山（在今杭州东北）。朝廷里一些没有骨气的大臣，包括左丞相留梦炎都溜走了。谢太皇太后和陈宜中惊慌失措，赶紧派了一名官员带着国玺和求降表到伯颜大营求和。伯颜指定要南宋丞相亲自去谈判。陈宜中害怕被扣留，不敢到元营去，逃往南方去了。张世杰因不愿投降，气得带兵出海去了。

太皇太后没办法，只好宣布让文天祥做右丞相，去谈判投降。文天祥带着大臣吴坚、贾余庆等到了元营，却根本不提求和的事，反而表明了要决一死战的决心。

双方会见之后，伯颜扣押了文天祥，让别的使者先回临安去跟谢太皇太后商量。吴坚、贾余庆回到临安，把文天祥拒绝投降的事回奏谢太皇太后。谢太皇太后一心投降，马上改任贾余庆做右丞相，再次到元营求降。伯颜接受降表后，再请文天祥进营帐，告诉他朝廷已另外派人来投降了。文天祥气得把贾余庆痛骂一顿，但是投降的事已无法挽回。1276 年，伯颜带兵占领了临安，把所有的皇族俘虏都押送到大都（今北京）。

逃出元军之手的，是恭帝的两个哥哥——9 岁的赵昰和 6 岁的赵昺，他们在大臣陆秀夫的护送下逃到了福州。陆秀夫派人找到张世杰、陈宜中，决定拥立赵昰即位，史称端宗，继续反抗元朝。

文天祥抗元

文天祥此时也逃了出来，辗转赶到福州，在新的朝廷里担任枢密使。他向陈宜中建议，从海路进攻元军，收复两浙地区。但是陈宜中却认为这样做太冒险，因而没有同意。

文天祥只好改变主意，到南剑州（今福建南平）建立都督府，招募人马，准备反攻。次年他进兵江西，在各地起义军的配合下，连续打败元军，收复了会昌等许多县城。

这时候，另一路元军已经南下，猛攻福州，宋军节节败退。陈宜中眼看南宋没有希望了，就独自乘船逃到海外去了。张世杰和陆秀夫等保护端宗赵昰逃上海船，往广东转移。不幸海上刮起一场飓风，年幼的赵昰受了惊，得病死了。张世杰和陆秀夫在海上又拥立赵昺即位，把水军转移到厓山（在今广东新会南）。

元朝大将张弘范向元世祖报告说，如果不迅速扑灭南方的小朝廷，恐怕会有更多的宋人响应。于是元世祖就派张弘范为元帅，李恒为副帅，带领精兵两万人，分水陆两路南下。

张弘范先派兵攻打驻守在潮州的文天祥。文天祥因兵少势孤，最终被俘虏了。元军到了厓山，张弘范先派人向张世杰劝降，张世杰不肯。张弘范知道张世杰平日很敬佩文天祥，就要文天祥写信给张世杰招降，文天祥只是冷笑。张弘范无奈，只得拼命攻打厓山。

1279 年，张世杰兵败牺牲，陆秀夫背着小皇帝赵昺，跳海自杀，南宋宣告灭亡。

元军攻下厓山后，张弘范召集将领，举行庆功宴会，把文天祥请来，想说服他投降元朝。然而文天祥还是不肯，张弘范便把他押送到了大都。

忽必烈对文天祥十分敬佩，下令属下要好好招待他，希望他投降元朝。但文天祥把前来劝降的人都骂跑了，忽必烈无奈，就把文天祥移送到兵马司衙门的牢房里，想让恶劣的环境逼他改变心意。

文天祥进牢的第三年，河北中山府发生了一场农民起义。起义领袖自称是宋朝皇室的后代，聚集几千人马，号召大家打进大都，救出文丞相。元世祖此时还是没有丢掉招降文天祥的幻想，于是他决定亲自劝降文天祥。但文天祥却矢志不改，只求一死。元世祖知道劝降已没有希望，便下令把文天祥处死。

文天祥在 1278 年被元军俘虏时，曾写下"人生自古谁无死，留取丹心照汗青"的诗句。被送到大都后，他前后被囚 3 年，在狱中写下了《正气歌》，拒绝投降，

文天祥像

163

他的民族气节至今依然被人们颂扬。

钓鱼城之战

就在元军南下攻打临安的同时，为防止四川的援军突袭，忽必烈命令一支军队主动进攻四川。时任四川制置副使的王玨以钓鱼城为根据地拼死抵抗。当年蒙哥就曾死在钓鱼城下，王玨相信，历史会再一次上演。

两军相持了一年之久，互有胜负，忽必烈深知四川的战略重要性，于是增兵数万，命大将不花强攻重庆。不花将重庆城围了个水泄不通，双方激战数日不分胜负，就在王玨鼓励士兵死守城池之时，都统赵安却向元军献城投降了。

王玨悲愤异常，率领士兵与进城的元军展开了巷战。苦战一夜，寡不敌众的王玨带着几个亲随和家属乘船渡江，想去往涪州。在船上，王玨越想越伤心，为自己没有死在重庆后悔不已，于是他举起斧子猛砍船底，想举家自沉。船工见状，夺下王玨的斧子就扔进了江中。王玨于是又要投江，被家人死死抱住。不料船到半路，王玨最不愿意看到的结局出现了：元军水师伏击了他们，王玨被活捉了。

元军在占领重庆后，连夜向钓鱼城进兵，守将在得到"不屠城"的许诺后，开城投降。曾经大名鼎鼎的钓鱼城，就这样兵不血刃地被纳入了元朝的版图。王玨在得到这一消息后，趁看守的元兵不备，解下弓弦，自缢而死。

虽然王玨最终失败了，但从1243～1279年，王坚、王玨带领钓鱼城军民抵抗蒙古大军的进攻，历经大小200余战，在最大程度上延缓了元军的攻势。

第十章 大元帝国

铁木真统一草原

就在韩侂胄北伐的 1206 年，中国北部的瀚海沙漠群以北的斡难河上游，金帝国的藩属——蒙古民族诸部落，正举行一个重大的集会，推举孛儿只斤部落 52 岁的首领铁木真为大可汗，尊称成吉思汗，意思是海洋皇帝。蒙古帝国正式诞生。

在蒙古诸部落的四周，环绕着突厥的部落，部落间常为争夺水草而不断地攻杀和劫掠，往往结下血海世仇。

铁木真是蒙古族孛儿只斤部酋长也速该的儿子，9 岁那年，也速该把铁木真带到一个朋友家定亲。也速该把铁木真留在朋友家里独自回家，赶了一段路，正好看见有一批塔塔儿部人在草原上举行宴会。按照当地风俗，也速该便下马参加了塔塔儿人的宴会。

塔塔儿部和孛儿只斤部打过仗，但也速该没想到这一层。塔塔儿部中有人认出了也速该，便偷偷在也速该吃的食物里放了毒药，也速该赶回家里后很快就咽了气。

也速该一死，孛儿只斤部失掉了首领，都散了伙，原来归附也速该的泰亦赤部也脱离了他们，还带走不少也速该的奴隶和牲畜。泰亦赤部的首领怕铁木真长大以后找他报仇，就带领人马捉拿铁木真。铁木真好不容易才逃了出来。

为了恢复父亲的事业，铁木真想尽办法，渐渐把部落失散的亲属和百姓聚拢来，并相继击败了泰赤乌、蔑儿乞诸部，力量渐渐增强。铁木真的好朋友札木合，也是一个部落的首领，他看到铁木真力量强大了，自己部下也有人投奔铁木真，便很不高兴。

1190 年，札木合的弟弟抢夺铁木真的马群，被铁木真的部下杀了，双方发生了冲突。于是札木合集合了他统治的 3 万人马攻打铁木真，双方在斡难河边的草原上展开了一场大战，铁木真抵挡不住，败退了。札木合把抓住的战俘全部杀死，引起了部下的不满，纷纷脱离札木合投奔铁木真。铁木真虽然打了败仗，其实力却壮大了。

没过多久，塔塔儿部的首领蔑古真得罪了金朝，金朝派丞相完颜襄约铁木真配合进攻塔塔儿部。铁木真认为这是个为父亲报仇的好机会，就和金兵

成吉思汗像

一起夹击塔塔儿部，最终塔塔儿部全军覆没。金朝认为铁木真立了大功，便封他做官。

　　1203年，铁木真在土剌河攻击王罕，王罕的克烈部是当时蒙古草原上最强大的部落之一，而铁木真一举就击败了克烈部，为统一蒙古铺平了道路。接着，铁木真又击溃了草原上的最后一支力量，统一了蒙古诸部，被尊称为成吉思汗。

　　成吉思汗即位后，建立了军事和政治制度，使用了蒙古文字，使蒙古成了一个强大的汗国。但是金朝还把蒙古当作它的附属国，要成吉思汗向金国进贡，成吉思汗立志要改变这种屈辱的地位。

成吉思汗分封

　　成吉思汗为了巩固统一，加强统治，首先建立了一套完整的军事制度。成吉思汗按照十进制的办法，把蒙古各部牧民统一划分为十户、百户、千户、万户，打破了原来的氏族部落，并相应地设立了十户长、百户长、千户长、万户长。万户长和千户长由成吉思汗直接任命分封。万户长及千户长按其等级高低，领有一定范围的大小不同的疆域作为封地，并领有封地内数量不等的封户，成为大小领主。

　　成吉思汗把占领地区首先分封给了他的3个儿子。

　　长子术赤封于钦察、花剌子模及康里国故地，今咸海以西，里海以北之地皆属之。后来因为术赤比成吉思汗早死，这一封地归于其子拔都。

　　次子察合台封于西辽及畏兀儿故地，东起阿尔泰山，西至阿姆河，包括新疆天山南北路等地，后来称为察合台汗国。

　　三子窝阔台封于乃蛮故地，今鄂毕河上游以西至巴尔喀什湖以东一带均属之，后来被称为窝阔台汗国。

　　依照蒙古惯例，在成吉思汗死后，幼子拖雷获得其父的直接领地，即斡难河及客鲁连河流域一带蒙古本部地方。

　　成吉思汗死后，窝阔台继位，决议远征欧洲。这次西征的统帅是成吉思汗的孙子、术赤之子拔都。拔都在1236～1241年间，统帅蒙古军渡过札牙黑河（今乌拉尔河），在亦的勒河（今伏尔加河）中游击溃不里阿耳部（今保加利亚），继续西进，又占领了钦察以及从宽田吉思海、亚速海直到斡罗思东南的广大领土，又分兵进入孛烈儿（今波兰）和马扎儿（今匈牙利）等地。后在今捷克一带遇到顽强的抵抗，西进受阻。

　　此时适逢1242年，窝阔台的讣报传到蒙古军营，大军乘机回师。拔都则领本部留在钦察草原，建立了钦察汗国。

　　1246年春，窝阔台之子贵由被立为大汗。贵由继汗位不到3年就死了，拖雷之子蒙哥即位。蒙哥决定由其四弟忽必烈总领漠南汉地军国庶事，统兵南征大理、南宋；命弟旭烈兀总领波斯之地，统兵西征未服诸国。

　　之后，旭烈兀留居帖必力思，建立了伊利汗国。

　　成吉思汗建立的蒙古国，经过3次西征，形成了钦察汗国、察合台汗国、窝阔台汗国和伊利汗国。后来，蒙古各统治集团为争夺大汗权位，彼此间矛盾激化，加上各汗国间缺乏必要和有力的联系，因而使钦察汗国和伊利汗国走上了各自独立发展的道路。

耶律楚材

　　耶律楚材3岁时其父去世，其母杨氏是当时的名士杨昙之女，出身于书香门第，具有较高的文化修养，她带着耶律楚材回到了老家东丹（今辽宁北镇一带），在悬崖上修了两间小屋，教儿子读书。短短几年，耶律楚材不但史籍、儒家经典、诗词歌赋无所不通，对天文、地理、律历、术数及释道、医卜也都有涉猎。1215 年，金国燕京城被蒙古兵攻破。耶律楚材跑到了报恩寺，拜在万松老人门下学佛，自号"湛然居士"。

成吉思汗早就听说了耶律楚材的才学，于是派人对他说："你是个人才，是契丹人中的豪杰。你的祖国契丹以前被金国人所灭，如今我蒙古灭了金国，你应该高兴啊。"耶律楚材听后迟疑半响，回答说："我家三代侍奉于金国，自当忠诚，怎能将君父当作寇仇呢？"成吉思汗听后非常尴尬，但他认为此人重君臣之情，恪守信义，值得重用。再加上耶律楚材身材魁伟，髯长鬓美，极其英武；回答询问时，声音洪亮流畅，成吉思汗愈发喜欢，便把他作为自己的亲随，不离左右。

1219 年夏天，成吉思汗西征，耶律楚材奉命随行。祭旗那天，忽然降下暴雪三尺，许多人都认为这是不祥征兆。耶律楚材为鼓舞士气，便说："隆冬之气，见于盛夏，恰是打败敌军，获取胜利的好兆头。"

成吉思汗曾对儿子窝阔台说："耶律楚材是上天送给我们家的礼物，是上天委派他来帮助我们打江山的。我死之后，你主持国政，军国大小事务都可以放心交付给他去办理。"

后来耶律楚材负责京城的管理。当时的燕京城虽为国都，但社会秩序异常混乱。每天等不到天黑，就有一些盗贼驾着牛车闯入富家，搬取财物，如果反抗，则杀人劫货，谁也不敢阻拦追究。耶律楚材经过仔细查询，了解到这些盗贼都是豪强的亲属和世家子弟。耶律楚材毫不手软，将他们一网打尽，投入监狱。这些人的家属于是贿赂官员，企求从轻发落。但耶律楚材还是将这些罪大恶极的盗贼斩首示众了。从此以后，燕京的社会治安才变得好了起来。

成吉思汗死后，耶律楚材又帮助窝阔台当选大汗，制定国家的典章制度，后来忽必烈基本上沿袭了耶律楚材制定的一系列政策，并发扬光大。

建立大元

建立元朝的忽必烈，是成吉思汗幼子拖雷的儿子，全名为孛儿只斤·忽必烈。拖雷有 11 个儿子，长子就是蒙哥，四子忽必烈，六子旭烈兀，七子阿里不哥。蒙哥即汗位后，遣忽必烈开拓南部汉地，令旭烈兀远征西域，以阿里不哥留守和林，看管蒙古本土，自己则亲率大军伐宋。

当忽必烈听到蒙哥的死讯时，为了争夺汗位，急忙北返，在自己的大本营开平（今多伦西北）宣布继大汗位。两个月后，阿里不哥也在和林继大汗位。忽必烈花了 4 年的时间，最终击败阿里不哥，夺得了最高统治权。

蒙古的汗位继承，一向都是大家共同推选。忽必烈为了保持住蒙古大汗的地位，改变了传统的选汗制度，采取汉族预立皇太子的办法，确定帝位继承人，并在 1264 年建都燕京。1272 年，忽必烈在燕京旧城的东北筑造新城，建设宫殿衙署，命名首都为大都。在灭亡了南宋后，统一了中国，被后世称为元世祖。

忽必烈建立的元朝，极盛之时的版图古今无与伦比，疆域东、南到海，西到今新疆，西南包括西藏、云南，北面包括西伯利亚大部，东北到鄂霍次克海，包括了几乎整个亚洲及欧洲东部。

元世祖的统治

元朝建立后，有意识地保留了中原的一些制度，但关于到底应该采用什么政策来统治汉地的问题，其争论一直存在。元世祖忽必烈极力提倡采用汉法。为了贯彻汉法，巩固对

元代名铳

铳上有"射穿百札，声动九天""神飞"等铭文，这种火器在攻城时更显其威力。

全国的统治，元世祖在中央设立了中书省，总理全国行政事务，由枢密院掌管军事，御史台负责监察。

在地方上，设立行中书省，简称行省。行中书省各设丞相一人，掌管全省的军政大事。行省下设路、府、州、县。当时全国共有10个行省，即岭北、辽阳、河南、陕西、四川、甘肃、云南、江浙、江西、湖广。至于山东、山西、河北和内蒙古等地则被称为"腹里"，作为中央的特区，由中书省直辖。行省制的确立，有效地巩固了国家的统一，也是我国政治制度史上的一项重大变革，对后世有着巨大影响。

在军事方面，元世祖实行军民异籍、军民分治的政策，使军职不得干预民事。虽然军职是世袭的，但军队的调遣、军官的任命，都由枢密院直接掌握。元朝军队分为蒙古军、探马赤军、汉军和新附军等。探马赤军是在蒙古灭金时组成的，以蒙古人为主体，包括色目、汉人在内的一支先锋部队。汉军是以汉人为基础，经过整编而成的部队。新附军是南宋投降后改编的部队。蒙古军和探马赤军是骨干，主要驻防于京师和腹里，而汉军和新附军多驻于江淮以南。

元世祖继位之初，有很多人不服，并相继发动叛乱。元世祖一边平叛，一边还不忘对外征伐，因而财政拮据，迫切需要会理财的能臣。花剌子模人阿合马、汉人卢世荣、畏兀儿人桑哥相继登台，成为元世祖最宠信的3个理财能手。

1262年，阿合马任诸路转运使，兴办铁冶，增加盐课，获得了巨大利润，忽必烈因此升他为中书平章。可是阿合马恃功骄傲，为皇太子真金和其他大臣所厌恶。

1282年，益都千户王著和高和尚等人，假借皇太子的名义将阿合马击杀。阿合马死后，元世祖又命卢世荣为中书右丞。卢世荣提出改革钞法、制定市舶条例等措施。元世祖很宠信他，但其他官僚纷纷上章弹劾，不到一年，卢世荣也被杀。

1286年，元世祖起用桑哥理财，任其为平章政事。桑哥出生于多麦（今四川甘孜藏族自治州和西藏昌都）一带，通藏语、蒙古语、汉语、畏吾儿语和其他言语。桑哥一上任，就检核中书省，查出巨额亏空，并罢免了许多人。元世祖更加信服了他的忠诚和实干，马上提升桑哥为尚书右丞相兼总制院使，领功德司事，进阶金紫光禄大夫，桑哥成为中国历史上第一个担任中央王朝宰相要职的藏族官员。

桑哥出任宰相后，大刀阔斧地从上至下整饬吏治，整顿财政，整顿驿站，一度使财政危机得以好转。桑哥继而清理江南钱谷，增加赋税、盐课，引起了天下骚动，起义不断发生，许多蒙古贵族也对他不满。公元1291年，桑哥被杀。

郭守敬与《授时历》

郭守敬，字若思，是中国元朝时期伟大的天文学家、数学家、水利专家。

1267年，元朝用西域人札马鲁丁修订历法。札马鲁丁根据回回历法制定出"万年历"，但不够准确。郭守敬于1280年完成了历法的改造，命名新历为《授时历》。《授时历》以365.2425日为一年，和地球绕太阳的周期实际相比只差26秒，同现在世界上公用的阳历一岁周期相同。

在中国古代,《授时历》是一部很精良的历法。王恂、郭守敬等人对汉代以来的 40 多家历法进行了研究,吸取了前人历法之长,王恂认为订历法首先应"明历之理",郭守敬认为"历之本在于测验,而测验之器莫先仪表",这种理论与实践相结合的科学态度,使他们取得了许多重要成就。郭守敬为了测验天象,创造了简仪、仰仪、高表、候极仪、玲珑仪、景符等 10 多件天文仪器。其中简仪所达到的精密度,在当时是十分先进的。可以说,郭守敬取得的科技成果完全代表了元朝时期的科技水平。晚年的时候,郭守敬还致力于河工水利,兼任都水监,提出并完成了自大都到通州的运河(即白浮渠和通惠河)工程。

为纪念郭守敬的功绩,今天的人们将月球背面的一环形山命名为"郭守敬环形山",将小行星 2012 命名为"郭守敬小行星"。

博学多才的赵孟頫

赵孟頫字子昂,号松雪、松雪道人,是楷书四大家(欧阳询、颜真卿、柳公权、赵孟頫)之一,湖州(今浙江吴兴)人。据说是宋太祖赵匡胤的十一世孙,秦王赵德芳之后。

赵孟頫的少年是在坎坷忧患中度过的,其父亲虽然官至户部侍郎兼知临安府浙西安抚使,但早早地便死了,以致赵孟頫家境每况愈下,度日维艰。南宋灭亡后,赵孟頫一直闲居在家乡。元至元二十三年(1286 年),赵孟頫等十余人被推荐给元世祖忽必烈。初至京城,赵孟頫立即受到元世祖的接见,元世祖赞赏其才貌,惊呼其为"神仙中人",给予他种种礼遇。他被任命为从五品官阶的兵部郎中,两年后任从四品的集贤直学士,直至出任济南路总管府事。这时世祖去世,元朝内部矛盾重重,有自知之明的赵孟頫便借病乞归,与四方才士聚于西子湖畔,谈艺论道,挥毫遣兴,过着与世无争的宁静生活。

至大三年(1310 年),赵孟頫的命运发生了变化。皇太子爱育黎拔力八达对他产生了兴趣,拜赵孟頫为翰林侍读学士,知制诰同修国史。次年爱育黎拔力八达即位,是为仁宗。他登基后不久,便将赵孟頫升为从二品的集贤侍讲学士、中奉大夫,后来又升其为翰林学士承旨、荣禄大夫,官居从一品。

赵孟頫博学多才,能诗善文,懂经济,工书法,精绘艺,擅金石,通律吕,解鉴赏。特别是以书法和绘画成就最高,开创了元代新画风,被称为"元人冠冕"。在绘画上,山水、人物、花鸟、竹石、鞍马无所不能;工笔、写意、青绿、水墨,亦无所不精。他善篆、隶、真、行、草书,尤以楷、行书著称于世,其书风遒媚、秀逸,结体严整、笔法圆熟,世称"赵体"。

赵孟頫虽然是一代书画大家,但当时的汉人与后世对他的评价却不高,一般是"薄其人遂薄其书",认为他作为南宋遗民而出仕元朝是没有骨气,但是将非艺术因素作为品评画家艺术水平高低的做法,显然有失公允。而且赵孟頫在出仕元朝后,大胆建议币制改革,建议让文人士子免受体罚,对于元朝社会还是有一定贡献的。

马可·波罗

马可·波罗的父亲尼古拉·波罗和叔父玛飞·波罗,原来是威尼斯的商人,兄弟两常常到国外去做生意。蒙古汗国建立后,他们带了大批珍宝,到钦察汗国做生意,后来又到了中亚细亚的一座城市——布哈拉居住。

有一次,忽必烈的使者经过布哈拉。使者第一次见到欧洲商人,感到很新奇,便邀请他们一起到中国去。

波罗兄弟本来也是喜欢到处游历的人,就跟随使者一起到了上都(今内蒙古多伦西

马可·波罗像

《马可·波罗游记》书影

北）。忽必烈听到来了两个欧洲客人，十分高兴，在行宫里接见了他们，忽必烈从他们那里听到了许多关于欧洲的情况，于是要他们回欧洲跟罗马教皇捎个信，请教皇派人来传播天主教。

两人告别了忽必烈，离开中国，在路上走了3年多，才回到威尼斯。那时候，尼古拉的妻子已经病死，留下的孩子马可·波罗已经15岁了。

马可·波罗听父亲和叔父说起中国的繁华情况，十分羡慕，便央求父亲带他到中国去。尼古拉也觉得让孩子一个人留在家里不放心，就决定带他一起走。尼古拉兄弟见了教皇之后，带着马可·波罗向中国进发。1275年，尼古拉兄弟带着马可·波罗经过3年的旅行，再次来到了中国，觐见忽必烈。此时的大都城已经建好，元朝的经济也正蓬勃发展，马可·波罗便决定留下来。马可·波罗很快学会了蒙古语和汉语，让忽必烈十分赏识，没有多久，就派他到云南去办事。马可·波罗出去时，每到一处，都留心考察风俗人情。回到大都后都会向元世祖详细汇报。元世祖对此非常满意。

马可·波罗在中国整整住了17年，被元世祖派到许多地方视察，还经常出使到国外，到过南洋的好几个国家。1292年，伊利汗国国王的一个妃子死了，派使者到大都来求亲。元世祖选了一个名叫阔阔真的皇族少女，赐给伊利汗国国王做王妃，派尼古拉兄弟和马可·波罗与他们一起，乘海船把阔阔真护送到了伊利汗国。马可·波罗父子又经过3年的跋涉，回到了故乡威尼斯。这时候，他们离开威尼斯已经20年了。当地人看到他们穿着东方的服装回来，又带回许多珍奇的物品，都轰动了。没过多久，威尼斯和另一个城邦热那亚发生冲突，双方的舰队在地中海打起仗来，马可·波罗也参加了威尼斯的舰队。结果，威尼斯打了败仗，马可·波罗被俘，被关在热那亚的监牢里。热那亚人听说他是个著名的旅行家，纷纷到监牢里来访问，请他讲东方和中国的情况。

跟马可·波罗一起关在监牢里的还有一个名叫鲁思梯谦的作家，他把马可·波罗讲述的事都记录了下来，编成一本书，这就是著名的《马可·波罗行纪》（一名《东方见闻录》）。在那本游记里，马可·波罗把中国的著名城市，像大都、扬州、苏州、杭州等，都做了详细的介绍，称颂中国的富庶和文明。这本书一出版，激起了欧洲人对中国文明的向往。

元朝的对外交流

自元朝起，中国和欧洲人、阿拉伯人之间的往来开始越来越密切。阿拉伯的天文学、数学、医学知识开始传到中国来；中国的指南针、印刷术和火药，也在这个时期传到了欧洲。

被马可·波罗盛赞的元大都，的确是当时世界上最繁华的城市之一。从东欧、中亚，从非洲海岸，从日本、朝鲜，从南洋各地，都有商队、使团来到大都。从东南沿海直航天津的海船带来了闽、广、江、浙的丝绸、瓷器和南洋的香料，到大都贩卖。大都城内流通的商品有粮食、茶、盐、酒、绸缎、珠宝等，也有单项商品集中经营的市场，如米市、铁市、皮毛市、马牛市、骆驼市、珠子市等。商业行会的组织中，还有"行老"负责业务上的内外事务。

元朝对外的不断战争，并没有严重地影响社会经济的自然成长，反而使整个欧亚地区处于大汗一人的统治之下，交通和贸易都有重大的发展，海运更是空前的兴盛。

兄终弟及的混乱

忽必烈死后，因为太子真金早已亡故，帝位便由真金的儿子铁穆耳继承，史称元成宗。成宗晚年时患病，朝政交由皇后卜鲁罕打理，立爱子德寿为皇太子。可惜的是，名叫德寿的皇太子却并不长命，竟然死在了成宗前头。成宗悲恸欲绝，一个月后也撒手西去。在立接班人的问题上，卜鲁罕倾向于成宗的兄弟阿难答，他也是忽必烈很欣赏的孙子。

不巧的是，元成宗还有两个侄子——海山和爱育黎拔力八达。他们早就对帝位垂涎了，经过一番宫廷争斗，海山获得了帝位，史称元武宗。海山上台后马上处死了阿难答，幽禁了姐姐卜鲁罕。但海山在位只有 3 年时间，这位年轻的皇帝也喜欢赏赐群臣和宗族，以至于国库空虚，最后为了满足贵族的贪婪欲望，就滥封爵位。虽然海山不是一个称职的皇帝，但却是一个好兄长。他对弟弟辅佐自己登上皇位很是感激，任凭身边的大臣怎样劝说，海山都不册立自己的儿子为太子，执意要将皇位传给弟弟。

不久海山病死，爱育黎拔力八达顺利即位，史称仁宗。元仁宗虽然和哥哥的感情很好，但对哥哥宠信的大臣们，却只有一个字：杀！因而海山在位时的主要大臣都遭到清洗，大多数政策也被废止。究其原因，应该说元仁宗所受的教育和海山截然不同。海山还是蒙古的一员虎将，而仁宗却是一位汉化非常严重的皇帝了，他从十几岁起就开始学习儒家思想，不仅能够读、写汉文，鉴赏中国绘画与书法，还非常熟悉儒家学说和中国历史，对于海山制定的政策，仁宗其实都是反对的，只是为了保住皇太弟的位子，才隐忍不发而已。

元仁宗按照中原传统方式对元朝政府进行了一场大规模改革，可惜却没能走得太远，因为他无法削弱蒙古诸王的行政权、司法权和经济特权，因而他梦想中的加强中央集权始终没有实现，反而受到更激烈的反抗，进而引发了宫廷内部的激烈派别之争。元仁宗从未成为他的家族乃至宫廷的主人，因为他的权力总是受到来自他的母亲——皇太后答己及其属下的强烈限制。在答己的亲信中，铁木迭儿是权力最大的人，元仁宗在位的最后两年，围绕铁木迭儿的权力之争几乎使政府陷于瘫痪。

在海山在位的时候，世家出身的铁木迭儿就赢得了皇太后的信任。元仁宗继位后，皇太后即任命铁木迭儿为右丞相，这违背了元仁宗的意愿，但他却不能像杀死海山的亲信那样杀死铁木迭儿。在宫廷事务中，元仁宗大概只做了一件他自己认可的事情，那就是册立自己的儿子为继承人，将哥哥海山的儿子"流放"到云南去了。

南坡之变

元仁宗的长子名叫硕德八剌，史称元英宗。英宗在其父亲的影响下，自幼接受儒家教育，平时为人也显得随和，这才赢得祖母答己太后的喜爱，支持仁宗立他为太子。

其实，英宗对祖母和铁木迭儿的专权早就恨之入骨了，因此刚一继位，他就立了忽必烈宠信的大臣——木华黎的后裔拜住为左丞相，极力抑制答己、铁木迭儿一党的势力。这两个人虽然后悔，但因年事已高，不久就死去了。英宗很是高兴，改立拜住为右丞相，表示要励精图治、重整机务。此后数月，他又采取了一些改革性的措施，如精简机构、减轻徭役、颁行《大元通制》以加强法制、推行汉法，并且清除铁木迭儿余党，查处他们的贪赃枉法事件。

171

　　这场改革进行得很是激烈，大有秋风扫落叶之势，让一些保守的蒙古贵族开始不安起来。铁木迭儿在死后被以贪污罪抄家，这件案子牵扯了不少人，其中还包括英宗的大舅子铁失。英宗与皇后的感情很好，实在不忍心把大舅子一家弄死，再说铁木迭儿也已经死了，于是他只下令杀了铁木迭儿的长子。

　　英宗是仁慈了一把，可他没料到，铁失却是个冷血的人。

　　至治三年（1323年）八月五日，元英宗与拜住自上都（今内蒙古正蓝旗东）南返大都（今北京），途经南坡店（上都西南30里）驻营。当日夜晚，铁失与铁木迭儿的三子锁南、知枢密院事也先帖木儿、大司农失秃儿等16人发动了政变。

　　在那个充满了血腥气息的夜晚，元英宗被铁失当胸一刀刺死在床上。也许是一刀不解恨，也许是害怕英宗，铁失在英宗的尸身上连砍数刀，直至英宗身首分离。与英宗一同遇害的，还有拜住。这件事史称"南坡之变"，英宗死时只有21岁，是元代最短命的皇帝之一。这位成吉思汗的后代，未尝不想做个伟大的君主，但他的急切求治和面慈心软，不但招来了杀身之祸，还让元朝走向了衰落。

天历之变

　　铁失等人政变成功后，推举晋王也孙铁木儿为帝，史称泰定帝。泰定帝在位只有5年就病死了，期间没做过什么坏事，也没下达过什么好的政令，还算太平。

　　泰定帝死后，蒙古贵族们突然想起了一个人：被仁宗流放到云南的，武宗的长子孛儿只斤·和世瓎，认为他才是继承皇位的正统人选。

　　此时的孛儿只斤·和世瓎一直躲避在漠北，听到消息后便认为转机来到，相信自己就是真命天子，于是他开始往南急奔。无奈路远，被弟弟孛儿只斤·图帖睦尔抢了个先。1328年9月，武宗次子怀王孛儿只斤·图帖睦尔于大都称帝，史称元文宗。孛儿只斤·和世瓎见状，索性就在漠北即皇帝位，史称元明宗。

　　元明宗遣使回大都说，自己立弟弟图帖睦尔为皇太子。文宗没有表示异议，说自己只是代行皇帝之权，国家一直都是属于哥哥的，请明宗回大都主持大局。明宗很高兴，一路南下，见到的都是文宗派来迎接他的官员，听到的都是"我们的皇帝真要从北方回来了"的欢呼声，戒备之心也就渐渐消除了。不久，明宗南下来到上都附近的王忽察都，设宴请文宗与丞相燕帖木儿，可没过几天，明宗就死了。

　　关于明宗的死，普遍的说法是被文宗毒杀了。至于文宗是如何毒杀哥哥的，史料并没有确实的记载，我们只知道文宗写了一篇文采飞扬的祭文悼念明宗，并且在不久后杀了明宗的妻子，废掉了明宗儿子的太子称号。明宗死后，文宗在上都又一次宣布继位，改元天历，史称天历之变。他在位期间，编修了《经世大典》，颇有意于兴文治。当时色目人在朝廷上的政治势力被削弱，而钦察官僚集团则权势大增。燕帖木儿擅权恣纵，政事一决于他，吏治继续败坏，财政愈趋竭蹶。

燕帖木儿家族

　　元文宗死后，燕帖木儿想立文宗的次子，也是自己的义子燕帖古思为帝，可文宗的皇后卜答失里不同意。因为文宗的长子被立为太子后不久就死了，卜答失里认为帝位不吉，于是决定让明宗的小儿子继位。这位小皇帝不是皇后卜答失里生的，史称元宁宗，而且确实名副其实，登基后很快就死了。

　　如此一来，燕帖木儿主张立元明宗的大儿子，13岁的妥欢帖睦尔。妥欢帖睦尔小时候曾见过燕帖木儿，对这个魁梧的权臣很是害怕。加上其父亲死得不明不白，自己又饱受颠沛流离之苦，北上的路途一直是心怀忐忑。燕帖木儿为了和新皇帝拉关系，东拉西扯找话说，可妥欢帖睦尔总是不回答。燕帖木儿心想："看来他并不是傻偏，否则怎么会一言不发呢？看来此人居心叵测！"

燕帖木儿一方面把女儿嫁给妥欢帖睦尔，一方面对皇太后卜答失里说出了自己的担心，因而太后也迟疑不决起来，登基之事就暂时放下了。于是，国事全由燕帖木儿主持，妥欢帖睦尔留宫中，名目上是候补皇帝，其实跟没有一样。当了代理皇帝的燕帖木儿很是高兴，没日没夜地大宴宾客，纵酒荒淫了3个月后，结果一命呜呼了。妥欢帖睦尔得以顺利继位，史称元顺帝。

燕帖木儿的儿子唐其势对此非常不满，公然说："天下本是我家的，伯颜算什么东西！"伯颜很是气愤，他知道皇帝也有除掉唐其势的意思，于是君臣二人合谋，演了一出好戏。一天，唐其势和弟弟塔剌海进宫看妹妹，伯颜突然带着禁卫进宫抓人，唐其势不知道怎么回事，只听说抓叛臣，就死死抱住宫殿的柱子不肯出去。塔剌海见状，心中明白是皇帝要杀自己，于是抱着妹妹的腿求救。皇后答纳失里远远看见顺帝正向他们观望，惊叫："陛下救我！"顺帝一向讨厌这个皇后，高声说道："你兄弟作乱，救不了！"听皇帝这么说，手拿钢刀的伯颜一刀劈下，塔剌海的鲜血溅了皇后满身。

唐其势被处死了，战战兢兢的皇后也被废，后来还被伯颜毒杀了。燕帖木儿的子女被斩杀一光，家产也被抄没。至于那位义子，文宗的儿子燕帖古思，自然也不能再当皇太子，而被发配到高丽去了。

帝国的衰落

大都的繁华没能挽留住元朝衰落的脚步，权力的频繁更迭更加速了其灭亡的脚步。因为蒙古大汗们喜欢封赏，所以经常把大量农田和在这片田地上耕作的汉人当作物品，赏赐给皇亲国戚或是亲王公主、功臣之类。所以汉人在忽然间失去他祖宗传留下来的农田时，发觉自己也从自由农民沦为了农奴。蒙古贵族还经常随意侵占土地，然后让肥沃的农田荒芜，长出野草，以便畜牧。

元朝每一个新帝即位，都要赏赐贵族们金银钞币和大量田地。如顺帝赐给丞相伯颜的田地，一次就达5000顷。他还花费大量财物用于求神、拜佛、炼制仙丹，使得国库一度为之枯竭。当时各级官吏都贪污勒索，巧立名目，诸如拜见钱、撒花钱、追节钱、生日钱等。政府卖官鬻爵，极其腐败。

1340年，顺帝不满丞相伯颜，支持脱脱发动政变，驱逐了伯颜，并以脱脱为中书右丞相，进行政治改革。当时顺帝的年号是至正，因此这次改革被称为"至正新政"。新政执行的前4年由脱脱主持实施，废除伯颜旧政，恢复科举（曾被伯颜废除），撰修辽、金、宋三史，减少盐额。后5年由元顺帝亲政，颁行了《至正条格》完善法制，加强廉政。虽然新政有些效果，但对积弊已久的社会问题还是没起到大的作用。

对于广大汉人来说，他们处于社会的最底层，不仅受到压迫剥削，还受到蒙古人的歧视。他们认为，苦难不仅来自暴政，更来自蒙古人。要改变，唯一的方法就是铲除蒙古人。

红巾军起义

河北有个农民叫韩山童，其祖父是个教书先生，曾经利用传教的形式，暗地里组织农民反抗元朝，被官府发现后充军到永年（今河北邯郸东北）。韩山童长大后，继续组织白莲会，并宣传说："白莲花开，弥勒佛降世。"由此聚集了不少农民。

　　1351 年，黄河在白茅堤决口，元朝征发了汴梁（今河南开封）、大名等 15 万民工修河。民工们在烈日暴雨下干活，可是朝廷拨下来的开河经费，却让治河的官吏克扣了。于是韩山童决定抓住这个机会，举行起义。他先派几百个会徒去做挑河民工，在工地上传播一支民谣："石人一只眼，挑动黄河天下反。"

　　开河工程开到了黄陵冈时，有几个民工挖出一座石人来，而石人脸上正是一只眼。这件新鲜事很快就在十几万民工中传开了，大家认为民谣应验，造反的日子马上就来到了。其实这个石人是韩山童事先偷偷地埋在那里的，见计谋成功，韩山童和好友刘福通便在颍州颍上（今安徽阜阳颍上县）宣布起义，用红巾裹头作为起义军的标记。

　　正在起义军歃血立誓的时候，却有人走漏了消息。官府派兵士把韩山童抓去杀了，韩山童的妻子带着儿子韩林儿，逃脱了官府追捕，到武安（今河北武安）躲了起来。刘福通逃出包围后，把约定起义的农民召集起来，攻占了颍州等一些据点。原来在黄陵冈开河的民工得到消息，也杀了河官，纷纷投奔刘福通。因为起义兵士头上裹着红巾，当时的百姓把他们称作红军，历史上把它称作红巾军。

　　刘福通的红巾军连续攻下了一批城池，江淮一带的农民早就受到白莲会的影响，当他们听到刘福通起义时，纷纷起来响应，像蕲水（今湖北浠水）的徐寿辉，濠州（今安徽凤阳）的郭子兴，都打起红巾军的旗号起义。也有不打红巾军旗号的，像江苏北部的张士诚。1354 年，元顺帝派丞相脱脱集中了诸王和各省人马，动用了西域、西番的兵力，号称百万，围攻占领高邮的张士诚。正当高邮城被围得水泄不通之时，元王朝突然发生内乱，元顺帝下令撤掉脱脱的官爵。百万元军失去了统帅，不战自乱，全军崩溃。元军溃散后，刘福通的北方起义军趁机出击，大破元军。次年，刘福通把韩林儿接到亳州（今安徽亳县），正式称帝，国号为宋，韩林儿被称为小明王。韩林儿、刘福通在亳州建立政权后，分兵 3 路北伐。刘福通亲自率领大军攻占了汴梁，把小明王韩林儿接到汴梁，定为都城。元顺帝见红巾军声势浩大，极为恐慌，马上纠集大批军队镇压，3 路北伐军先后失利，汴梁又落入元军手里。

　　接着，元王朝用高官厚禄招降了张士诚，刘福通保护小明王逃到安丰（今安徽寿县）后，受到张士诚的袭击，1363 年，刘福通牺牲，北方红巾军失败。但此时的元朝也受到极大的震撼，只差最后一击了。

第十一章 大明王朝

定都应天

在刘福通的红巾军转战北方的时候，濠州郭子兴的红巾军也壮大起来，郭子兴的手下有一员干将，叫作朱元璋。

朱元璋参加起义军后，不但打仗勇敢，还很有计谋。郭子兴把他当作心腹看待，并把自己的养女嫁给了朱元璋。

濠州的红巾军里，连郭子兴在内，共有5个元帅，郭子兴总是受到排挤。朱元璋发现起义军的几个将帅胸襟狭窄，就回到老家招兵买马，扩充了自己的队伍。

小明王韩林儿在亳州称帝那年，郭子兴得病死了。小明王就封郭子兴的儿子郭天叙为都元帅，朱元璋做了副元帅。没多久，郭天叙在攻打集庆（今江苏南京）的时候，被叛徒杀死，朱元璋继任元帅。

独掌兵权后，朱元璋即攻打集庆，集庆50多万军民投降。朱元璋把集庆改名应天府，开始以此为根据地，向江南一带发展。当朱元璋的势力向南方发展时，首先遇到的一个强敌就是陈友谅。

陈友谅当时已自立为王，国号叫汉，占据了江西、湖南和湖北一带，地广兵多。1360年，陈友谅率领强大的水军，从采石沿江东下，进攻应天府，想并吞朱元璋占领的地盘。朱元璋的部将康茂才跟陈友谅是老朋友，于是朱元璋把康茂才找来，对他说："这次陈友谅来进攻，我要引他上钩，没有你的帮助不行。请你写封信给陈友谅，假装投降，并答应做他的内应；再给他一点假情报，要他兵分3路攻打应天，分散他的兵力。"

康茂才按照朱元璋的吩咐写了信，连夜叫人赶到采石，求见陈友谅。陈友谅见了老友送来的信，果然并不怀疑。朱元璋摸清了陈友谅的进攻路线后，派大将徐达、常遇春等分几路在沿江几个重要关口埋伏了人马，自己则亲率大军守在卢龙山（今江苏南京狮子山），只等陈友谅自投罗网。

陈友谅自从信使走后，立刻下令全体水军出发，由他亲自带领。然而刚进入朱元璋的包围圈，他就被埋伏在四周的伏兵打了个措手不及，伤亡惨重。

朱元璋灭元

这一仗打得陈友谅大伤元气，朱元璋势力变大。陈友谅哪肯甘心，他养精蓄锐，决心要报这个仇。3年后，陈友谅造了大批战船，又带领60万大军，进攻洪都（今江西南昌）。朱元璋连忙赶来援救。陈友谅撤去包围，把水军全部撤到鄱阳湖。朱元璋把鄱阳湖出口封锁起来，决定跟陈友谅在湖里决战。

陈友谅的水军有大批高大的战船，一字排开有十几里长。而朱元璋的水军却尽是些小船，论实力比陈友谅差得多。双方连续打了 3 天，朱军都失败了。部将郭兴跟朱元璋说："双方的兵力相差太远，打硬仗不行，不如改用火攻。"

于是朱元璋立刻命令用 7 条小船，装载着火药，每条船尾带着一条轻快的小船。那天傍晚，正好刮起了东北风，朱元璋派了一支敢死队驾驶这 7 条小船，乘风点火，直冲陈友谅的大船。风疾火烈，一下子就把汉军大船全烧了起来，陈友谅手下的将士不是被烧死，就是被俘虏。当陈友谅带着残兵败将向鄱阳湖口突围时，被一阵乱箭射死了。朱元璋消灭了南方最大的割据势力陈友谅以后，自称吴王。

在刘福通牺牲后，朱元璋就将小明王接到了滁州，名义上还接受小明王的领导。现在消灭了劲敌陈友谅后，朱元璋不甘心再受小明王的压制。于是 1366 年，朱元璋用船把小明王接到应天，趁小明王在瓜步（今江苏六合东南）过江的时候，派人暗暗凿沉了船，淹死了小明王。

第二年，朱元璋消灭了东面张士诚的割据势力，命令徐达为征虏大将军，常遇春为副将军，大举北伐。徐达的军队一路旗开得胜，占

明太祖朱元璋像

朱元璋道："天下之治，天下之贤共理之；天下始定，民财力俱困，要在休养安息；得贤为宝。"约翰·琼斯评："他（朱元璋）无情地将蒙古人赶出中国，并清除掉所有政敌，其坚决果断的统治为饱经内战之苦的中国带来了稳定。"

领了山东。1368 年，朱元璋在应天即位称皇帝，国号为明，他就是明太祖。不久，徐达率领大军直捣大都，元顺帝逃往上都，统治中国 97 年的元王朝被推翻。

明朝大军进入大都后，北方还有一些元军的残余势力，徐达、常遇春等进兵山西，扩廓帖木儿大败北逃，陕西的李思齐在明军的包围下宣布投降。北伐军又回师直指上都，元顺帝只好再度北逃，不久死去。朱元璋建立的明王朝，接替了元帝国的疆域，只是漠北地区不包括在内，那里是蒙古帝国的本土。

洪武施政

朱元璋登基后，年号洪武。这时全国都在闹灾荒，战争的阴霾还没有消去，明政府随即制定了一系列恢复生产和稳定社会的政策，并严加执行。

1368 年，明太祖下令，各处荒田，农民垦种后归自己所有，并免徭役 3 年，原业主若还乡，地方官于旁近荒田内如数拨与耕种。

明政府多次组织农民大规模兴修水利。明太祖还采取了鼓励农民种植经济作物等措施，以促进农业生产的发展。针对地主富豪多聚族而居的特点，明太祖经常大量地把他们迁徙出本乡，使这些豪强失去了原有的社会基础和政治实力。

明太祖十分重视吏治的整顿，严禁各级官吏玩忽职守。高级官员要接受御史的监督，中下级官吏定期考核，称职者升，平常的复任，不称职者降，品德卑劣的罢职为民。对贪

官的惩治尤其严厉，凡贪赃钞 60 两以上者，剥皮并枭首示众。

明太祖朱元璋首先觉得丞相和行中书省的权力过大，于是宣布废行中书省，在全国陆续设置了 13 个承宣布政使司，主管一省的民政和财政；另设提刑按察使司管刑法，都指挥使司管军队，三者合称"三司"，互不统属，分别归中央有关部门管辖。后来又罢去中书省，将丞相的权力分于六部，六部尚书完全执行皇帝的命令，直接对皇帝负责。秦汉以来实行了 1000 余年的宰相制度，从此废除。明太祖废丞相后，挑选了几名文人担任华盖殿、武英殿、文渊阁、东阁等殿阁大学士，协助他批阅奏章，充当顾问。明太祖还设立了特务机构锦衣卫，除负责侍卫、密缉盗贼奸宄外，还掌管诏狱。同时实行廷杖制度，即在殿上杖责大臣。明太祖的侄儿大都督朱文正、工部尚书薛祥等都曾被廷杖活活打死。

明太祖下令执行的这些制度，在洪武年间便显现了成果，各州县每年垦田少者以千亩计，多者达 20 万亩。

随着耕地面积的扩大，粮食和经济作物总产量也提高了，布帛、丝绢、棉花绒和果钞已被广泛生产，纺纱织布成为明朝初年农村的重要家庭副业。农业和手工业的发展，促进了明初商业和城市经济的繁荣，社会开始出现繁荣景象。

明初文字狱

明朝的科举制度被严格确定下来，定期会试，三年一科。参加科举者必须是各级学校的生员。府（州）、县生员，即所谓的秀才，先赴省参加三年一次的乡试，及格者称举人。隔年，举人赴京参加会试，及格者再参加皇帝亲自主持的殿试，中选者为进士，分一、二、三甲。考试以四书、五经的文句命题，解释要以朱熹的注为依据，文章的格式规定为八股文。

这项科举制度，实际上是一种文化专制。读书人的思想被束缚在孔孟之道和程朱理学之中，为了猎取功名，他们都埋头于四书五经和空洞的八股文中。

明初，士大夫们的思想还很活跃，尤其表现在政治态度上，经常批评朝政。而明太祖对于异己意见一向是毫不客气，一律用杀、关、徒等刑罚加以镇压。

明太祖本人很多疑，由于他出身贫苦人家，又当过和尚，因而特别忌讳别人揭他的老底，而且十分敏感。一次披阅奏章时，常州府学训导蒋镇，为本府作《正旦贺表》，里面有"睿性生知"一句。明太祖把"生"读做了"僧"，认为这是蒋镇嘲笑他，于是下令将其处死。

朱元璋崇信佛教，本来对印度高僧释来复极为礼敬。释来复告辞回国，行前写了一首谢恩诗，诗中有"殊域及自惭，无德颂陶唐"两句，意思是说，他生在异国（殊域），自惭不生在中国，觉得自己还没有资格歌颂大皇帝。但明太祖的解释不同，他说："殊，明明是指我'歹朱'。无德，明明是指我没有品德。"于是释来复立即从座上客变为了阶下囚。

诸如此类的事举不胜举，这种为维护赫赫皇权而实施的文字狱，使许多知识分子无辜遭祸。

胡惟庸案

胡惟庸在朱元璋起事后便追随在其左右。当时太师李善长柄政，胡惟庸以黄金 200 两行贿于李善长，从此青云直上。朱元璋建国后，胡惟庸更是春风得意，3 年后便入中书省，拜为中书参知政事。

徐达和刘基一直对胡惟庸的人品极为鄙视，认为他为人奸诈。刘基也对朱元璋说："胡惟庸的才干实在不配做宰相，请皇帝另选贤才。"朱元璋没有听。胡惟庸对此一直耿耿于

锦衣卫木印　明

锦衣卫是明代内廷侍卫侦查机关，始建于洪武十五年，专门从事侍卫缉捕弄狱之事，是皇帝的侍卫与耳目，与明王朝相伴始终。明初朱元璋为加强中央集权，以刑部、都察院，大理寺分典刑狱，称三法司，让其互相制约，如遇重大要案由三法司会审结案。这枚木印是三法司会同刻制的。

怀，总想伺机报复。刘基也深感处境艰难，便隐居青田故里。于是胡惟庸指使刑部尚书吴云沐给刘基罗织罪名，说谈洋一带有帝王之气，刘基要在此修墓，百姓反对，因此他请朝廷设立巡检司驱逐百姓，假手朝廷以图不轨，根本不是为了保护地方的治安。朱元璋对此事半信半疑，没有对刘基治罪，但却夺了刘基的俸禄。刘基为了避免更加严重的结局，立即入京谢罪。在离京之前，胡惟庸派来医生探病，还开了药给他。刘基喝下后回到故乡不过一个月，便病情加重，去世了。

刘基死后，他的长子刘琏也没被胡惟庸放过。刘琏在为江西参政时，朱元璋很器重他，表示要对其加以重用，结果刘琏不久就被胡惟庸的党羽逼得坠井而死。

随着得到朱元璋的宠信越来越多，胡惟庸骄恣渐露，在朝中更是有恃无恐。所有呈给皇帝的奏折，他都要先拿来看看。一些善于拍马迎合之人因为送给胡惟庸金帛、名马、玩好，要么得到官职，要么犯了错误可以免受惩罚。

这样一来，丞相的权势更是炙手可热，这使朱元璋也不由担心起来，于是决定要削弱胡惟庸的权力。胡惟庸感到了杀气，想想朱元璋对随他征战多年的功臣已然斩杀殆尽，更何况是自己！他要么坐以待毙，要么铤而走险。以胡惟庸的凶狡和他在政治上经营多年的基础，他毫不犹豫地选择了后者。

洪武十三年（1380年），胡惟庸谋逆和毒死刘基之事败露，朱元璋知道后，一刻也没耽搁，马上下令以谋逆罪将胡惟庸凌迟处死，满门抄斩，屠灭三族。

靖难之役

1398年，明太祖朱元璋逝世，因为太子早死，便由其22岁的孙子朱允炆即位，史称明惠帝，年号建文。

朱元璋其有26个儿子，长子即太子，也就是朱允炆的父亲早死，另一幼子也早死；其他24个儿子，全都被分封为亲王，到各重要地区驻守。这些亲王每人都拥有15000人左右的护卫部队。在北方边疆地带，共有9个亲王。地方的军事调动，都要先报请亲王核准。

这种现象类似于西汉王朝时的藩王，手握重兵的亲王让少年皇帝朱允炆十分不安。朱允炆最亲信的大臣黄子澄、方孝孺等，一致主张迅速削藩。

朱允炆于是在登基的当年，就派遣军队奇袭开封，把分封在开封的周王朱橚逮捕，废为平民，贬谪到云南。这一来，所有的亲王都大为震恐。

1399年，朱元璋的第四个儿子——分封在北平（今北京）的燕王朱棣叛变，他率军南下，以诛齐、黄为名，起"靖难军"，夺取了河北大部。朱允炆先后派老将耿炳文和膏粱子弟李景隆率师北伐，都被燕师打败，朱允炆纵火焚宫自杀。

经过4年史称"靖难之役"的战争，朱棣夺取了帝位，改元永乐，是为明成祖。

朱棣称帝后，继续实行削弱藩王实力的政策。他把齐王废为庶人，将宁王徙封南昌，谷王徙封长沙。这样，军政大权进一步集中到了皇帝手里。除此之外，朱棣也展开了大屠杀。首先便将黄子澄全族杀死；其次是处斩户部侍郎卓敬，灭其三族，礼部尚书陈迪被磔死，他的6个儿子也被杀，亲属180余人，廷杖后贬窜蛮荒。

这一场屠杀，死了 14000 余人，罪犯的妻子和女儿，除了斩首的，大都发配为家奴或奴隶，或发配给妓院。

著名的文学博士方孝孺，是明初著名的理学家、文学家，通经史，擅诗文，博学多才。朱棣攻占应天后，因方孝孺的文名，曾逼他为自己起草登基诏书。方孝孺自从惠帝死后，日夜恸哭。听到朱棣召见，就身穿麻衣（古代的孝服）来见朱棣。

朱棣见方孝孺身穿麻衣，非常生气，逼他草诏。方孝孺走到案前，提起笔，在诏书上大书了一个"篡"字，然后将笔扔在地上，对朱棣说："万世之后，你也脱不得此字！"朱棣大怒，喝道："你不怕我灭你九族吗？"方孝孺从容地回答说："即使灭十族，又敢奈我何？"朱棣说："好，就灭你十族！"

兴建北京城和编纂《永乐大典》

故宫

朱棣曾镇守北京多年，深知此地在军事上的重要地位，因此称帝后决定兴建北京城，自 1406 年就开始建设，动用了上百万的民夫。1421 年，明成祖朱棣正式迁都北京。

朱棣十分重视经营北方，永乐初即改北平为北京，逐渐建立起北方新的政治军事中心。朱棣亲自率兵 5 次北征蒙古，巩固了北部边防。为了保证北京粮食与各项物资的需要，朱棣下令疏浚会通河，开凿清江浦，使运河重新畅通，这对南北的经济文化交流与发展起了重要的作用。朱棣一向认为"家给人足""斯民小康"是天下治平的根本，因此大力发展和完善军事屯田制度，以保证军粮和边饷的供给。并在中原各地鼓励垦种荒闲田土，实行迁民宽乡、督民耕作等方法以促进生产。通过这些措施，永乐时"赋入盈羡"，达到有明一代最高峰。

而《永乐大典》就是这时期朱棣命人修订的，历时 5 年才完成。《永乐大典》初名《文献大成》，是我国古代编纂的一部大型类书，收录在《永乐大典》的图书均未删未改，堪称中国古代最大的百科全书，内容包括经、史、子、集、戏剧、评话、天文、地理、医卜、农工技术以及道教、佛教等各方面的著作。全书正文共分 22877 卷，凡例和目录 60 卷，装成 11095 册，总字数约 3.7 亿字，保存了我国自先秦至明初的典籍资料达 8000 余种。

郑和下西洋

明朝前期虽然发生了 4 年的"靖难之役"，但明太祖时期长达 20 余年的恢复发展，让明朝经济繁荣，国力强盛。明成祖朱棣为了扩大明朝的影响，发展对外贸易，在 1405 年，派三保太监郑和为使节，率领船队出使西洋（南中国海及印度洋）。

1405 年，郑和率领庞大的船队，载着大量金银、丝绸、瓷器、铁器、铜器和布匹等货物，浩浩荡荡，从刘家港（今江苏太仓浏河）起程，开始了第一次远航。郑和的船队中最大的船，长 44 丈（约 147 米）、宽 18 丈（约 60 米），装有 9 桅 12 帆，载重量约 1000 吨，可容纳千人，这是当时世界上最大的船只。船上不仅有负责罗针的"火长""番火长"

179

（外国领航员），有操舵的"碇手"，有修理弓箭、器械的军匠、民匠，有办理交涉事务的"行人"，有担任翻译的"通事"，还有医生、伙夫、书算手，等等。每艘船上都备有充足的粮食、淡水、盐、茶、酒、酱、油等日常生活用品。

郑和第一次出使西洋，首达占城（今越南南部），再南至爪哇、旧港、苏门答腊（均属今印度尼西亚）、满剌加（今属马来西亚），西抵古里（今印度南部）等国，然后于1407年返国。后来，郑和又于1407～1409年、1409～1411年、1413～1415年、1417～1419年、1421～1422年、1431～1433年6次奉命出使西洋。这7次远航西洋，前后共到过亚非30多个国家和地区，最远到达非洲东海岸和红海沿岸。作为明朝的使者，郑和每到一地，都代表明朝皇帝拜会当地的国王或酋长，同他们互赠礼品，并同当地商民交换货物，然后购回当地的特产。

郑和的七下西洋，跟张骞通西域一样，都为中国凿开了一个过去很少人知道的混沌而广大的天地。

在郑和第六次从西洋回来时，明成祖朱棣逝世，他的儿子朱高炽继位，朱高炽继位没几年就死了，宣宗朱瞻基执政。这时，朝野上下都认为郑和7次下西洋耗资过大，下令停止。不久，明朝又恢复闭关，虽然没有回到明太祖时期"一片木板都不准出海"的状况，但海外贸易却完全成为被动。

不过，政府方面组织的航海事业虽然中止，民间却并没有中止。反而由于郑和一连7次的海上壮举，使民间的海上活动加强。尤其沿海一带居民，广州、泉州、潮州、漳州以及客家人，大批私自闯关，涌向海外，迁移到南中国各国，使原来已有中国人的地方更为繁盛，而一些荒野也由中国人开垦，成为良田，他们正是今日东南亚各国华人的祖先。

土木之变

明太祖在位的时候，吸取了历史上宦官专权引起国家混乱的教训，立下一条规矩，不让宦官过问国家政事。他把这条规矩写在大铁牌上，挂在宫里，想要他的子孙世世代代遵守。

但是到明成祖朱棣的时候，这条规矩就被废除了。明成祖在东安门外设立"东厂"，专门刺探大臣和百姓当中有没有谋反嫌疑的人。他怕外面的大臣靠不住，便让亲信太监做东厂提督。这样，宦官的权力渐渐大起来。到了明宣宗朱瞻基的时候，连皇帝批阅奏章，也交给宦官代笔，叫作司礼监。

明宣宗死后，年仅9岁的太子朱祁镇即位，这就是明英宗。明英宗身边的太监王振，因为一直陪他读书、玩耍，深得英宗的喜爱，因而称他为先生。现在英宗是皇帝了，王振自然当上司礼监，帮助英宗批阅奏章。

王振于是趁机把朝廷军政大权抓在自己手里。朝廷大员谁得罪了他，不是撤职就是充军。一些王公贵戚因此讨好王振，称他为"翁父"。这个时候，北方蒙古族的瓦剌部强大起来。1449年，瓦剌首领也先派了3000名使者到北京，进贡马匹，要求赏金，并为他的儿子向明朝求婚。王振削减了赏金和马价，还拒绝同也先联姻。这一来激怒了也先，他立即率领瓦剌骑兵进攻大同，将大同的明军打得大败。边境的官员向朝廷告急，明英宗慌忙召集大臣商量怎么对付。王振竭力主张英宗带兵亲征，兵部尚书邝埜和侍郎于谦则认为朝廷没充分准备，不能亲征。明英宗是个没主见的人，一切都听从王振的安排，当下就冒冒失失地决定亲征。

明英宗叫他的弟弟朱祁钰和于谦留守北京，自己跟王振、邝埜等官员带领50万大军奔向大同。这次出兵本来就匆促，很多准备工作都没做好，粮草在中途就发生了困难。到了大同附近，兵士们看到郊外的田野里到处都横着明军兵士的尸体，更加人心惶惶。

明英宗的前锋部队一到大同，便在城边被瓦剌军杀得全军覆没，其他各路明军也纷纷溃退下来。王振这时才感到情况危急，于是下令退兵回北京。明军一面抵抗追来的瓦剌骑兵，一面败退，退到土木堡（今河北怀来东）时，被瓦剌军团团围住，明英宗赶忙派人向也先求和。

也先看到明英宗带的明军人数不少，要打硬仗，自己也要遭到损失，就假装答应议和，停止进攻。明英宗和王振信以为真，于是下令让兵士到附近找水喝。当兵士们争先恐后地跳出壕沟往河边跑时，埋伏在周围的瓦剌军兵士从四面八方冲杀过来，大败明军，邝埜也在混乱中被杀死。

明英宗和王振带着一批禁军，几次想突围都没冲出去。看到平时作威作福的王振此时却吓得浑身发抖，禁军将领樊忠再也按捺不住心中的愤恨，抡起手里的大铁锤就朝着王振的脑门砸去，结果了王振的性命。随后樊忠冲向瓦剌军，拼杀了一阵也战死了。

瓦剌兵俘虏了明英宗，50万明军损失了一大半。也先意气风发，指挥军队直奔北京而来。

北京保卫战

此时的北京人心惶惶，从土木堡逃出来的士兵陆续回到北京，谁也不知道皇帝下落怎样。而且留在京城里的人马也不多，万一瓦剌军杀来，后果不堪设想。为了安定人心，皇太后宣布由郕王朱祁钰监国，由于谦负责指挥军民守城。

于谦是浙江钱塘（今浙江杭州）人，王振专权的时候，贪污成风，地方官进京办事，总要先送白银贿赂，只有于谦从来不送礼品。有人劝他说："您不肯送金银财宝，难道不能带点土产去？"于谦甩动他的两只袖子，笑着说："只有清风。""两袖清风"的成语就是这样来的。

朱祁钰监国后，按照于谦的办法，下令抄了王振的家，惩办了一些王振的同党，人心渐渐安定下来。这时也先挟持着英宗当人质，不断骚扰边境。于谦等大臣便请太后正式宣布，让朱祁钰做皇帝。朱祁钰于是即位称帝，这就是明代宗。也先见状，知道要挟没有用了，就以送明英宗回朝为借口，大举进犯北京，在西直门外扎下了营寨。

这时候，各地的明军接到朝廷的命令，也陆续开到北京支援。城外的明军增加到22万人。也先发动了几次进攻，都遭到明军的奋勇阻击，瓦剌军死伤惨重。

也先遭到严重损失，又怕退路被明军截断，不敢再战，就带着明英宗撤退。于谦等明英宗去远了后，就用火炮轰击，又杀伤了一批瓦剌兵。北京保卫战取得了辉煌的胜利。也先失败后，知道扣住明英宗也没什么用处，就把英宗放了。英宗回到北京后，居住在皇城南宫，称太上皇。由王振结党专权引起的这场大混乱，始告终结。而也先进攻明朝失败后，势

明正统九年铜铳

这是明朝军队配备的重型火器，从设计思路和制造工艺都借鉴了西方的先进技术。这类火器在于谦取得北京保卫战胜利中发挥了重要的作用。

力也渐衰。1454 年，瓦剌发生内讧。次年也先被杀，蒙古各部又陷入分裂状态，东部鞑靼乘机崛起。

夺门之变

代宗虽然登上了皇位，改元景泰，但太子仍是英宗的长子朱见深。代宗想立自己的长子朱见济为太子，便和宦官兴安等人商量，兴安等人一时拿不定主意。

这时朝廷刚好来了一道广西的奏章，说是都指挥使黄纮因杀人获罪，众人联名奏闻朝廷，朝廷出旨严捕黄纮父子。黄纮为苟全性命，遣人入京行贿，一个内监被他贿通，密令黄纮上奏请求易储。黄纮当即请人写好奏折呈上。

代宗看到后欣喜万分，下令释去黄纮的罪状，并将这份奏折发交礼部，传示群臣集议。又命兴安带着金银赐给内阁诸位学士。众官员不敢违抗，只好署名议定，代宗当即下旨认可，选择吉日准备易储，改封原来的太子朱见深为沂王，并下诏书特赦天下刑犯。

朱见济被立为太子后，仅过了一年多，就突然得病死去，代宗悲痛万分。朱见济没有兄弟，现在太子死了，大臣们于是商议再立沂王为太子，代宗心里很不高兴，没有同意。

不久之后，南京大理寺少卿廖庄上了一道奏章，请求代宗优待英宗诸子。代宗越看越气，没看完就将奏章扔了。过了一年，廖庄因事来到京城，进宫朝见代宗，代宗突然想起去年的奏章，旧恨未消，便说他平时狂妄，命杖打 80，贬其为定羌驿丞。可怜廖庄祸从天降，不但被杖打，还要奔波万里路途，尝尽了辛苦。这时有内侍进言，说廖庄的幕后主使是以前建议复立沂王的钟同和章纶。代宗于是命令取出特大号的廷杖，杖打钟同和章纶，每人 500，钟同被当场打死。自此以后，朝中诸臣绝口不提立太子之事了。

景泰七年（1456 年），代宗突然生病，难以进行新年的祭祀，就召武清侯石亨到病榻前，命他全权负责祭祀之事。石亨见代宗病情严重，便和大臣徐有贞、太监曹吉祥一起，策划让英宗复位。几人当即闯入南宫将英宗接出，然后径直来到东华门。守门的卫兵见是太上皇英宗急匆匆地去见皇帝，以为是皇帝病重，都没阻拦。

石亨早就放出消息，说皇上今日上朝，于是天色刚亮，百官们就到朝房聚集了，只等代宗视朝。忽然，奉天殿内传来一阵呵斥声，继而钟鼓齐鸣，大臣们个个惊骇万状。只见徐有贞走出殿来，大声喊道："太上皇复位了，众位官员为何不进谒？"百官听到这话后更加惊恐，但事变发生得这么突然，谁敢抗拒？不得已只能各整衣冠，排班登殿，依次跪伏，高呼"万岁"。

此时代宗正在斋宫中养病，睡梦之中听到殿上钟鼓喧哗，吓得直跳起来，忙叫来内侍问道："莫非是于谦有要紧事禀告吗？"内侍也不知道，惊讶得回答不上来。不一会儿，一个内监跑来报告说南宫复辟，代宗连声说道："好！好！好！"说完，便气喘吁吁地面壁躺下了。

明英宗复位后，想到于谦在他被俘流亡的时候，帮他弟弟即位称帝，心里非常憎恨，给于谦加了个"谋反"的罪名，下令将其处死。当时北京的人们听到于谦受冤被害，个个伤心痛哭。

宦官专权

英宗宠信的太监王振虽然死了，但宦官专权的情况并没有好转，反而愈演愈烈。明英宗死后，宪宗朱见深继位，这位皇帝在位 24 年，始终藏在深宫里，大臣很少能见到他，他也不认识几个大臣，朝政都由宦官处理。明宪宗在当时设立了西厂，由宦官汪直专权，刑法愈加残酷，西厂特务布满每一个角落。大臣商辂实在是看不下去了，大胆进言。明宪宗大怒，说："一个小小宦官，怎么会危害国家？"

1487年，明宪宗逝世，其子朱祐樘继位，是为孝宗。这位孝宗也喜欢缩在宫里，直到1497年，才出来在文华殿跟大臣们见了一面，由宦官向各人泡上一杯茶，谈了几句家常话。大臣们有10多年没见过皇帝了，这次见面竟成为轰动一时的大事。

孝宗朱祐樘虽然不喜欢出来见大臣，对宦官倒也不是那么依赖信任，只是他并没有意识到，当时的明朝，宦官已成为一个大蛀虫。宫里的宦官李广死后，孝宗曾查看他家的账簿，见上面记载了许多"某官送黄米几百石""某官送白米几百石"的记载，非常困惑，问："李广能吃多少米？"左右告诉他说，黄米指黄金，白米指白银，全是贿款。

此时明白过来，孝宗也无法有什么作为了。1505年，孝宗死，明武宗朱厚照即位，宦官再次被宠信。武宗身边有8个宦官，以刘瑾为首，经常陪伴他打球骑马，放鹰猎兔。人们把他们称为"八虎"。明武宗后来提升刘瑾为司礼监，又让刘瑾的两个同党分别担任东厂、西厂的提督，掌握了朝权。刘瑾开始利用权势敲诈勒索，接受贿赂，有反对他们的，就派出锦衣卫杀人灭口。

1510年，安化王以反对刘瑾为名，发兵谋反。明武宗派杨一清总督宁夏、延绥一带军事，起兵讨伐安化王，派宦官张永监军。

杨一清早就有心除掉刘瑾，他打听到张永原是"八虎"之一，刘瑾得势后，张永跟刘瑾有了矛盾，就决心拉拢张永。在平叛成功回京的路上，杨一清找张永密谈，约定共同铲除刘瑾。

到达北京的当晚，张永即在武宗面前揭发刘瑾谋反。明武宗命令张永带领禁军捉拿刘瑾，同时抄家。这一抄，抄出黄金24万锭，银元宝500万锭，珠玉宝器不计其数，更有龙袍玉带，盔甲武器。明武宗这才大吃一惊，将刘瑾判处死刑。行刑那天，刘瑾被押赴市曹，一路上人山人海，围观者无数。过去被刘瑾所害的人家，多以一钱买下刘瑾身上剐下来的一片肉，祭拜被冤死者，甚至有生食其肉以泄愤的。

刘瑾虽然被杀，但是明武宗还是没认识到宦官专权的危害，又宠信了一个名叫江彬的武官。在江彬的教唆下，武宗多次离开北京到宣府（今河北宣化）寻欢作乐，朝政大权又落在了江彬手中。

这时候土地兼并十分严重，赋税和劳役负担更加沉重，农民起义开始频繁爆发。

马文升辅政

明代的皇帝都喜欢躲在深宫里自娱自乐，朝政还是需要大臣打理的，马文升就是这样一个能臣，他历经景泰、天顺、成化、弘治、正德五朝，始终兢兢业业地工作着。

马文升（1426~1510年），钧州（今河南禹州）人，字负图，别号约斋，晚年先后更号友松道人、三峰居士，25岁便中了进士。

成化四年（1468年），西北的满四在距平凉千里的石城起兵，响应者甚众，远近震动。马文升为右副都御史巡抚陕西，他在陕西经营7年，不但整顿了茶马贸易，而且屡挫敌军，虽然是一介书生，指挥战斗却一点也不含糊。

明孝宗即位后，改任马文升为兵部尚书。马文升一上任，就免去了30多个贪污的军官的官职，一时间兵部哭天抢地，风雨飘摇。一些被马文升免职的武官，当天就回家抄起弓箭，埋伏在马文升家门口，准备等他晚上回家时射他一箭。马文升是个机灵人，很小心地躲了过去。可这帮人还不甘休，竟然写了诋毁他的匿名信，用箭射进了宫门。这下子明孝宗发火了，立刻下令锦衣卫限期破案，还给马文升派了保镖，如此一来事情才算了结。

在马文升任兵部尚书时，处理的最重大的边事就是收复哈密。这也是自明初以来，官军第一次深入西域。收复哈密使马文升名声大震，弘治十四年（1501年），他升任吏部尚书，加衔至少师兼太子太师。吏部尚书的别称是天官（后周武则天设立的职位），因此后人便称马文升为"马天官"。

4年后明孝宗死，年少的明武宗即位，武宗重用宦官刘瑾，马文升意识到危险临近，一连上了21道奏折，请求告老还乡，终于被获准，于是他就在故乡的三峰山下的观稼园中当起了三峰居士。

马文升返乡两年后，刘瑾在京城排斥异己，将众多大臣定为奸党治罪。曾任吏部尚书的马文升被取消了各种优厚的待遇，他在锦衣卫中任职的二儿子也被遣回老家。这对于注重名节的马文升来说无疑是重重一击，他的身体也由此迅速垮了下去，不久就去世了。

大礼议事件

明武宗没有儿子，他死后，便由其堂弟朱厚熜继位，是为世宗。

世宗继位后，想尊他的生父兴献王朱祐杬为帝。首辅杨廷和等士大夫认为，既然世宗继承了皇位，就表示他已经过继给了孝宗当儿子，其父亲自然就是孝宗朱祐樘，生父朱祐杬理所应当变为叔父才对，因而不同意尊朱祐杬为帝。双方因此发生了激烈的争执，这就是"大礼仪事件"。

世宗朱厚熜继位时已经15岁了，他和亲生父母感情很好，一下子成为皇帝，变成了叔父朱祐樘的儿子，本来就没缓过劲来。现在又突然让他改叫自己的亲生父母为叔父、婶母，世宗更加不乐意。

明世宗朱熜厚像

"大礼仪"的争论一直持续着，君臣间也越发对立。1524年，也就是明世宗继位的第四年，世宗正式下令恢复旧称，伯父仍称伯父，父亲仍称父亲。士大夫们大为震动，一个个好像到了世界末日一般，尤其是杨廷和的儿子杨慎，大声疾呼说："国家养士150年，仗节死义，正在今日。"

杨慎聚集了数百名官员，在宫门外跪下，大喊朱元璋和朱祐樘的名号，放声大哭。世宗派宦官来劝解，但士大夫们誓言，在世宗不改称父亲为叔父、母亲为婶母之前，就一直跪着。

世宗于是大怒，下令逮捕哭声最大的官员134名，投入锦衣卫诏狱。第二天又逮捕了90余人，全部廷杖，其中60位官员当场死在杖下，杨慎被贬到了蛮荒边区。

世宗虽取得了胜利，但他也因此对朝廷的众多大臣心存不满，每天都忙着炼丹修道，将朝政完全交给了严嵩。严嵩是因为写了一篇歌颂玉皇大帝的《青词》，才博得了世宗的喜爱和信赖，从而当上了首辅。

严嵩父子弄权

严嵩（1480~1565年），江西分宜人，字惟中，号介溪，在明世宗嘉靖时期专擅朝政，长达20余年。

严嵩25岁就考中了进士，先是以庶吉士的资格被授为翰林院编修，后又为南京翰林院国子监祭酒，直到60多岁时，碰上了世宗即位这一机遇，他才备受宠幸，飞黄腾达。

成为首辅后，严嵩大力打击异己，自己日夜都守候在西苑直庐，名为忠诚勤政，实际上却是为了时刻窥测皇上的意向。明世宗因此对他更是宠信有加，还赐了一枚银质印章给他，上面刻有"忠勤敏达"的字样。这君臣二人，为君者昏庸无能，为臣者阴险奸诈；一个喜欢迎奉，一个善于拍马，倒也是相得益彰。

明世宗把一切政事都交给严嵩处理，严嵩就利用自己独承顾问的有利地位，排斥同僚，独揽朝纲。明世宗下了些什么旨令，说了些什么话，严嵩都瞒得风雨不透，即使是内臣辅臣他也不让知道。

但随着年岁的增大，严嵩渐渐有些老糊涂了，自己也觉得力不从心。严嵩的儿子严世蕃，虽没参加过科举考试，但却凭借其父亲的权势当上了工部侍郎，奸猾狠毒不下其父，且年轻力壮，显得比严嵩还精明能干。

严世蕃非常机灵，比严嵩更会揣摩皇帝的心思。他还重金收买明世宗的近侍，让他们把世宗的一切言语行动，包括饮食起居、个人喜好、对大臣的评价等，全部事无巨细地汇报给自己。因而明世宗的所想所做，严世蕃都了如指掌。明世宗要办什么事，他事先早有准备，总是让世宗可心可意。

严嵩见儿子锻炼得比自己还能干，就让他代自己处理政事、批示奏章，不论大事小情，都依靠儿子出谋划策。各部府有事请严嵩裁决，严嵩总是说："等我与东楼小儿计议之后再作决定。"东楼是严世蕃的别号，因而朝廷内外都说，皇上不能一天没有严嵩，严嵩不能一天没有东楼。于是有人干脆称他们父子为"大丞相、小丞相"。

戚继光抗倭

明朝初年，中日两国的交往十分密切，关系也很友好，有许多中国人侨居在日本。

但是，此时的日本正处在南北分裂时期，各路诸侯为了掠夺财富，组织一些地主、没落武士、浪人和走私商人，经常在中国沿海进行武装掠夺和骚扰，这些海盗就被称为倭寇。

明英宗时期，随着政治的腐败，海防也松弛下来，倭寇的气焰日益嚣张。在1439年，倭寇曾侵扰浙江台州的桃渚村，屠戮当地居民，烧毁房屋，"积骸如陵，流血成川"。

随着东南沿海一带经济的繁荣，下海经商的人日益增多。在他们之中，有一些人如王直、徐海等，与倭寇勾结，组成海上武装劫夺集团，在浙江、福建、广东等沿海地区猖狂烧杀抢掠。

直到世宗后期的1555年，由汉、壮、苗、瑶等族人民组成的抗倭军队，在浙江总督张经的领导下，于王江泾（今浙江嘉兴北）大破倭寇，斩敌2000余人，才有效地打击了倭寇和汉奸的嚣张气焰。

但是不久后，张经就被陷害，沿海的防务没人指挥，倭寇的活动又猖獗起来。明世宗无奈，便把山东的将领戚继光调到浙江，这才扭转了局面。

戚继光是山东蓬莱人，他到浙江后，发现当地的军队纪律松散，根本不能打仗，就决心另外招募新军。他一发出招兵命

戚继光像

185

令，马上有一批吃够倭寇苦的农民、矿工自愿参军，还有一些愿意抗倭的地主武装也参加了进来，新军很快发展到 4000 人。

戚继光是个精通兵法的将领，他根据南方沼泽地区的特点，研究了阵法，亲自教兵士使用各种长短武器。经过他的严格训练，这支新军的战斗力特别强，"戚家军"的名气也在远近传开。

1561 年，倭寇几千人焚掠浙江台州一带，戚继光率领他的"戚家军"一举荡平了倭寇，取得了决定性的胜利。随后，在福建的倭寇猖狂起来，戚继光又率戚家军入闽剿倭，连战连捷。1565 年，戚继光和抗倭名将俞大猷一起，再次平定了在福建的倭寇。随后俞大猷进入广东，歼灭了在那里肆虐的倭寇。至此，东南沿海历时 19 年的倭患被全部扫除。但是中国为此付出的代价是数十万人死亡，东南沿海的富庶地区残破。仅杭州一城，倭寇所杀的中国人的血，就汇流成河。

《本草纲目》

李时珍，字东璧，号濒湖，湖广蕲州人，世代业医。因为那时民间医生的地位很低，李时珍的父亲便决定让儿子读书应考，以期能够出人头地。李时珍自 14 岁中了秀才后的 9 年中，3 次考举人，均名落孙山。于是，他放弃了科举做官的打算，专心学医。

李时珍知道，"读万卷书"固然需要，但"行万里路"更不可少。他因此远涉深山旷野，遍访名医宿儒，搜求民间验方，观察和收集药物标本。每到一地，他都会虚心地向各式各样的人物请教。其中有采药的，有种田的，捕鱼的，砍柴的，打猎的。他们都热情地帮助他了解各种各样的药物。比如芸苔，是治病常用的药。但究竟是什么样的，《神农本草经》说不明白，各家注释也搞不清楚。李时珍问一个种菜的老人，在他的指点下，又查了实物，才知道芸苔实际上就是油菜。

还有蕲蛇，即蕲州产的白花蛇，书中说能医治风痹、惊搐、癣癞等症。一开始，李时珍只在蛇贩子那里看到过这种蛇，内行人提醒他，那是从江南兴国州山里捕来的，不是真的蕲蛇。李时珍于是请教一位捕蛇人，才得知蕲蛇牙尖有剧毒，人被咬伤，要立即截肢，否则就会中毒死亡，州官逼着群众冒着生命危险去捉，以便向皇帝进贡。蕲州那么大，其实只有城北龙峰山上才有真正的蕲蛇。李时珍追根究底，要亲眼观察蕲蛇，于是请捕蛇人带他上了龙峰山上，因为蕲蛇喜欢吃石南藤的花叶，所以才生活在这一带。李时珍置危险

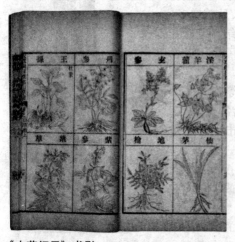

《本草纲目》书影

于度外，到处寻找。在捕蛇人的帮助下，终于亲眼看见了蕲蛇，并看到了捕蛇、制蛇的全过程。由于这样深入实际调查过，后来他在《本草纲目》中说得简明准确："龙头虎口，黑质白花、胁有二十四个方胜文，腹有念珠斑，口有四长牙，尾上有一佛指甲，长一二分，肠形如连珠。"说蕲蛇的捕捉和制作过程是："多在石南藤上食其花叶，人以此寻获。先撒沙土一把，则蟠而不动，以叉取之。用绳悬起，刀破腹以去肠物，则反尾洗涤其腹，盖护创尔，乃以竹支定，屈曲盘起，扎缚炕干"。同时，他也搞清了蕲蛇与外地白花蛇的不同之处："出蕲地者，虽干枯而眼光不陷，他处者则否矣。"能这样清楚地叙述蕲蛇的各种情况，当然

是得力于实地调查的细致。

就这样，李时珍经过长期的实地调查，搞清了药物的许多疑难问题，他所著的《本草纲目》，收药物1892种，其中由李时珍总结民间经验而增加的有300多种。《本草纲目》对每种药物的名称、性能、用途、制作都做了说明，并订正了历代相沿的某些错误，是中国16世纪以前医药学丰富经验的总结，直至今天还有其实用价值。达尔文称赞它是"中国古代的百科全书"。

徐光启和《农政全书》

徐光启，字子先，别号玄扈先生。他组织明朝"历局"工作人员，编制了当时可算是很完备的整个天球的恒星图，并采用新的测算法，使日食月食的推测，较以前大为精密。他主持编译的《崇祯历书》，是我国天文历算学中一份完整可贵的遗产。徐光启还和意大利传教士利玛窦合译《几何原本》，不仅把欧洲数学介绍到中国来，还为我国近代数学的科学名词，奠定了基础。

徐光启在生物学和农学方面的贡献也很大。这方面的研究成果都汇集在他的《农政全书》中。举凡农业及与农业有关的政策、制度、措施、工具、作物特性、技术知识等，应有尽有。

商品经济的发展

在明朝，虽然农民的赋税负担重，但社会的商品经济也已经开始萌芽发展。

因为耕作技术的进步，花生种植越来越普遍；番薯、玉蜀黍也从南洋引种进来；棉花"遍布于天下，地无南北皆宜之，人无贫富皆赖之"，松江200万亩耕地"大半植棉"；福建、广东广种甘蔗，湖州地区家家种桑养蚕，烟草也在长江流域广泛种植。

手工业也有很大的发展，制瓷业中心景德镇，民窑的窑身比官窑要大三四倍。丝纺织业中，绫、绢、纱、绸、罗、布等成品在市面上都可以买到，花色更是堪称日日翻新。在苏州的丝织业中，有车工、纱工、缎工、织工等专门的工匠。在织绸时还有打线、染色、改机、挑花等明确分工。这种精细的分工进一步提高了产量。

尽管自给自足的自然经济还居统治地位，但是在田赋和力役折银征收后，促使人们必须出卖更多的农副产品以换取银两，这就使商品经济有了很大发展。如浙江嘉善，穷苦小民日卖纱数两以糊口，涓滴成泉，也汇成巨大数额。当时有"买不尽松江布，收不尽魏塘纱"的谚语。其他像粮食、生丝、蔗糖、烟草、绸缎、纸张、染料、油料、木材、铜器、铁器、瓷器及各种手工艺品，也都大量涌进市场，还有一部分远销海外。

全国各地的商人数量随之增多，最著名的是徽商，其次是晋商、江右商。他们在各地设立会馆，组织了各种商帮，其中大多数人是拥资数万、数十万乃至百万的富商大贾。

张居正变法

明世宗死后，明穆宗朱载垕继位，大学士张居正因为才能出众，得到了穆宗的信任。

1572年，穆宗死去，太子朱翊钧即位，就是明神宗，年号万历。穆宗遗命张居正等3个大臣辅政。明神宗即位不久，张居正成了首辅，同时兼任10岁的明神宗的老师。神宗视张居正为严师，对他是既尊敬，又惧怕，朝政大事全部由张居正做主。

这个时候，沿海的倭寇虽然已经解决，但北方的鞑靼贵族还在不时侵入内地，成为明王朝的很大威胁。张居正把抗倭名将戚继光调到北方，让其镇守蓟州（今河北北部），戚继

张居正像

光在从山海关到居庸关的长城上修筑了3000多座堡垒，多次击败鞑靼的进攻。鞑靼首领俺答表示愿意和好，并要求通商。明朝便封俺答为顺义王，一面和鞑靼通商往来，一面在边境练兵屯田，加强防备。此后的二三十年间，明朝和鞑靼之间没有发生战争，北方的局面安定下来。

当时，黄河年久失修，河水常常泛滥，加上大地主兼并土地，逃避税收，国库日益空虚，各地的民变也有再次上升的势头。张居正见形势不容再拖延下去，决意进行改革。

张居正改革的重点，主要是整顿赋役制度。他认为，财政危机的主要原因是豪民隐占田地，逃避赋税。为了解决这个严重的问题，他于1578年下令清查全国土地，凡勋戚庄田、民田、职田、军屯田等，一律丈量。清查结果，全国的耕地已大大超出了明朝初年。张居正又下令，全国推广一条鞭法，力求将赋税完全征收。

一条鞭法的内容较为复杂，概括起来主要有以下几点：

一、赋役合并。将田赋和各种名目的徭役合在一起征收，并将部分丁役负担摊入田亩。

二、农民可以出钱代役，力差由官府雇人承应。

三、田赋征银。田赋中除政府需要征收的米麦以外，其余所有实物都改为用银折纳。

四、赋役征收由地方官吏直接办理，废除了原来通过粮长、里长办理征解赋役的办法。

经过这种税收改革，张居正花了10年的时间，防止了一些官吏的营私舞弊，使国家的粮仓存粮充足，足够支用10年。

但是，张居正的改革并没有使农民的赋役负担得到减轻，而且还触动了大官僚地主的利益，因此遭到他们的强烈反对。

在张居正执政的第五年，他的父亲死在江陵老家，按照礼法，张居正必须离职守孝3年。但是张居正怕他一离开，正在进行的改革会受到影响，便让自己的儿子前去奔丧，自己则留在京城任职。这一来，仇视张居正的人就抓住他父死不奔丧的事大做文章，纷纷向明神宗上疏弹劾，有人甚至在大街揭贴告白，攻击张居正，闹得满城风雨。后来，明神宗不得不下令，再有反对张居正留任的一律处死，攻击才平息下来。

万历清算张居正

明神宗在听到张居正病殁的消息后，曾下诏罢朝数日，并给予张居正最高规格的待遇：赐谥号文忠，赠上柱国衔，荫一子为尚宝司丞，并遣官护丧，归葬江陵。

继而神宗亲政，原来对张居正不满的旧党大臣纷纷攻击张居正专横跋扈，张居正尸骨未寒，时局却已急剧逆转了。

清算张居正的运动是从铲除冯保开始的。张居正在世时，冯保与他过从甚密，是后宫炙手可热的实权人物，极为嚣张，也因此结怨甚多。张居正一死，冯保也就失去了靠山。司礼监太监张诚、张鲸开始拼命在神宗面前说冯保的坏话。无独有偶，山东道御史江东之、江西道御史李疏弹劾冯保的奏疏也相继出现。神宗于是下旨将冯保革职，发往南京闲住，并查抄其家产。

宠臣冯保被打倒了，这给了旧党以极大的信心，于是他们纷纷上疏弹劾张居正。一时间，弹劾张居正劣迹的上疏如雪片般飞来，这使得张居正的形象在神宗的心中黯然失色。张居正总是对神宗说，做皇帝要节俭，但他自己的生活却极其奢侈，不仅积聚了许多珠玉珍玩、书画名迹，还蓄养了多位绝色佳人。而皇帝身为九五之尊，却被张居正限制到没有钱赏赐宫女，以致不得不记录在册子上，等待以后有钱再兑现。想到这一切，神宗不能不感到伤心，进而感到耻辱，并渐渐地认为以前对于张居正的信任完全是一种错误。万历十一年（1583 年），神宗下诏取消了张居正的封号和文忠公谥号，并斥其子为民。

随之，协助张居正改革的新党官员，如吏部尚书梁梦龙、礼部尚书徐学谟、兵部尚书张学颜、刑部尚书潘季驯、工部尚书曾省吾、蓟镇总兵戚继光、宁远伯李成梁等人被认为与张居正结党，全被罢官。而早先因反对张居正改革或得罪张居正而遭惩处的旧党官员们，则被一一平反起复。

为了彻底消除张居正的影响，旧党开始为张居正罗织罪名，有一种说法竟是指责张居正生前有谋反篡位的野心，而总兵戚继光的精锐部队就是政变的后盾。历来，皇帝最怕的就是谋反两字，神宗随即下令，把张居正的官爵全部撤掉，并查抄其家产。在北京派来的查抄大员还未到达江陵之时，早已闻讯的荆州府和江陵县的官员已经把张府的大门封了。等查抄大员到达，打开门一看，发现张家已经有十余口人被活活饿死。张宅被查抄一空，张居正的长子自杀，次子充军。

国本之争

明神宗的皇后王氏一直没有生育，而神宗因为非常宠爱郑贵妃，便想立她生的儿子朱常洵为太子。可众多大臣不同意，认为太子理应是长子朱常洛。于是，朝廷上围绕立谁当太子，爆发了"争国本"的斗争。

按照封建礼制，皇位的继承是有嫡立嫡，无嫡立长。在皇后无子的情况下，朱常洛被立为太子是合乎规矩的。然而，朱常洛的生母是一个宫女，出身微贱，而郑贵妃仗着神宗的宠爱，千方百计地想立自己的儿子为太子，因此争斗不断。

围绕立太子而展开的这场斗争，统治集团分裂为两派。一派以东林党人为主体，坚定地主张立朱常洛为太子；另一派则会合了郑贵妃家族以及一些朝臣，主张延缓立储，等候时机，拥立朱常洵。东林党人之所以支持朱常洛，一方面是因为要遵循礼教，更重要的是，东林党人大多数只是一些中小官吏，许多人还处居林野，他们在政治上迫切需要一个坚强的靠山，以施展自己的抱负。

神宗见状，便以种种借口敷衍拖延。万历二十一年（1593 年），神宗封皇长子常洛、皇三子常洵、皇五子常浩为王，待以后再择其善者立为太子。

"三王并封"的目的，是使朱常洵有被立为太子的机会。此旨一出，群臣哗然，礼部主事顾宪成、礼部郎中于孔兼等东林党人纷纷上疏反对。由于朝臣们的反响之强烈大大出乎神宗的预料，因而他不得不收回了"三王并封"的成命，但也把立太子一事束之高阁。

万历二十九年（1601 年），在朝臣们力争了 15 年之后，神宗皇帝无计可施，年届 20 的朱常洛终于被立为太子。同时，朱常洵被封为福王。虽然东宫已定，但国本之争却仍未结束。朱常洵迟迟不去封国，太子属官也不完备，朱常洛的太子地位仍处于风雨飘摇的状态之中。

京察之争

京察是明代考核京官的一种制度，6年举行一次，称职者予以奖励或晋升，不称职者予以处罚或斥退。因此，京察就成为东林党与反东林各党进行权力之争的焦点。

在万历十五年（1587年）的京察中，东林党人初露头角。顾宪成支持左都御史辛自修；顾允成、彭遵古、诸寿贤支持南京右都御史海瑞。由于辛自修、海瑞都希望借京察的机会澄清吏治，所以受到了顾氏兄弟等人的尊敬。但这次京察却由于大学士申时行的阻挠，最后失败。顾宪成被降3级调外任，顾允成被夺冠带。他们虽然受到权臣的压抑，但却为以后东林党的发展奠定了基础。

万历二十一年（1593年），京察之争更为激烈。这次京察由东林党人吏部尚书孙鑨和考功司郎中赵南星主持，时任考功司主事的顾宪成也参与其事。根据明朝的

顾宪成像

制度，考核官吏是吏部和都察院的职责。但明中叶以后，内阁的权力日益增大，二者之间的矛盾日益突出。孙鑨、赵南星、顾宪成等人试图带个好头，因此孙鑨罢黜了自己的外甥，赵南星斥退了亲家。一时间，贪官污吏几乎被贬斥殆尽，时人还称赵南星为"铁面"。但这触犯了王锡爵等权臣的利益，赵南星以"抑扬大过"被贬3级，孙鑨被夺俸。朝中有正义感的官吏，如于孔兼、顾允成、薛敷教等东林党人纷纷上疏申救，但最后赵南星仍被革职为民，为赵南星申冤鸣不平的官吏也被一一贬斥。

万历三十三年（1605年）的京察，东林党人再次得以主持，由一贯办事严正的吏部侍郎杨时乔全权负责。杨时乔不讲情面，在京察中提出要处分的人中，不少是沈一贯的私党，沈一贯见事情不妙，慌忙密言蒙蔽神宗，将处分意见长期不下发。如此将近半年，主事刘元珍、庞时雍，御史朱吾弼等东林党人上疏力争，结果杨时乔反被严旨斥责，刘元珍等人被除名。不过，由于东林党人一再弹劾沈一贯结党营私，沈一贯也被迫于次年下台。

万历三十九年（1611年）京察中北察的主计人是东林党人——吏部尚书孙丕扬。被察的主要对象，一是被沈一贯包庇下来的贪官污吏，二是其他各党的骨干，如汤宾尹、顾天峻等。东林党人在北察中以暂时的胜利告终，但不久即遭到浙、齐、楚等党人的反攻，孙丕扬被迫辞职。东林党人在南察中更是大败而回。南察的主计人是吏部右侍郎史继偕，此人是齐、楚、浙党的党羽，东林党人俱被排斥。

终万历一朝，东林党人大部分时间都未能真正掌握朝政，因此在京察之争中基本上处于不利的地位。

矿监税争

矿监税是由宦官管理开矿和负责征收赋税。所谓矿产，主要指的是金矿、银矿和朱砂矿，某一个地方一旦发现矿产，皇帝就指派一个宦官前去主持，这个宦官的所有开销都从矿税上得来。

宦官在最初派遣时，只有一个人，但他带去的随从却不下百人。在这些随从中，他遴

选十几个人具体负责，这十几个人每人又会有大批随从。依次排下去，一个矿监，有时有5000人寄生在他身上。如此一来，再富有的金矿也无法负担这么庞大的数字。

矿监为了获得利润，就随意指认某一个富家地下有矿苗，于是，那家人的房屋就要全部拆除，以便开矿，唯一避免拆除的方法就是贿赂。开矿时挖掘不到或矿藏不多，附近的富家就被指控为"盗矿"，富家破产后，盗矿的罪名就延伸到穷人头上，要么被打死，要么缴出全部"盗矿"的赔款。一个矿场只要开了，就不会关闭，哪怕这个矿已经枯竭。因为关闭后，宦官及其随从的财路便断绝了，所以全部开支，包括呈献给皇帝的数目，都由当地人承担。

税监跟矿监相同，而且更加普遍，什么盐税、茶税、木税、船税、鱼税、苇草税……只要能叫得上名字的，到了明朝后期都上了税。

矿监、税使的这些贪残暴行，激起了社会各阶层的痛恨与愤怒，各地人民反抗矿税监的斗争此起彼伏，持续了20余年。

在派矿税监的问题上，当时执政的浙党秉承神宗的意旨，不敢有丝毫反对。与浙党相反，东林党从一开始就反对派矿税监。其中最坚决、影响最大的，当属李三才。李三才先是上疏批驳矿税监，且言辞激烈。见没有回应，便在他的辖区内，将最为嚣张的税监陈增的手下暴打了一顿，并弹劾陈增的重要帮凶程守训贪赃数十万银两等罪行，使程守训被捕解京，审讯后证据确凿，被处以死刑。陈增遭此惊吓，一命呜呼了。随后，李三才再次上疏，将矛头直指神宗，不仅一针见血地击中了税使、矿监这一苛政的要害，还痛快淋漓地揭露了神宗的贪婪。浙党邵辅忠首先发难，弹劾李三才。东林党人也纷纷上疏，极力保举李三才。双方你来我往，争论不休，这场口水大战打了将近8年，最后李三才因屡受攻击，被迫辞职。

直到神宗死前，才遗诏罢免所有矿监、税使，过去因反对矿税监而被处分的官员也酌情起用。至此，矿税监之争以东林党人取得一定程度的胜利，终于告一段落。

明末三大案

朱常洛虽然在东林党的支持下被立为太子，但其地位始终不稳固。万历四十三年（1615年）五月的一个深夜，一个身份不明的男子手持一根枣木大棍，径直闯入太子所居的慈庆宫。这人来到第一道宫门时，只有两个老宦官守门，他举棍打伤其中一人，直闯入宫。来到第二道宫门时，竟是寂静无声，于是他顺利而入，直到殿檐下，试图加害太子。这时被太监韩本用发现，大声呼救，七八名宦官一齐拥上，将凶犯捉住。

经审问，这人名叫张差，竟然住在太监刘成的家中，而刘成正是郑贵妃的亲信。这件事显然和郑贵妃与太子争储有关。后来万历皇帝为了保护郑贵妃，竟草草下令收场，只杀了张差和两名宦官了事。这就是"梃击案"。

5年后，神宗死了，朱常洛继位，是为明光宗。光宗做太子已经19年，此时都快40岁了，其身体状况极差，从继位之后便卧床不起。光宗服了一段内医崔文升开的药后，精神更觉委顿。这时鸿胪寺丞李可灼连进3个红色药丸，光宗服用后，两天后便死了。

光宗的死顿时成为争论的焦点。因为崔文升是郑贵妃的属下，他开给皇帝的竟是泻药。而李可灼的推荐人也是郑贵妃的属下，因此这件事又与郑贵妃之子福王朱常洵争夺皇位有关了。争论来争论去，事情始终没有结果，这就是所谓的"红丸案"。

光宗朱常洛登基前，他的妻子郭氏便去世了，朱常洛把十分得宠的李选侍带进乾清宫，打算立她为后。可光宗仅当了一个月皇帝就死了，临死也没有封后。这样一来，李选侍就必须离开乾清宫。可是这个李选侍却不愿离开乾清宫，并以此为要挟，先是要封皇后，后来又要封太后。围绕这个问题，朝廷内外议论纷纷。一直拖到太子朱由校继位登基的日子，李选侍仍然不离开乾清宫。朝中一班大臣齐聚乾清宫门前喧嚷呼喊，李选侍这才害怕起来，无可奈何地匆匆迁出了乾清宫。这就是"移宫案"。

袁崇焕与宁远保卫战

崇祯帝朱由检登基后惩办了阉党，很想振作一番。许多大臣请求，把被魏忠贤排挤的袁崇焕召回朝廷。崇祯帝接受了这个意见，提拔袁崇焕为兵部尚书，负责指挥整个河北、辽东的军事。崇祯帝亲自召见袁崇焕，问他有什么计划。袁崇焕说："只要给我指挥权，朝廷各部一致配合，不出5年，就可以恢复辽东。"崇祯帝听了十分兴奋，并赐给袁崇焕一口尚方宝剑，准许他全权行事。

在袁崇焕被排挤走的那两年，皇太极已经占领了喜峰口长城以北的所有地区。如今袁崇焕重新回到宁远，选拔将才，整顿队伍，明军士气得以振奋，犹如给了皇太极当头一棒。

皇太极知道宁远、锦州防守严密，于是决定改变进兵路线。1629年，皇太极率领几十万后金大军，从龙井关、大安口（今河北遵化北）绕到河北，直扑明朝京城北京。

这一招袁崇焕可没想到，急忙带着明军赶了两天两夜到达北京，没顾上休息，就和后金军展开了激烈的战斗。别路明军也陆续赶到，投入战斗，赶走了皇太极。

后金军突然进攻北京，引起了全城震动。崇祯帝更是急得心慌意乱，直到袁崇焕带兵赶到，心才定了。但是一些大臣却认为，这次后金兵绕道进京，完全是袁崇焕引进来的，说不定里面还有什么阴谋呢。崇祯帝是个猜疑心极重的人，听了这些谣言，便有些怀疑起来。

皇太极对这个屡次阻挠后金军事行动兼有杀父之仇的袁崇焕，尤其恨入骨髓。于是，熟读《三国演义》的皇太极，运用了"周瑜计赚蒋干"的方法，巧妙实施了他的反间计。

皇太极利用先前被俘虏的明王朝宦官，让他们在睡梦中隐约听到了看守他们的后金卫

袁崇焕像

士的谈话。一个卫士问："今天怎么忽然停战？"另一个答："我看见可汗骑马走向敌人阵地，有两个人迎上来相见，密谈了很久。大概袁崇焕有什么秘密信息，事情很快就会解决。"

不久，这两个宦官就自以为很幸运地"逃"出了牢笼。一回到北京，他们马上向崇祯皇帝告发，说袁崇焕勾结皇太极。

崇祯帝命令袁崇焕马上进宫，不容他分辩，就下令锦衣卫把袁崇焕押进了大牢。一些大臣知道袁崇焕平日忠心为国，觉得事情蹊跷，劝崇祯帝说："请陛下慎重考虑啊！"崇祯帝却说："慎重只会误事。"

很快，崇祯帝下令处死袁崇焕，罪名是叛国通敌。当时许多百姓听说袁崇焕是卖国贼，引后金的军队进犯北京，都扑上去咬他。直到过了16年清军攻占北京后，才公布了这场公案的内幕，用以炫耀自己的聪明，并嘲笑明王朝官员的愚蠢。

崇祯皇帝自毁长城，皇太极高兴万分。

洪承畴兵败松山

崇祯十一年（1638 年）九月，清军分两路南下，陷真定、广平、顺德、大名（均在河北）等地，高阳失守，大学士孙承宗殉职，卢象升在巨鹿阵亡。两面受敌的明朝，不得不从西线把主帅洪承畴调来，与孙传庭一起率军入卫。

皇太极为了把势力扩展到内地，下决心要攻克山海关和锦州，打通去往关内的交通要道。他亲自领兵南下，展开了对锦州的围攻战。次年初，洪承畴调任蓟辽总督，领陕西兵东来，与山海关马科、宁远吴三桂两镇合兵，与锦州的松山、杏山、塔山三城相互为犄角。

1640 年冬，清军攻锦州及宁远，洪承畴派兵出援，败于塔山、杏山。为挽救辽东危局，明廷遣洪承畴率宣府总兵杨国柱、大同总兵王朴、密云总兵唐通、蓟州总兵白广恩、玉田总兵曹变蛟、山海关总兵马科、前屯卫总兵王廷臣、宁远总兵吴三桂等所谓八总兵兵马，领精锐 13 万、马 4 万来援，集结宁远，与清兵会战。

皇太极见状，采取了长期围困方针，势在必克。洪承畴虽然有一定的实战经验，但他所率领的明军是分别由八个边镇临时调集起来的。兵虽是精兵，但明末的将帅是骄横出了名的，临阵不服从洪承畴的统一号令，这是洪承畴难以充分发挥指挥才能的最大障碍。因此，洪承畴主张徐徐逼近锦州，步步立营，且战且守。洪承畴控制了松山至锦州的制高点，以凌厉攻势重挫清军，锦州局势开始好转，接着洪承畴接到崇祯帝的命令，准备与清军决战。

两军交战后，皇太极首先切断了洪承畴的粮道。因军中乏粮，诸将各怀去志，遂不待军令，大同总兵王朴乘天黑率部遁走，马科、吴三桂两镇总兵也争相率军逃奔杏山。清军趁势掩杀，前堵后追。当他们逃到杏山时，又决定撤奔宁远，结果再次遭到伏击，部卒伤亡惨重。明军两镇六总兵败溃，十数万人土崩瓦解，先后被斩杀者 5.3 万多人，自相践踏死者及赴海死者更是无计其数。剩下洪承畴自己带领的残兵万余人，被清军团团围困在松山，饷援皆绝。

洪承畴孤军困守松山，直到 1642 年，才听说朝廷援军赶到。心急的洪承畴派 6000 人马出城夜袭，结果被清军打败。败兵欲退入城内，但洪承畴见后有追兵，竟下令关闭城门，6000 人全被歼灭。就这样，洪承畴不敢再战，而朝廷援军也因害怕清军不敢前来。待到城中粮食殆尽，松山副将夏承德叩请清军，愿拿儿子夏舒做人质约降。于是清军应邀夜攻，松山城破，洪承畴做了俘虏。

李自成入京

在明王朝与后金帝国厮杀的时候，国家内部同样混乱不堪。当时整个北方都发生了严重的旱灾和蝗灾，农民起义遍地都是。在规模庞大的民变中，以张献忠和李自成的两支队伍影响最大。

张献忠和李自成领导的起义持续了 10 年，其中张献忠曾经被明朝招降，后来又行反叛。李自成自称"闯王"，跟随高迎祥和别的起义军一起转战山西、河北等 5 个省，声势越来越大。后来高迎祥在战斗中牺牲，李自成便成了主帅。

1638 年，李自成从甘肃转移到陕西，准备打出潼关去。在潼关附近的崇山峻岭中，李自成中了埋伏，队伍被打散，李自成和他的部将刘宗敏等人冲出重重包围，到陕西东南的商洛山区隐蔽起来。

这时，李岩投奔了李自成，成为李自成手下最得力的谋士，他提出"均田免赋"的口号招流亡农民加入闯王队伍。李岩还编了童谣，叫人到处传唱："吃他娘，穿他娘，开了大门迎闯王。闯王来时不纳粮。朝求升，暮求合（一升的十分之一），近来贫汉难求活。早早开门拜闯王，管教大家都欢悦。"

这样一来，李自成的威望骤然大增，起义军队伍迅速扩充，在河南接连打了好几个大胜仗。1643年，李自成攻破潼关，打死明朝督师、兵部尚书孙传庭，没多久就占领了西安，宣布称帝，国号大顺。

1644年，李自成出兵北伐，穿过山西，直抵北京城下，一路上几乎没有遇到什么抵抗，连最著名的九边之一的军事重镇大同（今山西大同）守军，都望风投降。

李自成刚到达北京，明政府用以保卫首都但却5个月不发给薪饷的10万兵士，霎时叛变，北京城没有经过战斗，就告陷落。

崇祯帝听到消息，趁天还未明，企图逃走。可皇城各个城门的守将都不肯开门放行，崇祯帝见大势已去，便登上煤山（今景山），自缢而死。明朝至此灭亡。

李自成坐上了宝座，开始陶醉在胜利的狂喜中。

第十二章　最后的王朝

努尔哈赤统一女真

1616年，在明神宗和东林党互相争斗的时候，中国东北部的赫图阿拉城（今辽宁新宾），女真部落的酋长努尔哈赤，自称可汗，宣布建立大金汗国，史称后金。

建州女真的领袖爱新觉罗·努尔哈赤，出身于建州女真的贵族家庭。建州女真有好几个部落，总是互相攻杀，明朝总兵李成梁就曾利用建州各部的矛盾，加强自己的统治。努尔哈赤25岁那年，建州女真部有个土伦城的城主尼堪外兰，带引明军攻打古勒寨城主阿台。

阿台的妻子是觉昌安的孙女，觉昌安就是努尔哈赤的祖父，他得到消息后，便带着努尔哈赤的父亲塔克世，到古勒寨去劝解双方停战。这时明军正攻打古勒寨，觉昌安和塔克世在混战中都被明军杀了。努尔哈赤埋葬了祖父和父亲，想到自己的力量还太小，他不敢得罪明军，就把一股怨恨全集中在尼堪外兰身上，要求明朝官吏交出尼堪外兰，结果遭到了拒绝。努尔哈赤满腔悲愤回到家里，翻出了他父亲留下的13副盔甲，分发给他手下的兵士，然后向土伦城进攻，尼堪外兰不是他的对手，狼狈逃走。努尔哈赤攻克了土伦城，趁机又征服了建州女真的一些部落。尼堪外兰东奔西窜，最后逃到了鄂勒珲（今黑龙江齐齐哈尔附近），请求明军保护。明军看努尔哈赤不肯罢休，怕因此引起战争，就让努尔哈赤杀了尼堪外兰。

努尔哈赤由此壮大了声势，没用几年就统一了建州女真。这引起了女真族其他部落的恐慌。1593年，海西女真的叶赫部联合了其他9个部落，分3路进攻努尔哈赤。由于占据了有利地形，努尔哈赤在古勒山下击败了叶赫部，又经过几年的战争，基本统一了女真族各部。努尔哈赤还在统一女真各部的过程中，创立了八旗制度。努尔哈赤建立后金后，又花了两年多的时间整顿内部，发展生产，扩大兵力。1618年，努尔哈赤召集八旗首领和将士誓师，宣布跟明朝有7件事结下了冤仇，叫作"七大恨"。第一条就是明朝无故挑衅，害死了他的祖父和父亲。为了报仇雪恨，他决定起兵伐明。

努尔哈赤像

195

建立清朝

誓师后，努尔哈赤亲自率领两万人马进攻抚顺。抚顺守将李永芳一看后金军来势凶猛，没有抵抗就投降了。明朝的辽东巡抚派兵救援抚顺，也被后金军在半路上打垮。努尔哈赤命令毁了抚顺城，带着大批战利品回到赫图阿拉。明神宗大怒，派杨镐讨伐后金。1619年，杨镐率总兵杜松、马林、刘綎、李如柏，又通知朝鲜和叶赫出兵助攻，集结了10多万人马，对外号称47万，分兵4路进攻赫图阿拉。努尔哈赤得知山海关总兵杜松率领的中路左翼是明军主力，决定集中兵力先对付杜松。一看杜松分散兵力，就集中八旗的兵力，一口气攻下萨尔浒明军大营，断了杜松的后路，随即就把杜松军杀得七零八落，杜松战死。努尔哈赤乘胜追击，又把从开原（今辽宁开原）出兵的马林一队人马打败。

坐镇沈阳的杨镐，正在等待各路明军的捷报，没想到一连两天接到的竟是两路人马覆灭的消息，于是连忙传令另外两路明军立刻停止进军。中路的李如柏接到撤兵命令后急忙后退，明军兵士以为后面有大批追兵，争先恐后地逃跑，结果士兵自相践踏，死了不少。剩下的一路是南路军刘綎，当时已经深入到后金阵地，没接到撤兵的命令。刘綎连破了几个营寨，努尔哈赤见他骁勇，就选了一个投降过来的明兵，叫他冒充杜松的部下，送信给刘綎，说杜松军已经到赫图阿拉城下，只等刘綎军去会师攻城。刘綎信以为真，下令火速进军。把人马带进了假明军的包围圈里。后金军里应外合，刘綎军全军覆没。

这场战争史称萨尔浒之战，从开始到结束，只有5天时间，明朝大伤元气。过了两年，努尔哈赤又率领八旗大军，接连攻占了辽东重要据点沈阳和辽阳。1625年，努尔哈赤把后金都城迁到沈阳，改称盛京。1626年，努尔哈赤率兵围攻山海关外重镇宁远（今辽宁兴城），遭到明参将袁崇焕的顽强抵抗。明朝使用了葡萄牙的巨型大炮，努尔哈赤被炮火击伤，不久后病死。

努尔哈赤死后，其儿子皇太极继位。在1636年称帝，改国号为大清，改族名为满洲，决意问鼎中原。

福临登基

多尔衮是努尔哈赤的第十四子，其生母是努尔哈赤非常宠爱的妃子阿巴亥。努尔哈赤死后，众贝勒拥戴皇太极继位，并迫令阿巴亥自尽殉夫。

为了生存，14岁的多尔衮显示出他善于韬晦的过人聪明。他一方面紧跟皇太极，博取他的欢心和信任，而绝不显示自己的勃勃野心；另一方面则在战场上显示出超人的勇气和才智，不断建树新的战功。使多尔衮名声大震的，是征服朝鲜和攻击蒙古察哈尔部之役。这场战役不仅扫除了后金攻明的后顾之忧，还得到了遗失200余年的元朝传国玉玺。皇太极论功行封，多尔衮被封为和硕睿亲王，列六王之第三位，同时掌管吏部，其时他年仅24岁。

皇太极死后，多尔衮与皇太极的长子豪格争夺皇位。论实力，豪格据有三旗，比多尔衮略强，而且由于亲王们已经感到了多尔衮的咄咄逼人，都准备投豪格的票。眼见占不到便宜，多尔衮便提出了折中的办法：立6岁的福临为顺治帝。立一个皇子而排斥其他皇子，避免八旗内乱，这一点大家都很赞同。福临的母亲永福宫庄妃深得皇太极的宠爱，地位较高，选其子为帝大臣们也愿意接受，甚至可以说是符合先帝的心愿。当时麟趾宫贵妃的名号虽然高于庄妃，但她的实际地位并不高，所以她两岁的幼子博穆博果尔根本没有被选中的机会。同时，辅政王的人选也代表了各方势力的均衡。既然黄、白二旗是主要竞争对手，福临即位便已代表了两黄和正蓝旗的利益，多尔衮出任辅政则是必然之事。就这样，多尔衮妥善地处理了十分棘手的皇位争夺问题，自己也向权力的顶峰迈进了一步。

入关后，多尔衮很快调整政策，稳定了占领区内的形势。这些功绩，在顺治元年开国大典上均得到表彰，不仅给他树碑立传，还赐他大量金银牲畜和衣物，并封其为叔父摄政王，确立了他不同于其他任何王公贵族的显赫地位。

清军入关

李自成占领北京后，派刘宗敏抄了京城许多权贵的家。这时大顺政权所占领的地方，不过是华北的一部分地区。明朝还有一些地方将领，手中掌握着大批军队。山海关总兵吴三桂，手下就有几万大军，于是李自成便派人给吴三桂送信，要他归降大顺。

吴三桂原来是明朝派到关外抗清的，驻扎在宁远一带。起义军逼近北京时，崇祯帝接连下命令要吴三桂带兵进关救援包围北京。可当吴三桂赶到山海关时，北京却已被起义军攻破。吴三桂收到劝降信后，便认为明朝大势已去，于是决定投降。可他旋即得知自己的父亲吴襄被抓，家产被抄，不禁恨得咬牙切齿。接着，他又听说自己最宠爱的歌姬陈圆圆被刘宗敏抢走了，更是怒气冲天，立刻下令退回山海关，并且要将士们一律换上白盔白甲，说是要给死去的崇祯皇帝报仇。

李自成得知吴三桂拒绝投降，便亲自带了20多万大军，进攻山海关。吴三桂看到李自成兵多，便派人飞马出关，请求清朝帮助他镇压起义军。清朝辅政的亲王多尔衮接到吴三桂的求救信，觉得机会来到，立刻带着十几万清兵，日夜不停地向山海关进兵。清军早就盼望进入中原，如今山海关大门自开，兵士们更是个个勇猛。而此时的李自成早已被先前的胜利冲昏了头脑，认为自己的军队无坚不摧。李自成的兵士们在进入北京后，军纪丧失，抢掠了不少财物。如今人人都记挂着抢来的财宝和妇女，想着回家过富裕日子，根本没心思打仗。

战斗开始后，李自成骑着马登上西山指挥作战。吴三桂带兵一出城，起义军的左右两翼就合围包抄，把吴三桂和他的队伍团团围住。这时多尔衮的清兵杀来，在和吴三桂的里外夹击中，李自成大败，急忙撤回北京。回到北京后，李自成在皇宫大殿里举行即位典礼，接受官员的朝见。第二天一清早，即率领起义军离开北京，向西安撤退。

在李自成离开北京的第三天，多尔衮即带领清兵开进北京城。1644年，多尔衮把顺治帝福临从沈阳接到北京，把北京作为清朝国都，开始了对中原的统治。1645年，清朝分兵两路攻打西安，李自成被迫向襄阳转移。不久就在湖北通山县九宫山战败死去。李自成退出北京后，张献忠在四川称帝，国号大西。1647年，清军进入四川，张献忠在川北西充的凤凰山的一场战斗中，中箭而死。

除了这两支农民起义军外，原来明王朝的后裔在南方也纷纷宣布独立，反抗清朝。

陈圆圆像

南明灭亡

1646 年，明广西巡抚瞿式耜、两广总督丁魁楚、湖广总督何腾蛟等拥立桂王朱由榔在广东肇庆即皇帝位，改元永历。原来李自成的残余部队也多投入桂王麾下。一年后，清军攻下肇庆，桂王一直处于流亡状态，最后逃入缅甸王国，但缅甸由于无法抗拒清政府的压力，便把他交给坐镇云南昆明的吴三桂，吴三桂把他绞死。

还有一位是福王朱由崧，后人称他为弘光帝，首都设在南京，史称南明。朱由崧当了皇帝后的第一道命令，不是与清军对抗，而是征集宫女。第二道命令则是命各地方官员进贡春药秘方。朱由崧在皇族中一向声望低微，做梦也没想到会有人拥立他为皇帝，因此对拥护他的马士英感恩戴德，尽力报偿。当初为了争取史可法等在朝臣中有威望的东林党人的支持，马士英软硬兼施，史可法等人才不得已赞成拥立福王。

福王就职监国时，朝中大权仍握于史可法手中。野心勃勃的马士英对此极为不满，处心积虑地将史可法排挤了出去。马士英独掌朝政后，请朱由崧下旨，直接任命刘孔昭、阮大铖入阁办事。阮大铖入阁后，马士英羽翼渐丰，大肆打击东林党。昏庸的朱由崧则尽情享乐，对国事不闻不问。为将东林党一网打尽，阮大铖编了一本《蝗蝻录》，说东林如蝗，危害国家，并开列了东林党著名人士的全部名单，让锦衣卫和东厂照名缉捕。霎时黑云压城，大批读书人纷纷避难出逃。最后，这个乌烟瘴气的小朝廷只维持了 13 个月就被清军攻破，朱由崧被捉到北京砍头。

第三位皇帝朱聿键，在南京陷落后辗转逃至福建福州，受到福建总兵郑芝龙的拥戴，继承了朱由崧的帝位，被称为隆武帝。可是郑芝龙只是把朱聿键当作筹码，而并未打算效忠明王朝。他同蜂拥南下的清军秘密联络，把北境要塞仙霞关（今浙江江山南）的守卫撤除，让满洲军队大摇大摆开进来。朱聿键被俘，押回福州后处斩。

郑成功收复台湾

从明朝中叶开始，葡萄牙、西班牙、荷兰等国殖民者就相继来到东方，抢占殖民地。1609 年，荷兰侵占澎湖，不久被福建军民驱逐。1622 年，荷兰殖民者再度侵入澎湖，强迫岛上居民筑城堡，妄图长期占据此处。两年后，巡抚南居益遣兵攻澎湖，荷兰霸占澎湖的阴谋没有得逞。1642 年，荷兰打败了西班牙，独占了台湾。

隆武帝朱聿键在福州建立政权之后，他手下的大臣黄道周是个真心抗清的人，一心想帮助隆武帝出师北伐。但是掌握兵权的郑芝龙，却只想保存自己的实力，不久后就向清朝投降，隆武政权灭亡。

郑芝龙的儿子郑成功，在父亲投降清朝的时候苦苦劝阻，后独自离开，招募了几千人马，在厦门建立了一支水师，坚决抗清。但在清军的步步紧逼下，郑成功就决定向台湾发展。这时候，恰好有一个在荷兰军队里当过翻译的何廷斌来到厦门，告诉郑成功说，荷兰人在台湾激起了巨大民愤，如果郑成功能进军台湾，台湾人民一定会欢迎他。何廷斌还送给郑成功一张台湾地图，把荷兰军队的军事布置都告诉了郑成功。郑成功以前就曾随其父亲到过台湾，现在有了这个可靠的情报，进攻台湾的信心就更足了。

1661 年，郑成功命令其子郑经带领一部分军队留守厦门，自己亲率 25000 名将士，分乘几百艘战船，从金门出发，直取台湾。荷兰人听说郑军进攻台湾，便把军队集中在台湾（今台湾东平地区）和赤嵌（今台南地区）两座城堡，并在港口沉了好多破船，想阻挡郑成功的船队登岸。郑成功却利用海水涨潮的时机，驶进了鹿耳门，顺利登上了台湾岛。经过几次交锋，荷兰军队都败下阵来，最后只得派使者到郑军大营求和，说只要郑军肯退出台湾，他们愿意献上 10 万两白银。

然而白银和自己的国土相比，根本不值一提。郑成功喝退了荷兰使者，派兵猛攻赤嵌。当地人给郑军出主意说，赤嵌城的水都是从城外高地流下来的，只要切断水源，敌人就会不战自乱。郑成功照这个办法做了，不出 3 天，赤嵌的荷兰人果然乖乖投降。

随即，郑成功对盘踞台湾的荷兰侵略军采取长期围困的办法，8 个月后，郑成功下令发起强攻。荷兰侵略军走投无路，只好扯起白旗。

鳌拜擅权

1661 年，顺治帝病死，他的儿子玄烨即位，这就是清圣祖，也叫康熙帝。

康熙帝 8 岁即位，按照顺治帝的遗诏，由 4 个大臣辅政。这 4 个辅政大臣中，鳌拜的势力越来越大。

康熙帝 14 岁亲政后，另一个辅政大臣苏克萨哈和鳌拜发生了争执。鳌拜怀恨在心，勾结同党诬告苏克萨哈，请康熙帝把苏克萨哈处死。康熙帝不批，鳌拜便在朝堂上跟康熙帝争了起来，完全不把小皇上放在眼里。康熙帝虽然非常生气，但是想到鳌拜势力太大，自己还不是对手，只好暂时忍耐，依从他杀了苏克萨哈。

康熙帝自此决心除掉鳌拜，他派人物色了一批十几岁的贵族子弟担任侍卫，天天与他们在一起练习摔跤。鳌拜进宫去，常看到这些少年吵吵嚷嚷在御花园里摔跤。摔跤是满人常玩的把戏，因此他也没太在意。

有一天，鳌拜接到康熙帝的命令，要他单独进宫商量国事。鳌拜像平常一样大模大样进宫去，刚跨进内宫的门槛，忽然一群少年拥了上来，围住他就打。鳌拜吓了一跳，但他号称满蒙第一勇士，功夫也十分了得，于是他便和这些少年摔跤手打成了一团。毕竟双拳难敌四手，鳌拜最后还是被打翻在地，并被关进了大牢。

康熙帝抓了鳌拜后，马上要大臣调查鳌拜的罪行。大臣们认为鳌拜专横跋扈，擅杀无辜，罪行累累，应该处死。但康熙帝还是从宽发落，只是革了鳌拜的官爵。

平定三藩

康熙帝年纪轻轻就用计除掉了鳌拜，朝廷上下都很佩服。不久康熙帝开始大力整顿朝政，奖励生产，惩办贪污，使新建立的清王朝渐渐强盛起来。但还有一个祸患，始终让康熙帝担心，那就是南方的 3 个藩王。

这 3 个藩王都是投降清朝的明军将领，一个是引清兵进关的吴三桂，还有尚可喜和耿仲明。顺治帝因为他们有功于清朝，破例给他们封王。顺治帝还与吴三桂结为异姓兄弟，相约永不相叛。

吴三桂是平西王，驻防云南、贵州；尚可喜是平南王，驻防广东；耿仲明为靖南王，驻防福建。他们合起来叫作"三藩"。三藩之中，以吴三桂的势力最大。这三藩不但掌握地方兵权，还控制了地方的财政，他们自行任命官吏，宛如一个独立王国。

康熙帝一心想削弱三藩的势力，正好吴三桂想试探一下康熙帝的态度，便假意主动提出撤除藩王爵位。康熙帝顺水推舟下诏答复吴三桂，同意他撤藩。诏令一下，吴三桂果然暴跳如雷。

1673 年，吴三桂在云南起兵。他脱下清朝的官服，换上明朝将军的盔甲，说要替明王朝报仇雪恨，想以此笼络人心。在当时，反清复明的势头还很猛烈，但是人们对于吴三桂

康熙帝读书像

的反应却很淡漠。因为所有人都记得很清楚，把清兵请进中原来的就是吴三桂，杀死桂王朱由榔的还是吴三桂，现在他却又打起恢复明朝的旗号来。对于这个出尔反尔的吴三桂，决意反清复明的人都不那么拥护。

吴三桂在西南一带势力很大，一开始打得很顺利，一直打到湖南。他又派人跟广东的尚之信（尚可喜之子）和福建的耿精忠（耿仲明之子）联系，约他们一起叛变。这两个藩王有吴三桂撑腰，也反了。这就是"三藩之乱"。三藩一乱，整个南方都被叛军占领。康熙帝一面集中兵力讨伐吴三桂，一面停止撤销尚之信、耿精忠的藩王称号，把他们稳住。尚之信、耿精忠一看形势对吴三桂不利，便又投降了。

吴三桂的军队越打越弱，经过 8 年的战争，他再也支撑不下去，连悔带恨，生了一场大病，不久就气断身亡。1681 年，清军分 3 路攻进云南昆明，吴三桂的孙子吴世璠自杀，清军统一了南方。

经济大发展

清朝在平定了三藩之乱后，内部大的战争基本结束，于是开始大力恢复生产。

清军在进入北京后，曾经强行"圈地"，把所圈之地分给王公贵族。这种强行圈地不仅使生产遭到了破坏，更引起了人民的反抗，满汉两族地主之间也出现了矛盾加剧的局面。1669 年，康熙帝下令停止圈地，借以缓和矛盾。

同年，清政府还下令，把一部分明代藩王所占的田地还给原种之人，永为世业，号为"更名田"，并且不用交租。

除此之外，清政府还鼓励垦荒，对某些垦荒农民贷给牛、种子。同时整顿赋役制度，"摊丁入亩"，即废除了人头税，将其一律摊入田赋银中，一并征收，从而减轻了对农民的人身束缚。

这些措施使清朝的耕地面积扩大，人口也迅速增长。除了粮食，棉花种植更加盛行，江南的植桑养蚕和甘蔗、烟草种植也兴盛起来。

在水利的兴修上，当时也取得了很大成绩。康熙帝时大力修治黄河，并完成了永定河的修浚工程。雍正帝时，又扩大修筑江、浙的海塘，使沿海地区的肥沃农田免受海潮的侵袭，还将部分海滩辟为良田。

由于农业的发展和人口的增加，清代的雇工大量出现。特别是在乾隆以后，外出佣工的人数越来越多。

清代的丝织业和棉织业都很发达，织布机得到了改进和革新，手工作坊和手工工场的规模变大。江西的景德镇成为全国制瓷业的中心。矿冶业也得到了进一步发展。乾隆时，广东佛山镇的铁器制造业很发达。那里有铸锅业、炒铁业、制铁线业、制钉业和制针业等行业，而尤以铸锅业最为有名。所铸铁锅不仅行销国内各地，而且大量输出国外。

手工业的发达带来了商业贸易的繁荣，各种商品行销海内外，四方流通联系更加密切，城市也随之繁荣发展。如北京、南京、苏州、杭州、扬州等，都是著名的繁华大城市。城市的繁荣同时带动了周边的集市贸易。来往于各城市间做生意的商人，不少都富甲一方，出现了不少财力雄厚的富商，如山西的票号，两淮的盐商，广东的行商和各地的粮商、布商等，其资财都达到数十万甚至数百万两。

清朝的对外贸易，比以前也有所发展。出口的货物有茶叶、陶瓷器、生丝、绸缎、棉布、纸张、纸伞、干果、线香、烟草、铁锅、家具、糖、人参、牛马、谷物、豆、羊肉、麦粉等。进口的商品多为毛织品、五金、玻璃、珊瑚、玳瑁和各种香料、海味等奢侈品。在嘉庆以前，中国在国际贸易上始终保持着出超的地位。

大兴文字狱

因为清王朝是满洲贵族掌权，所以对占全国人口绝大多数的汉人的防范、控制极严。尤其是清朝前期，只要是文人学士在文字中稍露不满，或是统治者自己疑神疑鬼，认为文字中有触犯或妨碍自己的内容，必兴文字狱。文字狱在中国一直存在，明朝的朱元璋将文字狱作了大规模发挥。而文字狱最重的朝代，还是清朝。

清代文字狱的第一起案件是在康熙帝即位的第二年。有官员告发浙江湖州的文人庄廷鑨，私自招集文人编辑《明史》，里面有攻击清朝统治者的语句，还使用南明的年号。这时候，庄廷鑨已经死去，朝廷下令把庄廷鑨开棺戮尸，他的儿子和写序言的、卖书的、刻字的、印刷的乃至当地官吏，都被处死或充军。康熙帝之后的雍正帝一朝，文字狱更甚。例如，朝臣查嗣庭任江西主考，出题"维民所止"，被告发"维止"二字，影射"去雍正二字之首"，也就是要砍了雍正的脑袋。雍正帝大怒，将查嗣庭入狱。结果查嗣庭死于狱中，其尸被戮，他的亲属或处斩，或流放。还有个叫徐骏的官员，仅仅因为诗中有"清风不识字，何必乱翻书"一句，便被扣上"诽谤朝廷"的罪名，落得个身首异处。在这些案件中，最出名的还是吕留良事件。

吕留良是一个著名学者，明朝灭亡后，因为他不愿意做清朝的官，索性出家当了和尚，在寺院里著书立说。吕留良死后，湖南人曾静偶然见到吕留良的文章，十分佩服，就派学生张熙到吕留良的老家浙江去，打听他遗留下来的文稿。张熙到浙江后不但打听到文稿的下落，还找到吕留良的两个学生。张熙将他们介绍给曾静，4个人相谈甚欢，常在一起议论国事，痛骂清朝。4个人一心想反清复明，他们觉得汉人出身的川陕总督岳钟琪是"上马管军，下马管民"的封疆大吏，认为借岳钟琪的势力反清是一件有可能的事。于是，曾静便派张熙前去投书岳钟琪。岳钟琪当时正被朝臣同僚所诽谤，心中惶惧不安，发愁没有机会向雍正表明忠心。看到曾静的书信后，他意识到自己的机会来了，于是马上上奏雍正，同时对张熙动刑拷问。张熙是"拷打昏厥，坚不吐口"，岳钟琪于是改变对策，礼待张熙，表示自己愿意与他联合反清。张熙信以为真，供出了实情。

雍正帝一听，知道曾静还跟吕留良的两个学生有来往，这案子就又牵连到吕留良家。当时吕留良已经死了，雍正还觉得不解恨，便把吕留良的坟刨了，棺材劈了，又把吕留良的后代和他的两个学生满门抄斩，吕留良出家前的学生大多被罚到边远地区充军。

统一台湾

郑成功收复台湾后，即以他在明朝时的封爵延平郡王自居，并以延平郡王的王府，作为最高行政机构，管理台湾。

1662年，郑成功逝世，他的儿子郑经继承王位。在三藩战役时，郑经跟耿精忠结盟，派遣军队到福建和广东参战。三藩战败后，郑经在大陆上的根据地全部丧失。1681年，郑经死，其部将冯锡范等缢杀郑氏继承人，改立郑经的次子郑克塽继位。此时郑氏内部政治腐败，互相倾轧，势力逐渐衰落。在此情况下，康熙帝坚持统一台湾，任命施琅为福建水师提督。1683年，施琅率战舰300，精锐水师两万，由福建铜山（今东山）乘南潮进取澎湖。经过7天激战，郑军守将刘国轩败回台湾，澎湖失守。20多年来，台湾郑氏及其将领都在岛上成家立业，习惯了安稳的生活，早就没有当初的复国雄心和战斗意志。清军顺利地在鹿耳门（今台湾台南西安平港）登陆，郑克塽投降，清军进驻台湾。

郑氏投降后，有人认为台湾不过是一个荒蛮之岛，建议把岛上的居民迁到内陆来，至于这个岛就不要了。施琅坚决反对这种意见，他认为台湾有数十万人，土壤肥沃，决不能放弃。而且台湾是东南边疆的屏障，战略意义非常重要。

康熙帝坚决支持施琅的正确意见，于1684年在台湾设立了台湾府，并设台湾、凤山、诸罗3县，隶属于福建省。在清政府的统一管理下，台湾与大陆的关系更加密切，台湾的开发也同时进入了一个新时期。

雅克萨之战

在台湾海峡的局势发生变化的同时，东北严寒地带的黑龙江流域也发生了变化。

中国东北的领土，从前称为"辽东"，即现在的辽东半岛，也就是清朝的发源地。满洲人在进入山海关前，拥有中国东北300万平方千米的广阔土地。再往北，就是沙皇俄国的领土了。

俄国人也想向南发展，因而他们经常到中国境内掠夺。从清军和明朝军队交战开始，一直到平三藩、收台湾，俄国人侵略的气焰都十分嚣张。

当康熙帝为了平定三藩，把大批兵力调到西南去的时候，有个俄国逃犯带了84名匪徒，窜到雅克萨，在那里筑起堡垒，四处抢掠。他们把抢来的貂皮献给沙皇。沙皇不但赦免了逃犯的罪，还派他当了雅克萨的长官，想永远霸占这块土地。康熙帝在安定了内部之后，派人送信给雅克萨的俄军头目，命令他趁早退出雅克萨。沙俄军不但没有退出，反而向雅克萨增兵，跟清朝对抗。

1685年，康熙帝派彭春为都统，率领陆军水军15000人，包围了雅克萨城。沙俄军队经过几年的准备，已经把城堡修得十分牢固。彭春观察了地形后，在城南筑起土山，让兵士站在土山上往城里放弩箭。城里的俄军以为清兵要在城南进攻，就把兵力拉到城南。可实际上，清军已在城北放了火炮，乘城北敌人空虚的时候，开炮轰城。俄军乖乖在城头扯起了白旗。彭春释放了投降的俄军，勒令他们撤回本土。俄军撤走后，彭春命令兵士把雅克萨城堡拆毁，让百姓耕种，随后班师回到瑷珲城。

但是，遭到惨败的俄军并没死心，他们打听到清军撤出的消息后，又带兵返回，把雅克萨城堡修筑得更加坚固。康熙帝震怒，命令副都统萨布素带兵再次攻打雅克萨，大败俄军。沙俄政府慌忙派使者赶到

神威无敌大将军炮　清

为收复雅克萨，打击沙俄侵略军，清军专门铸造了一批红衣大炮，康熙帝把它们命名为"神威无敌大将军"。这种大炮在雅克萨之战中发挥了巨大威力。

北京，要求谈判。

1689 年，清政府派出代表索额图和佟国纲，沙俄政府派出戈洛文，在尼布楚举行和谈，划分了两国边界，肯定了黑龙江和乌苏里江流域的广大地区都是中国领土。这就是《尼布楚条约》，也是中国政府与西方国家签订的第一个正式条约。条约有满文、俄文和拉丁文 3 种语言的文本。条约签订后，俄国与清朝建立了商贸关系，1693 年，俄国派使节觐见康熙帝，行三跪九叩大礼，康熙帝对此很是高兴。

康熙帝亲征噶尔丹

沙俄政府在雅克萨失败后，并不甘心，就在《尼布楚条约》签订的第二年，沙俄政府唆使蒙古准噶尔部的首领噶尔丹进攻漠北蒙古。

那时候，蒙古族分为漠南蒙古、漠北蒙古和漠西蒙古 3 部分。除了漠南蒙古早已归属清朝外，其他两部也都臣服于清朝。准噶尔是漠西蒙古的一支，自从噶尔丹统治准噶尔部以后，兼并了漠西蒙古的其他部落，又向东进攻漠北蒙古。漠北蒙古抵抗不住，几十万的漠北蒙古人逃到漠南，请求清朝政府保护。康熙帝派使者和噶尔丹谈判，让他把侵占的地方还给漠北蒙古。但噶尔丹不但不退兵，还以追击漠北蒙古为名，大举进犯漠南。

康熙帝决定亲征噶尔丹，1690 年，两路大军齐头并进。右路的清军先接触噶尔丹大军，打了败仗。噶尔丹长驱直入，一直打到离北京只有 700 里的乌兰布通（今内蒙古昭乌达盟克什克腾旗）。

康熙帝命令反击，噶尔丹把几万骑兵集中在大红山下，后面有树林掩护，前面又有河流阻挡。他把上万匹骆驼缚住四脚放倒在地上，驼背上加上箱子，用湿毡毯裹住，摆成长长的一个驼城。他的军队就在箱垛中间射箭放枪，阻止清军进攻。清军用火炮、火枪对准驼城的一段集中轰击，驼城被打开了缺口。清军又派兵绕到山后夹击，把噶尔丹的军队杀得七零八落。噶尔丹一看形势不利，赶快派了一个喇嘛到清营求和，他自己则在清军停止进攻时逃走了。噶尔丹回到漠北，表面向清朝政府表示屈服，暗地里却在重新招兵买马。1694 年，康熙帝约噶尔丹订立盟约。噶尔丹不但不来，还暗地派人到漠南煽动叛乱，蒙古各部亲王纷纷向康熙帝告发。

1696 年，康熙帝第二次亲征，分 3 路出击：黑龙江将军萨布素从东路进兵；大将军费扬古从西路出兵，截击噶尔丹的后路；康熙帝带中路军。噶尔丹见清军人多，带兵逃到了昭莫多（今蒙古人民共和国乌兰巴托东南），正好遇到费扬古的军队。昭莫多当时是一片大树林，前面有一个开阔地带，历来是漠北的战场。费扬古在小山的树林茂密的地方设下埋伏，双方展开了一场激战。最后，噶尔丹只带了几十名骑兵脱逃。经过两次大战，噶尔丹依然不肯投降。一年后，康熙帝又带兵渡过黄河亲征。这时候，噶尔丹原来的根据地伊犁已经被他的侄儿策妄阿那布坦占领；他的左右亲信听说清军来到，也纷纷投降。噶尔丹走投无路，最后服毒自杀。

自此，清政府重新控制了阿尔泰山以东的漠北蒙古，他们给当地蒙古贵族各种封号和官职，并在乌里雅苏台设立将军，统辖漠北蒙古。

雍正帝勤政务实

康乾盛世的连接期就是雍正王朝，雍正帝名胤禛，庙号清世宗，是康熙帝的第四子，经过了与众多兄弟激烈的竞争后才取得皇位，年号雍正。

雍正帝在位 13 年，是一位非常勤奋的皇帝，对清廷机构和吏治都做了一系列改革。如为加强对西南少数民族的统治，实行改土归流、耗羡银归公，建立养廉银制度等。特别是雍正七年（1729年）在出兵青海、平定罗卜藏丹津叛乱后，为提高军务效率，在离养心殿百步之遥的隆宗门内设立军机处，更是铸就了沿袭至清末的帝后独揽军政要务的集权模式。有鉴于康熙朝诸皇子争储位的惨痛教训，雍正创立秘密建储制，即将已选定的储君姓名，写好后密藏在匣内，置于乾清宫"正大光明"匾后，以备不测。这一制度，有助于以后乾、嘉、道、咸几朝皇权的顺利过渡。

雍正在位的13年中，所处置的六部及各省题本共192000余件，平均每年达14700件之多，共批阅奏折大约在23000～35000件之间，由此可见雍正帝确实非常勤于政务。

虽然统治手段严苛，但雍正帝的改革确有成效。"摊丁入亩"第一次将人头税并入土地税之中，结束了中国几千年征收人头税的历史，这有利于穷人，且对人口迅猛增长起了作用。也正因为这个顺利的过渡期，才有了"康乾盛世"。

乾隆的文治武功

清王朝经过康熙、雍正两朝的经营，经济发展很快。到雍正帝儿子清高宗弘历（也叫乾隆帝）在位的时候，已经可以称得上国富民强了。清朝初期的文治武功在这个时期都达到了鼎盛。

1755年，乾隆帝亲率大军镇压准噶尔部的叛乱，噶尔丹策凌外甥阿睦尔撒纳先是投降，后又反叛。1757年清政府派兵彻底平定了这股势力。1747年和1766年，乾隆又先后派兵取得了大小金川之战的胜利。后又远征缅甸和尼泊尔，迫使其承认清朝的宗主国地位。乾隆帝除了武功之外，也十分重视文治。他一面继续开博学鸿词科，招收文人学者，编写各种书籍；一面继续大兴文字狱，镇压有反清嫌疑的文人。乾隆时期文字狱之多，大大超过了康熙、雍正两朝。

乾隆即位后，文网更加严密，文字狱更加频繁。翰林学士胡中藻有句诗曰"一把心肠论浊清"，乾隆帝看到后大发雷霆："加'浊'字于国号'清'字之上，是何肺腑？"胡中藻遂因一"浊"字被杀，他的家人、老师、朋友都没能幸免。有个叫徐述夔的人，著有《一柱楼》诗集，其中"明朝期振翮，一举去清都"二句，被乾隆帝定为"大逆"，理由是借朝夕之"朝"读作朝代之"朝"，"要兴明朝而去我本朝"。

乾隆帝朝服像

其结果是不但已死的徐述夔及其子被戮尸，徐述夔的孙子和为诗集校对的人也全都被处死。

清朝前期屡兴文字狱，总计有100多次，而且处刑极为严酷。当时有个叫梁诗正的老臣，总结出这样一条处世经验："不以字迹与人交往，即偶有无用稿纸，亦必焚毁。"

张廷玉历仕三朝

张廷玉（1672～1755年），字衡臣，号研斋，安徽桐城人，是康熙三十九年（1700年）的进士，官至内阁学士、吏部侍郎。雍正朝擢升为礼部尚书，入南书房，深为雍正帝信任。

张廷玉身为大学士、军机大臣，兼管户部、吏部、翰林院，还同时担任国史馆和其他好几个修书馆的总裁官，职务繁多，工作忙碌。而且雍正帝还经常要召见他，有时一天召见两三次。雍正也说他和鄂尔泰二人"办理事务甚多，自朝至夕，无片刻之暇"。

在张廷玉处理的众多政务中，论到功绩，则是在文字工作和规划建立军机处制度，以及完善奏折制度方面。张廷玉制定的廷寄办法，最后形成一套制度，其过程是由军机处将上谕函封后交兵部，再由驿站传送。军机处会根据函件内容，决定递送速度。经张廷玉规划，创立的廷寄之法，既保证了中央政令的严格贯彻，速度又较以前加快，从而提高了清朝政府的行政效率。

张廷玉以皇帝的意志为意志，默默去做，不事张扬，事成归功于人主，事败则自己首先承担责任。因此雍正帝赞扬他"器量纯全，抒诚供职"。乾隆称许他"在皇考时勤慎赞襄，小心书谕"。这种谨小慎微的态度几乎伴随着张廷玉一生，他书写的谕旨从未出过错。在他80多岁时，有一次写字颠倒了一语，张廷玉投笔叹息道："我的精力衰竭了！"遂以年老请退。这让乾隆帝深感不悦，在他看来，作为人臣侍奉帝王，应该鞠躬尽瘁，死而后已，而张廷玉实在有失朝廷重臣的风度。于是乾隆帝不时找各种借口斥责张廷玉，使张廷玉寝食难安，想尽快离开京城这个是非之地。

乾隆十五年（1750年），皇长子永璜病死，初祭刚过，张廷玉不顾自己是永璜老师的身份，就急匆匆地向乾隆奏请回乡。乾隆很是生气，加上身边又有人不断落井下石，于是乾隆便罢黜了张廷玉死后配享太庙的待遇。5年后张廷玉病逝，乾隆这才做出眷念老臣的姿态，宽恕了张廷玉的罪过，仍令其配享太庙。

"和珅跌倒，嘉庆吃饱"

乾隆后期，社会经济开始下滑。乾隆帝的六下江南，耗费了国家大量钱财。加之水灾、旱灾，以及因贪污而富有的士大夫和地主们的兼并，使得失去土地的农民到处流离。当时的著名诗人郑板桥曾作过一首《逃荒行》，描绘了当时的情景：

十日卖一儿，五日卖一妇。来日剩一身，茫茫即长路。长路迂以远，关山杂豺虎。……道旁见弃婴，怜拾置担釜。卖尽自家儿，反为他人抚。……身安心转悲，天南渺何许。万事不可言，临风泪如注。

晚年的乾隆帝把朝政大权都交给了他最宠信的和珅。和珅是侍卫出身，负责皇帝出行的仪仗。一次乾隆帝随口说了一句古文，身边的大臣不知道此语出自何处，都不敢吭声。只有和珅接出了下句，因而得到乾隆帝的赏识。

和珅幼时苦读，通晓满、汉、蒙等语言，加上办事得体，没过10年，就被乾隆帝升为大学士、军机大臣，兼九门提督，乾隆帝还把女儿和孝公主嫁给和珅的儿子。和珅掌权后不久，就大开贪污的方便之门，不但接受贿赂，而且公开勒索；不但暗中贪污，而且明里掠夺。地方官员献给皇帝的贡品，都要经过和珅的手，和珅挑剩下来的才被送到宫里去。

乾隆帝在做满60年皇帝后，传位给了太子颙琰，颙琰即位，就是清仁宗，又叫嘉庆帝。嘉庆帝早就看不惯和珅，等乾隆帝一死，马上把和珅逮捕起来，叫他自杀，并且派官员查抄了和珅的家产。和珅的豪富本来就是出了名的，但是抄家的结果，还是让大家大吃一惊：和珅的家产大约值白银8亿两之多，抵得上朝廷10年的收入。嘉庆帝继位时，本来国库已日渐空虚，这回抄了和珅的家，国库立时丰盈。于是民间就有人编了两句顺口溜说："和珅跌倒，嘉庆吃饱。"

尽管如此，清朝自嘉庆一朝开始，还是走了下坡路。土地的高度集中让农民纷纷破产，变成了地主的佃户和雇工。地租和各种苛捐杂税越来越多，吏治的腐败也已积重难返，民变开始频繁发生。

闭关锁国

清朝中前期，一直和西方保持着良好的贸易、文化往来。

康熙帝对西方的科学技术比较重视，他本人就十分勤奋地学习西方的各种知识，也注意招徕具有各种科学技能的西方人才来为清朝效力，并给他们以优厚的待遇。

在1708年开始的全国地图的大测绘工作中，就有杜德美等西方传教士参加。在钦天监中，也长时期有西方传教士供职，如长于天文历法的西方教士汤若望、南怀仁等。南怀仁还曾受命为朝廷铸造火炮，他著有《神武图说》一书，详细讲解西方的造炮技术，受到了康熙帝的赞扬和赏赐。

清代西欧来华的耶稣会士，曾先后把《大学》《中庸》《论语》《孟子》等中国古代经典译为拉丁文加以刊行。德国著名文学家歌德，曾试图以元剧《赵氏孤儿》为蓝本编写剧本。那时候的巴黎、维也纳、罗马等欧洲大城市，曾上演了不少中国题材的歌舞剧。欧洲人还对当时清朝的瓷器和漆器特别喜欢，而中国的园林建筑艺术更是让他们大为惊叹。

此时的西方，尤其是英国和法国，已完成了工业革命，机器工业代替了工场手工业，商品被成批成批地生产出来。开辟新的更大的市场，成了英国人最迫切的要求。可是在跟中国的贸易中，总是英国、法国买回大量瓷器、丝绸和茶叶，将白花花的银子送入了清政府的腰包。

英国和法国都竭力想打通清朝的广大市场，可此时的清政府，害怕外来思想动摇它的统治，开始实行闭关政策，限制贸易，也限制不同文化的侵入。1792年，英国政府以给乾隆帝祝寿为名，派使臣马戛尔尼来中国交涉通商事宜。第二年，马戛尔尼在热河行宫朝见乾隆帝时，提出了"准许英国派使臣驻北京；准许英国人在各省传教"等几项要求，当即遭到乾隆帝的拒绝。1816年，英国政府又派阿美士德使华，重申前请。但由于在朝见的礼节上发生争执，嘉庆帝根本就没接见他。

在企图以外交手段来达到扩大通商的目的失败后，英国开始更多地派遣商船到中国沿海进行走私活动，甚至可耻地向中国输入鸦片。鸦片的大量输入，给中国带来了严重危害。

嘉庆帝死后，他的儿子旻宁即位，就是清宣宗，也叫道光帝。此时的清王朝越来越衰落，西方国家更是乘机加紧侵略，民族危机十分严重。到了1840年，爆发了鸦片战争。自此以后，中国人开始了长达一个世纪的、为赢得民族独立的不屈斗争。

虎门销烟

道光帝继位后，很想有一番大作为，他调整了中枢机构大员，大力治理河漕，并且平定了新疆张格尔的叛乱。然而，此时正逢多事之秋，道光帝遭遇了清朝建国以来最大的耻辱——鸦片战争。

鸦片流入中国，其实由来已久。雍正和乾隆时期都曾下过禁烟令，当时鸦片的流入量还不是很大，清政府的精力又多用在征讨准噶尔等军事活动上，所以收效甚微。雍正时期，每年走私进口的鸦片是200箱，乾隆时增至1000箱，嘉庆时增至4000箱。到了道光年间，鸦片走私嚣张起来，每年竟然突破了30000箱，致使清朝流失白银3000万两。

一些有头脑的大臣们意识到事态的严重性，纷纷上书朝廷，要求严禁鸦片，这里面以黄爵滋和林则徐最为坚决。林则徐上书给道光帝，痛陈禁烟的必要性和迫切性。他在奏章上说，如果再漠视这种贸易，那么数十年后，清朝将再没有可以抵抗敌人的士兵，也再没有可以维持军队的粮饷。1838 年，道光帝采纳了朝中多数大臣的意见，任命湖广总督林则徐为钦差大臣，赴广东查禁鸦片。林则徐临行前说："若鸦片一日未绝，本大臣一日不回！"表明了他禁烟的决心。

林则徐到任后，马上命令外国商人把现存的鸦片于 3 天内全部交出，还要他们具结保证："以后永不夹带鸦片，如果违犯被查出时，甘愿船只立即没收，人员就地处决。"并带兵包围了外国商人所住的商馆。大多数西方商人都按禁烟令办了，只有英国人表示，没收了鸦片，必须付给他们补偿；对于违法人员，也不能就地处决，而必须经过英国的

虎门销烟池纪念碑　清

审判。林则徐根本不理会这一套，宣称如果不交出鸦片，便断绝商馆的饮食供应。英国商人被包围到第十天时，才不得不屈服，交出全部鸦片 140 万公斤，但仍拒绝具结，离开广东去了澳门。就在这个时候，英国水手在九龙醉酒后行凶，把当地村民林维喜打死了。中国认为"杀人偿命"是天经地义的事，要求引渡凶手。而英国官员却自己充当了法官，罚了凶手 20 英镑，判处其有期徒刑 6 个月了事。

林则徐于是下令，把所有英国人逐出澳门，英国的商船只得在南中国海抛锚，等候英国政府的训令。然后将缴获的数万箱鸦片，在虎门海滩悉数销毁。

第一次鸦片战争

林则徐虎门销烟让道光帝非常高兴，认为这是进一步给桀骜不驯的英国人一个惩罚的时候了，于是他下令永远断绝同英国的通商贸易。

而英国政府则以此为借口，决定派出远征军侵华。1840 年 6 月，英军舰船 47 艘、陆军4000 人在海军少将懿律的率领下，陆续抵达广东珠江口外，封锁海口，鸦片战争自此开始。这场战争事实上是为贸易而战，不是为鸦片而战，但因为它是由鸦片引起的，所以被称之为鸦片战争。

英军首先封锁了广州、厦门等处的海口，并于 7 月攻占浙江定海（今浙江舟山）。此时，清朝的沿海地区，除广东在林则徐督饬下稍做战备外，其余均防备松弛。8 月，英舰抵达天津大沽口外，道光帝慑于兵威，罢免了林则徐，改派直隶总督琦善为钦差大臣；同时，英方也因为军中疾疫流行，南下准备在广东进行谈判。

双方在广东的谈判并不顺利。1841 年 2 月，英军进攻虎门，道光帝亦下令对英宣战，派侍卫内大臣奕山为靖逆将军。不久，英军攻破了大虎山炮台，直逼广州，广东水师提督关天培力战殉国。英国侵略者在广州的暴行，激起了三元里一带民众自发的抗争，他们用铁锹和锄头狠狠教训了英国侵略者。但是奕山却在英军的炮火下，宣布接受英方条件，签订《广州和约》，纳银 600 万元，以此换取英军撤出广州。

签订《南京条约》

第一次鸦片战争的结果，就是签订了丧权辱国的中英《南京条约》。《南京条约》是中国近代史上外国侵略者强迫清政府签订的第一个不平等条约，于 1842 年 8 月 29 日签订，共

《南京条约》书影

13 款，其主要内容包括：

一、中国赔偿英国鸦片损失和军费，共计白银 2100 万两；

二、中国割让香港岛给英国；

三、开放广州、福州、厦门、宁波、上海 5 个港口为通商口岸，允许英国设立领事，自由贸易；

四、英商进出口货物缴纳的关税税率，中国须同英国商定。

在《南京条约》之后，一些附约随之签订，像《五口通商章程》《虎门条约》等，在这些名称不一的附约中，有下列规定：

一、英国人之间，或英国人跟中国人之间发生任何争执，英国人不受中国司法审判，而由英国官员审判（领事裁判权）；

二、英国军舰可在 5 个商埠停泊，以保护商民；

三、英国在 5 个商埠，可以租地建屋（租界由此产生）；

四、中国以后给予其他国家任何利益，也应同时给英国（最惠国待遇）。

清朝的大门此刻被英国的军舰大炮打开了，而且再不能复合。美国、葡萄牙、挪威和瑞典等国，一看英国获得了如此多的利益，纷纷跑来要求利益均沾。此时的清政府犹如惊弓之鸟，因此各帝国主义国家相继强迫中国签订了一系列不平等条约，如与美国签订了《中美望厦条约》，跟法国签订了《中法黄埔条约》，至此中国对前来勒索的所有国家都敞开了大门。

金田起义

五口通商使外国货像潮水一样涌入中国，洋货的倾销让中国传统的手工业遭遇了灭顶之灾，大批手工业者失业、破产。此时的农村土地兼并越发严重，高利贷横行，大批农民因失去土地而流亡。加上鸦片肆虐、白银外流，危机一触即发。

此时，广东花县（今广东花都）的洪秀全，再一次乡试落第，并开始接受基督教的信仰。洪秀全受到《劝世良言》的启发，把家中供奉的佛教神像、儒书以及孔孟的牌位，全部捣碎烧掉。先后撰写了《原道救世歌》《原道醒世训》和《原道觉世训》。他同时创办了拜上帝会，宣扬人人都是上帝的子女，一律平等，会众很快发展了万余人。这一举动引起了清廷的震骇，官府开始通缉他。洪秀全于是逃到广西，跟他的门徒冯云山深入桂平县紫荆山，向山上那些来自广东的客家烧炭工传教，又吸引了当地起义的众多农民。

1851 年，洪秀全在广西桂平县金田村率众起义，建国号"太平天国"。太平军转战到武宣东乡，洪秀全正式称"天王"。9 月，太平军攻占永安州，在永安滞留期间，进行了休整补充和制度建设，严肃军纪。12 月，洪秀全分封五王：东王杨秀清，西王萧朝贵，南王冯云山，北王韦昌辉，翼王石达开，由东王节制其他四王。1852 年，太平军从永安突围，北上围桂林，克全州，入湖南。在全州战役中，冯云山战死。1853 年，太平军攻克武汉三镇，队伍增至 50 万，声威大震。只是在攻打长沙的时候，西王战死。3 月 19 日，太平军占领南京，洪秀全宣布改南京为天京，定都于此。

太平天国定都天京后，洪秀全颁布了《天朝田亩制度》，提出"凡天下田，天下人同耕"的原则，试图建立一个"有田同耕，有饭同食，有衣同穿，有钱同使，无处不均匀，

208

无人不饱暖"的理想社会。虽然这是一个绝对平均的乌托邦理想，但它却给当时了无生机的人们以希望，因此太平天国得到了众多贫苦农民的坚决支持。此时洪秀全与东王杨秀清在军事上出现了战略错误，他们认为应该给清政府一些颜色看看，于是决定出师北伐。为了进一步扩大战果，还必须进行西征。

与此同时，清军在江南、江北驻扎了两个大营，分别由向荣和琦善指挥。如果太平天国先集中兵力消灭这两个大营，就能解除自身威胁，并且占领江浙等富裕地区。可洪秀全却没有这么做。

天京变乱

正当太平军欢庆胜利之时，天京城内却发生了内讧。

在太平天国起义之初，拜上帝教的几位首领人物维系着兄弟之谊，团结战斗。洪秀全因为自称是耶稣的弟弟，因而他常用天王附体来彰显自己的身份。附体本是一种迷信的蛊惑人心的方法，不久杨秀清也学会了，于是他也假托天父下凡，从而取得了代天父传言的特殊身份。这种方法具有一定的欺骗性，沉重打击了当时拜上帝教内部的各种"邪神妖魔"，安定了人心。洪秀全从大局着眼，为了继续稳定局面，也没有戳穿杨秀清。

建都天京以后，洪秀全开始修建豪华的天王府，选召大批少女入宫，进而陶醉于声色鬓影之中。杨秀清有事要见他，必须请旨定好时日。凡此种种，使洪秀全与臣下之间的关系渐渐产生了隔阂。

东王杨秀清虽然具有天父代言人的特殊身份，但在天国政权中一直是处于从属地位。为了树立个人权威，杨秀清动不动就来一出天父附体，有一次竟然还叫人将洪秀全杖打。洪秀全又不能公然戳穿杨秀清的把戏，反对"父亲"打自己，因而他只得强忍怒火。

此时江南大营被攻破，天京城围暂解。杨秀清被胜利冲昏了头脑，把对他夺权构成严重威胁的北、翼、燕三王调离天京，然后假托天父下凡，公然逼天王亲自到东王府封他为万岁。洪秀全感到这样发展下去会对自己不利，因而他表面上虽然答应了杨秀清的要求，暗地里却密召在前线的韦昌辉、石达开、秦日纲，回京救驾。韦昌辉立即率兵赶回天京，在秦日纲的配合下包围了东王府，杀了杨秀清和他的全家，杨秀清的部下和士兵2万多人都没能幸免，致使天京城内一片恐怖。

石达开从湖北赶回后，斥责韦昌辉滥杀无辜，于是韦昌辉又想杀死石达开，石达开只好半夜逃走，但石达开的全家老小却都被韦昌辉杀了。石达开气愤之余，在安庆起兵，要求洪秀全杀死韦昌辉。洪秀全于是诛杀了韦昌辉及其心腹200余人，这才平息了这场自相残杀的内乱。

第二次鸦片战争

太平天国革命爆发后，西方各国认为这是加紧侵略的极好时机，于是他们纷纷提出修约要求，俄国此时也加入进来，要求利益均沾。因为清政府不同意修约，英法联军就以"亚罗号事件"和"马神甫事件"作为借口，再一次发动了战争。

1857年，英法联军攻陷广州，两广总督叶名琛兵败被俘，被解送到印度的加尔各答囚禁而死。

此时的清朝皇帝是道光帝的儿子奕詝，也就是咸丰皇帝。这位皇帝喜欢美女、声乐、美酒，并且吸食鸦片。一见广州沦陷，咸丰帝立刻向英法联军求和；又本着利益均沾的原则，分别与英、法、俄、美等国签订了中英、中法、中俄、中美《天津条约》。规定外国公使可以进驻北京；开放牛庄、登州、台南、淡水、潮州、琼州、汉口、九江、南京、镇江为通商口岸；外国商船可以自由驶入长江一带通商口岸；外国人可以到内地游历经商；外国传教士可以到内地自由传教；中国对英、法两国赔款600万两白银。

沙俄西伯利亚总督穆拉维约夫也趁火打劫，用武力迫使奕山签订中俄《瑷珲条约》，割去黑龙江以北、外兴安岭以南中国领土60万平方千米，并将乌苏里江以东40万平方千米的中国领土划为所谓中俄"共管"。

1859年，英、法觉得《天津条约》取得的利益还不够，借口换约，率军舰突袭大沽炮台。清朝提督史荣椿下令开炮还击，重创了英、法舰队。咸丰帝一见大沽获胜，觉得《天津条约》的签订危害了自己的尊严和统治，便宣布这个条约无效。

英法联军在养精蓄锐之后，由俄国人领路，进攻北塘，继而攻占了天津，向通州进军。此时的咸丰帝举棋不定，是战是和总是拿不定主意，致使英法联军直逼北京。

等侵略者到了门口，咸丰帝却突然有了主意，下令让其皇六弟恭亲王奕䜣为钦差大臣，便宜行事，办理和局。然后他自己则以"秋狩木兰"为名，从圆明园起程奔往热河，逃难去了。

英法联军进至北京德胜门外，很快便攻占了皇家园林圆明园，总管园务的大臣文丰投福海自尽。1860年10月，英法联军在北京洗劫和烧毁了这座融汇中外建筑艺术精华的万园之园。

留在京城的恭亲王奕䜣代表清政府，同侵略者签订了中英、中法、中俄《北京条约》，规定开天津为商埠；割九龙司地方给英国；准许外国人在中国买卖人口；将已充公的天主教教堂财产发还，法国传教士可以在各省任意租买田地，建造教堂；对英、法两国赔款各增至800万两白银；将乌苏里江以东40万平方千米的土地划归俄国，增开喀什噶尔为商埠，并在喀什噶尔、库伦设领事馆。

1864年，俄国又强迫清政府订立《勘分西北界约记》，割占巴尔喀什湖以东及以南44万平方千米的土地，成为第二次鸦片战争期间最大的获利者。

辛酉政变

垂帘听政处
慈禧太后发动辛酉政变，从辅政八大臣手中夺取朝政大权，开始与慈安太后一起垂帘听政。此为养心殿东暖阁垂帘听政处。

咸丰皇帝逃到承德避暑山庄后，天天除了喝酒、看戏什么都不干，鸦片不但越抽越凶，还美其名曰"益寿如意膏"。

1861年，咸丰帝在热河行宫病重，宣布立皇长子载淳为皇太子。命御前大臣载垣、端华、景寿、大学士肃顺和军机大臣穆荫、匡源、杜翰、焦祐瀛八人为赞襄政务大臣，共同辅政。同时授予皇后钮祜禄氏"御赏"印章，皇子载淳"同道堂"印章，顾命大臣拟旨后，要盖"御赏"和"同道堂"印章，旨意才能生效。当时皇子载淳只有6岁，"同道堂"印章便由他的生母慈禧掌管。

咸丰帝死后，孝贞皇后被尊为母后皇太后，慈禧是懿贵妃，被尊为圣母皇太后。当时在承德的大臣以肃顺为首，留在京城的则以恭亲王奕䜣为首。

接着，御史董元醇就上了请太后权理朝政、由恭亲王辅弼的奏折。两宫皇太后马上召见八位大臣，提出要垂帘听政。肃顺认为，咸丰皇帝只是要两宫太后在他们拟好的旨意上盖章，并没有让女人干政的意思，而且祖制也没有皇太后垂帘听政的事，因此没有同意。八位大臣和两位太后于是大吵了起来，在一旁的小皇帝竟然吓得尿了裤子。

八位大臣见状，便暂时答应了两宫太后，想回到北京以后再慢慢解决。可慈禧太后却不想慢慢解决，她知道一旦被肃顺掌控了朝政，她今后的日子可就不好过了。于是慈禧秘密召见了恭亲王奕䜣，让他在北京做好部署，准备发动政变，夺取权力。

不久两宫太后带着小皇帝先回北京，而肃顺等大臣则陪同咸丰皇帝的灵柩，随后回京。两宫皇太后一到北京，马上宣布了载垣、肃顺等八位大臣的罪状，把英法联军进攻北京的责任都推给了他们。恭亲王奕䜣下令，逮捕八位顾命大臣，载垣、端华赐自尽，肃顺斩首示众，景寿等五人或革职或发配边疆。

随后，载淳在太和殿即皇帝位，就是同治皇帝。两位皇太后垂帘听政，恭亲王奕䜣掌握了实权。

洋务运动

洋务，又称夷务，泛指包括通商、传教、外交等在内与西方资本主义有关的一切事物。洋务运动指清政府一批具有买办性质的官僚军阀在 19 世纪 60 年代到 90 年代为挽救统治危机，自上而下推行的一场以引进西方的军事装备、机器生产和科学技术为主要内容，以富国强兵为目的的自救运动。

211

洋务派在中央以总理衙门大臣奕䜣、侍郎文祥等为代表，在地方上以曾国藩、李鸿章、左宗棠、张之洞等为代表，同治登基后他们握有实权，可以左右清朝的政局。洋务派的指导思想是"中学为体，西学为用"，他们认为中国的政治制度比西方好得多，只是火器比不上西方列强，只要清政府掌握了西方的近代军事技术和装备，就可以强盛起来。洋务运动分为前后两个阶段，19 世纪 60 年代为第一阶段，洋务派打着"自强"的旗号，依照西方资本主义国家的办法制造新式枪炮和船舰，兴办了一批军事工业企业；19 世纪 70 年代到90 年代是第二阶段，以"求富"为口号，洋务派开始举办民用工业企业。

在第一阶段洋务派建立的军工厂中规模较大的有江南制造总局、金陵机器局、福州船政局、天津机器局等。李鸿章在曾国藩支持下在上海创立江南制造总局，创办经费为 54 万余两白银，工人 2000 余人，主要生产枪炮、弹药和小型船舰，还附设译书馆来翻译西方书籍，这是洋务派创办的规模最大的军工企业。这些军工企业全部都是官办企业，由清政府和湘、淮系军阀控制，具有浓厚的封建性，同时对外国有着严重的依赖性，从设计施工、购置机器设备、生产技术直到原料供应完全依赖于外国，并长期受外国人控制，但这些近代企业毕竟也具备了一定的资本主义因素。

由于在创办军工企业的实践中遇到资金、原料、运输等困难，洋务派认识到必先求富才能自强，所以决定发展民用企业以积累资金，有了雄厚经济基础后才能制造洋枪炮以自强御侮。19 世纪 70 年代起，洋务派开始大力发展工业企业，到 19 世纪 90 年代就已创办了20 多家民用企业，包括交通运输、采矿、纺织、冶炼等各个行业。规模较大的有上海轮船招商局、上海机器织布局、电报总局、铁路交通运输业等。在这些企业中，上海轮船招商局是最有成就的一个，它是 1872 年李鸿章在上海创办的，是中国第一家近代轮船航运公司，也是洋务派兴办的第一个民用企业。这个企业在经营过程中屡遭英美轮船公司的排挤，但并没有被挤垮，一直在夹缝中求生存。

洋务派在兴办军工、民用企业的同时，还进行了筹建海军、加强海防、设立外文学馆、派遣留学生等活动。1875 年，两江总督沈葆桢、直隶总督李鸿章等人奏请筹建北洋、南洋、粤洋三支海军。1885 年，三洋海军已初具规模。1867 年，奕䜣设立京师同文馆，以教习外语为主，同时兼习天文、历史和数理化。此后，各类学堂学馆在各地纷纷建立。1872 年，中国首次派遣留学生到国外，30 名学生由上海赴美留学。此后，清政府还多次派遣留学生到国外学习。

洋务派的活动旨在维护清王朝封建统治。他们创办了中国第一批近代工业企业，培养了近代中国第一批新型的科技、军事和翻译人才，是近代最早觉醒的先行者。洋务派向西方学习的探索，尽管带有浓重的封建性和对外国的强烈依赖性，但其进步作用也是不容忽视的。

中日甲午战争

在慈禧垂帘听政的时候，日本完成了明治维新，国力走向强盛。加上明治天皇一直奉行军国主义，以实行对外扩张为基本国策，因此侵略的矛头已然指向了近邻朝鲜和中国。

李鸿章对日本的侵略野心有所察觉，曾向政府指出，日本将为"中土之患"。尤其是中法战争以后，清政府加强了海防建设，以京师门户北洋为设防重点，主要防御的对象就是日本。1888 年，北洋海军正式编练成军，大沽、威海卫（今山东威海）和旅顺（今属辽宁大连）三大基地也相继建成。然而，清朝的军事变革基本还停留在改良武器装备的低级阶段，陆海军总兵力虽多达 80 余万人，但编制落后，管理混乱，战斗力低下。

1894 年春天，朝鲜爆发"东学党"起义，请求清政府派兵协助镇压，清军于是派直隶提督叶志超入朝。此时日本也以帮助朝鲜平定叛乱为名入朝，清军于是通知日本，要求两国军队同时撤退。日本内阁早就做出了入侵朝鲜，进而直接与清军开战的决定，因此提出种种不能马上撤退的理由，然后突然间发动攻势，抢先占领了汉城一带的战略要地。日军悍然攻占了朝鲜王宫，成立以大院君李昰应为首的傀儡政府，宣布废除中朝两国间的一切商约，并"授权"日军驱逐屯驻牙山的清军。

日本随即发动丰岛海战，对中国运兵船及护航舰只发动突然袭击，清军败退平壤，被迫对日宣战。因为提督叶志超战守无策，各部清军心志不齐，清兵战败，退回鸭绿江以北的中国境内。在陆军争夺朝鲜半岛的同时，日本海军联合舰队到达黄海西部，与北洋水师展开了著名的黄海海战。这场战斗历时 5 个多小时，北洋舰队沉毁 5 舰，伤 4 舰，日本联合舰队伤 5 舰。

平壤之战和黄海海战后，日本决定向辽东半岛进行登陆作战，辽东战役随即打响。由于辽东半岛是清朝祖坟的所在地，因此大批军队被派去保卫陵地，日军在旅顺后路的花园口登陆时，竟然没有军队阻挡。很快，日军开始向旅顺口进逼。驻守旅顺口的清军有 7 名统领，只有总兵徐邦道指挥抗敌，其余统领不是投降就是逃跑。日军在攻陷旅顺口后，血洗全城。

旅顺口失陷，使渤海湾的门户洞开。日本知道北洋舰队深藏于威海卫港内，便决定进攻威海卫，消灭北洋舰队，为随后的直隶平原登陆决战做进一步的安全保证。

1895 年，日军兵分两路向威海南部炮台进行抄袭，很快占领威海卫城。随后攻击刘公岛和港内的北洋舰队，北洋舰队提督丁汝昌等人先后自杀殉国，威海卫海军基地陷落，北洋舰队全军覆灭。

签订《马关条约》

早在日军占领辽东半岛后，清政府便开始向日本请和。威海卫失陷后，清政府求和之心更切，遂派李鸿章为全权大臣，赴日议和。

1894年3月20日，双方代表在春帆楼开始举行会谈。1895年4月17日，李鸿章在中日《马关条约》上签字，让日本未经直隶平原决战便达到了预期的侵略目的。

《马关条约》原名《马关新约》，又被日本称为《下关条约》或《日清讲和条约》，包括《讲和条约》11款，《另约》3款，《议订专条》3款，以及《停战展期专

李鸿章与伊藤博文等人会面图　清

条》两款。代表中方签约的为李鸿章和李经芳，代表日方签约的为伊藤博文和陆奥宗光。该条约的签署，标志着中日甲午战争的结束，条约的主要内容是：

一、中国承认朝鲜独立自主；

二、中国割让辽东半岛、台湾、澎湖列岛给日本；

三、中国赔偿日本军费白银两亿两。

《马关条约》签订后，俄国、德国、法国联合起来向日本提出抗议，认为割让辽东的要求过分苛刻。但这可不是列强的突发善心，而是俄国一向对不冻港旅顺和辽东半岛垂涎三尺，如今见它竟落到日本人手中，心有不甘罢了。德、法两国也想利用俄国的心理状态，向俄国和清政府表示不费成本的友谊，作为以后索取报酬的资本。日本因无力跟三国抗衡，最终答应把辽东半岛退还中国，但由中国增加白银3000万两作为赎金。

瓜分狂潮

清朝被日本击败后，列强们认为这头睡狮已经睡死过去了，不再会醒来，瓜分的时机已经成熟，而且必须迅速下手，否则就可能会被别人抢走。于是，各帝国主义列强掀起了在中国强占租界和划分殖民地的瓜分狂潮。

瓜分的急先锋就是俄国，它迫不及待地强占了旅顺和大连，并在1899年强占东北。日本眼看着旅顺这块肥肉落入了俄国人的口中，便把福建纳入了它的势力范围，并加紧对台湾的奴役统治。

此外，德国人强占了胶州湾，山东成为其势力范围；法国占据了两广和云南的大部分地区；英国占据了长江流域、九龙半岛、新界和威海军港。

此时的美国正忙于美西战争，无暇东顾，于是提出了一个"门户开放"的政策，要求各国互相承认其在华的势力范围，并允许别国在其势力范围内通商。这个狡猾的政策让各国的势力范围都向美国开放了，而中国广袤的土地则成为它们掠夺的唯一对象。谭嗣同作诗描述当时的中国："四万万人齐下泪，天涯何处是神州？"

划分了势力范围后，列强们便争先在中国开矿设厂，抢夺铁路的投资权。《马关条约》的天价赔款，让清政府不得不大借外债。这些外债不但利息高、年限长，还要求清政府用盐税和关税作为抵押。

此时的清朝，只剩苟延残喘，中国面临着亡国灭种的危险。

戊戌变法

1896 年，康有为考取了进士，得到了光绪帝的老师翁同龢的赏识，将他推荐给皇帝。光绪皇帝对于他的王朝和中国的前途，怀着极大的忧虑，在读到康有为写的《波兰亡国记》《突厥亡国记》后，不禁痛哭流涕。

在维新志士的宣传、组织和影响下，全国议论时政的风气逐渐形成。各地陆续建立以变法自强为宗旨的学会和新式学堂。在德国强占胶州湾后，康有为第五次上书，陈述列强瓜分中国，形势迫在眉睫，并将自己写的《日本明治变政考》和《俄罗斯大彼得变政记》呈给光绪帝，建议他向日本学习，变法图强。

光绪帝于是在 1898 年 6 月 11 日，颁布"定国是诏"诏书，宣布变法。光绪帝根据康有为等人的建议，颁布了一系列变法诏书和谕令。改革政令一下达，全国朽烂透顶的官员士大夫们都像热锅上的蚂蚁一样，坐卧不安。有人上书给慈禧太后，要求杀了康有为、梁启超；奕劻、李莲英跪请太后"垂帘听政"；御史杨崇伊多次到天津与荣禄密谋；甚至宫廷内外还传言将废除光绪，另立皇帝。光绪帝感觉到危险在逼近，几次密诏维新派商议对策，但维新派既无实权，又无兵权，束手无策，只得向光绪帝建议重用袁世凯以对付荣禄。光绪帝于是两次召见袁世凯，并授予其侍郎的职位。谭嗣同见形势越来越紧张，也密访袁世凯，劝他杀了荣禄，举兵救驾。结果，袁世凯表面上表示同意，背地里却出卖了维新派。

1898 年 9 月 21 日凌晨，慈禧太后突然从颐和园赶回紫禁城，直入光绪帝的寝宫，将光绪帝囚禁于中南海瀛台，然后发布训政诏书，再次临朝"训政"。谭嗣同、杨深秀、林旭、杨锐、刘光第、康广仁等变法人士被杀，史称"戊戌六君子"。除了已开办的京师大学堂外，其他新政全部废止。进行了 103 天的变法维新，宣告失败。

这次改革发生在中国的戊戌年间，又进行了 100 多天，因此被称为"戊戌变法"或是"百日维新"。

义和团扶清灭洋

义和拳属于白莲教的一支。德国和英国的势力进入山东后，强迫当地人交粮纳税，再加上外国教会的欺压和清政府的残酷盘剥，当地的青壮年就自发组成了义和拳，专门打抱不平。后来义和拳改为义和团，规模迅速扩大。

1900 年，载漪为了使他的儿子早日坐上皇帝宝座，急于消除来自洋人的阻力，便决定利用义和团和洋人对抗。直隶义和团于是在清政府的默许下进入天津、北京、保定一带活动。

保定的义和团发展最为迅速，他们焚毁了教堂，来不及跑掉的洋教士都被当场处死。随后义和团竖起"扶清灭洋"的大旗，直逼北京。清军在载漪的示意下，对义和团打击洋人的做法没有采取行动。而湖广总督张之洞、两江总督刘坤一、直隶总督裕禄则焦急万分，纷纷发电报给清政府，主张加紧镇压拳民，以免列强干预。

这时的慈禧，既无信心镇压义和团，又怕开罪外国，于是想用和平解散义和团的办法来缓解局势。接着慈禧命赵舒翘和何乃莹前往涿州一带，劝说义和团解散。不久又加派军机大臣、兵部尚书、协办大学士刚毅前往劝说。刚毅是当时清廷顽固派大臣的突出代表，他到涿州后，不仅默许义和团合法存在，而且强令清军停止镇压。

这一来，京郊各地的义和团乘机大批进入北京。北京城内的很多贫民，甚至部分官兵都参加了义和团，一时北京的义和团人数超过 10 万。在北京义和团的带动下，短短数月之内，义和团运动以京津地区为中心，迅速波及全国。

义和团的口号是"扶清灭洋"："灭洋"，就是对洋人、洋教和外来事物统统排斥，只要牵扯上"洋"，一律灭之。至于"扶清"，义和团自己也搞不清"扶"的是"中国""朝廷"，还是"大清"，反正在遭到官府镇压时，出于自卫，他们也不全受"扶清"的束缚。

义和团保卫天津

慈禧因为在废立光绪帝的问题上不满外国人的反对，因而倾向于载漪、徐桐、刚毅等力主利用义和团的主张；可同时，她又慑于义和团迅猛发展的威力，害怕镇压义和团会引起更大的反抗，危及她的统治；但若公开"招抚"义和团，又怕得罪洋人。

就在此时，义和团焚烧了北京前门外大栅栏老德记西药房，大风中火势蔓延，烧毁民房、商店数千家，北京的秩序走向失控。洋人也在这时提出了照会内容：勒令皇太后归政；指明一地，令中国皇帝居住。很明显，这是要慈禧归政，由洋人控制光绪皇帝。这让慈禧十分愤恨，面对已经紧张起来的局势，她不能不有所决定了。

于是，慈禧发布了"宣战上谕"："与其苟且图存，贻羞万古；孰若大张挞伐，一决雌雄。"同时谕令各省督抚招义和团参战。慈禧想，若利用义和团顶住外国兵的入侵，也就消除了勒令她"归政"的危险。若抵不住外国兵的入侵，则形势转移，再相机行事。

清政府宣战后，给北京义和团发放粳米 2 万石，白银 10 万两，称义和团为义民，又任命庄亲王载勋、协办大学士刚毅统率义和团。

在大沽炮台失守后，义和团即开始了天津保卫战，尤以老龙头车站和紫竹林租界地战斗最为激烈。

八国联军这时不断向天津增兵，最终攻陷天津，成立起"都统衙门"，对天津及附近的静海、宁河等地区实行殖民统治。

八国联军进北京

当天津义和团和清军与八国联军鏖战时，北京义和团正在围攻西什库教堂和外国使馆聚居的东交民巷。

慈禧在宣战的前一天，命荣禄指挥清军和团民围攻使馆。此举违反了国际惯例，给列强增加了扩大侵略的借口。随后慈禧很快转战为和，荣禄在她的支持下，对使馆又明攻暗保，进而公开保护，所以义和团攻了 56 天，死伤无数，依然没攻下使馆。

1900 年 8 月 4 日，八国联军从天津沿运河向北京进犯，13 日抵达北京城下，次日从东面攻入了北京。15 日，慈禧携光绪帝仓皇出逃，出居庸关，经晋北到太原，然后逃往西安。

八国联军进入北京后，到处烧杀淫掠，并特许军队公开抢劫 3 日，就连使馆人员及传教士也参加了抢掠。日军从户部一下子就抢去 300 万两银子，并烧房毁灭罪证。英军、美军把抢来的东西造册拍卖，卖的钱按官阶高低分赃。法军则抢劫王府和朝廷大员的家。俄军粗野地抢掠颐和园的珍宝后，把拿不走的物件统统打碎。"自元明以来之积蓄，上自典章文物，下至国宝奇珍，扫地遂尽。"

1900 年 12 月 24 日，出兵侵华的俄、英、美、日、德、法、意、奥八国，再加上比利时、西班牙、荷兰三国，共同向清政府提出了"议和大纲十二条"，并声称"无可更改"。此时身在西安的慈禧，听说议和之后就能重返北京，马上命令奕劻和李鸿章"应即照允"。

《辛丑条约》

此后，列强又为"惩凶"和"赔款"问题激烈争吵，直至1901年9月7日，才签订了《辛丑条约》，正约之外还加了19个附件，主要内容是：

一、中国赔款白银4.5亿两，以海关税、常关税、盐税为担保，分39年还清，加上年利4厘，总数共达约9.8亿两。还有各省地方赔款共2000多万两；

二、在北京划东交民巷为使馆区，各国在此驻兵，中国人不准在区内居住；

三、北京到大沽的炮台"一律削平"，从北京到山海关铁路沿线的12个战略要地准许各国派兵驻守；

四、惩办义和团和支持它的清朝官员，永远禁止中国人成立或加入反对洋人的组织，违者处死。地方官辖区内若有此类活动，必须立时镇压，否则"即行革职，永不叙用"；

五、改总理各国事务衙门为外务部，"班列六部之前"。

就是如此丧失民族尊严的和约，清政府依然在上面签了字，而且表示说，要"量中华之物力，结与国之欢心"，完全成为"洋人的走狗"，让中国完全沦为半殖民地。

经过八国联军这场浩劫，至少有3000万以上无辜的中国人家破人亡，而慈禧却依然在西安悠然自得地看戏。

溥仪继位

在慈禧带着光绪帝仓皇出逃的时候，她还不忘命令太监崔玉贵把珍妃推到宁寿宫外的井中杀死。珍妃之死给光绪造成了极大的刺激，自此一病不起。

回到北京后，慈禧把载漪当作了这次事变的祸首，夺了他的爵位，并将其发配新疆。载漪成了罪人，他的儿子溥俊自然就不能做大阿哥了。

慈禧经过一番物色，选定了醇亲王载沣的儿子溥仪做皇位接班人。溥仪祖父的福晋是慈禧皇太后的胞妹，溥仪的母亲是慈禧的养女。更重要的是，当时溥仪只有3岁，一旦他登上皇位，那慈禧就又可以垂帘了。

不过，这回慈禧的如意算盘落空了，因为她算计了方方面面的关系，就是没想到自己已是行将就木的老人了。

在慈禧宣布立溥仪为储的第二天，被囚禁了10年的光绪帝死去。虽然光绪帝平时就体弱多病，但在宣布立储的第二天就突然死去，未免太巧合了，

幼年溥仪旧照

以至于朝野震惊。当朝廷大臣们惊愕的嘴巴还没来得及闭上时，慈禧也在光绪帝死后的第二天死去。于是，大家纷纷怀疑是慈禧毒杀了光绪帝，想再次垂帘，只是她这次的运气不好罢了。

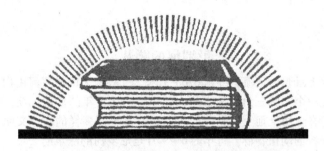

◦下篇 世界历史常识◦

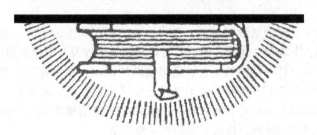

第一章　世界上古史

尼罗河的赠礼

尼罗河是世界上最长的河流，绵延6700千米。气势宏大的尼罗河由白尼罗河和青尼罗河汇聚而成，经过一个宽阔三角洲地带流入地中海。数千年的冲积沉淀，形成了极其肥沃的一块狭长土地。在这块土地上，勤劳的人们塑造了丰富多样的农业文明，这条带状的绿洲也繁衍了非常独特的动植物群。每年的6~9月是尼罗河的涨水期。

尼罗河里的粉粒混合沙漠里的沙粒，组成了最佳的土壤——砂质壤土，成为孕育埃及文明的所在地。由于流速愈快所沉积的粉粒愈少，所以接近海口的流速较缓，沉积的粉粒就较多。

埃及位于非洲东北部的尼罗河下游，古代埃及按照尼罗河的走向，被分为上、下两部分，上埃及在南面，下埃及在北面，而尼罗河正是联结上埃及与下埃及的生命源流。

远古人类的历史也是一部四处觅食、逃避饥饿的记录，哪里有充足的食物，人们就迁徙到哪里去。大约在距今1万年前，由于气候发生了重大变化，北非的许多地区都变成了沙漠。就这样，北非的土著居民哈姆人和一些塞姆族人渐渐聚集到尼罗河流域，依靠河水泛滥冲积而成的平原和沼泽地，过起了渔猎和采集生活。

尼罗河流域的西面是利比亚沙漠，东面是阿拉伯沙漠，南面是努比亚沙漠和飞流直泻的大瀑布，北面是三角洲地区的没有港湾的海岸，这些自然屏障使它受到特别好的保护，让迁徙至此的人们过上了安定的生活，不会轻易遭到外族的入侵。尼罗河每到夏季都会发生巨大的洪水，洪水退去后，留下的淤泥成为上好的肥料，使周围的田地和牧场变得肥沃。居住在这里的人们很感谢尼罗河，把它视为神灵。

埃及人的祖先在新石器时代晚期，大约7000年前，就分别在上埃及和下埃及建立了相当有规模的部落。从7000多年前到大约5000年前，逐渐发展成了一个国家。他们种小麦和大麦，牧牛、钓鱼、捉野雁，编织亚麻布，用泥砖盖房子。生活在尼罗河畔的人大都是农民，那里的人多以大麦、小麦等谷物为主食，也吃禽类和牛肉，同时人们还会出外捕食尼罗河里的各种鱼类。

对古埃及人来说，尼罗河是大地之母，在这世界上没有什么比尼罗河更重要了。

混战的早王国

公元前3500年，埃及的历史进入到前王朝的第二时期，即格尔塞时期。在这段历史时期中，私有制逐步确立，阶级日渐形成。从墓葬发掘情况可以看出，这时阶级差别已经很明显，开始有了平民与贵族的区别。

随着私有制和阶级的出现，这时期在埃及逐渐形成了若干个小国家。这些国家版图一般都很小，人口不多，埃及人称之为"斯帕特"。它们通常以一个城市为中心，周围遍布若干农业区。这时王权已经形成，国王既是行政首脑，又是军事首领，并兼祭司长，负责主持祭祀仪式。但是在国家形成初期，贵族势力仍然很强大，王权有时还要受到制约。各小国间时常为了争夺土地、劳动力以及对尼罗河水的控制而战争不断。在今开罗附近的图拉发现的南方希拉康波里蝎王文物，说明他可能曾经对北方进行过战争，甚至可能控制过这个地区，这是有关统一的最早的证据。

埃及国家的统一和君主专制的形成基本是在早王国时期完成。美尼斯目前被认为是埃及国家的建立者，也是第一王朝的建立者，即埃及的统一者。他曾经远征北方三角洲，并且为巩固远征成果，他还在尼罗河谷和三角洲交界处建立了一个要塞城市——白城，希腊人称之为孟菲斯。但考古学家至今还没有发现有美尼斯名字的文物。因此，不少埃及学家常把美尼斯与纳尔迈和阿哈视为一人。纳尔迈是希拉康波里的国王，在这里曾出土了他的文物纳尔迈调色板、纳尔迈权标头。这些文物表

拉美西斯二世

拉美西斯二世于公元前 1304 ～ 公元前 1237 年在位，他的这尊雕塑竖立在阿布辛贝神庙的前面。这是他建造的表现他的权威的许多纪念物之一。

明他曾对三角洲进行过规模很大的胜利战争。根据对纳尔迈调色板的分析可知，他曾俘虏过 6000 人，在举行凯旋仪式时，许多俘虏被杀。根据对权标头的分析，他俘虏过 12 万北方人，还有大牲畜 40 万头、小牲畜 142 万头，同时迎娶了北方的一位公主，企图以此巩固对北方的征服和统治。在调色板的正面，他头戴白冠，而在背面又戴红冠，在权标头上纳尔迈是头戴红冠，这大概意味着他对上下埃及均享有统治权力。尽管如此，纳尔迈并没有完成最终统一埃及的任务。纳尔迈以后的第一王朝诸王和第二王朝诸王继续进行统一的战争。在第二王朝末叶的哈谢海姆的一个雕像基座上，刻有"北方的敌人 42709 人"和"48205 人"的字样，这反映出统一战争规模的巨大。

上、下埃及的统一是在下埃及的第二个王朝的最后一代王——哈谢海姆统治时完成的。上、下埃及统一后，历史学家们把这以前的历史都称为埃及的早王国时期，把后来埃及的第三到第六王朝时期，称作古王国时期（约前 2686 ～ 前 2181 年）。

太阳神之子——法老

统一后的埃及，国王都称自己为"法老"。法老是古埃及君主的尊称，是埃及语的希伯来文音译，其象形文字的意思是大房屋，在古王国时代仅指王宫，并不包括国王本身。从新王国第十八王朝图特摩斯三世起，法老开始用于国王自身，并开始演变为对国王的一种尊称。第二十二王朝（前 945 ～ 前 730 年）以后，法老正式成为国王的头衔。法老作为奴隶制专制君主，掌握着全国的军政、司法、宗教等大权，其意志就是法律，法老是古埃及的最高统治者。法老自称是太阳神阿蒙·拉神之子，是神在凡间的代理人与化身，他们命令臣民将其当作神一样来崇拜。不难理解，世间万物都依靠太阳生长，那么法老自然就拥有世上的一切。法老的意志就是国家的意志，法老的话就是法律。

当然，要管理这个庞大的国家，光靠法老动动嘴皮子是不行的。法老下面是宰相，称为"维西尔"，管辖着财政、水利等重要的部门。再往下就是各级官吏和祭司，然后是书记员，书记员的地位高于商人、手艺人和僧侣。奴隶的地位是最低的。占全国人口85%的奴隶，除了日夜耕作劳动外，不仅要给王宫贵族修建宫殿、庙宇，还要为法老修建金字塔。法老站在权力金字塔顶端，是神的化身，具有绝对权威。古埃及人对法老的崇拜近乎疯狂，仅其名字就具有不可抗拒的魔力，官员们以能亲吻法老的脚而感到自豪。

古埃及人相信，人死后，如果失去了今世的寄身之躯，他的灵魂就无法进入神的国土。因此当人一死，他的亲属们马上便对其尸体进行处理，涂上香料和药物防腐，最后制成"木乃伊"。木乃伊用特制的亚麻布层层包裹起来，放进棺材后下葬。埃及人的坟墓就是一个死后的家，里面不但摆放着家具和乐器，还有厨师、面包师和理发师的小雕像，可以让逝者享受活着时的一切待遇。

法老死后，其尸体也要被制成干尸，即"木乃伊"，放在金字塔内部的墓室中。金字塔是埃及法老的陵墓，它是古代埃及人智慧的结晶。金字塔大多建筑于古埃及王国第三到第六王朝统治时期（前2800～前2300年）。埃及境内有70多座金字塔，其中坐落在吉萨的第四王朝法老胡夫的金字塔最为雄伟壮观。

太阳神的女儿

哈塞普苏是第18王朝的第六位法老，也是埃及历史上第一位女法老。

哈塞普苏是著名的埃及法老杜德摩西一世的女儿，杜德摩西一世有3个儿子，其中两个是妻子所生，一个是妾生的。两个正室所生的儿子都因故去世了，在法老临死时，只能选择庶出的儿子继承王位。根据当时的埃及法例，这个儿子必须娶他同父异母的妹妹哈塞普苏为妻，才能具有"标准王室血统"，这是登上王位的前提。那时，哈塞普苏只有12岁。结婚6年后，哈塞普苏便开始和丈夫共掌政权，这位丈夫体弱多病，不久就去世了。

哈塞普苏一面培养侄子杜德摩西三世，一面乘机夺取政权。由于成为法老需要正当的理由，哈塞普苏便宣称自己是太阳神的女儿。经过7年的努力，终于成为法老，埃及也进入了最兴旺的发展时期。

在古埃及的壁画上，哈塞普苏作为王后，穿着是非常女性化的。但在哈塞普苏执政7年后，所有关于她的雕像和画像完全没有了女性特征。哈塞普苏知道，只有男性才能成为法老。自己虽然是埃及历史上第一个女性君主，但获得权力的过程并不是正大光明的。于是，哈塞普苏决定重新创造自己，甚至不惜改变性别，让人们把她视为一个男性。

在哈塞普苏统治的20多年中，埃及的政治和经济都非常稳定，社会繁荣，文化艺术也达到高峰。哈塞普苏还组织了一支探险队，为埃及商人找到了不少新市场。

其实，哈塞普苏登上法老的宝座之所以如此困难，最重要的原因，是埃及王室非常重视家族血统的纯洁。

为了维持法老家族的血统永远纯洁，埃及王室一直采用血亲的婚姻制度。要想成为法老，最基本的条件就是要娶王室的公主为妻。因此，法老的儿子和他们的姐妹或同父异母的姐妹结婚，就成为理所当然的事情。有时候，甚至一位国王和自己的女儿结婚，只因为国王没有姐妹。

当然，法老是可以妻妾成群的，那些妾，都是从皇室以外挑选出来的妃嫔，她们大部分是国外的公主。但是，只有国王娶做妻子的姐妹才可以被称作是王后，也只有她和国王生的儿子，才拥有在国王死后的王位合法继承权。

如果王后自己没有儿子作为王位的合法继承人，就由妃嫔的儿子继承王位。如果皇后有女儿的话，这些女儿将是未来王后的候选人。

金字塔之谜

埃及的金字塔是古代埃及奴隶社会的方锥形帝王陵墓，古代世界上七大建筑奇迹之一。它的数量众多，分布广泛，其中开罗西南尼罗河西古城孟菲斯一带最为集中。

作为法老陵墓的金字塔，它不但是法老死后的家，还是通往天国的梯子，因此被修建得十分高大。因为法老自称是太阳神的后裔，所以角锥体的金字塔也表示了对太阳神的崇拜，它象征的就是刺破青天的太阳光芒。当你站在金字塔棱线的角度上，向西方看去，就可以看到金字塔像洒向大地的太阳光芒。《金字塔铭文》中有这样的话："天空把自己的光芒伸向你，以便你可以去到天上，犹如太阳神的眼睛一样。"

通常法老们从登上王位那天开始，就着手为自己修建金字塔。在古埃及的所有金字塔中，最大的一座是公元前 2500 年统治埃及的胡夫法老下令修建的。这座大金字塔原高146.59 米，经过几千年的风雨腐蚀，它的顶端已剥蚀了约 10 米。但是在巴黎埃菲尔铁塔建成之前，它一直是世界上最高的建筑。这座金字塔的底面为正方形，每边长 230 多米，绕金字塔一周差不多需要走 1000 米路程。

胡夫金字塔相当于今天的 10 个足球场那么大，花费了 20 多年的漫长时间，动用了 10余万奴隶。在那个使用铜制工具和石头工具的年代，我们无法想象这项伟大的工程是如何完成的，要把几千吨重的巨石从尼罗河对岸运过来，再一块块地吊装起来，就是依靠今天的技术，也是非常困难的。最令人不可思议的是，塔身的石块之间没有任何水泥之类的黏着物，而是一块石头叠在另一块石头上面。每块石头都打磨得很平，虽然至今已历时数千年，人们也很难用一把锋利的刀刃插入石块之间的缝隙。

金字塔的修建一直延续着，不过到了第四王朝以后，金字塔的规模和质量都不能和胡夫父子时代相媲美了。第六王朝以后，法老的权力逐渐衰落，神庙祭司的势力越来越大。到了第七王朝以至第十王朝时，地方的分裂和起义此起彼伏，古王国已名存实亡。一些盗墓者和愤怒的奴隶常把法老的木乃伊从金字塔里拖出来，所以埃及的法老们不敢再建造金字塔，而是开始改在深山里开凿秘密陵墓了。

金字塔建造猜想

埃及的金字塔是人类建筑的奇迹。在当时的技术条件下，巨大的金字塔是怎样建成的？有人说金字塔是外星人造出来的，事实究竟又是怎样？

在金字塔建造的猜想中，不仅仅是它大胆奇妙的设计手法令人称奇，它的规模巨大的建造过程更是备受关注。胡夫金字塔用上百万块巨石垒起来，每块石头重量平均达到 2000 多千克，最重可达 100 多吨。在当时的技术水平下，这些沉重的建筑材料如何获得又怎么运输的呢？希罗多德曾认为，建造胡夫金字塔的石头是从阿拉伯山（可能是西奈半岛）开采

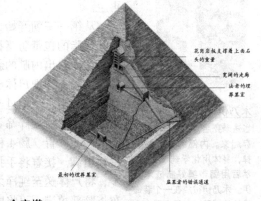

花岗岩板支撑着上面石头的重量

宽阔的走廊

法老的埋葬墓室

最初的埋葬墓室

盗墓者的错误通道

金字塔
在吉萨的胡夫金字塔是最著名的金字塔。

来的。在建造过程中，胡夫命令所有埃及人为他做工，以 10 万人为一个工作单位，每个单位群体要工作 3 个月。这些劳动者中有奴隶，也有很多农民和手工业者。古埃及奴隶借助畜力和滚木，将巨石运送至建筑地点，然后将场地四周天然的沙土堆成斜面，把巨石沿着斜面拉上金字塔。如此反复，堆一层坡，砌一层石，逐渐加高金字塔。这样完成胡夫金字塔的建造需要花费 20 年时间。

对于希罗多德的说法，后人仍然有许多困惑。随着对飞碟的观察和研究活动的日益深入，有人开始把神秘的金字塔建造同奇幻莫测的飞碟上的外星人联系起来。他们一般认为，在几千年前，金字塔的建造是超过当时人类的能力的，只有外星人才可能有如此能力。经过推算他们还发现，通过开罗近郊胡夫金字塔的经线把地球分为东、西两半球，这种"巧合"大概是外星人对金字塔选址的精心设计。

然而法国化学家戴维·杜维斯对金字塔建造又提出了新的见解。他认为，建造金字塔的巨石不是天然的，而是经人工浇筑的。他将得到的五块胡夫金字塔上的小石块逐个加以化验，结果显示，这些石块由贝壳石灰石组成。尽管考古证明，人类在几千年前就已经掌握了制作混凝土的技术，但是这些贝壳石灰石浇筑得如此坚固，不得不令人质疑。戴维·杜维斯进一步推测，当时古埃及人建造金字塔采用了"化整为零"的办法，即将搅拌好的混凝土装进筐，抬上或背上正在建造的金字塔。如此，只要掌握一定的技术，就可以浇筑出一块一块的巨石，将塔一层一层加高，这种做法既"省力"又省工，据他推算，当时劳动的人约 1500 人，而不是像希罗多德所说每批都有 10 万人。

上述这些说法仅是一些推测，但无论如何，修建金字塔，一定是集中了当时古埃及人极大的聪明才智，因为确实有很多难题需要解决。即使这些问题都解决了，金字塔建造起来，而且屹立了 4000 多年，这本身就是一大奇迹了。

木乃伊

木乃伊

当法老死后，他的尸体被保存起来。内部的器官被去掉，身体用化学药水处理，然后用绷带缠好制成木乃伊。木乃伊被放在一个装饰好的棺材里，然后安置在金字塔坟墓内。

木乃伊即"人工干尸"，此词源自波斯语 mumiai，意为"沥青"。世界上许多地区都有用防腐香料、香油或药料涂尸防腐的方法，其中以古埃及的木乃伊最著名。古埃及人用防腐香料殓藏尸体，尸体年久干瘪，即形成木乃伊。由于古埃及人笃信灵魂不灭，人死后即使在阴间，仍然需要自己的躯体。尸体不是无用的躯壳，它是灵魂的载体，只要保住肉体，使灵魂得以栖身，死者就可以转世再生。

从第一王朝开始，埃及人便用麻布带包裹遗体，后来又发明了涂抹树脂的包带防腐技术。从第四王朝开始，他们发明了通过切口从遗体内取出内脏的新技术，到了新王国时代，开始用钩子从鼻孔摘除脑髓，并把尸体放在槽中浸泡使之脱水，然后再包裹起来，主要步骤如下：从去世至下葬为期 70 天，第一步是将尸体送至制木乃伊之屋。然后敲碎筛骨，用金属钩将脑髓由鼻孔取出。继而将腹部的肝、肺、胃、肠 4 种器官取出，用椰酒及香料清理体腔，用临时材料填满。接着将手指脚趾用绳系紧，再用泡碱将尸体干贮。下一步，将尸体送至纯净之屋，用尼罗河水洗净。用树脂浸泡过的亚麻布将脑部填满，再将腹部临时充填物取出，用装满木屑的亚麻布或泡过树脂的没药填满，缝合。接着擦上杉树油、蜡、泡碱及树胶的混合物。洒上香料、塞住鼻孔。在眼皮下方放上洋葱或亚麻布的垫子。用熔化的树脂涂满尸体，收敛毛细孔保护皮层。最后，用亚麻布将尸体四肢先包起，再包身体，再套上完整寿衣。每包一个部位都要念一段咒语，不能间断，直到包裹结束下葬。

狮身人面像

狮身人面像，又译为"斯芬克斯"，坐落在开罗西南的吉萨大金字塔近旁，是埃及著名的古迹，与金字塔并列为古埃及文明代表性的遗迹。据测算：像高21米，长57米，耳朵大约有两米长。除了前伸的狮爪是用大石块镶砌外，整座雕像是在一块含有贝壳之类杂质的完整巨石上雕造而成。根据现代考古学家的推断，它的面部是古埃及第四王朝法老哈夫拉的脸型。相传公元前2611年，哈夫拉巡视自己的陵墓建造情况时，认为金字塔旁需要安置一个门卫守护，所以他就吩咐为自己的金字塔雕凿守护石像。由于在古埃及神话里，狮子是各种神秘地区的守护者，也是地下世界大门的守护者，所以工匠们别出心裁地雕凿了一个以狮为身而以这位法老的面像作为狮面的雕像。雕像坐西向东，蹲伏在哈夫拉的陵墓旁。由于它状似希腊神话中的人面怪物斯芬克斯，西方人遂以"斯芬克斯"称呼它。

经过考证，原来的狮身人面像头上戴有皇冠，额上套着圣蛇浮雕，颏下留着长须，脖子上还围着项圈。经过了几千年的风雨侵蚀和沙土掩埋，皇冠、项圈已经不见踪影了，圣蛇浮雕于公元1818年在雕像下被人掘出后，献给了英国大不列颠博物馆。胡子已经脱落得四分五裂，目前在埃及博物馆内存有两块，大不列颠博物馆内存有一块，后来归还给埃及。雕像的鼻子部分已缺损很严重，据说是拿破仑士兵侵略埃及时打掉的，但事实究竟如何仍待考证。历经4000多年的狮身人面像，现在已经是痼疾缠身、千疮百孔，而其中以颈部、胸部的腐蚀最为严重。1981年，石像的左后腿塌方，形成了一个2米宽、3米长的大窟窿。1988年，石像右肩上又掉下了两块巨石，其中一块重达2000千克。

第一中间期

处于分裂状态的第7王朝到第10王朝，是埃及历史上的第一中间期（约前2181～前2040年）。自第6王朝末的珀辟王死后，到第九王朝结束，在不超过60年（约前2190～前2130年）的时间里，埃及至少经历了31个王，更多的说法则是有40个王。

这一时期，统一的王国分裂为彼此敌对的地方王国——诺姆（州），地方贵族常常采用国王的头衔，而且掌握军队，各州之间彼此征战。古埃及发展到第七王朝时，呈现了小国林立的状态，几乎一个诺姆（即城邦国家，古希腊人称之为"诺姆"，埃及自称为"塞普"）就是一个独立国家，而且每个国王统治的时间都不长。据考证，第七王朝有70个国王统治不过70天。到第八王朝时，有27个国王共统治146年，尽管如此他们也并没完成全埃及的统一。各地贵族拥兵自重，割据混战。邻近诺姆之间经常发生战争，政治局面极为混乱。战乱使各地的灌溉系统受到严重破坏，良田变成沼泽，饥荒时有发生。"土地缩小，它的行政人员却很多，土地荒凉不毛，税却很重，只有很少的谷物，但量斗却很大，而且量时总是满得上了尖。"从《聂非尔列胡预言》等资料看，古埃及人民处于水深火热之中。天灾人祸的迫害终于使人民不堪忍受，这时可能爆发了埃及史上第一次大规模的人民起义："没有武器的人变成占有武器者。""那最下面的人到了顶上……穷人发了财……吃着供祭的面包，仆役们在欢乐。"在《祭司安虎同自己心灵的谈话》中，也有这种情况的描写："我沉思着大地上所发生的事情。变化发生了……国内叛乱了……到处在忧伤，许多诺姆和城市陷于悲痛之中。"据史学家推测这次贫民和奴隶的起义大概持续了好多年，起义后来被

223

统治者镇压了下去。

除了埃及人民反抗奴隶主的斗争，这时期的埃及还不断受到外族，主要是亚洲人的侵扰，整个社会在风雨飘摇中缓慢发展。

中王国时代

在底比斯兴起的第十一王朝，重新统一了埃及，让埃及历史进入中王国时代（约公前2040~前1786年）。

埃及自从古王国瓦解以来，地方贵族势力就不断膨胀。以前各州州长都是由法老任命，他们唯法老马首是瞻，并且以获得法老的恩宠为无上荣耀，他们甚至在死后还要葬在君王的脚下以表示忠顺。中王国建立后，地方的势力开始强大，与法老政权分庭抗礼。这时州长的职位逐渐转为世袭，他们手中都握有自己的军队，法老有时还要向他们求助。这批雄踞一方的权贵，为了炫耀权势开始在自己的地盘上大肆为自己建造坟墓了，有的甚至仿照王陵的规模，其殉葬物品也是极尽奢华。以前各州本来是按国王在位的年代纪年的，现在州长们通常按照自己统治的年代纪年。所有这些说明，地方割据已经形成了尾大不掉的局面，这时的中央集权远不及古王国之时。中王国的法老们为了集权，曾经和地方势力展开了长期的斗争。到第十一王朝时，法老们开始在底比斯为阿蒙神建造宏大的庙宇，阿蒙本来是地方神，但是现在被提高到国神的地位，其目的就是国王想借助宗教的影响来压制各地的割据势力。后来，底比斯贵族阿美涅姆黑特一世（约前1991~前1962年）取得了国家政权，建立了第十二王朝（约前1991~前1786年），他在政治生活各方面进一步加强法老的权力，以削弱地方势力。到阿美涅姆黑特三世（约前1842~前1797年）时，法老集权已经形成一定规模，他决定不再容忍地方豪强的无礼，对各地的割据势力进行了更加严厉的镇压，因而地方割据势力受到了极大削弱，中央集权进一步强化，此时各州州长兴建大石墓的举措得到遏制，这一时期法老在斗争中逐渐获得优势。埃及在第十二王朝时共有8个法老，其统治历时200余年，史称中王国的鼎盛时期。

中王国经济

这时期的埃及，社会生产有了很大发展，其明显表现之一就是灌溉面积的扩大。在第十二王朝之前，人们已经对尼罗河水泛滥不到的高地进行开发，发明了"沙杜夫"（即桔槔，俗称"吊杆"）汲水灌溉，以便扩大耕地面积。

中王朝时在水利建设方面最有代表性的是阿美涅姆黑特三世对发雍地区的开发。发雍在孟菲斯西南50千米，较海平面低40米，原为沼泽区，中央则是美利多湖。阿美涅姆黑特三世时兴修水利工程，排干了湖四周的沼泽，环湖建坝，开辟渠道，使泛滥的尼罗河水可以流入湖内，而湖水多时也可以泄入尼罗河。这一举措，使发雍增加了2500余顷的耕地，农业生产获得很大提高。

除了水利建设，这时的生产工具也有显著进步。西奈半岛的铜矿获得开采，铜的使用比以前更为广泛，青铜器开始出现，冶金术也有重大发展。生产工具不但样式增

尼罗河是埃及的中心，也是最重要的交通通道。在那里，人们可以利用河水灌溉庄稼，使用船只运载乘客，利用渔网在河岸边或渔船上捕鱼。

多，而且制作技术也有了改进。以斧头为例，其重量增加，斧头和斧柄的结合也更为牢固。玻璃制造业在这时也开始出现，纺织和造船等技术也都有发展。

随着社会生产技术的发展，埃及开始涌现出许多经济中心。在发雍的卡呼恩曾经发掘出一座当年的古城遗址，笔直的十字街道，各类建筑物井然有序，全城围有高大的砖墙。在这座城市内，东部是贵族的居住区，他们的房屋有的占地达300多平方米，建有几十间房子；西部是贫民区，在狭小的空间建有几十间简陋的棚舍。此外城中还有很多中等类型的房屋，据考证应为商人、中下级官吏、医生或书吏等的住宅。这种房屋建设布局，一方面说明当时在农业经济不断发展的背景下城市经济逐步发展和繁荣，另一方面也表明了中产阶级、中小奴隶主在当时的政治和经济生活中的作用越来越大。

农业的发展同时带动了手工业的繁荣。当时的纺织业普遍使用立式织机，并出现平式织机，可以织出质量较高的亚麻布；玻璃制造业也是中王国时兴起的一个重要行业，可以制作各类器皿和装饰品，不少产品被王宫贵族用来装饰宅第，有些还成为长时期埃及远销国外的珍贵工艺品。

喜克索斯人

不过，统一的中王国不久又再度陷入衰落。因王权分散，奴隶起义层出不穷。来自亚洲的喜克索斯人，趁中王国衰落之际发动了侵略，埃及第一次被驾车作战的外族人征服。喜克索斯人占领了埃及北部的大部分地区，并且定都于阿瓦利斯，建立了第十五王朝和第十六王朝。

喜克索斯人这个名称起源于埃及语，意为外国的统治者，至于喜克索斯人是什么人种，从哪里来的，现在已经不得而知了。喜克索斯人采用和平渗透的方式入侵埃及。由于叙利亚、巴勒斯坦一带遭受旱灾侵袭，因而导致了居住在此的游牧部落——喜克索斯人放牧牲畜的困难，于是他们四处寻找牧场，在经过仔细权衡后，他们认为埃及三角洲是理想目标。于是喜克索斯人开始三五成群地向三角洲迁移，后来则演变成更大规模地移居。当时埃及根本无力控制这种形势的发展：一方面埃及当时的政权统治已经失去中王国繁盛时期的强大，另一方面当初作为奴隶来到埃及的众多的叙利亚和巴勒斯坦人也可能推动了本族人民这种迁移趋势的发展。

大约在公元前18世纪的后期，入侵的喜克索斯人开始在三角洲建立起自己的统治，首都设在三角洲东部的阿瓦利斯。原来喜克索斯人的首领叫"赫卡·哈苏特"，意思是"外国的国王""牧人王"。他们在埃及建立政权后，国王开始采用法老的称号，并逐渐扩大其势力范围，在埃及相继建立了第十五王朝和第十六王朝。除埃及本土外，其统治范围还蔓延至叙利亚、巴勒斯坦的若干地区，在其势力强盛时，埃及南部的第十七王朝也曾向它称臣纳贡。

受埃及文化的影响，喜克索斯人既崇拜埃及的塞特神，同时又崇拜埃及的拉神。他们的国王还自称为"拉之子"，并且还要在名字中冠有拉的名字，如阿乌舍拉、苏伦舍拉等，有时国王的名字还会写在一个椭圆形的框子里。

为了统治埃及，喜克索斯人还借用了埃及原有的一套统治体系。例如他们也设有司库和司库首长等职，这在下埃及的统治机构中是常见的。

喜克索斯人曾经在埃及建立了一个牧羊王朝，统治时间长达100多年。他们以武力奴役埃及人，向他们征收贡赋。同时，喜克索斯人也给埃及带来养马以及制造马车、弓箭、战斧等新的技术。

喜克索斯人的统治十分残暴，民变频繁发生。底比斯的第十七王朝的国王卡美斯与弟弟雅赫摩斯一起，领导了反抗喜克索斯人的斗争，最后成功地将喜克索斯人逐出了埃及。

埃赫那吞

赶走了喜克索斯人，雅赫摩斯在底比斯建立起第十八王朝，从此开始了埃及的新王国时期（第十八王朝~第二十王朝）。

这一时代的埃及，国王发动了空前规模的对外战争。此时，君主专制的中央集权制度得到加强，法老已成为国王的正式头衔。为了宣扬自己是神的儿子，法老们特别尊重神，神庙和祭司也受到优待。新王国时期，阿蒙神被尊为众神之首，地位超过了以往的太阳神，阿蒙神庙的祭司们，由此获取了巨大的利益。随着神庙的影响越来越大，法老们渐渐觉得自己的统治受到了威胁。

埃赫那吞（约前1379~前1362年在位），是古埃及第十八王朝的国王，原名阿蒙霍特普四世。在阿蒙霍特普四世成为法老之前，他对阿蒙神庙的僧侣们互相抱团的做法很不满，听说僧侣们在地方上十分骄横后，便决心削减阿蒙神庙的僧侣势力。

阿蒙霍特普四世即位后，起用了一批新的大臣，使他们成为自己政权的支柱。阿蒙霍特普四世下令，在全国范围内恢复对太阳神的崇拜，封闭阿蒙神庙。不仅如此，阿蒙霍特普四世还将自己名字中的"阿蒙"改为"阿吞"，更名为"埃赫那吞"，意为"对阿吞有用的人"。为了扩大声势，埃赫那吞召集了大批文人，创作了许多歌颂太阳神的诗歌，还编写了颂扬阿吞功绩的文章，叫人四处传播。

埃赫那吞在全国推行新神取缔旧神的同时，还命令将千百年来古埃及人崇拜的其他的神一扫而光。这一措施令习惯阿蒙神和地方神的埃及人十分恐慌，都觉得要大难临头了。僧侣们更是像热锅上的蚂蚁，片刻也不得安宁。

已经退位的老法老阿蒙霍特普三世，害怕因此引起国家的混乱，劝埃赫那吞不要走极端，以免触怒神灵。埃赫那吞没有答应，父子不欢而散。

见埃赫那吞闷闷不乐地回来，王后涅菲尔提提便问他为什么这样不高兴，埃赫那吞便把老法老劝他的事情说了。涅菲尔提提王后对埃赫那吞说："如果反对的人这样多，我劝陛下还是暂缓行事吧。"

埃赫那吞说："僧侣的反对是意料之中的，但对我的行动如此不满却没想到。一旦收回命令，他们自然满意，但我的权威可在天下人面前丢尽了。到时候这些僧侣未必就此罢休，他们一定会藐视我的懦弱。我现在得到了阿吞神僧侣的赞同，又有军队，也不怕这帮装神弄鬼的人兴风作浪。既然已经得罪他们了，那索性就得罪到底好了。"涅菲尔提提见埃赫那吞决心已定，也就不再劝了。

法老遇刺

为了打击阿蒙僧侣，埃赫那吞进一步颁布了法令，宣布将阿蒙神庙的僧侣赶出庙门，没收财产。一切公共建筑物和纪念物上的阿蒙的名字必须彻底清除。已没收的神庙土地划归太阳神神庙，并且禁止僧侣参政。

埃赫那吞将首都迁往底比斯以北300千米的希尔摩，新都被命名为"埃赫塔吞"，意为"阿吞的地界"。当天，大批军队查抄了底比斯的各大阿蒙神庙，强行将僧侣赶出庙门。许多僧侣背着行李卷离开多年生活的庙宇，痛苦不堪，并在心里痛骂埃赫那吞。

迁都后，埃赫那吞沉浸在胜利的喜悦中，整天陶醉在宗教生活和宫廷生活中，政事由麻伊掌管，军事托付给赫伦希布。这两人与阿蒙僧侣有利害冲突，因而很是卖力。可是，阿蒙僧侣们不甘心就此失势，他们一直在找机会，想刺杀埃赫那吞。

一天，埃赫那吞和母亲同坐一车去祭神。突然马车停了下来，原来是有一个人拦住了车队，说有冤状上告。这人跪行到法老所坐的马车轮下，麻伊（负责宫廷朝仪）从马上俯身去接状纸，这人突然一跃而起，从纸卷中抽出一把锋利的青铜短刀，向车上的法老猛刺过去。就在这千钧一发之际，车右侧的卫士横转过青铜矛，狠狠捅向刺客的后背。刺客未及刺到法老，便沉重地倒了下去，恰好压在法老的身上，刀尖几乎碰到法老的鼻子。

法老遇刺的消息很快传开，阿蒙神庙的僧侣们借机放出风来，说这是阿蒙神对法老的一次警告。一时间，全国上下人心惶惶。

王后涅菲尔提提忧心忡忡，劝了埃赫那吞几句，不料埃赫那吞却大发脾气，将王后斥责了一通。王后十分伤心，带着孩子回到底比斯，直到埃赫那吞死的时候，王后涅菲尔提提也没有原谅他，连葬礼都没参加。

法老的诅咒

图坦卡蒙是古埃及新王国时期第十八王朝法老（前1334～前1323年），是至今最闻名的埃及法老王。因为他的坟墓在3000年的时间内从未被盗，直到1922年被英国探险家哈瓦德·卡特在卡纳冯勋爵的支持下发现他的墓葬，并挖掘出大量珍宝，从而震惊世界。

图坦卡蒙的木乃伊由3个人形棺与3个外椁层层保护，每一个的大小恰好卡进另一个，手工技艺相当精细，最内一层的人形棺由22K金打造，最外一层的外椁大到可以当中型汽车的车库。棺室由两个武士塑像守护，内棺上面写着年轻法老的名言："我看见了昨天；我知道明天。"

法老的黄金面具极为精致，这副面具和他本人的相貌几乎一模一样。经过X光检查，只发现面具上一块伤疤和法老本人脸上的伤疤厚度稍微有点不同。这位年轻的法老看上去既悲伤又静穆，他的胸前放着由念珠和花形雕刻串成的领饰，矢车菊、百合、荷花等色彩虽已剥落，但仍依稀可辨。专家们认为这个领饰是法老的年轻王后在盖棺前献上的。墓内还有一幅壁画，年轻而又神气的法老，正被两位天神接往天国。

在出土的文物中，仅图坦卡蒙的鞋就有100多双，有用皮做的，有用木头做的，有用柳条编的，甚至还有用黄金做的。在图坦卡蒙墓中大约有30种品牌的酒，其中有一种葡萄酒还标有年份、产地和制造商。

图坦卡蒙墓中还有30只回力棒。在古代，回力棒是用来打猎的。除此之外，那座皇后给法老身体涂油的王座、两尊如真人大小的木雕哨兵和雪花石膏箱也非常抢眼。雪花石膏箱中有4个石膏罐子，盖子是图坦卡蒙的头像，里面就放着这位年轻法老的肝、肺、胃和肠子。

哈瓦德·卡特花了大约5年的时间来挖掘图坦卡蒙的坟墓，花了8年时间清理，又花了将近10年，为坟墓里发现的5000件左右的陪葬品编目。图坦卡蒙墓的发现吸引了世界各国的新闻记者，来此参观的游人更是络绎不绝。直到今天，人们对这座古墓的兴趣依然不减，因

图坦卡蒙

图坦卡蒙法老18岁时就死去了。然而，他是最著名的法老，因为考古学家在20世纪20年代发现他的墓穴时，内部的随葬品——包括他金制的面具——仍保存完好。

227

为参与发掘的 20 多人在不太长的时间内先后死去，且死因不明。于是人们议论说这是"法老的诅咒"。

这座墓中发现了几处法老的诅咒铭文，有一处写道："谁要是干扰法老的安宁，死亡就会飞到他的头上。"

"法老的诅咒"的说法是从卡纳冯勋爵之死开始的。卡纳冯勋爵因被蚊虫叮咬，于图坦卡蒙墓发掘的次年死去。接着，报纸又陆续披露了其他 19 个人的死讯："78 岁的韦斯特伯里勋爵，今天从他在伦敦住所的 7 层楼上跳楼自杀身亡。韦斯特伯里勋爵的儿子曾任开掘图坦卡蒙墓的考古学家哈瓦德·卡特的秘书，他在去年 11 月在自己的房间里突然死亡，死前健康状况良好。死因无法查明。不久卡特的伙伴梅斯也因病死了……"卡特不得不出面辟谣了。他说："就现代的埃及人来说，他们宗教传统中根本不容许这种诅咒之类存在。相反，埃及人却很虔诚地希望，我们对死去的人表示善良的祝愿。"

卡叠石大战

拉美西斯二世（前1304～前1237年）成为古埃及第 19 王朝法老后，赫梯人的攻势越来越猛，于是他亲率 10 万大军决定与赫梯展开决战。

埃及的大军分成 4 个梯队，先锋由法老拉美西斯二世率领，很快就接近了被赫梯人占领的叙利亚的卡叠石城。当埃及军队停下脚步时，他们的右边是一条大道，通向波涛汹涌的大海；左边是悬崖深谷，中间夹着一条水势湍急的河流；前面是一片平原，远处的山冈上，隐约可见雄伟的卡叠石城。这时，埃及人抓到了两个牧人打扮的赫梯探子。据他们交代，赫梯王为了避免冲突，已经命令军队退出卡叠石城了。拉美西斯二世听后大喜，下令全军继续向卡叠石城进发。途中，他嫌大队行进太慢，便带着自己的警卫部队孤军深入，来到了卡叠石城下。

那两个被埃及军队捕获的赫梯人，其实是赫梯王派来打迷魂阵的。此时，赫梯王已经率领大军沿着东面的河谷，包抄到了埃及军队的后面。见埃及人中了圈套，赫梯王准备第二天一早围歼埃及军队，活捉法老拉美西斯二世。为了慎重起见，赫梯王又派了两个间谍去观察埃及军营的地形。没想到，这两个间谍也被埃及抓住了。和早上抓来的间谍不同，这两个人无论埃及军官怎样盘问，就是不开口。

赫梯人的战车模型
这种战车广泛地被其他远东国家仿制，数个世纪里它在交战中起到决定性作用。

拉美西斯二世觉得十分蹊跷，下令严刑逼供，两个间谍被打得皮开肉绽，实在招架不住了，不得不把赫梯人明天要来反攻的计划泄露出来。拉美西斯二世正要追问详情，一个卫士跌跌撞撞地跑进来报告："赫梯人已把我们团团围住了！"拉美西斯二世大吃一惊，马上下令突围。

此时天刚蒙蒙亮，拉美西斯二世全身披挂，跳上战车，率领全军向赫梯人发起了进攻。赫梯人被埃及军队的突然行动弄得措手不及，全军大乱，不少赫梯士兵没命地往河边跑，有的跳到河里被淹死了。

可是，拉美西斯二世的警卫部队毕竟人少，大部队还没有赶过来。赫梯军队很快就冲进了埃及军队的军营。拉美西斯二世一看不好，大叫道："快把我的护狮放出来！"果然，赫梯骑兵一见狮子冲了过来，回头便逃。

赫梯王不甘心失败，再次组织冲锋，把最后剩下的 1000 辆战车和 3000 名士兵的后备部队全部用上，与埃及军队展开了殊死战斗。赫梯军队是背水一战，士兵们十分勇猛。眼看就要胜利了，突然，赫梯士兵开始四散奔逃起来。拉美西斯二世站在高处指挥，看到这个情形吃了一惊，以为是天神来相助了。直到几匹烈马飞驰到他面前，几个骑兵向他举臂欢呼的时候，拉美西斯二世才明白过来，是他的第三梯队从敌人后面杀过来了。赫梯人经不住前后夹攻，只得败退。

拉美西斯三世

拉美西斯二世死后，埃及的国势日渐衰落，奴隶们频繁起义，伊尔苏领导的奴隶起义和底比斯墓地工人的罢工，直接冲击了帝国的统治。到了第十九王朝的末期，利比亚的土著部落不断从小亚细亚和爱琴海一带侵扰埃及，日益强大的僧侣集团篡夺了部分王权，从而加速了新王国的崩溃。

到了第二十王朝的第二位统治者拉美西斯三世统治时，情况更糟了。拉美西斯三世妻妾成群，尽管后宫这些美丽的女人给予了拉美西斯三世无尽的欢娱，但也给他带来了灾祸。截至公元前 1153 年，法老的后宫制度已经在埃及奉行了 1500 多年，法老们一直妻妾成群，而拉美西斯三世则创下了妃嫔数量的最高纪录，顶峰时约有几百名妻妾。

法老的妻子有的是他的姐妹，有些是异族的公主，而大部分的妾都来自社会的底层。这些出身卑微的女子，因美丽的容貌被选进宫中，她们有的当上了法老的宠妾，有的终身都没得到法老的宠幸，还有的被法老作为礼物赏赐给了有功的大臣。那些地位卑微的妃子，必须亲自参加生产活动。除了织布缝衣外，还要抚养和教育王室和宠臣们的后代，以及培养舞者、乐师，不仅要供王室成员日常消遣，还要在宫廷大型礼仪上表演助兴。

在这个庞杂的后宫里，拉美西斯三世连身边的妾都认不清楚，更不要说是复杂的局势了。他的王后是一位来自异邦的公主，名叫提耶，至于儿子，最少也有 10 个。不过，许多孩子大多数都早早死去了，提耶王后为了让自己的儿子登上王位，决定发动一场宫廷政变。

提耶联合了其他一些妃子和她们的卫兵，还包括一些大臣乃至御医。但局势的变化脱离了王后的掌控，政变转化成了谋杀，密谋者用魔法蜡像和毒药作为武器。

拉美西斯三世虽然侥幸躲过一劫，但也受到了伤害，他亲自下令对密谋者进行审判。可是在案件审理的过程中，拉美西斯三世却突然撒手人寰。除了王后提耶幸免于难外，所有涉及密谋的嫌疑者都被判处了死刑。就是这些妻妾为了她们的儿子要了拉美西斯三世的命。

拉美西斯三世被体面地安葬了，他的陵庙至今保存完好，这也是法老统治时期的最后一座大型建筑，是埃及最后一段富饶时期的纪念物。陵庙原先就是王室居所，第一进院落是举行仪式和娱乐的场所；第二进院落在罗马时代曾被教堂占据，这里有三座多柱厅；第二座大厅的外侧，就是拉美西斯三世的墓室。整座神庙的外墙上，都刻有著名的全景浮雕，表现了拉美西斯三世对外征战的盛大场面。当然，也标志着埃及法老时代的结束。

后王朝时代

新王国崩溃后，埃及又陷入了四分五裂的局面，历史上通常将第二十一王朝到第三十一王朝这段时期称为后王朝时代（前 1085～前 332 年）。

第二十一王朝时，埃及分裂为两部分，法老统治北部，僧侣王统治南部。第二十一王朝被利比亚雇佣兵推翻后，相继建立起第二十二王朝、第二十三王朝，史称"利比亚王朝"。

公元前730年，利比亚人那赫特在三角洲的舍易斯建立了第二十四王朝（前730～前715年）。努比亚人皮安希乘埃及衰落之机入侵，建立起第二十五王朝。第二十五王朝末期，亚述帝国入侵埃及，开始了长达20年的占领生涯。

直到公元前664年，舍易斯王朝普桑姆提克起兵，驱逐了亚述人，重新统一了埃及，建立起第二十六王朝。这个王朝通常被称为埃及的复兴时代，铁器、金属货币普遍流行，商业和经济生活较为繁荣。尼科二世法老统治时期，还开凿了尼罗河通向红海的运河，并派遣腓尼基水手开辟航道，绕航非洲。在埃及的复兴时期，由于国家势力不断增强，尼科二世和他的后继者们为争夺埃及在叙利亚、巴勒斯坦的霸权，还曾经相继与新巴比伦王国进行过长期的战争。

冈比西斯

公元前525年，波斯皇帝冈比西斯率大军入侵埃及，占领了埃及首都孟菲斯，生擒了埃及法老，第二十六王朝灭亡。冈比西斯在埃及建立起第二十七王朝（前525～前404年）。为了显示战胜者的威风，在占领孟菲斯后，冈比西斯举行了一个庆祝胜利的仪式。他把俘虏的法老和埃及大臣们集中在城外的一块空地上，让手下的士兵给法老和大臣们的女儿们统统穿上奴隶的服装，拿着水桶去打水。埃及法老和大臣们，亲眼见到女儿们受到这样的折磨，心如刀绞，却又无可奈何，不由得大哭起来。一时间，空地上一片撕心裂肺的哀号，而冈比西斯却在一旁看得手舞足蹈，哈哈大笑。

冈比西斯在埃及期间，曾率大军向埃塞俄比亚发动了进攻，但损兵折将，大败而归。回到埃及后，冈比西斯的癫痫病发作起来，整天情绪暴躁，不时发狂。

这时正好赶上埃及人的一个宗教节日，埃及人都在欢天喜地地庆祝自己的节日。冈比西斯认为这是埃及人在嘲笑他征服埃塞俄比亚的失败，大发雷霆，亲自率人将正在庆祝的埃及人赶走，并将埃及人最崇拜的圣牛杀掉。

不久，为了防止自己的亲兄弟巴尔迪亚争夺王位，他派人返回波斯将其谋杀。冈比西斯的皇后看不过去了，上来劝了他几句，结果被冈比西斯拔刀杀死。

一天，冈比西斯问自己的大臣普列克撒斯佩斯："你说波斯人认为我是怎样一个人，都在谈论我什么？"普列克撒斯佩斯小心翼翼地回答："他们都在称颂陛下，不过说您喝酒有点太多了。"冈比西斯脸色立刻阴沉下来："波斯人讲的是真话吗？我要验证一下。"

冈比西斯派人把普列克撒斯佩斯的儿子带到宫中，然后对普列克撒斯佩斯说："你的儿子就在门外，如果我一箭射中他的心脏，那就说明说我不好的波斯人错了。如果我射偏了，那就是他们说对了。"说完这番话，他便让士兵揪住那个孩子，拿起弓箭，一箭射了过去，正中孩子的胸膛。冈比西斯继而狂笑道："是波斯人错了。"

在埃及的3年里，冈比西斯的癫痫病越来越厉害，发狂的时候也越来越多。许多大臣每天都是胆战心惊，生怕他哪一天发起狂来，将他们其中的哪一个杀掉。

就在冈比西斯在埃及胡作非为的时候，波斯国内出现了大乱。一个叫高墨达的僧侣于公元前522年3月，在首都爱克巴坦那发动了政变，宣布废黜冈比西斯，自立为波斯皇帝。政变之后，高墨达又宣布，免去帝国境内所有人民3年捐税和兵役。高墨达的这项措施大得民心，人们纷纷起来拥戴高墨达。

冈比西斯得到国内大乱的消息后，急忙率领部队回国，准备夺回王位。就在他上马准备起程时，他的佩刀刀鞘的扣子突然弹开，刀从鞘中滑了出来，锋利的刀刃把冈比西斯的大腿割了一道血口。冈比西斯只好暂时放弃了亲自杀回波斯的计划，派了一员亲信大将，带着一支部队先行赶回波斯。但是这支部队在埃及的大沙漠中遇到了沙暴，全军覆没，长眠在沙漠之中。冈比西斯回到宫中后，癫痫病再一次发作，加上天气炎热，他的伤口受到细菌感染，只二十几天便一命呜呼了。

象形文字

埃及的象形文字大概产生在公元前4000年。这种文字同苏美尔文、古印度文和中国的甲骨文一样，都是由原始社会最简单的图画和花纹转变而来，但是埃及的古文字最初仅仅可称得上是一种图画文字。后来逐步发展，有了表意字，如小蛙象征成千上万的"多"、牛在水边奔跑则用来表示"渴"、手持棍棒表示"打"、鸟展开双翅表示"飞"，等等，这样的文字多少具备了一点抽象的含义。经过一段时期的发展改进，有些象形文字后来发展成表音字，也就是说放弃文字原来的意思而赋予一定的声音，发展到最后连它的声音也不全部采取，而只采取第一音节，于是就产生了24个表音符号。

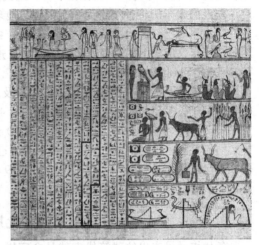

用象形文字写就的祭祀纸草——《亡灵书》中的一章

《亡灵书》是用莎草纸、皮革或亚麻布制成，并饰以各色漂亮的花边。埃及人相信，死人下葬时陪葬一本《亡灵书》，可保证死者的灵魂得以再生。

"象形字"本意为"神圣铭刻"，当时在埃及主要是祭司们在使用，因而多用于碑铭或宗教事务方面。后来开始在实际生活中应用，由于现实生活特别是经济生活的需要，文字逐步由繁趋简，中王国时产生了一种"祭司体"，大约在公元前8世纪再次简化成"民书体"。尽管古埃及文字已经从象形、表意向字母文字过渡，但是它最终还是没有发展成真正的字母文字。但是古埃及文字对腓尼基字母的形成却有着重要的影响。地中海东岸的腓尼基人，在埃及24个象形音符的基础上，创造了22个字母，这就是后来希腊字母和阿拉米亚字母系统的前身。

虽然古埃及的文字并未最终形成字母文字，但是古埃及人用了数千年的时间，对这种象形文字一直做着不断的完善，直到他们能够用它记录任何想表达的东西。他们用这种文字告知朋友消息，记录商业账目，描述自己国家的历史，以便后人能从过去的失误中吸取教训。这在埃及文化历史的发展过程中仍然是具有里程碑意义的创造。

太阳历

现在世界上通用的历法——公历，就产生于6000多年前的古埃及。

古埃及气候炎热，雨水稀少，大部分国土都是沙漠，只有尼罗河像一条绿色的缎带从南到北贯穿其间，埃及人因此将尼罗河视为"母亲河"。

在埃及境内，尼罗河每年6月开始涨水，7～10月是泛滥期，这时洪水挟带着大量腐殖质，灌满了两岸龟裂的农田。几个星期后，当洪水退去时，农田上就留下了一层肥沃的淤泥，等于上了一次肥。人们在11月进行播种，第二年的春天收获。

尼罗河还有一个特性，那就是每年的涨水基本是定时定量，从没有洪水滔天淹没一切

231

的大灾。古埃及人为了不违农时，逐渐认识到必须掌握尼罗河泛滥的规律，准确地计算时间，这就需要有一种历法。

古埃及人慢慢发现，尼罗河每次泛滥之间大约相隔365天。当尼罗河的潮头来到今天的开罗附近时，天狼星与太阳会同时从地平线升起。以此为根据，古埃及人便把一年定为365天，把天狼星与太阳同时从地平线升起的那一天定为一年的起点。一年又被分为12个月，每月30天，年终加5天作为节日，这就是埃及的太阳历。

埃及的太阳历将一年定为365天，与地球围绕太阳公转一圈的时间相比，只相差1/4天，这在当时已经相当准确了。一年相差1/4天不会让人察觉，但是经过4年就相差1天，经过730年，历法上的时间就比实际时间推进了半年，冬天和夏天将正好颠倒过来。再过730年才能回到原来的起点。

公元前46年，罗马统帅恺撒决定以埃及的太阳历为蓝本，重新编制历法。新的历法设平年和闰年，平年365天，闰年366天。每4年置1个闰年，单月每月31天，双月中的2月平年29天，闰年30天，其他双月每月30天。

恺撒死后，他的继承人奥古斯都因为自己生在8月，便从2月中抽出一天加在8月上，使8月也成为大月，即31天，同时相应把9月、11月两个月定为小月，10月、12月两个月定为大月。通用的公历由此诞生。

底比斯古城

各代埃及最杰出的建筑代表就是金字塔，此外新王国时期的阿蒙神庙和底比斯古城，都是十分伟大的建筑。

底比斯，一座充满神奇色彩的古城，它的兴衰见证着整个古埃及的兴亡。

大约从公元前2134年开始，埃及第十一王朝法老定底比斯为都城，直到公元前27年，一场大地震最终摧毁这座古城。在2000多年的漫长岁月里，底比斯在古埃及的发展中始终起着重要作用。

埃及古王国时期的底比斯，并不如后来闻名。底比斯的兴盛主要是与阿蒙神相联系的。法老在定都底比斯后，还将阿蒙神奉为"诸神之王"，定为全埃及最高的神，从此在底比斯兴起了为阿蒙神大兴土木的浪潮。底比斯在古埃及历史上的重要地位就是这样被建立起来的。

到公元前2000年左右，虽然第十二王朝的开创者门内姆哈特一世曾经把首都从底比斯迁到李斯特，但是仍然没有停止在底比斯为阿蒙神兴建纪念性建筑物。

从公元前1790~前1600年期间，中王国遭受到外族喜克索斯人的侵袭。在喜克索斯人征服大半个埃及后，他们最后定都于阿瓦利斯，建立起第十五和第十六两个王朝，底比斯因此经历了其发展史上的第一次衰落。

到阿赫摩斯一世时，他又在底比斯建立起第十七王朝，并在公元前1580年左右攻占了阿瓦利斯城，把喜克索斯人赶出埃及，由此开创了古埃及的新王国时代。

到了新王国时期，法老们再次选定底比斯作为埃及的宗教、政治中心。他们曾发动一系列侵略战争，掠取了大量的财富和战俘，并致力于把底比斯建成为当时世界上最显赫宏伟的都城。他们在东底比斯为阿蒙神和他们自己建起一座座壮观的神庙和宫殿。在西底比斯一个秘密又盛产石灰岩的山谷里，法老和权贵们又为自己修造了一座座陵墓，这个山谷后来被称为"国王之谷"。

到第十八王朝时，法老阿蒙霍特普四世开始感觉阿蒙神庙祭司们不断增加的财富对他的王权构成威胁，决定推行宗教改革，也就是埃赫那吞改革，底比斯因而衰落了 20 多年。

自第二十一王朝以后，随着古埃及统治集团内部矛盾的日益升级，另外此时爱琴海和小亚细亚一带的"海上民族"不断入侵，导致新王国逐渐衰落，底比斯由此开始了自己的厄运。公元前 663 年左右，入侵埃及的亚述军队再次洗劫、火烧了底比斯。公元前 27 年，一场大地震最终使底比斯古城沉睡于地下。

大约在 19 世纪，只留下一堆废墟的底比斯，成为古墓盗劫者的天堂。在现今埃及的卢克索和卡纳克一带，人们依稀还能见到底比斯遗址的一些断壁残垣。

卢克索神庙

卢克索神庙始建于中王国时代，新王国时期得以继续扩建，到第十九王朝时基本竣工。根据现代考古学家的考古发掘，神庙主殿总面积可达 5000 平方米，由排成 16 列的 134 根巨石圆柱支撑，中堂两排 12 根圆柱，每根高达 21 米，圆柱顶部可容纳 100 多人，柱身遍布象形文字和各种浮雕画面，其雄伟气势，精湛技艺，称得上建筑史上的杰作。

卢克索神庙证明了卢克索辉煌的过往。它是古埃及第十八王朝的第十九个法老为祭奉太阳神阿蒙、他的妃子和儿子月亮神修建而成的。到第十八王朝后期，经拉美西斯二世的扩建，形成了现今呈现给世人的规模。

卢克索神庙长 262 米，宽 56 米，由塔门、庭院、柱厅、方尖碑、放生池和诸神殿等构成。神庙的主要入口是塔门。塔门两侧矗立着 6 尊拉美西斯二世的巨大石雕，其中有两尊高达 14 米，穿过塔门后，在东北角便是太阳神阿蒙庙。

通过圆柱门，可以看到艾米诺菲斯三世的柱廊庙，其三面由双层柱廊环绕。目前残存的遗迹中可见一幅浮雕，主要描绘了艾米诺菲斯三世经神引导步入圣殿的情景。

233

在神庙的中央大厅东面是降生室，实际上它是一个小型礼拜堂，在四周石壁上刻有许多浮雕，主要都是描绘穆伊亚女王和阿蒙太阳神的象征性结婚，以及他们在女神帮助下降生王子的情景。在庭院四周还建有双排雅致的类似纸草捆扎状的石柱，柱顶呈弧形花序状，非常漂亮。在北部的入口处有造型独特的柱廊，柱子共 14 根，每根高约 16 米。据初步考证，第十九王朝的拉美西斯二世在位期间曾经征集大量人力、物力和财力，对卢克索神庙进行修饰。因此现在神庙各处多留有和他有关的痕迹：在神庙塔门两旁，有两尊高 14 米的拉美西斯二世坐像，神庙墙上也有很多浮雕生动地记述了他执政时期与赫梯人作战的情景，其中左边的浮雕描绘了当时的军营生活、战前召开军事会议以及法老御驾亲征、在战车上指挥战斗等的情况，右边的浮雕则描绘了法老如何发动进攻、其弯弓射箭的动作及赫梯人溃逃的情景。

楔形文字

苏美尔人很早就有了文字，那是一种楔形文字，不过始终没有发展成拼音文字。在人类早期的文字中，它算是发展得比较完备的一种。苏美尔人用楔形文字表述自己的生活理念，并将它们刻在泥板上。像"想吃肉就没有羊了，有了羊就吃不上肉了""妻子是丈夫的未来，儿子是父亲的靠山"等富有哲理的话，到现在依然被人们所认同。

楔形文字也叫"钉头文字"或"箭头字"，古代西亚的苏美尔人用削成三角形尖头的芦苇秆或骨棒、木棒当笔，在潮湿的黏土制成的泥板上写字，字形自然形成楔形，所以这种文字被称为楔形文字。在 2000 年间，楔形文字一直是美索不达米亚唯一的文字体系。到了公元前 500 年左右，这种文字甚至成了西亚大部分地区通用的商业交往媒介。

最初，楔形文字是图画文字，渐渐发展成表意文字，把一个或几个符号组合起来，表示一个新的含义。如用"口"表示动作"说"；用代表"眼"和"水"的符号来表示"哭"等。后来又发展为可以用一个符号代表多种意义，例如"足"又可表示"行走""站立"等，这就是表意符号。为了长久地保存泥板，需要把它晾干后再进行烧制。这种烧制的泥板文书不怕被虫蛀，也不会腐烂，经得起火烧。美中不足的是，泥板很笨重，每看一块都要费力地搬来搬去。

尽管如此，楔形文字还是流传到亚洲西部的许多地方，为人类带来了文明的"火种"。公元前 2007 年，苏美尔人的最后一个王朝衰亡之后，巴比伦王国把这份遗产继承了下来，并有了新的发展。与此同时，闪族人按照他们语言的发音，也采用楔形文字进行书写。直到希腊时代之前，凡是在美索不达米亚建立统治的每个民族都是这样做的。

汉谟拉比

巴比伦城邦位于幼发拉底河中游，扼西亚贸易的要冲，因此其名字的意思是"神之门户"，境内土地肥沃，水源丰足。巴比伦帝国在建立之初只是一个很小的城邦，经过近一个世纪的发展，在第六代王汉谟拉比的统治时，成为统一南美索不达米亚的强大帝国。

汉谟拉比采取灵活多变的策略，利用各城邦之间的矛盾，集中力量，各个击破。首先，他承认亚述帝国对北方的统治，同时与北方的马里、南方的拉尔萨结成联盟，联合马里、拉尔萨的力量，灭掉了南方的近邻伊新。随后联合幼发拉底河流域的许多城邦，征服了一些游牧部落，同时发展与东地中海城邦的贸易和外交。

当时马里国王与汉谟拉比互称"兄弟"，约定互相支援。马里摆脱亚述的控制，击退草原部落的入侵，都受益于汉谟拉比的帮助。公元前 1765 年，汉谟拉比对拉尔萨发起最后的攻击，终于灭掉了这一长期劲敌。拉尔萨的灭亡震惊了马里，马里国王立即召回和巴比伦人一起在拉尔萨作战的部队。但此时，他已无法控制巴比伦的崛起。在灭掉拉尔萨之后，汉谟拉比挥师直逼马里，两年后，将繁荣昌盛的马里夷为平地。

汉谟拉比花了 35 年的时间，创建了一个从波斯湾至地中海沿岸的庞大奴隶帝国。他自称是"强大之王；巴比伦之王；阿穆鲁的全国之王；苏美尔、阿卡德之王，即世界四方之王"。

汉谟拉比法典

汉谟拉比的法律刻在一块黑色的玄武岩石上。内容包括货币、财产、家庭以及奴隶的权利。根据这部法律，犯法者会受到相应的惩罚。俗语"以牙还牙，以眼还眼"最初就来自于汉谟拉比法典。

《汉谟拉比法典》

汉谟拉比在统治之初，遇到了一件事。一天，事务官上报了一件十分棘手的案件，说是主审法官不知该怎样判决，请汉谟拉比亲审。

原来，巴比伦城里有一个叫贾巴拉的商人，做生意赚了些钱，就想把自家的房子重新修建一下。他找到城里有名的工匠恩利勒，把房子造得非常漂亮。可没有想到的是，贾巴拉一家搬进新家住了没多久，新房子的一面墙在一天夜里突然塌了，把贾巴拉熟睡的儿子砸死了。贾巴拉一家痛不欲生，去找工匠恩利勒算账。恩利勒说："对你儿子的不幸我也很难过，可我有什么法子呢？要不我再赔你一座房子？"心爱的儿子死了，要房子有什么用？于是贾巴拉就把恩利勒告到了法官那里。法官审理了这个案子，确定房子的倒塌是因为恩利勒的设计出了差错。可是，该如何处罚工匠呢，是罚他再为贾巴拉盖一座房子，还是杀了他抵命？主审的法官也拿不定主意。

汉谟拉比在了解事情的详情后，说："应该让工匠的儿子去抵命！由于工匠的过失，贾巴拉的儿子死了，他失去儿子的痛苦是由工匠造成的，那么就应该让工匠也尝尝失去儿子的痛苦！我治理国家的法则是：'以牙还牙，以眼还眼。'"自此，汉谟拉比意识到，必须制定一部法典，用统一的法律调解矛盾，维护秩序。于是，汉谟拉比令人把他的意志记下，制定成法律条文，刻在一个高大的石碑上，竖立在巴比伦马都克大神殿里。这样一来，所有人都知道违反了法律的规定，将会受到什么样的惩罚。

这块用楔形文字书写的石碑，就是著名的《汉谟拉比法典》，也是世界上最早的一部较为系统的法典。这部法典分为序言、正文和结语3部分。正文共有282条，包括诉讼手续、盗窃处理、租佃、雇佣、商业高利贷和债务、婚姻、遗产继承、奴隶地位等条文。处理纠纷的原则，就是"以牙还牙，以眼还眼"。依靠这部法典，汉谟拉比时代的巴比伦帝国，成为古代东方统治最严密的国家。

哈什马战役

汉谟拉比死后，巴比伦不断受到外族的进攻，约在公元前1600年，两河流域北部的赫梯人入侵巴比伦，灭掉了这个曾经显赫一时的帝国。赫梯人退回北方后，巴比伦又被亚述帝国征服，战乱不断。

历经了500多年混乱，直到公元前7世纪末，新的巴比伦王国才在尼布甲尼撒的领导下重建。

新的巴比伦王国的君主之中，声名最为显赫的要算尼布甲尼撒二世。他在少年时就跟随父亲统兵作战，勇敢机敏，深得将士们的拥护。

公元前607年，新巴比伦王国和埃及人的矛盾激化，在幼发拉底河上游不断发生冲突，新巴比伦军队处于下风，被迫放弃了一些重要据点。公元前605年的春天，双方再次在幼发拉底河西岸的卡尔赫米什进行决战，尼布甲尼撒二世率军在下游先行渡河，而后沿西岸向敌人发起猛攻。与此同时，将埃及人南逃的退路也切断了。战斗进行得异常惨烈，新巴比伦王国的士兵像潮水一样冲向敌阵，一批倒下后，新的一批又袭来，埃及军队抵挡不住，遭到了惨败。埃及军队溃逃后，尼布甲尼撒二世下令追击，终于在哈马什全歼了埃及军队。

巴比伦之囚

哈马什战役结束后不久，尼布甲尼撒二世对叙利亚、巴勒斯坦地区的众多小国发动了一系列征战。大马士革、西顿、推罗以及犹太的国王都被迫纳贡称臣。

公元前601年，尼布甲尼撒二世再度与埃及交战，这一次双方的损失都很惨重。一直臣服于尼布甲尼撒二世的犹太国王约雅敬认为巴比伦的势力不如以往了，转头投向了埃及。

尼布甲尼撒二世在听到犹太国王投降的消息之后，大发雷霆，发誓要踏平耶路撒冷。公元前598年，投降埃及的犹太国王约雅敬死去，儿子约雅斤即位。尼布甲尼撒二世认为进攻犹太王国的时机已到，亲自率领大军攻向耶路撒冷。

经过两个多月的围攻，犹太王国战败，国王带着所有大臣出城投降。尼布甲尼撒二世废黜了约雅斤，封约雅斤的叔叔为犹太王，让他宣誓效忠巴比伦王国，不得反叛。然后下令将犹太王室的大部分成员和犹太的能工巧匠一齐押往巴比伦做奴隶。临行前，又下令对耶路撒冷的神庙进行洗劫和焚毁。

公元前588年，埃及向巴勒斯坦地区发动了进攻，犹太国王和这一地区其他臣服于巴比伦的小国纷纷起来响应埃及，想趁机脱离巴比伦王国的控制。不久，尼布甲尼撒二世又率军队对耶路撒冷发动了第二次围攻，这次围攻历时18个月。由于饥荒和内部分裂，耶路撒冷再次陷落。

尼布甲尼撒二世对一反再反的犹太国王无比痛恨，下令杀死王室成员，洗劫耶路撒冷。全城活着的居民，几乎全被掳到巴比伦成了奴隶。这就是历史上有名的"巴比伦之囚"。此后，尼布甲尼撒二世又攻打重要的海港和商业中心——腓尼基城市推罗。推罗人坚决不投降。尼布甲尼撒二世对推罗进行了长达13年之久的围攻。一些巴比伦的老兵头发都光秃了，军装由于长期不换也都被磨破了。最后，由于没有任何的外援，推罗不得不投降。

新巴比伦城

尼布甲尼撒二世在取得了空前的胜利后，为了显示自己非凡的成就，尼布甲尼撒二世下令：重修巴比伦城。

新建的巴比伦城内，有壮观的王宫和著名的"空中花园"，以及那座让上帝都感到又惊又怒的通天塔。

虽然是传说，但巴比伦城的雄伟依然可见一斑。据说，巴比伦城墙的厚度，可以让一辆四匹马拉的战车转身，每隔一段距离就有一座城楼。巴比伦城有100座铜做的城门，因此希腊大诗人荷马把巴比伦城称为"百门之都"。巴比伦城的大门叫典礼门，高4米多，宽2米左右。门的上部是拱形结构，两边和城墙相连，门洞两边的墙上有黄、棕两色琉璃砖制成的雄狮、公牛等图像。这座城门建筑得十分牢固，公元前568年，波斯人在摧毁巴比伦城时，只有这座城门幸存下来。

穿过城门，是一条宽广大道，铺着灰色和粉红色的石子，大道两旁的墙上都有雄狮、公牛等图像。尼布甲尼撒二世的王宫就在大道西边，王宫布局复杂，曲径通幽，有许多房间可供使用。巴比伦气候炎热，但王宫里却是绿树掩映，凉爽宜人，还有用于露天活动的宽敞庭院。

尼布甲尼撒二世的巴比伦城，是古代两河流域地区最壮丽、最繁华的都城。不过好景不长，88年后，新巴比伦王国被波斯人彻底毁灭。随着巴比伦王朝的覆灭，显赫一时的古城巴比伦也日渐消失在荒草之中了。

空中花园

被人们称为古代世界七大奇迹之一的"空中花园"，相传是尼布甲尼撒二世为他的妻子赛米拉米斯公主建造的，用意是为了让她不再想念远方的家乡。

千百年来，关于"空中花园"的美丽传说一直为人们津津乐道。新巴比伦国王尼布甲尼撒二世娶了米底的公主赛米拉米斯为王后。公主美丽动人，深得国王的宠爱。不过时间一长，国王发现公主愁容渐生，但却不知何故。公主说："我的家乡山峰层峦叠嶂，花草丛生。而这里都是一望无际的平原，连个小山丘都看不到，我是多么渴望能再见到我家乡的山岭和盘山小道啊！"国王听了公主的倾诉，理解她的思乡之情，于是下令工匠按照米底山区的景色，在他的宫殿里建造起层层叠叠的阶梯形花园，还在上面栽满奇花异草，并在园中开辟了幽静的山间小道，小道旁是潺潺的流水。不仅如此，工匠们还在花园的中央额外修建了一座城楼。由于花园比宫墙修得高，给人感觉好像整个御花园悬挂在空中，因此被称为"空中花园"，又叫"悬苑"。当年到巴比伦城朝拜、经商或是旅游的人从很远的地方就可以看到空中城楼上的金色屋顶在阳光下熠熠生辉。

令人遗憾的是，"空中花园"和巴比伦文明的其他著名建筑一样，早已经湮没在滚滚黄沙之中。目前我们对"空中花园"的了解仅是通过后世的一些历史记载和近代考古发掘。

空中花园想象图

巴别通天塔

据《圣经·旧约》记载，人类的祖先最初讲的是同一种语言，他们在两河流域的富饶土地上定居下来后，过上了富裕的生活。人们决定，修建一座可以通到天上去的高塔，上天去看看，这就是通天塔。人们用砖和泥作为材料，真的将塔建了起来，而且冲入云霄。上帝一看，又惊又怒，认为这是人类虚荣心的象征。上帝想，人们讲同样的语言，就能建起这样的巨塔，日后还有什么办不成的事呢？于是，上帝决定让人世间的语言发生分歧，使人们言语不通。后来，人们就把巴比伦叫作"冒犯上帝的城市"。

赫赫有名的巴别通天塔耸立在典礼门内大道的北面，"巴别"是巴比伦文，意思是"神的大门"。由于它的读音跟古希伯来语中的"混乱"一词相似，加上当时巴比伦城里的居民讲的远不止一种语言，因此可能给《圣经·旧约》的作者带来想象，写出了上面那个"语言混乱"与上帝对建塔的人类进行惩罚的故事来。

尼布甲尼撒二世建造的巴别通天塔有7层，高90米，在高耸入云的塔顶上，建有壮观的供奉马都克主神的神殿，塔的四周是仓库和祭司们的住房。遥想当年，祭祀神灵要爬上90米高的塔，实在不是一件易事。如果真有神灵在上面享受祭品，当他看到如此伟大的人类奇景，恐怕也不好意思心安理得地享用吧。

亚述征服

公元前3000年左右，在两河流域的北部，一支叫亚述的部落兴起。到公元前8世纪后期，亚述国发展成了两河流域最强大的国家。

在国王提格拉特帕拉沙尔三世（前746～前727年）时代，亚述人建立了一支当时世界上兵种最齐全、装备最精良的常备军。提格拉特帕拉沙尔三世和他的后代，凭借这支强大军队，进行了一系列的侵略战争，先后征服了小亚细亚东部、叙利亚、腓尼基、巴勒斯坦、巴比伦和埃及等地，成为两河流域和北非一带最强大的军事强国。

亚述帝国的军队分为战车兵、骑兵、重装步兵、轻装步兵、攻城兵、工兵等，拥有当时最强大的攻城武器——投石机，就是一个个巨大的木框里，装上一种特制的转盘，上面绞着用马鬃和橡树皮编成的绳索，用力一拉，可以射出巨大的石弹和燃烧着的油桶。还有一种攻城锤，用青铜铸成，攻城时用来撞击城墙。

"我用敌人的尸体堆满了山谷，直达顶峰；我砍掉他们的首级，用他们的人头装饰城墙；我把他们的房屋付诸一炬，在城的大门前建筑了一座墙，包上一层由反叛首领身上剥下来的皮；我把一些人活着砌在墙里，另一些人沿墙活着插进尖木桩，并加以斩首。"这是亚述王那西尔帕二世的铭文中对自己的记载，描述的是亚述帝国时期对被征服地区的野蛮和残暴。

公元前743年，亚述军队攻陷了叙利亚首都大马士革。由于城中军民拼死抵抗，愤怒的亚述人把成千的战俘绑在削尖的木桩上，让他们慢慢地在痛苦中死去。那些在战斗中死去的将士，亚述人把他们的头颅割下，堆成山状。城里的老人、孩子、妇女，亚述人也不肯饶过，统统杀掉。城中所有的贵重物品，都被运回亚述国。

亚述的后继者

公元前8世纪，亚述王辛赫那里布将都城由萨尔贡迁到底格里斯河左岸的尼尼微。辛赫那里布把大部分时间和精力都用在尼尼微的建设上，他兴建了一座巨大的王宫，王宫里的浮雕就长达3000米。辛赫那里布王的继承者阿萨尔哈东王在位时，继续扩建尼尼微，使它成为一座有12万居民的大都城。

王室打猎

亚述国王们喜欢打猎，特别是最凶猛的动物——狮子。国王们希望臣民相信，他的力量是上天给的。国王还经常让人把他们展现不可思议的力量与勇敢的情景描绘下来。

此时，铁器已在亚述国内使用，人们开垦出了更多的土地，还为军队提供了更为锐利的武器，进一步增强了战斗力，让亚述成为铁器时代的第一个帝国。

阿萨尔哈东的继承者是大名鼎鼎的亚述王巴尼拔。他除了大量收藏亚述人的图书——泥板文书外，还兴建了巨大豪华的巴尼拔王宫和世界上最早的皇家图书馆，藏书内容涉及历史、法律、宗教、文学、天文以及医学等方面的知识。

由于亚述帝国是借助血腥掠夺、残酷镇压建立起来的，它的残暴激起了越来越猛烈的反抗浪潮。庞大的亚述帝国在巴尼拔死后便迅速土崩瓦解了。埃及首先宣布独立，叙利亚和腓尼基也紧跟其后。巴比伦为争取独立，在公元前626年与米底人结成同盟反抗亚述。米底人在公元前614年攻下亚述城，城中的贵族都被杀死，城市被洗劫一空。两年后，巴比伦和米底联军攻陷尼尼微，同样将城市洗劫一空，然后放火焚城。最后一代亚述王为了不被生擒，跳海自尽。一代名城尼尼微和庞大的亚述帝国一起，就这样从地面上消失了。

辛赫那里布

亚述王辛赫那里布是一位在政治上没什么建树的国王，将都城迁到了底格里斯河左岸的尼尼微后，他把大部分时间和精力都用在了城市建设方面。至于国家大事，全由王后娜吉亚处理。

娜吉亚本是叙利亚的公主，入宫后不久，原来的王后就去世了，娜吉亚得以继任。根据宫廷规矩，国王的长子是王位的合法继承人，无论他是不是王后所生。但是事实上，继任者的选拔经常很复杂。因为每个妃嫔都想把自己的儿子推上继承人的宝座。娜吉亚的儿子就是年纪最小的。

娜吉亚一直处心积虑为儿子阿萨尔哈东谋求王位。终于，辛那赫里布宣布阿萨尔哈东为自己的继承人，同时也宣布了自己的死期。他的另两个儿子因为不服这个决议，密谋杀死了辛那赫里布，阿萨尔哈东在母亲的支持下登上王位，将参加密谋的人全部处死。

为了吸取父亲被刺身亡的教训，阿萨尔哈东决定尽早确立继承人。在娜吉亚的坚持下，他最终选择了自己的第三个儿子作为王位继承人，因为娜吉亚认为这个孩子最具有政治才能，他就是亚述帝国伟大的巴尼拔。

阿萨尔哈东是辛赫那里布最小的儿子，如今他的小儿子又被宣布为继承人，违背了亚述的传统。娜吉亚为了巩固儿子的政权，下令执行忠诚誓言。阿萨尔哈东的哥哥们、儿子们、大臣们、地方的各级长官，乃至亚述所有的成年男女公民，都必须执行这一仪式，发誓："从现在起，如果有任何试图谋反和叛乱的言语，或不利于君主的话，都应该报告。如果听到任何刺杀或废黜君王的计划，即使这些话是自己的亲人或朋友所说，不论是在乡村还是在驻军城堡中间传出，都应该抓住密谋者，并把他们带到国王面前。"

传说中的亚述女王

这位传说中的亚述女王的名字，如今我们已无从得知，所有人都称呼她为塞米拉米丝。这本是亚述神话中的一位女神，但自从亚述女王顶替了这个名字，女神与女王就合为一体了。

相传，古时幼发拉底河上游暴发洪水，一些鱼被冲上了岸。这时，两条大鱼发现水面上浮着一只白鸟蛋，便将它推到了岸边。一只白鸽飞过将蛋叼走，不久后竟然孵出了一个人面鱼身的少女。这位少女深得众神喜爱，但不久后竟生下一个女婴，遭到众人指责。女婴被抛弃林中，被一群白鸽饲养，后来牧人发现了女婴，将她抱回村庄，取名塞米拉米丝，即小白鸽的意思。

几年后，塞米拉米丝出落得楚楚动人，被国王的军机大臣米努吐斯将军爱上，结为了夫妻。塞米拉米丝并不爱将军，虽然表面奉承，心里却琢磨着控制将军的权势，用自己的智慧和勇气博得国王赏识。终于，在亚述进攻敌国的一次战役中，塞米拉米丝女扮男装来到军中，亲自带队从侧面攻克敌人的堡垒，成功引起了国王的注意，被国王纳为后妃，将军闻讯自杀身亡。

做了王妃的塞米拉米丝独得国王恩宠，开始一步步算计国王的政权。不久后，塞米拉米丝故意疏远国王，激起他的欲火，国王心急如焚，向王后百般求情，塞米拉米丝看准时机，便要求国王允许她掌权3天，国王答应了。

第一天平安无事，第二天，塞米拉米丝便发布了一道指令，即逮捕国王，然后将其杀死。从此，塞米拉米丝做了亚述的女王，她用美貌征服国民，用勇气征服邻邦。在她统治时期，从埃及到埃塞俄比亚，再到今天的阿富汗北部，到处都是她征战的身影，到处都是亚述帝国的铁骑。

最早的史诗

提起西亚美索不达米亚的文学，首先要说的就是《吉尔伽美什》，这是人类历史上的第一部史诗。

239

这部史诗在 19 世纪中叶从亚述古都尼尼微出土，经过学者们约半个世纪的发掘整理，直到 20 世纪 20 年代，这部史诗的泥版终于修复，翻译和注释也基本完成。

史诗中描述了乌鲁克国王吉尔伽美什，他是一个非人非神的生物，因为是神创造了他完美的身躯，赋予了他美貌、智慧、勇敢，使他具有世人无法具有的完美品质。

起初，国王吉尔伽美什性情暴戾，荒淫无度。天神听到百姓的哭诉后，就为吉尔伽美什创造了一个对手——恩奇都，希望他制服吉尔伽美什。两位英雄经过艰苦厮杀后，不分胜负。最后，惺惺相惜之情让他们结成了莫逆之交，决心为民除害。经过一番残酷的战斗，他们杀死了巨妖洪巴巴，救出了女神伊什塔尔。吉尔伽美什因此得到了百姓的敬佩，也赢得了伊什塔尔的爱情。

女神请吉尔伽美什做她的丈夫，许诺会给他无尽的荣华富贵。可吉尔伽美什拒绝了，他不喜欢伊什塔尔到处留情的性情，认为她根本不善待人。伊什塔尔遭到拒绝后，由爱生恨，请天牛替她报受辱之仇。吉尔伽美什和恩奇都与天牛展开了生死搏斗，最终除掉了天牛。不幸的是，他们受到了伊什塔尔的父亲——天神安努的惩罚。天神让恩奇都患上致命的疾病，离开了人世。挚友的去世使吉尔伽美什悲恸欲绝，同时也充满了对死亡的恐惧，决心到人类的始祖乌特·纳比西丁那里去探寻永生的秘密。在经过长途跋涉、历尽千辛万苦之后，吉尔伽美什终于找到了乌特·纳比西丁。乌特·纳比西丁向他讲述了人类曾经历大洪水的灭世之灾，但自己一家得到神助而获得永生的经过。可是这个秘密对吉尔伽美什毫无用处，因为再也不可能有这种机遇了。吉尔伽美什万分沮丧地回到了乌鲁克，在与恩奇都的灵魂对话后，得到了内心的平静。

240

吉尔伽美什是神的作品，可他反抗神的意志，希望将命运乃至生命都掌控在自己手中，但最终一场徒劳。这个悲剧故事迂回曲折，读过的人无不潸然泪下。

赫梯的发迹

赫梯，又译为"喜太""西台""西泰特"或"希泰"。赫梯地处小亚细亚的卡帕多细亚。早在公元前 2000 年讲赫梯语的赫梯人和后迁来的讲涅西特语的涅西特人共同创建了赫梯国家。赫梯王国大约就是在此时登上历史舞台的。

赫梯的发源地小亚细亚自古就是近东文明与爱琴文明联系的桥梁和纽带。在哈里斯河流域，小亚细亚多是山脉围绕的高原地区，因而畜牧业就成为赫梯重要的经济产业。农业需要依靠河溪和水池灌溉，发展受到很多条件限制。在赫梯生活的地区还盛产银、铜、铁等多种矿藏，是发展金属冶炼的有利条件。因而处于黑海、地中海和两河流域之间的要道上的赫梯，很早就和外界发生贸易联系。

公元前 19 世纪与公元前 18 世纪之交，赫梯人形成了第一批部落联盟，并建有设防的城市。其中，以库萨尔、涅萨和察尔帕最为重要。库萨尔王阿尼塔在各部落联盟的相互争斗中最终取得胜利，他摧毁了赫梯原先的土著部落堡垒哈图沙，征服了涅萨，并定都于此。

形成中的赫梯国家实行对外侵略政策。赫梯王塔巴尔纳约当在公元前 1640 年征服小亚细亚东部，他的儿子哈图喜里又曾攻打哈图沙。这时，操涅西特语的赫梯部落与原先的土著部落逐渐融合，并趋于统一。到穆尔西里一世时，他继承先辈诸王的扩张侵略政策，趁喜克索斯人势力削弱和巴比伦国家内外交困之时，大约在公元前 1600 年征服了喜克索斯人的北方据点哈尔帕，不久他的大军又洗劫了巴比伦。

在穆尔西里一世统治的晚期，王室贵族相互倾轧，政局动荡。宫廷内部由于王位继承问题，纷争不断，穆尔西里一世本人也在宫廷阴谋中死去。这时曾经被征服的地区重新独立，各种骚动、叛乱和反抗在赫梯国家持续了几十年。

大约在公元前1535年，铁列平即位为王，他开始对国家制度进行改革。铁列平力图杜绝贵族的纷争，借以稳固国家政权。他首先从王位继承制度着手，规定国王的嫡长子是王位的优先合法继承者，如无嫡男，依次由庶子和嫡长女婿递补。这就确立了王位世袭制度，避免了贵族间的争夺。铁列平还禁止王族仇杀，国王如犯此罪，也要由贵族会议

战车士兵
赫梯人军事的成功多半归功于他们熟练的战车技术。

审讯，并依法处死。他规定贵族会议拥有很大权力，不经议会同意，国王无权处死任一兄妹。古代的"潘克"继续保留。但对参加潘克的成员有一定的限制：仅限于军队的特权分子、国王卫队、千夫长以及参加贵族会议的贵族。铁列平的改革标志着赫梯国家形成过程的完成。

公元前1595年，赫梯侵入两河流域，攻占并毁坏了巴比伦城。

《赫梯法典》

随后的两个世纪是赫梯王国最强盛的时期，国家编制了《赫梯法典》。《赫梯法典》是偏居于小亚细亚的赫梯王国的基本法律依据，它大约完成于公元前15世纪。虽然是以刑事规范开篇，而且整部法典还规定了对杀人、伤害、盗窃、放火、破坏判决、污染水源等多种罪名的处置，但除了对少数性质严重的犯罪规定了刑罚之外，一般的犯罪多是采用民事赔偿、补赎的方式处理。同时在刑事制裁之外，还规定了大量的免责条件，这样实际处以刑罚的犯罪就更少了。《赫梯法典》可称得上是当时西亚奴隶制国家中制定的唯一一部"重民轻刑"的法典。今天保存下来的法典，主要是来自哈土什赫梯王档案库发掘出的泥版文书上的记载。整部法典由三表组成，共241条。第一表《〈假如某人〉，太阳我父的泥版》，有100个条文；第二表《假如葡萄》，有100个条文，这是补充第一表的法律汇编；第三表有41个条文，是公元前3世纪时对第一表的改编。《赫梯法典》与公元前18世纪的《汉谟拉比法典》、公元前15世纪的《中亚述法典》，同为现今保存较为完整的楔形文字法典。

与《汉谟拉比法典》有别的是，《赫梯法典》首先强调世俗化、民众化。他没有讲述君权神授的序言，没有对神的超凡地位进行特别描述和规定。法典中仅有为数不多的几条提到神，不过对神的提及也都是为了凡人的利益。例如在法典第169条上有规定：因购买田地而破坏田界的人，应说"你把我的树种在田地上"！这样说，"太阳女神和暴风雨神就不会发怒"。尽管《赫梯法典》中也有维护国王权威、保护国王安全的规定，但都很温和，没有特别强调国王的专制。

其次，《赫梯法典》涉及私法范畴的条文很多，并且都是和民众日常生活密切相关。通观整部法典，其中关于葡萄藤、苹果树等的规定，比对国王和天神的规定要多。

再次，与东方同时期的法典相比，《赫梯法典》"重民轻刑"是其鲜明的特色。

总而言之，《赫梯法典》除了具有楔形文字法典的一般特征之外，它在内容上同时带有浓重的民众色彩，在东方古代法中卓具特色。

字母文字

腓尼基位于叙利亚沿岸，西临地中海，东倚黎巴嫩山，北接小亚细亚，南连巴勒斯坦，与犹太人是近邻。由于腓尼基地处西亚海陆交通的枢纽地区，所以航海和商业特别发达。

在公元前3000年，腓尼基人就在这里定居下来，他们修筑了两座防备坚固的城市——提尔和西顿。没用多长时间，他们便垄断了西方海域的贸易。他们的船只定期开往希腊、意大利和西班牙，甚至还冒险驶过直布罗陀海峡，到锡利群岛采购锡。所到之处，腓尼基人都会建立起一些小型的贸易据点，称为"殖民地"。

腓尼基人很有商业头脑，他们买卖有利可图的一切东西，包括贩卖人口在内，从未觉得良心不安。如果他们的邻居没有夸大其词，那么腓尼基人就是既不诚实也不正直的人。他们把装得满满的钱箱当成是所有正派公民的最高理想。

因为腓尼基人经常坐着船到各地去做买卖，在记账时总觉得当时流行的楔形文字太繁难，需要一种简便的文字。他们在埃及字母的基础上，创造出用22个辅音字母表示的文字。现在欧洲各国的拼音字母差不多都来源于腓尼基字母。

说起腓尼基字母的发明，还有一个有趣的传说。相传，有一个叫卡德穆斯的腓尼基木匠，一次在别人家里干活，需要一件工具，可偏偏忘了带来。卡德穆斯随手拿起一片木头，用刀在上面划了几下，然后让一个奴隶送给在家中的妻子。卡德穆斯的妻子看了木片，什么都没说，就递给了奴隶一件工具。奴隶惊呆了，认为他的主人是在用一种神秘的方式，通过木片来表示出他需要的东西。据说，卡德穆斯在木片上划的，就是腓尼基第一次出现的字母文字。这件事传开后，许多人都来向卡德穆斯求教，卡德穆斯就将他发明的字母文字教给了大家。这样，腓尼基字母就逐渐传播开来。

虽然腓尼基人的贪财不招人喜欢，但他们发明的字母文字，却不得不让后人刮目相看。不过，财富和众多的"殖民地"依然无法改写腓尼基的命运，公元前6世纪，腓尼基最终被波斯帝国兼并。

紫红之国

在古希腊语中，"腓尼基"的意思是"紫红之国"。在古代的埃及、巴比伦、赫梯以及希腊，贵族和僧侣们都喜欢穿紫红色的袍子，并以此显示身份的高贵。可是，这种颜色很容易褪去。他们注意到，居住在地中海东岸的一些人总是穿着鲜亮的紫红色衣服，似乎他们的衣服总也不会褪色，即使衣服破了，颜色也跟新的时候一样，所以大家便把地中海东岸的这些居民叫作"紫红色的人"，即腓尼基人。

腓尼基盛产紫红色的颜料，而生产这种颜料，还源于一件偶然的事情。据说，有个腓尼基牧人，一天从海边拿回一大堆海螺，煮好之后，他扔了几个给他的猎狗，猎狗衔了一个使劲地一咬，顿时嘴里和鼻子上都溅满了鲜红的汁水。牧人以为猎狗的嘴巴被螺壳扎破了，急忙用清水给它清洗，可是洗完之后，猎狗脸

海螺壳

上仍然是一片鲜红。牧人很奇怪，拿起海螺仔细观察，发现里面有两块鲜红的颜色。他想，如果用海螺里的颜色染布，可能会不掉颜色。于是，这个人又去捡回了一大堆这种海螺，将贝壳砸碎，放在水里熬，果然熬出了一种紫红色的染料，而且不易褪色。

从此，腓尼基人争着到海里去捕捞这种海螺，用它的贝壳做成紫红色的颜料，然后用来染布。这种紫红色的布受到地中海沿岸许多国家居民的喜欢，腓尼基人因此靠贩卖染料、布匹发了大财，渐渐放弃了农业生产，全力经商。

希伯来与迦南

腓尼基的南面，是一片适合放牧和种植农作物的沃土，这里被称为巴勒斯坦。

公元前 3000 年，塞姆族（又被称为"闪族"）的游牧民族为了寻找水草，赶着他们的羊群来到了这里。看到这片状如新月的土地，塞姆人一下子就爱上了它，他们对已经居住在这里的土著部落展开了无数次的进攻，最终占据了这个地方。

塞姆族中有一支叫作希伯来的部落，想占有新月形沃土中的一条狭长地带，因为他们听说这里被叫作"流着奶和蜜的地方"。但是这里早已被一个叫作迦南的部落占领，为争夺这块土地，希伯来人同迦南人进行了许多年的战争。

迦南人十分英勇，希伯来人不是对手。被迦南人打败的希伯来人，处境十分困难，全族人聚到一起，商议部落今后的出路。一个老人说，在一个遥远的地方，有一个遍地羊群、年年五谷丰登的好地方，到过那里的人都将它称为"天堂"，它就是埃及。于是，全族人决定离开巴勒斯坦，前往埃及。

243

大约在公元前 1700 年，希伯来族长带领全族老小，历经千难万险，终于来到了尼罗河三角洲东部的草原，并在那里定居下来，安定地生活了几百年。

可是，埃及的法老拉美西斯二世要建造两座巨大的宫殿。他把希伯来人变成了奴隶，让他们开山挖石，服各种苦役。拉美西斯二世死后，埃及又受到来自四面八方的其他民族和海盗的入侵。希伯来人的首领摩西乘机带领全族人越过红海，逃出了埃及。

在逃离埃及的行程中，希伯来人受尽苦难，缺水少食，风餐露宿，每天行走在大沙漠中，有不少人想返回埃及，宁可重新当奴隶，也不愿再受这种跋涉之苦。

摩西看到他的族人对命运失去信心，万分痛苦。一天，当他们经过西奈山麓的时候，摩西爬上山顶，待了足足 40 天。下山后，摩西说他见到了耶和华（希伯来人敬奉的神），并得到他的圣谕："只有回到迦南，才是唯一的出路。"

但是，祖先同迦南人战斗的惨烈大家都知道，大多数希伯来人没有勇气同勇猛强悍的迦南人再进行斗争。摩西无奈，只好带着族人到处流浪。40 年过去了，摩西已经成为一个衰弱的老人，不久便去世了。

约书亚、扫罗与大卫

接替摩西的，是勇敢的约书亚。这时，希伯来人的新一代已经成长起来，经过长期艰难生活的磨炼，年轻的希伯来人个个成为强悍勇敢的战士。约书亚于是决定带领他们重返巴勒斯坦。经过无数次的战斗，希伯来人终于渡过了约旦河，在迦南定居下来。

约书亚之后的希伯来人的首领，是一位名叫参孙的大力士，传说他能空手撕裂猛狮，曾经用一块驴肋骨打死了 1000 个敌人。

可是，这几位勇敢的领袖都没能让他们的族人过上安定的生活。参孙死后，希伯来人仍旧生活在动荡之中，而且还分成了许多小部落。其中较大的部落，一个叫以色列，一个叫犹太。

正当希伯来人处于分裂状态时，来自地中海沿岸岛屿的一个叫作腓力斯的强大部落向希伯来人发动了进攻。希伯来人没能抵挡住腓力斯人的进攻，连本族的圣物也让腓力斯人抢走了。

就在希伯来人四分五裂的时候，一个名叫扫罗的年轻人脱颖而出，他在一次迎击敌人的进攻中表现得十分勇猛、机智和果断，希伯来人一致推选他为新的首领，并为他举行了希伯来人最隆重的涂油圣礼，即把油涂在扫罗的身上，承认他为希伯来人的最高首领。后来，扫罗王因为在一次战斗中失败，自杀了。

扫罗死后，一个有勇有谋、名字叫大卫的青年登上王位。他曾经是一个强盗头，后来被扫罗收服。大约在公元前1000年，大卫率领族人将腓力斯打败，并攻下迦南人的一个叫耶路撒冷（意思是"和平之城"）的小城市。

因为大卫出身犹太部落，他就把他建立的国家称为犹太王国，把首都建在了耶路撒冷。大卫死后，他的儿子所罗门继承了王位。

所罗门珍宝

所罗门是一个聪明的国王。一天，一名官员带着两个妇女和一个孩子到了所罗门那里。这两个妇女都说孩子是自己的，这个官员无法判定，只好请国王亲自审理。所罗门王想了一下，对这个官员说，既然无法判定谁是孩子的母亲，那就用剑将孩子劈成两半，两人各得一半。这时，其中的一个妇女大哭起来，向所罗门王请求，她不要孩子了，只求不要伤害孩子，另一个妇女却无动于衷。所罗门哈哈一笑，对那个官员说："现在你该知道，谁是那个孩子真正的母亲了吧。任何一个母亲都不会让别人伤害自己的孩子的。"

所罗门王的时代（前960～前930年），是犹太人历史上最繁荣的时期。所罗门王将全国划分为12个行政区，委任总督管理，并与腓尼基和埃及修好。所罗门王下令修建了许多的宫殿和神殿，其中最宏伟的，是位于耶路撒冷小山上的宫殿和犹太教圣殿。耶和华的"约柜"被送到新落成的圣殿中，这个圣殿成了团结犹太人的象征。"约柜"里装着的，是以色列人最崇拜的上帝耶和华的圣谕，这是当年摩西在西奈山顶上得到的。上帝还授予摩西一套法典和教规，要以色列人时时事事都要遵守照办。摩西得到圣谕和"西奈法典"后，就让两个能工巧匠用黄金特制了一个金柜存放，这就是金"约柜"。除了"约柜"，所罗门王还把他毕生收集的金银财宝都存放在圣殿里，这就是历代相传的"所罗门珍宝"。

居鲁士传奇

公元前10世纪左右，有两个说印欧语的部落，定居在今天的伊朗高原，一个叫米底，一个叫埃兰。大约在公元前7世纪，埃兰被亚述帝国消灭。波斯各部落进入伊朗高原的西南部，和北部的米底部落形成对峙之势。在同米底的不断冲突中，波斯各部落结成了强大的部落联盟。

米底人也不软弱，他们脱离了亚述人的统治，建立起王国，定都在爱克巴坦那。不久，米底组织起强大的军队，灭掉了称雄西亚、北非的大帝国亚述，声名大噪。到了国王阿斯提亚格斯当政时，米底统治了整个伊朗高原和亚述地区。

有一天夜里，国王阿斯提亚格斯在梦中突然发出一声惊叫，被噩梦惊醒后，浑身冷汗，再也不能入睡。天一亮，他叫来会占梦的僧侣，告诉他昨夜梦见自己的女儿曼丹妮撒尿撒成滚滚洪流，不仅淹没了爱克巴坦那城，而且泛滥整个亚洲。僧侣听后大惊失色，说这是

244

不祥之兆，预示着公主将来会危及国家。

从此，国王阿斯提亚格斯对女儿曼丹妮怀了戒心。等到女儿长大后，他下令不准曼丹妮嫁给米底的王公贵族，而把她嫁给了一个温顺老实的波斯贵族冈比西斯。

曼丹妮出嫁不到一年，国王阿斯提亚格斯又做了个怪梦，这回梦见曼丹妮的肚子里长出一支葡萄藤，而且枝叶茂盛得遮住了整个亚洲。占梦的僧侣又预言说，曼丹妮的后裔将会取代阿斯提亚格斯，成为国王。

阿斯提亚格斯立刻派人去波斯探访，果然公主已经怀孕。他急令公主回宫，派人严加监视，准备等孩子一出世，便立即将其弄死，以除后患。

朴素的居鲁士之墓

不久，曼丹妮生下一个男孩，取名居鲁士。阿斯提亚格斯听说孩子生下来了，便叫王室总管哈尔帕哥斯把这个孩子带出宫杀死。

哈尔帕哥斯没有亲自动手，而是把这个孩子交给了国王庄园里一个叫米特拉达铁斯的奴隶牧人，让他去办这件事。

米特拉达铁斯的妻子叫斯巴哥，见丈夫抱回一个可爱的孩子，立时放声大哭起来。原来，他们的儿子刚生下就咽了气。

斯巴哥哭着说道：“千万别害死这孩子，用我们死去的孩子交差吧。这样，我们的孩子会得到王子般的葬礼待遇，这个孩子也不会丢掉性命。”米特拉达铁斯因为儿子死了也万分伤心，便按妻子的话做了。小居鲁士就这样活了下来，从此成了奴隶牧人的儿子。

小居鲁士 10 岁的一天，和村里的孩子们做游戏，被孩子们推为国王。他就像真的国王一样发号施令，命令一些孩子为他造小房子，另一些孩子当自己的卫兵，俨然一副国王的派头。

同玩的孩子中，有一个是村里米底破落贵族的孩子，不服气奴隶的儿子做国王，两个人扭打起来。

国王阿斯提亚格斯正好在这里巡视，听说了这件事，便把小居鲁士叫来，问他为何打贵族的儿子。小居鲁士理直气壮地说：“陛下，他是罪有应得。我们村的孩子选我做国王，可他不听我的话，不把我放在眼里，所以我让他受到应得的处分。我没有过错。”

阿斯提亚格斯听这孩子说话的口气很大，而且长得和自己有些像，不禁怀疑起来。

在弄清居鲁士的身世后，国王又叫来占梦的僧侣，问他该如何处置小居鲁士。僧侣眉开眼笑地说：“如果这孩子做了一次国王，就不会第二次成为国王了。陛下尽可放心。”国王放心了，将小居鲁士送回了曼丹妮家中。

宇宙四方之王

因为国王不再担心居鲁士对自己的威胁，从此居鲁士在一个平静的环境下健康成长。长大后，居鲁士凭着自己的贵族身份，逐渐将波斯 10 个部落的青壮年贵族团结起来。一天，居鲁士对这些波斯的年轻贵族说：“国王让我担任波斯的领导人，现在每人回家取上镰刀跟我来做一件事。”大家照他的命令取来镰刀，到一大片长满荆棘的土地上砍伐荆棘。大

245

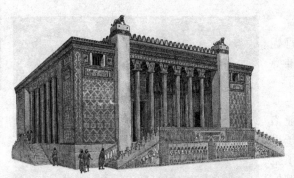

波斯波利斯城内的宫殿

大流士一世和薛西斯一世在波斯波利斯城修建了宏伟的宫殿。沿着巨大的楼梯向上进入宫殿，楼梯是如此宽大，可以供 8 匹马并排行走。从帝国各地来的人们向坐在高高王位上的国王敬献贡品。

家如期干完，但每个人都累得要命。

第二天，居鲁士杀掉了家中全部的牲畜，招待昨天和他一起砍伐荆棘的人。居鲁士在宴会上问："今天的感受和昨天的感受相比，你们喜欢哪一种？"大家都表示，当然是喜欢今天。居鲁士又说："如果你们听我的话，就会天天享受这种快乐和幸福，永远不会受昨天的苦头。我们波斯人不比米底人差，不应该由他们统治。"

波斯青年人早就不满米底人的统治，都愿意跟居鲁士造反。阿斯提亚格斯闻讯后，立即调集军队，命令王室总管哈尔帕哥斯为统帅。哪知哈尔帕哥斯对于国王杀掉他儿子的事一直怀恨在心，在阵前投降了居鲁士。

阿斯提亚格斯怒不可遏，下令将占梦的僧侣处死，然后亲自带兵出城迎战。结果被居鲁士率领的波斯军队打得大败，自己也做了俘虏。波斯军队占领了爱克巴坦那，米底王国灭亡了。

公元前 550 年，居鲁士成为波斯国王。由于他的家族出自波斯的阿黑门尼德族，所以他的王朝又被称为阿黑门尼德王朝。对于自己的外祖父，居鲁士并未加害，而是奉养在宫中。

不久，居鲁士率领波斯军队再度出征，灭亡了吕底亚王国，征服了小亚细亚沿海各希腊城邦。继而挥师东进，直逼巴比伦城。

巴比伦国王那波尼德听到居鲁士前来进攻的消息时，哈哈大笑："让他在巴比伦城下大哭吧，也许能把城墙哭倒。"要知道，巴比伦城异常坚固，城外还有宽阔的护城河，所有的城门包括门柱都是青铜铸造的。

然而，居鲁士率大军来到巴比伦城下，并没有立刻攻城，而是利用城内反对国王的巴比伦贵族掌握的军队，打开了城门，使巴比伦城很快落入他的手中。进入巴比伦这座当时世界上最繁华的城市后，居鲁士决定把波斯帝国的首都迁到巴比伦城，并且宣布自己是"宇宙四方之王"。

公元前 530 年，居鲁士领兵向里海进军，准备消灭那里的马萨革泰人，不幸在战斗中身亡。居鲁士死后，他的儿子冈比西斯成了波斯皇帝，继续奉行对外扩张的政策，于公元前 525 年征服了埃及。至此，波斯成为一个地跨欧、亚、非三大洲的庞大帝国。

贝希斯敦铭文

公元前 558 ~ 公元前 486 年，波斯帝国处于大流士统治下。大流士当上皇帝后，全国各地出现了叛乱。由于叛乱的军队之间缺乏联系，被大流士各个击破。当然，这个过程并不容易，大流士先后经过了 18 次大战役，才得以铲除八大割据势力的首领。公元前 520 年，大流士看到国内政局平稳，便用波斯、埃兰和巴比伦 3 种文字，将自己平息叛乱的过程刻在了首府爱克巴坦那以西的贝希斯敦大石崖上，这就是著名的"贝希斯敦铭文"。大流士则自称为"王中之王，诸国之王"，后人尊称他为"铁血大帝"。

1835 年，英国学者劳林森发现了"贝希斯敦铭文"。这个铭文的上半部分是浮雕，浮雕上的大流士身罩披肩，气宇轩昂，双目圆睁，傲视前方。他左脚踏着倒在地上的高墨达，右手指向波斯人崇拜的光明与幸福之神——阿胡拉·马兹达。在浮雕中阿胡拉·马兹达的高度从冠顶到所乘神辇的底部大约为 114.3 厘米，其两翼的圣光总宽为 127 厘米，圣光底部距叛王头顶最近处约为 16.5 厘米。雕像中的阿胡拉·马兹达面生美髯，头戴有角高帽，面朝国王，站立于圣光闪耀的太阳圆盘之中。大神双手腕部带镯，右手举起现出掌心，左手持一环。大神身穿宽袖的白袍，在腰间扎一根腰带——看起来颇像一个祆教僧人。至于那 10 个不幸的俘虏，他们都是双手被缚于身后，脖子上系着绳索，跪卧在地上，其雕刻形态据考证基本是按照他们处刑之前的模样记录的，俘虏的身高只有 117 厘米。从被大流士踩在脚底的高墨达算起，从左到右依次为：高墨达、阿辛纳、尼丁图·贝尔、弗拉欧尔铁斯、马尔提亚、特里坦塔伊赫米斯、瓦希亚兹达塔、阿尔哈、弗拉达、思昆卡。在这些人中，除了思昆卡外，所有的叛王都是依照被处死的时间先后排序的。这些被绳索绑着脖颈的叛乱首领被雕刻得如此矮小，与高大伟岸的大流士形成了鲜明对照。

大流士改革

当然，大流士有理由骄傲，他的帝国庞大，他的陆军所向无敌，而且创造了步兵配合骑兵交替作战的战法，在当时的大陆上是最先进的，而且还有强大的舰队，舰只数量多达 1000 艘。

为了巩固政权，大流士还进行了一系列的改革。他将波斯帝国分为 23 个省，设总督管理。他建立了一支皇家卫队，称为"不死队"，因为他们的人数永远不变，随时有预备队可以补缺。大流士强化了"国王的意志和命令就是法律"的东方君主制传统，设立最高法院和地方法院，还统一了度量衡，铸造了金币，金币的正面是他本人的头像，反面是一个弓箭手，称为"大流克"。

大流士认为居鲁士和冈比西斯时代的宫廷缺乏规矩，便制定了一大套森严的宫廷规矩，譬如大臣要跪在地上朝见他，中间还要用帷幕隔开，因为大臣的呼吸会亵渎皇帝。

大流士特别喜欢吃爱琴海产的鲜鱼，为了及时把鲜鱼送到宫中，他下令修了一条全长 2000 多千米长的驿道，称为"皇道"。从爱琴海到大流士的宫中，如果步行需要几十天的路程，但由于有了这条驿道，信使 3 天就可以到达。这条驿道使波斯的交通得到了极大改善，在中国汉代张骞通西域后，这条道路便成了丝绸之路的一部分。此外，大流士还下令挖了一条由尼罗河到红海的运河，这就是现代苏伊士运河的前身。由于交通发达，沿途又有士兵保护，商旅行人不会遭到抢劫，波斯、印度以及地中海各国的贸易很快发展起来。

希波战争

公元前 480 年，波斯大军走到了赫勒斯邦海峡（现在叫达达尼尔海峡），这时统治波斯的是大流士的儿子薛西斯，他下令架桥渡海。波斯大军用了整整七天七夜才通过浮桥。据说当年一个亲眼看到了这一切的当地人，惊恐地向天狂喊："宙斯啊，你为什么变成了波斯人？还把名字改成薛西斯，你要灭亡希腊吗？"

渡过赫勒斯邦海峡后，波斯大军迅速席卷了北希腊，来到德摩比勒隘口。这个隘口是中希腊的"门户"，依山傍海，关前有两个硫黄温泉，所以又叫"温泉关"。关口是只能通过一辆战车的狭窄小路，也是从希腊北部南下的唯一通道。

这时，希腊人正在举行奥林匹克运动会。在希腊，奥林匹克高于一切，运动会期间是禁止打仗的。因此，希腊人在关上布置的兵力只有几千人。

由于温泉关地势险要、山道狭窄，骑兵和战车都派不上用场。正当薛西斯无计可施的时候，一个名叫埃彼阿提斯的当地农民来报告，说有一条小路可以通到关口的背后。薛西斯一听大喜，立即命令这个希腊叛徒带波斯军从小路偷袭。当波斯军迂回到温泉关背后时，希腊人知道大势已去，为保存实力，只留下了 300 名士兵迎战。

前后夹攻的波斯人像潮水般扑向关口，腹背受敌的斯巴达人奋勇迎战。波斯士兵付出了死亡两万人的惨重代价，才拿下了温泉关。对于薛西斯来说，这场战斗就像一场噩梦。一想到那些血战到底、宁死不屈的斯巴达勇士，他就心惊肉跳。

攻占温泉关后，波斯军长驱直入，直扑希腊首府雅典。然而，雅典城内空空如也，连个人影也没有。薛西斯大怒，下令放火，这座美丽富庶的雅典城，顷刻间付诸一炬。

希波战争持续了约半个世纪，大大小小的战役不断，萨拉米海之战是整个希波战争中最重要的一次战役，阻止了波斯吞并希腊的脚步。公元前 449 年，希腊军队在塞浦路斯岛彻底打败波斯，双方订立和约，结束了持续约半个世纪的希波战争。

哈拉巴城

古代的印度，在地理范围上不同于我们今天的理解，它包括今天的印度、孟加拉国、巴基斯坦等国。也就是说，古代的印度，实际上就等同于今天的南亚。

古印度的北面是高耸入云的喜马拉雅山，南边是印度洋，东接孟加拉湾，西邻阿拉伯海。北面平原肥沃，中部河水充足，南面森林密布，是一个非常适合居住的地方。

和其他所有古代文明一样，古代印度文明主要也是农业文明。人们主要种植小麦和大麦，还有紫花豌豆、甜瓜、芝麻、椰枣和棉花等。

古代印度的最早居民是达罗毗荼人，他们在这里建造了一座庞大的城市——哈拉巴。与西亚那些零散建造的城市不同，哈拉巴古城的布局非常严谨，分为卫城和下城两部分。

卫城不但城墙又高又厚，城的四周还建有塔楼，所有重要的街道都是平行的南北走向。城市的中心是宫殿，房子设有排水系统，有的甚至还装有浴室和厕所。下城是居民区，街道整齐，布局有序。

哈拉巴城市文明是古代印度的初期文明，虽然人们耕作使用的还是石制工具，但青铜工具已经出现。人们还饲养了大量水牛、绵羊、猪、骆驼和大象，生活比较安逸。

种姓制度

大约在公元前 1750 年，哈拉巴突然衰落下去。究其原因，可能是当时的人口增多，需要很多木材来盖房子、烧火做饭。对森林的过度砍伐，导致了灾难性的洪灾，人们被迫逃离哈拉巴城。

不过，最致命的打击还是雅利安人的入侵。雅利安在梵语中是"高贵、有信仰者"的含义，雅利安人的故乡在中亚和高加索一带。到了公元前 1400 年，他们迁徙到印度北部，并征服了当地的土著民族。

雅利安人在印度河流域定居下来后，渐渐从靠畜牧业为生转向了大力发展农业。随着以河流充当运输剩余粮食的天然交通干线，贸易也开展起来，在铸币没有出现之前，雅利安人将母牛作为大笔交易的价值单位。

经济的发展转过来又促进了部落的合并，国家开始出现。在印度河和恒河流域，相继出现了犍陀罗、开卡亚、马德拉、居萨罗等十几个国家。

随着雅利安人建立起自己的国家，他们开始意识到，自己应该是永远的统治者，而那些当地的黑土著，肤色的差别决定了他们应该永远是愚笨的奴隶。

由于这种强烈的种族优越感，雅利安人开始极力阻止与受他们鄙视的臣民融合，从而发展起四大世袭种姓的制度。

种姓在梵文中叫作"瓦尔纳"，是肤色的意思。最高贵的是祭司和僧侣，他们掌握神权，专管占卜祸福，被称为婆罗门；其次是武士贵族，包括国王以下的各级官吏，掌握国家除神权之外的一切权力，被称为刹帝利；武士以下是农民、手工业者和商人，统统叫作吠舍；第四个种姓是首陀罗，留给了印度土著，那些被称作达塞人的奴隶。种姓制度规定了各个等级不同的生活方式，连宴请朋友的礼仪也做了明确限定，各个等级之间的界限始终固定不变，更不允许不同等级的人结婚。达塞人作为最卑贱的人，不得参加宗教仪式，也没有任何社会权利。雅利安人宣称，人将有多重生命，在过去的生命中，甚至可能是一种动物，通过在本等级中的行为，决定来世的身份。因此人在活着的时候要安分守己，多做善事，这样就可以在来生中升级。反之，如果今生有反叛之心或是干了坏事，来世不仅会降级，没准还会变成猪、狗、鸡、鸭。这个信念，让广大印度人不能动摇等级制度，即使他们对自己的生活不满意，也只有在忍耐中期待来生的幸福。

婆罗门教

为了维护种姓制度，婆罗门僧侣还到处宣扬，说把人分为 4 个种姓完全是神的意志。在婆罗门的经典《吠陀》中，婆罗门把种姓制度的出现用神话来解释。传说原始巨人普鲁沙死后，天神梵天用他的嘴造出了婆罗门，用双手制成了刹帝利，用双腿制成了吠舍，用双脚制成了首陀罗。

婆罗门的《摩奴法典》里还说，摩奴是大神梵天的儿子，为了确定人间各种人在社会上的应有次序，确定婆罗门和其他种姓的义务，才制定了这部法典。《摩奴法典》规定，刹帝利辱骂了婆罗门，要罚款 100 帕那（银钱单位）；如果吠舍骂了婆罗门，就罚款 150～200 帕那；要是首陀罗骂了婆罗门，那可不是罚钱能解决的事了，骂人的首陀罗要被滚烫的油灌入口中和耳中。相反，如果婆罗门侮辱刹帝利，只罚款 50 帕那；侮辱吠舍，罚款 25 帕那；侮辱首陀罗，则只需交纳 12 帕那的罚金。高级种姓的人如果杀死了一个首陀罗，不用偿命，用牲畜抵偿或者简单地净一次身就行了。所谓净身，其实就是洗澡的同义词。古代印度城中公共浴池很多，大概就是因为这个规定吧。

《摩奴法典》还对各个种姓的衣食住行都做了烦琐的规定。比如规定不同种姓的人不能待在同一个房间里，不能同桌吃饭，不能同饮一口井里的水，等等。如果有人触犯了《摩奴法典》，轻则处罚，重则会被开除出种姓之外。

被开除出种姓的人成为贱民，只能居住在城外，从事抬死尸、清除粪便等低贱的工作。走在路上，贱民要佩戴特殊的标记，口中还要不断发出特殊的声音，或敲击某种器物，以提示高级种姓的人及时躲避。婆罗门认为，接触了贱民是一件非常倒霉的事，回去之后要举行净身仪式。

悉达多王子降生

有趣的是，首先对婆罗门教提出异议的，正是一位出身于婆罗门种姓的人——悉达多王子。

249

佛陀降生图　印度

传说太子降生人间，脚踩七朵宝莲花向东南西北各行七步，一手指天，一手指地，大呼一声："天上地下，唯我独尊。"在这幅画中，母亲手攀无忧树，略显疲惫，天上的神灵则表明了佛陀的出生被后人赋予了神话的色彩。

悉达多的父亲萨多达那，人称净饭王，属于释迦族，是迦毗罗卫国的国王。母亲玛哈玛亚是邻国的公主，人称摩耶王后。她在少女时代就出嫁了，可月亮在遥远的喜马拉雅山脊上升起又落下，阴晴圆缺了许多个春秋，她一直没有孩子。

当摩耶王后 45 岁时，一天，忽然在梦中看见一头白象腾空而来，从右胁进入自己的身体，顿时她觉得如服甘露。净饭王立即召集大臣，询问王后之梦是何预兆。一名婆罗门占卜者回答说："此梦甚佳，王后已怀孕，必生王子，王子是个千古圣人，定能光显释迦族。"净饭王听后，不胜欢喜。

摩耶王后自从怀孕后，心情非常愉快，再没有忧虑与烦恼。日子就在欢乐中过去，当摩耶王后十月怀胎渐渐满了的时候，按照风俗，必须回娘家去分娩。净饭王为王后准备了由两头大象载的轿子，派了许多宫女、侍臣，护送王后回娘家。

摩耶王后在回娘家的途中，经过迦毗罗卫城郊外兰毗尼花园时，下轿休息。当摩耶王后走到一棵茂盛的无忧树下时，见这棵无忧树枝叶茂盛，柔软低垂，树上的花果芬芳可爱，便举手攀摘花果，这时，王子就生了下来。

这是公元前 565 年，据佛经记载，王子刚生下就能说话，无人扶持即能行走，他身上发出光芒，目光注视四方，举足行了七步，每步地上都出现一朵莲花。太子右手指天，左手指地，一时间，香风四散，花雨缤纷，仙乐合奏，地上涌出冷暖二泉，香洌清净。

王子被取名为乔达摩·悉达多。7 天后，摩耶王后去世，小王子便由他的姨母来抚养。净饭王老来得子，非常疼爱悉达多，希望他能成为一个有作为的国王。16 岁时，悉达多同表妹雅苏达拉结婚，在远离人世间所有痛苦磨难的富丽王宫中幸福地生活，安静等待着继承王位的一天。

佛教的诞生

在悉达多 29 岁那年，偶然一次出城游玩，他看见一位年老体衰、精力尽失的老人在街上艰难地行走，虚弱的四肢似乎已无法支撑他摇摇欲坠的身体。不远处，还有一具尸体横卧在污泥中，一群鸟在上面啄食。悉达多问自己的车夫查纳，这是怎么一回事。查纳回答说，这个世界上有太多的穷人，多一个或少一个都没关系，所以不必在意。

悉达多王子感到悲伤，同时也十分烦闷和苦恼，可他没再问下去。第二次离开王宫，悉达多又看见了一个正受着恶疾折磨的病人，于是又问查纳，为什么这个人会遭受如此的痛苦？马车夫回答说，世界上的病人太多太多了，这样的事情也是无法避免的，所以不必介意。这时，一个穿着破烂衣服、捧着瓦钵的僧人从悉达多面前走过，他那副悠然自得、富足快乐的样子引起了王子的好奇，便问查纳这是什么人。查纳说这是出家修道的人。悉达多赶忙向修道者行礼，问他为什么会这样快乐。修道者对他说："世事无常，只有出家人可以得到解脱。"

当天晚上，悉达多返回王宫，迎接他的是阵阵悦耳的音乐。原来在他出门的时候，妻子为他生下了一个儿子，大家都在欢天喜地地庆祝。

可是，悉达多却没感觉到欣喜，在为生存的谜团找到一个解救之道以前，他再也不可能快乐起来。经过一番思考，悉达多决定远离自己热爱的亲人，去寻找生命和人生的答案。他悄悄来到妻子的卧房，看了一眼熟睡中的妻儿。随后叫醒查纳，让他跟自己一道出走。

两个男人一起走进黑夜之中，一个为了求得灵魂的平静，一个是要忠心侍奉自己热爱的主人。老国王发现不见了儿子，急得到处寻找，终于在森林里找到了悉达多，但他已剃光了自己的头发，坚决不肯回家。

悉达多开始四处周游，寻访有名的学者学习，又跟随苦行僧学道。当时，印度流行"苦行"，就是要用各种自找苦吃的办法来求道，比如不睡觉、独自在荒漠生活、以树叶为食，等等，通过冥想，来理解神的光辉、智慧、善良和仁慈，以此滋养自己的灵魂。

悉达多脱下随身穿戴的珠宝，连同一封诀别信，让一直忠实跟随他的查纳转交给家人。然后，这位王子便孤身苦修。不久，悉达多的名声传播开来，有 5 个年轻人前来拜访他，请求聆听他智慧的言辞。悉达多便领他们到自己修行的山里，将自己领悟到的智慧对学生们倾囊相授。不过，悉达多仍是感觉自己离完美的境界相差甚远，于是，他让学生们离开他，独自一人坐在一棵菩提树的树根旁，禁食 49 个昼夜，沉思冥想。

悉达多的苦修最终获得了回报，到第 50 天的黄昏降临时，35 岁的悉达多终于想通了解脱人间痛苦的道理，创立了佛教。后来，悉达多就到各地去传教，被弟子们称为"释迦牟尼"和"佛陀"，意思是"释迦族的圣人和大彻大悟的人"。

释迦牟尼把佛教解释为"四谛"，"谛"的意思是真理。这四谛是苦谛、集谛、灭谛和道谛。"苦谛"是说人的一生到处都是苦，生老病死、喜怒哀乐其实都是苦。"集谛"指人受苦的原因，那就是因为人有各种各样的欲望，将愿望付诸行动，就会出现相应的结果，那么在来世就要为今世的行为付出代价，即所谓的"善有善报，恶有恶报"。"灭谛"是说如何消灭致苦的原因，唯一的办法就是消灭欲望。"道谛"是说如何消灭苦因，要消灭苦因就得修道。

公元前 488 年，释迦牟尼给几个弟子讲道后，到一条河里洗澡。弟子们在几棵婆罗树之间架起了一张绳网，释迦牟尼侧身而卧，枕着右手，对弟子们说："我马上就要死了，我死之后，你们不要伤悲，要大力弘扬佛法，拯救世人。"说完，释迦牟尼就逝世了。

此后，佛教在印度和世界各地广泛传播开来，成为世界三大宗教之一。

释迦牟尼金身像

阿育王和孔雀帝国

公元前518年，波斯帝国曾入侵印度河流域，将其纳入了自己的版图。公元前327年，亚历山大的希腊军队东征，从波斯手中抢夺到印度的控制权。

不甘心被外族统治的印度人，在出身于孔雀家族的旃陀罗笈多的率领下，不断发动起义，并最终赶走了侵略者，创立了孔雀王朝（前322～前185年）。

孔雀王朝在第三代国王阿育王统治时期达到了繁盛。阿育王也称无忧王，父亲是第二代国王宾头沙罗。

阿育王从小特别崇敬释迦牟尼，他常说，佛教可以教人消灭个人的欲望，使人安分守己，这对治理国家很有用处。18岁时，阿育王便被任命为总督，到各地平叛，立下赫赫战功。不过，阿育王只是宾头沙罗王众多王子中的一个，本来并没有资格继承王位。在公元前273年，宾头沙罗王病逝。为了夺取王位，阿育王和兄长们展开了激烈的战争，谋杀的兄弟姐妹多达99人。

阿育王即位后，开始对南印度进行了大举扩张，最大规模的战斗，就是对羯陵伽的远征。羯陵伽是孟加拉湾沿岸的一个强国，拥有步兵6万，骑兵1万，还有上百头的战象。由于海外贸易的发达，国家十分富庶。公元前262年，阿育王决心占领这个富有的国家，大举向羯陵伽进犯，俘虏了15万人，并将其中的10万人杀死。

这场残酷的战争让孔雀王朝的版图空前广大，包括了除南端以外的整个印度半岛。可是，这也让阿育王忐忑不安，因为他信奉佛教，在羯陵伽战争中的杀戮让他感到夜不能寐。不久，阿育王发布敕令，说他对羯陵伽人感到深切的忧虑和悔恨，并向全国宣布，从此以后奉佛教为国教，让宣扬佛法的声音代替战鼓的响声。

为了弘扬佛法，阿育王下令在王宫和印度各地树立石柱，开凿石壁，将他的诏令刊刻在上面。他召集了一大批佛教高僧，编纂、整理佛教经典，在各地修建佛教寺院和佛塔。还派出大批使者和僧侣到邻近的国家和地区去传教。经过这番宣传，佛教很快传到了埃及、叙利亚、缅甸、中国和世界各地。

除了宣传佛教，阿育王还对国家进行了有益的改革，发展农业和贸易，兴办医院，使孔雀王朝的经济得到了极大发展。不过，孔雀王朝的统治依然是不巩固的，因为各个地区在政治、经济、文化上都有很大的独立性。

阿育王死后，帝国便逐渐分裂。约在公元前187年，末代国王布利哈德罗陀被其部将普士亚密多罗·巽伽所杀，孔雀王朝灭亡。印度陷入了长达500年的混乱和黑暗，巽伽、甘婆、羯陵、贵霜等帝国轮番上台，但都没给印度带来统一。

直到4世纪时，笈多帝国建立，才开启了一个新的局面。

古印度的奴隶经济

古代的印度社会，奴隶制作为一种基础性经济形态存在了非常长的时间。从公元前14世纪雅利安人入侵，产生了被称为"达萨"的战俘奴隶，到列国时期（前6～前4世纪）的小国林立，奴隶数量大幅增多。而孔雀帝国统治下的印度，则是古代印度奴隶制经济的兴盛阶段。

古代印度各地区的奴隶制经济发展极不平衡，北印度的两河（印度河与恒河）平原发展较快，特别是孔雀帝国的中心摩揭陀地区，奴隶制经济已达到很高水平。在其他地区，特别是周边地区则较为落后，有的部落还停留在原始社会的状态。

当时，奴隶来源是很多的。除战俘奴隶外，还有债奴、罪奴、家生的、继承的、赠予的、买来的以及由于饥荒为食物而服役的，数量非常庞大。奴隶有国有的，有属于私人的。国有奴隶大都从事建筑、采矿和兴修水利等劳动。在王室的农庄和手工作坊中也有很多奴隶，主要是耕地和纺织，不过这些奴隶的口粮由国家发给。私人占有的奴隶数量不等，有的"僮仆万千"，有的仅有一两个。这些奴隶除从事生产劳动外，更多的是从事家务劳动或生产辅助劳动，如酿酒、做饭、打水、推磨、捣米、看守仓库和果园、清除垃圾、向田间送饭等。在王室显贵之家，还有大量的供享乐的宫女、歌妓、舞女等奴隶。

奴隶被视同牛马，在印度的佛教文献中，常把"仆从奴婢"与"金银珠宝"、"象马牛羊"并列，甚至还被叫作"两足动物"，没有任何地位。奴隶不仅可以被买卖、赠送，还可以出租，毒打和虐杀他们都不犯法。

《摩诃婆罗多》

《摩诃婆罗多》是印度最著名的史诗，意为"伟大的婆罗多族的故事"，据说是印度传说中的大圣人毗耶娑创作的。

传说，天上有8位神仙兄弟。一天，当他们带着妻子到人间游玩时，因为妻子们喜欢草地上一头漂亮的母牛，于是神仙兄弟们偷走了母牛和牛犊，结果惹怒了母牛的主人极裕仙人。这位法力高强的大仙发出诅咒，把这8位神仙兄弟都降到人间，变成了凡人。

后来兄弟们诚心请求，他们央求恒河女神，把生下的8个孩子都扔入恒河，让他们洗去罪过，重新复活为神。恒河女神被他们的诚心感动，便化作一位美貌的女子来到人间，得到国王福身王的爱情。

恒河女神与福身王结婚后，生活非常幸福美满，每年都生下一个俊美的孩子，但母亲每次都将孩子扔入恒河，然后笑容满面地回到丈夫身边。国王极为震惊，但因为婚前约定，只好默默忍受。

这样延续了7年，到第八年生第八个孩子的时候，福身王忍无可忍，制止了妻子的行为。丈夫违约，大仙的诅咒实现了。恒河女神向丈夫讲明原委，离开了，小儿子被永远留在了人间，福身王将他立为太子。

后来有一次，福身王在河边看到一位浑身发着异香的渔家女子，便要求这位女子嫁给他。但女子的父亲提出必须让他女儿生下的儿子继承王位。

福身王不愿意废掉太子，又开始郁郁不乐了。太子知道后，便向渔父发誓放弃太子的地位，并一辈子不结婚，保证让渔家女的后代坐上王位。

渔家女和福身王结婚后，生下花钏和奇武两个儿子。花钏很早就死去了，奇武有两个儿子，一个叫持国，一个叫般度。持国双目失明，但他有以难敌为首的100个儿子。般度有以坚战为首的武功出众的5个儿子。持国的儿子和般度的儿子从小就不和，长大后开始争夺王位。

难敌为了独占江山，建造了一个涂满树胶的房子，让坚战五兄弟去住。当他们住进去后，难敌派人去放火，树胶房子一下子就被烧得精光。幸亏提前得到消息，坚战兄弟从事先挖好的地道中逃跑了。

坚战兄弟逃到邻国，在一次邻国公主的招亲大会上，坚战兄弟中的一个人一箭射中了远处旋转的鱼眼睛，娶到了美丽的公主。公主的国家势力强大，坚战兄弟借此得以回国。

难敌不甘心，又想起一个主意，他让坚战兄弟和他玩掷骰子的赌博，条件是输了的一方必须流放12年。坚战兄弟无奈，只得答应，结果输了，被流放到森林深处。

第十三年时，坚战兄弟回国，但还是遭到了难敌的刁难。坚战兄弟忍无可忍，双方终于爆发了俱卢大战。

这场大战进行了 18 天，死伤无数。坚战兄弟虽然获胜，可每每想到兄弟家族间的残杀，心里便感到愧疚。不久，他们把王位交给了孙子，带着公主到喜马拉雅山修道去了，最后升入了天堂。

爱琴海的传说

希腊神话里说，在远古时代，有位国王叫弥诺斯，他统治着爱琴海的一个岛屿——克里特岛。弥诺斯的儿子在雅典被人阴谋杀害了，为了替儿子复仇，弥诺斯向雅典人挑战。雅典人打不过弥诺斯王，便请求和解。弥诺斯要求他们每隔 9 年，送 7 对童男童女到克里特岛。

弥诺斯在克里特岛建造了一座有无数宫殿的迷宫，迷宫中的道路曲折纵横。在迷宫深处，弥诺斯养了一只人身牛头的野兽——弥诺斯牛。雅典每次送来的 7 对童男童女，都是供奉给弥诺斯牛的祭品。

说到这头弥诺斯牛，它的来头可不小，它是天上金牛座的原型。传说希腊的宙斯神爱上了腓尼基公主欧罗巴，他便化作一头精壮的牛，混在牛群中。欧罗巴为这头牛所吸引，兴奋地跨上牛背。宙斯变的牛驮着美丽的公主逐渐离开了牛群和随从，到了海边，那牛突然腾空而起，跃过爱琴海，把姑娘带到了克里特岛。

宙斯与欧罗巴生下了弥诺斯及其兄弟，在争夺克里特王位的时候，弥诺斯为了获胜，求海神波塞冬派一头牛来献祭。波塞冬慨然相助，派来了一头牛。这牛非常精壮漂亮，弥诺斯竟舍不得杀掉，没有拿来献祭。

波塞冬对此十分恼火，他施展神力，让弥诺斯的王后帕希妃爱上了这头牛，并与其结合，生下了牛头人身的弥诺斯牛。

一想到自己的儿女要成为怪兽弥诺斯牛的食物，雅典有童男童女的人家就惶恐不安。雅典国王爱琴的儿子忒修斯，看到人们遭受这样的不幸，决心和童男童女们一起出发，并发誓要杀死弥诺斯牛。在一片哭泣声中，雅典人送别了包括忒修斯王子在内的 7 对童男童女。忒修斯和父亲约定，如果杀死弥诺斯牛，他在返航时就把船上的黑帆变成白帆。

忒修斯领着童男童女在克里特上岸了，他的英俊潇洒让弥诺斯王的女儿阿里阿德涅公主一见倾心。公主偷偷与忒修斯相会，向他表达了自己的爱慕之情。当她知道忒修斯的使命后，便送给他一把利剑和一个线球，祈祷忒修斯能杀死弥诺斯牛，活着走出迷宫。

聪明而勇敢的忒修斯一进入迷宫，就将线球的一端拴在迷宫的入口处，然后放开线团，沿着曲折复杂的通道向迷宫深处走去。最后，他终于找到了怪物弥诺斯牛，用阿里阿德涅公主给的剑，奋力杀死了这头怪兽，然后顺着线路走出了迷宫。在阿里阿德涅公主的帮助下，逃出了克里特岛。

经过几天的航行，祖国雅典终于映入眼帘了。忒修斯和伙伴们非常兴奋，又唱又跳，但他忘了和父亲的约定，没有把黑帆改成白帆。翘首等待儿子归来的爱琴国王一直守候在海边，当他看到归来的船挂的仍是黑帆时，以为儿子已被弥诺斯牛吃了，悲恸欲绝，跳海自杀了。为了纪念爱琴国王，他跳入的那片海，从此就被叫作爱琴海。

克里特迷宫

有关爱琴海的神话在 1900 年被英国的考古学家阿瑟·伊文思验证，他和他的考古队发现了弥诺斯王宫的遗址和大量文物，找到了迷宫。

迷宫坐落在一处缓坡上，有大小宫室 1500 多间，周围曾经古木参天。迷宫有东宫、西宫，有国宝殿、王后寝宫，有贮藏室、仓库和冷热水管俱全的浴室，等等。这些华丽的建筑之间，有长廊、门厅、通道和阶梯相连，确实是千门万户，曲径通幽，说它是迷宫，的确当之无愧。在迷宫的墙上，有许多精美的壁画，斗牛戏是最多的表现内容。

这幅壁画来自位于克诺索斯城的米诺斯宫殿，它展示了杂技演员跃过了一头正在冲刺的公牛的背部的场景。这种习俗可能跟宗教仪式有关。公牛是一种强壮的动物，它在早期许多人的信仰中扮演着重要角色。

在迷宫中，考古队员们还发现了2000多块泥版，上面刻着许多由线条构成的文字，记载着王宫财物的账目，还有国王向各地征收贡赋的情况。

克里特的迷宫是希腊最早的文明，它的鼎盛时期在公元前15世纪。虽然今天的迷宫只是一个残败的遗址，但仍能让人们感受到当日的辉煌。克里特人将花、鸟、海贝、种田归来的农夫、与公牛角斗的壮士和翩翩起舞向女神表示敬意的妇女，都画在了墙壁和器皿上。他们建造的屋子布局十分巧妙，尤其是排水系统的安置。天一下雨，雨水便冲洗下水道，使下水道保持干净；下水道的入口很大，可以让工匠进入里面修理。

可是，克里特文明的毁灭，却是在一夕之间，人类历史上最猛烈的一次火山爆发摧毁了它，岛上的城市几乎在一瞬间就被埋在了厚厚的火山灰下。少数劫后余生的人，渡海到达了希腊伯罗奔尼撒半岛东北部的迈锡尼，将克里特的文字、艺术和先进技术带到了希腊本土。

255

迈锡尼文明

迈锡尼文明是在19世纪末，由英国考古学家海因里希·施里曼于发掘迈锡尼（1874年）和梯林斯（1886年）的过程中重现天日的。施里曼相信自己找到了荷马史诗中所描写的世界。

公元前2000年以后，在希腊半岛的迈锡尼、太林斯、派罗斯等地出现了相当发达的青铜器文化，产生了奴隶制国家，其中以迈锡尼最为繁盛，故称之为迈锡尼文明。迈锡尼文明的创造者是希腊人的一支——阿卡亚人。他们大约在公元前1650年前后或更早，从巴尔干半岛北部南下来到希腊半岛的中部和南部。大约在公元前1600年，迈锡尼出现一种竖井式坟墓。墓中发掘出丰富的随葬品，有的墓里随葬品多达870件，其中包括有许多金属工艺品，如金面具、青铜剑、金银杯和珠宝。竖井式坟墓的主人显然是拥有一定财势的氏族部落首领。由此可见这时的社会正处在由原始社会向奴隶制社会的过渡阶段。至公元前1500年左右，迈锡尼出现了奴隶制国家。反映在墓葬上，主要是这时的墓葬由圆顶墓代替了竖井墓，因此此时统治迈锡尼的王朝又称"圆顶墓王朝"。圆顶墓王朝时期，迈锡尼文明有了新的发展。由于生产力的进步，金属冶炼和手工业品制造逐渐超过克里特的技术水平，陶器远销埃及、腓尼基、塞浦路斯和特洛伊等地。到公元前1450年前后，迈锡尼人甚至渡海占领了克里特岛的诺萨斯。目前发现了大量迈锡尼文物遗存，其中特别珍贵的是几千块泥版文书。在这种泥版上的文字在考古学上称作线形文字乙（线文B）。根据对线形文字乙的研究可以了解到，当时的迈锡尼社会是奴隶制社会，统治者修筑了坚固的城堡，在太林斯还有用巨石砌成的围墙，厚度可达8米；在迈锡尼还有高大的城墙和塔楼，其石头城门——"狮子门"的残迹至今犹存。迈锡尼的国家最高统治者称国王，其下设有指挥军事的将军。政治机构有贵族会议和民众会。社会的基层组织是公社，长老领导公社，其职责是为国王和政府收税，征集劳役，招募工匠。在公元前 13 世纪左右迈锡尼文明达到鼎盛时期。在迈锡尼文明末期，大约在公元前 12 世纪初，发生了著名的特洛伊战争。当时以迈锡尼为首的希腊人组成联军，东渡爱琴海，远征特洛伊。联军苦战 10 年，仍不能攻克特洛伊城，后来由于希腊人使用"木马计"，才将该城攻陷。

特洛伊战争

从神话回到现实，让我们好好看看古代希腊的地理范围，它的定义远远大于今天的希腊，包括希腊半岛、爱琴海、爱奥尼亚海上的诸多岛屿，以及小亚细亚半岛西部的沿海地区。

大约在公元前 1600 年，迈锡尼文明在希腊本土发展起来，建立起城市，由国王统治。公元前 12 世纪，迈锡尼的各个城邦联合起来，对小亚细亚发动了攻势。其中对特洛伊城的战争一直持续了 10 年。虽然最终攻克了特洛伊城，但迈锡尼也是元气大伤，不久就土崩瓦解了。

特洛伊城位于达达尼尔海峡和爱琴海之间，山峦叠翠，流水潺潺。那场为了爱情展开的惨烈战争，曾让这里充满杀伐和嘶喊，成为一个遍布残肢和鲜血的古战场。

女主人公是斯巴达城邦中一户人家的女儿，名叫海伦，人人都认为她是全希腊最美丽的女子，追求者不计其数。后来，海伦选择了斯巴达王阿特柔斯的儿子墨涅依斯作为终身伴侣。不久，墨涅依斯便做了国王。

一天，墨涅依斯的王宫里来了一位尊贵的客人，他是特洛伊国王的儿子——帕里斯。墨涅依斯对帕里斯盛情款待，王后海伦也亲自出来接待。帕里斯长得风度翩翩，风流潇洒，海伦和他一见钟情。陷入情网不能自拔的海伦和帕里斯一起逃回了特洛伊城。

墨涅依斯觉得这是一个奇耻大辱，他连夜赶到迈锡尼城，请国王阿伽门农，也就是他的哥哥帮他复仇。阿伽门农马上联合了希腊的许多城邦小国，决定将特洛伊城踏为平地。阿伽门农亲自挂帅，率领 10 万大军，浩浩荡荡地攻打特洛伊城去了。希腊人和特洛伊人的战争，由此爆发。

希腊人认为，世界上的一切事情都是由神安排的，这场战争也一定不例外。神话中说，英雄阿喀琉斯的父母——国王珀琉斯和海中女神的女儿忒提斯举行婚礼，奥林匹斯山上的许多神仙都应邀而来了。忽然，一位怒气冲冲的女神闯了进来，她把一个金苹果扔在桌子上，上面刻着一行字："给最美丽的女神。"

扔苹果的女神是"争吵女神"，珀琉斯国王本来是怕她在宴会上吵闹，因此没有邀请她。没想到这位女神自己来了，终于还是引起了一场争吵。在场的女神们都想得到金苹果，以此证明自己是最美丽的。

于是，众神的首领宙斯命令女神们到特洛伊去，请一个叫帕里斯的牧羊人来评判。为了得到金苹果，女神们都给帕里斯最大的许诺：天后赫拉答应使他成为一个国王；智慧女神雅典娜保证使他成为一个最聪明的人；爱与美的女神阿佛洛狄忒发誓让他娶到全希腊最美丽的女子做妻子。帕里斯于是把金苹果给了阿佛洛狄忒。

帕里斯其实并不是真正的牧羊人，他是特洛伊国的王子伪装的。在阿佛洛狄忒的帮助下，帕里斯拐走了当时最美的女子海伦（斯巴达王墨涅依斯的王后），由此引发了战争。

木马计

帕里斯拐走斯巴达王墨涅依斯的王后，希腊人决定复仇，于是组成大军攻打特洛伊城，但是因为特洛伊城是个十分坚固的城市，希腊人攻打了9年，始终没有打下来。第十年，将领奥德修斯想出了一条妙计。

一天清晨，希腊联军的战舰突然扬帆离开。特洛伊人以为希腊人认输撤军了，便跑到城外查看，结果发现海滩上留下一只巨大的木马。特洛伊人惊讶地围住木马，不知道这是干什么用的。

正当大家议论纷纷的时候，几个牧人捉住了一个希腊人，忙带他去见国王。这个希腊人告诉国王，木马是希腊人用来祭祀雅典娜女神的。希腊人估计特洛

在荷马的故事中，希腊人使用木马计占领了特洛伊城：希腊军队假装撤离，只留下一个巨大的木马，里面藏着希腊战士。特洛伊人把木马拖到城中，中了希腊人的诡计。

伊人会毁掉它，这样就会引起天神的愤怒，让特洛伊人遭遇厄运。但如果特洛伊人把木马拉进城里，就会带来神的赐福，所以希腊人把木马造得这样巨大，让特洛伊人无法把它拉进城去。特洛伊国王信以为真，准备把木马拉进城来。这时，特洛伊的祭司拉奥孔跑到海边，他要求把木马烧掉，并拿长矛刺向木马。木马突然发出可怕的响声，海里窜出两条可怕的蛇，扑向拉奥孔和他的两个儿子，将拉奥孔和他的儿子活活缠死。然后，这两条巨蛇从容地钻到雅典娜女神的雕像下，不见了。

被抓住的希腊人说："这是因为他想毁掉献给女神的礼物，所以得到了惩罚。"特洛伊人不再怀疑，赶紧把木马往城里拉。因为木马实在太大了，比城墙还高，特洛伊人只好把城墙拆开了一段。当天晚上，特洛伊人欢天喜地地庆祝胜利，喝光了王宫里的酒，都大醉着进入了梦乡。

深夜一片寂静，只有那个劝说特洛伊人把木马拉进城的希腊人没有睡觉。他见特洛伊人都睡熟了，便走到木马边，轻轻敲了三下。这是约好的暗号，藏在木马中的是全副武装的希腊战士，他们一个接一个跳了出来，杀死了睡梦中的特洛伊人，并将特洛伊城掠夺一空后，放火烧为灰烬。

特洛伊城中的男人被杀死了，妇女和儿童被卖为奴隶，特洛伊的财宝都装进了希腊人的战舰，海伦也被墨涅依斯带回了希腊。

从此以后，"当心希腊人造的礼物"这一谚语在世界上流传开来，它提醒人们警惕，防止被敌人的伪装欺骗。

荷马时代

荷马时代的开始一直是与多利亚人南下相联系的。多利亚人原居住在希腊半岛北部的伊庇鲁斯，公元前12世纪时他们首先侵入狄萨利亚和彼阿提亚，后来又侵入了伯罗奔尼撒半岛，灭掉了阿卡亚人建立的迈锡尼、太林斯等国家，同时也结束了迈锡尼文明：城市和王宫消失了，手工艺品不见了，连线性文字也被遗忘了。在多利亚人的压迫下，原有的希

腊居民发生了迁移：狄萨利亚和彼阿提亚的伊奥利亚人多迁往列斯堡岛和小亚细亚沿岸北部；中希腊的爱奥尼亚人多迁往西克拉底斯群岛和小亚细亚沿岸中部；伯罗奔尼撒半岛的阿卡亚人有的被迫迁到山地或边远地区。

在"荷马时代"，希腊半岛、爱琴海诸岛和小亚细亚沿岸各地盛行的氏族部落制度逐渐解体。荷马时代又称为英雄时代，恩格斯曾认为："在英雄时代的希腊社会制度中，古代的氏族组织还是很有活力的，不过我们也已经看到，它的瓦解已经开始。"荷马时代与迈锡尼文明时代相比，社会制度有倒退的一面，但在社会经济发展方面，还有进步的表现。公元前 2000 ~ 公元前 1000 年，是希腊由青铜器时代向铁器时代的过渡。铁制工具的出现是社会生产力进步的一个重要标志。农业和畜牧业也是主要生产部门。当时的农具有犁、鹤嘴锄、镰刀和铲等，犁用双牛牵引，进行深耕，使用天然肥料。在畜牧业中有饲养马、牛、羊、猪等的专职人员。社会生产力的发展，导致了手工业和农业的分离。虽然手工业有了粗略分工，但发展仍然有限，在《荷马史诗》中，"手工业者"一词还兼指手工工匠以外的巫师、医生和诗人等。商业交换发生变化，这时盛行物物交换，但也存在有以铜、铁、皮革和牲畜等作为交换媒介物的情况。商品经济的发展最终导致了贫富分化，开始出现私有财产和阶级。这时氏族贵族占有大量金银财产和大批牲畜，而且拥有比普通氏族成员更多更好的土地，他们还会经营田园或牧场。而失掉份儿地或脱离公社的人，则变为雇工，有的甚至沦为乞丐。他们通常受到氏族贵族的剥削。

在荷马时代未产生国家之前，部落管理实行的是军事民主制，包括 3 种机构：军事首领、议事会和民众会。军事首领由公众选举，平时负责祭祀管理和争讼裁决，战时统率军队。议事会由氏族长老组成，有广泛的权力，重大问题都要经由议事会讨论。民众会由全体成年男子组成，对作战、媾和、移徙和推举领袖等重大问题，以举手或呼声等方式进行表决，它原则上拥有最高权力。但是随着氏族内部分化的加剧，在荷马时代后期，部落的管理机构开始向国家统治机关过渡，希腊逐渐跨过文明时代的门槛。

斯巴达城

斯巴达人就是指来到希腊半岛南部的拉哥尼亚平原的多利亚人，而原有的居民都变成了奴隶，被称作希洛人。公元前 8 世纪，斯巴达人向邻邦美塞尼亚发动长达 10 年的战争，最后征服了美塞尼亚，将多数美塞尼亚人变成奴隶，并为希洛人。

斯巴达人生性好斗，全体过着军事化的生活，孩子们从小受到的教育就是军事训练。为了防止斯巴达人内部的贫富分化，城邦规定斯巴达人不许从事工商业，不用金银做货币，而用价值低廉的铁币。斯巴达人唯一能从事的职业，就是军人。

当斯巴达的婴儿呱呱坠地时，就会被抱到部落长老那里接受检查，如果长老认为这个孩子不健康，就把他扔到荒山野岭的弃婴场去。男孩子在 7 岁前由父母抚养，从小就让他们养成不哭、不挑食、不吵闹、不怕黑暗、不怕孤独的习惯。7 岁后，男孩子们被编入团队过集体军事生活，他们被要求对首领绝对服从，被要求增强勇气、体力和残忍性。为了训练孩子的服从性和忍耐性，他们每年在节日敬神时都要被皮鞭狠狠抽打一次，这期间不许求饶，更不许喊叫。

男孩子到 12 岁时进入少年队，生活更加严酷，整天光头赤脚，无论冬夏都只穿一件外衣。平时孩子们的食物很少，首领鼓励他们到外面偷食物吃。如果被人发现，回来要挨重打，因为他偷窃的本领不高明。

满 20 岁后，斯巴达男青年成为真正的军人，即便在 30 岁结婚后，每天仍要参加军事训练。斯巴达女孩虽然一直留在家里，但她们不会织布、做家务，而是每天从事体育锻炼，学习跑步、竞走、掷铁饼、搏斗等。斯巴达人认为，只有身体强健的母亲，才能生下刚强的战士。每个斯巴达母亲送儿子上战场时，不会祈祷儿子平安归来，更不会痛哭流涕，而是给儿子一个盾牌，说："要么拿着，要么躺在上面。"

重视军事的斯巴达人非常轻视文化，他们觉得文字的用处就是传达命令，所以只要会写命令和便条就可以了。斯巴达城里没有一座宏伟的建筑，也没有美观的器物，他们对此都没有兴趣。斯巴

严阵以待的斯巴达士兵

为了镇压希洛人的暴动起义，斯巴达人全民皆兵，婴儿从出生就要接受严格的训练，直到将其训练成有强健体魄的武士。如上图所示，他们紧握手中的盾牌，时刻准备为保卫国家英勇献身。

达人唯一感兴趣的，就是打仗，为此经常对外发动战争。可想而知，身为奴隶的希洛人除了劳作以外，还要充当炮灰，为斯巴达人去打头阵，用自己的生命探明敌方的虚实，消耗敌方的兵力。

希洛人忍受不了斯巴达人的残酷和野蛮，经常举行武装起义。由于希洛人在数量上比斯巴达人多得多，所以斯巴达人就用一种叫"克里普提"的方法来消灭希洛人。"克里普提"是秘密行动的意思，斯巴达的长官们时常派遣大批谨慎的青年战士下乡，白天分散隐蔽在偏僻的地方，杀死他们所能捉到的每一个希洛人。有时，他们会来到希洛人正在劳动的田地里，杀死其中最强壮的人。

梭伦改革与雅典

和斯巴达城邦几乎同时兴起的雅典城邦，完全没有这种尚武的精神。雅典地处阿提卡半岛，只有面积很小的平原和河流适合于种庄稼。而山中的矿藏却非常丰富，银、陶土、大理石的储量很多，雅典人把大部分精力都放在了建筑和艺术上。

雅典国家在形成之初法律非常严酷，别说杀人放火，就是偷两个水果也会被判处死刑。雅典人说，他们的法律不是用墨水写的，而是用血写的。公元前594年的一个清晨，雅典的中心广场上聚集了成千上万的人，大家听说刑法要被减轻，因此都急切地等待着，想亲耳听见新上任的首席执政官梭伦宣布这项重要的法律。

梭伦在众人的注视下登上讲坛，径直走到一个大木框前，人们的视线也不约而同地投向了那个大木框。梭伦用手一拨，将架在木框中的木板翻转过来，刻在木板上的新法律条文便呈现在人们面前了。

让大家既意外又欣喜的是，梭伦不仅宣布减轻刑法，还颁布了一项"解负令"，宣布那些因欠债而卖身为奴的公民，一律获得释放，所有债契全部废除，被抵掉的土地归还原主，因欠债而被卖到外邦做奴隶的公民，由城邦拨款赎回。

梭伦高声念完条文，全场寂然，大家仿佛有些不相信自己的耳朵。可随之便掌声雷动，欢声四起。那些无力还债的农民更是起劲地欢呼，整个雅典城被一片异常热烈的气氛所笼罩。

梭伦出身于没落的贵族家庭，年轻时一面经商，一面游历，到过许多地方，是位学识

渊博的政治家，被誉为古希腊"七贤"之一。

在公元前 5 世纪，雅典曾与邻邦墨加拉为争夺萨拉米斯岛发生过战争，结果是雅典失败。雅典国家的决策层是贵族会议，他们颁布了一条屈辱的法令：任何人都不得提议去争夺萨拉米斯岛，违者判处死刑。从此，萨拉米斯岛这个地处雅典的出海口，就从雅典人口中消失了，大量对海外的贸易都被迫停止。

梭伦对此深为不满，为了唤醒雅典人的爱国热情，同时避开死刑的制裁，他想出了一个巧妙的办法：佯装疯癫。"疯"了的梭伦经常跑到雅典的中心广场上，用双手不住地擂打自己的胸部，招来许多人围观后，"疯"梭伦就开始朗诵："啊，我们的萨拉米斯，她是多么美丽，又多么使我们留恋，让我们向萨拉米斯进军，我们要为收复这座海岛而战，我们要雪洗雅典人身上的奇耻大辱……"

在不明真相的人们一阵阵惊叹、惋惜声中，梭伦滔滔不绝地朗诵着，终于用激越的诗篇激起了雅典人的爱国热情和民族尊严。公元前 600 年左右，30 岁的梭伦被任命为指挥官，统率部队，一举夺回了萨拉米斯岛。赫赫军功使梭伦声望大增，很快就成为雅典的首席执政官。

梭伦在人们的拥护下，决心将改革进行到底。他按财产的多少，将全体雅典公民划分为 4 个等级，不同等级的公民享有不同的政治权利。谁的财产多，谁的等级就高，就享有更多的政治权利。第一、二等公民可担任包括执政官在内的最高官职，第三等公民可以担任低级官职，第四等公民不能担任任何官职。城邦的决策者由贵族变成了公民大会，所有公民，无论穷富，都有权参加公民大会。

梭伦还采取了许多鼓励手工业和商业发展的措施，如雅典公民必须让儿子学会一种手艺；奖励有技术的人移居雅典，给予其公民权等。这一系列法律条文都被刻在木板或石板上，镶在可转动的长方形框子里，公之于众。

梭伦在任满后，就离开雅典远游去了。据说他到过埃及、塞浦路斯、小亚细亚等地，死后骨灰被撒在了他曾为之战斗过的美丽的萨拉米斯岛上。

克利斯提尼与"陶片放逐"

梭伦改革后，雅典进入了庇西特拉统治时期。庇西特拉死后，其子希庇阿继任为王，非常暴虐。公元前 510 年，雅典贵族在斯巴达人的支持下，将希庇阿继驱逐，选举克利斯提尼为首席执政官。

克利斯提尼上台后不久，就开始着手进行改革。公元前 508 年，雅典的公民都被克利斯提尼召集到中心广场进行"陶片放逐"的投票。"陶片放逐"是克利斯提尼制定的一项法令：凡是破坏国家民主制度，企图个人独裁的人，经过召开非常公民大会口头表决，交"陶惩审判庭"审判，并由它做出是否把他逐出雅典的判决。每个有投票资格的雅典公民，在自己选区的入口处领取一块陶片，然后在陶片上写上他经过慎重考虑认为应该放逐的人的姓名，在进会场大门时，把陶片交给工作人员，陶片有姓名的一面朝下。投票结束后，公民大会的工作人员会在公民公开的监督下进行统计，如果某个人的票数超过 6000，他就要被判放逐 10 年，期满后才能回到雅典。

随着公布结果的时间临近，会场上的气氛也越来越紧张，大家都在静静等候着结果，整个会场只听见工作人员的走动声。终于，主持投票的一个工作人员宣布了投票结果。获票最多的是一个贵族的子弟。他的名字一宣布，整个会场一片欢呼，人们争相谴责他不利国家的行为："他反对建立海军！""让他滚出雅典！"接着，这个贵族子弟就会在雅典公民的注视下被押出会场，直接送出雅典城。

按照雅典城邦的规定，公民大会由年满 20 岁男性公民参加，每 9 天在雅典城的广场上召开。会上，每个公民都可以登上讲台畅所欲言，对国家的政策和所有公职人员提出批评和建议。公民大会的常设机构是 500 人会议，议员从公民中抽签选出。抽签就是摸豆子，摸到白豆当选，如果是黑豆，那就等下一年再来碰运气。

当时雅典的重要部门长官都是公民公选产生的，最高司法机关是陪审法庭，陪审法官也是用抽签法选择的。雅典的公民一般每 3 年就可以轮做一次陪审法官。陪审法庭的权力很大，国家大小案件的审理，所有公职人员的资格审查都由它负责，需要审理的案件都是在开庭前才抽签决定由哪个陪审团审判，判决结果是所有团员秘密投票决定的，就是权势人物也无法干扰法庭，只能低头认罪。据说，首席大将军伯里克利的好朋友被陪审团审讯时，大将军曾亲自出席为其申辩，甚至痛哭流涕，但他的好朋友仍被判了刑。陪审团的作用，使得雅典公民"在法律面前人人平等"，也使它在公民中的威信极高。

马拉松战役

克利斯提尼的改革，让雅典逐步强盛起来，成为一个真正意义上的国家。与此同时，波斯帝国日渐强大，成为世界历史上第一个横跨亚、欧、非的庞大帝国。

公元前 492 年的春天，波斯将矛头对准了美丽富饶、欣欣向荣的希腊城邦，派出大批战舰入侵这个与他们隔海相望的国家，开始了历史上著名的希波战争。

第一次入侵无功而返，因为波斯海军刚出海就遇上了飓风袭击，300 艘战舰和舰上官兵全部葬身海底。波斯陆军失去了海军的呼应，又遭到色雷斯土著人的袭击，只能灰溜溜地撤退。

公元前 490 年，波斯帝国的舰队渡过爱琴海，在雅典东部的马拉松平原登陆，对希腊展开了第二次进攻。

雅典全城紧急动员，派当时的长跑能手斐里庇第斯日夜兼程，去 200 多千米远的斯巴达城邦求助。这位长跑健将只用了一天多的时间便跑到斯巴达，但斯巴达人却以月不圆不能出兵为理由，拒绝出兵援助。斐里庇第斯无奈，只好赶回雅典复命。

雅典人听到斯巴达人不出兵的消息后，立即把全体公民组织起来，连奴隶也编入军队，赶往马拉松平原占据有利地形。

当时雅典军队只有 1 万人，而波斯军队有 10 万人，而且装备精良。在敌强我弱的情况下，将军米太亚得决定，不与敌人硬拼，而是把战线拉长，将精锐步兵安排在两侧，正面战线上用比较薄弱的兵力诱敌深入。

激战开始了，希腊士兵从中路发起进攻，波斯军队立即反攻，一步步进入到平原中心。这时，埋伏在两侧的士兵以迅雷不及掩耳之势冲出，夹击波斯军。波斯军队由于追击希腊人，战线拉得过长，这时陷入希腊军队的包围，首尾不能相顾，溃不成军。这场战役中，波斯人丢下了 6000 多具尸体和 7 艘战船，而雅典人只牺牲了不到 200 人。

米太亚得急于把胜利的消息告诉雅典城内焦急

这幅瓶画表现了一个希腊人被击倒后反戈一击，举剑砍向波斯人的情景。

的人们，他让斐里庇第斯去传送消息。这位长跑能手当时已受了伤，可还是愉快地接受了使命。斐里庇第斯只用了3个小时，就从马拉松平原跑到了雅典城的中央广场。此时，他已是上气不接下气，只激动地喊了一句："我们……胜利啦！"喊声刚落，斐里庇第斯便一头栽倒在地，再也没有醒来。

马拉松战役后，波斯帝国在公元前480年第三次攻入希腊。在经过温泉关一役后，雅典陷落，全城被焚毁。由于波斯大军在萨拉米海战中大败，希腊人掌握了战争的主动权，转而主动攻击波斯在小亚细亚的城邦。战争最终以希腊的胜利告终，曾经不可一世的波斯帝国，自此衰落下去。

伯里克利黄金时代

希腊在取得希波战争的胜利后，又逐步取得了东部地中海的霸权，奴隶数量急速增多，城邦间的贸易变得繁荣起来，而繁荣城邦中的典范非雅典莫属。

雅典当时之所以能居于令人目眩的卓越地位，是因为它在打败庞大的波斯帝国这场重大战争中起了最主要的作用。此外，雅典人在希波战争前不久还发现了劳里昂银矿，他们得到这笔财富后建立了海军，建造了200余艘最新式的三层划桨战舰。

希腊的胜利，特别是雅典海军在战争中的胜利，促进了民主政治的发展。因为划船投入战斗的划手，都是没有财力将自己装备成重甲步兵的公民。城市贫民在军事上所起的作用，比有财产的重甲步兵还要大，这在很大程度上提高了他们的地位。而雅典一向就有民主的传统，到了伯里克利执政时期（前461～前429年），民主风潮更是达到最高潮。

说到伯里克利，他的名字一直和雅典的繁荣相连，人们甚至将希腊的"黄金时代"称为"伯里克利时代"。

伯里克利（约前495～前429年）出身贵族，在公元前444年以后历任首席将军，成为雅典的实际统治者。

据说，为了广泛接近民众，伯里克利经常和普通百姓交谈，听取他们的意见。一天晚上，在伯里克利回家的路上，一个贵族跟在身后骂他："你这个疯子！无耻！出身贵族却忘掉了自己的朋友，竟然去结交那些下贱的百姓！"这个人就这样一路尖声叫骂着，尾随伯里克利到了家门口。可伯里克利没有动怒，看看天已经黑了，还让仆人打起火把，把骂他的人送回家去。

在雅典，军人、法官、议员和其他政府工作人员起初都是没有薪金的，士兵还要自己掏钱买武器和马匹。伯里克利执政后规定：军人和一切公职人员都由国家支付薪金，让普通公民的子弟一样能够当兵。伯里克利还给生活困难的人发"看戏津贴"，使他们也能有文化娱乐的机会。

伯里克利当权时，还做了一件意义非同寻常的大事：重建被波斯军队放火烧毁的雅典城。在他的主持下，一批出色的雕塑家、建筑师、工艺家云集雅典，把这座古城装饰得十分雄伟壮丽。在可容纳1.4万名观众的露天剧场里，经常上演一些著名剧作家的悲喜剧；专门用于诗歌演唱和比赛的音乐堂，设计精巧；位于雅典中心的卫城，建在150米高的陡峭山巅上，全部用大理石修建而成，城中有雅典最著名的帕提侬神殿和智慧女神雅典娜的铜像。美丽的雅典娜身穿黄金战袍，头戴黄金盔，胸前的护身甲上嵌着女妖美杜莎的头像。她左手持长矛，右手托着胜利女神尼刻的小雕像，身边还放着一个有一条巨蛇盘在上边的圆形女神盾。这尊美丽的雕塑，后来被罗马帝国的皇帝安东尼·庇乌斯搬走，至今下落不明。

雄辩家德摩斯梯尼

德摩斯梯尼（前384～前322年）7岁时父亲死了，财产也被监护人侵吞。为了索回遗产，德摩斯梯尼向雅典著名的演说家、擅长撰写遗产讼词的伊塞学习演说术，与监护人进行了一场长达5年的财产纠纷。

胜诉后的德摩斯梯尼成了著名律师，开始代人撰写法庭辩护词，但他更希望成为一名政治家。在雄辩术高度发达的雅典，政治家首先要有过人的演说才华，因为雅典听众的要求很高，不要说一个不适当的用词，就是演说者的一个难看手势，都会引来讥讽和嘲笑。

而德摩斯梯尼，不仅天生口吃，还有动不动就耸肩膀的坏习惯。为了实现梦想，德摩斯梯尼作了超过常人几倍的努力，每天都进行异常刻苦的学习和训练：他抄写《伯罗奔尼撒战争史》达8遍；虚心向著名的演员请教发音的方法；为了改进发音，把小石子含在嘴里朗读，迎着大风和波涛讲话；为了去掉气短的毛病，一边在陡峭的山路上攀登，一边不停地吟诗；在家里装了一面大镜子，每天起早贪黑地对着镜子练习演说；为了改掉说话耸肩的坏习惯，在头顶上悬挂一柄剑；把自己剃成阴阳头，以便能安心躲起来练习演说……

经过10多年的磨炼，德摩斯梯尼终于成为一位出色的演说家，他的著名的政治演说为他建立了不朽的声誉，他的演说词结集出版，成为古代雄辩术的典范，打动了千千万万读者的心。

当德摩斯梯尼登上雅典政坛的时候，正是马其顿王国四处扩张之时。德摩斯梯尼多次登上公民大会的讲坛，声讨马其顿国王腓力二世。他发表了5篇反对腓力二世的演说，其中以公元前341年发表的最为著名，在这篇演说中，德摩斯梯尼大声疾呼："当雅典的船尚未覆没之时，船中的人无论大小都应动手救亡。一旦巨浪翻上船舷，那就一切都会同归于尽，一切努力都是枉然。"据说，当腓力二世读到这篇演说词时，竟然说："如果我自己听德摩斯梯尼的演说，我自己也会投票赞成选举他当我的反对者的领袖。"

伯罗奔尼撒战争

随着雅典势力的增强，斯巴达日益感受到威胁临近，尤其是他们在伯罗奔尼撒半岛的霸权岌岌可危。

伯罗奔尼撒半岛上的众多小城邦，在斯巴达的统治下结成联盟。公元前432年，雅典借口伯罗奔尼撒的同盟成员科林斯的殖民地波提狄亚隶属于雅典麾下的提洛同盟，要求波提狄亚与科林斯断绝关系。在科林斯的鼓动下，伯罗奔尼撒同盟要求雅典放弃对提洛同盟的领导权，遭到拒绝，一场持续10年的战争由此爆发。

公元前431年，伯罗奔尼撒同盟成员底比斯首先袭击了雅典盟邦普拉提亚，随后斯巴达军队侵入阿提卡半岛，伯罗奔尼撒战争全面爆发。

斯巴达在陆军上占有优势，而雅典则称雄于海上，因此斯巴达力图从陆路攻占阿提卡，进而包围雅典。雅典执政官伯里克利则希望用海军袭击伯罗奔尼撒沿海地区，逼斯巴达求和。双方一直僵持不下。

公元前430年，雅典城中突然爆发了鼠疫，许多人发烧、呕吐、腹泻、抽筋、身上长满脓疮、皮肤严重溃烂。患病的人接二连三地死去，伯里克利和他的两个儿子也先后死于这场瘟疫。没过几日，雅典城中便随处可见来不及掩埋的尸首。

伯里克利死后，雅典城邦内部出现了主和派和主战派的激烈争论。最后，主战派占了上风，将军克里昂指挥军队继续作战。公元前423年，雅典在色雷斯的安菲波里城与斯巴达军队决战，克里昂战死。

经过 10 年的战争，双方都已疲惫不堪，无力再战。于是，在公元前 421 年签订了"尼西亚和约"，双方宣布停战，一切都恢复到战前状态。

西西里之战

公元前 415 年，雅典人集结了一支庞大的军队，雅典人倾城而出，为远征的将士送行。每个人都充满了远征的热情，年老一点的士兵认为他们将征服西西里，年轻一点的士兵希望看看异域风光，取得宝贵的经验，所有雅典人都认为，他们伟大的帝国将扩大，得到永久性的财富。

雅典远征军在科西拉与盟国的支援部队会合，然后驶抵南意大利。远征军在与塞盖斯塔联络后，发现塞盖斯塔很穷，根本无力支付远征军费用，原来大捞一把的希望落空，出征时的亢奋骤然消失。

最让士兵们气愤的是，当时坚决主战的亚西比德竟然逃跑了。原来，在远征军出发的前夜，有人将雅典城内各街口用来指路的赫尔墨斯神像的面部毁坏了。赫尔墨斯是天神宙斯之子，雅典人相信它能庇护道路并维护社会秩序。神像被破坏在雅典城中引起了严重的不安，为追查肇事者，国家鼓励告密，亚西比德被指控参与了此事，于是雅典公民大会决议，把亚西比德召回受审。亚西比德深知回国后凶多吉少，便在中途逃跑了，投靠了斯巴达人。

亚西比德叛逃后，尼西亚仍率舰队西进，一到西西里就与叙拉古人展开了激战。由于长途跋涉和尼西亚的优柔寡断，雅典远征军有几次战机都没把握住，战争很快陷入僵持状态。

公元前 414 年，尼西亚和拉马卡斯指挥远征军发动强大攻势，先拿下叙拉古城外的制高点埃庇坡莱，然后修筑从陆地包围叙拉古的城墙。在筑墙和反筑墙的激战中，将军拉马卡斯战死。尼西亚随后指挥海军进入叙拉古港，基本完成对敌人的水陆合围，只剩下正北部距海边长约 1 千米的一个缺口还在施工。

当叙拉古人见城市几乎被完全围住而惊慌失措时，斯巴达军队抵达西西里，冲过缺口进入叙拉古，与叙拉古守军会合，并很快展开了反攻。通过激战，他们不但粉碎了雅典人彻底包围叙拉古的计划，而且重新夺回了制高点埃庇坡莱，并攻克了要塞普利密昂。

尼西亚见形势逆转，士兵们更是情绪低落，便下令撤军。在向内陆退却的时候，雅典军队遭遇了斯巴达人的猛烈进攻。陆战可是斯巴达人的拿手好戏，在叙、斯联军的围追堵截下，雅典士兵一批批倒下。在激战了 6 天后，尼西亚被俘身亡，雅典军全军覆灭。西西里之战，雅典一下子丧失了近 5 万人，国力大损。从此以后，雅典称霸希腊的梦想灰飞烟灭。

亚历山大大帝

马其顿是希腊北部一个贫瘠落后、默默无闻的城邦，在腓力二世时开始走向强盛。公元前 338 年，腓力二世击败反对他的希腊联邦，真正确立起他在希腊的霸主地位。公元前 336 年，腓力二世被波斯派来的刺客杀死在他女儿的婚礼上，他的儿子，年仅 20 岁的亚历山大登上了王位。

公元前 334 年，亚历山大率领大军开始远征东方。临行前，他把自己所有的地产收入、奴隶和畜群都赠给了自己的属下。一位大将迷惑地问道："陛下，您把财产分光，给自己留下什么？""希望。"亚历山大如此回答，"我把希望留给自己，它将给我无穷的财富！"这个希望也激励着所有的远征将士，他们决心到东方去掠夺更多的财富。

亚历山大率领部队首先占领了小亚细亚，然后挥师北上向叙利亚进军，他打败波斯王大流士三世，俘获了他的母亲、妻子和两个女儿。接着，亚历山大向南进军腓尼基，并攻占了大马士革，从大流士三世的军械库里获得大量战利品。

经过7个月的艰苦战斗，亚历山大攻下了推罗城，将城中的3万居民卖为奴隶。这时大流士三世派来使者，表示愿意出巨款赎回他的母亲、妻子和女儿，还要割让半个波斯帝国给亚历山大。马其顿帝国的将领都认为这是天大的财富了，但亚历山大却不动心，他要的是整个波斯帝国。亚历山大赶走了使者，向埃及长驱直入，自称是"太阳神阿蒙"之子。他亲自勘察设计，在尼罗河三角洲的西部，建立起一座亚历山大城。

亚历山大在伊苏斯打败了波斯帝国的国王大流士三世。占领波斯后，亚历山大已经征服了地中海地区的大部分国家，但是他的扩张并没有停止。

公元前331年，亚历山大率军穿过美索不达米亚北部，在高加米拉平原与波斯帝国进行生死决战。大流士三世兵败被杀，亚历山大在第二年就彻底击败了大流士三世的继位人，征服了整个波斯帝国。

将波斯帝国收于囊中并没有完结马其顿的扩张脚步，公元前327年，亚历山大南下侵入印度，在印度河谷建立了两座亚历山大城，并迅速占领了西北印度的广大地区。在亚历山大想进一步向恒河流域进发时，士兵们已厌倦了长期的紧张战争，再加上印度的炎热、暴雨和疾病，他们拒绝前进，发生了哗变。亚历山大在万般无奈的情况下，只得撤军。

公元前324年，亚历山大结束远征，将巴比伦作为首都，建立了一个庞大的帝国。它的版图西起希腊、马其顿，东到印度河流域，南临尼罗河第一瀑布，北至药杀水（锡尔河）。

在远征以前，亚历山大认为希腊民族是世界独一无二的民族，其他民族都是野蛮人。随着东征，亚历山大逐渐认识到波斯人和希腊人一样，都具有杰出的智慧和才能，因而改变了观念。亚历山大和大夏贵族罗克珊娜结婚，并鼓励马其顿人和东方女子结婚，宣布如果马其顿人和东方女子结婚，可以享受免税权利。

然而好景不长，当亚历山大在巴比伦整编军队，准备再次入侵印度，征服罗马、地中海的时候，突然患上了恶性疟疾，从发病到死亡仅仅10天。由于死亡的突然降临，亚历山大没来得及宣布王位继承人，他的母亲、妻子与儿女都被争夺王位的人杀死，将领们纷纷拥兵自立为王，横跨欧、亚、非三洲的马其顿王国从此分裂。

奥林匹亚斯之死

亚历山大因为建立了庞大的马其顿帝国而扬名于世，他的母亲奥林匹亚斯也因为善于策划谋杀而"享誉"马其顿宫廷。

相传在奥林匹亚斯与腓力二世的新婚之夜，奥林匹亚斯梦见一道闪电打中了自己，她的身上燃起大火，火在身上蔓延开后又逐渐自行熄灭。而腓力二世在婚后则经常梦见妻子的身体被一个狮子的图案所封印。

腓力二世迅速扩大着马其顿帝国的版图，而皇后则对饲养毒蛇和异端宗教情有独钟。不久后，腓力二世娶了一个马其顿贵族的女儿，这次婚姻使奥林匹亚斯和王子亚历山大十分反感，夫妻、父子间的关系变得非常紧张。

奥林匹亚斯带着亚历山大离开了宫廷，去寻求弟弟的帮助。没想到腓力二世把女儿嫁给了奥林匹亚斯的弟弟，奥林匹亚斯更加孤立，已经不能再仰仗弟弟的支持了。

于是，奥林匹亚斯宣布亚历山大不是腓力二世的儿子，而是宙斯的儿子，并让亚历山大返回马其顿皇宫。不久后，腓力二世在女儿的婚礼上遭刺杀身亡。奥林匹亚斯迅速回到宫廷，把腓力二世后娶的妻子杀死，让亚历山大登上了王位。

亚历山大登上王位后，禁止母亲干涉政治。本以为可以高枕无忧的奥林匹亚斯觉得尊严受到了侮辱，愤然回到了自己的家乡。

公元前334年，亚历山大远征东方，把国内的统治权交给了大臣安提帕特。这位深受腓力二世信任的指挥官和外交家，在亚历山大登基的过程中出力不小，但和奥林匹亚斯的关系却并不融洽。

公元前323年，亚历山大因恶性疟疾突然死亡，当时他的妻子已经怀孕，几个月后便生下了一个男孩，也被命名为亚历山大。

这个婴儿成为帝国名义上的统治者，但实际权力则掌握在亚历山大的宫廷总管帕迪卡斯手中。为了巩固地位，帕迪卡斯与安提帕特的女儿尼西娅订了婚。

奥林匹亚斯就在这个时候站了出来，热情地将自己的女儿——亚历山大的妹妹、弟弟的遗孀许配给了帕迪卡斯。安提帕特非常恼怒，觉得受到了伤害，悍然发动了内战。结果，安提帕特胜利成为马其顿王室的新摄政王，但他在刚取得这个位置时就病死了。

就在安提帕特的儿子卡桑德与其他竞争者争夺王位之时，奥林匹亚斯先是坐山观虎斗，继而突然出兵，不仅杀死了新的争夺者，也将卡桑德的许多支持者杀死。

但是，卡桑德的势力不容小觑，当他率领军队主力围攻港口城市皮德纳时，奥林匹亚斯抵挡不住投降了。作为投降的条件，卡桑德答应保证她的人身安全，但是他很快撕毁协议，次年便处死了奥林匹亚斯。几年之后，亚历山大的遗孀和儿子也都被他秘密杀害。

苏格拉底

苏格拉底（前470～前399年），既是古希腊著名的哲学家，又是一位个性鲜明、毁誉不一的著名历史人物。苏格拉底与他的学生不同，他出身于一个普通的家庭，父亲是石匠，母亲是接生婆。苏格拉底虽然也跟父亲学过手艺，但他更喜欢《荷马史诗》。靠自学，苏格拉底成了一名很有学问的人，做了一名不取报酬也不设馆的教师。他喜欢在市场、运动场、街头等地方与不同的人谈论各种各样的问题，如战争、政治、友谊、艺术和伦理道德等。

苏格拉底一生生活都很艰苦。无论酷暑严冬，他都只穿一件普通单衣，经常赤足，对吃饭也不讲究。但是他似乎并不在意，只醉心于学问研究。苏格拉底的学说具有神秘主义色彩。他认为，天地万物的生存、发展和毁灭都是神意，神是世界的主宰。他反对研究自然界，认为是亵渎神灵的行为。他还提倡人们认识做人的道理，过有道德的生活。综观他的哲学，主要是探讨伦理道德问题。

苏格拉底擅长与人辩论。辩论中他通过问答的形式使对方放弃原来的错误观念从而帮助人产生新思想。他从个别抽象出普遍，一般采取讥讽、接生、归纳、定义4个步骤。

苏格拉底教学生也从不给现成的答案，而是通过反问或反驳的方法使学生在不知不觉中接受他的思想影响。这种教学方法可以启发人的思想，使人主动去分析、思考问题。他还用辩证的方法证明真理是具体的，具有相对性，在一定条件下可以向反面转化，这一认识论在欧洲思想史上产生了重大影响。

苏格拉底提倡专家治国论，他认为国家政权应交给训练有素、知识丰富的人来管理，反对以抽签选举法实行的民

苏格拉底之死　雅克－路易·达维特　法国
苏格拉底因坚持自己的信念将被判处鸩刑，但他神色安然，面无惧色。他手指更高的天国，表明那是他的最终归宿。

主。公元前 404 年，雅典在伯罗奔尼撒战争中战败，"三十僭主的统治取代了民主政体"。其头目克利提阿斯是苏格拉底的学生。后来，"三十僭主"的统治被推翻，民主派重掌政权。苏格拉底因与克利提阿斯关系密切而被捕入狱。在法庭对他判决以前，苏格拉底借被告有权陈述的机会发表了慷慨激昂的演说，他称自己的言行不仅无罪可言，而且是有利于社会进步的。结果，他还是被判了死刑。

柏拉图

柏拉图（前 427～前 347 年），古希腊最著名的唯心论哲学家和思想家，是西方哲学史上首个将唯心论哲学体系化的人。他的著作和思想对后世都有着非常重要的影响。

柏拉图出身于雅典一个贵族家庭，据说他的名字源于他的宽额头，真实姓名却渐渐被人淡忘了。柏拉图生于伯罗奔尼撒战争期间，青年时期和其他贵族子弟一样受过良好的教育，并接触到当时的各种思潮。对柏拉图一生影响最大的人，也是希腊的一位著名学者——苏格拉底。

柏拉图 20 岁时就拜苏格拉底为师，跟他学习了 10 年，后来苏格拉底被雅典民主派处死，这使柏拉图受到了沉重的打击。柏拉图和他的老师一样，反对民主政治，认为每个人都应该做和自己身份相符的事，农民只管种田，手工业者只管做工，商人只管做生意，平民不能参与国家大事等。苏格拉底死后，柏拉图对平民政体更加反对。

苏格拉底死后，柏拉图离开了雅典，开始了他海外漂泊的岁月，从 28～40 岁，他先后到过埃及、意大利、西西里等地，一路上他边考察边宣传他的政治主张。

后来柏拉图回到雅典，开办了一所学园。一边教学，一边著作，他还在学园门口挂了一个牌子，写着"不懂几何学者免进"。在这个学园里开设 4 门课程，即数学、天文、音乐、哲学，成为当时重要的哲学研究机构。柏拉图要求学生不要生活在现实世界里，而应该生活在观念世界里。他形象地说："画在沙子上的三角形可以抹去，可是，三角形的观念，不受时间、空间的限制而留存下来。"

柏拉图留下了许多著作，多数是以对话体写成，后来常被引用的有《辩诉篇》《曼诺篇》《理想国》《智者篇》《法律篇》等，《理想国》又为其中代表作。

《理想国》涉及柏拉图思想体系各个方面，其中包括哲学、伦理、教育、文艺、政治等许多内容，主要是探讨了理想国家的问题。在书中他认为，国家就是放大了的个人，反之，个人则为缩小的国家。人有 3 种品德：智慧、勇敢和节制。与之相应国家也应有 3 等人：

一是智慧之德的统治者；二是有勇敢之德的卫国者；三是节制之德的供养者。前两个等级拥有权力但无私产，第三等级拥有私产但无权力。他还指出这3个等级就如人体上中下三部分，协调一致而无矛盾，只有各就其位，各谋其事，才能达到正义，实现和谐。

柏拉图死后，他所创立的学园由门徒主持，代代相传，存在了数百年之久。

亚里士多德

亚历山大的老师亚里士多德，是古希腊最著名的哲学家。亚里士多德是柏拉图的学生，思想敏锐，很被柏拉图看重。亚里士多德很尊敬他的老师，但又和老师有着不同的观点、见解。他曾说过这样一句话："我爱我的老师，但是我更爱真理。"

在学园的时候，亚里士多德经常和柏拉图争论。他反对柏拉图把真实存在看成是"人的理念"的唯心观点。他曾这样解释：树就是树，由种子长成，结出果实。离开实实在在的树，仅仅是头脑中树的概念会有什么意义。后来，亚里士多德最终摒弃了柏拉图的很多唯心观点。他认为，客观存在的物质世界是永恒的，不是靠所谓的观念产生的，世界先产生现实生活中各种各样的东西，然后在人们头脑中才有了观念。因此，代数和几何的定律都是从自然现象中抽象出来的。他还认为，生命和世界是运动的，没有运动就没有时间、空间和物质。虽然亚里士多德初步具备了辩证法的观点，但是当他碰到一些无法解释的现象时，还会把老师的一些唯心论观点搬出来，所以常常弄得自相矛盾。

亚里士多德在柏拉图死后离开学园，给亚历山大当老师。亚历山大继承王位后，亚里士多德来到雅典办学。

亚里士多德是最早提出划分年级授课的人，他主张7～14岁的儿童应该由国家为他们办学，教授体操、语文、算术、图画和唱歌。14～21岁的青少年，可以学习历史、数学和哲学。对于其中的佼佼者，国家应该继续培养。亚历山大十分支持亚里士多德办学，先后提供了800塔兰（每塔兰重合黄金60磅）的办学经费。

亚里士多德建立了欧洲第一个图书馆，里面了珍藏了许多自然科学和法律方面的书籍。亚历山大于是通令全国：凡是猎手和渔夫抓到稀奇古怪的动物，都要送到亚里士多德那里，由亚里士多德主持解剖工作，研究这些动物的特点。

在亚里士多德之前，自然科学还处于胚胎时期，是亚里士多德孕育了这一"胎儿"，并使它降生。自然界中一切"神的力量"，逐渐被科学解释。

尽管亚里士多德在自然科学方面为人类做出了巨大的贡献，但是在社会制度方面他是拥护奴隶制度的。他认为社会上存在奴隶和奴隶主的差别是"当然而合理"的事，这又反映了他思想中的阶级局限。

公元前323年，亚历山大死后，雅典人激烈地反对马其顿的统治。曾为亚历山大老师的亚里士多德也受到追捕。幸亏他的学生及时得到消息，护送着他们老师逃出雅典。第二年夏天，这位伟大的思想家、哲学家在凄凉的境遇中与世长辞。

奴隶作家伊索

希腊除了3位哲学巨匠，还出了一位奴隶作家，他就是寓言作家伊索，相貌丑陋却绝顶聪明，他善于讲故事，而且每个故事都寓意深刻、充满哲理。比如《农夫和蛇》《狼和小羊》《龟兔赛跑》《狐狸和葡萄》等，至今都为人们喜爱。

伊索是奴隶出身，他生活的时代正是古希腊奴隶制城邦形成的时期。在那个时代，奴隶主贵族作威作福、为非作歹，奴隶和下层平民备受欺凌。伊索生活在这样的时代中，他把寓言作为武器，向奴隶主宣战。

《伊索寓言》通过精彩的寓言向世人说明深刻的道理。《打破神像的人》鼓励人们打破对神明的迷信；《龟兔赛跑》劝诫人们不要骄傲自大；《乌鸦和狐狸》讽刺了具有虚荣心的人；《狐狸和葡萄》嘲笑无能者的自我安慰；《初次看见的骆驼》则说明实践出真知的道理……

在伊索创作的寓言故事中通常把奴隶主贵族比为狮子、毒蛇、狐狸等，揭露其贪婪残暴，同时又歌颂广大奴隶和下层平民顽强的斗争精神，鼓励人民团结起来，同奴隶主做斗争，这触犯了奴隶主贵族的利益，动摇了他们的统治，因此伊索受到当权者的忌恨。公元前560年的一天，伊索被奴隶主押到爱琴海边一块高耸的岩石上，在生命的最后一刻，伊索仍然冷静从容，坚强不屈。最后伊索被推下了山岩……

伊索在世时，他的寓言在人民中间多以口头文学的形式广为流传，并未成书。公元前3世纪左右，也就是伊索死后的二三百年，一个希腊人把当时流行的200多个故事汇编成书，题为《伊索故事集成》，但遗憾的是后来失传了。公元前1世纪初，一个希腊奴隶以这本书为材料，用拉丁韵文写了100余篇寓言，同时又有人用希腊文写了寓言122篇。到公元4世纪，一个罗马人用拉丁韵文写了42篇寓言。以上3种韵文被保存下来。后来，有人把韵文改为散文，加进印度、阿拉伯和基督教的故事，并经过多次汇集、编纂和改写，就成为今天我们看到的《伊索寓言》，共有360篇。

萨　福

"有人说，最可爱的莫过于强盛的军队；有人说，最可爱的莫过于顺风行驶的舰队。而在我看来，最可爱的莫过于我所爱的人。"

这首诗是古希腊著名诗人萨福的作品，萨福是世界古代为数极少的几位女诗人之一，被柏拉图尊为人间"第十位缪斯"。当然，诗中毫不隐讳的"所爱的人"，是与萨福一样的女人。

萨福出身贵族世家，创办了一所女子学校，教授诗歌、音乐、仪态，甚至美容和服饰。许多人慕名而来，贵族们也纷纷把自己的女儿送往该校。萨福喜欢这些年轻美丽的女孩，教授她们诗歌与音乐，心中的诗情在朝夕相处中，也转化为深深的爱恋。

萨福的诗体是独创的，西方诗歌史上把这种诗体称之为"萨福体"，是一种独唱形式的诗歌，目的在于供人弹琴咏唱。古希腊的诗歌大多是歌唱神灵的，而萨福却在题材上把咏唱的对象从神转移到人，并用第一人称来抒发个人的哀乐，在当时是一种革新。

据说萨福留下的诗歌有9卷之多，但目前仅存一首完整的诗章，其余均为残编断简。中世纪时，因她的诗篇歌咏同性之爱，被教会视为异端，将她的诗歌几乎全部焚毁，并将萨福丑化成一个相貌丑陋的女巫。

其实，萨福是一个相当美丽的女人。传说中，一次法官要判萨福死刑，萨福当庭脱下上衣，露出了丰美的乳房。旁听席上先是鸦雀无声，继而爆发出震耳欲聋的呼喊："不要处死这样美丽的女人！"因为美丽，萨福重新获得了自由。

除了萨福的诗，古希腊人还特别喜欢厄林娜、安妮特和诺西斯的作品，这3个作家都生活在公元前4世纪~公元前3世纪。

厄林娜是一位年轻的诗人，是萨福的女弟子之一，去世时年仅19岁。相传她写过一篇长诗，当时的人们认为她足可与荷马匹敌。

关于安妮特这位女诗人，人们只知道她生活在公元前4世纪。

269

诺西斯的身世也是个谜，只有十几首短诗存世。

"历史之父"希罗多德

我们现在之所以能对希腊的历史了解得如此清晰，要归功于一位伟大的希腊人。正是他用生动的笔触描绘了希腊的风土人情，讲述了那场延续数十年的战争，在他的笔下，每一个出场的人物都个性鲜明，每一句话都有着诗一般的韵味。这个人，就是"历史之父"希罗多德。

希罗多德大约在公元前 484 年，出生于小亚细亚西南海滨的一座古老城市。他的父亲是一个奴隶主，家资充足，叔父则是当地著名的诗人。当时，他们城邦的统治者是一个通过阴谋篡夺了政权的家伙，希罗多德随叔父等人积极参与推翻篡位者的斗争，可惜失败了，叔父被杀，希罗多德也被放逐。

30 岁的希罗多德从此开始了人生的游历，走了许多地方。公元前 445 年前后，希罗多德来到了希腊的雅典。当时正是雅典的黄金时期，无论是经济、政治还是文化，都是一派欣欣向荣、民主和谐的景象。希罗多德感到异常兴奋，他留在了雅典，很快就和伯里克利、索福克勒斯等人成了好朋友。对于雅典的民主政治，对于雅典打败了波斯帝国，对于雅典丰富多彩的文化生活，希罗多德都十分钦佩，乐此不疲地向周围的人打听雅典的一切。

公元前 443 年的春天，雅典人在意大利南部的塔林敦湾沿岸建立了图里翁城邦。希罗多德跟随雅典移民到了那里，开始将主要精力用来写作《历史》。可惜的是《历史》并没有最终完稿，希罗多德便离开了人间。

希罗多德的《历史》不仅是一部史书，更是一部优美的散文。他创造了叙述历史的新方法，即把记载史实和加以阐释有机地结合起来。对于历史事件，希罗多德并没有首尾一贯地解释发生的原因，他时而诉诸神的意志和命运，时而认为取决于个别人物的才能，也有时借助于对历史或地理情况的分析。他在严肃认真地搜集和考证了大量史料后，用诗人特有的风范将它们记录下来，让历史画面再一次生动地浮现在人们脑海中，使我们如同亲历了那时的场景。

古希腊七贤

古希腊七贤，是古希腊 7 位名人的统称，他们是梭伦、泰勒斯、奇伦、毕阿斯、庇塔库斯、佩里安德、克莱俄布卢。

雅典的梭伦不仅改革了政治，在诗歌方面也很有成就。其诗作多是赞美雅典城邦及其法律的。梭伦年轻时曾经一面经商一面游历，去过许多地方，考察社会风情。梭伦曾写过："作恶的人每每致富，而好人往往受穷；但是，我们不愿把我们的道德和他们的财富交换，因为道德是永远存在的，而财富每天都在更换主人。"从他的诗不难看出他对道德胜于财富的坚信。他还时常在诗中谴责、抨击贵族的贪婪、专横和残暴。他的诗篇为他赢得了"雅典第一位诗人"的美誉。梭伦早期的游历经商生涯，一方面丰富了他的知识和经验，另一方面使他了解了下层平民的疾苦，从而抛弃了贵族的骄矜，对他一生的改革事业都产生了深远的影响。

泰勒斯创立了爱奥尼亚学派，企图摆脱宗教，通过自然现象去寻求真理。他认为处处都有生命和运动，并以水为万物的本源。泰勒斯在埃及时，曾利用日影及比例关系算出金字塔的高度，最早开始了数学命题的证明，在数学史上是一个不寻常的飞跃。

斯巴达的奇伦是第一个建议任命监察官来辅助国王的人，并于公元前 556 年担任这一职务，给斯巴达的训练带来了极大的严格性。作为监察官，他提高了这个职位的权力，并首次尝试监察官同国王一起监督政策。他最著名的格言是："遵守诺言。"

毕阿斯是普里耶涅人，他是一名律师，并总是强调将他的言语能力用于好的目的。在他看来，人力的增长是自然的，但用语言来捍卫国家的利益则是灵魂和理性的天赋。他承认神的存在，主张把人的好行为归于上帝。他主张通过说服而不是强力来达到目的。他曾说："一把剑固然可以使一个人屈服，但要赢得一颗心，就需要另一颗心。"毕阿斯一生酷爱智慧，并督促人们为储备智慧而坚持学习。他认为比起其他所有东西，智慧是最可靠的支撑。在他看来，多数人是坏的，法律因而变得非常必要。

庇塔库斯是一位政治家和军事领导人，他曾经在阿尔卡尤斯兄弟的帮助下推翻了列斯堡的僭主美兰克鲁斯，成为那里的法律制定者，统治了 10 年。作为温和派的民主政治者，他鼓励人们去获得不流血的胜利，但他也阻止被流放的贵族返回家园。

佩里安德在位期间，他所统治的城邦获得极大发展。他改革了科林斯的商业和工业，修筑了道路，开凿了运河。他不仅是一位伟大的政治家，而且热心于科学和艺术。

克莱俄布卢是林迪城邦的君主，他很关心教育，主张女子应该和男子一样受教育。在克莱俄布卢看来，人们的生活应该是专心善事，避免极端，锻炼身体，教育儿童，戒绝暴力，终止不和，勿言不详之词，如此遵循中庸之道，以享尽天年。

古希腊的戏剧

古希腊戏剧起源于祭祀酒神狄俄尼索斯的庆典活动。在古希腊世界漫长的演进过程中，这种原始的祭祀活动逐渐发展成一种有合唱歌队伴奏，不但有演员表演，还依靠幕布、背景、面具等塑造环境的艺术样式，这就是西方戏剧的雏形。

古希腊戏剧大都取材于神话、英雄传说和史诗，所以题材通常都很严肃，正适合以悲剧的形式来表现。

埃斯库罗斯（前 525 ~ 前 456 年）是古希腊最伟大的悲剧作家。他对古希腊悲剧最大的贡献是在表演中引入了第二个演员，改变了过去古希腊戏剧中只有一个演员和歌队共同演出的传统模式，为戏剧情节的发展和戏剧道白的丰富多彩提供了可能和便利条件。爱斯奇里斯已知剧名的作品共 80 部，其中只有 7 部传世，最著名的是《波斯人》和《被缚的普罗米修斯》。

索福克勒斯（前 496 ~ 前 406 年）是雅典民主全盛时期的悲剧作家，代表作《俄狄浦斯王》被认为是古希腊悲剧的典范。他的悲剧往往被称为"命运悲剧"，即通常表现个人意志行为与命运之间的冲突。

除了悲剧，古希腊也有喜剧，喜剧的出现比悲剧要晚，与悲剧一样，它也是产生于对狄俄尼索斯的祭祀。因为祭祀酒神经常以列队歌舞、纵情狂欢结束，所以从这种活动中逐渐衍生了喜剧（comedy），其本义为"狂欢队列之歌"。喜剧主要是以轻松揶揄的手法，描写或触动现实生活中的各种问题。它所关心的不是神，而是人的世界，特别是战争与和平、社会政治斗争等问题，都成为喜剧的普遍主题，而这些也是公元前 5 世纪希腊历史的主要内容。最著名的喜剧作家就是阿里斯托芬（前 446 ~ 前 358 年）。阿里斯托芬一生共写过 44 个喜剧剧本，但完整流传下来的只有 11 部，比较著名的有《骑士》《阿卡奈人》和《鸟》，被人们称为欧洲的"喜剧之父"。

希腊戏剧的上演，通常由城邦的官方主办。他们组织各种剧目比赛，优胜者可以获荣誉和奖赏。在当时，半圆形的露天剧场往往设在山坡下面，可以容纳数万名观众观看。希腊戏剧无论是内容还是形式，对后世西方戏剧的发展，都产生了深刻影响。

奥林匹克运动会

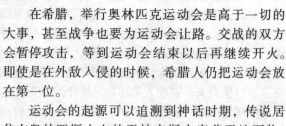

在希腊，举行奥林匹克运动会是高于一切的大事，甚至战争也要为运动会让路。交战的双方会暂停攻击，等到运动会结束以后再继续开火。即使是在外敌入侵的时候，希腊人仍把运动会放在第一位。

运动会的起源可以追溯到神话时期，传说居住在奥林匹斯山上的天神宙斯主宰着天地万物。为了表达对宙斯的崇敬，希腊人在伯罗奔尼撒半岛西部的奥林匹亚举行盛大的祭祀。他们不仅要献上整牛整羊作为祭品，载歌载舞，欢庆宴饮，还要进行短跑竞赛活动。

到公元前766年时，希腊规定每隔4年在奥林匹亚举行一次竞技大会，也就是运动会。这就是最初的奥林匹克运动会。最早的竞赛项目只是200码（大约183米）短跑，后来逐渐增加摔跤、掷铁饼、投标枪、赛马等。除了那些犯叛国罪和对神不敬的人，每个希腊公民都可以参加比赛。在比赛中取得优胜的人，可以戴上用月桂编成的桂冠，他们的名字很快就会传遍整个希腊。优胜者的家乡把他们当作出征凯旋的英雄来欢迎，有的

掷铁饼者　公元前5世纪　米隆

城市故意把城墙打开一个缺口，让他们像征服者那样进城。如果优胜者是雅典人，还可以得到500银币的奖励。

这个古老的运动会还树立起一种优良的风尚，优胜者得到最高的荣誉，那些使用不正当手段作弊的人，要被立即赶出竞技场，遭受大家的耻笑。

奥林匹克运动会对希腊人的生活产生了巨大影响。希腊的各个城邦，因为这一全国性的运动会，增加了文化交流和贸易往来。希腊雕刻艺术的发展更是离不开运动会。希腊著名雕刻家米隆塑的掷铁饼者，肌肉健壮，线条流畅，准确生动地表现出运动员在掷出铁饼前一刹那间的紧张状态，被誉为不朽的艺术珍品。希腊流行着这样一句话："没有奥林匹克，就没有希腊雕刻。"

罗马与母狼

古代罗马建立在靴子形状的意大利半岛上，相传最早在这里定居的，是在希腊人用计攻陷特洛伊城时那些侥幸逃脱出来的人。他们坐船漂流到意大利半岛上，在这片森林密布、土地肥沃的乐土上建立了自己的王国——亚尔尼龙伽。

亚尔尼龙伽国王有个弟弟叫阿穆留斯，他阴谋篡夺了王位，将哥哥囚禁，并杀死了侄子，强迫侄女去做不许结婚的女祭司。阿穆留斯认为，这样一来哥哥就没有了后代，不会再有人来争夺他的王位了。

可是，天上的神灵不允许这种篡位的人心想事成，战神玛尔斯使阿穆留斯的侄女怀孕，

并且生下一对孪生子。听到这个消息，阿穆留斯又惊又怒，他下令处死侄女，并让奴隶将那对双胞胎扔到河里去淹死。

人算不如天算，汹涌的河水没有吞噬装着双胞胎的篮子，反而把篮子冲到了岸边。孩子的哭声吸引了正在河边喝水的一只母狼，它奔到孩子们身边，不仅没有伤害他们，反而慈爱地舐干双生子的身体，把他们带回山洞，用自己的奶喂养他们。不久，一位牧羊人发现了这对孩子，就把他们带回家中抚养，起名为"罗慕路斯"和"勒莫斯"。

兄弟俩从小苦练武艺，长大后都变成了健壮勇敢、武艺出众的青年。后来当他们从牧羊人口中得知了自己的身世后，决心除掉阴险狡诈的阿穆留斯，为母亲一家报仇。

伊特拉斯坎母狼 青铜雕像 公元前480年

这只机敏、警惕的母狼，成为罗马的象征。公元前480年铸成的母狼青铜雕像并不包括双胞胎，他们是文艺复兴时期意大利一个雕塑家加上去的。母狼是罗马的图腾，是象征战神的神圣动物，它拯救了罗马城的创建者罗慕路斯和勒莫斯。

阿穆留斯的统治非常残暴，两兄弟一发动起义，很快就聚集了大批人。他们最终杀死了阿穆留斯，把政权交还给了自己的外公。兄弟二人不想依靠外公，决定带领自己的人马建立一座新城市，而新城市的地点就是他们出生时被抛弃的地方——帕拉丁山冈。

不幸的是，在新城建立之后，兄弟俩为了争夺统治权发生了激烈争执，哥哥罗慕路斯杀死了弟弟勒莫斯，他用自己的名字命名这座城市为罗马。这件事据说发生在公元前753年的4月21日，古罗马人把这一天作为开国纪念日。

273

塞尔维乌斯改革

罗马与母狼虽然只是一个传说故事，但罗马人抢夺萨宾女子为妻倒是确有其事，萨宾女子的白皙和美貌，也许是令罗马人一见钟情的原因吧。至于那个母狼的故事，也不全是子虚乌有。在罗马博物馆里，现在仍保存着一尊很特别的青铜像：一只母狼圆睁双眼，露着尖利的牙齿，正警觉地注视着前方，在它的腹下，有两个可爱的男婴，正抬头吮吸着母狼的奶头。

不管传说如何演绎罗马的由来，这个城邦确实就在与萨宾和其他部落的逐渐融合中强大起来了。那时候的罗马城邦没有国王，最高的首领被称为勒克斯，是军事首领和最高审判长。各氏族推举氏族长，共同组成元老院，负责城邦的大小事务。

公元前6世纪，罗马第六代勒克斯塞尔维乌斯决定进行改革，因为当时罗马的大小事情全由贵族元老决定，而贵族的数量要远远少于平民，大家对此非常不满。军队中的士兵全是平民，一旦造起反来，贵族根本没有能力应付。

塞尔维乌斯宣布，罗马的居民，以后不分贵族和贫民，只要经济能力许可，都要负担兵役。钱多的出钱买重型装备，例如武器和马匹；钱少的负责轻型武器，例如弓箭；没钱的不用负担。如此一来，贵族们都成为骑马的队伍，平民则全部变成武器性能一般的步兵。

除了军队，塞尔维乌斯还改革了决策会议。他设立了一个森图里亚大会，全体罗马居民按地域和财产划分，每个人都有投票的权利，可以对国家事务进行表决。但是，贵族居住的地方给的选票多，平民众多的居住地，每100个人的投票才代表这个地区的1张选票。

虽然这场改革带有很强的欺骗性，但平民与贵族的矛盾还是得到了缓和，罗马城邦平稳发展，一步步走向繁荣。

《十二铜表法》

《十二铜表法》是古罗马在大约公元前450年制定的法律，据说刻在12块铜牌（也有说是着色的木牌）上，故而得名，是古罗马的第一部成文法典。公元前390年，高卢人入侵罗马，在战火中铜表全部被毁，原文散佚，现在只能从其他古代著作中略见梗概。

《十二铜表法》内容庞杂，主要包括：传唤、审判、求偿、家父权、继承及监护、所有权及占有、房屋及土地、私犯、公法、宗教法、前五表之补充、后五表之补充等12篇。大体可综合为民法、刑法以及诉讼程序，它基本上可算得上是习惯法的汇编。其中的法律条文反映了罗马奴隶占有制社会早期的基本情况。《十二铜表法》明文规定了维护私有制度和奴隶主贵族的权益，强调保护私有财产，严惩破坏私有权的人。债务法规定债权人有权拘禁不能按期偿还的债务人，甚至可以将其变卖为奴或处死。家庭法给予家长对其家庭成员的绝对权力，家长可以把子女出卖为奴。该法典还禁止贵族与平民通婚。继承法既实行遗嘱自由，又规定财产必须在氏族内继承。惩罚方法既有罚金形式，又保存了同态复仇。这表明在当时的社会中还有氏族制度的残余。《十二铜表法》对贵族滥用权力也做出了一些限制，明确规定按律量刑，贵族不能再任意解释法律，它成为后来罗马法的渊源，对于中世纪和近代欧洲法学也有重要影响。

罗马与白鹅

到公元前4世纪末，罗马已是一个势力强大的国家了，周围的许多部落都臣服于它，只有西北部的高卢人不肯向罗马低头。

公元前390年，高卢人和罗马大军展开血战。高卢人全部光着头，挥着长矛、板斧，砍下罗马士兵的胳膊后居然津津有味地啃了起来。罗马军队从没见过这种边打边吃的作战方式，很快就溃不成军。

高卢人攻陷了罗马城，罗马人被迫退守卡匹托山。骄傲的罗马人第一次遭遇失败，一些年长的元老不愿意到山上避难，他们身穿华丽的节日盛装，来到罗马的中心广场，准备以身殉城。他们手持圣杖，坐在椅子上岿然不动，像一尊尊雕像。高卢士兵来到他们面前，这些长老面不改色。一个高卢人误以为他们是雕塑，轻轻拉了拉一位元老的花白胡子，这位元老突然站起，愤怒地用圣杖打了他的头。高卢人吓了一跳，举起斧子一阵乱砍，长老们都死在了血泊中。

此时的罗马城空空如也，高卢人开始大肆抢劫放火。很快探子报告高卢统帅，说在卡匹托山上发现了罗马人，高卢军队立即扑向山岗。可卡匹托山易守难攻，高卢人的多次进攻都

罗马战车
这种战车并没有在战争中大量使用，它只是公众娱乐中的景象，这种娱乐活动在罗马帝国中的主要城市举办。

失败了。高卢人决定改变策略，实行长期围困，用饥饿、缺水逼罗马人投降。

很快，高卢人发现了一条上山的小路，当即挑选出身手敏捷的人，准备趁黑夜上山，偷袭罗马人。当晚，高卢人趁着夜色的掩护悄悄往山上攀登，眼看就要到达山顶了，突然，"嘎嘎"的鹅叫声刺破万籁俱寂的夜空，罗马人立时从睡梦中惊醒，纷纷冲向悬崖，用盾牌、石块、长矛、投枪，将那些上山的黑影全部砸了下去。

罗马人就这样被鹅救了。山岗上的鹅本来是罗马人奉献给山上神庙的，大家上山避难后，虽然食物缺乏，但还是省下些口粮喂它们。可这些省下的口粮填不饱鹅的肚子，饥饿的鹅特别容易受惊，它们最早听到高卢人上山的动静，因此就惊叫起来，拯救了罗马人。

高卢人不肯罢休，对卡匹托山的围困持续了 7 个月，但顽强的罗马人宁可饿死、渴死，誓死不降。高卢人耗不起了，他们要求和罗马人谈判，在得到巨额赎金后撤兵了。

罗马人和高卢人的战争终于结束了，但罗马加强军事的改革开始了，高傲的罗马人发誓，再也不能让这样的耻辱重现。

萨莫奈战争

萨莫奈战争是公元前 343 ~ 公元前 290 年，古代罗马在征服意大利的过程中与萨莫奈人及其同盟者进行的 3 次战争。萨莫奈人多居于意大利的中部山区，其社会发展比较落后，基本处于部落联盟阶段。但是萨莫奈人骁勇善战，经常袭击平原城镇，这对罗马以及意大利中部、南部很多城市都构成了极大的威胁。公元前 4 世纪中叶以后，罗马相继控制了中部拉丁城市，并且企图继续南侵从而主宰整个中意大利，萨莫奈人于是成为罗马的劲敌。

以争夺卡普阿城为导火线，罗马和萨莫奈之间爆发了第一次战争（前 343 ~ 前 341 年）。卡普阿因为受到萨莫奈人的骚扰，请求罗马援助。罗马于是背弃了和萨莫奈的结盟关系，派兵支援卡普阿。公元前 342 年，罗马人在芒特高鲁斯获胜，但是遭到激烈反抗，损失惨重，第二年双方议和。

第二次战争（前 327 ~ 前 304 年）因罗马占领萨莫奈人所属的那不勒斯而引起。初期在平原地区作战时，罗马军处于优势，进入山区后罗马的进攻受挫。公元前 321 年，萨莫奈人在山谷地区伏击了罗马军主力，致使其损失惨重，罗马被迫投降。大约五万罗马军放下武器，身着短装，排成单行，在两名执政官的带领下从萨莫奈人用长矛架成的轭门下通过，因此，"考地安轭门"成为罗马国耻的象征。为报仇雪耻，罗马人重组军队，积极备战，他们在萨莫奈人控制区的东西两侧逐步建立起据点并修筑道路，形成了对萨莫奈人的包围圈，经过 10 余年的艰苦努力，罗马人终于在公元前 305 年取得决定性胜利。第二年，双方签订和约，罗马拥有了整个坎帕尼亚地区。

第三次战争（前 298 ~ 前 290 年）是双方重要的一次决战。为抵抗罗马人向北方扩张的态势，萨莫奈人和翁布里亚人、高卢人等结成了联盟，企图南北夹击罗马军队。公元前 295 年，在森提努姆一战中，罗马军击败联军，萨莫奈及其盟友部落纷纷求和。公元前 293 年，萨莫奈人再次败北，遂于公元前 290 年被迫求和，成为罗马的同盟者。至此，罗马统治了整个中部意大利，为其以后的发展夯实了根基。

登塔图斯的骄傲

在萨莫奈战争中起到重要作用的，当属古罗马伟大的军事家马尼乌斯·库里乌斯·登塔图斯，正是他领导罗马军队取得了第三次萨莫奈战争的决定性胜利。

库里乌斯·登塔图斯可谓是常胜将军。据史载他曾在公元前 290 年第一次执政，并且在当年的决定性战役中打败了反抗罗马的萨莫奈人及其盟友发动的战争，从而光荣地结束了第三次萨莫奈战争。这次战争在罗马统一全意大利过程中可谓是里程碑意义的事件。经过这次战役，罗马人掌控了从波河到卢卡尼亚之间的势力范围。根据有些史料记载，库里乌斯·登塔图斯因为这次战役的胜利获得了两次凯旋（一次是因为战胜萨莫奈人，另一次是因为战胜萨宾人）。公元前284年执政官卢基乌斯·卡埃基利乌斯·梅特鲁斯·登特尔在与高卢人的战斗中阵亡，库里乌斯·登塔图斯再次补任执政官，他领导罗马军队迅速打败了高卢人。公元前275年他第三次任执政官，在贝内文托战役中领导大军挫败了前来支援南意大利的各希腊城邦的伊庇鲁斯国王皮洛士，迫使后者撤离意大利。此役之后，他更赢得了广大罗马人民的拥护。公元前274年在其最后一个执政官任内，他又打败了卢卡尼人的侵犯。

当然，库里乌斯·登塔图斯不光会打仗，在内政方面，他素以廉洁和简朴著称。库里乌斯·登塔图斯曾经负责部分排干维利努斯湖的工作，还领导修建罗马的第二条水道。

第一次布匿战争

迦太基人是地中海西岸腓尼基人的后代。公元前4世纪，地中海的贸易被希腊人控制着，迦太基人就和罗马人结盟，共同对付希腊人。击败了希腊人后，为了争夺富庶的西西里岛和地中海的霸权，迦太基和罗马反目成仇，进行了3次大战。罗马人把迦太基人叫作布匿人，所以这3场战争在历史上被称为"布匿战争"。

罗马对外扩张时期，改进了战术，大量使用弓箭和投枪等投射武器，可以在远离敌阵的地方杀伤敌方阵中士兵。先前，罗马人曾排出长矛方阵与高卢人作战，当高卢的剑盾兵攻破了罗马人的侧翼后，罗马军队毫无反抗能力，只能在阵位上被杀死。这次惨败令罗马人意识到，长矛阵如果被突破就很难抵抗剑兵的进攻。于是，他们对方阵进行了革命性的改进，推演出罗马小步兵方阵的战术。

公元前275年，罗马人击败皮洛士以后，很快统一了意大利半岛。随后，他们开始越过海峡，向海外扩张。公元前264年，西西里岛上的两个小城邦叙拉古和墨西拿发生争端，迦太基和罗马同时介入，双方为了各自的利益互不相让，展开激战。凭借战斗力极强的罗马军团，罗马人占领了富庶的西西里岛的大部分，并于公元前262年攻占了迦太基在西西里岛西南岸的据点阿格里真托，但西西里岛西部和沿海的一些要塞仍控制在迦太基人手中，他们凭着海军优势封锁了西西里海岸和意大利半岛。

罗马人在陆上的胜利，并不能击败迦太基的海上舰队。公元前261年，罗马人做了极为勇敢的决定，迅速建立一支拥有120艘大型战舰的海军。公元前260年，尚未成熟的罗马海军企图攻占梅萨纳，结果失败。这使罗马人认识到不做战术改良是战胜不了在海军方面训练有素、机动性和作战经验都优于自己的迦太基军队的。

如何在海战中发挥出罗马军团的陆上优势呢？

罗马人发明了新的海上战术：他们在战船上装一个在桥板顶端下面安有长钉的木板桥，也叫接舷吊桥，又称"乌鸦座"。前进时，木板桥可以直立起来，用来阻挡敌人投掷的武器；接近敌船时，板桥可以左右摆动，当它落在敌舰甲板上时，钉子马上把敌人船只抓住。这时，罗马军团就可以迅速通过板桥，与对方展开肉搏战。

罗马人对所有战船做了改进后，便开始向西西里北部进发，在米列海（今米拉附近）与迦太基海军相遇。用这种木板桥，罗马兵团把迦太基将士打得落花流水，这一次战役使罗马不仅在陆上，而且在海上也成了强国。

公元前256年，罗马人派出一支拥有约五万人、330艘战船的庞大军队，开始进攻迦太基。不甘失败的迦太基海军调集更庞大的舰队在埃克诺穆斯海角攻击罗马战船，可是当两军遭遇时，"乌鸦"板桥又显示出了极大的威力，迦太基损失惨重。但是，远征迦太基本土的罗马陆军惨败，统帅雷古卢斯被俘获。前来接应的罗马海军收拾残兵败将，然后返航。不幸的是，罗马舰队在回国途中遭到暴风雨的袭击，损失惨重。罗马人进军非洲的计划虽然失败，但他们击败了迦太基强大的海军，获得了中部地中海的控制权。

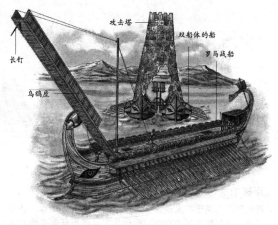

乌鸦座和塔

罗马人发明了抓钩武器"乌鸦座"，看起来就像巨大的乌鸦嘴。它是带钩子的踏板，能坠落到敌船的甲板上。特制的双船体的攻击船能用攻击塔射击敌人。

公元前242年，罗马统帅卡托拉斯指挥200艘战船向西西里岛的利利贝奥和德里帕那发起突然进攻。迦太基闻讯非常震惊，立即派400艘战船出海，企图夺回这些港口。两军在爱加特斯岛附近展开激战，虽然迦太基战舰数量占优，但罗马"乌鸦"战船击沉迦太基战舰50艘，降俘70艘。结果，罗马大胜，迦太基被迫求和。

根据合约，迦太基把西西里岛及其与意大利之间的岛屿全部让给罗马，并赔款3200塔兰特。第一次布匿战争以迦太基的失败而告终。

277

坎尼之战

第一次布匿战争以迦太基的失败告终，迦太基被迫割让西西里岛，并付给罗马大量的赔款。但迦太基人不甘心失败，他们卧薪尝胆，决心再与罗马一争高下。公元前237年，迦太基统帅哈密尔卡带着自己的儿子汉尼拔来到西班牙建立新迦太基城，作为反击罗马的基地。为了复仇，哈密尔卡对儿子进行了严格的训练。汉尼拔9岁时，父亲命令他跪在祭坛前发誓：决不与罗马人为友，一定要为迦太基报仇。在父亲和姐夫的教导下，汉尼拔成长为一名优秀的统帅。他胆识过人，足智多谋，而且善于用兵，深受部下的爱戴。有人曾这样描述汉尼拔：没有一种劳苦可以让他身体疲倦和精神沮丧，酷暑和寒冬他都可以忍受。深夜里，他经常裹着一个薄毯子和普通士兵睡在一起。无论是在骑兵还是在步兵中，总是冲在最前面。战斗时，他总是第一个投入战斗。战斗结束后，他总是最后一个离开战场。

后来父亲战死，25岁的汉尼拔成了迦太基驻西班牙的最高统帅。完成了作战准备后，汉尼拔开始进攻罗马在西班牙的盟友——萨贡姆城。罗马对汉尼拔发出警告，但汉尼拔不屑一顾，很快攻占了萨贡姆城。公元前218年，罗马对迦太基宣战，第二次布匿战争开始。

汉尼拔闪电般地击败了在西班牙的罗马人，随后，率领5万步兵、1.2万骑兵和37头战象，从新迦太基城出发，开始了远征。当他们到达意大利北部时，全军只剩下两万步兵，6000多没有马的骑兵和一头战象了。与罗马有仇的高卢人纷纷加入汉尼拔的队伍。

经过短暂的修整，汉尼拔的大军主动出击。罗马人惊慌失措，以为汉尼拔是从天而降，仓促迎战，结果被打得大败，连罗马人的执政官都被杀死。

公元前216年，8万罗马大军与6万汉尼拔大军在坎尼（今意大利奥方托河入海口附近）相遇，一场大战不可避免。战前，汉尼拔派500名士兵前去诈降，罗马人将他们缴械

汉尼拔的"坦克"

最著名的战象属于迦太基统帅汉尼拔。公元前 216 年，在意大利南部与罗马人进行的坎尼战役中，他使用了从西班牙带来的大象。

后安置到了罗马人的阵后。汉尼拔将战斗力较弱的步兵摆在中央，两翼则配备战斗力较强的骑兵。整个汉尼拔大军呈月牙状分布，突出的一面朝向罗马人，背靠大海列阵。战斗开始后，罗马人向汉尼拔发起了猛烈进攻，迦太基步兵抵挡不住逐渐后撤，而骑兵则坚守阵地。月牙阵突出的部分慢慢收缩，罗马人进入了口袋阵。这时，汉尼拔立即指挥两翼精锐骑兵迅速向罗马人的后方包抄，步兵停止后退，开始反攻。先前诈降的 500 名迦太基士兵也从怀里掏出匕首，杀向罗马人，堵住罗马人的退路。排山倒海一样的迦太基骑兵迅速击败了罗马人的骑兵，开始猛攻罗马人的中央步兵。罗马人顿时陷入了重重包围之中。恰在这时，猛烈的海风吹来，扬起了满天尘土，迷住了罗马人的眼睛。几万罗马人乱成一团，不成阵式，根本无法发挥出战斗力。罗马人向前受大风的阻挡和迦太基步兵的反击，两翼受到迦太基骑兵的夹击，后面又遭到迦太基士兵的进攻，溃不成军。

这场战役整整持续了 12 个小时，直到黄昏后才结束。罗马人有 5.4 万人战死，1.8 万人被俘，1.4 万人突围逃走，而汉尼拔只损失了 6000 人。坎尼战役成为历史上著名的以少胜多的辉煌战役。

为了牵制汉尼拔，罗马人暂时放弃攻打迦太基，利用小部队消耗敌人实力的战术，与汉尼拔在整个意大利展开了周旋。

公元前 210 年，罗马人卷土重来，在著名将领西庇阿的率领下进攻西班牙，占领了迦太基在西班牙的主要城市新迦太基。此时，汉尼拔独守在意大利西部，分身乏术，无法救援。罗马军队不去攻击汉尼拔，而是直接从北非登陆，去攻打迦太基的首府。迦太基被迫召回汉尼拔。

公元前 202 年，罗马大军在迦太基南部与汉尼拔展开决战，汉尼拔战败，迦太基城随即被罗马军队攻破，被夷为平地。次年，迦太基向罗马求和，不仅放弃了海外的一切属地，还向罗马支付了巨额赔款，割让了西西里岛，从此成为罗马的附属国。而为迦太基立下汗马功劳的汉尼拔，见复国无望，服毒自杀了。

西庇阿

西庇阿要算汉尼拔的老对头了，他出身罗马的名门贵族，少年时代即显示出卓越的军事才能。

公元前 218 年，西庇阿随其任罗马执政官的父亲，参加了在提契诺河阻击迦太基军的战斗。两年后，西庇阿又作为军事保民官参加了坎尼之战。公元前 208 年，西庇阿击败了汉尼拔之弟哈斯德鲁拔，为罗马军队转入战略进攻创造了条件。不久后，西庇阿当选为罗马执政官，主张与迦太基西邻努米底亚人结盟，并提出了进攻迦太基本土（北非）的计划。

西庇阿还认真研究了汉尼拔的治军作战方略。在其当选为执政官的第二年，他再次奉命远征迦太基本土。公元前 202 年在扎马之战中，西庇阿再次打败汉尼拔及其所率迦太基军，结束了第二次布匿战争，并由此获得了"阿非利加西庇阿"的称号。后来西庇阿又出任罗马监察官、执政官。在公元前190年，他又参加了马格尼西亚（在小亚细亚）会战，此战之后塞琉西王国国王安蒂奥克三世被迫求和。但是，因其军功卓著，引起了一些人的疑忌，西庇阿最终被反对派指控有接受贿赂之嫌。西庇阿很是失意，从此退出政坛，隐居田园，不久死于坎帕尼亚庄园。

西庇阿在作战上有自己的战争指挥艺术，他善于夺取战略主动权，对敌作战攻其必救，在骑兵使用上见长，这对他选择战机极为有利，其用兵的艺术受到后代很多名将的推崇。

格拉古兄弟改革

迦太基陷落后，所有的战俘和城中的女子、孩子都被当成奴隶卖掉了。罗马军队凯旋，受到了盛大的欢迎。

可是，罗马的农民并不高兴，他们为战争负担了太多劳役，导致田地荒芜。那些从战场上回来的人掠夺了许多财富，无论是金银财宝、女人奴隶还是权利，足以让他们过上好日子。而可怜的农民，不但没从中获益，生活反而变得更加困苦。一些濒临破产的农民想通过当兵改变状况，可他们突然发现，这条路也走不通了。因为罗马的兵役法规定，服兵役的人必须自备服装和武器。由于破产，农民无力再去当兵，只能沦为乞丐。

著名将领西庇阿的两个外孙，一个叫作提比略·格拉古，另一个叫作盖约·格拉古，他们此时都已进入罗马政界。看到罗马的贫富差距越来越大，人们的不满情绪日益提升，心中非常焦急。由于破产农民无力负担兵役，罗马的兵源逐渐短缺，格拉古兄弟认为不能放任局面日益恶化下去，必须进行改革。

公元前134年，提比略制定了一个土地改革方案，规定每户公民占有国有土地不能超过1000犹格（约合2.5平方千米），超过的部分由国家偿付地价后收归国有，然后分成每份30犹格的小块土地分给无地平民。

这个方案一经颁布，立即遭到拥有大量土地的贵族们的反对，他们开始千方百计地转移地产。罗马的暴发户们对提比略尤其痛恨，骂他是强盗、国家的敌人。这些暴发户见提比略的土地改革开始有条不紊地展开了，决心先下手为强，雇了一些地痞流氓准备杀死提比略。就在提比略参加一个集会的时候，惨剧发生了，流氓们手持棍棒冲进会场，将提比略活活打死。这场暴行激起了人们的愤慨，人们纷纷要求惩办凶手。元老院慑于众怒，驱逐了元凶，也没敢轻易废除土地改革法。在提比略死后6年中，先后有8万平民分到了土地。

公元前124年，提比略的弟弟盖约·格拉古当选为保民官，提出粮食法案和土地法案，规定由国家供应城市平民以廉价粮食，并且继续进行提比略的土地改革。但盖约没有意识到，此时罗马可供分派的国有土地已经不多了，要想让无地农民得到土地，必须向外移民。

盖约于是又提议，可以在意大利和非洲建立3个移民城市，在另一个保民官李维·德鲁斯的建议下，最终确定为在意大利本土上建立12个移民城市。可实际上，意大利根本没有可供建立12处移民地的地方。这蛊惑人心的一纸空文让许多平民产生了不切实际的幻想，他们在移民过程中没有得到土地，而是变成了乞丐。盖约在失去民心后，遭到反对派的追杀，在绝望中自杀了。

"公敌宣告"

格拉古兄弟的改革失败后，罗马又出现了两个改革派人士，他们就是马略和苏拉。

马略和苏拉的第一次合作是在公元前111年，当时罗马在北非的属国努米底亚发生变故，国王朱古达杀死了都城里所有的罗马人，宣布脱离罗马统治。为维护帝国尊严，罗马对朱古达宣战，马略全权指挥这场战争，苏拉是财务官。

由于国家兵源不足，战争一直僵持不下，马略于是放弃早已无法实行的兵役财产资格规定，改征兵制为募兵制，招募自由民中的志愿者入伍，由国家供养并提供武器。这样，罗马诞生了第一支职业军队，很快就使朱古达陷入困境。

苏拉随军队到达北非，结识了毛里塔尼亚国王波库斯。波库斯对兵败避难于本国的朱古达的女婿素有嫉恨，故而便将他出卖给了苏拉。战争因此戏剧性地结束，苏拉由此获得殊荣。

公元前88年，黑海沿岸的本都三国国王米特拉达特斯发动战争，占领了小亚细亚。元老院授权苏拉领兵远征，可公民大会却推选马略担任统帅，双方争执不下。马略派的信众干脆动武，杀了许多苏拉的支持者。苏拉见势不妙，径直赶往自己的军营，煽动士兵哗变，然后打着"拯救祖国，使她不受暴君统治"的旗号，杀气腾腾开向罗马。

经过一番激战，马略败逃。苏拉进城后，立即召开元老院会议，规定今后不经元老院批准，公民大会不得通过任何法案，平民的权利因此丧失。

苏拉大权在握后，率军奔赴小亚细亚战场，想用战功确立自己的统治。不料后院起火，马略在北非收罗了旧部，乘苏拉出征之际，举军攻破了罗马。苏拉远在小亚细亚，无法从战场脱身，便耐住性子，一直坚持进行战争。经过3年苦战，终于迫使米特拉达特斯求和。

北非战争结束后，苏拉迅速返回罗马，他以征服者的姿态进入罗马，开始了著称于史的"公敌宣告"："我将对我的敌人一个也不宽恕，将以最残忍的手段对付他们。"于是，罗马城内每天都有"黑名单"公布，上了名单的都是"公敌"，捕杀者有赏，告发者有奖，隐匿者有罪。

在4年的白色恐怖中，苏拉的权势达到顶点，不但大权独掌，还在罗马广场上竖起自己的镀金像。公元前79年，苏拉突然宣布要放弃一切官职，退隐山林。没有一个罗马人相信这番话，因为苏拉曾为攫取最高权力含辛茹苦、履险赴艰、杀人如麻。这样的枭雄人物，怎么可能甘心做一个普通百姓呢？

但出乎所有人的意料，苏拉真的离开了罗马，躲到海滨别墅钓鱼去了。公元前78年，苏拉丢下新婚的妻子，在别墅安静地死去，终年60岁。据说苏拉临终前，给自己留下了这样的墓志铭："没有一个朋友曾给我多大好处，也没有一个敌人曾给我多大危害，但我都加倍地回敬了他们。"

斯巴达克反抗

斯巴达克是色雷斯人，在一次反抗罗马征服的战争中负伤被俘，沦为了角斗士。公元前73年，不甘心在角斗场上喂狮子的斯巴达克决定拼死一搏，他对同伴说："宁为自由战死在沙场，不为贵族老爷们取乐而死于角斗场。"角斗士们在斯巴达克的鼓动下，拿了厨房里的刀和铁叉冲出牢笼。

罗马政府派出军队进攻斯巴达克的起义军，将他们围困在了维苏威火山上。不料半夜时分，起义军顺着野葡萄藤编成的梯子滑下悬崖，绕到罗马军营寨的侧后方发起了突然袭击，一举击溃罗马军，从而名声大震。斯巴达克看到了希望，他把起义军编成步兵、投枪兵、骑兵、侦察兵、通信兵和辎重队，开始进行严格训练。

罗马政府本来没将这些角斗士和奴隶放在眼里，经过这场大败，他们也认为斯巴达克确有军事才能，不敢怠慢，派了执政官瓦利尼乌斯率两个军团前去围剿。斯巴达克采取避强击弱、各个击破的战法，首先击溃了瓦利尼乌斯副将傅利乌斯率领的 2000 人，继而又击败了另一副将科辛纽斯率领的援军。瓦利尼乌斯调整部署，挖壕筑垒，把起义军压缩在一个崎岖的山区里。没想到斯巴达克竟然率领军队沿着狭窄的山路撤出了包围圈，转移到意大利半岛南部去了，让瓦利尼乌斯白忙一场。

就在起义军成功摆脱包围，声势壮大的时候，内部却出现了分裂。斯巴达克主张退回色雷斯去，可他的副手克拉克苏却坚持留在意大利，继续和罗马人打仗。两人越说越气，最后克拉克苏率领一支人马脱离了主力，独自作战，不久就在阿普利亚北部的加尔加诺山麓被歼，克拉克苏阵亡。

斯巴达克则率军向北推进，计划翻越阿尔卑斯山，离开意大利。起义军在打开了渡过波河通向阿尔卑斯山的道路后，不知出于怎样的考虑，斯巴达克突然改变了主意，没按原计划翻越阿尔卑斯山，而是挥师南下，直逼罗马。

罗马元老院惊恐万分，感觉好似汉尼拔的鬼魂带兵打过来了，马上宣布国家处于紧急状态，授予克拉苏相当于独裁官的权力，令其统率 8 个军团出击。几场恶战后，克拉苏没击败起义军，斯巴达克也没能进入罗马。于是，起义军绕过罗马城，继续南下开赴意大利半岛南端，准备渡海去西西里，聚拢更多的起义者。不料，本来说好给起义军提供船只的海盗毁约了，待起义军到达海边，连一条木板也没见到。这时，克拉苏率领近 10 个军团追来，在起义军背后挖了一条横贯半岛的大壕沟，将起义军围困在海边。

斯巴达克雕像

突围未果后，斯巴达克率军与罗马人展开激战，后来终因寡不敌众，起义失败，斯巴达克壮烈牺牲，6000 名被俘的起义军，全被钉死在海边到罗马大道两边的十字架上。

角斗士

罗马史料中对角斗士的最早记载，可以追溯到公元前 264 年，在贵族朱尼厄斯·布鲁特斯·贝拉的葬礼上，有角斗士拼死搏杀的表演。

角斗士都是奴隶、战俘，但从一般意义上来说，他们的社会地位要比奴隶略高些。在罗马帝国后期，有些角斗士因其所向披靡的高超搏杀技巧，还成为明星，被一些贵族妇女崇拜爱慕。

角斗士们在类似于军事训练营的地方一起训练，还要到帝国的各个地方进行巡回表演。最初，角斗士团都是贵族的私有物，因为害怕他们会转变成对帝国统治造成威胁的私人军队，国家最终接管了这些角斗士团。

在一些重大的庆典上都要有角斗士表演，有时出场的角斗士达 5000 对之多。失败的角斗士通常是被胜者杀死，是一种非常血腥、残忍的娱乐。一场角斗下来，场上留下的是一具具尸体。

角斗士还分为不同的种类，他们的武器和铠甲有很大差别。一些常见的角斗士分类有：

持盾剑斗士：左腿、双肘和双腕穿皮制盔甲，手持大盾牌和剑。这类角斗士还戴着头盔和面盔。

色雷斯角斗士：手持仅可遮住躯干部分的小型方盾牌，手中的武器也只是匕首而已，斯巴达克就是色雷斯角斗士。

莫米罗角斗士：有厚重的矩形盾牌保护，全身从肩膀到小腿都在盾牌的掩护之下。这类角斗士还戴着有巨大顶饰的头盔，手持短匕首。

持网和三叉戟的角斗士：在所有角斗士中，这类角斗士最易受攻击，因为他们几乎赤身裸体地参加格斗。仅有的保护是皮制护肩、网和三叉戟。

色雷斯角斗士是最受欢迎的一种角斗士，他们身上几乎没有什么防护的铠甲，而且兵器又是短而轻的匕首，因此角斗双方的攻击速度非常快，完全依靠自身的体力、速度和技巧来周旋。进攻同时还要兼顾防守，一旦失手将难以挽回。

"三人同盟"

平息了斯巴达克的起义后，罗马政权落入庞培之手，罗马的局势日益混乱。

庞培是苏拉的得力助手和女婿，具有非凡的军事才华，曾在非洲同努米底亚人多米提乌斯作战，仅用了 40 天就征服了非洲。

公元前 66 年，庞培率军东征，在幼发拉底河上游击溃了米特拉达特斯六世的军队，把叙利亚变成罗马行省，并在小亚细亚、巴勒斯坦各处活动，使东方一些国家成为罗马的附属国。

公元前 62 年，庞培返回罗马，带回了满载 12 艘船的战利品。由于元老院不满意他在东方擅自将行省包税权给予骑士，更害怕他实行独裁，拖延了近一年时间，才为庞培举行了凯旋仪式。庞培请求元老院批准他在东方实行的各项措施，并把土地分配给他的老兵，遭到拒绝。庞培大为恼怒，与恺撒、克拉苏秘密结成"三人同盟"，开始同元老院对抗。

所谓的"三人同盟"，实际上就是三人独裁政治，但它却穿上了民主的外衣。按照"三头"的预谋，公元前 59 年恺撒当选为执政官，他在任内提出了土地法，即分给多子公民和庞培老兵以土地；而且为了笼络骑士，他还免掉骑士拖欠国库包税金的 1/3；他还致力于使庞培在东方的各项措施得以通过。后来随着恺撒在政治上权力的增大，元老们特别是庞培和克拉苏，对恺撒势力的膨胀逐渐心存戒惧。公元前 56 年，为了修补"三头"间出现的裂痕，"三头"偕大批元老、高官在路卡举行会议，会议的主要目的就是要平衡三人之间的权势，以避免恺撒一人专权。这种"三头"分权的决定随后在公民大会通过。不久克拉苏谋求战功心切，执政官任期未满之时，在入侵安息的战斗中，不幸被击毙，于是"三头"剩下了"两头"。后来庞培为了拉拢恺撒，年近 50 岁的他娶了恺撒 14 岁的女儿尤里娅。但不久年轻的尤里娅便死去了，庞培和恺撒的关系也宣告破裂。至此庞培和元老院彼此需要，逐渐靠拢。

法萨卢战役

恺撒为了加强自己的地位，决定要立下赫赫战功。他率领军队翻过阿尔卑斯山，看见一个城市就攻打一个城市，最后居然乘船渡海去攻打英格兰。要不是迫于情势必须返回意大利，恺撒可能会这样一直打下去。

让恺撒返回意大利的原因，是庞培成为罗马唯一的执政官，权力几乎和"狄克推多"（独裁者）相似。庞培上任后，首先就把锋芒指向恺撒，阻止恺撒延长高卢部督的任期，想迫使恺撒"提前退休"。

恺撒怎么可能轻易就范？他很快渡过鲁比康河，迅速逼近罗马。尚未完成征兵工作的庞培只得仓皇封闭国库，和一些元老逃往希腊。

恺撒穷追不舍，公元前48年，双方在法萨卢进行决战。庞培集中所有的骑兵冲击恺撒的骑兵，不料中了恺撒早已埋伏的步兵的袭击，庞培左翼军最先溃败，其他军团看到左翼向后败退，也军心动摇。恺撒大军乘机全面进攻，庞培全军覆灭。

在侍卫的掩护下，庞培从乱军丛中逃出，想逃向埃及藏身。当庞培乘坐的小船靠岸时，埃及国王托勒密十三世下令刺杀庞培，庞培还没站稳脚跟，就丢了性命。

"三 V 文书"

恺撒追到埃及，埃及国王把庞培的首级和戒指献给了他。埃及国王之所以讨好恺撒，是因为当时的埃及不是一人执政。根据前国王的遗命，托勒密十三世必须和他的姐姐克娄巴特拉共同执政，而朝廷重臣波希纽斯和奥克奇维安与克娄巴特拉为敌，使政权置于托勒密十三世一人名下。公元前49年，克娄巴特拉被赶到叙利亚，她组建起一支军队，开始反攻埃及以求复辟。

托勒密十三世本希望恺撒能帮助他稳固政权，却不料被他美丽的姐姐抢了先机。

克娄巴特拉的勇气和美貌打动了恺撒，恺撒下令，恢复她父亲在遗嘱中的安排，由姐弟俩共掌政权。波希纽斯见状，发动了反对恺撒的叛乱，结果失败被杀，托勒密十三世也被赶进尼罗河，淹死了。恺撒征服了埃及，但他没有令埃及从属于罗马，而是将克娄巴特拉扶上了王位。

稳定埃及局势后，恺撒率军进入小亚细亚，只用了 5 天时间，就平定了庞培部下本都王子的叛乱。他用最简洁的拉丁文字写了捷报送回元老院："我来了，我看见了，我胜利了（Veni，Vidi，Vici）。"这就是历史上著名的"三 V 文书"。

恺撒的改革

元老院为了表彰恺撒的不朽战绩，授予他终身荣誉头衔——"大将军"和"祖国之父"。恺撒于是对罗马的共和制度进行改革：元老院增补了 300 名成员，他们多数来自为人轻视的商业和一般职业阶层，甚至有被征服国的代表，他们宣誓绝不反对恺撒的任何命令。恺撒还给自由奴隶的子女和高卢人以公民权，给受迫害的犹太教徒以宗教信仰的自由，还为罗马招募了数千名的清洁工和市容美化工人。恺撒说，他希望带给人们一个最公平、最仁慈、最开明的罗马，让他的人民永远生活在自由的世界里。

由于恺撒允许那些被征服国

伟大的征服者——恺撒

画面中心恺撒一手托起地球，象征着世界在握，他的败敌被他的马踩于蹄下；左侧一些手持镰刀的人物象征着死亡；右侧恺撒身后飞舞的人暗示着他伟大的征服。

283

家的人们对政府提意见，还对一些边远省份进行改革，触动了一些罗马贵族的利益，引起了他们严重的不满。

公元前44年3月15日，恺撒只身一人到元老院开会。虽然有人事先警告他，说可能有人要暗杀他，但恺撒连一个护卫都没带，他认为那是胆小鬼干的事。一个刺客假装恳求他办某件事，抓住他的紫袍，这是行动的暗号。所有阴谋者一拥而上，刀剑像雨点般落下。恺撒身中23刀，其中有3刀是致命的。当他看到他的义子布鲁图向他扑来，给了他致命的一刀时，他用尽最后的一点力气说道："你也在内吗，我的孩子?"随后便倒在他的旧敌庞培的雕像底座前，死了。

埃及艳后

克娄巴特拉七世是古埃及克罗狄斯·托勒密王朝最后一任女法老。在文艺或电影表现上，她多被塑造为保持国家免受罗马帝国吞并、曾色诱盖厄斯·儒略·恺撒及他的手下安东尼的形象，因此又通译为埃及艳后。

克娄巴特拉出生于公元前69年，为当时统治埃及的马其顿王朝的后裔。当年亚历山大在创建了空前规模的帝国后，将埃及赏赐给部将——克罗狄斯·托勒密，之后托勒密在埃及建立起其历史上的克罗狄斯·托勒密王朝，克娄巴特拉便是克罗狄斯·托勒密·奥雷特国王的次女。

在其父亲的安排下，克娄巴特拉按照习俗与其异母弟弟（后来的托勒密十三世）结为夫妇，从此二人共掌政权。权欲极大的克娄巴特拉为了进一步获得权力，在其受到排挤被赶到叙利亚后，她开始在那里筹集军队，准备武力夺权。

这时在罗马，恺撒追击庞培到了埃及，托勒密十三世的手下趁机将庞培杀害，把他的头颅献给恺撒，企图以此获得恺撒的信任，以助其铲除克娄巴特拉。但让他想不到的是他的姐姐克娄巴特拉抢先赢得了恺撒的好感。克娄巴特拉将自己包裹在一床大毯子中，并让由自己属下扮成的商人将毯子带到恺撒住处求见，于是她趁机从毯子里出来，以这种特别的方式和恺撒见了面。因为克娄巴特拉正处妙龄，而且美艳惊人，恺撒马上就拜倒在她的石榴裙下，于是下令在埃及执行克娄巴特拉父亲的遗嘱，由克娄巴特拉和克罗狄斯·托勒密十三世共同执政。

不久，波希纽斯发动了叛乱，但兵败被杀，托勒密十三世被迫逃亡，他也不幸丧命于逃亡的路上。随后恺撒征服埃及，但却未把埃及并入罗马的领土。从此，克娄巴特拉与恺撒生活在一起，后来他们有了一个儿子，取名为盖厄斯·儒略·恺撒利恩。同时，恺撒帮助克娄巴特拉恢复了她的王位。

公元前44年，恺撒遇刺身亡。克娄巴特拉被迫逃回埃及。后来恺撒属下安东尼为获得财富而攻打埃及，克娄巴特拉为了挽救埃及再次穿着艳丽，乘坐金色的大船来到了塔尔苏斯面见安东尼。她的美貌再次征服了安东尼，于是女王成功地保住了她的王位和埃及王国。

"奥古斯都"屋大维

安东尼破坏罗马领土完整的行为激起了罗马人强烈的不满，留在罗马执政的屋大维利用这个机会，宣布剥夺安东尼的权力，并且讨伐他和埃及女王。

公元前31年，罗马讨伐军的舰队和安东尼、克娄巴特拉的舰队在希腊西北部的海面会战。双方势均力敌，不分胜负。在战斗进行得最激烈的时候，克娄巴特拉突然率领埃及舰队撤出了战场。安东尼见了，立刻丢下他的舰队和官兵，登上一只轻便快船随后紧追。部队失去主帅，很快就被屋大维消灭了。第二年，屋大维进军埃及首府，安东尼在败局已定的时候，提出要同屋大维单独决斗，但屋大维回答说："没有必要，你想死的话，办法多得很。"安东尼无奈，拔剑自杀。

克娄巴特拉回到亚历山大城之后，派人去求见屋大维，想为她的孩子们争取埃及王位的继承权，屋大维于是派人去同克娄巴特拉进行谈判。屋大维进占亚历山大城，亲自去拜访克娄巴特拉并且安慰她。克娄巴特拉伏在屋大维脚下，献上一张珍宝清单，希望能够得到他的仁慈，屋大维非常高兴。

但在随后的几天里，屋大维开始举棋不定了，他不知道是否应该答应克娄巴特拉的请求。也许他也无法抵挡克娄巴特拉的魅力，害怕一旦被爱情之箭射中，自己也会落得与安东尼一样的下场。经过一番深思熟虑，屋大维最终下了狠心，谋杀了克娄巴特拉。

关于克娄巴特拉的死因，传说很多，流传最广的是克娄巴特拉用毒蛇自杀。但想想这样一个聪明美丽的女子，21 岁时就有过人的计谋和强烈的权力欲望，怎么可能轻易放弃自己的生命呢？

克娄巴特拉死后，屋大维回到罗马，这时，他已经成为同恺撒一样伟大的人物了。他的帝国北起多瑙河，南到非洲（包括埃及在内的北非一带），西起比利牛斯半岛，东到两河流域和小亚细亚半岛，连地中海也成了罗马帝国的内湖。

屋大维像

这个踌躇满志的青年，19 岁时继承恺撒的伟业，31 岁时统治世界，治理罗马帝国达半个世纪之久。这尊大理石雕像雕刻的屋大维显得平静而庄严，做出凯旋的胜利姿势，其脚边的丘比特象征着他的伟大诞生。

屋大维决定，把和平还给久经战乱的罗马人。他统治罗马 43 年，这期间和以后将近 200 年的时间里，罗马政局稳定，经济、文化都有了很大发展，被称为"罗马的和平时期"。四通八达的道路把罗马大帝国的各个部分联结为一个整体，罗马城是罗马帝国的中心，号称"条条道路通罗马"。

公元前 27 年，屋大维接受人们的请求，接受元老院赠予他的"奥古斯都"的称号。"奥古斯都"是"神圣""至尊"的意思，这是比皇帝更光荣的称号，它后来成为西方帝王的一种头衔。公元 14 年 8 月，屋大维逝世，罗马元老院决定将他列入神的行列，并且将 8 月称为"奥古斯都"。

"大理石"罗马

在屋大维统治的 43 年间，让他最自豪的一件事就是建造罗马城，他接手的是一座"木头"罗马，而最终将它变成了"大理石"罗马。

罗马大竞技场

罗马是一座名副其实的大理石城市，就连贫民家的凳子都是大理石的，上面雕刻着诸神或英雄的雕像。贵族们的住宅都是大理石建造的别墅，每幢别墅都配有全套班子的家仆和花匠。罗马的公共澡堂和喷泉也数目众多，材质也几乎是清一色的大理石。公共澡堂除提供热水浴、温水浴和冷水浴外，还有锻炼身体的设备、休息室、花园和图书馆，完全称得上是一座"运动俱乐部"。

除了洗澡，罗马人还喜欢观看赛马和角斗。罗马大竞技场有 14 万个座位，是罗马 6 个赛马场中最大的一个。虽然驾驶赛马的人通常是奴隶，但如果他们能一直得胜，也可获得巨大的声誉和大量财产，街道和住房墙上会贴着他们的无数张画像。

角斗赛通常在有 5 万个座位的罗马大斗兽场进行，形式多种多样，场面残酷。不仅是人与人用武器相斗，还有人与各种凶猛的动物博斗，如熊、象、犀牛、狮子等，其中一方不死，角斗就不会停止。罗马人不光对看残酷的角斗有兴趣，在开挖沟渠、铺设下水道网、建造桥梁和公路等方面，他们也有浓厚兴趣，而且做得非常出色。拿公路来说，其底层是置于坚硬泥土中的大石头，中层为沙砾，上层是大石板。路面被仔细地凿成中凸形，使路面的水可以排入公路两侧的沟渠。这些出色的公路连同途中的桥梁一直使用到中世纪，有些甚至使用到现在。

尼禄弑母

接管屋大维建造的这个伟大城市罗马的，是罗马帝国的克劳狄王朝。克劳狄王朝的最后一任皇帝尼禄，在亲手杀死自己的母亲阿格里披娜后，也走到了末路。

阿格里披娜为了让儿子尼禄出人头地，改嫁给了一个家财万贯的富豪，让尼禄受到了上等教育。当皇帝的第三位妻子死去时，她以亲戚关系为借口，用自己的姿色诱惑了老国王，尽管国王是她的叔父。

公元 49 年，阿格里披娜当上皇后，设法让国王收尼禄为养子，并让国王的女儿嫁给了尼禄。不久，阿格里披娜用一盘毒蘑菇害死了国王，让年仅 17 岁的尼禄登上了王位。

尼禄一登上王位，就开始担心 14 岁的异母兄弟会要求得到其父的王位。也许是母亲的毒蘑菇给了他灵感，尼禄在一次宫廷宴会上，把毒药放进了弟弟的酒中。席间，当这个 14 岁的小孩饮进毒酒痛苦地痉挛时，尼禄则在一边津津有味地继续吃饭，若无其事地解释说，这只不过是发癫痫病，使在场的人都目瞪口呆。

尼禄从小在母亲的严格管制下长大，连妻子也是母亲为他挑选的。尼禄一点也不喜欢她，反而喜爱一个美丽的女奴。他认为自己是皇帝了，可以不再受母亲的威胁，然而阿格里披娜勃然大怒，警告他说："我可以让你做皇帝，也可以让你做不成皇帝。"

这番话让尼禄寝食难安，他左思右想，决定先下手为强。尼禄邀请母亲坐船游玩，趁母亲不备，将她推下了水。没想到母亲居然没溺死，尼禄一不做二不休，干脆派出刽子手杀死了自己的母亲。

为了扫清想控制他的人，尼禄勒令他的老师自杀，甚至打死了已经怀孕的妻子，然后毫无顾忌地沉湎于看戏和游玩中。

公元64年，罗马发生火灾，大火持续了将近40天，罗马城焚毁大半。而这时，尼禄却在高台上高唱有关特洛伊毁灭的诗篇，观赏熊熊烈火燃烧的壮观景色。人们都在传说，是尼禄为了建造新的罗马城，下令放的这把火。大火过后，尼禄

放纵的罗马皇帝

不去解救灾民，反而忙着修建自己的王宫。他的王宫用黄金、宝石、珍珠装饰，餐厅里有象牙镶边的天花板，转动的天花板可以往下撒花和香水。

尼禄的荒淫和暴政引起了人们的反抗，公元68年，西班牙和高卢行省的总督首先反叛，尼禄在意大利和罗马的近卫军也随机兵变。尼禄一觉醒来，发现王宫里竟然一个人影也没有，所有人都跑了。

众叛亲离的尼禄被元老院处以死刑，即扒光他的衣服，用木枷夹住脖颈，再由行刑官挥动荆条抽打，直到他咽气为止。尼禄想到这种酷刑后吓坏了，觉得还不如自杀。可他拿着匕首挥来挥去，总是不敢刺中自己的喉咙。在旁边观看的奴隶等不及了，帮他结束了自己的性命。

尼禄死后，罗马帝国又经历了弗拉维王朝（69～96年）和安东尼王朝（96～192年）两个时期，帝国统治逐渐衰落。

君士坦丁大帝

公元284年，罗马皇帝戴克里把帝国划分为4个宗教区域，任命了4个主宰，以便于统治和防御。但是没过多久，这4个主宰就相互争斗起来，导致整个帝国的力量大大削弱。直到君士坦丁大帝登基，才重新统一了这4个区域。

君士坦丁大帝认为，基督教"爱护仇敌，反对同邪恶做斗争"的说法有利于稳定国家局势，于公元313年宣布"宗教自由不受干涉"，允许基督徒自由行使其宗教权利。基督教在他的保护下，很快就成为罗马帝国的第一大教。

君士坦丁大帝又做出了另一个影响深远的决定：公元324年，他把拜占庭定为罗马的首都，更名为君士坦丁堡。

君士坦丁堡位于战略要塞博斯普鲁斯海峡旁，形成了对东西方的钳制。君士坦丁大帝让人在首都修建豪华的建筑和设施，使其成为罗马帝国最重要的城市，东部很快就在经济和文化上超过了西部。

帝国统一的纽带是基督教，皇帝自然成了基督教会的监护人，不久，君士坦丁大帝就正式宣布基督教为"国教"。

在君士坦丁堡，基督教的最高主教是"牧首"，处于皇帝政令之下。这引起了罗马主教的不满，他要求对教会和自己有终决权，不受"牧首"的管辖。原因是耶稣基督的代表——圣徒彼得建立了罗马教会，并把罗马的基督教领导权赋予了他的接班人，和君士坦

拜占庭武士

丁堡的基督教会不是一回事。

远在君士坦丁堡的皇帝同意了他的请求，随着时间的推移，罗马的主教后来获得了"教皇"的称号，从此被承认是西方教会的最高领袖。罗马不再是帝国的首都，其作用也随之消失，直接走上了基督教会首府的道路。

帝国的东部继而发展了自己的教会，即"希腊东正教"。它的领袖是皇帝，作为上帝的代表，在肖像上始终带有光环。

就像年轻的基督教被分裂一样，罗马帝国也于公元395年分裂。它的西部一再受到日耳曼部族的袭击，力量日益削弱，崩溃的趋势已经不可阻挡。公元476年，最后一个皇帝宣布退位，西罗马帝国从此消亡。东罗马即拜占庭帝国，尽管不断遭到外来的袭击和削弱，却仍然继续存在了1000年。

希帕蒂亚的悲哀

希帕蒂亚可能是历史上第一位女性科学家，遗憾的是，她生活在一个宗教专制的时代。当时的罗马帝国，基督教的地位正在不断上升，成为国教，一切其他宗教的教徒和不信教的人都遭受迫害。就连希腊神庙也难逃厄运，被改为基督教的修道院。许多思想自由的学者也为了保全性命而四处逃亡。

在这样的社会环境中，希帕蒂亚却始终不让宗教的顽固信念妨碍她对真理的追求，依然授课著书，宣扬科学。即使面对恐吓，也毫无惧色，她的自由精神和人格魅力吸引了来自世界各地的无数学生。

在政界和学界都极度歧视妇女的当时，年仅30岁的希帕蒂亚却已是新柏拉图学派的领袖人物和最受爱戴的学者了，她是古罗马著名的女科学家、天文学家和哲学家，在亚历山大博物院进行科学研究和讲授数学、哲学、天文学等课程。她的讲学雄辩而生动，既富有知识性，又极具思想性，而且辅之以多种她为数学及大文学名著所写的评注作为教科书，不久，她就成为亚历山大最受欢迎的学者。

希帕蒂亚不仅传授学生们知识，还很重视培养他们的实践能力，启发他们进行理性推理，学生们对她十分崇拜。

然而，希帕蒂亚对科学的传播和发展所做的贡献越大，受尊敬的程度越高，教会就越愤怒，将她视为眼中钉，欲除之而后快。

公元415年3月的一天，惨案终于发生了。希帕蒂亚在回家的路上被一伙信徒拦截后拖入旁边的教堂，用极为卑鄙残忍的手段杀害，并烧成灰烬。这一年，希帕蒂亚45岁。由于教会的纵容包庇，此案竟然不了了之。

希帕蒂娅的冤案至今仍未得到昭雪，但作为历史上第一个博学多才、热爱科学、思想自由、勇于探索又不惧反动权威的女科学家和哲学家，她早已在人们的心中留存下了永远美丽的身影。

"数学之神"阿基米德

阿基米德出生在叙拉古的贵族家庭，父亲是一位天文学家。阿基米德曾飘洋过海到埃及求学，向当时著名的科学家柯农学习哲学、数学、天文学和物理学等知识。求学期间，他经常到尼罗河畔散步，看到农夫吃力地一桶一桶把水从尼罗河提上来浇地，便创造了一种螺旋提水器，通过螺杆的旋转，把水从河里取上来，省了很大力气。这就是沿用到今天的一切螺旋推进器的雏形。

阿基米德有一句非常著名的话："给我一个支点，我就可以撬动地球。"要是世界上真有这么个坚固的支点，阿基米德可能会实践他这句名言。叙拉古国王曾对阿基米德的杠杆原理非常怀疑，他要求阿基米德运用这个原理，移动载满重物和乘客的一艘三桅船。

阿基米德叫工匠在船的前后左右安装了一套设计精巧的滑车和杠杆，叫100多人在大船前面抓住一根绳子，让国王也牵动一根绳子，大船居然慢慢地滑到海中。国王高兴异常，大声宣布："从现在起，无论阿斯米德说什么，大家都要相信他！"

公元前215年，罗马大军攻打叙拉古城。罗马人本以为这个小城会不攻自破，没想到迎接他们的不是投降的民众，而是一阵阵密集的镖箭和石头。更可怕的是，城墙上还伸出无数巨大的起重机式的机械巨手，它们抓住罗马人的战船，把船吊在半空中摇来晃去，最后甩在海边的岩石上。罗马人被打得晕头转向，他们连叙拉古人的影子都没看见，就莫名其妙地吃了败仗。

原来是阿基米德动用了杠杆、滑轮、曲柄、螺杆和齿轮，制造出那些令罗马人闻风丧胆的投射镖箭和石弹的机器。据说，阿基米德还利用抛物镜面的聚光作用，把集中的阳光照射到入侵的罗马船上，让它们自己燃烧起来。罗马的许多船只都被烧毁了，但罗马人却找不到失火的原因。

公元前212年，罗马人终于占领了叙拉古城，统帅马塞拉斯十分敬佩阿基米德的聪明智慧，下令不许伤害他，还派一名士兵去请他。此时，阿基米德不知城已沦陷，还在凝视着木板上的几何图形沉思。当士兵的利剑指向他时，他用身子护住木板，大叫："不要动我的图形！"这个举动激怒了那个鲁莽无知的士兵，他用利剑刺死了这位75岁的老人。马塞拉斯勃然大怒，他处死了那个士兵，抚慰阿基米德的亲属，为他开了追悼会并建了陵墓。

阿基米德被后世的数学家尊称为"数学之神"，在人类有史以来最重要的3位数学家中，阿基米德居于首位，另两位是牛顿和高斯。

圣奥古斯丁

奥古斯丁（354～430年）是《忏悔录》的作者，在这部书中，奥古斯丁回顾了自己一生在思想和道德上的心路历程，讲述了他是如何从一个享乐主义者变成一个虔诚的基督徒的。

奥古斯丁在皈依基督教以前，爱好世俗文艺，对古希腊罗马文学有深刻的研究，曾担任文学、修辞学教师。在这之后，他痛悔被世俗文艺引入歧途，极力攻击世俗文艺，甚至将《荷马史诗》归入垃圾行列。他把哲学和神学调和起来，以新柏拉图主义论证基督教教义。

奥古斯丁的母亲莫尼加是个忠诚的基督徒，总为儿子在神的面前痛哭流涕，对没有信仰、放纵于情欲的奥古斯丁深恶痛绝。

在米兰的时候，奥古斯丁倾心于新派的怀疑哲学。不久后读到新柏拉图派的威克多林传记，看见他在老年时如何归向基督，心中大受感动。加上又听说了埃及的修道士高尚圣洁的生活，自惭虽是个知识分子，反为情欲劳役。在悲痛自责之余，他在花园的一棵树下痛哭。这时，奥古斯丁忽然听到了一个类似儿童的声音说："拿起来读吧！"他面色大变，抑制着眼泪，信手拿起一本书翻开，视线即落在这段经文上："不可荒宴醉酒；不可好色邪荡；不可争竞嫉妒。总要披戴主耶稣基督，不要为肉体安排，去放纵私欲。"自此以后，奥古斯丁的内心很安详，他感觉有从上帝而来的能力胜过罪恶，内心起了极大的变化。

不久后，奥古斯丁离开情妇，辞去教职，退居在一处山庄研究哲学，后来成为一位主教。他在北非创建了第一所修道院，致力于宣讲福音、救济贫弱等事业上。因对基督教有重要建树，故被教会封为圣者，称圣奥古斯丁。

圣奥古斯丁的主要贡献，就是关于基督教的哲学论证。他改造了柏拉图的思想，以便服务于神学教义，赋予上帝的权威以绝对的基础。圣奥古斯丁说："神创造了一切。在神创造一切以前，一切都不存在。包括时间，而对神来说，他是独立于时间以外的绝对存在。无论是过去、现在、将来，对神来说都是现在。"在以后的数千年中，奥古斯丁的神学成为基督教教义的基本来源。

古城庞贝

在风景如画的意大利西南海岸，著名的维苏威火山下，埋葬着一座罗马古城——庞贝。公元79年8月24日的午后，自古以来一直处于"休眠"状态的维苏威火山突然爆发了。震耳的爆炸声，滚滚浓烟和燃烧的岩浆直喷出火山口，挟着石和泥沙向山下的庞贝城冲了过来，整座庞贝城就这样在瞬间被吞没了。

千百年来，人们从古籍史册和民间传说中，一直知道有这么一座美丽的古城，可它是什么样子，遗址在哪里，却始终是个谜。直到1748年的春天，一名叫安得列的农民在深挖自己的葡萄园时，他高举锄头"哐啷"一声，好像掘到了一块巨石，但怎么使劲也拔不出锄头。他连忙喊弟弟、弟媳帮忙。众人扒开泥土和石块，发现锄头穿透了一个金属柜子，于是大家七手八脚把柜子挖出来，打开一看，里面竟是一大堆熔化、半熔化的金银首饰及古钱币。消息传开，在这片土地上种植葡萄的农民突然想起祖辈相传的关于庞贝失踪的传说，于是盗宝者蜂拥而至，也引来一批历史学家与考古专家来这里考古。后来，意大利政府根据专家们的建议，开始组织科学家有序发掘庞贝古城。终于将古城这惊心动魄的一幕真实地再现于世人面前。

参与发掘庞贝城的历史学家瓦尼奥说："那是多么令人惊骇的景象啊！许多人在睡

阿波罗神庙和维苏威火山

在远处巍然屹立的维苏威火山的衬托下，古老神庙前的雕像似乎在述说那段不幸的历史。

梦中死去，也有人在家门口死去，他们高举手臂张口喘着大气；不少人家面包仍在烤炉上，狗还拴在门边的链子上；奴隶们还带着绳索；图书馆架上摆放着草纸做成的书卷，墙上还贴着选举标语，涂写着爱情的词句……这些景象，充分展示了当时古城的数万生灵是怎样突然被活生生地扯断了生活链！我在庞贝看到现场用密封玻璃装着展出的各种形态的男女老少尸体时（多已成化石），不觉一阵阵发憷。在永恒的宇宙与自然界面前，人，首先得尊敬自然，保护生态，跟大自然抗衡，人们显得多么渺小无力啊！"

第二章　世界中古史

匈奴称霸欧洲

就在罗马帝国风雨飘零的时候，匈奴人开始大规模向欧洲扩张，一直打到波斯和叙利亚。公元433年，匈奴大单于阿提拉成为各部首领，建立了东起伏尔加河，西至莱茵河，南抵多瑙河的庞大帝国。

公元449年，西罗马帝国皇帝的妹妹奥诺莉亚和侍卫长私通被发现，皇帝瓦伦提尼安将她送进修道院软禁起来。奥诺莉亚暗中写信向阿提拉求救，表示愿意以身相许。阿提拉立刻向西罗马皇帝索要奥诺莉亚，并要求西罗马帝国拿一半的国土作为嫁妆。西罗马皇帝怎么可能答应如此过分和羞辱的要求，一口回绝。于是，阿提拉便以此为借口，发动了对西罗马的战争。

阿提拉的匈奴大军开向西罗马，随着一个接一个城市的陷落，阿提拉的兵锋直指名城奥尔良。匈奴大军对高卢北部的蹂躏，震惊了西罗马帝国以及周边的民族，大家意识到，单凭自己的力量根本无法与匈奴对抗。西罗马的高卢总督阿契斯抓住这个机会，终于联合了各族，起兵一起抗击匈奴。

公元451年9月20日，匈奴大军首先发动进攻，在遮天蔽日的箭雨掩护下，匈奴精骑风驰电掣般冲向西罗马联军的中央，双方展开混战。5个小时后，战场上尸横遍野，血流成河，16万人失去了生命。

勇猛的匈奴人第一次尝到了失败的滋味，阿提拉被迫率领匈奴残军撤回马恩河畔的营地，用匈奴人的大篷车首尾相连，将弓箭手密布其间，组成了一道相当坚固的防线。阿提拉用马鞍堆起一座小山，将他所有的金银珠宝和妃嫔都置于其上，他自己端坐在中间，打算一旦西罗马军队攻破他的营垒，就引火自焚。

阿契斯在这个关键的时刻放了阿提拉一马，他认为西罗马帝国的心腹大患不是匈奴，而是高卢。那些在战场上比匈奴人还凶狠的西哥特人，让阿契斯印象深刻，他决定保留匈奴这个外患，以便让以西哥特人为首的民族有所忌惮。

侥幸生还的阿提拉企图挽回匈奴帝国的颓势，他迎娶了一位日耳曼族的新娘伊尔迪科，希望两个部落结成坚固联盟。结婚当晚，阿提拉在婚宴

图为匈奴骑兵。匈奴人是马背上的民族，使用短小但杀伤力极大的弓。这种弓易于在马背上使用，由木条、动物的骨头和筋在一定的温度下黏合而成。

上喝得酩酊大醉，当人们第二天走进新房时，吃惊地发现阿提拉血管爆裂，倒在血泊中气绝身亡了，而他的新娘缩在床角，瑟瑟发抖。

阿提拉死后，他的儿子们为争夺大单于之位打起了内战，匈奴帝国遂土崩瓦解。公元461年，阿提拉的一个儿子妄图重建匈奴帝国，发动了对多瑙河流域的东哥特人的战争，遭到失败。公元468年，他又发动了对东罗马帝国的战争，结果自己战死沙场。从此，匈奴人彻底沉寂下来。

巴高达战士

巴高达的名称来源于克勒特语"斗争"一词，意为"战士"。当时巴高达的队伍，主要是由奴隶和农奴组成的。罗马帝国分裂后，形成以君士坦丁堡为首都的东罗马帝国和以罗马城为首都的西罗马帝国，这时期巴高达战士已经活跃了很长一段时间。

公元269年，巴高达爆发起义。不久，起义者围攻鲁格敦高卢的奥古斯托敦城。这个城市原来是与罗马城订有兄弟联盟条约的城市，奥登城随即向罗马求援，罗马皇帝因忙于同哥特人斗争，无暇援救。趁此时机，经过7个月的围攻，巴高达终于攻克了奥登城，杀死了一部分奴隶主贵族，并剥夺了他们的财产。这次起义坚持了3年多，最终被罗马皇帝奥勒良镇压。但是，巴高达运动并未因此停止，从公元283年起，他们又展开了更大规模的斗争。这次斗争仍然以鲁格敦高卢为中心，巴高达以农民为步兵，以牧人为骑兵，攻城陷阵，杀富豪，焚庄园，分地分财。他们还选举了埃里安和阿芒德两位首领为皇帝，自铸钱币。罗马皇帝戴克里先于公元286年派马克西米安前往高卢镇压，但是马克西米安几次被化整为零的巴高达挫败，士兵屡次临阵退却。后来，马克西米安以十一抽杀法处罚退却士兵，许多士兵畏惧处罚，于是奋力效忠，这样才镇压了此次起义。此后，巴高达余部仍继续活动，直到5世纪末，起义的烈火才逐渐被当权者扑灭，其斗争前后持续200余年。

公元408年，西罗马统帅撒拉率领一支队伍路经阿尔卑斯山隘，突然被一群自称"巴高达战士"的奴隶起义军截击。巴高达实行"把奴隶主变成奴隶"的政策，不断向西罗马官吏发动进攻，所到之处受到了奴隶们的欢迎。

那时，一位戏剧大师还编了一个喜剧在许多地区演出。故事的主人公家境贫寒，他祈求家中的守护神给他找个安居乐业的场所，神于是对他说："你最好到罗亚尔河一带当'强盗'。那里的人公正无私，你投奔他们，就可称心如意了。"罗亚尔河一带正是巴高达活动的势力范围，所谓"当强盗"，就是劝人们去做一名巴高达战士。

阿拉里克攻罗马

除了巴高达战士，日耳曼人中的哥特人也开进了意大利。统率这支大军的，是哥特人中最有名的勇士阿拉里克。他出征前对妻子许愿说："我要打进罗马，把城里的贵妇给你做奴婢，把他们的财宝给你做礼物。"

公元408年，阿拉里克的大军向罗马挺进，占领了罗马的港口，断绝了城中的粮食来源。元老院不得已，只能去和阿拉里克求和。最后，罗马人出了黄金5000磅、白银3000磅、绸料4000块、皮革3000张、胡椒3000磅，才换到了出城

罗马的末日

293

买粮食的资格。

公元 410 年，阿拉里克决定打进罗马城，他向士兵们宣布：攻进罗马，可以任意抢劫 3 天。穿着兽皮的哥特人吹着牛角号冲进了罗马城，开始了连续三天三夜的大肆洗劫，哥特人在入城的第六天放弃了罗马，向意大利南部推进。不久，阿拉里克突然死去，但哥特人对西罗马帝国的摧残却持续了 10 年，他们在意大利的领土上随意出入，如入无人之境。

公元 476 年，日耳曼将领鄂多亚克废黜了西罗马只有 6 岁的末代皇帝，这个曾称霸地中海的大帝国，终于在奴隶起义和外族入侵下覆灭了。

此后，西罗马的土地上相继建立起一系列国家，有法兰克王国、哥特王国、伦巴德王国等。其中，法兰克王国的版图最大，存在时间也最长。

克洛维时期的法兰克王国

法兰克人一直居住在莱茵河的中下游，西罗马帝国灭亡的时候，法兰克的军事首领克洛维带领部族向南推进，与西罗马大将西阿格留斯打了一仗，经过苏瓦松之战后，克洛维击败西阿格留斯，夺占了罗马人在高卢的最后一块领地。西阿格留斯逃往西哥特王国，克洛维遣使去见西哥特国王阿拉里克，让他交出逃亡者。阿拉里克害怕激怒法兰克人，于是交出西阿格留斯，克洛维秘密把他处死了。此后克洛维夺取了塞纳河与卢瓦尔河之间的土地，建立起墨洛温王朝。

随后克洛维东征西讨，相继征服了阿雷曼尼人和西哥特王国。在普瓦提埃之役后，西哥特国王阿拉里克二世战死，克洛维趁机将亚奎丹地区并入法兰克王国版图。当克洛维凯旋而回之时，他接到东罗马帝国皇帝阿纳斯塔西乌斯的敕书，任命他为执政官。不久克洛维在都尔圣马丁教堂里，穿上紫色袍服，披上披肩，头戴王冠，接受人们对他的朝拜，此后克洛维被公认为全法兰克的国王。

克洛维在执政期间主要做了 4 件大事：

第一，在征服罗马帝国的过程中，他没收了 2/3 的土地，并分封给自己的亲兵、廷臣和主教。但克洛维仍保留了高卢地区的许多罗马大土地所有者，他们在政治上支持法兰克贵族，这对克洛维的统一是有帮助的。

第二，皈依基督教。罗马帝国末期，教会拥有庞大地产，形成一股特殊的政治力量。罗马帝国灭亡之后，教会极力向"蛮族"统治者靠拢，而"蛮族"国王也需要获得教会支持。在这种合作中最先采取行动的便是克洛维，公元 496 年，他率领 3000 亲兵在兰斯大教堂，接受神圣主教雷米吉乌斯的洗礼，从此在教会的支持下，克洛维不断地取得胜利。公元 511 年，克洛维还下令在奥尔良召开宗教会议，重申古代罗马法所规定的神庙特权，同时还规定教会法与国家法规具有同等的性质，这样教会成为政权机构的一部分，新的封建上层建筑逐步建立和完善起来。

第三，剪除政敌。为了实现统一，克洛维采用各种政治手段，消灭政敌，排除异己。为了铲除对手西吉贝尔特，他曾暗中唆使西吉贝尔特的儿子，允诺如果他把自己的父亲除掉，权力和财富都属于他。于是西吉贝尔特的儿子派人刺杀了自己的父亲，西吉贝尔特被害之后，克洛维又借口将他的儿子克洛德里克处死。不久，同族军事首领卡拉里克和拉格纳卡尔，也被克洛维阴谋杀害。

第四，编纂著名的《萨利克法典》，其目的是加强统治。在整部法典的 418 条条文中，其中有 343 条是禁止犯罪的。偷盗、杀人放火和侵犯地界，都要受到制裁。由此可见这些都是为维护封建秩序服务的。

公元 493 年，克洛维与信奉罗马派基督教的勃艮第公主结婚，并在公元 496 年皈依了基督教，密切了法兰克与高卢罗马教会的关系。在罗马基督教支持下，法兰克逐渐走向强大之路。

《萨利克法典》

墨洛温王朝的创始人克洛维在统治后期（约 507～511 年），颁布了著名的《萨利克法典》。这部法典在克洛维的后继者统治时曾两度被重新颁布，而在加洛林王朝统治时期又经反复修改和系统化。《萨利克法典》主要是一部刑法典和程序法典，列举了各种违法犯罪应科处的赔偿金，也包括一些民法的法令。

《萨利克法典》发源于法兰克人萨利克部族中通行的各种习惯法，并因此而得名。在 6 世纪初，这些习惯法被法兰克帝国国王克洛维一世汇编为法律，是查理曼帝国法律的基础。

《萨利克法典》极其详细规定和列举了各种违法犯罪应科处的赔偿金，其中对于人身伤害、财产损害、偷盗和侮辱的赔偿规定尤为详细，并规定受害者所得到的赔偿金的 1/3 应交给王室。起初，《萨利克法典》规定女性后裔不得继承土地。到了 6 世纪下半叶，法兰克国王希尔伯利克曾经颁布过一道修改《萨利克法典》的敕令，规定死者如无子嗣，土地由其女儿继承，而不再交还公社。

《萨利克法典》中有关女性继承权的规定随着法兰克帝国的分裂和联姻扩散到大多数欧洲的天主教国家中，女性无权继承土地的规定逐渐演变为对女性继承权的剥夺，并对中世纪和近代欧洲历史产生了很大的影响。奥地利王位继承战争和西班牙的卡洛斯战争，其起源都是旁系男性继承人对直系女性继承人权利的争议。

懒王时代

公元 511 年克洛维去世，法兰克王国遗留给他的子孙去统治，这其间有 28 位国王当政，平均每人任期只有 8 年零 7 个月。按法兰克人的继承制度，每代国王死后，都由其儿子平分国土，因而在 28 位国王中，仅有 5 位国王取得过国家的表面统一，而真有实权的只有 3 人，总共统一的时间不到 30 年。而墨洛温王朝的最后 12 位国王因为不视政事，被史家称为"懒王"。

法兰克墨洛温王朝到了 7 世纪时逐渐衰微，原因之一就是王室土地被不断外赠，用来笼络人心。结果，7 世纪末的墨洛温皇族贫困不堪，实权都落入了大贵族手中。加上历代王室宗嗣不断分割王权与王室土地，结果法兰克王国分裂为好几个独立王国，主要有东北部的奥斯特拉西亚、西北部的纽斯特里亚和东南部的勃艮第。

王权旁落后，法兰克王国的权力主要掌握在"宫相"，也就是一些权贵大臣手中。各宫相为了争权夺利，彼此间进行了长期的斗争，加上周边外族的不断入侵，国内农民的大批破产，法兰克王国的形势很不乐观。

就在王国的生存面临生死抉择的关头，查理来了，他改变了一切。

铁锤查理的改革

查理大帝的祖父，人称铁锤查理，本名查理·马特，世代都是法兰克王国的宫相。随着法兰克王国王权的衰落，以前只是掌管王室财产的宫相，开始插手国家政务，成为实际上的政府首脑。查理·马特的父亲就是宫相，父亲死后，查理·马特在奥斯特拉西亚贵族的支持下，打败了其他竞争者的军队，于公元 715 年继任为宫相。

查理大帝

查理大帝是欧洲历史上最伟大的政治人物之一，他不仅通过征战来维系中央集团的组织，还颁布了一系列加强中央集权的法规，这一切使他的王国成为当时的大帝国。

296

查理·马特上台后，各地贵族的叛乱仍然不断，当时东方的阿拉伯帝国势力日益壮大，对法兰克王国形成了严重威胁。面对内忧外患的形势，查理·马特依靠奥斯特拉西亚自由农民组成的军队，平定了各地的叛乱，重新统一了纽斯特里亚、勃艮第和阿奎丹等地。在此期间，查理·马特建立了一支强大的骑兵，公元 732 年，依靠这支骑兵，查理·马特打败了入侵的阿拉伯人，收复了被占领土。从此，查理声名大振，被称为铁锤查理。

查理·马特不仅是一位杰出的军事家，还是卓越的政治家，为了改变法兰克王国的面貌，他采取了大刀阔斧的改革措施。他废除了无条件分赠土地的制度，推行采邑制。把从叛乱贵族那里没收来的土地和一些教会的土地分赠给贵族，条件是他们必须要为国王服兵役。同时，采邑的赐予者也有义务保护忠心效力的受领者，使其不受他人的侵害。他还规定采邑不得世袭，只限终身，而且如果受封者不履行义务或者死亡，赐予者有权收回采邑，终止封授关系，要是继续以前的关系，则必须重新分封。这次改革，对法兰克王国的发展和西欧历史的发展都有着极其重要的影响，它确立了以土地和服役为基本条件的臣属关系，削弱了贵族势力，加强了王权，有利于社会的稳定和统一。采邑制推行之后，中小封建主都要服兵役，他们自备马匹，装备精良，构成了新型的骑兵，奠定了西欧中世纪骑士制度的基础。法兰克王国以后正是依靠这支骑兵，建立起强大的查理曼帝国。

《罗兰之歌》

查理的父亲"矮子"丕平（因身材矮小得名），最初是法兰克王国的大臣，在教皇和教会的支持下篡夺了王位，开始了加洛林王朝的统治。为了报答教皇，丕平进军意大利，把抢到的罗马附近的一大片土地都献给了教皇，几乎让罗马变成了一个"教皇国"。

身材魁梧、精力过人的查理继承父位统治法兰克王国后，南征北战，开拓疆土，对外发动了 50 余次战争，他亲自参加的征伐更是多达 30 余次。

公元 778 年，查理率大军翻越高峻的比利牛斯山，南侵西班牙。当时，那里是由一个从北非来的阿拉伯人建立的哥尔多瓦王国。

双方的军队交火后，都先后遭到重创，哥尔多瓦的国王于是提议讲和，查理军中的一些将领也主张和解。唯一表示反对的，是查理的侄子罗兰侯爵，他尤其不能接受派主和派人物盖内隆去进行和谈。但是，查理最终没有接受罗兰的意见，还是委派了盖内隆去同哥尔多瓦人议和。心怀怨恨的盖内隆在谈妥了议和条件后，也和敌方订下密谋，准备暗害罗兰。

查理看到议和成功，就率大军回国，由罗兰担任后卫。盖内隆将法兰克大军撤退的详细状况偷偷告诉了敌人，哥尔多瓦国王马上集结起一支强大的部队，埋伏在险要的比利牛斯山朗塞瓦尔峡谷两侧。当罗兰的后卫部队排成长列通过隘口时，哥尔多瓦人借着夜色的掩护，从山上一冲而下，包围了罗兰的部队。

在震天的喊杀声中，罗兰一再用骑士的尚武精神号召全军决战到底，并且一再拒绝同伴要他吹起求救号角，以便查理回师救援的劝告。最后，法兰克人寡不敌众，全军覆没，只剩下罗兰和两个同伴，他这才拿起号角，吹响求援的信号。查理听到号角声，准备回师救援，但盖内隆故意阻挠、拖延。直到听到罗兰临死前的最后一声微弱的号音，相信罗兰确已遇难，查理才得以甩开叛徒，赶回峡谷。

这次战事后来被创作为法兰克王国最著名的史诗——《罗兰之歌》，以悲壮的情节感动了中世纪无数的欧洲人。23 年后，查理又一次越过比利牛斯山远征西班牙，终于吞并了这片广大的地域，并任命他的一个儿子为该地总督。

查理大帝

在几十年的征战后，查理的王国已经扩大到了相当于今天的法国、瑞士、荷兰、比利时、奥地利以及德国、意大利的大部分地区，成为当时西欧空前强大的国家。查理统治时期（768～814 年），法兰克王国日益走向极盛。他在位 46 年，参加过 53 次战役。在法兰克的历史上，他被称为"查理曼"，即查理大帝之意。

查理一生最重要的战役是同萨克森人的战争，他先后用 30 多年的时间（772～804 年）经过 18 次战役，才最终使萨克森臣服。其中在公元 782 年的凡尔登之役中，查理一天之内便处死了 4500 名萨克森人质，后来又将 1 万名萨克森青年分居各地，以避免叛乱。公元 780 年前后，查理曾在萨克森地区发布敕令，强迫萨克森人接受基督教，并对违抗者处以死刑，后来查理又进一步将所征服的萨克森人的土地，划分为若干伯爵领地，归入帝国版图。公元 785 年萨克森贵族代表人物，曾领导萨克森人起义的威都金也投降查理，并接受了洗礼。与此同时，公元 788 年，查理向南征服了巴伐利亚，在法兰克贵族支持下，他废除了原巴伐利亚公爵的权力，并由他任命伯爵来治理那里。法兰克的势力从此向东蔓延，公元 796 年查理派军打败了多瑙河下游的阿瓦尔人。

查理一系列的征服战争，形成东自易北河、多瑙河，南至比利牛斯山和意大利，西起大西洋，北至北海的庞大帝国。这时国王的称号已无法使查理感到满足，他等待着加冕称帝时机的到来。公元 799 年罗马贵族残酷迫害罗马教皇利奥三世，要挖出他的眼睛，割掉他的舌头，这迫使教皇仓皇逃出罗马，查理于是亲自带兵护送，而且整个冬天都住在那里。为了报答国王的帮助，公元 800 年的圣诞节，查理来到罗马圣彼得大教堂做祈祷。突然，力奥三世把一顶金冠戴在了他的头上，然后高呼道："上帝为查理皇帝加冕，敬祝他万寿无疆和永远胜利！"其他教士也跟着欢呼起来。查理对这个"突然袭击"喜出望外，欣然接受。就这样，查理正式称为皇帝。从此，法兰克王国成为"查理帝国"，查理

查理大帝崇尚武力，8 世纪，他曾向南征服伦巴德武士，向北打败了萨克森人，是欧洲历史上最伟大的政治人物之一。

国王成了"查理大帝"。他把自己的帝国当作了古代罗马帝国的继续。

接下来，查理把他的广大帝国分成了98个郡，首都位于德国西北部的亚亨。查理对基督教极为热诚和虔信，他在亚亨修建了许多金碧辉煌的宫殿和教堂，下令教会和寺院办学，并在宫中成立学院，广泛招聘僧侣、学者来讲学。

《凡尔登条约》

公元814年，72岁的查理去世了，法兰克帝国的政权交给了儿子路易。路易也是一个虔诚的基督徒，由于即位前帝国就停止了向外扩张，所以他上台后已没有力量按以前的规模赏赐官吏和亲兵，以致引起普遍不满。

路易在即位3年后，便将国土分给他的3个儿子，长子洛泰尔获得帝国东部，次子丕平获得亚奎丹，三子路易获得日耳曼南部巴伐利亚及其附近地区，并且宣称长子洛泰尔为帝位继承人。公元829年路易又推翻了原来的划分，为他后妻所生的小儿子秃头查理划出一部分领土。为此他的决定遭到了3个儿子一致反对，于是父子之间展开了近10年的内战。公元840年路易去世，洛泰尔继位，之后爆发了公开的战争。路易的第三子日耳曼人路易联合查理攻击长兄皇帝洛泰尔一世，洛泰尔战败，在丰特努瓦向其弟求和。公元843年8月，经过协商三兄弟在凡尔登达成协议签订了《凡尔登条约》，根据条约的规定：洛泰尔仍保持帝号，并获得中法兰西亚，即包括今比利时、尼德兰、德国西部、法国东部、瑞士和意大利大部的一个狭长地带。日耳曼人路易获得东法兰西亚，即莱茵河以东的地区。秃头查理获得西法兰西亚，即今法国的剩余部分。

《凡尔登条约》的签订，使整个帝国基本形成三分天下的格局：日耳曼路易所属的东部地区，称为东法兰克王国；秃头查理占领的西部地区，称为西法兰克王国；洛泰尔拥有东部和西部之间的地区，继续原来的皇帝称号。

以后的西欧各国，就是在查理帝国一分为三的基础上逐渐发展起来的：东法兰克王国成了以后的德国，西法兰克王国成了以后的法国，东部和西部之间的地区成了以后的意大利。法兰克人的语言也出现明显分化，形成了法语、德语和其他西欧国家的民族语言。

分裂的德意志和意大利

从查理帝国分裂出的东法兰克王国，大致包括今天的德国、荷兰、瑞士和奥地利，这些地区在当时的地理上称为日耳曼，中文将其译为德意志，所以德意志王国就是日耳曼王国。

公元919年，萨克森公爵被选为王，开始了德国的萨克森王朝。奥托一世（936～973年）时，德意志强盛起来，由于他帮助教皇平定内乱，被加冕为"神圣罗马皇帝"。从此，德国在中世纪被称为神圣罗马帝国，其地域包括了意大利北部。

可是，这个光荣的称号给国家带来许多麻烦，而麻烦的来源，则是教会和教皇的争执，意大利和罗马的争执，还有帝国内外王公诸侯的争执。

教会认为，基督教和罗马帝国都具有世界性，两者是重合的。罗马教皇作为上帝的代理人，管理世人的灵魂，罗马皇帝作为上帝的代理人，管理尘世事务，其主要职责就是保卫教会。皇帝对这一理论自然不能接受，矛盾就这样产生了。

从奥托一世起的3个世纪中，几乎每一位皇帝都亲自统兵直趋罗马，干预教皇的选举，这让后者十分愤恨。皇帝长期出征，无暇顾及国内，诸侯乘机扩充实力。到了红胡子腓特烈的孙子腓特烈二世（1212～1250年）时，德国的分裂割据状态基本确立。腓特烈二世一生的大部分时间都住在意大利南部，连德国话都不会说，甚至把关税权、开办集市权、铸币权都划入地方诸侯贵族的权力之内，使各邦诸侯成了合法的独立国家。

到了腓特烈三世（1452～1493年）时，干脆把国号改为"德意志的神圣罗马帝国"，表明帝国疆域日缩，只限于德意志一地了。此时的德国有7大选侯，10多个大诸侯，200多个小诸侯，上千个独立的骑士领地。所以后世的伏尔泰评价说："神圣罗马帝国，其实既非神圣，又非罗马，更非帝国。"

意大利自从西罗马最后一个皇帝退位后，统一的局面就没出现过，而且逐渐被纳入德意志的领土范围。

随着德意志皇帝势力的减弱，教会发生分裂，法国在意大利的势力大增，法国人在这里建起那不勒斯王国、教皇国、威尼斯共和国、佛罗伦萨共和国和米兰公国。虽然这些著名的城市都是法国人建的，但城市普遍由市议会掌握，而控制市议会的渐渐变成意大利的大商人、银行家等贵族。这些贵族彼此竞争，始终没有将意大利统一起来。

圣殿骑士团

圣殿骑士团是在十字军出现以后所衍生出来的一种军事化的修道院组织，它成立的目的主要是为了保护圣殿与朝圣者。历史上共有3个圣殿骑士团。

1113年，圣约翰骑士团成立，它是耶路撒冷圣约翰医院属下的一个军事修道院组织，因此又被称为"耶路撒冷骑士团"或"慈善骑士团"，是十字军为保护有病患的朝圣者而设，骑士们穿着黑袍，佩戴白色十字，所以又叫"白十字骑士团"。

圣殿骑士团成立于1118年，也叫"所罗门圣殿骑士团"，宗旨是"贞洁、贫穷、顺服"，所以又被称为"基督的贫苦骑士团"，骑士们穿白袍，佩戴红色十字，所以又叫"红十字骑士团"。

1190年，驻耶路撒冷的日耳曼族丢顿人设立"圣玛利亚医院骑士团"，简称丢顿骑士团，骑士们穿白袍，佩戴黑色十字。

圣殿骑士团建立之初，骑士们都是真正的武士，恪守一生为上帝效力、对基督"贞洁、贫穷、顺服"的誓言。因为他们在战场上表现英勇，因此欧洲各地纷纷捐献财物，支持圣殿骑士团在各地区组织分会。这之后，骑士团因富有而变质，骑士们拥有了庞大的地产，变得骄横贪婪，也不再照顾朝圣道路的安全了。

后来法王腓力四世国库空虚，垂涎圣殿骑士团的丰厚资产，下令逮捕全法国境内的圣殿骑士团成员，将他们全部烧死。

庄园与城市

在广大的西欧，庄园经济是最主要的支柱。贵族们的领地是一个或多个庄园，庄园内的耕地分为两类，一类是贵族的自营地，另一类是农奴的份地。农奴除了耕种自己的份地外，每年还要轮流到领主的地里去劳动，然后向领主交上一部分他们自己生产的农产品，还有人头税、年贡、磨坊使用费等。

虽然西欧的经济以庄园农业为主，但商业贸易也很发达，那些商业发达的地方，逐渐聚集了大量人口，慢慢形成了城市。

西欧城市的大量涌现，大概是在11世纪到13世纪之间，佛兰德尔地区的城镇布鲁日、根特从英国进口羊毛，形成了工业城市。在莱茵河、波罗的海和北海沿岸，出现了汉堡、不来梅、卢卑克等城市。在内地的商路上则出现定期大集市，其中以香槟伯爵领地的集市最为有名。这时候的西欧城市规模都不大，人也不多。

巴黎在 13 世纪时，人口不过 24 万，伦敦则只有不到 5 万人。那时的伦敦城非常狭小，而且肮脏，房屋都是木结构的，经常发生火灾，没有铺垫的街道上臭气熏天，因为整个城市只有一座公共厕所。

城市的主要功能就是进行贸易，由于战争频繁，个人贸易是不可能发展的。要是一个人出外做生意，那走不出 200 里地就会被人抢劫或是被抓去卖了。商人们需要共同参加一个严密的组织，用各种规则来保护自己，行会就这样产生了。

商人行会既包括商人，也包括手工业者，后来由于分工而专门化，从商人行会中分出手工业行会。商人行会的主要职能，就是为其成员实现对当地市场的垄断，严格限制外地商人在当地的贸易，对内保持稳定，统一价格，严惩个人垄断。不过在西欧早期的商业活动中，最成功的不是欧洲商人，而是聪明的犹太人。他们的足迹遍及拜占庭、阿拉伯世界及西方各地，让欧洲人既羡慕又嫉妒。

黑死病

在 14 世纪中期，欧洲遭受到一场具有毁灭性影响的瘟疫侵袭，即通称的黑死病，俗称鼠疫。

黑死病最初于 1338 年在中亚一个小城出现，1340 年左右开始向南传到印度，随后向西蔓延到俄罗斯东部。从 1340～1345 年，俄罗斯大草原笼罩着黑死病的阴影。1345 年冬，鞑靼人在进攻热那亚领地法卡未遂后，恼羞成怒，竟将黑死病患者的尸体抛入城中，结果城中瘟疫流行，大多数法卡居民病死，只有极少数逃到地中海地区，然而他们并未逃过疫病的魔掌。

1347 年，黑死病侵袭了君士坦丁堡——拜占庭最大的贸易城市。到 1348 年，西班牙、希腊、意大利、法国、叙利亚、埃及和巴勒斯坦相继爆发黑死病。1352 年，黑死病又袭击了莫斯科，甚至连莫斯科大公和东正教的教主都未逃过此劫。

没过多久，疫病的灾难开始充斥于欧洲大陆。法国马赛有 5.6 万人死于鼠疫的传染；在佩皮尼昂，全城仅有的 8 名医生只有一位幸免于难；阿维尼翁的情况更糟，城中 7000 所住宅被疫病弄得人死屋空；巴黎的一座教堂在 9 个月中办理了 419 份遗嘱，比鼠疫爆发之前增加了 40 倍；在比利时，主教大人成了鼠疫的第一个受害者。

1348 年底，鼠疫又传播到了德国和奥地利腹地，不仅如此，鼠疫还通过搭乘帆船的老鼠身上的跳蚤跨过英吉利海峡，蔓延到了英国全境，直至最小的村落。医生们用尽各种药物，也尝试各种治疗手段，企图遏制这种病症的蔓延，他们尝试用通便剂、催吐剂、放血疗法、烟熏房间、烧灼淋巴肿块或者把干蛤蟆放在上面，甚至用尿洗澡，但是死亡仍然没有停止。一些深受宗教束缚的人们还认为是人类的堕落引来神明的惩罚，于是他们开始游行，用镶有铁尖的鞭子彼此鞭打，口里还哼唱着：

死神的胜利

彼得·勃鲁盖尔的这幅作品绘于 1562 年。这些噩梦似的死尸展现了瘟疫给人们带来的恐惧。这幅画的名字来源于当时人们的一个普遍的信仰：黑死病代表了魔鬼的胜利。

"我最有罪。"在德国的梅因兹，甚至有 1.2 万犹太人被认为是瘟疫的传播者而被判死刑。

黑死病夺走了当时每四个欧洲人中的一个。当可怕的瘟疫穿过英吉利海峡，在南安普敦登陆时，这座海边城市几乎所有居民都在这场瘟疫中丧命，而且染病后很少有人能在床上躺上两三天，很多人从发病到死亡仅有半天时间。

瘟疫的最初起因至今仍是个谜，当时有人指责是犹太人向水里投毒，但更多的人认为这是上帝对罪孽深重的人类的惩罚，是世界末日来临的先兆。

这场鼠疫夺去了 2500 万人的生命，欧洲人口大幅度减少，经济随之走向衰退。在这场自然浩劫中，人类也没有放下武器，英国和法国依然刀枪相向。

早期不列颠

在不列颠群岛上，很早就有人类活动。约公元前 3500 年，伊比利亚人从欧洲大陆来到大不列颠岛东南部定居。公元前 55 年和公元前 54 年，恺撒大帝两度率罗马军团入侵不列颠，但均被击退。直到公元 43 年，罗马皇帝克劳狄一世率军入侵，征服了不列颠，将其变为了罗马帝国的行省。随着罗马帝国的逐渐衰落，不列颠人反抗罗马统治的斗争也渐趋激化。公元 407 年，罗马驻军被迫全部撤离不列颠，罗马对不列颠的统治宣告结束。

罗马人走了，以前居住在易北河口附近和丹麦南部的盎格鲁人、撒克逊人以及来自莱茵河下游的裘特人等日耳曼部落逐渐侵入不列颠。这个过程大概延续了约一个半世纪，到 7 世纪初，入侵者先后建立起 7 个国家：东部和东北部盎格鲁人的麦西亚、诺森伯利亚和东盎格利亚，南部撒克逊人的威塞克斯、埃塞克斯和苏塞克斯，东南部裘特人的肯特，史称"七国时代"。

从 8 世纪末开始，丹麦人屡屡入侵不列颠。为了抗击丹麦人，威塞克斯王国国王埃格伯特于公元 827 年统一七国，建立了统一的英格兰王国，和丹麦人进行了长期的斗争。

1066 年，英王爱德华死后无嗣，法国诺曼底公爵威廉率军入侵，加冕为英王威廉一世，史称"征服者威廉"，诺曼王朝由此建立。

为了商讨国家大事，威廉组织起枢密院（当时又称元老院或国王法庭），有效地加强了王权。威廉死后，他的儿子亨利一世继续加强王权。亨利死后，诺曼王朝绝嗣，王位纷争持续了 20 多年。最后，亨利一世的外孙继位，史称亨利二世，从此开始了金雀花王朝的统治。

金雀花王朝的无地王约翰统治时期，由于在对外战争中失败，丢失了在法国的大部分领地。不仅大封建主举起了反对的大旗，连以前支持王权的中小领主乃至市民也投入了反抗国王的行列。在联合压力下，约翰被迫于 1215 年接受了《大宪章》。这张书写在羊皮纸卷上的文件，在历史上第一次限制了君主的权力，也成了英国君主立宪制的法律基石。

简单地说，《大宪章》要求皇室放弃部分权力，并且尊重司法过程，承认王权受法律的限制。除此之外，《大宪章》还确立了一些英国平民享有的政治权利与自由，保障了教会不受国王的控制。

约翰不久就否认了《大宪章》，英国因此内战连绵不断。1258 年，亨利三世为干预意大利战争，又向诸侯索取军费。在 1263 年爆发的内战中，孟福尔在一些诸侯、骑士和市民支持下获胜，一度俘虏亨利三世和王子爱德华，控制了国家。1265 年，孟福尔召集有僧俗贵族、骑士和市民代表参加的大会，此为议会的胚胎。1295 年，国王爱德华一世为筹集战费再次召集议会，史称"模范议会"。议会此后便经常召开，议会制度从此确立。

《布勒丁尼和约》

中世纪，英国诸王通过与法国的一系列联姻，都成了法国诸王大片领地上的主要封臣，占有了大量法国土地。这在同样梦想称霸欧洲的法国看来，简直就是耻辱，他们一直寻求机会，想收复这些领地。

1328年，法王查理四世去世，因为他没有儿子，法国贵族会议便推举他的侄子腓力为王，称腓力六世。一心想控制法国的英王爱德华三世，凭借自己是法王腓力四世的外孙，向法国发难，声称自己才是法国王位的合法继承人。腓力六世对爱德华三世的嚣张气焰十分气愤，决心报复，当即宣布要收回一块英属领地——基恩。英国自然无法接受，爱德华三世更是采取了激烈还击。他不顾法国的反对，自称"身兼法王"，并率部队进攻法国。于是，法国王位继承争端终于演变为一场旷日持久的战争。

面对气势汹汹的英国军队，法国把自己最精锐的骑兵部队派到了前线。当时，英军没有能与法国抗衡的骑兵部队。法王腓力六世扬言："在强硬的马蹄下，愚蠢的英国人将会粉身碎骨。"

可是，法国人很快便为自己的骄横付出了代价。英军虽然没有强大的骑兵，但他们拥有一种秘密武器——大弓。这种弓箭射程远、射速快、精度高，能在200米的距离内射杀身披铠甲的骑士。大批的法国骑兵都倒在了这种弓箭之下，英国人直抵法国门户诺曼底。

1346年，梦想占据整个法国的爱德华三世在诺曼底登陆，很快打下卡昂，直逼巴黎。就在爱德华三世踌躇满志、准备接管法国的时候，英军遭到突如其来的黑死病的袭击，大量死亡。更可怕的是，黑死病给英国人带来了心理上的极大恐惧，人们惶惶不可终日。在短短一年之内，英国著名的坎特伯雷大主教职位竟然因为黑死病而三次易主，各地教堂的主教也频繁死亡。在这种情况下，爱德华三世再也无力顾及同法国的争斗，只好于1360年同法国签订《布勒丁尼和约》，宣布放弃对法国王位的要求。

圣女贞德

国土的丧失、英国人的欺凌，让法国的民间武装开始起来反抗。这时，一个出生在法国北部香槟与洛林交界处的杜列米村，靠放牧生活的16岁女孩站了出来，声称她在村后的大树下，遇见了天使圣米迦勒和圣玛桂莱德，神指示她收复失地。这个女孩就是贞德。

1428年，贞德3次求见原法王太子查理七世，陈述她的救国大计。太子于是授予贞德以"战争总指挥"的头衔，允许她带兵出征。贞德于是竖起一面绣着"耶稣玛利亚"字样的大旗，率领一支4000人的骑兵向奥尔良进发。奥尔良当时已被英军包围达半年之久，贞德向英军围城的薄弱环节发动猛烈进攻，迅速闯进了奥尔良。

奥尔良全城的军民都燃起火炬，欢迎勇敢的贞德。一位法国的将军曾这样描述他见过的贞德：这位女郎有一种很得体的优雅，举止稳重，说话很少。但从她所说所做中，可以看出她做事极端谨慎，她的声音有着女性特有的甜美。她吃得不多，也很少喝酒，喜欢骏马和盔甲，特别喜欢士兵和高尚的人，但不喜欢经常聚会和讨论。她爱憎分明，喜欢的盔甲可以穿在身上六天六夜也不卸掉。她说英国人没有理由待在法国，她是奉上帝的旨意来驱逐和打败他们的。她热爱她们的国王，还说上帝也很宠爱她们的国王，并会保佑他、庇护他。她将完成的奇迹一言难尽。

贞德率领士气高昂的法军攻克了圣罗普要塞、奥古斯丁要塞、托里斯要塞，一举解了奥尔良之围。奥尔良战役的胜利，扭转了法国在整个战争中的危难局面，战争开始朝着有利于法国的方向发展。

接着，贞德又率军收复了许多北方领土，查理七世赐给她大量财帛和"贵族"称号，贞德都拒绝了，她一心要把英国侵略军全部赶出去。但是，宫廷贵族和查理七世的将军们却不满意这个"平凡的农民丫头"影响力的扩大，决定除掉她。

1430年，英法两军在康边城附近发生激战，当贞德及其部队被英军所逼、撤退回城时，城中的贵族领主却将其扣押，以4万法郎卖给了英国人。

1431年5月29日上午，贞德被英国人判以女巫罪，在备受酷刑后被活活烧死。这一年，贞德还不到20岁。贞德之死激起了法国民众的极大义愤，迫于压力，法国当局不得不对军队进行整顿，逐步收复了巴黎、香槟和诺曼底。1453

贞德率领她的人马觐见国王，劝说他继续抗击英国。

年，英军在波尔多投降，战争至此结束。英国在这场战争结束后，随即陷入内战，史称玫瑰战争（1455～1485年），最后由都铎家族的亨利夺得王位，创建了英国的都铎王朝（1485～1603年）。而法国又经过几十年的努力，到15世纪末才最终完成了统一。

至于在烈火中牺牲的贞德，在她死的23年后，贞德的母亲和兄弟申请审查贞德的案件。1456年，审查结果一致公认：贞德确是无罪的，所谓异端的罪名全属无中生有。几个世纪后，罗马教会封贞德为"圣女"。

玫瑰战争

在15世纪，英国和法国断断续续进行了长达百年的战争。在这百年战争之后，英国内部的贵族们，利用自己手中握有的武装蠢蠢欲动，企图掌握国家的最高统治权。经过一番分化组合，贵族分为了两个集团，分别参加到金雀花王朝后裔的两个王室家族中。其中，以兰开斯特家族为一方，以红玫瑰为标志；以约克家族为另一方，以白玫瑰为标志。这两个集团为争夺王位继承权，又进行了长达30多年的自相残杀，史称"红白玫瑰战争"。

金雀花王朝的亨利六世继位后，下令在莱斯特召开咨议会。约克公爵以自己赴会安全无保证为理由，率领他的数千名军队随同前往。亨利六世见状，在王后玛格利特和执掌朝廷大权的萨姆塞特公爵的支持下，也率领一小股武装赴会。

仇人相见分外眼红，两支军队便打了起来，结果亨利六世中箭负伤，被俘虏了。约克公爵大喜过望，要求亨利六世宣布他摄政并为王位继承人，王后玛格利特闻讯大怒，她从苏格兰借到一支人马，集合了追随兰开斯特家族的军队，在约克公爵的领地发动骚乱。约克公爵匆忙凑合一支几百人的队伍前去征剿，由于轻敌冒进，约克公爵及其次子都被杀死。约克公爵的长子爱德华见父亲被杀，马上自立为王，称爱德华四世，并召集部队去攻打玛格利特。玛格利特猝不及防，带着亨利六世和少数随从仓皇逃亡苏格兰。哪知爱德华四世穷追猛打，亨利六世再次被俘，被囚禁在伦敦塔中，玛格利特只好携幼子逃往法国。

赶走了兰开斯特家族，约克派内部矛盾激化起来，爱德华四世开始镇压北部的沃里克伯爵。沃里克在爱德华的大军面前不得不逃亡，投靠法王路易十一。不久，沃里克在路易十一的支持下卷土重来，这回轮到爱德华逃亡了，他逃到尼德兰，依附于妹夫勃艮第公爵查理。

爱德华四世利用英国人对沃里克的反感，亲率军队与沃里克在伦敦以北的巴恩特决战。当时，爱德华四世共有 9000 人的军队，而沃里克却有两万之众，由于力量悬殊，爱德华四世决定先发制人，率军在清晨的浓雾中发起攻击，大获全胜。

很快，爱德华四世俘获了偷渡回来的玛格利特王后，将她和她的独生幼子及许多兰开斯特贵族杀死，然后秘密处死了亨利六世。至此，兰开斯特家族被诛杀殆尽，只有远亲里士满伯爵亨利·都铎流亡法国，他声称自己是兰开斯特家族事业的继承人。

不久出身于族徽为红玫瑰的兰开斯特家族的亨利·都铎结束了玫瑰战争，登上了英国王位，称亨利七世。为缓和政治紧张局势，他同爱德华四世的长女伊丽莎白结婚后，将原两大家族合为一个家族。

圈地运动

英国之所以能在宗教战争、玫瑰战争后迅速崛起，它强大的经济实力是坚实的后盾。从 15 世纪开始，随着新航路的发现，国际间贸易扩大，在欧洲大陆的西北角的佛兰得尔地区，毛纺织业繁盛起来，在它附近的英国也被带动。

毛纺织业的迅猛发展，使得羊毛的需求量增大，市场上的羊毛价格也开始猛涨。英国本来就是一个传统的养羊大国，和传统的农业相比，养羊开始变得越来越有利可图。

养羊需要大片的土地用以放牧，贵族们纷纷把原来租种他们土地的农民赶走，甚至把他们的房屋拆掉，用木栅栏、篱笆和围墙把土地圈成一块块的草地，用来放羊。在英国，虽然土地早已有主，但森林、草地、沼泽和荒地属于公共用地，没有固定的主人。贵族们利用自己的势力，首先在这里扩大羊群，强行占有这些公共用地。当这些土地无法满足贵族们日益扩大的羊群需要时，他们又把那些世代租种他们土地的农民赶出家园，甚至把整个村庄和附近的土地都圈起来，变成牧场。

当时的英国，遍地都是肥胖的绵羊和流浪的农民。绵羊，这种本来很驯服的动物，一时间变得贪婪和凶狠，在失去土地的农民眼中，绵羊简直就是吃人的猛兽。

这种圈地牧羊的运动，从 15 世纪 70 年代一直延续到 18 世纪末，全英国一半以上的土地都变成了牧场。为了安置被驱逐的农民，英国国王颁布了限制圈地的法令，但收效甚微。于是，英王开始限制流浪者，农民们不得不去接受工资低廉的工作。凡是有劳动能力的游民，如果不在规定时间内找到工作，一律鞭打后送回原籍。如果再次发现他流浪，就要割掉他的半只耳朵。第三次发现他仍在流浪，就处以死刑。在亨利八世和伊丽莎白两代国王统治时期，曾经处死了大批流浪的农民。

英国的农民数量就这样越来越少，失去土地的农民进入城市，成为生产羊毛制品的工人，拿着微薄的工钱，勉强糊口。

亨利八世离婚案

英王亨利八世（1509～1547 年在位）是个多情种子，他虽然已经和他的寡嫂阿拉贡·凯塞林结婚，而且有了女儿玛丽·都铎，但却深深爱上了王后的侍女，美丽的安妮·博林。亨利八世以王后没有男嗣为理由，要求离婚。

罗马大主教自然不同意这桩不光彩的婚姻，亨利八世一气之下，决定进行宗教改革，建立独立的英国安立甘教会，摆脱教皇的控制。1533 年，坎特伯雷大主教克兰默开庭审理亨利八世的离婚案，由于凯塞林拒绝出庭，他判决亨利八世与凯塞林的婚姻无效。判决下达两天后，亨利就与已经怀孕的安妮举行了秘密婚礼。罗马教皇气坏了，把亨利八世开除出教。不久，亨利八世与安妮生了一个女儿，取名伊丽莎白。

亨利八世不但惹恼了罗马教皇，也激怒了西班牙国王查理一世。查理一世是凯塞林的侄子，对表妹玛丽·都铎一往情深。但天不从人愿，亨利八世将玛丽·都铎嫁给了查理一世的儿子，比她小10岁的腓力二世。爱慕的情人变成了儿媳妇，查理一世很是难过，他认为这都是亨利八世的错，对于玛丽·都铎，自己则要做她永远的"保护人"。

"血腥玛丽"

1547年，亨利八世死了，他唯一的儿子爱德华六世继位，这个小国王只有10岁，过了6年也病死了。继任王位的是亨利八世的女儿玛丽，虔诚的天主教徒，她认为母亲的死和她遭受过的苦难同新教有关，对新教徒进行了残酷镇压。短短3年间，伦敦等地的新教徒就被她烧死300多人，史称"血腥玛丽"。

新教徒不堪压迫，他们拥护信奉新教的伊丽莎白，这自然引起"血腥玛丽"的嫉恨，她把妹妹投进了伦敦塔。但是"血腥玛丽"不到40岁就死了，这时，伊丽莎白成了王位唯一的继承人。

伊丽莎白一世登上王位，就成了欧洲未婚女人中最有价值的一位。女王一生的求婚者络绎不绝，到伊丽莎白52岁时，重要的求婚活动有近30次，但这些求婚终未成功，如果成功可能就不会有无敌舰队的覆没和西班牙王国的衰落，欧洲的历史也许会改写。还有人说，女王一生只爱过一个男人，但最终因为政治关系，二人无法结婚，那就是英俊潇洒的莱塞斯特伯爵。

这两种说法都是有道理的，但还有一个更重要的原因——伊丽莎白女王是一位杰出的政治家，她把自己的婚姻作为了一种获取最大利益的手段。登基后的20多年中，她始终吸引着一个个求婚者，婚姻成为讨价还价的筹码，从中获取许多政治利益和丰厚礼品。当英国需要某个国家的支持或缓和关系时，就会建议对方向女王求婚，那些王公贵族谁也无法抵御这个巨大诱惑。但是他们忙活了半天，耗费了许多钱财，最后发现又是一场空欢喜。女王却取得了力量的平衡，赢得了时间。

伊丽莎白女王在登基后不久，就正式宣布新教为英国国教，罗马教廷恨透了她，教皇格列高利八世甚至宣布，暗杀伊丽莎白不算犯罪。但是女王没有报复天主教徒，而是采取了宽容的政策，她的名言是："只有一个耶稣基督，这是唯一的信仰，其余的一切争论都是小事。"因此在女王统治期间，新教徒和天主教徒基本相安无事。这同德国形成鲜明对比，那场因宗教冲突引发的"三十年战争"，让1/4以上的德国人在劫难中丧生，此后又是长期的分裂。

伊丽莎白女王统治英国达45年之久，在她的统治下，腥风血雨之中的英国在经济上却大体稳定，工商业和海外贸易迅速发展，国力日益强盛，还击溃了不可一世的西班牙"无敌舰队"，成为海上霸主，从偏安一隅的岛国成为欧洲先进国家，为未来"日不落"的大不列颠王国奠定了基础。也是在这时，英格兰进入文艺复兴盛期，即以莎士比亚、斯宾塞、培根等一批巨人为代表的辉煌时代。

伊丽莎白一世肖像

伊丽莎白一世

伊丽莎白虽是玛丽·都铎同父异母的妹妹，但却不是天主教徒，她继承英国王位是不合法的。

腓力二世是虔诚的天主教徒，本来准备给妻妹一点颜色看看。可是，玛丽·斯图亚特突然宣布与法国国王弗朗西斯二世结婚。那时，她的舅父盖斯公爵正在法国当权，想利用这个婚姻把法兰西、英格兰、苏格兰和爱尔兰联合成为一个伟大的盖斯帝国。如果英格兰落入玛丽·斯图亚特手中，下游的尼德兰必将不保，这对于西班牙可是一个致命的打击。

腓力二世无奈，只得支持伊丽莎白。而对于伊丽莎白来说，只要尼德兰掌握在西班牙手中，英格兰就始终处于西班牙的两面夹击之下，无法保持英国海面的制海权。

年轻的英国女王伊丽莎白一世很不平衡，由于英国海军实力不如西班牙，伊丽莎白便暗中鼓励和怂恿英国的海盗破坏西班牙的海上贸易，掠夺西班牙的"金银船队"。

正当尼德兰和海盗问题搅得英、西关系不得安宁之时，弗朗西斯二世逝世，他的弟弟查理九世继承了法国王位，并暂由其母摄政。玛丽·斯图亚特死了丈夫，回到了苏格兰。1567年，她和情夫布恩华尔伯爵合谋，暗杀了她的第二任丈夫，事发后逃往英格兰，从此被伊丽莎白拘禁。

对腓力二世来说，来自法国的威胁已经不存在了，可以放心大胆地吞并英国。他向伊丽莎白求婚，但遭到拒绝，遂改变政策，阴谋利用玛丽·斯图亚特造伊丽莎白的反。

1568年，由于英国的私掠船队截获一支满载金条的西班牙船队，船上的饷银被伊丽莎白设法夺取了，她将其中一部分转送给欧洲大陆上的新教诸侯。因而西班牙便把留在尼德兰的英国船只和货物全部没收。伊丽莎白也不示弱，照样没收了留在英国的西班牙船只和货物。英、西关系从此逐渐紧张，腓力二世支持英国的天主教徒，而伊丽莎白也开放英格兰，供荷兰和西班牙的新教叛徒避难。

腓力二世由于当时忙于对土耳其人和荷兰人作战，分身乏术，一时间无法攻打英格兰。伊丽莎白认识到，腓力二世的克制只是暂时的，一旦他腾出手来，就会设法剥夺她的王位。因此，她着手加强英国的防御，开始重建英国海军。

英西海上争霸

由于早期进攻英国的一系列计划相继搁浅，腓力二世经过深思熟虑，决定派米地拉·西多尼亚公爵接任舰队司令的职位。但这位公爵对海军一无所知，不肯接受任命，可是腓力二世不准他辞职，还另派了一位优秀的海员做他的军事顾问，并任命帕马公爵为远征军总司令，指挥陆海军部队在英国登陆。

此时，英国海军的实力已经大大加强了，霍华德勋爵出任舰队司令，他虽不是一个内行的海员，但能知人善任，从善如流。海盗出身的将领德雷克被伊丽莎白封为副帅，霍金斯任一支分舰队的司令。最重要的是，英国的海军将士多是海盗出身，极其善战，这与只惯于在良好天气中航行的西班牙海员相比，是很大的作战优势。另外负责航行的西班牙海员总是人手不够，而英国水手虽然也是被迫服役，但每天尚有4便士报酬，其作战积极性也比西班牙水手高。

战争开始后，双方的第一次交战基本打成平手，英国人的长炮由于射程过远，虽然击中了西班牙船，但炮弹穿不透船体；西班牙人则由于火炮的射程近，炮弹根本打不到英国船。尽管如此，弹药还是成吨地消耗下去了。

格拉沃利纳海战

这是 1600 年左右由荷兰人创作的一幅画，画中描绘了 1588 年夏入侵英国的西班牙"无敌舰队"在英国军舰炮火的轰击下仓皇撤退的情形。这场在法国海岸附近进行的战役称为"格拉沃利纳海战"。西班牙舰船的队列被英国的舰船赶向北方，而其中的大部分又在苏格兰和爱尔兰沿岸触礁沉没。

为了防备西班牙对英国南部海岸维特岛的占领，英军计划在夜间突袭西班牙军舰，但是由于海盗出身的德雷克贼性发作，他听说有一艘载有大量珍宝的西班牙船已经损坏，就偷偷地前去将其捕获，还把它护送回了托尔拜港，所以耽误了作战计划，尽管这令西班牙获得了喘息机会，但后来由于荷兰舰队封锁了港口，西班牙的接应船只无法到达，连补给也发生了困难。此时，英国舰队却在不断增兵。

英国人修整完毕，趁午夜突袭西班牙舰队，西军大乱，西多尼亚公爵不知所措，发出了一个致命的错误命令，叫各船砍断锚索。他的原意是等到火攻船过去之后，再来重占这个投锚地。谁知匆忙中多数的船砍断了两个锚，仅靠剩下的一个锚根本系不住船只，这样他们便随波逐流向东北方漂走了。

拂晓之后，德雷克和霍金斯等人扬帆追击。西班牙人的炮弹早已打光了，所以英军放心大胆地接近，弹无虚发。西班牙 130 艘战船中，有 63 艘永沉海底，英军却连一艘船都没有损失。没有失事的西班牙船只情况也很糟糕，由于创伤、疾病、饥饿和缺水，死亡者数以千计。

英国和西班牙之间的海上争夺一直延续到 1604 年。直至伊丽莎白一世逝世，玛丽·斯图亚特的儿子、苏格兰的国王继位，称詹姆士一世，他同西班牙结盟，战争终于结束。

在英国海军崛起以前，西班牙一直是海上霸主，可最后，大西洋上飘荡的却是米字旗，英国终于成为亘古以来前所未有的海洋大帝国。

英国击败西班牙的无敌舰队后，开始扩大对外贸易，积极向印度和美洲渗透和扩张，先后在苏拉特、冈比亚、马德拉斯建立了商站。英国探险家沃尔特·雷利爵士曾说："谁控制了海洋，即控制了贸易；谁控制了世界贸易，即控制了世界财富，因而控制了世界。"这句话成为英国的座右铭。

伊丽莎白一世的宠臣

沃尔特·雷利是英国女王伊丽莎白一世的宠臣，拥有"本时代最完美贵族"的称号，年轻时是一名海盗船长。虽然他并不太富裕，却野心勃勃。在有关墨西哥和秘鲁童话般富庶的传说驱动下，他决定亲自去寻找黄金国。除了奉承和诗歌外，他想把新领土献给女王伊丽莎白一世。女王授予他特权，对于西班牙控制的佛罗里达以北的美洲进行殖民活动。他的梦想开始得以实施。

在1585年的远征中，雷利的船队在今北卡罗来纳海岸边的罗阿诺克岛建立了第一个英国定居点作为殖民地的中心，雷利为其取名为弗吉尼亚（处女地）。由于没有找到金矿和银矿，他们开始袭击、抢劫印第安人，只带了一些烟草返航。此后，吸烟开始在英国流行。

两年后，雷利派遣3艘帆船，共200多人来到弗吉尼亚拓居。由于当时英国竭尽全力反击西班牙的进攻，所有的船只都被征用来保卫祖国，弗吉尼亚的拓居者被世人遗忘，没过两年就消亡了。

雷利在与西班牙的海战中立功受奖，随后组织进行了几次前往南美洲奥里诺科河入海口一带寻找梦中的黄金国。他逆河而上，直至西班牙殖民帝国的腹地，考察了圭亚那和苏里南的海岸地带。1596年，雷利出版了《圭亚那的发现》一书。1603年，女王伊丽莎白一世去世。雷利随即落难，因叛国罪入狱，于1618年被处死。

绕好望角的欧洲第一人

1487年，迪亚士被葡萄牙国王选派去非洲南端探险，他也因此成为绕好望角航行的第一位欧洲人。

迪亚士出生于葡萄牙一个王族世家，青年时代他就喜欢海上的各种探险活动，他曾随船到过西非一些国家，并积累了丰富的航海经验，这对他以后的航行都有很大帮助。15世纪80年代以前，基本没有人知道非洲大陆的最南端究竟在何处，为了弄明白这一点，当时有很多人雄心勃勃地希望乘船远航一探究竟，但结果都没有成功。作为开辟新航路的重要部分，西欧探险者们对于越过非洲最南端以寻找通往东方的航线产生了莫大的兴趣。这时，迪亚士接受葡萄牙国王若昂二世的任命，准备出发去寻找非洲大陆的最南端，以开辟一条通往东方的新航路。经过10个月的精心准备后，迪亚士找来了4个相熟的同伴，一起踏上了这次冒险的征程。他们于1487年8月从里斯本出发，率领两条武装舰船和一艘补给船，沿着非洲西海岸向南驶去。

这次航行可谓惊心动魄，刚一出海就遇上了大风暴，将船队向西推入了大西洋。因为看不到陆地，船员们不知道自己身在何处，害怕自己会从地球的边缘滚下去。因此待风暴过去，迪亚士马上命令调头向东。他们行驶了许多天，指望能到达非洲海岸，但没有成功。迪亚士认为他们必定过了非洲的南端，于是改向北驶，终于在莫塞尔贝登陆，该地位于我们现在所知的好望角以东300千米处。

因为船员们拒绝继续前行，迪亚士没能到达印度。但是，他帮助达·伽马筹划了1497年的成功的航行。迪亚士对船舶的设计提出了建议，甚至陪达·伽马航行了一段路程。1499年，迪亚士曾航行到达巴西。但后来在同样的一次航行中，他的船在好望角外遇风暴沉没，他也在这次海难中罹难。然而，新的航路已被打通，西方殖民势力从此一发不可收拾，侵略的魔掌逐渐从非洲伸展到了亚洲。

新航路的开辟

繁荣的商贸让中世纪的人更加热爱经商和游历，马可·波罗的《马可·波罗游记》一度非常流行，每一个读过它的人，都对富庶、神秘的东方充满了向往，很多人都想到东方亲眼见见那个美丽的大都，然后再带回一大堆的金银财宝。

迪亚士对好望角的发现使越来越多的葡萄牙人相信，从海路是可以到达印度的，只是还有一些困难。当时的天文地理知识也有了很大发展，古希腊地理学家的地圆学说日益流行，西方人相信地球是圆的，不是一个大饼状，只是没有亲自验证过。有的人想从好望角向东搜寻，另一部分人则认为往西走才能到达中国。

在这些争论者中，哥伦布最坚信地圆说，即只要从欧洲海岸一直向西航行，就可以到达印度，得到大量的黄金和香料。

为了实现自己的愿望，哥伦布四处寻求资助者。最后，西班牙国王决定给予赞助，并事先封哥伦布为将要发现的土地的宗主和统治者，有权把新土地上总收入的1/20留给自己，但这些土地的主权将属于西班牙国王。

哥伦布用来航海的船只复原模型

15世纪90年代哥伦布向西航行时，就乘坐这种航船，用直角索具把多桅帆船进行改造。船体中部竖立主桅，并在前桅挂一直角帆。必要时，主桅时向右重新挂起直角帆。

经过一番准备，哥伦布在1492年8月3日从西班牙出发了。他的船队由3艘大帆船和87名水手组成，一直向西航行。10月12日凌晨，在经过两个多月艰苦又枯燥的航行后，船头上的一名水手突然一声惊叫："啊！陆地！"在即将隐去的月光下，他隐隐约约看到前方有一块陆地。

哥伦布非常兴奋，命令船队全速前进。天亮后，他们在这个长满繁盛草木的地方登陆了，哥伦布宣布，这里是西班牙的土地，并将其命名为圣萨尔瓦多岛。"圣萨尔瓦多"意为"救世主"，这个岛就是现在巴哈马群岛中的华特林岛。

不过，当时哥伦布以为自己已经到了印度，所以把当地人称为印第安人（即印度人）。当时的印第安人，还处于极其原始的生活状态，他们第一次见到与自己不同的白种人，看到这些人是从茫茫大海上来的，以为他们是神仙派来的贵客，对他们非常热情。这些白人还非常"慷慨"，他们不是白要金银财宝的，而是用一些神奇的宝贝来交换。

那些"神奇的宝贝"，就是玻璃和用过的扑克牌等东西，水手们用这些废品换取了大量印第安人的贵重物品。令哥伦布感到疑惑的是，这里不像他想象中的样子——遍地是黄金和香料。于是，哥伦布决定不再向西行进，而是由此向南航行，结果到达了附近的古巴和海地，发现了那里许许多多的大小岛屿。

带着掠夺来的财富和10个印第安人，哥伦布返航了。他在1493年3月15日回到西班牙，向欧洲人宣布，他已经找到了通往印度的航路。这在欧洲引起了轰动，哥伦布得到了国王的礼遇，成为西班牙的贵族。

不久后，哥伦布又两次到达美洲，由于这里黄金不多，因此西班牙国库并没多出多少财富，哥伦布自己也没能成为巨富。1506年，哥伦布病逝于西班牙，而且直到死，他都认为自己所到的地方就是印度。后来，一个叫亚美利加的意大利冒险家到了美洲大陆的另一边，看到了太平洋，从而证实了哥伦布发现的并不是印度，而是欧洲人过去不知道的一个新大陆，人们这才把那里称为亚美利加洲，即美洲。

哥伦布

因发现新大陆而名垂青史的哥伦布称得上家喻户晓，然而很少有人知道，在哥伦布成功的背后，敢于为他那遭人非议的西航计划承担风险，并鼎力支持他的，是西班牙的伊莎

309

贝拉女王。这位女王的身世、爱情和婚姻，都与西班牙的统一和发现新大陆有着密切联系。

8世纪末，法兰克人开始征服西班牙，经过长期的战争兼并，12世纪后，除了卡斯提尔和阿拉贡两个大国外，还残存一个阿拉伯国家。如果卡斯提尔和阿拉贡能联合起来，就能击败阿拉伯人，西班牙也就能完成统一大业。

1451年，伊莎贝拉的父亲，卡斯提尔王国的国王去世，王室陷入混乱，伊莎贝拉被哥哥赶出皇宫，一度流落在乡下。反叛的贵族集团着手拥立伊莎贝拉公主为女王，想把她作为傀儡，但他们都低估了这个17岁少女的政治才能。

伊莎贝拉小的时候，她的母亲曾谈起想把女儿嫁给阿拉贡王子斐迪南，倾向于西班牙统一的一派贵族便旧事重提，但伊莎贝拉的哥哥却不同意。伊莎贝拉偷偷让亲信教士去探访，了解到阿拉贡王子斐迪南确实是一个出类拔萃的年轻人，便毫不犹豫地选择了他。

伊莎贝拉的哥哥气急败坏，下令拘捕公主。在一名大主教的帮助下，伊莎贝拉得以逃脱。王子得讯后化装成一个挑夫，混在一个商队里潜至伊莎贝拉的藏身地，马上宣布结婚。

8年后，伊莎贝拉的哥哥去世，伊莎贝拉马上回国，宣布自己继承卡斯提尔王国的王位。这时斐迪南的父亲也故去了，斐迪南成了阿拉贡的国王。

伊莎贝拉和斐迪南这一对国王伉俪早就盼望的两国合并，便自然而然地宣告实现了，在他们俩人的联合治理下，西班牙的国力逐渐增强。1491年年底，他们率军打败了阿拉伯人，结束了阿拉伯人在西欧的统治，完成了历代君主梦寐以求的西班牙统一大业，奠定了当今西班牙的疆域。

在击败阿拉伯人后，女王做的第一件事就是说服丈夫，与哥伦布签订了著名的"圣大菲协定"，女王从几近空虚的国库中抽出巨额资金，支持哥伦布的计划，还带头变卖了自己的首饰为远航筹款。

哥伦布没有辜负女王的期望，虽然他到达的是美洲而非印度，但这个成果足以名震天下了。如果没有伊莎贝拉和斐迪南两位国王的鼎力支持，当时已四处碰壁的哥伦布西航计划很可能搁浅甚至夭折，那么"发现"新大陆的时间，也许会延后数十年，甚或一二百年，世界或许就不是今天这个样子了。

达·伽马

几乎与哥伦布同时，葡萄牙人达·伽马于1497年从里斯本出发到达好望角，并从那里向北航行，来到了莫桑比克。

一上岸，达·伽马便被这里的繁荣富庶与异国风光惊呆了。达·伽马在这里买到了大批香料、丝绸、宝石和其他东方特产，他把这些货物带回葡萄牙贩卖，纯利润是全部航行费用的60倍。除了做生意，达·伽马还不忘竖起一根显示葡萄牙权力的标柱，宣布这里成为葡萄牙的领土。当地人和长期垄断这里贸易的阿拉伯商人立时愤怒起来，很快就把达·伽马一行赶了出去。

尽管如此，这次航行还是成功了，这更加激起了欧洲商人们追求财富的疯狂热情。1502年，达·伽马奉命向印度洋做第二次航行。达·伽马率领10艘船组成的庞大船队，一路上不管经过的岛屿是大是小，都宣布其归属于葡萄牙。到达印度后，达·伽马攻占了那里的重镇科泽科德和权钦，使它们沦为葡萄牙的殖民地。

达·伽马回到葡萄牙后，受到国王的嘉奖，成了全国最富有的贵族。1524年，达·伽马被任命为葡萄牙在印度的总督，第三次到达印度。然而，此时他已年老体衰，到任不足3个月便病逝了。

环球旅行

真正通过探险，证实可以从海路到达印度和中国，并且能环绕世界航行的，是麦哲伦。西班牙人虽然发现了美洲大陆，但在那里所获得的利益远远不如葡萄牙人在印度所获得的多，所以西班牙决意要继续向西航行，以求到达印度。1519 年，葡萄牙人麦哲伦在西班牙国王的资助下，率领一支由 5 条大帆船和 200 多名水手组成的探险船队出航了。

麦哲伦的船队先是沿着已经知道的道路向西航行，然后转向南，沿着美洲大陆摸索着南下，发现了美洲南部的海峡，后来人们把这里称为麦哲伦海峡。在横渡太平洋时，麦哲伦的船队经历了严重的缺少食物和淡水的困难，他们吃光了船上的老鼠。一些丧失希望的水手发动叛乱，结果被麦哲伦镇压，两个叛乱首领还被抛在了途中的荒岛上。

航行途中的麦哲伦

麦哲伦生于葡萄牙的小贵族家庭，不到 20 岁就成了水手，他在他的《美洲的历史》中向人们提供了有关印第安人的第一手可信资料。他凭借沉着、坚定的性格和丰富的经验完成了人类历史上首次环球航行。

311

1521 年，麦哲伦终于到达了陆地，得到了食物和淡水的补充。这是一群岛屿，麦哲伦命名它为菲律宾。此时的麦哲伦异常激动，他环球航行的梦想终于要实现了，他从西方向西航行，终于到达了东方，他以不可辩驳的事实证明：地球的的确确是圆形的。

当地的土著起先和印第安人一样，对麦哲伦一行人非常友好。可是，麦哲伦希望岛上的居民放弃原先的信仰，改信基督教。在遭到拒绝后，麦哲伦举起了枪炮，强迫当地人就范。这一来惹怒了土著，他们毫不留情地杀死了麦哲伦和一些水手。

幸存的人急忙开船离开，沿着已经熟悉的航路进入印度洋，再沿着葡萄牙人发现的航路返回西班牙。

新航路的开辟，让西方人大举进入东方市场，不仅经济贸易空前高涨，文化艺术之风也兴盛起来。他们每到一个地方，就立一面旗子，宣布自己是这块土地的主人。亚洲、非洲和美洲，从此一步步走进了被殖民的行列。

文艺复兴

中世纪的欧洲，国家多且分裂，战争频繁，人们大多信耶稣，基督教于是成为人们的精神支柱。久而久之，基督教教会的势力越来越大，大到皇帝的任命，小到贫民的琐事，基督教会都有权过问。如果有人胆敢违背基督教的教义，那他将受到最严厉的制裁。

《圣经》里说，人类的祖先亚当和夏娃，就是因为违背了上帝的禁令，偷吃了禁果，因而犯下大罪，作为他们后代的人类，就要世世代代赎罪，以求来世进入天堂。

在教会的管制下，以前古希腊、古罗马时期的民主风潮不复存在，一切文化、建筑、雕塑都是一个主题：歌颂耶稣，赞美天国。

当欧洲被基督教压抑得快窒息的时候，阿拉伯人对天文和数学的精通，他们开设的医院能让人摆脱病魔的侵扰，这些都让西欧人感到惊讶。还有他们常常朗诵的诗歌，虽然听上去韵律单调，但它具有一种令人陶醉的力量，似乎也很容易接近人的心灵。

此时，一些欧洲学者开始重新审视自身，他们突然间发现，古希腊留下的诗歌、雕塑，一切都是那样美好。而且很多用阿拉伯文撰写的巨著，原来就是古希腊时期的欧洲作品，在欧洲人已将它们遗忘的时候，阿拉伯人却如获至宝，争相翻译宣讲。再看看身边的教会，所有的事物都变得丑陋不堪起来。于是，许多西欧学者要求恢复古希腊和古罗马的文化艺术，他们的要求就像春风一样，慢慢吹遍整个西欧，掀起了一股汹涌澎湃的"希腊热"，这就是历史上所称的"文艺复兴"。

文艺复兴首先发生在意大利，原因不难理解，罗马人的文化在某种意义上来说，就是意大利的文化，拉丁语也是意大利祖先的语言。

和许多人的理解不同，文艺复兴并不是反对基督教，因为信仰是不容易改变的。人们依然相信基督教，顺从教会，对待教皇像对待自己的父亲一样。只是，人们的生活变得不同了，大家开始讲述历史，努力学习古希腊文化，试着发表自己的观点。人们发现，那些古老的希腊文化让他们的生活丰富起来，创造这些文明的人类真是伟大，它带来的艺术享受让生活变得多姿多彩起来。人生的确有许多快乐，享受自己的个性自由就是一种快乐，不必把所有精力和思想都放在等待永生幸福的期待中。

就这样，人们的思想渐渐从教会的精神枷锁中解放出来，开始充分自由地发挥了。在学习古希腊文化的基础上，人们注入自己的思想感情，创造出许多辉煌的艺术精品。

312

但丁与《神曲》

《神曲》的作者，意大利诗人但丁（1265～1321 年），生于佛罗伦萨一个城市贵族之家，父亲长期在外经商。

少年时的但丁，一次随父亲参加友人聚会，在宴会上遇见一位名叫贝特丽丝的美丽少女，但丁对她一见钟情，再不能忘。遗憾的是，贝特丽丝后来遵从父命嫁给他人，婚后不久就死了。哀伤不已的但丁，将自己几年来陆续写给贝特丽丝的 30 余首抒情诗以散文相连缀，取名《新生》，结集出版。诗中的贝特丽丝就是上帝派来拯救但丁灵魂的天使，但丁以自己纯真的爱恋和绵绵无尽的思念，细腻委婉地述说着自己的爱情。

但丁对贝特丽丝的爱情终身未变。也许正是爱情给了但丁神奇的力量，让他在以后的流亡生涯中依然坚强，并写下不朽名作《神曲》。

当时的意大利正处于分裂状态，佛罗伦萨是斗争最激烈的地点。1300 年，但丁以渊博的学识当选为代表新兴市民利益的贵尔夫党的行政长官。为维护佛罗伦萨共和国的利益，他旗帜鲜明地反对贵族把持政权。经过激烈斗争，贵尔夫党战胜了基伯林党，但贵尔夫党很快分裂为黑白两派，二者展开激烈斗争。

在遇到贝特丽丝的当晚，但丁就做了一个梦，梦见一位面貌庄严的神，抱着裹在一条深红色被单里的贝特丽丝。神的手里拿着一颗燃烧的心，这颗心象征着但丁的爱情。转瞬之间，神带着悲哀的贝特丽丝升天而去。这个梦象征着但丁对贝特丽丝的强烈爱情和两人的悲剧结局。

但丁属于白派，反对教皇干涉城邦内政。1302年，黑派在教皇的帮助下取胜，但丁被赶出城邦，开始了近20年的流亡生活。在流亡生活最痛苦的时候，但丁开始了《神曲》的创作，这是他长期酝酿和构思的一部巨著。

《神曲》的意大利文原意是《神圣的喜剧》，但丁原来只给自己的作品取名为"喜剧"，后人为了表示对它的崇敬，加上了"神圣"一词。

《神曲》分为《地狱》《炼狱》和《天堂》3部分，以长诗的形式，叙述了但丁在"人生的中途"所做的一个梦。梦中，但丁在一个黑暗的森林中迷路了。黎明时，他在阳光的沐浴下朝山顶攀登。突然，在他的面前出现了3头猛兽——豹、狮、狼，诗人惊慌呼救，这时出现了古代罗马诗人维吉尔，他遵从圣女贝特丽丝的命令，搭救但丁从另一条路走出绝境。

但丁在维吉尔的带领下游历了地狱和炼狱。漏斗状的地狱共9层，阴森恐怖。凡是生前做过坏事的人，死后灵魂都被罚在地狱中受刑，并根据罪孽大小安排在不同的层次，罪孽越重，越在下层，所受的刑也越重。炼狱里灵魂的罪孽比地狱中的要轻些。七层炼狱是一座浮在海上的山，四周有美丽的海滩，顶口是天堂。这里每一层分别住有犯过骄、妒、怒、惰、贪、食、色7种罪孽的亡魂，经过烈火的焚烧，断除孽根后，便可以升入天堂。

带但丁游历天堂的，是他终身爱着的圣女贝特丽丝。天堂里充满欢乐和爱，住着生前正直行善的人，他们享受着永远的幸福。

完成这篇动人的长诗后，但丁身染疟疾，客死在拉维那。

313

薄伽丘与《十日谈》

在意大利文学史上，能与但丁的《神曲》相媲美的，就是薄伽丘的《十日谈》。薄伽丘（1313～1375年）的父亲是佛罗伦萨的商人，母亲是法国人，他是意大利第一个通晓希腊文的学者，对拉丁文和当时流行的俗语也掌握得炉火纯青。在商贾云集、世风开放的佛罗伦萨，薄伽丘曾一度放荡不羁，追求声色犬马的享乐，直到父亲破产后撒手人寰，薄伽丘才如梦初醒，浪子回头，节衣缩食地赡养家人。

薄伽丘初露锋芒时，以诗歌见长，但比起他的挚友诗人彼特拉克那清新、流利的诗歌，薄伽丘自愧不如，于是专心致力于小说创作。

1348年，可怕的"黑死病"肆虐欧洲，意大利、法国、英国等国人口锐减，人们都认为世界末日即将来临，纷纷到教堂去忏悔、祷告。

薄伽丘的《十日谈》便在这期间问世，他以这场瘟疫为背景，讲述的是在佛罗伦萨闹瘟疫期间的一个清晨，7个美丽年轻而富有教养的小姐，在教堂遇到了3个英俊而富有热烈激情的青年男子。他们决定离开佛罗伦萨这座正在走向死亡的可怕城市，到郊外的一座别墅去躲避瘟疫。那里环境幽静，景色宜人，这10个年轻人商定，每人每天讲一个动听的故事，以此愉快地度过一天中最难熬的时光。10天里，他们一共讲了100个故事，便成为《十日谈》。

在《十日谈》中，薄伽丘将当时意大利的市民生活娓娓道来，人们在阅读时，仿佛在看中国的《清明上河图》，细腻、生动、形象感人。故事中的人物几乎包括了当时社会各行各业人士：从国王、王子、贵妇人到神父、修女和修士；从学者、诗人、艺术家、穷学生到银行家、旅店老板、船主、面包师、手艺匠；从农夫、奴仆、朝圣香客到高利贷者、守财奴；从酒鬼赌徒、海盗、无赖到流浪汉、落魄战士、招摇撞骗的食客，每一个故事都是妙趣横生。

1374 年，彼特拉克病逝，薄伽丘失去了最好的朋友和知音，精神上遭到沉重打击，翌年便在病痛和贫困中辞世。可是，他生前得罪过的教会并没因为薄伽丘写了《十日谈》就原谅他，他们挖掉了薄伽丘的坟墓，砸毁了墓碑。

诗人彼特拉克

薄伽丘的好友彼特拉克是意大利的著名诗人，被后世称为人文主义的奠基者。

彼特拉克的父亲原是意大利佛罗伦萨的一名律师，因得罪了城中的富豪被驱逐出城，多次搬迁后，最后才迁到法国南部的阿维农定居下来。

彼特拉克从少年时代起就非常喜爱文学，对古典作家的作品尤为倾心，常常彻夜不眠，在油灯下如痴如醉地阅读。

做律师的父亲认为儿子完全是"不务正业"，他希望彼特拉克放弃不切实际的文学梦，去做一名法学家。从 1316 年起，彼特拉克先后被父亲送到法国的蒙特波利和意大利的波伦亚学习法律。直到 1326 年父亲去世，彼特拉克才得以放弃法学，自由发展自己的爱好。

彼特拉克回到阿维农，找到一个教师的职位，在勉强糊口后，便开始他的创作生涯。彼特拉克喜欢游览，尤其喜欢登高远眺，常和友人寻访古代遗迹，在充满灵感源泉的大自然中写下诗篇，抒发情怀。彼特拉克的作品很多，其中《歌集》《阿非利加》《意大利颂》等尤其著称于世。

彼特拉克的名声很快传开了，巴黎和罗马争相邀请他去接受桂冠。彼特拉克最后选择了罗马。1341 年，在罗马卡匹托山上，仪式隆重举行，主持人郑重宣布授予彼特拉克"桂冠诗人"的称号。

1351 年，彼特拉克拒绝了地位尊贵、收入丰厚的教皇秘书职务，开始遍走各地，收集拉丁文古代残稿和古希腊作品，对古罗马的遗物，诸如钱币、碑刻、雕像等都加以搜集收藏。

晚年的彼特拉克在小村阿克瓦买下了一所房子，终于安定下来。村里的人常常看到这位老者房间的灯光亮到深夜。1374 年的一天，当人们走进他的小屋时，发现彼特拉克伏在桌前，已经去世了，他的头还埋在古罗马著名诗人维吉尔的手稿中。

康帕内拉的《太阳城》

康帕内拉出生在意大利南方的卡拉布里亚，因为反对教会，两次被宗教裁判所审判。1599 年，康帕内拉又因为组织起义反对西班牙的统治，再一次被捕。

在那不勒斯和罗马等地的监狱中，康帕内拉断断续续度过了 30 年。残酷的刑罚、血腥的拷打，让他从一个意气风发的小伙子变成了两鬓斑白的老年人。在阴暗、潮湿的牢房中，康帕内拉时而凝神沉思，时而挥笔疾书，终于完成了他的作品——《太阳城》。

在《太阳城》中，康帕内拉假借一个游历者的见闻，用对话录的体裁，描绘了一个充满阳光的美好世界。

在游历者和他遇到的两位"太阳城"青年的问答对话中，谈到了两个城市，一个是那不勒斯城，一个是太阳城。

在意大利的那不勒斯城中有 7 万居民，其中只有 1 万多人从事劳动。这些人由于过度的劳动而精疲力竭，寿命很短。而那些游手好闲之徒却过着奢侈淫逸的豪华生活。

在太阳城，每个人都劳动，每天只劳动 4 小时，其余时间都用来研究有趣的学术问题，开座谈会，阅读书籍，讲故事，写信，散步，做有益于身心的体育运动。

接受了两位青年的邀请，游历者进入"太阳城"参观，他们看到村镇里房屋整齐，景色宜人。太阳城的青年还告诉游历者，城中的儿童都是接受直观教学，除了学文化和科学知识，他们还会学习手工劳动和农活。长大了，个个能画图、能作诗，也个个能做工，能种地。

在太阳城的中心，一所巍峨的教堂矗立在广场上，它的旁边就是政府大厦。看着这座宏伟的大厦，游历者发出了感叹："你们政府的办公人员很多吧？""不！政府的官员很少。"青年介绍道，"这大厅是民众的聚会场所。我们这里，管理人员都由人民选举，如果做得不好，就由人民去撤换。最高领袖也是人民选举的，他是一位很有智慧和才能的人，既是宗教的主教，又是哲学的思想家。最高领袖有 3 个助手，一个管'爱'，一个管'力'，一个管'智慧'。""管'爱'就是关心人，因为公社的每一个成员都是社会的主人，要从工作上、生活上关心他们。管'智慧'就是发展科学和文化，让每个公社成员都有学问、有技术、懂科学、懂艺术。"

"那，如果有人犯了错误怎么惩罚他呢？"游历者问。青年露出了虔诚的笑容："上帝会开导他，纯洁他的心灵。我们这里没有人使用暴力，也不能容忍别人使用暴力。当然，如果有人要来进攻，我们就会起来战斗。这里的人们都相信，太阳城的生活方式是最美好的。"游历者听了这番介绍，赞叹道："太阳城的生活方式的确是值得称赞的！"

虽然《太阳城》描述的是一个理想的空想社会，但对后人产生了很大的影响。1626 年康帕内拉出狱后，迁居到法国。从此，《太阳城》在全世界公开出版，成为意大利文艺复兴时期一部极有影响的著作。

315

旷世奇才达·芬奇

达·芬奇是意大利文艺复兴时期出现的第一位画家，也是整个欧洲文艺复兴时期最杰出的代表人物。他不仅是画家，还精通文艺、哲学、诗歌、音乐、建筑，甚至在发明上也颇有建树。

达·芬奇出生于当时佛罗伦萨有名的望族家庭，从小他就对绘画有极大的天赋，他的父亲皮埃罗为了让儿子的绘画天赋得到发展，极力对他进行培养，还将他送往佛罗伦萨，师从著名的艺术家委罗基奥，开始系统学习。

14 岁的达·芬奇拜委罗基奥为师后，开始练习基本功。可老师每天拿来叫他画的都是鸡蛋，这让达·芬奇十分厌烦："哪怕换个橄榄也行啊，天天画鸡蛋真是令人不耐烦！"委罗基奥看出了达·芬奇的心思，对他说："你以为画鸡蛋很容易吗？我每天给你一个鸡蛋，是因为这世上没有两个完全相同的蛋，即使是同一个蛋，由于观察角度不同，光线不同，它的形状也不一样。你认真观察过吗？"

达·芬奇恍然大悟，原来老师是为了培养他观察事物和把握形象的能力。从此以后，他开始十二分努力地画鸡蛋，打下了坚实的绘画基础。

在当时，绘画的选题和表现手法都受到教会的限制，委罗基奥虽然是大师，但他的画也必须遵守教会的规定。在制作《基督受洗》这幅画时，达·芬奇担当了委罗基奥的助手。在这幅墨守成规的宗教画中，达·芬奇仅在画面一角画了一个侧面的天使，然而却非常显眼，这个天使顿时使老师所绘的人物相形见绌。倔强的委罗基奥一方面为学生的才华惊叹，一方面自愧不如，竟然从此放下画笔，只从事雕刻了。达·芬奇由此开始正式作画，其中最著名的要数《最后的晚餐》和《蒙娜丽莎》。

蒙娜丽莎 达·芬奇绘

《最后的晚餐》是达·芬奇为米兰圣玛利亚修道院食堂而作的壁画，取材于《圣经》中耶稣被门徒犹大出卖的故事。

在这幅作品中，达·芬奇精彩地刻画了当耶稣在晚餐上说出"你们中间有一个人出卖了我"这句话后，他的12个门徒瞬间的表情。透过每个人不同的神态表情，让人们能够洞察到他们的性格和复杂心态，而且马上就能将叛徒找到。犹大处于画面的最阴暗处，而且只有他神色惊慌。

《蒙娜丽莎》是一幅肖像画，原型是达·芬奇一个朋友的妻子。据说，达·芬奇为了保持她欢愉的心情，特别请来竖琴师和歌手为她表演，并且极其准确地捕捉到了蒙娜丽莎那一瞬间的迷人微笑，细致入微地描画这个微笑所蕴含的摄人心魄的力量。至今，人们还在为蒙娜丽莎的微笑为什么如此迷人而争论不休。

除了画画，达·芬奇的时间还花在了科学研究上。他模仿鸟的翅膀，设计了一个类似飞机的飞行机械，还有先进的纺车、高效率的机床等，都出自他灵巧的双手。达·芬奇还研究过心脏，他发现心脏有4个腔，并画出了心脏瓣膜。

可惜的是，达·芬奇的大多数著作和研究手稿都没有发表，直到他逝世后多年才被世人所发现。

雕塑家米开朗琪罗

1475年，米开朗琪罗生于意大利的佛罗伦萨，14岁时，做了雕塑家贝尔托里多·迪·乔瓦尼的徒弟，从此便与雕塑结下了不解之缘。

有一次他正在雕琢一尊老人头像，正巧洛伦佐·美弟奇大公路过，当他走过米开朗琪罗身边时，忽然停住了脚步，说："我的孩子，你难道不知道老人总是会缺齿掉牙的吗？"米开朗琪罗立刻便把雕像的一个牙齿敲了下来，说："大公，这样行吗？"大公由此十分喜欢他，从此每月给米开朗琪罗5个金币。

就这样，米开朗琪罗在大公的帮助下渐渐成长为一名伟大的雕塑大师。他的成名作大卫，取材于《旧约》故事，花了3年的时间才雕塑完成。古代以色列的大卫王，少年时曾是牧童，一次他到前线给与敌人作战的哥哥们送饭，遇到凶悍的敌方巨人哥利亚，危急时刻，大卫用石头杀死了哥利亚，挽救了同伴。米开朗琪罗把大卫塑造成一位健壮的青年，表情刚毅，目光炯炯有神，微低着头，侧目怒视前方，左手握着搭在肩头的"甩石带"，似乎随时准备给敌人以致命的打击。

除了雕塑，米开朗琪罗的绘画也达到了很高的艺术境界，代表作是《最后的审判》。米开朗琪罗用了将近6年的时间才完成这幅画，还曾从脚手架上摔下，跌断了脚。《圣经》上说，世界末日来临时，基督要做一次最后审判，惩恶扬善。在这幅画中，基督举起右手即将发出最后的判决。他的左边是一群为信仰而殉难的圣徒，他们各自拿着受害时的刑具向基督诉说着。而教皇则被画到了被判罪的一群人中去。

米开朗琪罗最后的绘画作品，即保利纳礼拜堂壁画。《圣保罗皈依图》与《圣彼得受钉刑》是导致教会诞生的重要事件，但它们被描绘成一场沉重悲剧中的片段，悲凉的山野上划过天空的闪电，飘动着表示"上帝之怒"的云朵。

杰出的女画家

阿特米希亚是历史上记载的第一位职业女画家，她的父亲是罗马的一名知名画家，虽然由于母亲早逝，她需要操持家务，照顾和教育弟弟妹妹，但是阿特米希亚还是学会了画画，并且表现出惊人的天赋。

18岁时，阿特米希亚被父亲送到当时精通透视的一位老师家学画。不幸的是，在求学过程中，她被老师多次强暴。后来，阿特米希亚的父亲为了得到一些画和债务，将这件事告上法庭，使得阿特米希亚在法庭上当众受了很多折磨和屈辱。那时，她刚刚20岁。

整个事件给阿特米希亚的心灵、生活和创作打下了不可磨灭的伤痛印记，她此后创作出一系列的《犹滴杀死荷罗浮尼》，都是通过犹太女英雄的事迹表达了自己对男性社会的复仇心理。

阿特米希亚是当时意大利唯一以画为生的职业女性，她有自己的工作室，前来订购作品的人络绎不绝，她的顾主中甚至包括高贵的英国女皇和著名的天文学家伽利略。阿特米希亚在绘画中所展露的纯熟技巧和惊人魄力，改变了世人对女画家的看法。

在阿特米希亚之前，还有一位颇具盛名的女画家——索福尼斯巴·安圭索拉。索福尼斯巴出生于一个人口众多的贵族家庭，但是并不富裕，她的父亲都没有可以给她作为陪嫁的东西，以至于索福尼斯巴的妹妹不得不进了修道院。但索福尼斯巴对宗教一点儿都不感兴趣，她更多的是展现出了自己的绘画天赋。于是，她的父亲，一个绘画爱好者，决定让她学习绘画技术，将来靠此谋生，这在贵族家庭中是很少见的。

索福尼斯巴喜欢画人像，开始便以自己或家人作为模特，越画越精妙传神。父亲对长女的才能深感自豪，致信给伟大的艺术家米开朗琪罗，谈论女儿的艺术才华。米开朗琪罗回信激励索福尼斯巴，并附上自己的一幅素描，供她参照。

1559～1580年间，索福尼斯巴被菲利普二世召去做了御用画家，任务是画皇家成员的肖像画。10年后，她在西班牙宫廷里结识了来自西西里岛的一个贵族，与他成婚后返回意大利。临行前，西班牙国王以重礼相赠，以示对女画家的敬意。

不过，从中世纪到18世纪，与其他的手工业一样，作画一直是在家庭中进行的。绘画技术经常是父子相承，很少在父女间相传。但是，有些资料记载还是存在个别父亲教给女儿绘画技术的现象，一些贵族家庭的女儿都要接受绘画教育或是启蒙。她们中的一些人在进入修道院后，仍然保持了绘画的习惯。

哥白尼的"日心说"

哥白尼是波兰著名的天文学家，是"日心说"的创始人。

1473年，哥白尼出生于波兰托伦城的一个商人家庭。由于父母早丧，他从小就由当教士的舅舅抚养。舅舅为了让哥白尼继承自己的衣钵，以后在天主教会任职，就送他到意大利留学，学习教会法律。

哥白尼的兴趣的确是在天上，但对象不是上帝和耶稣，而是无垠的宇宙。他利用一切闲暇时间攻读天文学与数学著作，并坚持观测天象，结交了一批研究天文学的朋友。

哥白尼通过自己的观测研究，逐渐开始对盛行于欧洲1000年之久的"地球中心说"产

表现哥白尼"天体运行论"的图绘

尽管今天的天文学家认为它并不精确，但在大约 450 年之前它却是非常接近于真理的。哥白尼提出，行星绕着太阳运行，地球并不是宇宙的中心，这一观点被称为"日心说"。哥白尼还认为行星的运行轨道实际上是椭圆形的。

生怀疑。"地球中心说"是古希腊哲学家亚里士多德提出来的，后来的罗马天文学家托勒密又对此加以推演论证，从此便成为"真理"。当时权力最大的教会也推崇这种理论，认为是上帝创造了地球，并让它居于宇宙中心，日月星辰都是上帝创造出来点缀宇宙的装饰品。

1506 年，哥白尼回到波兰，在弗罗恩堡大教堂担任教士。为了研究方便，哥白尼特意选择了教堂围墙上的箭楼做工作室，在里面设置了一个小小的天文台，用自制的简陋仪器开始了长达 30 年的不懈观测。

在这里，哥白尼写下了震惊世界的《天体运行论》，在这本书中，哥白尼大胆地提出：

"太阳是宇宙的中心，所有行星都围绕太阳运转；地球不是宇宙的中心，而是绕太阳运转的一颗普通行星。

"人们每天看到的太阳由东向西运行，是因为地球每昼夜自转一周的缘故，而不是太阳在移动。

"天上的星体的不断移动，是因为地球本身在转动，而不是星体围绕着静止的地球转动。"

哥白尼知道，他以教士的身份发表"太阳中心说"，势必遭到教会的严惩，因此踌躇了很久。直到 69 岁时，哥白尼才同意将他的《天体运行论》出版。当他拿到这本书时，已经瘫痪在床一年多了，只摸了摸书的封面，便欣慰地闭上了眼睛。

发现宇宙的伽利略

1590 年的一天，年轻的比萨大学数学教授伽利略，邀请比萨的一些学者来到斜塔下面，宣布请大家观看一个实验。

比萨斜塔下密密麻麻围了许多人，人们都不知道伽利略要干什么。伽利略和他的助手登上斜塔，让一个重 100 磅和一个重 1 磅的铁球同时由塔上自由下落，轻的和重的几乎同时落地。这个实验又被重复了一遍，结果还是一样。

在人们的惊讶中，伽利略宣布，那个"西方最博学"的亚里士多德犯了一个错误，他所提出的"重物体比轻物体下落速度要快些"的观点是错的，如果没有空气阻力，物体下落的速度是一样的，这就是"自由落体定律"。

亚里士多德的这个观点早已被西方学术界认同，从来没有人怀疑过，更不要说去验证了。伽利略的发现虽然是真理，但却触怒了比萨大学里亚里士多德学派的信徒，他们攻击伽利略是圣教的叛徒，将他赶出了比萨大学。

离开比萨大学后，28 岁的伽利略来到学术空气自由的帕图拉大学。每逢他上课时，大厅里挤得水泄不通。伽利略给学生们讲的是宇宙，他告诉学生们，宇宙中所有东西都在运动。

318

当听说荷兰人发明了望远镜后，伽利略仅凭别人对望远镜的描述，就成功研制出了世界上第一架天文望远镜。利用这架望远镜，伽利略得以探索神秘的天空，在一年之内就有了一系列重大的发现：

月球表面并不像亚里士多德说的那样平滑，而是呈现不规则的凹凸。

银河不是银白色的云彩，而是由千千万万颗暗淡的星星组成的。

木星旁边有 4 颗运转着的卫星。

地球不是宇宙的中心。

太阳上面有黑子。

土星周围有光环。

……

1610 年，伽利略出版了《星际使者》，向全世界宣布他的上述发现。人们都惊讶地说："哥伦布发现了新大陆，伽利略发现了新宇宙。"

伽利略的发现和哥白尼的"日心说"相吻合，然而当时势力强大的教会是反对哥白尼的"日心说"的。他们认为地球是宇宙的中心，太阳是围绕地球在转动，而地球是不动的。因此，教会给伽利略下了一道禁令，不准他讲授和教会对立的学说。

可是，教会人士很快就发现伽利略仍在支持哥白尼的"日心说"，并且在自己的书中以巧妙的、隐讳的笔法阐述自己的想法，于是又一次把他押上了宗教法庭。当时的伽利略已年近七旬，身体非常虚弱，还被强迫双膝跪地发誓，说哥白尼的理论纯粹是一派胡言乱语。伽利略无奈，只得宣布这篇誓言，但他还是忍不住大声喊道："不管怎么说，地球毕竟是在运动着的。"

结果，伽利略被判处终身监禁，含冤而死。后人为了纪念伽利略，把木星的 4 颗卫星都命名为伽利略卫星。

319

拉伯雷与《巨人传》

拉伯雷是法国人，在父亲的强迫下做了修士。在跟随大主教出使罗马时，他访问了许多名人和古迹，学习了宗教、哲学、数学、音韵、法律、考古、天文等许多知识。1530 年，拉伯雷进大学攻读医学，这时他已 36 岁了。令人难以置信的是，仅仅两个月的时间，拉伯雷就获得了学士学位，当上了医师。5 年后，拉伯雷到巴黎继续求学，获得了硕士和博士学位，但由于解剖了一具被绞死的囚犯的尸体，触怒了天主教会。

拉伯雷最为后人称道的，是他的长篇巨作《巨人传》。《巨人传》的第一部和第二部出版后，受到了人们的喜爱，但同时也遭到教会和贵族的极端仇视，并被法院宣布为禁书。1545 年，国王为拉伯雷颁发了特许发行证，拉伯雷这才以真实姓名出版了《巨人传》的第三部。但国王不久后死去，小说又被列为禁书，出版商被烧死，拉伯雷也被迫外逃。5 年后，拉伯雷才获准回到法国，依然担任宗教职务，后来又去学校教书。在学校教书期间，拉伯雷完成了《巨人传》的第四部和第五部。

拉伯雷在《巨人传》里，描绘了他的理想社会，说出了他的行为准则："你爱做什么，就做什么。"这句话也是众多人的心声，风行一时，在读《巨人传》时，人人都可以快意地笑，爽朗地笑，尽情地笑，这就是他被人们誉为"伟大的笑匠"的原因。

1553 年，拉伯雷在巴黎去世，临终时他笑着说："拉幕吧，戏做完了。"

塞万提斯与《堂吉诃德》

塞万提斯出生于一个贫困之家，父亲是一个跑江湖的外科医生。因为生活艰难，塞万提斯和他的7个兄弟姐妹跟随父亲东奔西跑，直到1566年才定居马德里。颠沛流离的童年生活，使他仅受过中学教育，没钱买书。有时在街上见到烂字纸，酷爱读书的塞万提斯也要拾起来读个明白。

23岁时，塞万提斯到了意大利，当了红衣主教胡利奥的家臣。但不肯安于现状的性格又驱使他参加了西班牙驻意大利的军队，准备对抗来犯的土耳其人。在勒班多大海战中，带病坚守岗位的塞万提斯在激烈的战斗中负了三处伤，以致被截去左手，此后即有"勒班多的独臂人"之称。

在回国的时候，塞万提斯不幸遭遇土耳其海盗，被掳到阿尔及利亚做了奴隶。塞万提斯组织了一次又一次逃跑，却均以失败告终，但他的勇气与胆识却得到俘虏们的信任与爱戴，就连土耳其人也为他折服。1580年，亲友们终于筹资把他赎回，这时，他已经34岁了。

塞万提斯回国后，终日为生活奔忙，还不止一次被捕下狱，原因是不能缴上该收的税款，无妄之灾总是不忘随时敲他的门。

在生活窘迫的时候，卖文是塞万提斯养活妻儿老小的唯一途径。虽然写了数不清的作品，但没有一部引起人们的关注。50多岁的塞万提斯不甘心，开始创作他曾在狱中构思的一部作品——《堂吉诃德》。

1605年，《堂吉诃德》第一部出版，立即风行全国，一年之内再版了6次。1614年，有人出版了一部伪造的续篇，肆意丑化主人公的形象。塞万提斯为了抵制伪书的恶劣影响，赶写了《堂吉诃德》第二部。

《堂吉诃德》的主人公叫拉·曼却，是一个乡绅，读当时风靡的骑士小说入了迷，自己也想仿效骑士出外游侠。他从家传的古物中找出一副破烂不全的盔甲，自己取名堂吉诃德，又物色了邻村一个挤奶姑娘，取名杜尔西尼娅，作为自己终生为之效劳的意中人。然后骑上一匹瘦马，离家出走了。

堂吉诃德把客店当作城堡，让老板娘给他举行授封仪式。他单枪匹马地蛮干，结果身受重伤，被乡亲们抬回了家。第二次，他还说服邻村一个名叫桑丘的农夫做他的侍从，一同去游侠。

堂吉诃德把风车看作巨人，把羊群当作敌军，把苦役犯当作受害的骑士，一路上乱砍乱杀，闹出许多荒唐可笑的事情，不但于人无益，自己也挨打受苦，直到人们把他装进笼子送回家来，才结束了他的第二次游侠。

一个月后，堂吉诃德与桑丘约好去萨拉戈萨参加比武，他们碰到了各种奇遇，曾被公爵夫妇请到城堡做客。堂吉诃德的邻居参孙为了骗他回家，假装成"白月骑士"与他比武，结果堂吉诃德失败，不得不听从对方

堂吉诃德身披盔甲，手提家传长矛，挺矛跃马向被他看作巨人的风车猛冲过去。

的发落回家。他到家后即卧床不起，这才明白自己的荒唐。他立下遗嘱，如果他唯一的继承人侄女嫁给骑士，就取消其继承权。

塞万提斯说，他创作《堂吉诃德》的目的是以其人之道还治其人之身，为的就是消除骑士小说的声望和影响，而他笔下的这位堂吉诃德，却成为被人们永远谈论的骑士。

法国女诗人

文艺复兴时期，法国还出了一位女诗人——拉贝。拉贝生于里昂，父亲是个制绳富商，她因此也嫁给了一个制绳人。因为拉贝长得漂亮，所以在历史上有"美丽的女制绳人"之称。

一般来说，制绳商的女儿和妻子多会学习写字和算术，以便将来帮助父亲和丈夫管理店铺。但是拉贝从小却接受了良好的教育而才华出众。她绣得一手好花，且骑术高明，剑术不凡，曾参加过击剑比武，婚后又学习了拉丁语、希腊语、意大利语。

18岁时，拉贝嫁给了年过40的丈夫。婚后，丈夫给了拉贝很大自由，在他们舒适的住宅里，拉贝写出了自己最好的诗作。她的诗热烈而奔放，扫除了以往爱情诗作的那股哀婉的愁雾，把爱情与欢笑联结在一起，她认为忧郁不属于爱情，只有那些孤独、没有爱情的人才应该感到痛苦。拉贝强调爱情在生活中的地位，反对压抑正常的感情。

拉贝为人热情奔放，大胆直率，经常成为公众议论的对象，也往往成为男子们追逐的目标，拥有一大批忠诚的崇拜者。应该说，拉贝之所以能取得文学上的成就，和她生活在里昂有一定关系。16世纪，法国一度陷入和意大利的战争，真正意义上的首都还没有形成。这期间，法国政治中心一度迁到里昂，作为学术和商业中心，这座城市比巴黎更有优势。

得力于商业的繁荣，新兴资产阶级鼓励妇女们参与社会活动，从而赋予了她们独特的地位。女性不再是默默无闻的供男人观赏的对象，她们开始参与思想界的争论。在里昂以莫里斯·塞夫为领袖的诗派中，渐渐出现了女性的身影。除了拉贝，还有佩尔奈特·杜·纪耶。

佩尔奈特生在一个贵族家庭，塞夫疯狂地爱上了这个女子，但是他们的感情受到了阻碍，佩尔奈特的家族让她嫁给另外一个男人。这位女诗人因此抑郁而死，年仅26岁。在她去世后，她的诗作才得以出版。塞夫为她写了大量诗歌，出版了著名的诗集《黛丽》，倾注了真挚而热烈的感情，把肉体的爱升华为精神的爱。在诗人的灵魂深处，爱和恨、希望和失望、喜悦和悲哀等相互对立的感情交织在一起，互相搏斗，最后通过绝妙的办法加以解决；诗人热恋的女子在肉体上忠于丈夫，但在思想感情上却和诗人结为一体，息息相通，将柏拉图式的精神恋爱发挥到了极致。

莎士比亚

"放弃时间的人，时间也放弃他。"这句名言出自莎士比亚之口，也是他能在艺术天地里自由飞翔，成为一代艺术大师的秘密。

莎士比亚出生在英国中部埃文河畔的斯特拉福镇，由于小镇经常有剧团来巡回演出，从小莎士比亚就有接触到戏剧的机会。14岁时，由于父亲经商失败，莎士比亚被迫离开学校，给父亲当助手，并早早结了婚。为了养家糊口，莎士比亚做过药剂师、染色工、士兵、公共书记员、印刷工等许多工作，这对他以后的戏剧创作有很大帮助。后来，莎士比亚在剧院找到一份工作——为骑马来的观众照看马匹。除了看马，莎士比亚更喜欢看舞台上的演出，并悄悄坚持学习文学、历史、哲学等课程，还自修了希腊文和拉丁文。当剧团需要临时演员时，他"近水楼台先得月"，开始出演一些配角。那时候，剧团对剧本的需要非常迫切，一部戏要是不受观众喜欢，马上就要停演，再上新戏。莎士比亚决心自己写剧本，把童年的梦想变为现实。

27岁那年，莎士比亚创作了历史剧《亨利六世》三部曲，一炮打响。紧跟着，《罗密欧与朱丽叶》上演，莎士比亚名震伦敦，观众像潮水一般拥向剧场，每个人都被感动得泪如雨下。

这个经典的爱情故事不仅感动了伦敦人，还让全世界的人为之泪下，以至于后世所有为爱情而遭受磨难的恋人，不管他们最后是离是和，是生是死，男的都被称为罗密欧，女的都被叫作朱丽叶。这个剧本给莎士比亚带来了巨大转机，使他不仅声名鹊起，还由此摆脱了穷困。他组建了自己的剧团，还在家乡买了住房和土地。

不久，莎士比亚的两个好友为了改革政治发动叛乱，结果一个被送上绞刑架，另一个被投入监狱。莎士比亚悲愤不已，倾注全力写成剧本《哈姆雷特》，并亲自扮演其中的幽灵。

这个悲剧一经上演，立即引起众人的感叹。在以后的几年里，莎士比亚又写出了《奥赛罗》《李尔王》和《麦克白》，它们和《哈姆雷特》一起，被称为莎士比亚的四大悲剧，至今仍在演出，让人百看不厌。

在这之后，莎士比亚悄悄退出了戏剧舞台，对于他的晚年生活，人们知之甚少。可还需要知道什么呢？我们已经拥有了这位天才留下的如此丰厚的遗产。

培　根

文艺复兴时期的英国，除了莎士比亚，还有一位伟大的哲学家，他的名言几乎每个人都能说上几句，他就是培根。

培根是英国著名的哲学家，曾先后担任过副检察长、首席检察官、枢密院官员、掌玺大臣和大法官等职，1621年受封为男爵，然而由于接受朝臣贿赂而遭免职。不过他的哲学思想却大大超越了他的政治能力，他强调的归纳方法对科学研究起到了重大的促进作用。

1561年，培根出生在英国伦敦的一个贵族家庭，父亲是女王的掌玺大臣，母亲也出身高贵。培根13岁时便进入剑桥大学，因为当时的剑桥受"经院哲学"的统治，轻科学而重神学，这让培根非常反感，不久就离开了。

在培根看来，科学才是第一位的，就是研究哲学也必须先学习科学知识，"知识就是力量"这句话由此而出。培根把这个想法在《新工具》一书中进行了详细阐述，立即得到了全欧洲学者的极大赞赏。

培根在学问上成就很大，又是贵族，因此一生从政。但是，作为政客的他饱尝了仕途艰辛，在先后担任过法院院长、检察长、掌玺大臣等职后，被免职贬回了家。成为平民后，培根将全部的精力投入到学问研究中，最终成为中世纪英国著名的哲学家。

在培根最著名的传世之作《论说文集》中，他以优美的文笔、凝练的语言和深刻的寓意，论述了他对人与社会、人与自己、人与自然的关系的许多独到而精辟的见解，使许许多多的人从这本书中获得熏陶和指导。如：

"一个自身无德的人见别人有德必怀嫉妒。"

"没有友谊，则世上不过是一片荒野。"

"最能保人心神健康的预防药，就是朋友的忠言规谏。"

"顺境的美德是节制，逆境的美德是坚韧。这后一种是较为伟大的德性。"

……

让人们深深记住培根的原因，就是这些富有哲理的语言。

文艺复兴时期的科学成就

代数学在文艺复兴时期取得了重要的发展，三次方程、四次方程的解法被发现。意大利人卡尔达诺在他的著作《大术》中发表了三次方程的求根公式，但这一公式的发现实应归功于另一学者塔尔塔利亚。四次方程的解法由卡尔达诺的学生费拉里发现，在《大术》中也有记载。邦贝利在他的著作中阐述了三次方程不可约的情形，并使用了虚数，还改进了当时流行的代数符号。符号代数学是由16世纪的法国数学家韦达确立的。

三角学在文艺复兴时期也获得了较大的发展。德国数学家雷格蒙塔努斯的《论各种三角形》是欧洲第一部独立于天文学的三角学著作。书中对平面三角和球面三角进行了系统的阐述，还有很精密的三角函数表。哥白尼的学生雷蒂库斯在重新定义三角函数的基础上，制作了更多精密的三角函数表。

在物理学方面，伽利略的学生托里拆利经过实验证明了空气压力，发明了水银柱气压计；法国科学家帕斯卡尔发现液体和气体中压力的传播定律；英国科学家波义耳发现气体压力定律。

另外，英国解剖学家哈维通过大量的动物解剖实验，发表了《心血运动论》等论著，系统阐释了血液运动的规律和心脏的工作原理。他指出，心脏是血液运动的中心和动力的来源。这一重大发现使他成为近代生理学的鼻祖。

中世纪的基督教

中世纪的基督教创始人是北非希波城的主教奥古斯丁，他既是古代神学教会的著名神学理论家，又是中世纪教会神学思想的奠基人，这种神学思想即：精神高于物质，上帝高于一切。

约在6世纪末，教皇成为一股独立的政治势力。当拜占庭战胜东哥特王国后，意大利遭到了伦巴德人的攻击。教皇格列高利一世出兵抵御，竟然让伦巴德人接受了基督教。意气风发的教皇于是组织了一支40人的队伍，到英国去传教。一时间，罗马主教成了传播天主教和抵抗外敌的首领。

格列高利一世被后人尊称为中世纪的教皇之父，他的伟大之处，就是在他任职仅15年期间，取得了划时代的成就——首先将奥古斯丁的神学理论付诸实践；利用当时的形势，使罗马主教在教义上得到了西欧教会的首席权威，并且在一定程度上使东方教会人士也不得不给予承认，改变了先前罗马主教对其主教区之外的教会并无管辖之权的状况。

格列高利一世出身于贵族世家，富可敌国。公元574年，他把全部家产捐献给了教会，发"三绝"大愿——神贫愿、贞洁愿、听命愿，还在自家领地上修建了6座隐修院，大力帮助穷人，因此大大提高了他在教会中的声望。公元579年，格列高利被罗马主教佩拉吉二世提升，担任罗马主教秘书。公元590年，格列高利成为了罗马主教，并首次把罗马教皇和地方执政官的权柄集于一身，成为中世纪罗马第一个实行政教合一的统治者，使罗马教会逐渐摆脱了拜占庭帝国的控制，走上了独立发展的道路。

被广泛传播到欧洲大陆的基督教，一开始提倡脱尘出世的隐修生活。一些修士们纷纷跑到荒郊野外，找个洞穴住下来，苦苦修行。以圣洁闻名于世的圣本笃，带领修士们在山顶上建了隐修院，规定到这里来的修士们必须发誓终身隐修，遵守规章，而且不能有私人财产。后世称圣本笃建立的修道院为本笃会。本笃会隐修院还设立学校，培养了一大批知识分子和宗教事务人员，一度成为欧洲学术中心。但随着教会占有的土地越来越多，本笃会的财富大幅度增长，教士们日益骄奢淫逸，本笃会也慢慢世俗化了。

在英诺森三世（1198～1216年）至卜尼法斯八世（1294～1303年）主持罗马教廷时期，教权也到达了它的巅峰时期。国家的大小事务教会都要插手，且都能插得上手。

随着西欧王权的逐渐加强，各国的君主们不能容忍教皇在横征暴敛的同时还干预他们的私生活，他们开始动手切断或削弱本国教会与教皇的联系，教会的收入和特权明显减少。

罗马教皇

教皇亦称"教宗"，译自拉丁文 papa，源于希腊文 pappas，意指"爸爸"，最初本为古代天主教对其神职人员的一般尊称。天主教成为罗马帝国国教后，罗马、君士坦丁堡、亚历山大里亚、安提阿和耶路撒冷五地的主教均用此称谓来表示其宗主教之衔，而罗马主教认为此衔仅指西部教会的领袖。西罗马帝国灭亡后，罗马主教成为西方教会中的最高首领，加之公元756年法兰克王丕平"献土"后，又在意大利形成"教皇国"世俗政权，"papa"这一称谓逐渐为罗马主教所独有，开始构成"教皇"的含义。到11世纪时，罗马主教格列高利七世独占"papa"之称，从而正式形成了西方罗马天主教会的教皇制度。

在11世纪前，教皇须经世俗君主或意大利贵族遴选或认可。尼古拉二世登基后，于1059年决定教皇由枢机主教选举产生，但须得到法兰克王亨利一世及其继位者的认可。直到1179年第三次拉特兰会议和1274年第二次里昂会议两次确认后，才正式规定教皇可单由枢机主教选举产生，不过仍须承认法、西、奥三国君主对候选人具有否决权。20世纪初，庇护十世废除了这种世俗君主的否决权。1914年，本笃十五世遂成为单由枢机主教选为教皇的第一人。教皇当选后任职终身，不受罢免，但可自行辞职。

神学的集大成者

中世纪，教会和王权的争斗没有一刻停歇过，不过是此消彼长而已。但是，这并不妨碍神学家的诞生。

托马斯·阿奎那，13世纪意大利最著名的神学家、经院哲学家。他先后担任过亚历山大四世、乌尔班四世、克雷芒四世三位罗马教皇教廷的神学教师，以及法王路易九世的神学顾问。他创建的哲学和神学体系，在1879年被教皇利奥十三世定为天主教官方学说，后世称之为托马斯主义。

托马斯·阿奎那1225年生于意大利的望族，是家里最小的孩子。在一个风雨交加的夜晚，托马斯·阿奎那和姐姐待在一间屋子里，姐姐被雷电击毙，但托马斯·阿奎那却安然无恙。家人认为这是神的庇佑，将5岁的托马斯·阿奎那送入了一个本笃会修道院。

当时，那不勒斯有一座多明我会修道院，托马斯常到这里念经祈祷，很想加入该会修道。那时他只有16岁，院长叮嘱他再等待数年，从长考虑。3年后，托马斯不改初衷，坚决要求弃俗修道。他的兄弟不愿他加入多明我会，强行把托马斯软禁在家里，然后威逼利诱，想让小弟弟享受世俗的生活。见无法动摇托马斯的意志，哥哥们竟唆使妓女到托马斯房里，想用美色诱惑他。这一来惹恼了托马斯，他赤手从壁炉中取出燃烧的炭砸向娼妓。两年后，家人见托马斯依然坚持，只得放他重返了修道院。

重入修道院后，托马斯更加努力地攻读神学，因为他平时沉默寡言，又生得身材魁梧，同学便赐以"哑牛"的绰号。导师在看过托马斯写的笔记后，对学生们说道："你们称托马斯为哑牛，将来这位哑牛的叫声，将震动世界。"

才学渊博的托马斯很快便名震全欧，受聘为巴黎大学讲师，成了国际神学界的权威，曾奉召赴意大利向教廷著名学者讲学。1274 年，教宗格列高利十世召开里昂大公会议，计划劝导东方的分裂教会重返天主教怀抱。会前，他嘱咐托马斯撰文攻斥希腊教派的谬论，并准备在大会上宣读这篇文章。托马斯这时已患重病，但仍然抱病前往，中途因体力不支，到西斯笃修院休息。院内的修士对托马斯慕名已久，但以前无缘亲聆教言，现在见托马斯来了，便请他讲解《雅歌》的意义。托马斯欣然答应，不想讲稿未竟，就不幸谢世了。

基督教会的分裂

罗马教会在 1500 年左右，是西欧唯一的基督教会的总部，它的首脑就是罗马教皇。这个教会，随着时间的流逝变得越来越世俗化，很多教会头领越来越关注金钱、奢侈和权势，而不再是耶稣基督的学说和人的灵魂。教廷也需要大量钱财，供日益奢侈的教皇们维持生活开销。

教皇利奥为了修建一座世界上从没有过的庞大教堂，想出了一个狡猾的计划——"赎罪券交易"。教皇派出传教士去告诉人们，只要花钱购买"赎罪券"，一切罪孽就可以得到宽恕，不再受炼狱之火的煎熬。

这种违反基督教义的交易，立即遭到德国修士马丁·路德（1483～1546 年）的坚决反对。1517 年，马丁·路德发表了《九十五条论纲》，揭露教皇的欺骗语言。马丁·路德说，每一个基督徒，只要对他的罪孽感到悔过和痛苦，他就已经得到了宽恕，不再受惩罚，他所需要的不是赎罪券，而是上帝的慈悲。

很快，路德就赢得了大批信徒，他们和他一样要求对教会进行改革。教会当然不会答应，教皇要求路德"撤回他的错误观点"，否则就将他开除，但路德却毫不动摇。对他来

路德派教徒正在与罗马天主教教徒讨论一些有争议的论点，这是 1530 年神圣罗马帝国皇帝试图与改革者和解的最后尝试。

说，《圣经》中的话比教皇更重要。

教皇恼羞成怒，发出斥责路德的通谕，但这份手谕被路德的信徒们公开焚毁。法王出面调停，邀请这个"桀骜不驯的修士"到乌尔姆斯参加帝国会议，让他在世俗和宗教上层人物面前承认错误。但路德在这里却仍然坚持自己的观点，这次差一点招来杀身之祸，幸亏萨克森大选侯把他保护并隐藏了起来。

虽然没被烧死，但路德还是被革除了教籍。马丁·路德于是就在藏身之处继续他的宗教改革运动，并大量著书。新发明的印刷机让马丁·路德的著作很快传播开来，欧洲多个国家的教徒都了解了他对基督教教义的看法。马丁·路德的信徒从此大量增加。

这时，一些公侯也站到路德一边，离开了天主教会。很快，两个阵营就进入了不可调和的境地。1555年，双方终于达成"奥古斯堡宗教和约"，路德的教派，即新的"抗罗宗"（现称新教），作为平等的宗教获得承认。神圣罗马帝国各个诸侯都可以自行决定他的领地实行哪种教派。新教的崛起，使欧洲不再拥有一个跨国界、跨区域的统一教会。

宗教改革前的德意志

16世纪初，德国不但有七大选侯，还有10多个大诸侯，200多个小诸侯，上千个帝国骑士。诸侯各有自己的政权、军队、法律、货币，彼此独立，成为德国内部的"国中之国"。诸侯、骑士和城市往往分别结成联盟，时而互相争战，时而又同皇帝对抗，一片混乱。

在德国的七大选侯中，有3个选侯是大主教，1/5以上的高级僧侣本身就是有领地的诸侯。教会占有全德国1/3的土地，不仅征收贡赋，还征收什一税、彼得钱，出卖圣职，出售圣物、赎罪券……一句话，能收的税一个都不放过。

每年，罗马教廷从德国榨取的钱财比德皇的年收入多好几倍，因而德国在当时有"教皇的乳牛"之称。所以，在宗教改革之前，官方的德国成了罗马最忠顺的奴隶。德国教会内部有着严格的教阶制度。由大主教、主教和修道院长等上层教士形成的僧侣贵族荒淫腐化，凡准备召开宗教会议的城市，往往流氓、娼妓、骗子汇集，种种龌龊场面层出不穷。

诸侯们要领地，教会僧侣们要享受，除了征税，就是掠夺土地。于是，池沼、草地、森林，凡是能称之为"土地"的，都被诸侯们强占了。而土地上原有的农民，就在一夜间失去了自由，沦为农奴。农民们受尽压榨，稍有不满或反抗，就会被施以割耳、割鼻、挖眼、截指断肢、车裂等各种酷刑，反抗一触即发。

1493年，"鞋会"在阿尔萨斯发动起义，宣布收回被领主霸占的渔、猎、林、牧场，从此后不再向诸侯、贵族、僧侣缴纳任何捐税、什一税和杂税等，除皇帝一人外，不承认任何其他君主。在各地诸侯的联合镇压下，"鞋会"起义失败，但各地先后掀起了自发的区域斗争，一场大风暴即将来临。

德意志宗教改革

当文艺复兴进行得如火如荼时，马丁·路德翻译的德文《圣经》也在德国流行开来。

以前，《圣经》只有神父才有，普通的教徒都是通过听神父的讲解了解基督教的。当印刷术普及后，《圣经》突然出现在每一家的桌子上，每个人都可以阅读它。人们发现，《圣经》里说的和神父告诉他们的并不相同，这一下，矛盾来了。

马丁·路德告诉大家，不用给神父金钱，不必花钱赎罪，每个人只要相信上帝，自己在家诚心地忏悔，罪孽就会消除。

在马丁·路德的宣传下，人们开始厌弃教会，新教逐渐在北方盛行。德国逐渐出现了天主教和新教两个对立的教。

在坚信新教的人中，托马斯·闵采尔建立了"基督教同盟"，宣布要推翻教会，真正在人间建起天国。

闵采尔是农民出身，他的同盟中的成员也都是贫苦农民，他们在旗上画了一只草鞋，表示和穿长靴的贵族对抗。到了1524年夏天，零星的农民反抗终于汇集成大规模起义，由闵采尔亲自领导。

闵采尔每攻下一个地方，就宣布没收当地的教会财产。起义农民到处焚城堡，烧教堂，声势越来越大。路德对此表示抗议，他虽然支持新教，反对教会的种种特权，但以暴力消灭教会是他所不能接受的。路德站出来指责农民，由于他在农民军中有一定影响，许多人放弃了，但闵采尔还是坚持。

1525年，闵采尔率领的部队与前来围攻的诸侯部队在弗兰肯豪森进行决战。当时的闵采尔手下只剩8000人了，而诸侯军则有好几万。有人劝闵采尔先撤出弗兰肯豪森，以后再找机会与敌决战，可怒火中烧的闵采尔断然拒绝，他斩钉截铁地说："与其与恶魔们同活于世，不如与恶魔们同归于尽！"

经过一场血腥搏斗，起义军惨遭失败，闵采尔也受伤被俘。宗教改革和由宗教引起的战争，自此一发不可收拾，从德国迅速扩大到整个欧洲。

加尔文的新教

加尔文是法国著名的宗教改革家、神学家、法国宗教改革家，基督教新教的重要派别加尔文教派（在法国称胡格诺派）创始人。

加尔文1509年7月10日生于法国北部努瓦，1523年到巴黎就学；后赴奥尔良大学学习法律，深受人文主义思潮影响。1531年回到巴黎，专攻神学。1534年成为新教徒。因受政府迫害，化名逃往瑞士巴塞尔。1536年，加尔文在巴塞尔出版了《基督教原理》，对新教教义做了系统的阐述，是一部影响很大的新教百科全书。

就在《基督教原理》写成后的第二年，即1536年，加尔文访问日内瓦，并定居下来，决心把这里变成一个信奉新教的神权国家。

加尔文认为，既然罗马基督教能建立教皇国，为什么自己不能建立一个新教国与之抗衡呢？他向日内瓦市行政会提交了一整套教义问答手册，即"新教十诫"，要求市行政会强迫日内瓦的自由市民逐个宣誓，公开接受这一忏悔书，拒绝宣誓的将被驱逐出城。加尔文还要求市行政会立即成为只执行他的命令和法令的机构。

这不是天方夜谭吗？如果是上帝自己来了，日内瓦市行政议会可能会考虑给上帝准备一把舒服的椅子。但加尔文不过是一个新教的领袖，其威望还不如马丁·路德，何况还曾是被基督教驱逐的。如果将权力交给加尔文，那么日内瓦无论是教徒还是自由市民，一旦为加尔文所厌恶，依照"新教十诫"，肯定就不能再在日内瓦容身了。

加尔文的做法激起了教徒和市民们的反对，他们拒绝向加尔文发布的法令宣誓效忠。市行政会也发布命令，指出加尔文该做的，不过是说明上帝的旨意，不能用于政治目的。但加尔文对官方的指示置若罔闻，市行政会忍无可忍，把加尔文驱逐了出去。

当加尔文被赶走后，天主教认为时机到了，是他们重新征服日内瓦的时候了，于是开始大力抨击新教。这一来自由市民迷惑了，他们的信仰变得混乱不堪，不知什么是对的，什么是错的，越来越多的人力主把加尔文召回。

加尔文可不是一个满足于廉价胜利的人，他坚持自己的立场，宣称如果让他回日内瓦，在那里只有一个法令有效，那就是加尔文的法令。最后，市行政委员会丢尽了面子，只得迎接加尔文回来。

日内瓦这个几十年来已习惯于自由的共和城市，无法适应加尔文的独裁统治。加尔文于是采取了一个古往今来独裁者都用的办法——"恐怖"。将恐怖强加于一个制度，就会瓦解人的意志，使胆怯生成。加尔文说，他宁愿一个无罪者受到折磨，也不愿让一个罪人逃脱上帝的审判。加尔文还宣称，要让道德和教规在这个腐败的城市建立起来，必须让人们先学会畏惧。这样，在他统治的头5年里，一个小小的日内瓦就绞死13人，斩首10人，烧死35人，被赶出家门的有76人，这还不算为躲避恐怖而逃跑的人。

当时的西班牙神学家、著名解剖学医生塞尔维特，从法国越狱来到日内瓦，本以为在这个自由的城市能宣讲科学，可却被加尔文关进了牢房。加尔文不管塞尔维特是不是科学家，让他在火刑柱上为他的"异端邪说"付出了生命的代价。后来巴尔扎克曾说，加尔文的宗教恐怖统治比法国革命最坏的血洗还要可憎。

捷克人的反抗

德意志帝国在1526年吞并了捷克，当时的德意志帝国，实际上处于一个诸侯割据的形势，奥地利是这些诸侯中最有势力的国中国。奥地利的皇帝来自哈布斯堡家族，所以，捷克被并入德意志的版图，实际上成了奥地利哈布斯堡家族的领地。1617年，哈布斯堡家族的斐迪南一世受德意志皇帝之封，成为捷克国王。

捷克在归入哈布斯堡家族领地之时，奥地利皇帝曾有过承诺：不论哈布斯堡家族的哪一个成员做国王，都必须承认并遵守捷克王国的法律，保留原有的议会、宗教以及政治上的自主权等。

然而，自从斐迪南一世上了台，一切都变了。他根本不承认曾经有过的承诺，完全把捷克当作奥地利的附庸国。什么捷克法律，自己的议会，通通被取消了，捷克人彻底沦为奴隶。

此时，欧洲新教风行，那些反对新教的贵族们组织了所谓的"耶稣会"，妄想同新教抗衡。斐迪南一世是一个狂热的耶稣会分子，对于捷克的新教教徒，斐迪南一世就是一个字：杀！

这一切对于久已心怀怨愤的捷克人来说无疑是雪上加霜。1618年的一天，愤怒的捷克人终于开始了自己的反抗。捷克人和新教教徒，手拿铁棒长矛冲进了王宫，斐迪南一世毫无防备，仓皇逃窜，人们只逮住了斐迪南一世两个最忠实的走狗。这时，不知是谁喊了一句："把他们扔到窗外去！""对，扔出去摔死他们！"立时，无数愤怒的声音响起。在一阵怒吼声中，两个走狗被人们按照捷克人的方式，从20多米高的窗台狠狠摔了下去。

"掷出窗外事件"使得德意志贵族大为震惊，斐迪南一世决定说服哈布斯堡家族发动一场战争，一举扫平捷克。没有抓住斐迪南，捷克人的怒火本来就没有熄灭，一听说斐迪南一世要荡平捷克，更加愤恨，索性组成了临时政府，宣布要把耶稣教会分子全部打出捷克。

起义军开始时所向披靡，杀进了奥地利境内，直逼维也纳。奥地利的新教徒们一向不满皇帝的政策，借此机会纷纷响应。此时，奥地利的老皇帝死掉，斐迪南一世接任了皇位。捷克军很快兵临维也纳城下，斐迪南一世派出他的一个亲信作为全权代表，去同起义军谈判。

捷克人不知道，狡猾的斐迪南一世不是真心投降，这只是他的缓兵之计，暗地里，他早派人去西班牙国王那儿搬救兵了。一天深夜，当起义军的战士正在沉睡的时候，西班牙军队从背后偷袭了，斐迪南一世的军队从正面发动进攻，起义军腹背受敌，退回到捷克。

1620 年，两军在捷克首府布拉格附近决战，由于叛逃者的出卖和力量的悬殊，起义宣告失败，斐迪南一世又神气活现地坐上了他的宝座。

三十年战争

由宗教引发的战争，自 16 世纪一直延续到 18 世纪，使欧洲大地上烽火连天，战事不断。自从斐迪南一世做了国王后，奥地利的哈布斯堡家族得以在中欧、尼德兰、西班牙、南意大利、地中海和美洲牢固地确立了自己的地位，形成了欲称霸欧洲的态势。处于哈布斯堡家族势力包围下的法国十分紧张，南德意志诸侯以及当时正称雄北欧和东北欧的丹麦和瑞典也试图和哈布斯堡争夺地盘，再加上新教国家和旧教国家之间的宗教纷争，渐渐酿成了一场旷日持久的武装冲突。

当斐迪南一世镇压了起义，占领了波希米亚后，德意志的一些新教统治者和信奉新教的丹麦、瑞典等国的君主遂联合起来反对奥地利的侵略，并乘机扩张领土。1630 年，法国卷入战争，并很快成为奥地利的主要对手。

当时，法国的决策人物是红衣主教黎塞留，属于天主教人士，可为了利益，他却和德意志新教徒结成联盟，与信奉天主教的奥地利和德意志诸侯作战。很快，法国向支持奥地利的西班牙宣战。由于法国联络到众多盟国，有威尼斯、匈牙利、荷兰、英国和俄

法国首相、红衣主教黎塞留像
1625 年，黎塞留怂恿丹麦、英国、荷兰结成同盟出兵德国，从而导致德国内战变成了一场国际性战争。

国，因此取得了胜利，确认了对除斯特拉斯堡以外的阿尔萨斯地区和其他一些小领土的所有权。瑞典取得不来梅、费尔登和波美利亚西部等一些德意志领土，荷兰、瑞士的独立获得了正式承认。

但在这场旷日持久的战争中，没有出现一个产生决定性战果的战役，大家你来我往，让这场折磨人而且耗费大的战争把整个日耳曼变成了一片废墟。

经过这场旷日持久的宗教改革和战争，强大的德意志帝国分裂了，欧洲从此进入了被两大巨头统治的时期——英国和法国的强大时期。

尼德兰的坚持

尼德兰地处莱茵河、马斯河、斯海尔德河下游及北海沿岸一带，相当于今天的荷兰、比利时、卢森堡和法国东北部的一部分。1516 年，西班牙国王斐迪南死后，他的外孙查理一世即位，并从他父亲（神圣罗马帝国皇帝之子）方面继承了尼德兰。从此，尼德兰成为西班牙的属地，接受哈布斯堡家族的统治。查理即位后在尼德兰实行宗教迫害，残酷打击新教徒。1556 年，腓力二世继承了查理的西班牙王位，也继承了他遗留下的高额债务。为了从尼德兰的土地上榨出更多财富，腓力二世排挤尼德兰本地贵族的势力，废除商人直接

与西班牙殖民地通商的特权，还提高了在西班牙收购羊毛的税额，使尼德兰的羊毛输入减少40%。当然，腓力二世没忘记继续迫害新教徒。

腓力二世的政策激起了教俗各阶层的反对，尼德兰各城市的卡尔文教派组织起数以千计的武装队伍，以传道集会的形式宣传反对西班牙的统治，并且举行暴动。从1566年8月起，尼德兰的安特卫普、海牙、乌特勒支等城市连续爆发大规模的破坏圣像运动。很快，起义席卷了尼德兰17个省中的12个省，捣毁教堂和修道院5500多所。

局面超出了西班牙的控制范围，腓力二世决定派他的老将阿尔发出马镇压。阿尔发开始用血腥的恐怖手段以叛国罪大肆搜捕残杀新教徒。1万多人被无辜地烧死、杀戮、处以绞刑，白色恐怖笼罩着尼德兰。

尼德兰贵族威廉在阿尔发到达之前，一直流亡德意志。1568年，他带着雇佣军到尼德兰抗击西班牙的军队，但遭到失败。这时候，尼德兰的海上游击队占领了莱茵河口岛上的布里尔港埠，这个胜利带来了革命的新高潮，许多城市一个接一个地举行起义，驱赶西班牙人。流亡者们纷纷回到尼德兰，加入起义的队伍，威廉在北方的势力在不断扩大。

1576年，起义者在根特举行会议。会议期间，西班牙士兵冲进安特卫普狂杀滥抢，男女老幼被杀者达七八千人。3天之后，这个富庶的城市一片荒凉。这次暴行更加激起了尼德兰人的反抗怒火，17个省中有16个省宣布反抗西班牙的统治。11月，会议发布《根特协定》，提出撤走西班牙军队，废除阿尔发的一切法令，重申各城市原有的权利，但是未否认腓力二世的君主权力。

1581年，尼德兰成立联省共和国，宣布废黜腓力二世。此后，尼德兰与西班牙之间进行了长期的战争，威廉被腓力二世的刺客所杀，南部城市先后被西班牙占领。1588年，西班牙的"无敌舰队"在海上被英国击溃，国力从此一蹶不振，国王腓力三世只好同联省共和国缔结12年的休战协定，承认了共和国的独立。

尼德兰的南部仍处在西班牙的统治下，因为荷兰省最发达，所以联省共和国也称为荷兰共和国。直到1795年后，尼德兰才成为法国统治下的荷兰王国。1815年维也纳会议后，原南部各省和荷兰合并为尼德兰王国。1830年，南部脱离尼德兰独立，成立比利时王国。

基辅罗斯的盛衰

从4世纪到8世纪，一支名为东斯拉夫的游牧民族迁徙到伏尔加河上游，在这片广袤而寒冷的平原上繁衍生息，这些高大威猛的人素以吃苦耐劳而著称于世。9世纪开始，东斯拉夫人以基辅为中心，建立了罗斯邦国。到9世纪末，奥列格王公率诺夫哥罗德大军南下，一举征服了基辅，以它为中心建立了"基辅罗斯"。奥列格王公理所当然地成为第一位罗斯大公。此公崇武尚力，喜欢扩张掠夺，在他的努力下，基辅罗斯逐步发展成为欧洲强国。

奥列格王公没有完成他统治全欧洲的梦想就死了，继之而起的是伊戈尔大公，更加穷兵黩武。公元945年的一个冬日，伊戈尔去德列夫安人居住区巡行。他喜欢这种巡视，又能打猎，又能显示自己的权威，还能得到许多贡品。这一次的巡视和以往一样，毛皮、蜂蜜、蜂蜡、腊肉堆满了伊戈尔的船舱。但伊戈尔却不知为什么还是心情不好，又带着少数亲兵返回了村庄，想看看能不能弄点儿新鲜玩意儿。

去而复返的伊戈尔让村民们愤怒了，忍耐到了崩溃的边缘，一次又一次的勒索让人看不到希望。"打狼去！"不知是谁喊了一声，村民们立刻附和起来："打狼去！杀掉这些披着人皮的狼！"

愤怒的村民手拿棍棒蜂拥而来，伊戈尔大公还没来得及喊完："你们要造反啊？"就被乱棍打成了肉酱。侥幸逃回的亲兵把大公的死讯带回了城堡，贵族们顿时大乱。这时，只有大公的妻子还镇定地坐在椅子上，她联合了亲信大臣，立幼子斯维雅托斯拉夫为继承人，自己做了摄政女王，并派出大批军队剿灭"刁民"。经过一场残酷的厮杀，德列夫利安人一批又一批倒下了，手拿木棍的他们毕竟不是训练有素、装备精良的军士之敌。

这件事给年幼的斯维雅托斯拉夫大公以极大的刺激，他发誓决不要落到父亲的悲惨下场，因此更加崇尚武功。他剃了光头，只在脑瓜顶留一撮额发，戴一只耳环，马刀从不离身。可惜，天不从人愿。

东罗马帝国一直窥觎着基辅罗斯，害怕它过于强大影响自己的势力。趁着罗斯大公不备，东罗马帝国突出奇兵，大肆砍杀，罗斯军队本来是和东罗马帝国结盟的友好邻邦，根本没想到会被盟国袭击，损失惨重。

东罗马帝国一心想把罗斯军队彻底消灭掉，所以派出使者请突厥人帮忙。本已伤亡惨重的罗斯军队再也招架不住这突如其来的打击，几乎全军覆没，斯维雅托斯拉夫大公力战阵亡。

经过这一次大变故，基辅罗斯元气大伤，尽管以后的几位大公励精图治，想重振国威，结果都不是很理想。后来基辅罗斯发生了内乱，分裂成了3个小国，开始你来我往的争权夺利，国力更加衰微。终于在外劫内耗中走向了灭亡。

查士丁尼大帝

公元476年，西罗马帝国经历了前所未有的内忧外患，本已危如累卵的帝国大厦受到了强悍野蛮的日耳曼人的冲击，至此西罗马帝国终于退出了历史舞台。

尽管西罗马帝国覆灭了，但是东罗马帝国依然健在，而且当时正处于其发展繁荣阶段，这主要是得力于东罗马有利的地理位置。东罗马帝国的首都君士坦丁堡（拜占庭）地处欧亚两洲交界，扼黑海咽喉。其海上贸易非常发达，经济因而得到迅速发展，特别是6世纪查士丁尼在位之时，其国势日盛。

西罗马帝国的覆灭使查士丁尼大为震惊，为了稳定统治，他对外疯狂掠夺，对内残酷镇压。

查士丁尼从小接受奴隶主阶级的教育，青年时，查士丁尼目睹了他的叔父镇压奴隶起义，从中他学到了很多"励精图治"的诀窍。后来查士丁尼接替他的叔父登上了皇帝宝座。早年的权术积累使他自有一套治国之道。查士丁尼上台后的首件大事就是编纂了一部奴隶制法典。此部统称《民法大权》的法典对以后欧洲各国的法律都有着不可估量的影响。法典强调向奴隶们灌输"顺从"意识，奴隶、隶农只能无条件"服从自己的命运"，甘心于自己受压迫、受剥削的处境。法典的颁布实施，在一定程度上稳固了查士丁尼的统治，使他有时间向外扩张。

公元533年，东罗马的军队开向北非的汪达尔王国。在品尝到侵略带来的甜蜜后，公元535年，查士丁尼又授权贝利撒留挥师意大利，矛头直指东哥特王国。软弱的东哥特军队令贝利撒留的军队初战告捷，很快东罗马占领了西西里和意大利南部。

公元555年，东哥特王国最终在侵略者的

罗马皇帝查士丁尼及其高僧、朝臣，查士丁尼头上的光环线代表了他无上的地位和神性。

铁蹄之下灭亡了。在进攻意大利的同时，查士丁尼还分兵进攻西班牙的西哥特王国，虽然遭到当地人民的强烈反抗，但是仍然未能遏制查士丁尼对地中海上的科西嘉岛、撒丁岛及巴利阿里群岛的占领。

多年的穷兵黩武使奴隶的生活日益困顿，他们徘徊在死亡线上。与之形成强烈对比的是奴隶主阶级的花天酒地，挥霍无度。在收获了战争的喜悦后，查士丁尼开始大兴土木，建造各种宫殿、教堂，极尽奢侈之能事。他甚至为建筑君士坦丁堡的圣索菲亚大教堂，花费 5 年时光，征用民工 1 万多人，其全部费用折合黄金约 18 吨。奴隶主的压迫终于激起了人民的反抗，公元 532 年，君士坦丁堡爆发了一场声势浩大的"尼卡"（胜利之意）起义。

这一天，罗马帝国的都城内到处是熊熊烈火，圣索菲亚大教堂、宙克西普浴场，以及一部分皇宫都笼罩在浓烟和大火之中。人们高呼要求绞死皇帝两个最得力的爪牙——约翰和特里波尼安。皇帝和皇后连同几个元老被起义群众困在宫中，一筹莫展。起义群众还簇拥着希伯第（皇帝的外甥）登上王位，发起了反皇权斗争。但是人民的起义最终在当权者的血腥镇压下而告终。

"尼卡"起义虽然以失败收场，但从此全国各地的起义此起彼伏，叙利亚、巴勒斯坦和埃及等地也不断发生暴动。与此同时，意大利和北非等地的人民都开展了反侵略的英勇斗争，查士丁尼的统治开始受到不断冲击。

公元 555 年，查士丁尼不得不宣布停止了一切侵略战争。10 年之后，他结束了自己充满血腥的一生。

《查士丁尼法典》

公元 526 年 2 月 13 日，查士丁尼大帝颁布了一项敕令，任命特里布尼厄斯组织一个由 10 名法学家组成的委员会，前司法长官约翰担任委员会主席。委员会有权力使用现存的所有资料，还可加以增删、修订，之后要把这些敕令分别标上发布皇帝的名号及施行的对象与日期，再按内容分类，以时间先后排列。这部在公元 529 年颁布施行的《敕法汇集》，就是著名的《查士丁尼法典》，公元 534 年《查士丁尼法典》修改后再度颁布。

《查士丁尼法典》共 12 卷，卷下分目，每目按年代排序，上面标出颁布敕令的皇帝的名字及接受人姓名，敕令末尾注明日期。

《查士丁尼法典》颁布后，《查士丁尼法学总论》《查士丁尼学说汇编》也陆续颁布，作为《查士丁尼法典》的续编。

此外，查士丁尼在法典编完后又陆续颁布的 168 条新敕令，后来经法学家汇编成集，称为《查士丁尼新律》。其主要内容是关于行政法规，其中也有遗产继承制度方面的规范。

以上 4 部分，在 12 世纪统称《查士丁尼民法大全》。由于《查士丁尼法典》最早编成，并为此部《民法大全》的核心，所以一般以《查士丁尼法典》作为代称。

《查士丁尼法典》明确皇权无限，维护教会利益，巩固奴隶主的统治地位，法典还突出"人人都应安分守法"；此外法典特别强调奴隶必须听命主人的安排，不许有任何反抗。由此可见，查士丁尼编纂法典，是试图通过法律规范的系统化，达到巩固皇权的目的，其终极目标是服务奴隶制的。

这部法典虽然保留了奴隶法，但取消了父母可以把子女卖为奴隶以补偿自己对他人冒犯这一部分，另外法典肯定了妇女遗产继承权，有一定的进步意义。法典还强调基督教的思想统治，确立了君权神授原则，并详细规定了基督教生活的各个方面，强调了对异教徒的镇压政策，甚至规定了教堂和修道院的规模和生活规则，强化了对隶农的统治，对不服从者要处以重罚乃至死刑，后来由于隶农的反抗斗争最终增加了释放奴隶的条文。

《查士丁尼法典》是世界上第一部完备的奴隶制成文法，它系统地搜集和整理了自罗马共和时代至查士丁尼为止所有的法律和法学著作，卷帙浩繁，内容丰富。它不仅标志着罗马法发展的完备，而且对以后欧洲各国的法学和法律的发展也产生了较大的影响。

东罗马帝国的陷落

当新航路的开辟成为世界性话题之时，古老的东罗马帝国还塞着耳朵，忙着对付奥斯曼土耳其帝国的进攻。

东罗马帝国的首都君士坦丁堡，雄踞在欧亚两洲交界的博斯普鲁斯海峡的南口，三面环水，背靠大陆，是重要的交通枢纽。但是闭塞的罗马帝国依旧延续原来的古老传统，当传统不再适合实际时，势必引起改变，奥斯曼帝国的苏丹信誓旦旦，他要全面占领这座辉煌的都市。

战争终于在1453年4月6日这天爆发了。但是在战争初期，土耳其人屡屡受挫。就在人们一片哗然，纷纷劝说年轻的国王收回命令之时，苏丹仍坚持没有回头，他马上派人到热那亚商人据守的加拉太镇去，用优裕丰厚的报酬收买了那里的商人，使商人们允许他在加拉太北面铺设一条陆上船槽。靠着这条船槽，土耳其人经过一夜的努力，奇迹般地将80艘战船拖运到了金角湾的侧面，在那里架起了浮桥，筑起了炮台，向君士坦丁堡发动了新的攻势。

当炮声轰轰地在北城墙外震响时，城中的官兵惊呆了，他们做梦也没料到金角湾这边会出现土耳其兵。于是，他们手忙脚乱地从两线撤兵增援，将西面的防守交给了赶来"支援"的热那亚士兵。这样一来，西城墙终于被打开了一个缺口。

苏丹抑制不住内心的狂喜，向手下的士兵们大喊道："勇敢的将士们！城墙已被打开了缺口，我将给你们一座宏伟而富庶的名城，古罗马的首都、世界的中心任你们抢劫，你们将成为腰缠万贯的大富翁，勇敢地冲进去吧！"

不等话音落地，土耳其人便发疯般地向城里冲去。罗马人仍然拼死抵抗，与土耳其人展开激烈的巷战。土耳其人连攻了两次都败下阵来，最后苏丹亲自上阵，君士坦丁堡终于陷落。

苏丹意气风发，继而向巴尔干半岛扩张，先后征服了塞尔维亚、波斯尼亚、阿尔巴尼亚、黑塞哥维那和摩里亚（伯罗奔尼撒半岛），一直把东部疆界扩至幼发拉底河，创建了庞大的奥斯曼帝国，以"征服者"著称。1481年，苏丹在准备出征罗得岛时，被长子毒死。

君士坦丁堡的陷落

印度教的产生

印度教，即印度婆罗门教。印度教形成时得到了当时上层人物和王孙贵族的支持。阿育王及迦腻色迦王时期，佛教曾为印度的主要宗教，婆罗门教当时在社会上并不突出，到4世纪时，婆罗门教开始得到笈多王朝的大力支持，同时自身又进一步杂糅了佛教及其他学派的思想，于是发生较大转变，这时以"新婆罗门教"自居，企图恢复旧有地位，也就是今天所说的"印度教"。在印度教的许多流派中，其中又以毗湿奴派、湿婆派及性力派为主。8世纪以后，印度教的主要思想家商羯罗，依据婆罗门教的根本教义，加大了印度教宗教实践的成分，使原有烦琐的理论淡化，印度教遂一跃成为当时思想界主流。

印度教要崇敬三神：梵天（主管创造世界之神），毗湿奴（主管维持世界之神），湿婆（主管破坏世界之神）。在印度教里，各种宗教的主神都是毗湿奴或湿婆的化身。印度教吸收了佛教的禁欲、不抵抗等内容，其基本教义又是从婆罗门教和佛教那里吸取来的"法"和业力轮回说。所谓"法"，即指人们生活的行为规范，每个种姓都应遵照自己的"法"生活，对于劳动人民，"遵法"则意味着永远安分守己。印度教的业力轮回说宣称：若人们在现世能按照给自己规定的"法"生活，死后灵魂便可转生为高级种姓，反之则转生为低级种姓，现世的不平等是前生注定的，是不可更改的。由于这种"法"的观念。印度教得到封建统治阶级的保护和支持，9世纪以后，印度教成为在全国占统治地位的宗教。

莫卧儿帝国

莫卧儿帝国时期精美的酒具

1526年，中亚封建主突厥族后裔巴布尔侵入印度。在第一次帕尼巴特战役中巴布尔战胜了洛迪苏丹，自称印度斯坦皇帝，从此印度开始了莫卧儿王朝的统治。之后，经过1527年的坎努战役和1529年的戈格拉战役，巴布尔最终统一了北印度。1530年，胡马雍继位（1530～1556年）。1540年，在曲女城战役中胡马雍被比哈尔阿富汗酋长舍尔沙击败，随后流亡波斯和阿富汗，至此莫卧儿王朝在印度的统治暂告中断。1555年，胡马雍再次出征印度平原，相继占领了德里和阿格拉，于是恢复了莫卧儿王朝在印度的统治。1556年，阿克巴继位，开始在印度实行内政改革，他采取宗教宽容政策，稳定了莫卧儿王朝统治的社会、政治基础。他还建立中央集权制，开疆拓土，实现了对次大陆广大地区的统一，这对印度社会经济的发展具有极大促进作用。

莫卧儿王朝在查罕杰（1605～1627年在位）和沙·贾汗（1628～1658年在位）时代，国势日盛。其文化艺术发展也进入了一个新的发展高峰。奥朗则布统治时期，开始向南印度进行军事扩张，王朝版图几乎囊括了整个南亚次大陆。但由于他强制推行政教合一，并恢复了对印度教臣民迫害的政策，因而引起强烈反抗。奥朗则布死后，各省总督纷纷割据独立，莫卧儿帝国的统治开始出现裂痕。1740～1761年期间，波斯人、阿富汗人及马拉特封建王公相继入侵印度，这时的莫卧儿皇帝实际成了入侵者的傀儡，莫卧儿王朝名存实亡。1764年，在布克萨尔战役中，莫卧儿皇帝阿拉姆沙投降了英国东印度公司，自此莫卧儿王朝沦为英国殖民者的附庸，名义上存在到1858年。

朝鲜"三国时代"

随着封建制度的确立，劳动人民的负担日益加重，地主阶级与农民阶级之间的矛盾逐渐尖锐化。这时的朝鲜贵族、官僚、寺院不仅通过食邑以各种方式剥削农民，而且土地兼并严重，建立和扩大私人田庄之风盛行，致使大量贫民无立锥之地。丧失土地的农民纷纷破产逃亡，他们或者沦为贵族官僚的私人依附农民，或者变为奴婢或家兵，其处境明显恶化。封建土地私有制的发展，不仅引起了社会经济的萧条，而且削弱了中央集权统治的基础，贵族官僚的族党势力得以坐大。自 8 世纪中叶起，新罗朝政日趋腐败，统治阶级内部因王位争夺不断流血斗争，因此动摇了稳定的政局。由于农民的逃亡，各州郡输往中央政府的贡赋日趋减少，新罗政府为充实国库，加紧搜刮农民。公元 889 年，新罗政府派人到各州郡催征贡赋，激起反抗，从而爆发了全国性的农民大起义。元宗、哀奴率领起义农民占据沙伐州（今庆尚北道尚州），诛杀官吏地主。竹州（今京畿道竹山）、北原（今江原道原州）、完山州（今全罗北道全州）等地农民也纷纷起义，其中以梁吉领导的北原起义声势尤为浩大，占据近十几个郡县。公元 896 年西南地区发生赤裤军起义，到处打击州县封建势力，起义军更向东进攻，直至首都庆州附近的牟梁里。农民大起义打击了新罗封建统治阶级，使其对全国的统治出现裂痕。公元 897 年，真圣女王被迫退位，与此同时，一些贵族、官僚、武将利用农民起义图谋政变，全国各地出现了割据地方的大小群雄，到 10 世纪初年朝鲜形成高丽、后百济与新罗三国鼎立的局面。

李成桂建立李朝

1356 年，高丽趁元朝衰弱之机，分别从西北、东北两面遣军夹击元朝，占领了元朝开元路双城总管府管辖下的旧铁岭以北、咸州以南的八州五镇。明朝建立以后，着手进行了收复被高丽夺取的旧铁岭以北之地的战争，遂于 1388 年明朝派兵到铁岭东北部，并在那里设三万卫于斡朵里，在铁岭西部设铁岭卫于江界。高丽国王辛隅和宰相崔莹派大将曹敏修、李成桂率军抵抗，进攻明朝辽东之地。明朝政府为了集中兵力防守辽东，不得不将三万卫后撤到今辽宁开原，将铁岭卫后撤到今辽宁铁岭，于是鸭绿江和图们江成了中朝两国之间的界江。由于李成桂早有归附明朝的决心，因而在高丽国王派都统使李成桂进攻辽东之时，他于同年从鸭绿江边回兵占领首都开城并发动了政变：1392 年，李成桂废黜高丽国王，自立为王，向明朝遣使称臣，并遵照明太祖朱元璋的旨意，改国号为朝鲜，定都汉阳。

李氏朝鲜大力推崇儒学、排斥佛教。1591 年日本的丰臣秀吉派兵 20 万侵入朝鲜，一度占领平壤，明政府派军援朝；1598 年中朝联军击溃日军，在战争中朝鲜将领李舜臣和中国将领邓子龙互相支援，最后都壮烈牺牲。此事在朝鲜史称"壬辰倭乱"，中国称"万历援朝战争"。

1618 年，明朝和后金作战，朝鲜又派军援助明朝；1636 年，清军攻占朝鲜，朝鲜国王投降，改向清朝纳贡，至此朝鲜又成为清朝的册封国。

圣德太子改革

奴隶制危机和封建关系萌芽的成长，加深了日本统治阶级内部土地与权力的争夺，其主要表现是 6 世纪末期大贵族苏我氏与物部氏两大政治集团之间因控制皇位和崇奉佛教与否而展开了长期斗争，最后引起了公元 587 年的内战，战争的结果是苏我马子联合皇族厩户皇子消灭了物部守屋一族，他们拥立推古为女皇，由厩户皇子（谥称圣德太子）摄政。

圣德太子执政期间，采取了一系列的改革措施，其目的是缓和阶级矛盾，削弱氏姓贵族势力，从而建立以天皇为中心的中央集权统治。具体表现首先是在大和朝廷新扩建的东国等地的屯仓上，逐步推行在白猪屯仓采取过的以户为单位的征收租税的剥削方式。

同时政府加强整顿地方行政组织的力度，基层设稻置（相当于隋唐时的里长）这种基层门，管辖数十户，之上设国造，由他们代替政府向以户为单位的耕种者征收租税。公元603年圣德太子还颁行了"冠位十二阶"，实行新的官爵等级制度。冠位是官吏身份高低的标志，需要按才能授予贵族个人，但不世袭。继"冠位十二阶"之后，公元604年政府又颁布《十七条宪法》，并将之作为统治国家的根本纲领，它以儒家思想为指导，对加强中央集权具有指导意义。为了更进一步推进社会改革及中央集权国家的完善，圣德太子认真吸取中国封建的典章制度，恢复了自5世纪末叶以来曾中断的与当时隋朝的交往，并于公元607年派小野妹子出使隋朝。公元608年圣德太子还派他随同隋朝赴日答聘的使节回国，再度出使。据《隋书·倭国传》记载，小野妹子第一次出使曾携带的致隋炀帝的国书中有"日出处天子致书日没处天子"一句，第二次出使时，国书开头写有"东天皇敬白西皇帝"，这都是关于日本国号起源及其统治者称天皇的最早文字记录。小野妹子第二次出使隋朝时，带领一批僧侣、学生到中国留学，有些留学生后来长期留居中国，对隋唐的政治、经济、文化进行了比较深入、系统的学习研究，回国后这批人在日后的大化改新中发挥了积极作用。除此之外，圣德太子的改革，还抑制了氏姓贵族，削弱了部民奴隶制，扩大了封建生产关系的萌芽，为不久以后的大化改新奠定了基础。但是，由于圣德太子自身的阶级局限性，在这次改革中，对氏姓贵族和部民奴隶制的打击不够深入，致使改革不够彻底，因此改革不仅未能缓和阶级矛盾和减轻危机，在他死后，因为大贵族苏我虾夷、入鹿父子的擅专朝政，任意弑立，反而进一步加深了奴隶制的危机。据《日本书纪》记载，当时各地贵族"各置己民，恣情驱使，又割国县山海林野池田，以为己财，争战不已"，致使人民大众的处境更加恶化，社会经济衰落，被压迫阶级的逃亡和起义不断发生。苏我氏的专横不仅引起民众的反抗浪潮，在朝廷中许多皇室和多数朝臣对此也极为不满，反对派贵族为了继续推行社会改革，积极进行政治斗争，密谋发动政变。

日本的军事贵族

藤原氏的摄关政治极端腐败，导致封建剥削严重，人民穷困破产，四处流徙逃亡的现象屡见不鲜，全国各地起义此起彼伏。起义者经常进攻国衙、国分寺，甚至有时袭击京都。当时大化改新建立的地方军团已经开始因为班田制的瓦解而废弛，各地庄园主为了镇压人民起义，保护庄园，纷纷扩充势力，他们往往通过庄司组织武装家兵，由主人供应装备、给养，家兵同时受到主人保护，这就是日本历史上"武士"和"武士团"的起源。武士与

战火中的日本武士

首领一般结成封建的主从关系，无论平时或战时都对其首领有绝对效忠的义务。在武士团中其首领有一些是地方庄园主和郡司土豪，有一些则是在中央政权失势而流落到地方的贵族子弟。在10世纪时地方武士团中实力较大的关东源氏与关西平氏两家都是出身于宗室贵族。武士

则是在日本封建制度的确立过程中形成的军事贵族阶级。

11 世纪时，出现了皇室与摄关家族藤原氏争夺政权的斗争，战争中双方都竭力争取武士的支持。皇室为了摆脱藤原氏的控制，从白河天皇时（1073～1086 年）就停止从藤原氏家族中选立皇后，并于 1086 年 11 月末让皇位给崛河天皇，自己则称上皇，在宫中设立院厅监理国政。此后各代天皇逐渐沿袭此惯例，一般天皇都是到年长时让给年幼的太子继天皇位，自己当上皇，在院厅中掌握实际权力，史称"院政"。摄关家为了同院政斗争，于是争取关东武士源氏的支持，而院政方面则通过对关西武士平氏力量的依靠，与之较量。于是武士的地位提高，并且在争夺政权的战争中影响日盛。

镰仓幕府的建立

源赖朝在同平氏进行战争的过程中逐步形成了自己的政权机构。1180 年进驻镰仓城不久，源赖朝设立"侍所"，主要是用以统率自己的下属武士，其后又发展成为掌管军事的机构。1184 年又设立"公文所"，负责管理领地与年贡，并掌管公文、财政、庶务等工作，1191 年以后"公文所"改称"政所"，成为行政机构。1184 年设立了司法机构"问注所"，其职责是审理有关御家人即下属武士领地的诉讼案件。这些机构总称为"幕府"。1185 年，源赖朝打败平氏后控制了京都朝廷，他在镰仓设立的幕府实际上成了当时掌握实权的中央政府。同年 11 月他又向各国（省）派出"守护"（军政长官），帮助国司掌管军务，并向各地庄园派出"地头"（监管人），替幕府征收租税"兵粮米"，于是源赖朝全面控制了全国的地方政权。

1192 年，源赖朝迫使京都朝廷授予他"征夷大将军"的最高称号，通常从这一年开始标志镰仓幕府正式建立，此后直到明治维新前近 700 年的漫长时期里，日本先后经历了镰仓、室町、江户（德川）3 个幕府的军事贵族阶级的封建统治。在天皇朝廷以外另设一个平行的武士政权，这是日本封建社会在政治制度方面的一个重要特征。在当时的社会经济条件下，镰仓幕府赖以建立的经济基础是遍布各地的庄园，其阶级基础是新兴的军事贵族阶级——武士，其中对幕府实行的封建统治起重要支柱作用的则是将军的直属武士"御家人"。幕府承认并保护御家人祖传土地的所有权，对其中有功者还会赐予官职和土地。幕府中的重要官职以及各国的守护和各地庄园的地头通常由御家人充任。1199 年源赖朝死后，幕府上层统治者中发生争夺权力的流血内讧，结果是源氏外戚北条氏掌握了幕府统治权。1221 年发生"承久之乱"，因为响应者很少，不久便兵败而终。北条氏有鉴于此，为巩固幕府统治，于 1232 年 8 月，制定武家法典《御成败式目》51 条，其目的就是借以巩固幕府和御家人之间的主从关系。

幕府与天皇的较量

1274 年和 1281 年，蒙古两次侵入日本，经过农民和武士的奋力抗战，日本最终取得了反侵略战争的胜利。但是，因为当权者把反抗蒙古的作战经费都分摊到农民身上，因而激起了农民的强烈反抗。不少御家人也因此战争而告破产，从而对幕府产生了极大不满。有些地方大封建主曾支持后醍醐天皇讨伐幕府，从而恢复天皇政治，但是"中兴"时间持续不长。1336 年，原幕府部将足利尊氏占领了京都，重建新的幕府，因这时幕府位于京都市内室町，故而称为"室町幕府"（1336～1573 年）。不甘心失败的后醍醐天皇，逃到南方吉野（在大和地方）后另立朝廷，从而形成了和足利尊氏在京都拥立的光明天皇相抗的局面。两个朝廷对峙的局面，持续了 50 余年，在日本历史上称为"南北朝时代"（1336～1392年）。在南北朝长时期的动乱下，尊氏之孙足利义满（1358～1408年）多次出兵将混乱的情形压制下来，幕府终于迎来了久违的安定局面。义满又于1392年以和平统一的口号对南朝提出呼吁，希望达成南北朝合体的理想。在成功地结束长达60年的内乱后，有鉴于因战乱而导致公家的经济力与社会地位衰退的现状，幕府乘机将公家的资源吸收过去。义满于是接收了京都的市政权与对诸国赋课的征收权，进一步确立幕府成为统一全国的政权。义满还于1387年在京都的室町建造了一个豪华官邸，称为"花御所"，此后在这里执行政务。

值得强调的是室町幕府的支柱与镰仓幕府不同，它不是依靠御家人，而主要是以"守护大名"（诸侯）为支柱。在长期战乱中，守护大名后来发展成为拥有许多封建家臣的地方大封建主，有的甚至往往兼领数国。

日本的统一

从16世纪开始，日本历史的发展逐渐从战国大名的分裂割据走向全国统一。大名的长期割据混战不仅破坏了农业生产，加重了农民负担，而且妨碍了各地的商品流通，影响了经济的发展。因此，这时消除割据、实现统一的要求得到了广大农民和商人的大力支持。在封建主方面来讲，面对农民起义的强烈势头以及新兴市民的斗争方兴未艾的情况，实现全国统一，建立一个强大的中央政权，成为当务之急。

16世纪中叶，由于经济上得到商人的支持，尾张国的大名织田信长（1534—1583年），依靠由武士组成的骑兵队和由招募的农民组成的步兵队，使用从葡萄牙输入的枪炮，自1558年起，陆续打败了邻近的大名，开始了统一日本的事业。1558年9月，他攻占京都，1573年，结束了室町幕府的统治。织田取得政权初期，表面上以天皇为尊，避而不用将军称号。为了巩固封建主政权，织田信长在1574年7月到1580年8月又残酷地镇压了各地的农民起义。与此同时织田信长继续同各地大名进行了长达7年之久的战争。在统一过程中，他实行了一系列巩固封建统治的政策，后来织田信长因突遭部下叛军袭击，于1582年6月被迫切腹自杀。虽然他未完成日本统一的任务，但此时他的势力范围已经达到66国中的28国。

继织田之后，他的亲信丰臣秀吉（1536～1598年）继续进行统一事业。丰臣秀吉以大阪作为根据地，进行多次战争，至1590年，终于结束了持续百年的分裂局面，并于1593年在日本历史上首次把北海道地方置于日本中央政权统辖之下，完成了日本的统一。

织田信长

织田信长自称第六天魔王，他蔑视传统的佛法礼教，立志以武力统一天下，创建中央集权的封建王朝。在即将成功之时，因部下谋反而于本能寺自杀。

织田家本是尾张守护斯波家的家臣，到了织田信长的父亲织田信秀时，已经压倒斯波家成为拥有尾张下四郡的大名。尽管织田信长是家族的长子，但是他由于举止奇怪，例如喜欢扮成女孩去参加村庄的聚会，去沼泽抓蛇，半裸着身体到处跑，因此被称为"尾张大傻瓜"。家臣们对他很没有好感，主张让其弟织田信行即位。

织田信秀死后，织田信长仍然胡作非为。为此，他的老师平手政秀以死相谏，织田信长大受打击，这才有所收敛，开始确立自己的统治地位，并开始四处征伐。1562年，织田信长与德川家康在清州会盟，携手夺取天下。

攻克美浓后，织田信长势力大增，他将美浓的稻叶山城改名为"岐阜"，取"周文王起于岐山"之意，准备统一天下，并开始使用"布武天下"的印鉴。

1568 年，织田信长在美浓政德寺拜见了足利义昭，决定拥立足利义昭为幕府将军。经过了一系列的征战，确立了足利义昭的地位。

可惜，织田信长和足利义昭的"蜜月"并没有持续多久。足利义昭对织田信长处处限制自己的权力很是不满，秘密联合各地大名抵抗织田。很快，织田军陷于浅井与朝仓的夹击中，被迫撤退。织田信长对浅井长政的背叛非常恼火，联合德川家康首先讨伐浅井，在姊川会战中击败浅井、朝仓联军。

虽然取得了姊川会战的胜利，但是织田信长的困境却越来越严重：本愿寺和延历寺先后和织田信长对立，各地的大名们也纷纷响应足利义昭的号召，形成了一张巨大的包围网，围攻织田信长。

为了打破这个信长包围网，织田信长首先对延历寺下手，于 1571 年 9 月焚毁延历寺。次月，武田信玄在三方原大败织田和德川的联军。得知这一消息，足利义昭正式起兵。可是足利义昭实在是没运气，两个月后，武田信玄病死，武田军退了回去。足利义昭很快兵败，室町幕府灭亡。

武田军的退缩使得织田信长包围网开始崩溃。在流放足利义昭后，织田信长成功地攻下了朝仓和浅井的居城，然后击败了武田军，包围网彻底被打破。

织田信长这时可谓春风得意，于 1575 年底让位给长子织田信忠，并送给他美浓、尾张两国，自己做了"太上皇"。

这一时期，因为部下不断有人反叛，织田信长总是在平叛的战争中忙碌着。1582 年，羽柴秀吉（后来的丰臣秀吉）水淹高松，与毛利家大军对峙。织田信长让明智光秀增援羽柴秀吉，自己入住京都本能寺，准备随时支援。

不料明智光秀却掉转了矛头，突然下令说："我们的敌人在本能寺！"出兵包围了本能寺。面对明智光秀的大军，织田信长身边只有数百卫兵，眼看脱逃无望，织田信长放火焚毁了本能寺，自己也死在了本能寺中，时年 49 岁。同时，在京都的织田信忠得知父亲死于本能寺后，率军死守二条城，城破战死。这就是日本历史上有名的"本能寺之变"。

丰臣秀吉

一代枭雄丰臣秀吉的一生，从出生时就充满了神奇色彩。1536 年是丙申猴年，据说 1 月 1 日元旦这天，农民木下弥右卫门的家中诞生了一个男孩。弥右卫门的妻子说，她曾梦见太阳进入她身体，随后就发现怀孕了，孩子直到 13 个月后才降生，是日吉权现（太阳神）所赐之子，因此命名为日吉丸。但因为这个孩子长得像猴子一样，所以大家便都叫他猴子。至于丰臣秀吉，是后来改的名字。

根据比较可靠的史料《太阁素生记》记载，丰臣秀吉确实长得像只猴子，因此绰号就叫猴子，这一点倒并不是谣传。丰臣秀吉 8 岁时父亲死了，继父很讨厌这个长得像猴子的孩子，因此就叫他出去当帮佣。可丰臣秀吉不管到哪里帮佣，都不受欢迎，最后，16 岁的丰臣秀吉只得离家出走，来到了松下嘉兵卫家中帮佣，他得到的第一份工作就是帮主人拿拖鞋。

由于到武士家庭工作是他的最大愿望，因此丰臣秀吉工作得很勤奋，受到嘉兵卫的重视，将他提拔为出纳员。然而好景不长，丰臣秀吉的能干与勤奋受到同事的嫉妒，一大群人经常在嘉兵卫的面前中伤秀吉，尽管嘉兵卫再三保护他，但阻止不了众人的诽谤，只好

丰臣秀吉（1536～1598年）是唯一一位出身于农民，后来统治了日本的人物。在为织田信长效力的过程中，丰臣秀吉脱颖而出。织田信长去世后，他施以妙计，使自己成为天皇的关白（丞相），后来，他征服了各地大名（封建地主），解除了农民的武装。在人生的最后岁月中，丰臣秀吉发动了劳而无功的意在征服朝鲜的战争，很多人在这场战争中牺牲了生命，并且几乎导致国家陷入破产的境地。

解雇他。

丰臣秀吉于是想尽种种办法接近织田信长，终于得到替织田信长拿拖鞋的工作。虽然是同样的工作，但丰臣秀吉比从前更用心。在寒冬的清晨，他会将织田信长的拖鞋放进怀里暖热，在后来担任采购官一职时更是恪尽职守。织田信长对于这种用心当然会有所回报，他把手下的养女许配给了丰臣秀吉。

1566年，当织田信长攻打斋藤氏时，丰臣秀吉借用当地土豪的野武士力量，夜袭敌阵，获得大胜。这次大捷，让丰臣秀吉成为信长麾下的一员大将。

1582年，明智光秀举兵叛变，织田信长在本能寺自杀身亡，丰臣秀吉平定了叛乱，声望扶摇直上。在以后一系列的征伐中，丰臣秀吉的军队都势如破竹，确立了自己的继承人地位。此后经过四国征伐、九州征伐、小田原之战，逐步统一了日本，被天皇赐姓"丰臣"。

丰臣秀吉死后，丰臣家分裂为近江（西军）和尾张（东军）两派。身为丰臣政权五大老之一的德川家康发动关原合战，大败西军，建立了德川政权，结束了日本的战国时代。

德川幕府

丰臣秀吉死后，织田信长另一部将德川家康（1542～1616年）掌握了政权。1603年，德川家康在江户（今东京）建立幕府，即"德川幕府"，由此开始了德川幕府的统治时期（1603～1867年）。

德川幕府初期，为巩固中央集权，极力强化幕府统治。德川家康把全国1/4的土地划为幕府直辖领地，称"天领"，其中包括江户、大阪、长崎以及其他商业、交通中心和军事要地，分布在66国中的47国。天领以外的73.7%的土地被为"藩领"，交由260多大名支配。至于天皇和寺、社共只拥有全国1.3%的土地。幕府为防止大名叛乱，还于1615年公布了"武家诸法度"，其中规定大名以下武士必须遵守的法则，违者严惩。"武家诸法度"后来经过屡次修改，定为德川幕府的基本法。

德川幕府时期，统治者为了将农民终年束缚在土地上，规定不准农民自由迁徙、变更职业、买卖土地等。同时还在农村推行"五人组"连环保制度，以实现对农民的监视。不仅农民，"五人组"制度同样适用于手工业者和商人。德川幕府还实行严格的封建等级制度，全国划分为武士（士）、"百姓"（农民）、"町人"（手工业者、商人）等各个等级，各等级一般世袭不变，互不通婚，甚至连衣食住都有区别。除以上等级外，当时社会中还有一部分从奈良时期以来始终存在的贱民，他们一般居住在郊区，是日本社会最下层的居民。德川幕府为了从思想意识方面控制武士，大力宣扬忠、义、勇的"武士道"精神。武士道是幕藩统治者驱使武士为自己效劳的一种精神武器。

《源氏物语》

紫式部的本名已无可考，我们只知道她出身于书香门第，父亲是有名的中国文学学者。紫式部自幼跟从父亲学习中国诗文，不仅熟读中国典籍，还擅长乐器和绘画，信仰佛教。22 岁时，紫式部和比自己年长 20 多岁、已有妻室子女的地方官藤原宣孝结婚，婚后 3 年丈夫便逝世了。

《源氏物语》绘卷及早期版本

1005 年，紫式部因为博学多识被召入宫中，给摄政王的女儿当家庭教师。后来，摄政王的女儿彰子成为皇后，紫式部也就名正言顺地成为宫中女官，专门讲授《日本书纪》和《白氏文集》等汉籍古书，官名为藤式部。

在宫中供职期间，紫式部写了《紫式部日记》《紫式部集》等书，记叙了在宫中的见闻与感受。直到紫式部逝世前，她才将这些文字日记编写成《源氏物语》。因为《源氏物语》中的主人公名叫紫姬，因此后世便将藤式部称为了紫式部。

这部近百万字的《源氏物语》，是日本中古时代的长篇写实小说，小说历经 4 代天皇，跨越 70 多个年头，登场人物数以百计，场面蔚为大观，塑造了源氏及众多个性鲜明的女性形象。

341

在日本平安王朝时期，同时出现了两位绝世才女，除了紫式部，另一位就是清少纳言。两人同为贵族之后，同为宫中女官。

清少纳言比紫式部早 10 余年进宫，清是她的姓，少纳言是她在宫中的职称。她的随笔作品《枕草子》便执笔于在宫中供职的时候，成书于离开宫廷之后，作品记叙了她在宫廷里的所见所闻，这部作品为日本散文文学奠定了基础。

不难看出，在 9 世纪和 10 世纪，日本文学进入了辉煌时期。这个时期，许多妇女都开始写作小说。这些小说开始是供读者大声朗读的，后来则变成倾吐心声的日记。

第三章 世界近代史

断头的国王

在16世纪末的海上战争中打败西班牙后，英国发生了内战。

17世纪以来，英国国内的毛纺织业迅速发展，采煤、冶铁以及锡、铜等冶炼方面也建立了手工工场，有的工场规模很大，拥有几千名工人，肥皂、火药和玻璃等新兴产业也相继兴起。对外贸易和海外殖民地的发展也很快。但是，英国王室把肥皂、纸张、玻璃、毛纺织品等几百种商品都划为王家专利，实行专卖，大大损害了新兴工商业者的利益。

1639年，苏格兰率先爆发起义，起义军迅速攻入了英国北部。为筹措军饷，国王查理一世被迫召开已经解散了11年的议会，但议员们只是争论不休，根本解决不了实际问题，恼怒的查理一世又宣布解散议会。

1640年，查理一世见起义军的声势越来越大，不得不重新召开议会。这回，议员们终于达成了一致意见，宣布否决国王征收军费的诏令，决定处决国王的两个宠臣斯特拉福和大主教洛德，查理一世在与议会争论未果后，于当晚派人秘密去北方送信，命令约克城的驻军司令马上进军伦敦，用武力解散议会，救出自己的两个臣子。

可是，信使没能走出伦敦，就被市民们抓住了。人们看了国王的信，整个伦敦都沸腾了，上万人包围了王宫，举行示威，要求处死斯特拉福。查理一世不得不在死刑书上签了字。

但查理一世不甘心今后被议会摆布，几天后，他亲自带领400名武装卫队士兵冲入议会，企图逮捕正在开会的皮姆等议员。但因为皮姆提早获知消息，查理一世的计划落空。正在这时伦敦城内响起警钟，市民们拿起武器，冲到议会门口，当面向国王表示抗议。在一片打倒特权的呼喊声中，查理一世灰溜溜地离开了，跑到北方去寻找支持者。

1642年8月，查理一世在诺丁昂城扯起国王的军旗，正式向议会宣战。战争刚开始时，训练有素的国王军长驱南下，一直打到离伦敦只有50英里的牛津，议会军节节败退，议会内部一片混乱，大家争吵不休，不知是该继续打还是议和。

这时，克伦威尔带着自己招募的60名农民骑兵加入了议会军队。这支队伍被称为"铁骑军"，战斗勇猛，克伦威尔不久就成为议会军统帅。

1644年7月的一个傍晚，在约克城西的马其顿草原上，议会军和国王军遭遇。在克伦威尔的指挥下，不到两个小时，议会军就击溃了国王军，取得了开战以来的第一次胜利。第二年，两军在英格兰中部的纳斯比村附近展开决战，"铁骑军"以迅雷不及掩耳之势冲破了敌军阵地。查理一世化装出逃，跑到了苏格兰，国王军全军覆没。

1647年，英格兰议会以40万英镑的高价把查理一世买了回来，囚禁在荷思比城堡中。

但查理一世很快越狱成功，勾结苏格兰人发动叛乱，挑起了第二次内战。又是克伦威尔率军出击，占领了苏格兰首都爱丁堡，将查理一世再次抓获。

这回，议会组成了一个高等法庭，对查理一世进行审判，宣布他是"暴君、叛徒、杀人犯和人民公敌"，判处死刑，将他押上了断头台。处死国王查理一世后，英格兰宣布为共和国。

无冕之王克伦威尔

查理一世被处决不到一个星期，苏格兰议会便宣布拥立查理一世的儿子查理二世为国王，并且加紧备战，准备讨伐英格兰。英国形势开始紧张，这时出现了一位对形势发展具有决定性意义的人物——克伦威尔。

克伦威尔出身于亨廷登郡一个没落的新贵族家庭。青年时期他曾就学于剑桥一个清教学院，在那里接受了清教思想的熏陶。1628年他被选入议会，从那时起开始了自己的政治生涯。17世纪30年代时他迁居剑桥郡，由于当地贵族地主经常排干沼泽致使农民利益受损，他曾领导当地农民反对贵族地主，因而在东部各郡颇孚众望。1640年克伦威尔作为剑桥郡的代表先后被选入"短期议会"和"长期议会"。在长期议会中，他与坚决反对王党的议员站在一起，并参加制定《大抗议书》等文件。1642年，英国内战开始，他又站在国会革命阵营方面，以自己组织的"铁骑军"屡建战功。1645年，国会授权克伦威尔改组军队，他以铁骑军为基础组建"新模范军"。当查理二世准备起兵之时，克伦威尔决定先发制人，迅速向苏格兰进军，不久就攻占了爱丁堡。1651年，克伦威尔全歼苏格兰军队，查理二世逃到法国，克伦威尔占领了整个苏格兰。

1653年，英国议会宣布，由克伦威尔将军就任英格兰、苏格兰、爱尔兰的护国主，终身任职。

成为英国的最高统治者的克伦威尔，不希望议会成员都属于一个派别，想通过谈判来进行新的选举，但是谈判破裂。于是克伦威尔用武力解散了议会。从那时起直到克伦威尔去世，曾先后成立和解散了3个不同的议会，采用了两部不同的宪法。在此期间，克伦威尔靠军队的支持来维系统治，他坚持拒绝别人给他加冕，以表明他不想实行独裁统治，是迫不得已才成为无冕之王的。

在战斗中，克伦威尔率领"新模范军"奋勇杀敌。

克伦威尔始终使用护国主的头衔统治着英格兰、苏格兰和爱尔兰，他改善了粗暴的法律，扶持文化教育，并提倡宗教信仰自由，允许犹太人来英格兰定居。1658年，克伦威尔因患疟疾逝世。

"海上马车夫"易主

步入共和体制的英国逐渐走向强大，在击垮西班牙后，英国并没有停下扩张争霸的脚步，因为海上还有一个强大的敌手，那就是有"海上马车夫"之称的荷兰。

荷兰原是西班牙属地，以造船业闻名。那时，世界各国间的贸易交往主要依靠海上交通，荷兰的商船占世界运输船只的1/3，因此被称为"海上马车夫"。

当英国成为海上霸主后，荷兰人还是仗着船多触角广，到处排挤英国商人。最令英国人不能容忍的是，荷兰竟然在英国水域肆意捕捞鱼虾，甚至还把这些水产品拿到英国市场上高价出售。

1652年，英国海军将领布莱克在多佛尔海峡上巡逻，迎面碰上荷兰海军上将特罗普率领的为商船护航的军舰。英国海军要求荷兰海军向英国国旗致敬，遭到拒绝。于是双方展开了4个小时的激烈炮战。结果，荷兰人损失了两艘战舰，而布莱克的旗舰"詹姆斯"号被射穿了70多个弹孔。战争正式爆发。

英国海军统帅罗伯特·布莱克生于一个富商兼船主的家庭，曾就读于牛津大学。就任海军统帅后，他潜心研究海军战略。布莱克深知，海上贸易和渔业生产是荷兰人的"命根子"，于是率领战舰大肆洗劫荷兰商船，甚至远离军港到北海袭击荷兰的捕鱼船队，去苏格兰北方拦截荷兰东印度公司的运宝船，入波罗的海破坏荷兰与北欧的海上贸易。

半年后，荷兰海军统帅特罗普率78艘战舰护送300余艘商船前往大西洋时，在邓杰尼斯附近与布莱克展开激战。结果，荷兰的300艘商船安然通过海峡，英国却有3艘战船被击沉，2艘被俘，6艘被打得遍体鳞伤。

布莱克认为纪律涣散是导致失败的主要原因，他把6名临阵逃脱者，包括他的弟弟，全部撤职查办，并制定了英国海军的第一个纪律条令。整顿了纪律的英国海军，很快就在战争中显示了威力。1654年，荷兰被迫缔结《威斯敏斯特和约》，将海上霸权让给英国。

海上的骷髅旗

"感谢上帝，所有的人都愿意结为一体，站在亲爱的女王陛下和国家一边去反对天主教和其他敌人……你已看到舰队扬帆起航，你知道人们是多么坚定地投入此次活动。因此，任何力量都不足以分裂他们。"这是海盗弗兰西斯·德雷克的名言。

在16世纪的英国，海盗书写了海盗历史上最华丽、最波澜壮阔的篇章，他们时而勇敢，时而凶残；他们为开拓新航路做出过贡献，也打败过傲慢的西班牙舰队。他们的种种品行和事迹流传甚广。

这时期的英国海盗带有浓厚的政治依附性，正是由于都铎王朝对待海盗采取的是宽容的招抚政策。16世纪的英国，海盗被捕的情况是很少的，一般只有当被劫者是国内某些非常重要的人物时才有可能。至于那些抢劫外国人，特别是西班牙人的海盗，政府不但不会予以惩罚，反而会给予暗中支持。有些海盗甚至采用近代早期商业公司所采用的合股经营方式，包括贵族、资本家甚至女王都是他们的投资人，这也使得英国海盗对都铎王朝的依附性增强。

英国海盗以英国王室的守护者自居，他们自豪于自己的身份，并毫不犹豫地在国家最危急的时候挺身而出。他们的全球航海活动给西班牙带来了沉重的打击，为英国航海事业的发展做出了巨大的贡献，更为强大的英帝国的最终形成奠定了坚实的基础。

著名的英国海盗有约翰·霍金斯爵士，他曾3次出航到西印度群岛，靠贩卖奴隶大发横财。1586年，弗兰西斯·德雷克率领他庞大的舰队打败了西班牙军队，占领了圣多明戈，在此待了一个月。这期间，他们烧杀抢掠，向当地居民勒索赎金，尽情掠夺财宝。

除了男性，英国还出过两位令人闻风丧胆的女海盗，她们就是安妮·波尼和玛丽·里德。

据说安妮天生丽质、家境殷实，就是因为爱上了大海盗"印花布杰克船长"并成了他的妻子，才开始海盗生涯的。

其实安妮·波尼是爱尔兰人，儿时就因为打架被人刺中过腹部。后来她与一名水手私奔到了海盗避难所。在那里，她设法干掉了自己的丈夫，然后另起炉灶，抢占了一条荷兰船开始单干。也是在那里，她遇到了玛丽·里德。

玛丽·里德出生在英国伦敦，从小便女扮男装，一直到当水手，就像花木兰那样。玛丽·里德曾经和骑兵团里的战友相爱结婚，但丈夫不久后就死了，于是玛丽重新装扮成男子到处漂泊，在随船前往加勒比海的途中被海盗掳获，入伙成了其中一员。玛丽做海盗时，长期与西班牙人作战，据说在杀死对手之前，常常会裸胸相向，以此向其证明他们是被一名妇人所杀。

1720年，这两个女海盗被捕，安妮因为谎称怀孕而被免于绞刑。而玛丽确实身怀六甲，可没等到孩子出生，她就死在了牢房里。

光荣革命

克伦威尔死后，他的长子理查德继承了父位，但是他统治的时间极为短暂。1660年，查理二世恢复王位，克伦威尔的遗体被掘出来吊在绞刑架上。

但是，这种报复行径并不能掩盖君主专制已然失败的事实，查理二世也充分认识到了这一点，并不想同议会至高无上的权力去抗衡。当他的继承人詹姆士二世企图恢复君主专制时，顷刻间就被一场不流血的革命废除了王位。革命的结果与克伦威尔1640年的期望恰好相同——君主立宪制，国王明确地服从议会，实行宗教信仰自由。

詹姆士二世是查理二世的弟弟，狂热的天主教徒。他登上王位后，任命天主教僧侣担任国家职务，并想解散议会，恢复国王的一人统治。

已经习惯、认同了议会制的人们，不但拒绝参加采用天主教仪式的礼拜，而且只要一听到美化和吹捧国王的宣传时，都马上走开。这让詹姆士二世非常不满，对不听从他命令的主教实行残酷迫害，把他们交给法庭审判。但法官也不愿意听命于国王，宣布遭国王迫害的主教无罪。于是，国王和民众的冲突日益激烈。

新兴的资产阶级和新贵族决定发动政变，

威廉在英国西海岸登陆

1660年英国斯图亚特王朝复辟。1688年英王詹姆士二世的女婿威廉以保护"新教、自由、财产和国会"的名义，领兵入英。1689年，詹姆士二世被迫退位，资产阶级史学家把这次政变渲染为"光荣革命"。"光荣革命"确立了资产阶级的统治地位，巩固了英国革命成果，成为英国历史的转折点。

结束詹姆士二世的统治。他们开始同荷兰国王威廉——英王詹姆士二世的女婿谈判，要求他对英国进行武装干涉。

1688年，威廉率600艘军舰在英国西南部的托匀基海港登陆，随即向伦敦进军。威廉进入英国后，受到了贵族和乡绅们的支持，许多高级军官还亲自到威廉的驻地表示支持，甚至詹姆士二世的其他女儿和女婿都投向了威廉。詹姆士二世知道大势已去，逃往了法国。

1689年，英国议会宣布威廉为英国国王，随后通过了《权利法案》和《王位继承法》，规定未经议会同意，国王不得下令废止法律，不得任意征税，不得任意招募军队及维持常备军。王位继承问题也不能由国王个人决定，而是由议会讨论通过。

这次没有经过流血的政变被称为"光荣革命"，彻底开始了英国的君主立宪制。

《权利法案》

1660年斯图亚特王朝复辟后，不仅大力压制反对派，企图恢复国王集权，而且试图在英国恢复天主教，这引起了辉格党和部分托利党人的反对，矛盾逐渐激化。而此时，信奉天主教的詹姆士二世又意外得了个儿子，这样，呼声甚高的詹姆士二世的信奉新教的女儿继位的希望破灭了，为了避免天主教死灰复燃，于是人们决定采取行动。当时包括伦敦主教在内的一些著名人物给在荷兰的信奉新教的詹姆士二世的女儿玛丽和女婿威廉发去了密信，邀请他们到英国来保护英国的"宗教、自由和财产"。而对威廉来说，他主要关心的是如何能为自己及妻子争夺到英国王位继承权，另外他认为如果他入主英国还可以防止英国同法国结盟以共同反对荷兰，因而接受了邀请。鉴于当年（1660年）斯图亚特王朝复辟的前车之鉴，英国议会决定以法律形式限制国王的权力，以保证自己的权力，于是上下两院共同召开全体会议，并向威廉和玛丽提出了一个"权利宣言"，它要求国王以后未经议会同意不能任意停止法律的效力，不经议会同意不能随意征收赋税，从今而后任何天主教徒不得担任英国国王，任何国王不能与罗马天主教徒结婚等。威廉接受了这些要求，即英国王位，是为威廉三世，玛丽即位为英国女王，是为玛丽二世。1689年10月，议会通过了"权利宣言"并定为法律，是为《权利法案》。

英国《权利法案》（*The Bill of Right*），全称《国民权利与自由和王位继承宣言》，其内容并不多，只有简短的13条：

（1）凡未经国会同意，以国王权威停止法律或停止法律实施之僭越权力，为非法权力。

（2）近来以国王权威擅自废除法律或法律实施之僭越权力，为非法权力。

（3）设立审理宗教事务之钦差法庭之指令，以及一切其他同类指令与法庭，皆为非法而有害。

（4）凡未经国会准许，借口国王特权，为国王而征收或供国王使用而征收金钱，超出国会准许之时限或方式者，皆为非法。

（5）向国王请愿，乃臣民之权利，一切对此项请愿之判罪或控告，皆为非法。

（6）除经国会同意外，平时在本王国内征募或维持常备军，皆属违法。

（7）凡臣民系新教徒者，为防卫起见，得酌量情形，并在法律许可范围内，置备武器。

（8）国会议员之选举应是自由的。

（9）国会内之演说自由、辩论或议事之自由，不应在国会以外之任何法院或任何地方，受到弹劾或讯问。

（10）不应要求过多的保释金，亦不应强调过分之罚款，更不应滥施残酷非常之刑罚。

（11）陪审官应予正式记名列表并陈报之，凡审理叛国犯案件之陪审官应为自由世袭地领有人。

（12）定罪前，特定人的一切让与及对罚金与没收财产所做的一切承诺，皆属非法而无效。

（13）为申雪一切诉冤，并为修正、加强与维护法律起见，国会应时常集会。

东印度公司

在美国人打开日本大门的 200 年前，英国就以东印度公司的名义，将侵略的触角伸进了印度。英国之所以被称为"日不落帝国"，很大的原因就是它的殖民地遍及世界各地，也就是说，在英国统治的地区，一天 24 小时都可以见到太阳。

东印度公司始建于 1600 年。最初，英国人主要是利用东印度公司做生意，慢慢地，东印度公司就成了英国殖民者侵略印度的工具。

1698 年，东印度公司向印度莫卧儿政府买下了位于孟加拉湾恒河口岸的加尔各答。加尔各答村庄虽小，作用却非常大，周围盛产大米、黄麻，河流纵横交错，平原一望无际。东印度公司在这里设立贸易总部，把印度的粮食和工业原料源源不断地运回英国，从中获得了丰厚的利润。

因为东印度公司的实力越来越强，逐渐占领了马德拉斯、加尔各答和孟买。为了更顺利地入侵其他地区，英国还在加尔各答修筑了一个巨大的堡垒，里面是荷枪实弹、全副武装的英国军人，这些英军还积极训练印度人帮助他们打仗。

本来是做生意的东印度公司，光是经济掠夺就已经让印度人非常不满了，这时又建立了军队，孟加拉的纳瓦布（职位相当于总督）非常气愤，向东印度公司提出抗议，但英国人根本不理睬。纳瓦布非常气愤，发兵赶走了英国人，收回了加尔各答。

此时的东印度公司被英国赋予了各种各样的权力，如垄断贸易权、训练军队权、宣战媾和权等，东印度公司的总司令官克莱武当然不会对印度人的反抗视而不见，他马上召集官员到马德拉斯商讨对策。

1757 年，克莱武率军在恒河口登陆，经过短时间激战便重新占领了加尔各答。纳瓦布很快调遣 7 万大军，与克莱武的 900 名英军在普拉赛地区作战。英国士兵面对强大的印度军队，早已吓破了胆，于是他们用大量金银珠宝收买了印度的军官，使印度军队向后撤退，这时英军迅速追击，将纳瓦布杀死。

英国军队乘势向孟加拉国库进军，当他们打开国库大门时，看到了满库的金银珠宝。"抢啊！"不知是谁喊了一声，英军顿时像开了闸的洪水一样冲向国库的各个角落，将国库洗劫一空。几年后，克莱武曾向议会陈述这次抢劫，他非常遗憾地说："当时我真傻，周围满是金银珠宝，整箱整箱的金条，整袋整袋的宝石，可我却只拿走了 20 万英镑！"

1767 年，英国议会通过"东印度公司管理法"，开始由英国政府直接统治印度。这以后，英国一步步蚕食印度的领土，20 余年后，印度全国都沦为了英国殖民地。

波旁王朝

多年的宗教战争一直让法国人苦不堪言，直到亨利四世成为法国国王。

亨利四世虽然是瓦卢瓦王室的远亲，但他只是法国南部一个又小又穷的纳瓦拉王国的国王，很不起眼。

当时，马丁·路德新教教义早已传入法国，加尔文在法国倡导宗教改革运动，法国的信徒们都自称胡格诺派，教徒多达百万人。1562 年，由于天主教派的吉斯公爵在瓦西镇屠杀新教徒，胡格诺宗教战争爆发了，亨利四世加入其中，逐渐成为胡格诺派的领袖，拥有了很高的声望。

1572年，天主教派在巴黎制造了圣巴托罗缪惨案，屠杀新教徒2000多人，战争立时激化。胡格诺派在法国南部建立联邦，北方的天主教徒也建立了天主教同盟，内战日趋激烈。后来两大派发现，自己都没有力量打败对方，这才寻求妥协。

恰在此时，法国国王和王储相继死亡，亨利四世成了法国王位的合法继承人，波旁王朝从此开始。考虑到法国是一个以天主教徒为多数的国家，亨利四世上台后便宣布改宗天主教，不久后颁布了"南特敕令"，宣布天主教为国教，但同时给予新教徒充分的信仰自由，敕令保证不追究胡格诺战争中的一切行为，胡格诺派不但获得信仰自由，还有权建造教堂和召集教务会议。在政治上也与天主教徒一样，有权担任各种官职和向国王进谏。在军事上，允许胡格诺教徒保留100多座城堡，拥有军队和武器。这是欧洲历史上第一个保证宗教宽容的文献。但天主教会和高等法院立即提出抗议，因此这份敕令并未得到认真执行，尤其是在亨利四世死后。但是，长达30多年的胡格诺战争总算结束了。

亨利四世之所以能继位，和他的婚姻是分不开的。他娶了瓦卢瓦——昂古莱姆王室的小女儿玛格里特为后，即著名的美女"玛戈皇后"。不过，他们钟情的对象都不是对方，婚姻也因为没有子嗣更显苍白。最后，两人友好分手，亨利四世娶了来自佛罗伦萨王族的玛丽·德·梅迪奇，后者为他生了一个孩子，就是路易十三。

自从成为法国国王后，亨利四世倒是励精图治，他的名言是"要使每个法国农民的锅里都有一只鸡"，当然，他也确实在经济恢复上取得不错的政绩。1610年，亨利四世被一个据说有弑君狂的人弗朗索瓦·拉瓦莱克刺杀。路易十三继承王位，当时他年纪尚幼。人近中年的玛丽王后带着王子在圣丹尼尔大教堂加冕。在玛丽和红衣主教黎塞留的斗争中，法国开始了称霸欧洲的步伐。

红衣主教黎塞留

黎塞留的父亲是法王亨利四世时皇家大教堂的主持人，因此他具有了世袭的权利，在22岁时就获得主教头衔。按照主教任用的制度，他的年龄还差两岁，但是黎塞留自有妙计，他匆匆赶到罗马，谎报岁数，并在教皇面前发表了一篇声情并茂的拉丁文演说，教皇遂赐予职位。事后，黎塞留坦承谎言，并要求赦免，教皇无奈，只能答应，并批示说："该年轻人日后必将成为一大无赖。"

1624年，红衣主教黎塞留担任了路易十三的首相，他虽然体弱多病，但性情刚烈，尤其是政治上的铁腕让世人为之震惊。黎塞留是国家至上主义者，他提出了"国家主义"的理论来支持自己的政策："为促进国家的福祉，用任何手段均是合法的；国家利益取代了中世纪的世界道德观，均势则取代对大一统王国的向往，并假定一国在追求本身的私利之际，无形中对其余各国的安全与进步也会有所贡献。"这一观点后来为欧洲各国所奉行，黎塞留也被称为"现代国家制度之父"。

黎塞留在掌握了法国政权后，果然实现了他的追求，通过解除兵权、加大中央集权等方法，维护了法国的统一。不仅如此，黎塞留还大力扶植工商业、扩大海外贸易和进行殖民活动，加强了海军的建设。

凭借军事力量和黎塞留的狡诈头脑，法国在自己的周边扩大了疆土，并且从仰西班牙鼻息的状态下摆脱出来，破除了哈布斯堡王朝的包围。

不过，黎塞留只注重国家的富强，却无视百姓疾苦，各种捐税成倍增长，但黎塞留不以为然。他说："如果人民太舒适了，就不可能安守本分。应当把他们当作骡子，加以重负，安逸会把他们宠坏。"

1642年，这位红衣大主教终于虚弱得只剩下一口气了，听他进行临终告解的神父问他是否已饶恕了自己的敌人，黎塞留回答道："我一生中从未曾有过敌人，除非是国家公敌。"

路易十四的世纪

在欧洲的"三十年战争"接近尾声的时候，年方5岁的路易十四登上了法兰西的王位，其母安娜摄政，实权则掌握在首相马扎然手中。

路易十四亲政时，英国的议会制得到法国权贵的认同，因此国王的权威被削弱了不少。当时，欧洲各国的君主大多让首相或亲信大臣代理执政，但路易十四不然，事无巨细都亲自过问，他称之为"国王的职业"。

路易十四不愿意只做一个受人尊重的君主，他认为只有君主才有权考虑和决策，其他人的职责不过是执行君主的命令而已。为了树立权威，路易十四首先拿不可一世的财政总监福凯下手，不但将其终身监禁，还没收了他的巨额财产。

1661年，马扎然去世，路易十四随即召见大臣，声明从今以后国家的事务都由他自己处理，如果需要，他会让大臣们提出建议。这时，一位神职人员站出来问，因为马扎然还是红衣主教，现在他死了，以后该向谁请示宗教事务呢。路易十四回答说："当然向我！记住，朕即国家！"

在路易十四时期，欧洲的形势对法国极为有利。30年战争后，德意志和西班牙已精疲力竭，其他欧洲国家则与法国有同盟关系，似乎只有荷兰这个贸易强国可与法国匹敌。路易十四就趁着这个有利形势，进行了一系列大规模的征服战争。

强大的军事力量和侵略扩张政策，使法国在17世纪跻身于欧洲强国的前列。但是路易十四在位55年，有32年都是在打仗。加上宫廷生活的奢侈无度，耗费了大量财物，初期的繁荣日趋枯竭，对异教徒的迫害更是让几十万新教徒——其中不乏能工巧匠、富有商人和工场场主逃亡国外。为了补充兵源，路易十四还想出了抽签的办法，导致人口大量流失。

不过，路易十四对文学艺术和科学研究都给予了资助，凡尔赛宫也是他的杰作。1682年，路易十四把宫廷迁往他在巴黎附近大兴土木建造的凡尔赛宫，并且一反法国宫廷的放任传统，采用西班牙宫廷的庄严仪式，让一切朝臣和伺候他的人都对君主的威严表示崇拜。当时，宫廷里把路易十四称为"太阳王"，凡尔赛宫的庄严礼节也成了欧洲各国君主模仿的榜样。

路易十四统治的后半期，法国起义频发，对外战争遭到失败，国库日渐空虚，农业凋敝，工

这是汉森斯·瑞根德所作的肖像画。画中路易十四穿着加冕服，凝视前方，外表优雅且引人注目。他曾学习芭蕾舞长达20年之久，是卓有成就的宫廷舞蹈家。用圣·西蒙的话来说："他的微小的手势，他的步伐，他的举止都显得高贵……此外，也很自然。"

商业破产，民心尽失……辉煌的外表下，国家财政已濒临崩溃。1715 年，曾称雄一时的路易十四在人们的一片怨声中死去。他所留下的国家，已风光不再。

伏尔泰

18 世纪的法国，是伏尔泰的法国。

伏尔泰本名叫弗鲁索瓦·玛利·阿钱埃，1694 年生于巴黎一个富有的公证人家庭。少年时在耶稣会主办的贵族学校读书。伏尔泰的父亲希望儿子学法律，将来当法官或是律师，但伏尔泰却立志成为诗人。

伏尔泰也确实有诗人的天赋，可以出口成章。也正是这个出众的才华，让他即兴写了一首嘲笑贵族的讽刺诗，结果被关进巴士底狱。在狱中，伏尔泰完成了他的第一部悲剧《俄狄浦斯》。1718 年，《俄狄浦斯》在巴黎上演，伏尔泰一举成名。

成名后的伏尔泰旧习不改，仍然写讽刺诗嘲笑法国贵族，结果遭到毒打，第二次被关进巴士底狱，出狱后被驱逐出境。伏尔泰流亡到英国，对莎士比亚的戏剧产生了浓厚兴趣，并把他的剧作翻译介绍到法国。

1743 年，伏尔泰发表了《哲学书简》，在这部书里，他赞扬了英国的议会制，对法国的君主专制表示不满。伏尔泰说，人一生下来就是自由的，法律面前人人平等，国内应该有言论出版的自由等。在这本书中，伏尔泰还称天主教教主为"恶棍"，称教皇为"两足禽兽"。结果可想而知，此书一出版，立即被法国政府判为禁书，并当众烧毁。

伏尔泰无奈，只好来到法国和荷兰边境一个古老偏僻的庄园里，并隐居起来。1750 年，伏尔泰应普鲁士国王腓特烈二世的邀请访问柏林，这是一个比法国更专制的国家，伏尔泰幻想借助"开明君主"的力量，进行某些社会变革。然而，腓特烈二世只把伏尔泰当作宫廷点缀，给外人一个"开明君主"的形象，他对扩张、取得殖民地更感兴趣。伏尔泰丝毫不能改变德国的状况，不久便离开了柏林。

回到法国后，伏尔泰在边境小城定居下来，在此度过了他一生中的最后 20 余年，并写下《老实人》《天真汉》等，还把中国元杂剧《赵氏孤儿》改编成《中国孤儿》，在法国上演。

1762 年，一个名叫卡拉的新教徒的儿子因欠债而自杀了。天主教会向法院诬告卡拉，说他儿子因为想改信天主教，被信新教的父亲杀死了。法院于是把卡拉全家逮捕，严刑拷打后判处死刑。处死的这一天，刽子手们先用铁棒打断了卡拉的双臂、肋骨和双腿，然后把他挂在马车后面，在地上活活拖死，最后还点上一把火，把尸体烧成灰烬。

伏尔泰听说这件事之后，异常愤怒，他亲自调查了事件真相，把这件冤案的调查报告寄给了欧洲许多国家，震惊了整个欧洲。法国天主教会迫于压力，不得不宣布卡拉无罪，恢复了他家人的自由。从此，伏尔泰被称为"卡拉的恩人"，声望越来越高。1778 年，84 岁高龄的伏尔泰重返巴黎，不久病逝。

伏尔泰的思想对 18 世纪的法国产生了极大影响，被人们称为"启蒙者"，也就是开启智慧，把人们从愚昧、落后、黑暗中解放出来，摆脱教会散布的迷信和偏见，争取自由和平等的人。

孟德斯鸠、卢梭和狄德罗

除了伏尔泰，18 世纪的法国还有 3 位启蒙者也值得一提，他们是孟德斯鸠、卢梭和狄德罗。

1721年孟德斯鸠化名"波尔·马多"，发表了名著《波斯人信札》。他通过两个波斯人漫游法国的故事，勾画出法国上流社会中形形色色人物的嘴脸，如荒淫无耻的教士、夸夸其谈的沙龙绅士、傲慢无知的名门权贵、在政治舞台上穿针引线的荡妇等。书中还表达了对路易十四的憎恨，说法国比东方更专制，受到了普遍欢迎。

而孟德斯鸠最重要，也是影响最大的著作，应该算是《论法的精神》。这是一部综合性的政治学著作，出版后，两年中就印行了22版。书中明确提出了"三权分立"学说，特别强调法的功能。孟德斯鸠说："自由是做法律所许可的一切事情的权利；如果一个公民能够做法律所禁止的事情，他就不再有自由了。因为其他的人也同样会有这个权利。"

1762年，巴黎最高法院指责卢梭的《爱弥儿》和《社会契约论》与政府和宗教相对抗，卢梭不得不逃往瑞士，在那里，他的著作仍属禁忌。他在《山上的来信》中做了自我辩护。直到1770年，法国政府宣布赦免，他才得以返回巴黎。

卢梭出生于瑞士日内瓦一个钟表匠家庭，母亲因生他难产去世了，孤独的卢梭是读着母亲留下的小说长大的。13岁时，卢梭被送去学当律师书记，但卢梭非常讨厌这种只为了赚钱而缺乏趣味的职业，每天琐碎的杂务使他头晕目眩。他的老师也不喜欢他，常常骂他懒惰愚蠢。卢梭于是跑到一位雕刻匠的手下当学徒，但生活还是不能令人满意。

经朋友的介绍，16岁的卢梭结识了华伦夫人，也就是他后来的情妇和养母。卢梭听从华伦夫人的劝告，开始远途旅行，真切感受大自然的一切。华伦夫人认为卢梭对音乐感兴趣且有天赋，有意让他朝音乐方面发展，但卢梭创作的歌剧没有人喜欢。

离开华伦夫人以后，卢梭做过家庭教师、书记员、秘书等很多工作，直到44岁，开始隐居乡间，专心著书。在隐居的6年中，卢梭写出了政治学名著《社会契约论》（又译《民约论》），这是世界政治学史上著名的经典著作之一。他的教育学论著《爱弥儿》，简述了他那独特而自由的教育思想。而自传体小说《新爱洛绮丝》则成为人人争看的畅销书，并被翻译成多种语言，风靡全欧。

因为《爱弥儿》被法国法庭列为禁书，卢梭不得不开始了流亡生涯，在最后的不安宁的岁月中，他又写出了《忏悔录》《一个孤独的散步者的遐想》《山中书信》《公民的情感》等著作。

狄德罗出身于普通的手工业者家庭，自幼就相信科学技术的力量，为此编辑了集自然科学、机械工艺与人文科学三方面知识的《百科全书》。除此之外，狄德罗的著作还有《哲学思想录》《对自然的解释》《关于物质和运动的哲学原理》《达朗贝和狄德罗的谈话》等。

攻陷巴士底狱

巴士底狱是一座非常坚固的要塞，建造于12世纪，是一座军事城堡，当时是为了防御英国人的进攻而修建的。18世纪末，巴士底城堡成了控制巴黎的制高点，法国国王在那里驻扎了大量军队，专门关押政治犯。

1789 年 5 月，国王路易十六为了筹款吃喝玩乐，召开已经停止了 100 多年的"三级会议"。参加"三级会议"的代表多是第二等级和第三等级的代表，他们大多是工商业者、银行家、律师等，他们趁开会的机会，提出要限制国王的权力，希望把三级会议变成国家的最高立法机关。

这和路易十六的初衷大相径庭，他本想让议会想办法筹钱的，谁知变成了限制自己权力的障碍。路易十六震怒了，他马上出动军警，封闭会场，禁止议会开会。

国王的行为不仅没压住第三等级代表的反抗，反而把他们积压在胸中很久的怒火点燃了。议员们表示一定要制成一部代表全体法国民众利益的宪法，否则决不罢休。国民议会于是改名为"制宪会议"，公开反抗国王。

这一来惹得路易十六暴跳如雷，他偷偷向巴黎调集了大量军队，准备逮捕第三等级代表，用武力解散国民议会。消息传出后，巴黎民众非常愤慨，纷纷上街游行。

第二天清早，巴黎全城的警钟一起敲响，血腥搏斗的一天又开始了。市民们首先冲向军火库，抢得了武器，随即与近卫军打起了巷战。到了 14 日早晨，巴黎市民就夺取了整个巴黎，只剩下巴士底狱还在国王军队手中。

"到巴士底去！"人群中响起了呼喊声，人们从四面八方涌向巴士底狱。经过激烈奋战，人们终于找到一门威力巨大的火炮，当这门大炮发出怒吼，一颗颗炮弹射向巴士底狱时，围墙轰然倒塌。

巴士底狱被完全拆毁了，为了纪念巴黎人英勇攻占巴士底狱的伟大功绩，法国后来把 7 月 14 日作为自己的国庆节。

八月法令

巴黎革命胜利后，制宪议会成为实际的革命领导机关和国家立法机关。这时领导制宪议会的主要是三级会议期间带头进行反抗王权斗争的那些活动家，他们多为君主立宪派。制宪议会在君主立宪派领导下，运用各种立法手段，对法国进行了根本性的改造。

在此期间制宪议会通过的第一个立法文件就是八月法令。制宪议会本来是在起草《人权和公民权宣言》，但是人们斗争的风起云涌迫使制宪议会不得不首先将研究废除封建制度的问题提上日程。于是经过仔细地研究协商，8 月 4 日至 11 日法国通过了这个著名的法令。8 月 4 日晚，法学家塔尔热动议，要求制定强硬的恢复农村秩序的法律。但贵族代表诺阿伊子爵表示反对，他认为，要使农民放下武器，就应该无偿废除残存的农奴制和人身劳役，所有人都应按收入纳税，与土地相关的封建义务可以允许赎买。埃吉永公爵当即支持这一提案，代表们纷纷表示赞同。随后，很多贵族代表和教士代表陆续走上讲坛发言，提出废除各类不合理的特权和赋税的主张，其中包括教会什一税、贵族狩猎特权、养鸽特权、领主裁判权等。会场上情绪高昂，会议开了一夜，史称"八月四日之夜"。八月法令便是根据这一夜的动议制定的。

法令宣布"将封建制度全部予以废除"。按规定无偿废除的主要有人身义务、狩猎、鸽舍特权、领主法庭、教会什一税、特权等级免税权、买卖官职制度等，法令还进一步规定任何公民，不论出身如何，均有出任教会或国家的文武官职的机会。法令宣布要制定"全国性宪法"。此外，对源于土地的封建义务，法令准许以赎买的方式予以废除。

八月法令在根本原则上废除了封建制度，在法律上否定了封建土地所有制，是改造国家的重要一步。八月法令是革命者运用法律手段进行社会改造的第一步，具有重大的进步意义。

《人权宣言》

7月14日巴黎人民起义的胜利，拯救了制宪议会，从此制宪议会成了国家最高权力机关。议会代表的成分很复杂，既有僧侣和贵族，也有大资产阶级分子和自由主义贵族，还有资产阶级民主主义者，不过当时在制宪议会中占优势实际执政的是君主立宪派。这时大资产阶级也夺取了巴黎市政权。7月15日，金融资产阶级的代理人贝野被选为委员会主席。同一天任命拉法叶特为国民军总司令，并规定只有资产阶级分子有资格参加国民军。在外省，大资产阶级在夺取了各大城市的市政权后，他们推翻了旧政权，而代之以新选出的市自治机关，并成立资产阶级国民军。在革命炮火中大资产阶级夺取政权后，感到表明自己的政治态度非常必要，于是制宪会议在拉法叶特的建议下，决定起草《人权宣言》，并于8月26日正式发表。《人权宣言》是法国大革命的纲领性文件，其中阐述了18世纪启蒙思想家的政治思想和主张，明确宣布资本主义社会的基本原则。

《人权宣言》首先宣称："在权利方面，人们生来而且始终是自由平等的。""任何政治结合的目的都在于保存人的自然的和不可动摇的权利。这些权利就是自由、财产、安全和反抗压迫。"这样，法国资产阶级上台伊始就确定了保护人权的革命口号，明确反对革命前封建专制制度和等级制度下的公开的不平等及公开的人压迫人的现象。当然，资产阶级保护人权的目的，首先是为了提高自己的地位，但是在当时的历史条件下，这种提法也满足了广大劳动人民的要求，因为《人权宣言》发表之后，立刻得到人民群众的热烈拥护，并成为人民积极参加革命的推动力量。

《人权宣言》还提出了资产阶级的法制原则。其中第6条宣称："法律是公共意志的体现。全国公民都有权亲身或经过其代表去参加法律的制定。法律对于所有的人，无论是施行保护或处罚都是一样的。在法律面前，所有的公民都是平等的。"

为了废除封建社会的君权及贵族担任官职的特权，《人权宣言》还提出了"主权在民"的主张，并宣布一切公民"都能平等地按其能力担任一切官职、公共职位和职务，除德行或才能的差别外，不得有其他差别"。

尤为重要的是，它确立了"分权"原则。所谓"分权"即"三权分立"，目的在于剥夺君主的立法权及司法权，从而限制君主权力。宣言还庄严宣布"自由传达思想和意见是人类最宝贵的权利之一；因此各个公民都有言论、著述和出版的自由"。

总而言之《人权宣言》在当时的历史条件下，是一个进步的革命文件。但在肯定它的同时，我们也看到了它的阶级局限性，最具代表性的就是《人权宣言》在宣布"人人平等"的同时，又宣布私有财产是"神圣不可侵犯的权利"，这从根本上把资产阶级宣扬的所谓"人权"完全变成了维护资本主义的私有权，维护少数人剥削多数人的权利。

断头台和热月政变

1792年8月，国王路易十六被逮捕，全国上下一致要求审判国王。当时执掌法国政权的是吉伦特派，他们认为国王是神圣不可侵犯的，国民公会无权审判国王。就在大家为如何处置国王争论不休的时候，路易十六藏在王宫后面墙壁里的秘密文件被发现，里面全是路易十六写给逃亡在外国的法国贵族的信，命令他们想法"邀请"外国军队进攻法国，消灭议会力量。

这样一来，要求审判国王的呼声越发高涨，吉伦特派也只能宣布召开国民公会，表决对国王路易十六的判刑问题。表决的方法为"唱名表决"，由议长对700多名议员进行点名，被点到的议员逐个上台发表意见。当点到罗伯斯庇尔时，他以充满哲理的语言发表了

1793年1月21日，路易十六作为"民族的叛徒""人类自由的敌人"而被送上断头台。

自己的意见："我不能蹂躏真理和正义，而把暴君的生命看得比普通公民还重要。我不能玷辱智慧，而把这罪大恶极的人从本该灭亡的命运中拯救出来。我投票赞成死刑。"

这番话引起了一阵热烈的掌声。在两天三夜的表决后，大多数议员赞成判处死刑。国王路易十六终于被送上了断头台。

路易十六被处决后，欧洲各国的君主表示极端愤慨，他们以此为借口，进攻法国。1793年，普鲁士、奥地利、英国和西班牙等国组成"反法同盟"入侵，大有一举瓜分法国之势。法军在敌人的大举进攻下节节败退，国内那些忠于国王的保王党也趁机发动叛乱。吉伦特派的懦弱和犹豫让人们非常不满，由此，巴黎警钟再一次敲响，以罗伯斯庇尔为首的雅各宾派掌握了政权。罗伯斯庇尔马上采取了一系列果断措施，很快扭转了战局，赶走了外国侵略者，平定了国内的叛乱。

但是，这时雅各宾派内部发生了危机，3位领袖人物中，马拉被反对者暗杀，丹东变成了暴发户，因为反对罗伯斯庇尔的政策而被处决。为了镇压反对派，罗伯斯庇尔采用了恐怖政策，规定可以随意处死反对派。这样做的结果，使雅各宾派陷入孤立的处境，给了反对派可乘之机。

1794年7月27日，是法国的共和历热月9日，罗伯斯庇尔等人在国民公会的会场上被反对派逮捕，第二天清晨，未经审判便被送上了断头台。这个事件后来被称为"热月政变"。

断头王后

断头台砍下了路易十六的头，也没放过他的王后——玛丽·安东尼特。

玛丽是奥地利女皇玛利亚·特利萨和弗兰茨一世的第十五个孩子，也是最小的女孩。因为父母的溺爱，玛丽·安东尼特几乎没有受过真正的教育，她在艺术和阅读方面几乎什么也不懂，法语也很差，而且只愿意说德语。

不久后，奥地利和法国签订了一个新的和平条约，这使从1494年开始的间歇性的战争有希望结束。计划中，法国储君路易十六应该与玛丽·安东尼特的姐姐结婚。由于那位公主死于天花，只好让14岁的玛丽·安东尼特顶替了。

当玛利亚·特利萨问预言家她的女儿在法国是否会幸福时，预言家回答："有十字架来保证。"于是女皇对她呜咽的女儿告别："别了，我最亲爱的孩子。要对法国人民非常好，让他们说我为他们送来一个天使。"

玛丽·安东尼特婚后一直没有生育，因此不被皇室重视，无聊的皇后只能以各种消遣来消愁解闷。皇后的逍遥自在引发了各种各样的非议，有人诽谤她购买昂贵的项链。国家财政危机比较严重时，她又成了挥霍无度的罪魁祸首。

玛丽·安东尼特为了维护奥地利的利益，反对革命。法国大革命爆发后，她又拒绝君主立宪派的劝告，遭到了反叛。

大革命爆发后，玛丽·安东尼特企图和丈夫一起逃走，但很快便被抓了回来。在路易十六被处死后，她也走到了生命的尽头。

雾月政变

热月政变后，法国政权落入推翻雅各宾派的热月党人手中，他们成立了督政府管理国家。由于热月党人的统治也属于高压残酷，因此人们都不满意。这时，一个青年引起了人们的注意，他卓越的指挥才能和辉煌的战绩，得到了越来越多民众的信任，他就是拿破仑。

1797年，拿破仑被任命为"意大利方面军"总司令，率领军队横扫欧洲，把那些保王党统统扫除。这之后，拿破仑越过阿尔卑斯山，铲除了意大利北部的保王党势力。接着，他提出了一连串的进攻计划：远征埃及，打击英国，然后对俄、奥等反法国家逐个打击，以建立一个强大的、以法国为中心的欧洲秩序。

这个计划得到批准，拿破仑于是率军远征埃及。当时埃及为英国占领，在英国的支持下，受到入侵的埃及、叙利亚人对法国入侵者给予了有力打击。拿破仑进退维谷，难以立即做出决断。正当他陷入困境之时，沙皇俄国军队在沙皇本人的带领下，组织欧洲其他反法国家，再一次向法国发起进攻。

国内政局动荡不安，甚至国民政府内部也对政府的统治不满，头脑清醒的拿破仑立刻意识到将要发生什么了。

于是，拿破仑抛下法国远征军，偷偷离开埃及赶回了巴黎。刚一进入巴黎，他的支持者便奔走相告，巴黎人欢呼雀跃，高呼着拿破仑的名字，激动异常。拿破仑没想到他能得到这么多人的狂热支持，立刻把周围的人召集起来，商量下一步计划。

11月9日，行动开始了。拿破仑首先派军队控制了督政府，接管了革命政府的一切事务。这一天是法国共和历雾月18日，史称"雾月政变"。第二天，拿破仑把法国议会全部解散，宣布成立执政府，由他担任第一执政，大权独揽。

掌握了法国军政大权的拿破仑，很快击溃了奥地利军队，并进逼奥地利南部地区，迫使奥皇签订和约。1802年，以沙俄为首的第二次反法联盟又被拿破仑击溃，俄国对法国的威胁也解除了。

355

青年拿破仑

拿破仑·波拿巴生于法国科西嘉岛阿雅克修城的一个贵族家庭，拿破仑的意思是"荒野雄狮"。在8个兄弟姐妹中，拿破仑排行老二，他性格孤僻，不甚合群，偶尔同小伙伴在一起的时候，多半也是与他们争吵和打架。

1793年，24岁的拿破仑迎来了机会。这一年，法国保王党人在英国人的大力支持下发动叛乱，攻占了法国南部位于地中海沿岸的重镇土伦。拿破仑奉命夺回土伦，击溃保王党。

经过激烈的交锋，土伦被攻克，这一捷报立即传遍了整个法国，许多人不相信土伦这个曾被看作是无法攻克的堡垒，竟会陷在一个初出茅庐、默默无闻的毛头小子之手。这次胜利使法国军官们对拿破仑这个年轻的下级军官另眼相看，他被破格提升为炮兵准将。

正当拿破仑准备凭着雅各宾政府对他的赏识及自己卓越的军事才能去施展更宏大的抱负时，热月政变发生，热月党人在全国追捕雅各宾政府的亲信，拿破仑也因此被捕。在被监禁了14天后，拿破仑获得释放，因为在他的档案中没有发现任何监禁他的理由。

虽未被送上断头台，但顺利的前程却因此中断。拿破仑出狱后，当权者仍以不信任的眼光看着他。拿破仑被新政府任命为步兵指挥，在他看来这是一种侮辱，因为自己的专长是炮兵。拿破仑同负责军事的人大吵了一场，鉴于他拒不接受对他的任命，政府从现役将官名册上勾销了他的名字。

这是塔萨厄尔的一幅画作，表现的是 1794 年 7 月 27 日夜政变的情景。当时，雅各宾派领袖罗伯斯庇尔以及与他关系密切的政治盟友遭到逮捕，并被处以死刑。这一事件标志着由罗伯斯庇尔发起的、目的在于清除王权制度遗留的恐怖统治结束。

拿破仑非常消沉，天天穿着一件破大衣在巴黎游荡。这时，热月党内部发生了分裂，巴黎的情形十分危急，大部分地区都失去了控制，陷于叛乱队伍的包围之中。叛乱方面的武装队伍在人数上远远超过国民公会的武装力量。热月党人巴拉斯突然想到拿破仑，这个几次找他帮忙的消瘦的年轻人。于是，拿破仑再一次受命于危难之际，他以异乎寻常的精力迅速重新部署了国民公会的防卫。作为一个出色的炮兵，拿破仑首先想到的是如何使用大炮。

装备良好的叛军已经控制了巴黎的主要街道，开始向杜伊勒里宫进军，准备占领国民公会，但拿破仑用炮火迎接了他们。叛军完全没有料到拿破仑会使用大炮，他们被炮火轰得措手不及，战斗只持续了一个多小时便结束了。第二天早上，叛军总部宣布投降。

巴拉斯非常钦佩拿破仑的勇敢果断，任命他为巴黎卫戍司令。拿破仑的社会地位迅速上升，锦绣前程在他面前展开了。他搬进了旺多姆广场旁的高级旅馆，个人生活也变得绚丽多彩起来，开始追求美丽高雅的约瑟芬，一位比他大 6 岁的寡妇，沉浸在爱情的甜蜜之中。

当然，拿破仑的性格使他并不满足于巴黎的豪华生活，更不习惯在巴拉斯手下做个顺服的助手，他的心中炽烈地燃烧着施展军事才能的欲望——追求成为伟大统帅的欲望，这个欲望驱使着他去干一番轰轰烈烈的事业。

拿破仑称帝

通过雾月政变上台的拿破仑，开始不满足只成为法兰西共和国的第一执政。当对外战争取得了巨大胜利后，拿破仑的威望空前提高，他决定称帝。

1804 年，拿破仑宣布法兰西共和国为法兰西第一帝国，同时在法国最大的教堂巴黎圣母院隆重举行自己的加冕典礼。

加冕仪式举行这天，帝国的大臣、欧洲的友人以及巴黎平民百姓都聚集在巴黎圣母院内外，等候仪式的开始。当巴黎圣母院的钟声敲响后，仪式开始的时间到了，但却迟迟不见动静，人们都在窃窃私语，不知道是什么原因推迟了仪式进行的时间。

最着急的人不是拥在外面的民众，也不是窃窃私语的官员，而是主持仪式的教皇。按以往惯例，教皇无论主持什么仪式，也无论是为谁主持，都是别人先到教堂，然后教皇才姗姗而来。等到教皇一到，仪式就会马上进行。

这一次，教皇本想给拿破仑一个很大的面子，毕竟这是加冕典礼，让皇帝等得不耐烦总是不好，因此提前到了教堂。可当教皇走到举行仪式的地方时，却找不到皇帝拿破仑本人。这样一来，教皇像一头即将发怒的狮子一样，昂首怒目站立在前面，等着皇帝，寻思要给他点颜色看看。

终于，人群中出现了骚动。教皇以为皇帝来了，抬头一看，是一个瘦小的人，个子不高，手里牵着一只猎狗，身上穿着猎人的服装，大摇大摆地走进了教堂。原来人群骚动是因为这只猎狗，教皇心想，谁这么无礼把猎狗都带进来了，正想让侍从把这人和这狗赶出去，突然听到有人惊呼了一声："皇上！"

不知是哪位大臣先认出了拿破仑，喊了出来，其他大臣连忙扭过头去看。这个身着猎装、手牵猎狗的人，竟然是皇帝。教皇也不敢相信自己的眼睛，但等他证实确实无误后，拿破仑已大步走了过来。

"谢谢你，远道而来的客人！"拿破仑把一只手伸向教皇。教皇听到称呼自己为"客人"，很感奇怪，但他还是下意识地把手伸向了拿破仑。拿破仑接着说："进行仪式吧。"教皇此时已有点不知所措了，发火也找不到机会，只好把皇冠拿来，小心翼翼地捧在手里，口中念念有词。当他把皇冠慢慢举起，准备给拿破仑戴到头上时，拿破仑竟然一把把皇冠夺过来，很随便地戴到自己头上，说道："请你快点，我还等着打猎去呢！"

教皇满脸怒气，真想怒斥他一顿，但还没等教皇反应过来，拿破仑便转身高声宣布道："从今以后，教皇必须对我宣誓，必须效忠于我！"说完，便宣布加冕典礼结束，径自打猎去了。

教皇被晾在原地，半天没反应过来。以前，无论哪个国家的国王，都要向教皇宣誓，宣誓时还要手按《圣经》，以示虔诚，而拿破仑却把这些规矩翻了个个儿。

乌耳姆战役

拿破仑称帝后，他决定开始实行他庞大的战争计划，争取更大的光荣。

拿破仑首先准备的是进攻英国，一切就绪以后，拿破仑在1805年8月26日下令部队向东挺进，法国17万大军只用了20余天，便赶到了目的地——莱茵河畔。在大军飞速东进之时，拿破仑在巴黎频频露面，参加各种活动，让敌人误以为他没有率军远征。另外，他还把大军集结在英吉利海峡沿岸，佯装准备进攻英国。

奥军元帅麦克果然上当，认为拿破仑短时间内不会赶往莱茵河，所以进驻乌耳姆，准备迎击法军的先头部队。拿破仑以迅雷不及掩耳之势迅速攻占了多瑙河，消息传来时，麦克简直不相信自己的耳朵，他认为法军至少还需要20天的路程才能到达这里！这时，同行的斐迪南大公感到事情不妙，劝麦克迅速撤军，回到安全地方，以免被法军吃掉。但麦克不以为然，他相信法军抵达的只是先头部队，大部队还离自己很远，何况俄军很快就到了。

俄军确实赶到了莱茵河边，但被法军拦住了去路。拿破仑派大将缪拉率军拿掉乌耳姆，但缪拉有勇无谋，在实施对乌耳姆的进攻时，命令部队在多瑙河北岸进攻，然后再进至南岸，这样在防守上出现了漏洞，一旦奥军从北面突围，就能够溜之大吉。

麦克当然不会放过这个漏洞，他立即组织部队由北面突围，但一个突然的事件使他犹豫起来。就在他商议突围方案时，一个叫舒尔曼斯特的人进来了，在听了他的陈述后，麦克这下抛弃了疑虑，认为拿破仑已经众叛亲离，盖世之功唾手可得。他放弃了突围，决定迎头出击，击败法军。可惜麦克打错了算盘，舒尔曼斯特是拿破仑派来的间谍，以弥补缪拉的失误。

当17万法军兵临城下时，麦克才恍然大悟，但为时已晚。乌耳姆在炮火下变成一片火海，奥军只能升起白旗。

乌耳姆一战，奥军损失5万余人，丢失大炮200门，多瑙河地区的奥军几乎全被歼灭，将军都成了俘虏，通向维也纳的大门被打开了。这时，拿破仑接到了一个悲惨的消息：维尔纳夫指挥的法国、西班牙联合舰队在直布罗陀西口的特拉法加海角，同纳尔逊海军上将率领的英国舰队进行了海战，全军覆没，维尔纳夫本人被俘，而英国舰队完好无损。但此时的拿破仑已顾不上海上的失败了，他要向维也纳进军。

法军以智胜敌

乌耳姆战役之后，库图佐夫率领俄军与溃败的奥军会合，力量很是可观，这使拿破仑很是担心，而且中立的普鲁士背叛了法国，无异于雪上加霜。

拿破仑给了缪拉一个将功补过的机会，命他率骑兵攻占维也纳，但缪拉再次犯下错误，他急功近利地想一举占领维也纳，结果与大部队失去联系，不但没有完成任务，还损失了一个师，整整使法军耽误了两天的时间。

为了弥补损失，拿破仑下令强渡多瑙河追赶俄军。但大桥全被俄军炸掉了，只剩维也纳北面的一座被奥军严加防守的桥梁——阿尔柯桥。拿破仑这回给缪拉下了死命令：必须强占这座桥！

缪拉想出了一个智取的办法。缪拉挑选了一个营的掷弹兵，命令他们悄悄埋伏在桥边的灌木丛中。他自己则只带领了3个将领，大摇大摆地上了桥，向敌人走过去。当他看到守桥奥军急欲点火炸桥时，便高声喊道："法奥已经停战了，停战协定马上要签订了，你们还炸桥干什么？"

奥军士兵不知真假，但看到他们只有4个人，又听说是来谈判的，就把他们带到了桥头军营里。缪拉一见到守桥军官，立刻要求见奥厄斯伯公爵，商谈双方停火的事。军官听明原委马上派人去请，公爵来到后，缪拉又立刻与他握手，并热情洋溢地对公爵大加夸赞。正当缪拉与公爵谈兴正浓时，埋伏在桥边灌木丛中的法军士兵迅速冲上桥头，把奥军准备炸桥用的燃烧袋子全部抛入河中。

一名奥军下级军官发现了他们，急忙向公爵报告，但是在缪拉的激将法下，奥厄斯公爵感到受到了侮辱，立即下令："将这个目无军纪的人带下去！"

这时，法军已基本完成了对大桥的占领，所以缪拉笑着对公爵说："公爵，您应该和他一道出去，不然我们的将士们会埋怨我的。您看，他们来了！"说完，指了指似乎是从天而降的法军士兵。直到这时公爵才恍然大悟。

就这样，法军不费吹灰之力夺取了大桥，大部队迅速追上了库图佐夫。经过几次血战，俄军以1.2万人的代价，到达阿罗木次，与沙皇和奥地利皇帝会师。拿破仑紧追不舍，双方再次对峙。

为了让敌人相信法军想拖延战机，军无斗志，坚定敌人迅速决战的信心，拿破仑派使者到联军中去，谎称要与沙皇亚历山大一世会面，沙皇不愿见这个"科西嘉小子"，便派了一个军官跟随法军使者去面见拿破仑。拿破仑在这个军官到来时，故意让军队将士们做出衣衫不整、懒散松懈的样子。果然，俄军中计。

1805年12月2日凌晨，奥斯特里茨大战开始了。联军首先发射密集的炮火，拿破仑却让部队后撤，将联军吸引过来后，拿破仑迅速抓住战机，利用精锐部队攻占制高点，切断了联军的联系，联军全部处于法军的炮口之下。在这关键时刻，拿破仑果断下令总攻。在隆隆的炮声中，联军彻底失去了作战能力。第二天，奥地利皇帝请求停战，割让了占全国人口总数1/6的国土，并宣布每年支付4000万法郎的战争赔款。

战争的胜利使法国得到了莫大的好处，拿破仑的威名又一次受到至高无上的崇敬。

西班牙受挫

在经过一系列战争之后，拿破仑沉醉在了巨大的成功之中，把一切都不放在眼里，他深信自己在战略和谋略方面都是无懈可击的，是欧洲最伟大的军人。如果还有什么瑕疵或遗憾，就是法军曾在与英军的海战中全军覆没。英国，是他称霸欧洲的唯一障碍。

自从海战中失利后，拿破仑制伏英国的唯一希望就是依靠大陆封锁，从经济上窒息英国。在伊比利亚半岛漫长的海岸线上，英国舰队几乎完全控制了比斯开湾，进而控制了整个大西洋和地中海。岛上的西班牙虽是法国的同盟国，但貌合神离。在没有占领伊比利亚半岛前，要想让岛上的国家严格执行大陆封锁政策是不可能的。他们虽然接受了这个法令，但暗地里却对走私采取默许和宽容的态度。为了将英国完全封锁，拿破仑决心征服伊比利亚半岛。

其实拿破仑这个军事奇才心里很清楚，把战争扩展到伊比利亚半岛是犯了兵家大忌——两面作战，而且正在享受和平快乐的人们也不愿再去打仗，但自信让他犯了一生中第一个重大的错误。

拿破仑决定先解决葡萄牙，再征服西班牙。他与西班牙国王签订和约，共同瓜分葡萄牙的领土和殖民地。当拿破仑轻而易举地占领了葡萄牙后，马上就将矛头转向了西班牙。当缪拉率军进入了西班牙首都后，拿破仑任命自己的哥哥约瑟夫为西班牙国王，缪拉则接替约瑟夫，成为那不勒斯国王。

一切都进行得太顺利了，顺利得出乎想象。正当拿破仑为自己的胜利自鸣得意时，一场风起云涌的反抗法国侵略者的武装斗争迅速在西班牙掀起，人们到处袭击法军士兵。但拿破仑并不把起义放在眼里，在他眼里，这些手拿生锈猎枪和铁棍的人根本不足为惧。

但拿破仑错了，法军几乎每天都受到西班牙人的疯狂报复。一次，法军进入一个村庄寻找食物，在一位年轻女子家中找出了一些食品，饥饿难忍的士兵很想将这些食品立即吞下，可又怕被人下了毒，就让这位年轻妇女先吃一些。这个女子毫不犹豫地吃了，法军还不放心，又命她将这些食品喂她的孩子，她也立即照办。士兵们见状，开始放心地狼吞虎咽起来。结果，年轻的妇女、孩子和进食的法国士兵全都痛苦地死去。

面对如火如荼的西班牙抵抗斗争，法军陷入了困境，新国王约瑟夫很快就在马德里坐不住了，收拾行装逃到了维多利亚。拿破仑大为愤怒，此时与英国的战争已经开始，但西班牙牢牢拴住了他30万的精锐部队。

莫斯科大火

1812年，60万法军浩浩荡荡地开赴俄国。一开始，形势对法军十分有利，庞大的军队进入敌境，竟未遇到一兵一卒的抵抗，顺利地占领了立陶宛。

安静的立陶宛连个人影也没有，这让拿破仑心里发虚。原来，沙皇早在法军来以前就下了命令，让所有人都躲藏起来，使拿破仑的几十万大军处于寂寞清冷的荒野里，得不到补给，处境艰难。

疲惫不堪的法国将领们立刻组织军队进攻斯摩棱斯克，这次他们遇到了顽强的抵抗，伤亡惨重。看到硬拼不行，拿破仑命令用大炮射击。这次拿破仑达到了目的，一阵猛射之后，对方便毫无动静了，法军争先恐后奔入城市。可进城之后，法军发现这里也是一座空城，俄国人又跑了！

拿破仑气炸了肺，决心孤注一掷，命令部队继续东进，终于在波罗金诺地区发现了俄军的踪迹。拿破仑了解这个小村是莫斯科的钥匙，决心不惜一切代价占领它。当法军用600门大炮的强大威力占领了这个村庄后，俄军位于村南箭头堡阵地的大炮终于咆哮起来，双方的炮战正式开始。

俄军的主帅是巴格拉基昂，也是少有的能让拿破仑竖大拇指的将军。双方在一阵大炮对轰后，展开了惨烈的争夺战。由于法军在数量上远远超过了俄军，最终冲进箭头堡，俄军守堡士兵全部阵亡。巴格拉基昂不甘失败，迅速调集后援部队增援，自己则身先士卒，亲自冲锋陷阵。俄军在法军炮火的轰击下，一批又一批死去，但终于夺回了箭头堡。

9月14日，法国军队在拿破仑的率领下，浩浩荡荡进入莫斯科，但得到的依然是一座空城。恼羞成怒的法军一把火点着了整个城市，这场莫斯科大火燃烧了三天三夜。

这时，西伯利亚的刺骨寒风夹带着雪花到达了莫斯科，法军以生命换来的成果，却因为缺衣少食而难以维持。10月18日，俄军袭击了法军，打死打伤3000余人。面对这种情况，拿破仑决定撤军。在回国途中，法军不断遭到俄军伏击，加上天寒地冻，风雪交加，士兵大批大批地死去。但此时的拿破仑仍没有死心，他派使者找沙皇商议停战，得到的是亚历山大斩钉截铁地回答："只要俄国疆土上还存在一名法国士兵，就不议和！"很快，亚历山大联合了奥、普军队追杀过来，与法军会战于德国莱比锡，法军又遭重创。当拿破仑终于离开俄国时，原来的60万大军只剩下两万瘦弱的士卒了。

1814年，亚历山大与各国反法联军进入巴黎，拿破仑被迫退位，被流放到厄尔巴岛。

兵败滑铁卢

1815年拿破仑再返巴黎，重掌政权。

正在维也纳开会的反法联盟各国首脑在得知拿破仑重新集结军队，准备东山再起之后，大惊失色，他们立刻拟定临时宣言，称拿破仑是世界和平的扰乱者和敌人，迅速集结兵力进攻巴黎。

70万联军很快集结完毕，而此时的拿破仑只有18万人，他希望战争开始前能有50万人上阵，但元气大伤的法军已无法满足拿破仑的愿望了。面对强大的联军，拿破仑决定以攻为守，只要率先击溃英普联军，打败威灵顿和布吕歇尔这两个老将，其他联军便好应付了。

拿破仑派了12万法军悄悄出发，埋伏在比利时边境，驻扎到离普军只隔一片密林的地方。战斗打响时，法军主力7万人同普军主力8万人交战，另外的5万法军用以牵制英军。战斗进行得异常激烈，其间下起了大雨，枪炮声、雷雨声相互交杂。傍晚雷雨过后，布吕歇尔发现自己已被法军包围了，败局已定。

击溃了普军的拿破仑，亲率大军转攻英军，威灵顿听到布吕歇尔战败，害怕孤军作战，迅速向滑铁卢方向撤退。法军将领内伊受命拦截英军，但内伊优柔寡断，遗失了战机。拿破仑气愤异常，也尾随英军到了滑铁卢。

这幅画表现了1815年6月18日进行的滑铁卢战役中晚8时许的紧张情景。

这时，被拿破仑击溃的普军重新集结，一路增援滑铁卢附近的英军，一路直接围攻法军。威灵顿也在滑铁卢南面布下阵势，等待决战时刻的来临。

6月18日上午，法军抢先开炮，向英军右翼兵力薄弱的堡垒射击。当拿破仑准备进攻英军中部时，情况突然发生变化，布吕歇尔率普军赶到增援，迫使拿破仑不得不从预备队中抽出两个骑兵师迎击布吕歇尔。

战斗进行到下午，拿破仑令内伊元帅不惜一切代价攻克英军中部。此时，英军无力支持，法军也疲惫不堪，双方都焦急等待援军的到来。

黄昏时分，普鲁士援军赶到，顿时，英军士气高涨，拿破仑见状，自觉已无回天之力，法军全军溃败，拿破仑乘马仓皇逃出了战场。

拿破仑败归巴黎，百万反法联军也长驱直入巴黎，拿破仑第二次宣布退位，被流放到位于大西洋南部、远离欧洲大陆的圣赫勒拿岛。1821年病逝于该岛。

19年后，拿破仑的遗骨被接到巴黎，无数人冒着严寒、迎着风雪，护送灵柩前往塞纳河畔的荣军院。拿破仑的遗愿此时得到实现，他以一个老兵的身份安息在了塞纳河畔，安息在他热爱的法国。

维也纳会议

拿破仑帝国覆灭后，各战胜国在维也纳召开了一次大规模的国际会议，史称"维也纳会议"，这次会议从1814年10月1日一直到1815年6月9日，欧洲所有的国家都派代表参加，但实际操纵会议的只是四大战胜国——俄、英、普、奥。他们的目的都很明确：瓜分赃物，满足自己的领土野心；以"正统主义"的招牌，恢复法国大革命前的旧秩序，复辟封建王朝；防止法国东山再起。在四大国中，尤以沙皇俄国野心最大，它极力想扩张领土，从而确立俄国在欧洲的霸权。奥地利试图在中欧称霸特别是强调在德意志的优势。英国希望在保持欧洲大陆诸国均势的前提下，扩大其海外殖民地以加强海上霸权地位。普鲁士要求扩充领土，从而同奥国争夺德意志的领导权。因此，会议斗争非常激烈，其焦点是波兰和萨克森问题。俄国为了独占"华沙大公国"，提议把萨克森让给普鲁士，由此争得了普鲁士的支持。奥地利反对沙俄的提议，转而和英国联合。法国害怕东邻普鲁士的强大，也站在英、奥一边。1815年1月3日，英、奥、法三国签订了秘密同盟条约，规定三国若遇他国进攻，则互相援助，法、奥各出兵15万，由英国供应军火。结果双方斗争愈演愈烈，几乎达到决裂的地步。后来由于拿破仑重返法国，各战胜国只得暂时妥协，组成新的反法联盟，于1815年6月9日匆忙签署了《最后总决议》。根据《最后总决议》，欧洲许多国家恢复了封建旧王朝的统治；欧洲领土及海外殖民地被允许任意瓜分；条约还协商建立德意志联邦，其中由德意志34个邦和4个自由市（汉堡、不来梅、卢卑克和美因河上的法兰克福）组成，奥地利代表负责主持联邦会议；按决议规定将法国限制在1790年的疆界，东北边境的17个城堡和要塞由联军占领3~5年，法国负担占领军的费用。法国须赔款7亿法郎，并交出军舰。北部比利时被并入荷兰，成立尼德兰王国，卢森堡公国也归尼德兰国王兼治。瑞士确定为永久中立国。会议维持了意大利的四分五裂的局面，并把它的大部分领土置于奥地利控制之下。这样，维也纳会议违背各国人民的愿望，恢复了旧的封建君主的王位，把从拿破仑统治下获得解放的民族，又置于战胜诸国的民族压迫之下。

神圣同盟

神圣同盟是拿破仑帝国瓦解后欧洲各国君主组成的反动同盟。为了巩固维也纳会议确立的反动秩序，同时也为了镇压革命运动，在沙皇亚历山大的倡议下，并得到奥地利皇帝弗兰茨一世和普鲁士国王腓特烈·威廉三世的大力赞同，三国于1815年9月26日在巴黎签署《神圣同盟宣言》，成立"神圣同盟"。该同盟标榜根据基督教教义处理相互关系，郑重宣布：三国属于上帝统治下的同一个家庭的三个分支，三国君主要以手足之情互相救援。同时负责引导臣民和士兵保卫宗教、和平与正义，并要求人民遵守教义，

神圣同盟实际决策者之一——奥地利首相梅特涅

恪尽职责。同时还对承认盟约原则的其他国家发出邀请。

同年 11 月 19 日，法国国王路易十八加入。最后除英国摄政王、奥斯曼帝国苏丹及教皇外，欧洲各国君主纷纷加盟（英国也表示支持）。在神圣同盟中起决定作用的则是俄国，它实际上扮演了"欧洲宪兵"的角色。神圣同盟声称维护耶稣的公正、慈爱及和平，反对在任何地方发生革命，并在其存在时期一直坚持绞杀欧洲革命。这正如恩格斯所说，它是"所有欧洲的君主在俄国沙皇领导下反对本国人民的一个阴谋"。神圣同盟先后镇压了意大利革命和西班牙革命，甚至妄图干涉拉丁美洲独立运动。后来因为欧洲革命蓬勃发展，1822 年以后同盟实际上名存实亡了。1830 年法国爆发七月革命，之后在 1848 年欧洲又发生了资产阶级民主革命，在这样的冲击下，同盟最终瓦解。

拿破仑三世

路易·拿破仑·波拿巴（1808～1873 年），法兰西第二共和国总统（1848～1851 年），第二帝国皇帝（1852～1870 年），即拿破仑三世，他是拿破仑一世的侄子。

1808 年 4 月 20 日路易生于巴黎，第一帝国瓦解后，他随母亲定居瑞士，就学于该国军校，后来成为炮兵军官。1831 年支持意大利烧炭党运动，并参加罗马地区起义。自 1832 年拿破仑一世的儿子夭折后，他成为波拿巴家族夺取王位的觊觎者。1836 年他曾发动军队暴动，反对七月王朝，兵败后被流放巴西、美国。不久辗转回到欧洲，1839 年留居英国。1840 年路易再次冒险发起暴动，结果被判终身监禁。1846 年路易越狱成功，出逃英国。

1848 年革命爆发后，他回到法国，9 月当选制宪议会的议员。12 月 10 日依靠农民选票终于当选为共和国总统。1851 年 12 月 2 日他发动了政变，解散议会，并通过公民投票使政变合法化。1852 年 12 月 2 日元老院宣布恢复帝国，路易·拿破仑·波拿巴正式成为法兰西人的皇帝，称拿破仑三世。他曾利用民众对拿破仑一世的迷信，依靠工商业与金融资产者的支持，大力推动法国工业革命的发展。路易执政期间法国参加了克里木战争，后来又与奥地利开战，并发动了侵略中国、越南、叙利亚和墨西哥的殖民战争。1870 年普法战争中路易·波拿巴亲临前线，9 月 2 日在色当战败投降，被俘于威廉堡大牢，时年 62 岁。1871 年 5 月 10 日《法兰克福条约》签订后获释出狱。1873 年，病故于英国肯特郡的奇泽尔斯特，享年 65 岁。

巴黎公社

1870 年 9 月 2 日拿破仑三世在普法战争中战败投降。巴黎人民掀起 9 月 4 日革命，推翻第二帝国，但是胜利的果实却落入资产阶级共和派右翼和帝制派奥尔良党人之手，他们组成"国防政府"。1871 年 2 月 17 日，梯也尔出任法国政府首脑，28 日法国与德国签订和约，法国割让阿尔萨斯、洛林等大片领土给德国，赔款 50 亿法郎。这种丧权辱国的行为激起了人民群众的极大愤慨。巴黎民众纷纷要求成立公社，以监督政府。3 月 15 日，国民自卫军选出中央委员会。3 月 18 日晨，梯也尔政府出动军队袭击了蒙马特尔和梭蒙高地，企图夺取国民自卫军 417 门大炮，并逮捕了国民自卫军中央委员会成员，从而引发了武装起义。当晚国民自卫军控制了巴黎所有的政府机关和塞纳河上的桥梁。梯也尔政府因局势失控，其成员及军队、警察和官吏仓皇出逃凡尔赛。3 月 26 日巴黎进行选举，3 月 28 日巴黎公社正式成立。

自 4 月 2 日起，公社战士与凡尔赛政府军在巴黎近郊展开激战。由于德国在 4 月间曾释放了 10 万余战俘补充法国军队，到 5 月中旬，凡尔赛政府已经可以调集 13 万兵力进攻巴黎。这时与之相抗战的公社第一线作战部队，其全部兵力仅有 1.8 万人。5 月 8 日，凡尔赛军开始炮击巴黎城防工事，10 日，法、德正式签署《法兰克福条约》，由此达成秘密协议，德国允许凡尔赛军越过德军防线进攻巴黎，德军对巴黎实行封锁，切断粮食供应。5 月 17 日至 20 日，凡尔赛军集中火力猛攻巴黎西区各城门。21 日，凡尔赛军攻入巴黎城区。23 日，凡尔赛军经德军防线前面"中立"地带包抄蒙马特尔，并占领该地。公社战士逐区进行街垒战，但是由于各种原因最终归于失败。战后凡尔赛军对巴黎人民实行血腥屠杀，据统计当时大约有 29804 人遭残杀，72941 人在作战中牺牲，60971 人被投入监狱或流放。

巴黎公社革命是法国无产阶级进行的一场自发的革命，虽然公社斗争只坚持了 72 天，但它为无产阶级革命运动提供了极其宝贵的经验和教训。这是无产阶级为推翻资产阶级统治、建立无产阶级专政的首次伟大尝试。公社的英雄儿女们用生命和鲜血捍卫新生政权的大无畏革命精神，将永远激励人民为争取自由解放而斗争。

瑞士的永久中立

现今瑞士的地域，是早在公元前 1000 年时凯尔特族人的居住地。公元前 1 世纪，原来住在莱茵河一带的凯尔特人的一支海尔维第人，因受日耳曼人的侵扰，迁至瑞士中部，建立了 12 个城市和 400 多个村落，瑞士的另一名称"海尔维第"即来源于此。

1798 年，拿破仑一世侵吞瑞士，将其改为"海尔维第共和国"。由于瑞士人的反抗，拿破仑做出让步，放弃统一集权国家的设想，决定成立联邦，瑞士又恢复联邦制。所谓联邦，这个词的拉丁文原意就是盟约或契约，指人与神之间神圣持久的盟约。《圣经》中记载，公元前 13 世纪，以色列人最早使用"联邦主义"原则构建其政体，借由盟约联合各部落，维持民主团结。所以联邦的制度是奠基于各小国签署的盟约基础之上，各盟国仍维持其独立自主的地位。

在维也纳会议中，各国都承认瑞士联邦的领土完整，并承认瑞士永久中立。于是，瑞士联邦在 1848 年公布了第三部宪法，设立最高执行机构联邦委员会，定都伯尔尼，从此瑞士成为统一的联邦制国家，并决定无论何时都保持中立。

应该说，这项决策非常英明，因为瑞士国境虽大多数位于高耸的阿尔卑斯山脉上，但身处欧陆心脏地带，是欧洲陆、空交通转运点的关键性位置，为了在周边大国的激烈斗争中存活下来，采取中立政策是最为可取的。

法国的文学巨匠巴尔扎克

在 19 世纪的法国，除了拿破仑，还有一位文学巨匠被人敬仰称颂，他就是巴尔扎克。

奥诺雷·巴尔扎克生于法国南部小城木尔，因为父母不喜欢这个孩子，两岁的巴尔扎克被送到别人家寄养，8岁时又被送到一所教会学校寄读。在进入大学后，巴尔扎克学的是法律，但毕业后，他却突然宣布自己要当个作家。

家里人都认为他脑子出问题了，父亲的话更是刻薄得不留一丝情面："你是个十足的笨蛋！伟大的诗人8岁就能写诗，你16岁时连作文还写不好！要当作家你就滚吧！"

巴尔扎克一言不发地走了，父亲无奈，最后只得同意给他两年的时间，不成功就要去当律师，否则停止对他的经济支持。

经过几个月的努力，巴尔扎克写出了一个诗体悲剧《克伦威尔》，他在家里举行朗诵会，结果听的人都睡着了。两年的试验期很快过去了，巴尔扎克没有写出像样的作品，但他仍然坚持，恼羞成怒的父亲断绝了他的经济来源。

失去了家里经济支持的巴尔扎克，立即陷入贫困的境地，不得不卖文求生，但这样依然没改变他的处境。巴尔扎克对这种卖文生涯感到十分痛苦，他认为自己是在制造垃圾。负债累累的巴尔扎克为了躲债，经常在贫民区生活，看着那里的人做买卖、争吵，为生存而奔忙，巴尔扎克觉得他此时才真正体验了生活。

1829年，巴尔扎克终于完成了他的长篇小说《朱安党人》，开始成为引人注目的作家，从此一发而不可收。

可能巴尔扎克的写作天分在这时候才觉醒，巴尔扎克的写作速度越来越惊人，有时候一天晚上能写两个短篇小说，三天写一个中篇小说，两个星期就完成一部长篇小说，而且没有一部粗制滥造。

巴尔扎克创作时经常进入想象的世界，甚至把小说当成现实。一次，一个朋友来拜访他，在门外就听见了巴尔扎克悲痛的哭声。朋友进了门，吃惊地问他怎么回事。他答道："高老头刚刚死了。"

巴尔扎克曾制订过一个宏伟的创作计划，即写137部小说，总名字叫《人间喜剧》，要写出一部法国的社会风俗史。到巴尔扎克逝世时，《人间喜剧》完成了91部小说，这其中最有名的就是《欧也妮·葛朗台》和《高老头》。

《高老头》写了一个退休的面粉商人高里奥的故事。高老头的大女儿嫁给了贵族，小女儿成了银行家的太太，女儿出嫁时，高老头把自己的钱全分给了两个女儿做嫁妆。但女儿出嫁后就把父亲抛弃了，理都不理他。高老头一气之下得了重病，临死时希望见女儿一面，可两个女儿都参加舞会去了。高老头死后，两个女儿连棺材钱也不出，还是一个穷大学生想法安葬了他。

《欧也妮·葛朗台》的主人公老葛朗台是个木匠，成了百万富翁后却舍不得花一分钱，家里过着穷酸的日子。他把自己的女儿当鱼饵，诱惑那些向女儿求婚的人，自己好从中渔利。女儿欧也妮爱上了堂弟查理，老葛朗台却将查理从家里赶走，还把欧也妮关在阁楼上惩罚她。后来老头死了，给女儿留下1800万法郎的遗产，可女儿失去了青春、爱情和幸福，也变得吝啬起来。

遗憾的是，长期的辛劳严重损害了巴尔扎克的健康，在他刚过50岁时便结束了他辛勤劳累的一生。

雨　果

雨果生于法国南部，与巴尔扎克16岁还不会写作文不同，雨果9岁就开始写诗，15岁写的《读书乐》受到法兰西学士院的奖励，20岁时发表诗集《颂歌与杂诗》，国王路易十八亲自赐给他年金。

1830 年，雨果的剧本《欧那尼》在法兰西大剧院上演，这个描写 16 世纪西班牙一个贵族出身的强盗欧那尼反抗国王的故事，将雨果推上了法国文坛领袖的宝座。

雨果最有名的代表作是《巴黎圣母院》。故事发生在中世纪，流浪的吉普赛艺人在广场上表演歌舞，有个叫埃斯梅拉达的美丽的吉普赛女郎吸引了来往的行人，就连巴黎圣母院的副主教克罗德·弗罗洛也一下子对美丽的埃斯梅拉达着了迷，内心燃烧着情欲之火，疯狂地爱上了她。他命令教堂的敲钟人，相貌奇丑无比的卡西莫多把埃斯梅拉达抢来。结果法国国王的弓箭队长法比救下了埃斯梅拉达，把卡西莫多带到广场上鞭笞，善良的吉普赛姑娘不计前嫌，反而送水给卡西莫多喝。

在浪漫主义时期，雨果（右二）成为少数进入法兰西学院的人士之一。阿尔弗烈德·维尼伯爵曾被拒绝了 5 次，而大仲马（右举手者）则从未进入。

卡西莫多非常感激埃斯梅拉达，也爱上了她。天真的埃斯梅拉达与法比一见钟情，两人约会时，弗罗洛悄悄在后面跟着，出于嫉妒，他用刀刺伤法比后逃跑了。埃斯梅拉达却因谋杀罪被判死刑。卡西莫多把埃斯梅拉达从绞刑架下抢了出来，藏在巴黎圣母院内。弗罗洛趁机威胁吉普赛姑娘，让她满足他的情欲，遭到拒绝后，把她交给了国王的军队，无辜的姑娘被绞死了，卡西莫多愤怒地把弗罗洛推下教堂摔死，然后拥抱着埃斯梅拉达的尸体也死去了。

路易·波拿巴建立了法兰西第二帝国后，实行恐怖政策，雨果遭到迫害流亡国外。这时期，他先后发表了长篇小说《悲惨世界》《海上劳工》和《笑面人》。

《悲惨世界》也是雨果的代表作，讲述农民出身的贫穷工人冉阿让，一次看见姐姐的孩子饿得哭叫，就去偷面包，不幸被人抓住，判了 5 年徒刑。他几次越狱，被抓回来又加判了共 14 年刑期。为了一块面包，冉阿让坐了 19 年牢。冉阿让发誓复仇，他再一次越狱，但米里哀主教感化了他，说服他放下愤怒，做个好人。

雨果的两部代表作，为法国的 19 世纪画上了句号。

沙皇彼得

蒙古人东扩后，基辅罗斯沦为蒙古统治的地区，一直到 1480 年，才在莫斯科大公的领导下摆脱蒙古人的控制。

莫斯科大公是莫斯科邦国的领袖，莫斯科建于 1147 年，由弗拉基米尔大公尤里·多尔戈鲁基兴建，这位创建人头戴战盔、身披铁甲、左手持盾、双腿跨马的纪念像，一直矗立在莫斯科的广场上。14～15 世纪，莫斯科公国逐渐强大起来，领导其他公国摆脱了蒙古统治，使罗斯成为一个独立的国家——俄国。

由于蒙古人长期统治罗斯各国，游牧经济发达，相对于西欧各国，俄罗斯的文化相对落后。直到彼得大帝掌管俄国，才让一切发生了改变。

1682 年，刚满 10 岁的小沙皇彼得·阿列克塞耶维奇·罗曼诺夫登基了，他是俄国罗曼诺夫王朝的第四代沙皇。彼得是沙皇亚历克西斯和他的第二个妻子所生的独子。彼得不到 4 岁父亲就去世了，而亚历克西斯的第一任妻子还为他生了 13 个孩子，所以他们就王位的继承人问题展开了一场漫长的殊死斗争。不久，彼得的同父异母姐姐索菲娅借助射击军发动兵变，彼得被迫和母亲移居到莫斯科郊外。

7年后，彼得拥有了两支训练有素的近卫军。索菲娅意识到这个弟弟是个危险对手，她发动兵变企图废掉彼得，但没有成功。索菲娅被送进了修道院，彼得开始亲自执政。这时的俄国还是个内陆国家，经济很落后，贸易十分闭塞。彼得认为要改变这种状况，俄国首先要有个出海口，这样商贸才能顺利往来。

1695年，彼得亲率3万大军进攻土耳其，企图占领亚速海。由于没有海军，彼得不能从海上包围亚速城，而土耳其舰队却可以经常接受援助，远征宣告失败。但彼得并不甘心，他用1年多时间建立了一支舰队，再次围攻亚速城堡。土耳其人没想到俄国建海军会如此迅速，吃了败仗，亚速海落到了俄国人手中。

彼得虽然占领了亚速，但却没有急于打通南方的出海口，因为这位年轻的沙皇看到，土耳其不仅占领着亚速海，还拥有一支强大的海军统治着黑海，这次失败只是大意轻敌，要想让以后的胜利不靠运气得来，必须向西欧学习。

向欧洲学习

1697年，俄国派出了一个250人的庞大考察团，彼得也以下士身份随同前往，看到了许多新鲜的事物。在这次旅行中，彼得为荷兰的东印度公司当了一段时期的船长，在普鲁士学习射击，甚至还在英国造船厂当了几个月的学徒。他走访工厂、学校、博物馆、军火库，甚至参加了英国议会举行的会议。总之，彼得尽了最大的努力学习西方的文化、科学、工业及管理方法。

一年后，俄国国内射击军再次发动兵变，要求立索菲娅为沙皇。彼得急忙回国，迅速镇压了叛乱，处死了1000多人，并把其中195名叛军的尸体吊在索菲娅的窗前。

叛乱平息后，彼得开始在俄国进行全面改革，先后开办冶金、纺织、造船等工场，又征召大批农奴开凿运河，建设通商口岸，创办非宗教学校，还创办了第一家报纸。

不仅如此，彼得要求一切向西方看齐，包括生活方式。规定人人都不得蓄长胡子，宫廷人员必须穿西装，鼓励吸烟、喝咖啡。虽然这些政策有许多在当时遭到了强烈反对，但它还是被坚定不移地执行了下去，让俄国在很多方面都实行了西方的风俗和文化。

彼得按西方的形式，对海军进行了改编，配备军服和现代火器，实行西式的军事训练法。彼得也使俄国的民政发生了很多变化，其中包括一项明智的改革，即提升公务员要根据其工作表现，而不是其世袭地位。这一改革，使一些出身低微的人在政府中升任要职。彼得时期的第一位总检察长雅古任斯基，小时候放过猪；他的亲信大臣、陆军元帅缅西科夫则曾经在莫斯科街头卖过肉包子。

经过这番改革，俄国很快富强起来，彼得再次把目光投向俄国的出海口，这次他的眼光瞄向了瑞典。

彼得大帝是18世纪初期俄罗斯的统治者，俄国历史上称帝的第一人。他全力以赴地将封闭保守的俄罗斯转变成一个真正的帝国。

围攻纳尔瓦

瑞典是当时北欧最强大的国家，拥有强大的军队。应该说，和瑞典争夺波罗的海是一个非常大胆的决定，更是对俄国的一次严峻考验。

1700年秋天，彼得率3万大军包围了瑞典城堡纳尔瓦。队伍刚集结完毕，彼得即下令攻城。一连猛攻了两个星期，但瑞典军队顽强抵抗，纳尔瓦城堡又非常坚固，始终分不出胜负。这时，瑞典18岁的国王查理十二世亲率1万多精兵向俄军发动猛攻，俄军全线崩溃，几乎全军覆没，彼得只身逃回了莫斯科。

惨重的失败没使彼得丧失信心，当瑞典人欢庆胜利时，彼得则在皇宫里考虑如何重建俄国军队。当查理十二世率军袭击波兰时，彼得已经开始实施报仇雪耻的计划了。

为了向国外购买先进的武器装备，彼得把赋税提高了4倍，还增加了各种新的税收。差不多所有东西都要缴税，包括洗衣盆、棺材、烟囱、脸上的胡子，更有甚者，如果人的眼珠不是蓝色而是黑色或灰色，那就要缴税。彼得从全国各地征集新兵，加紧训练。他命令每三个教堂交出一口铜钟来铸炮。

1703年，俄国带着用大钟铸出来的300门大炮，再次进攻瑞典。彼得在纳尔瓦城下笑着对部下说："我要在这里开一桌炮火宴席。"说完，就下令大炮开始轰击。整整轰了一天，俄军终于炸开了坚固的城堡，占领了纳尔瓦。彼得在涅瓦河口附近的科特林岛上修建要塞卡朗施塔特，在叶尼萨利岛上建立彼得·保罗要塞。彼得·保罗要塞地处大涅瓦河、小涅瓦河的汇合点，控制着通向波罗的海的水路。彼得选中这块地方作为未来的首都，使它成为真正的通向欧洲的窗口。

很快，俄国和瑞典又在波尔塔瓦展开规模空前的激战。彼得亲临前线指挥，他的帽子和马鞍都中了枪弹。最后，瑞典溃败，查理十二世逃到土耳其，俄国从瑞典手中夺得了芬兰湾、里加湾沿岸的土地，解决了北方出海口的问题。

野心勃勃的女沙皇

叶卡捷琳娜出生于德国公爵家庭，但当时家境已经破落。在她14岁那年，幸运之神降临了。因为从小生活在德国的彼得三世，是普鲁士军事制度和德国文化的狂热崇拜者，对俄国的蔑视，对德国的崇拜，使彼得在皇后人选上偏向了德国。当得知自己被选定为俄国未来皇位继承人的未婚妻后，叶卡捷琳娜非常激动，立即在母亲的陪同下，来到了俄国。

为了当一个称职的皇后，叶卡捷琳娜开始拼命学习俄语，还改信东正教。但叶卡捷琳娜的夫君却和她是两种人，彼得三世不但才能平庸，而且狂妄自大。对俄国毫无感情的彼得三世继位后，经常以自己一时的好恶，随意改动俄国的制度和法令，引起了人们的强烈反对。此时，心计颇深的叶卡捷琳娜皇后却在开始营建私党，拉拢近卫军。

1762年，彼得三世离开彼得堡到奥拉宁堡，准备发动对丹麦的军事进攻。皇后看准时机，发动了宫廷政变。在秘密处死彼得三世后，叶卡捷琳娜踏着丈夫的尸体登上了皇帝的宝座。

叶卡捷琳娜即位后，马上剥夺了教会的财产，因为彼得三世已将国库挥霍一空。随即，她宣布与普鲁士、法国和奥地利保持友好关系，并把昔日情人——帮助她发动政变的奥尔洛夫扶上了波兰的王位。

成为沙皇的叶卡捷琳娜，开始频频发动对外战争，疯狂地扩张领土。俄国击败了土耳其，兼并了土耳其的属地克里米亚，取得了黑海北岸地区，侵入中亚北部的哈萨克草原，进而完全占领西伯利亚北部。不仅如此，俄国还从亚洲东北部越过太平洋，占领了阿拉斯加，在加利福尼亚建立起一块俄国殖民地，实现了彼得大帝都没能实现的梦想。

长期的战争和沉重的赋税，使俄国发生了起义，其中普加乔夫的农民起义声势最为壮大。叶卡捷琳娜费了很大力气，终于把这场起义镇压下去了，为了泄愤，她给普加乔夫戴上脚镣手铐，装在木笼里运到莫斯科，然后对他实行了砍头、肢解、焚尸的残酷报复。完成了这个残忍的举动后，叶卡捷琳娜突然认为应该维持自己的形象，树立一个开明君主的样子，她于是亲自给伏尔泰写信，说俄国现在非常富裕，农民们每天都能吃上鸡，自己准备把伏尔泰的主张作为俄国的对外政策。当然，这一切都是谎言，叶卡捷琳娜对伏尔泰的学说一向嗤之以鼻，而且俄国农民连黑面包都快没得吃了。

1796 年，统治俄国 34 年之久的叶卡捷琳娜二世死于中风。临死前，她还念念不忘地大叫："假如我能活到 200 岁，欧洲就会全部落到俄国脚下！把我的孙子取名为亚历山大吧，让他实现我的梦想，像古希腊马其顿的亚历山大大帝一样，建立一个横跨欧亚的大帝国——大俄罗斯帝国。"

叶卡捷琳娜的遗言确实成真了，亚历山大一世登上了欧洲大陆霸主的宝座，他的后人尼古拉一世则自称为全欧洲的主人，尼古拉二世更是妄图将整个亚洲并入俄国版图。

十二月党人起义

叶卡捷琳娜死了，她活着的时候曾装模作样地请伏尔泰到俄国来，让叶卡捷琳娜想不到的是，在她死后不到 20 年的时间里，伏尔泰的思想便传遍了整个俄国。

1818 年 9 月的一天，在彼得堡皇家近卫军营地，近卫军官恰达耶夫从法国旅行归来，带来了大批伏尔泰、孟德斯鸠和卢梭的著作，立时被同伴一抢而光。

年轻的军官们非常激动，他们在 6 年前的卫国战争中追击拿破仑的法军，一直打到巴黎。看到法国那种自由、民主、平等的生活，再看看俄国遍地都是农奴的局面，他们决心进行一场变革。

恰达耶夫和雷列耶夫是年轻军官们的领袖，他们一直在俄国各地宣传法国的启蒙思想，准备先在彼得堡发动一次起义。1825 年底，沙皇亚历山大一世死了，由于他没有子女，枢密院大臣和大主教决定由沙皇的二弟康斯坦丁继承皇位。

但是，身在华沙的康斯坦丁表示自己不愿当沙皇，主动放弃了继承权。这时，沙皇的三弟尼古拉表示自己想当沙皇，于是枢密院通告全国，决定在 12 月 14 日举行登基仪式。

登基这天清晨，全副武装的 3000 多名近卫军突然开进彼得堡的元老院广场，围绕着彼得大帝的铜像排成一个战斗方阵，领头的就是雷列耶夫和恰达耶夫，他们高呼口号："要求民主！要求自由！废除农奴制！"

这让正在试穿登基新衣的尼古拉大为惊恐，他做梦也没想到这个时候会有人反对他。大臣和将军们急忙调集军队，双方冲突起来。尼古拉见许多贫民也加入了起义军官的队伍，更加恼怒，命令动用大炮袭击。一颗颗炮弹在广场中央爆炸，起义队伍伤亡惨重，很快溃散了。恰达耶夫和雷列耶夫也被抓住，关进了监狱。

半个月后，俄国南部的乌克兰也爆发了士兵起义，结果还是被残酷镇压下去。因为彼得堡和乌克兰起义正好是在俄历 12 月，他们又是相同组织发起的，所以人们把领导这次起义的成员称为"十二月党人"。

克里米亚战争

俄奥间之所以爆发克里米亚战争，其真正原因是奥斯曼帝国内部出现分裂，俄罗斯认为这是它在欧洲扩大势力的大好时机，尤其是它觉得可以趁此机会打通去地中海的航路并实现其占领巴尔干半岛的夙愿。由于奥斯曼帝国在巴尔干半岛上的统治此时已经摇摇欲坠，而俄罗斯可以极力争取获得对恰纳卡莱海峡和伊斯坦布尔海峡的控制。为了实现各国的均势，英国和法国反对俄罗斯的扩张，所以在俄有所行动后，1854 年底，英国和法国对俄罗斯宣战，1855 年撒丁也加入此同盟。奥地利虽然力图迫使俄罗斯从多瑙河撤军，但他并未帮助英法

这幅用蒙太奇手法描绘的画面是克里米亚半岛的港口城市塞瓦斯托波尔保卫战的情景，这是 1855 年 9 月从俄国手中夺来的。

围攻克里米亚半岛上塞瓦斯托波尔要塞的舰队。尽管它并未主动参战，但奥地利在这场战争中仍是一个重要角色。不久在英法围攻下，俄军退出克里米亚半岛。

克里米亚战争是世界史上第一次现代化的战争。无论从军事上还是从政治上对于改变了欧洲列强之间的地位和关系，这场战争都具有重要意义。它为 19 世纪继 1815 年的维也纳会议后的第二次重大事件。

1861 年农奴制改革

十二月党人起义失败之后，雷列耶夫和恰达耶夫等人被绞死，100 多人被流放到了西伯利亚的苦寒之地，600 多人受到牵连被判刑。但从此以后，俄国的起义就没有停止过，要求废除农奴制的呼声也越来越高。

终于，在 1857 年，沙皇召开了农民事务机密委员会，开始拟定改革方案。1861 年，沙皇亚历山大二世颁布了废除农奴法令。这个法令包括一系列的文件，其主要内容可以归纳为以下几个方面：

在人身解放方面：农民获得了自由民的权利和地位，可以自由经营工商业，订立契约，拥有动产与不动产和处理个人和家庭事务的权利。农民再不能被任意买卖，也不能随意被地主惩罚。

有关土地规定：农民缴纳赎金后可以得到一份土地。至于份地的面积，法令规定了最高和最低定额，如果份地超过最高定额，地主可以割去多余部分，这就是所谓的"割地"。

关于赎买手续：农民的宅旁园地可以自由赎买，但要先向政府缴纳 60 卢布的赎金，6 个月后即可取得所有权，赎买份地还要得到地主的同意。关于赎金的数额，规定为每年代役租额为赎金的 6%，农民赎买时，必须先付赎金的 20%～25%，其余部分由政府垫付给地主，农民再在 49 年内，分期向政府还本息。这样规定的赎金之高大大超过当时的实际地价，据统计，农民分到的土地共值 6 亿多卢布，而赎金总额则高

达9亿卢布。在农奴制被废除后不久，募兵制也被义务兵制所代替，俄国终于告别这种落后的制度了。

俄国文学始祖普希金

受到十二月党人影响的，还有一个后来被称为俄国文学始祖、俄罗斯文学太阳的人物——亚历山大·谢尔盖耶维奇·普希金。

因为普希金的笔锋尖刻，批判的矛头直指沙皇，本来也是要被流放到西伯利亚去的，但因为他年纪小，才被流放到俄国南方。

普希金在南方生活了4年，那里没有刺骨的寒风和无情的冰雪，美丽宁静的大自然让普希金十分陶醉，他在这里写了许多诗篇，赞美纯洁的爱情和美妙的大自然。后来普希金又得罪了当地的贵族，沙皇再次把他送到他父亲的领地里幽禁起来。在两年的幽禁生活中，普希金开始研究俄国的历史。

十二月党人的起义被镇压后，普希金非常难过，因为他们中间有很多人是普希金的朋友。新上台的沙皇尼古拉一世不久把普希金召回莫斯科，想让这个文采飞扬的年轻人为自己服务。

但普希金却不愿意写那些歌功颂德的肉麻话，他明白表示自己也是十二月党人，宁愿被绞死。尼古拉知道普希金不那么容易对付，要是因为写几首讽刺诗就把他杀了，自己肯定要被人嘲笑，所以只是警告了他一下，普希金并没把沙皇的话放在心上，他照旧写政治抒情诗和讽刺诗，歌颂十二月党人，谴责沙皇。

1830年，普希金和莫斯科第一美人娜塔丽亚·冈察诺娃订婚。他到父亲的领地波尔金诺去筹办自己的婚事，但因瘟疫流行，被阻在波尔金诺住了3个月，在这期间写下了大量作品，其中就包括小说《叶甫盖尼·奥涅金》的初稿。

这部杰作成功塑造了俄国文学史上第一个"多余人"叶甫盖尼·奥涅金的形象。这个贵族青年聪明机智，精力充沛，很想有所作为。虽然厌恶虚伪生活，可又没有自己的生活目标，整天无所事事，浪费着青春和生命。他拒绝了达吉雅娜的爱情，可达吉雅娜和别人结婚之后，他又转过来向她求爱，结果遭到拒绝。他为了一件微不足道的事和朋友决斗，打死了自己的朋友，事后又非常后悔。奥涅金这个形象，使当时俄国的许多贵族青年都感到是在镜子里看到了自己。

普希金和冈察诺娃结婚后，再次回到波尔金诺，写下了《青铜骑士》《渔夫和金鱼的故事》和《黑桃皇后》。

1837年，普希金和流亡到俄国的法国保王党人丹特士决斗，结果被打成重伤，两天后去世，年仅38岁。后来人们才得知，这是沙皇尼古拉一世精心策划的一个阴谋。诗人的惨死，让全体俄罗斯人都大为震惊和愤懑，沙皇再一次丧失了民心。

普希金像

370

果戈理

普希金的好友果戈理，于普希金去世的前一年，在彼得堡大剧院上演了他的讽刺喜剧《钦差大臣》，气走了沙皇尼古拉一世。

《钦差大臣》讲述了一个县长召集手下大小官吏开会，他的第一句话就是："钦差大臣要来了。"于是这些人个个心惊胆战，生怕平时干的坏事被钦差大臣查出来。这时，一个彼得堡的小官吏赫列斯达可夫路过小县城，官僚们以为他就是钦差大臣，争先恐后地奉迎巴结。县长甚至把女儿许配给了他。赫列斯达可夫当初莫名其妙，后来索性假戏真做，捞了一笔官吏的贿赂之后偷偷溜了。等县长明白自己上了当，正要派人追赶赫列斯达可夫时，真正的钦差大臣到了。官僚们听了这个消息面面相觑，呆若木鸡。

《钦差大臣》里的县长是当时外省官僚的典型代表——老奸巨猾、贪污成性。其他官吏则不是贪赃枉法就是酒鬼无赖。而赫列斯达可夫则是个厚颜无耻的骗子，牛皮吹得漫天漫地。

果戈理创作这个剧本，是一次偶然听普希金讲述一个亲身经历的笑话引发的灵感。这五幕讽刺喜剧一上演就引起轰动，但果戈理却遭到沙皇和官僚们的痛恨，不得不离开俄国，逃亡到意大利。

到意大利之后，果戈理完成了他的代表作——长篇小说《死魂灵》的第一部。

俄国地主把农奴叫作"魂灵"，农奴在俄国是可以任意被买卖的。每十年，国家会进行一次人口调查，调查后，死掉的农奴在国家户口花名册上仍然存在，地主要照样为他们纳税，直到下次注销为止。乞乞科夫想趁新的人口调查没有进行之前，买进1000个死魂灵，再到救济局抵押，每个魂灵200卢布，他就可以赚20万。他拜访了不少地主，买了许多死农奴，但最后事情败露，乞乞科夫逃之夭夭。通过描写那些被拜访的地主的形象，果戈理深刻揭露了俄国农奴制的反动和腐朽。

接着，果戈理着手写《死魂灵》的第二部。他想在第二部里写几个好地主，让乞乞科夫弃恶从善。但写了很长时间仍然不满意，一气之下把第二部手稿扔进了熊熊燃烧的壁炉，不久便病逝了。

陀思妥耶夫斯基

1821年，陀思妥耶夫斯基出生于莫斯科一个平民家庭，当他终于从军事工程学校毕业，成为一个绘图员后，微薄的薪俸依然让他捉襟见肘，不得不利用业余时间从事翻译工作，赚些稿费。1845年，陀思妥耶夫斯基完成了他的处女作《穷人》，之后在别林斯基的帮助下，这篇《穷人》发表在《祖国纪事》上。凭借《穷人》，陀思妥耶夫斯基一举成名。可惜的是，因为思想观点和文学观的不同，陀思妥耶夫斯基不久便和别林斯基、涅克拉索夫发生了争吵，然后断绝了来往。

1847年，果戈理出版了《与友人书信选集》，赞美农奴制。别林斯基写了著名的《致果戈理的信》反驳，并提出应该在俄国废除农奴制。陀思妥耶夫斯基尽管与别林斯基在有些问题上看法不同，但对这封信却非常赞赏。他设法弄到一个手抄本，拿到自己参加的彼得拉谢夫斯基革命小组上去朗读。

也因为这个举措，陀思妥耶夫斯基和彼得拉谢夫斯基小组的30多人被逮捕了，继而被流放到西伯利亚。陀思妥耶夫斯基的苦役生活持续了5年，他跟那些杀人犯、强盗一起睡在一个通铺上，受着种种折磨和屈辱。看到监狱里阴森恐怖的情景后，陀思妥耶斯基的神经受到严重刺激，从此患上了癫痫病，时不时就口吐白沫，四肢抽搐，然后昏死过去。

陀思妥耶夫斯基再回到莫斯科已经是 10 年之后了，虽然相继发表了《死屋手记》《罪与罚》等作品，但经济上却始终处于极端艰难的境地。加上妻子和哥哥的相继病故，陀思妥耶夫斯基的精神濒于崩溃。债主们不断向他讨债，威胁他，这时出版商斯杰洛夫斯基跑来说，他愿意买下陀思妥耶夫斯基所有著作的版权，为他偿还债务，然后陀思妥耶夫斯基还要再写一部长篇小说给他，限期半年交稿。绝望之下的陀思妥耶夫斯基被迫同意了，可到了交稿前的一个月，陀思妥耶夫斯基连一个字也没写出来。

朋友们都替他着急，这时有人建议他聘请一个速记员，由他口授，以便赶写这部作品。经人介绍，陀思妥耶夫斯基聘了速记学校的高才生安娜·格里毫利耶夫娜·斯尼特金娜。安娜非常崇拜陀思妥耶夫斯基，两人密切合作，只用了 26 天，就完成了合同规定的小说，这就是《赌徒》。

书稿交了，爱情也产生了，这一年，陀思妥耶夫斯基 46 岁，安娜 21 岁。婚后，安娜精心照顾年老多病的丈夫，既是他的妻子，又是他的速记员、秘书、女管家、书籍发行人和销售员。从此，陀思妥耶夫斯基生活安定了，写出了大量作品，包括《白痴》《群魔》《少年》《卡拉马佐夫兄弟》等举世闻名的长篇小说。

哈布斯堡家族

祖籍在瑞士阿尔高的哈布斯堡伯爵家族，经过数百年的经营，成功地使自己成为欧洲最强大的家族。这个家族最初的发迹是在 1273 年，当鲁道夫·冯·哈布斯堡就任德意志帝国"临时皇帝"的时候，还没有哪个大公爵愿意戴上这顶皇冠，因为此时的德意志，贫穷且纷乱。

一直被认为是软弱无能的鲁道夫，很快就展现了他作为政治家的非凡智慧，他巧妙地把自己的 9 个子女嫁娶出去，使得越来越多的家庭成员占据帝国的重要岗位，这为家族的非凡兴旺发展奠定了基石。

1496 年，奥地利国王、神圣罗马帝国皇帝之子英俊王菲利浦，在他第一次见到胡安娜的时候就被她的美貌折服了，要求婚礼立即举行。胡安娜是西班牙国王斐迪南和王后伊莎贝拉的女儿。于是，这次联姻造就了历史上最庞大的帝国之一。

1504 年，伊莎贝拉女王撒手人寰，胡安娜和菲利浦成为卡斯提尔王国新一代君主。然而，28 岁的菲利浦刚即位就蹊跷地暴亡。有人怀疑是他的岳父斐迪南一手策划毒死了他，因为他从来就没喜欢过这个女婿，更不想和他分享统治权。

丈夫虽然死了，但心如死灰的胡安娜一步也不离其左右，强烈的嫉妒心使她禁止任何女性接近菲利浦的尸体。她时常命人打开棺材，这样她就能够拥抱菲利浦逐渐腐烂的尸身。最后她终于决定安葬丈夫，但仍然不让任何女性靠近灵柩，连修女也不行。她下令把灵柩抬出修道院，放在空地上，自己整晚都睡在旁边。

于是，斐迪南将胡安娜关进了城堡，由胡安娜的儿子查理五世继承了帝国，包括从母亲这边继承的西班牙、意大利、北非和美洲殖民地，从父亲那里继承的奥地利、尼德兰、卢森堡等地，领地横跨四大洲。1519 年，查理五世当选神圣罗马帝国皇帝，西班牙人一跃成为世界上最大帝国的统治者。

查理五世在位时（1519～1556 年），哈布斯堡家族的统治范围已经东起匈牙利，西到西班牙，而且到达了美洲。那个曾经不受重视的皇帝，现在已经变成了永不落山的太阳。

但查理五世在壮年时决定退隐，此后帝国又分裂成了哈布斯堡家族、西班牙和奥地利。

普鲁士的崛起

除了哈布斯堡家族，当时德意志还有另外一个势力强大的古老王侯家族，那就是霍亨索伦家族，占据着勃兰登堡和普鲁士。

经过父辈的改革，1701 年，弗里德里希在科尼希堡加冕成为"普鲁士国王"，不过普鲁士这位首任国王未引起人们的任何重视，直到他的儿子威廉一世即位，威廉很快就获得了"士兵国王"的称号。他把军队扩大了一倍，达到了 8 万人。为使士兵绝对服从，威廉一世选择了唯一的方法——严厉的体罚。责任感、服从、纪律、秩序和勤奋，是这位"士兵国王"的最高价值，他的目标是想把全国变成一座兵营，全民拥有"普鲁士品质"。在威廉一世生命即将结束的时候，普鲁士已经具有了一支欧洲第三强大的军队。士兵国王希望他的长子弗里德里希能够和他一样，把这个事业继承下去，但他的儿子并不如他所愿。

年轻的弗里德里希在别无选择的情况下，顺从了父亲的意愿，开始学习"普鲁士品质"，甚至和父亲为他选择的、他并不爱的公主结了婚。婚后的生活虽不幸福，但终于有了闲暇，让他转向喜欢的音乐和文学。弗里德里希开始和伏尔泰通信，并写了一本书。在这本书中，他塑造了一个责任心很强又热爱和平的统治者，在行动中接受了启蒙运动的影响，接受了国王是国家的第一公仆的思想。

弗里德里希于 1740 年登基，成为普鲁士国王。登基后没过几天，弗里德里希就取消了体罚，还取消了国王干预司法的权力。他又宣告信仰和宗教自由。"在我的国家里，每个人都可以根据自己的方式获得灵魂的安慰"，这是他的一句名言。

不过，这位宽厚的君主毕竟还是普鲁士最高级别的军人，他趁哈布斯堡的皇帝查理六世驾崩之际，把军队开进了属于奥地利管辖范围的西里西亚，爆发了西里西亚战争。哈布斯堡的新继承人玛利亚·特利萨遭到两次失败后，联合了俄国和法国，与普鲁士展开了长达 7 年的战争。面对强大的联军，弗里德里希显示了他作为统帅的卓越才干，他依赖普鲁士军队的严明纪律和战斗力，一次次逼退了对手。当这一切都不足以取胜，眼看就要失败时，弗里德里希却十分幸运地迎来了一个转机。那就是俄国的女皇伊丽莎白突然谢世，她的继承人彼得三世是弗里德里希的崇拜者，因此掉转了枪口。一年后，这场战争以"胡伯图斯堡和约"宣告结束。这时已被称为弗里德里希大帝（腓特烈大帝）的普鲁士国王，终于使普鲁士变成了欧洲大国。

铁血宰相俾斯麦

1815 年，德意志土地上的众多邦国首脑齐聚维也纳，建立了"德意志邦联"，它包括力量较强的奥地利、普鲁士和其他小国共 34 个国家和 4 个自由城市。

奥地利一心想以自己为中心来统一德意志，并把普鲁士包括在内。而普鲁士则不同，它也计划由自己统一德意志，但在这个统一的国家里没有奥地利的位子。就这样，双方展开了斗争。

1862 年，俾斯麦出任普鲁士宰相。这位出身于普鲁士贵族家庭的俾斯麦，性格凶悍，读大学时曾与同学进行过 27 次决斗，相信武力可以解决一切。

俾斯麦当上宰相的第一周，就在邦议会上发表了他的首次演说，他非常激动地说："当代的重大问题不是用说空话和多数派决议所能决定的，必须用铁和血来解决。德国所指望的不是普鲁士的自由主义，而是它的武力！"从此，俾斯麦被人们称为"铁血宰相"。

奥托·冯·俾斯麦于 1862~1890 年出任普鲁士首相，由于他始终坚定不移的信念，德国最终由一个分裂、落后的国家变成全欧洲最强大的国家。俾斯麦还是一个善于用手腕的机会主义者，他运用战争和外交双重手段，最终实现了统一德国的目标。

俾斯麦"铁血政策"的第一步，就是联合奥地利向丹麦进攻。结果丹麦战败，普鲁士得到了施勒斯维希，奥地利分得荷尔斯泰因。

"铁血政策"的第二步，就是调转枪口对准奥地利开炮。但打败奥地利并不像打败丹麦那样容易。于是俾斯麦先联合意大利，又许诺拿破仑三世，在打败奥地利后，让法国得到一份领土报酬，由此稳住了法国。1866 年，普奥战争爆发，双方集结在萨多瓦村附近展开决战，俾斯麦下决心一举击溃奥军，并自带毒药，准备一旦失败就服毒自杀。结果普军大获全胜，毒药没派上用处，奥地利宣布退出德意志联邦，并将 4 个邦国和 1 个自由市让归普鲁士。

这样，普鲁士就统一了德国整个北部和中部地区，建立起了一个北德意志联邦，只剩下南部紧邻法国的 4 个小邦国仍旧保持独立。俾斯麦想兼并这 4 个小国，但他知道法国也有同样的想法，所以俾斯麦"铁血政策"的第三步，就是进行普法战争。

1870 年，普法战争爆发，次年普鲁士大获全胜，普鲁士军队一直开进巴黎附近的凡尔赛，并在凡尔赛宫宣布以普鲁士为首的德意志帝国成立，普鲁士国王威廉为德意志帝国皇帝，俾斯麦为首相，德意志的统一完全实现。

到了 1888 年，29 岁的威廉二世登基。这个满怀抱负、生性活泼而虚荣的年轻君主，宣布要"用德意志的品质让世界健康"。由于俾斯麦不同意他称霸世界的幻想，遭到解职。这位老宰相终于退出了历史舞台，但他的"铁血政策"却深深影响了以后的德国。

马克思与恩格斯

在德意志统一的过程中，卡尔·马克思也在逐渐成长。

马克思 1818 年生于普鲁士莱茵省的特里尔城，父亲是个崇拜法国启蒙学者的犹太律师。1835 年，马克思进入波恩大学学习，一年后转入柏林大学法律系，一度醉心于黑格尔哲学。获得博士学位后，马克思本想到波恩大学执教，但鉴于普鲁士政府迫害进步教授，便转入新闻界工作，成为《莱茵报》的主编。

在马克思任职《莱茵报》期间，莱茵省的地主凭借普鲁士政府的袒护，不断侵犯农民利益。马克思不断发表文章为农民辩护，他渐渐发现，普鲁士国家并不是黑格尔所说的理性和自由的化身，而是充满了暴力和专横。现实和理论发生了冲突，为了深入理解这些问题，马克思转而开始了政治经济学的研究。

不久《莱茵报》被封闭，马克思被迫辞职后，与少年时的女友，出身名门的燕妮·冯·威斯特华伦结婚，迁居巴黎，从此开始了长期的侨居生活。在此期间，马克思相继发表了《〈黑格尔法哲学批判〉导言》和《论犹太人问题》两篇文章，完全抛弃了年轻时候

"青年黑格尔派"的影响，由唯心主义转向了唯物主义。这两篇文章同时引起了普鲁士和法国政府的恐慌。1845年，马克思被法国政府驱逐出境，举家迁至布鲁塞尔，成了一个没有任何国籍的"世界公民"。

恩格斯（1820～1895年）也出生在莱茵省，17岁时被迫退学经商。在柏林服军役时，恩格斯总是利用闲暇时间到柏林大学听哲学课。服役期满后，便前往英国曼彻斯特父亲的工厂经商。恩格斯喜欢英国的古典政治经济学，在《德法年鉴》上发表了《政治经济学批判大纲》和《英国状况——评托马斯·卡莱尔的〈过去和现在〉》两篇文章。当他看过马克思那两篇著名文章后，十分欣赏。他拜访马克思，发现彼此的观点非常接近，从此共同战斗，成为了毕生的合作者。

《共产党宣言》

1847年11月29日，共产主义者同盟在伦敦召开第二次代表大会，德、英、法、比、波兰、瑞士等国的共产主义者均有参加，马克思、恩格斯出席了这次大会。大会批准了同盟章程，并着手制定同盟纲领，经过10天的争论，最后大会一致通过了马克思、恩格斯提出的原则，委托马克思、恩格斯负责起草共产主义者同盟的纲领——《共产党宣言》，并于1848年2月在伦敦发表。

《共产党宣言》第一次全面系统地阐述了科学社会主义理论，指出共产主义运动已经成为不可抗拒的历史潮流。构成《共产党宣言》的基本原理是：每一历史时代其政治的和精神的历史所赖以确立的基础，主要是生产方式与交换方式以及必然由此产生的社会结构，并且唯有从这一基础出发，历史才能得到说明。在当时的历史时期，无产阶级若不能领导整个社会摆脱剥削、压迫以及阶级划分，并进行阶级斗争，就不能使自己从资产阶级的剥削统治下解放出来。

《共产党宣言》还运用辩证唯物主义和历史唯物主义分析了生产力与生产关系、经济基础与上层建筑的矛盾，分析了阶级和阶级斗争，特别是资本主义社会阶级斗争的产生、发展过程，论证了资本主义必然灭亡，社会主义必然胜利的客观规律，资本主义的掘墓人必将是无产阶级。《宣言》公开宣布必须用革命的暴力推翻资产阶级统治，建立无产阶级"政治统治"，从而表达了以无产阶级专政代替资产阶级专政的思想。《宣言》还指出无产阶级在夺取政权后，需要在大力发展生产力的基础上，逐步进行社会改造，从而消灭阶级对立和阶级本身的存在条件。《宣言》批判当时各种反动的社会主义思潮，对空想社会主义做了科学的分析和评价，同时阐述了作为无产阶级先进队伍的共产党的性质、特点和斗争策略，指出了党的最近目标与实现共产主义这个终极目标之间的联系。《宣言》最后庄严宣告："无产者在这个革命中失去的只是锁链。他们获得的将是整个世界。"同时发出"全世界无产者，联合起来"的革命号召。

黑格尔的古典哲学

黑格尔出生在1770年德意志西南部斯图加特的一个高级官员家庭。18岁时，黑格尔进入图林根大学（一所新教神学院）学习，为康德、卢梭等人的著作深深吸引。1801年，30岁的黑格尔任教于耶拿大学，直到1829年，就任柏林大学校长。

黑格尔的第一部也是最重要的一部著作是《精神现象学》，在世时出版的作品还有《哲学全书》《逻辑学》和《法哲学原理》。其他有关历史哲学、宗教哲学、美学和哲学史的著作则是在他去世后，根据他当年演讲时学生所做的笔记汇编而成的。

黑格尔建立了一个庞大的体系来理解哲学的历史和我们身处的世界本身。在黑格尔看来，这个世界通常被看成是"一个历史的行进，其中每一个相续的运动都是为解决前一运动中的矛盾而出现的"。黑格尔阐述自己的观点说："哲学表明，意识是存在于它无限多个概念之上的，也就是说，意识是存在于自由的、无限多的形态之中，而对立的抽象内省的形态只是它的一种反映。意识是自由的、独立存在的、有个性的，仅仅属于精神。"

虽然黑格尔的语言很难懂，但他阐述了形而上学必须要研究每一个事件中的命题和反命题如何联系的机制，因此必须要比较每一个历史事件中的例子和它们的原型，了解它们之间的共同点和不同的地方。

如果一定要把黑格尔的哲学思想说得简单些，那么就是：世界是绝对精神的。

音乐传奇莫扎特

1763 年，只有 7 岁的莫扎特身处巴黎，与父亲和姐姐一起演奏乐曲。莫扎特天才的乐感为他以后缔造音乐神话提供了有利的前提。

贝多芬的老师莫扎特，在 35 岁的盛年辞世。他死后，科学家们解剖了他的大脑，发现这位智商高达 165 的音乐奇才，竟然是因为吃了不干净的猪肉，乃至被寄生虫吞噬了脑细胞而早早死去的。

莫扎特出生在一位宫廷乐师的家庭。3 岁起显露音乐才能，4 岁跟父亲学习钢琴，5 岁作曲，6 岁学小提琴，8 岁创作了一批奏鸣曲和交响曲，11 岁写了第一部歌剧。

莫扎特从小跟随父亲做巡回演出，从一个乐团到另一个乐团，辗转在一个又一个城市之间。成人后，莫扎特为争取人身与创作的自由，经过激烈的斗争，终于摆脱了宫廷和教会，开始了独立的创作之旅，成为奥地利历史上第一个有勇气和决心维护个人尊严的作曲家。

1785 年，一度倒闭了的维也纳民族剧院恢复，莫扎特有了从事歌剧创作的机会。他写了一部滑稽戏《剧院经理》，1786 年完成并上演了《费加罗的婚礼》，该剧影响很大，甚至在布拉格也家喻户晓。1787 年，《唐璜》完成并得到演出。

1789 年 4 月，贫困中的莫扎特，由他的学生卡尔·利希诺夫斯基公爵带领，到柏林、德累斯顿、莱比锡等地演出。虽然获得很大的轰动效应，但是最终还是没有使他摆脱经济困境。1790 年 1 月，他的歌剧《女人心》上演。同年 2 月，皇帝去世，莫扎特向继任皇帝利奥波德二世请求接任宫廷乐长的职位，未果。1791 年，他又写了歌剧《蒂托的仁慈》，不过没有成功。同年 9 月莫扎特写了最后一部歌剧《魔笛》，并在重病中写作大型宗教音乐作品《安魂曲》，未能结稿，便与世长辞了。死后被葬在维也纳贫民公墓的一个不知名的地方。

音乐大师贝多芬

1770 年除了黑格尔诞生，路德维希·范·贝多芬也来到了这个世界上，他生在波恩，父亲是一个宫廷男高音歌手，但是酗酒成性。因为父亲酷爱音乐，因此贝多芬从 4 岁起，就开始弹钢琴。这之后，钢琴、长笛、小提琴、中提琴、管风琴，贝多芬都一一学习，13 岁时即被任用为宫廷剧场的首席小提琴师和教师、助理管风琴师等。

1789 年，贝多芬来到波恩大学听哲学课，并在维也纳见到了奥地利著名的作曲家莫扎特，跟他学习了一段时间的音乐理论课。3 年后，莫扎特去世，贝多芬非常悲伤，于是便跟另一位作曲家海顿学习作曲。海顿是一位古板、传统、恪守旧规的教师，贝多芬活泼、不拘一格的性格让他很不喜欢。贝多芬无奈，只好停止了跟海顿的学习。

没有了老师，贝多芬决心自学作曲。创作的灵感一旦来到，常常让贝多芬忘了身边的一切。一次，贝多芬去一家饭馆吃饭，刚在一把椅子上坐下

贝多芬

来，一支钢琴曲就在他脑中回荡起来。不知不觉中，贝多芬抬起手，用手指就在餐桌上敲起来，就像弹钢琴一样。这有节奏的弹击吸引了不少人向他看来，他却毫无察觉。一个多小时过去了，他还在有节奏地敲着。这时店老板过来想提醒他，刚走到他面前，贝多芬立时醒悟过来，原来自己是在饭店里，便问老板："结账吧，多少钱？"店里吃饭的人都哈哈大笑起来，贝多芬却一脸茫然。店老板看他还不明白人们为什么笑，也笑着说："先生，您还没吃饭呢！"

然而命运之神并没有眷顾这个音乐天才，27 岁时，贝多芬患了耳聋症，而且病情不断恶化。这对于酷爱音乐、视音乐如生命的贝多芬来说，无异于比死还痛苦。刚到中年，他的耳朵就一点也听不见了。

1824 年，贝多芬创作出了一生中最后一支交响曲——《第九交响曲》。在开演奏会时，他坐在一旁为乐队打拍子。可当演奏结束后，他仍然在打拍子。人们告诉他已经演奏完毕，当他扭转身时，看到观众在发疯似的鼓掌，心中一激动，便晕倒在舞台上。

贝多芬不知道，就是这首曲子，在演奏过程中倾倒了无数听众。人们连续鼓掌达 5 次，当时规定，只有在皇帝来到会场时，才允许鼓掌 3 次，所以场外的警察误以为出了乱子，连忙跑进会场维持秩序。

贝多芬在 10 余年间创作出《月光奏鸣曲》《第二交响曲》《克莱策奏鸣曲》《第三交响曲》（又称《英雄交响乐曲》）《曙光奏鸣曲》《热情奏鸣曲》以及后来的第四、第五、第六、第七、第八交响曲。其中，《第三交响曲》是为拿破仑写的，但在作品完成的这一年，拿破仑却抛弃共和制，当了皇帝，贝多芬非常气愤。一气之下，把"献给拿破仑·波拿巴"改成了"英雄交响曲——纪念一位伟人"。还有《第五交响曲》，被认为是贝多芬最受欢迎的交响乐，也是他的作品中最完美的典范作品之一。

到美洲去

17、18 世纪，成千上万的欧洲人向美洲进发，他们渴望得到更多的土地，期待在这个未经开发的新世界里，有一个更好的生活。

移民者在这里修建村庄、开发森林、开垦土地，一个个农庄拔地而起。当地的土著居民印第安人，本来将白种人视若天神。可现在，这些天神变成了魔鬼，正在无情地掠夺他

殖民美洲

们祖先的土地，自己的长矛虽然拼不过他们的短枪，但印第安人仍旧激烈抵抗，不愿向这些入侵者低头。

在北美洲北部定居的外国移民，多是受到教会号召而来的。他们在这里从事农业和手工业，捕鱼造船，生活上带有很明显的清教徒印记，奉行勤奋和节俭。南方的发展和北方不同，这里的土地适宜种植水稻、烟草、甘蔗和棉花。这里的庄园主需要大批劳力，穷白人很少，因为每一个移民都渴望开辟自己的天地，不愿意为别的移民干活。而当地印第安人又极难对付，庄园主们于是就让人去非洲寻找奴隶，将这些非洲人和他们的子孙世代捆绑在自己的庄园里。

欧洲人对北美的移民、对北美殖民地的社会制度产生了很大影响。除资本主义制度外，殖民者还带来了前资本主义半封建的租佃制和奴隶制度。半封建的租佃制是从英国搬来的，并且多是与大土地所有制联系在一起。以纽约的殖民地为例，大封建主的土地往往田连阡陌，土地高度集中，其中仅约翰逊一个人就独占5万英亩的土地。此外，在一些殖民地上还有英国国王的遥领土地。大地主一般把自己的土地分成小块出租给佃农。在这种体制下，纽约殖民地区几乎有5/6的居民是佃农。

美利坚民族的诞生

这些欧洲移民们不但自己到了美洲，还把他们的牛也带到了这片土地上。北美洲西部的俄亥俄和肯塔基，在印第安语中被称为草地州，是印第安人眼中的"草原之国"，更是欧洲移民的"牛乐园"。这里不久就有了专门的"牛道"和"牛镇"，"牛道"是"牛群"走的道路，"牛镇"则是沿途的歇脚站。

牛群长途跋涉，跨州越县，当然需要人带领、照管，这种人就是"马背上的英雄"——牛仔。牛仔们都戴墨西哥式的宽边高顶帽，既有利于遮挡烈日风雨，还可以用来做枕头，甚至可以用它舀水喝。牛仔们不但要能管束半驯服的牛，特别是性情凶野的西班牙牛，还要留意沿途的狼群等野兽，防范毒蛇、毒虫的袭击，小心提防印第安人的冷箭、标枪……

北美洲的贸易往来，很大程度上就是依靠牛仔完成的。由于美洲移民有很大一部分都是英国人，美洲在一定程度上也等同于英国的殖民地。1660年，英国颁布了《列举商品法》，规定美洲出产的烟草、砂糖、棉花、靛青等只能输往英国，如要输往外国，必须先在英国卸货，再由英国商人运往外国。这项法律的颁布只有一个目的，就是把北美殖民地变成英国工业的原料供应地，使英国商人买到廉价的原料。不久，英国又在北美洲设置税关，征收英国以外的欧洲国家的商品入口税。

北美洲的经济，在英国的压制下依然蒸蒸日上地发展，呈现出一派繁荣景象。北方主要生产工业品向南方销售，南方的重头是农产品，满足北方需要。费城、波士顿和纽约，渐渐发展为大规模的城市，一个统一的北美市场就这样形成了。

在这个统一市场里，虽然有不同国家的殖民地，但因为同是欧洲人，语言相通，因此到18世纪中叶，在北美英属殖民地上，便形成了一个新兴的民族——美利坚民族。

波士顿倾茶

1773年，英国为了倾销东印度公司的积存茶叶，通过《救济东印度公司条例》，给予了东印度公司到北美殖民地销售积压茶叶的专利权，免缴高额的进口关税，只征收轻微的茶税，并明令禁止殖民地贩卖"私茶"。东印度公司因此垄断了北美殖民地的茶叶运销，其输入的茶叶价格较"私茶"便宜50%。

这个条例引起了北美殖民地人民的极大愤怒，纽约、费城、查尔斯顿的工人拒绝卸运茶叶。在波士顿，一批青年以韩柯克和萨姆尔·亚当斯为首，组成了波士顿茶党，要求停泊在港口的东印度公司茶船开出港口，但遭到了拒绝。于是，波士顿茶党趁着夜色，化装成印第安人闯入了茶船，将东印度公司3条船上的342箱茶叶全部倒入大海。

英国政府大怒，采取高压政策，宣布封锁波士顿港口，取消马萨诸塞州的自治，允许在殖民地自由驻军。这一来更激起了殖民地人民的强烈反抗，使英国政府与北美殖民地之间的矛盾尖锐，公开冲突日益扩大。

波士顿倾茶事件是一场由马萨诸塞波士顿居民发起的对抗英国国会的政治示威。它标志着北美人民反对殖民统治暴力行动的开始，也是美国革命的关键点之一。自此，北美人民掀起了反抗英国殖民者的民族斗争，终于导致1775年4月美国独立战争的第一声枪响。

莱克星顿枪声

1775年4月19日清晨，莱克星顿上空响起了独立战争第一枪，从此拉开了美国独立战争的序幕。

1775年4月，马萨诸塞总督兼驻军总司令盖奇得到一个消息：在距波士顿不远的康科德镇上，设有"通讯委员会"的一个秘密军需仓库。得到消息后，盖奇立即命令少校史密斯率800名英军前往搜查。4月19日凌晨，他们到达了距康科德6英里的小村庄——莱克星顿。

"射击！给我冲！"史密斯一看对方只有几十个人，原来的紧张心情马上放松下来。他根本没把这几十个衣服破烂的民兵放在眼里。莱克星顿的民兵立刻还击，积极抵抗英军进

1775年4月19日黎明，莱克星顿的枪声揭开了北美独立战争的序幕。

攻，枪声久久响彻莱克星顿上空。民兵由于人少，地形不利，很快撤离了战场，分散隐蔽起来。

史密斯初战告捷，十分得意，指挥士兵直奔康科德。等英军赶到镇上时，天已大亮，但街道上却不见一个人，家家关门闭户，史密斯于是下令搜查，但是进入居民住宅的英军即使翻箱倒柜，折腾半天，仍然一无所获。原来，民兵得知消息，早已经把仓库转移，"通讯委员会"的领导人也隐蔽起来了。

史密斯觉得情况有些不妙，连忙下令撤退。就在这时，镇外喊杀声、枪声陡然大作，附近各村镇得到消息的民兵，也纷纷从四面八方向康科德赶来，包围了正在撤退的英军。他们埋伏在篱笆后边、灌木丛中、房屋顶上、街道拐角处，从各个方向向英军射击。英军由于在地势上处于劣势，一路向波士顿方向退却，沿途不断遭到民兵袭击，狼狈不堪。

战斗一直持续到黄昏，最后还是从波士顿开来的一支英国援军，才最终使史密斯等人摆脱了困境。

经过此役，英军死伤247人，民兵仅牺牲几十人。劫后余生的英军弹药耗尽，回想起来仍然心有余悸，他们第一次尝到殖民地人民铁拳的滋味。有个士兵回忆说："我48小时没吃一点东西，帽子被打掉3次，两颗子弹穿透上衣，连刺刀也被人打掉了。"

莱克星顿的枪声震动了大西洋沿岸的13个殖民地，美国独立战争从此开始。

独立战争

独立战争爆发后，北美13个英属殖民地的代表迅速在费城召开"大陆会议"，推举华盛顿为大陆军总司令，正式与英国宣战。

此时，波士顿的民兵还在和英军激战，华盛顿立即骑马出发，亲临前线指挥战斗，给了英军严重打击。这时候的美军打得非常艰苦，他们中的大多数人是临时招集来的农民，没有军服，缺少武器，更没有受过正规的军事训练，根本就不能称其为军队。另一方面，美军的后勤供应也极度困难，士兵们有时一连五六天吃不到面包，只好吃马料，在寒冷的冬季不得不赤脚行军。

相反，他们的对手英军却装备精良，训练有素，后勤供应充足。美军在此情况下一败再败，纽约等城市相继失守。

华盛顿在一些人意志动摇之时力挽狂澜，他努力将各州团结、联系起来，共同作战。

起草《独立宣言》

1776年7月4日，《独立宣言》发布，这为独立战争增加了新的动力。终于，华盛顿率领美军在一年后取得萨拉托加大捷，一举扭转了整个独立战争的局面。与此同时，为了孤立英国，美国又多方展开外交活动，争取法国的援助。法国军舰不久开进美国，英军被迫从费城撤退，把主力转移到南方港口城市约克镇。法军和美军两路并进，直逼约克镇。法军用海军封锁海港，切断了英军的海上补给和退路，华盛顿则率领部队从正面猛攻。

1781 年 9 月，英军统帅康华理率部下千余人向华盛顿投降，独立战争取得了最后胜利，美利坚合众国建立了。

华盛顿

美国的第一任总统华盛顿，出生于 1732 年的弗吉尼亚。11 岁时，父亲死了，只留给他少量田产和 10 个黑奴。

16 岁时，华盛顿去西部做了土地测量员。这时英法两国为了争夺在北美的领地和利益发生了冲突，双方都开始积极备战。命运为华盛顿提供了一个走入军界的机会，他由此成为英属弗吉尼亚地区的一个少校副官，时年 19 岁。人们都说，华盛顿身材高大健壮，外貌庄严，沉默寡言，充满了个人魅力，是一个天生的军人。

在接下来的战争中，华盛顿不仅出色地完成了任务，而且多次出生入死，被称为"最勇敢的人"。

当历时 7 年的英法战争以英国的胜利宣告结束时，华盛顿并未感到自豪和喜悦。战争中，英国人给予本土士兵和北美士兵的不同待遇，让华盛顿感到受了歧视。而战争后英国为了充实国库，对其在北美的属地课以重税，更让华盛顿感到不满。

莱克星顿的枪声响起后，大陆会议召开，华盛顿是唯一身着戎装的代表，最终当选为大陆军总司令，时年 43 岁。随着战争的一步步胜利，独立迫在眉睫。但当时的中央政府无权向各州征税，中央政府还是靠各州摊派所得来运转。随着战争的胜利，各州政府对大陆会议的要求反应冷淡，军队的薪饷也被拖欠。军人们开始担心，一旦和平来到，自己的生活会不会没有保障。此刻，人们希望有一个独揽大权的人物来接管政府。在人们眼里，华

盛顿就是这样一个人。军队中的这种呼声更是高涨，甚至有军官上书要求华盛顿做皇帝。

但是华盛顿并不想当皇帝，他追求的只是尊敬和荣誉。当和平终于来临之时，51 岁的华盛顿辞去军职，卸甲归田。

1787 年，制宪会议在费城召开，华盛顿被邀请作为这次会议的主席。在会议上，华盛顿竭尽全力，用自己的威望和影响力，为代表们之间的相互沟通创造气氛，起到了平衡和协调的作用。最终，所有代表都同意将行政权力赋予一人——美利坚合众国的总统。

联邦宪法通过，各州代表在同一时间进行投票，选举美国的第一位总统。结果是，华盛顿获得全票。此时的华盛顿已无法再拒绝了，他手按《圣经》，在大法官的主持下，进行了庄严的宣誓。

华盛顿在普林斯顿战役中挥剑越过英军的头顶指向胜利。随着局势的不断发展，美军正一步步走向胜利。

1787 年宪法

独立是艰难的，和平需要付出血的代价，而自由平等的生活，更不可能是一蹴而就的。

美国独立战争后，幸福生活并没有如期而至。农民依然贫穷，工人的工资也还是少得可怜，各种捐税多如牛毛。人们意识到，本地的资产阶级和种植园主并不比英国

人慈善。

严酷的生活环境让许多人又拿起了枪，各州暴乱频发。在康科德，谢司发动的起义声势最为浩大，他们到处攻打法院，烧毁债务诉讼档案。谢司在独立战争中立过军功，还因此被晋升为上尉。可当战争后回到家乡，谢司才发现，自己原来身无分文，比战争之前还要贫穷。谢司的反抗引起了联邦政府的恐惧，急忙派出政府军镇压，一直将谢司的队伍赶到荒凉的西部，才得以平息了这场叛乱。

新兴的资产阶级意识到，虽然他们有一个统一的联邦政府，但各州都有自己独立的军事、财政和外贸权力，一旦爆发大规模的起义，联邦政府根本无力镇压。

就这样，各州纷纷派出代表来到费城，召开了制宪会议。经过长达4个月的讨论，1787年，体现三权分立原则的宪法终于出台。宪法规定美国由总统掌握行政权，而总统由选举产生，任期4年。总统既是政府的行政首脑，也是武装部队的总司令。国会由参议院和众议院组成，众议院议员由各州选民直接选出，参议院议员由各州立法会议选出。国会拥有立法权，法律由国会两院通过，总统批准后生效。如果国会的决议被总统否决，经国会两院再以2/3的多数票通过，也可直接生效。司法权属于最高法院，法官由总统任命，参议院批准，终身任职。

美洲属于美洲人

可以说，美国的《独立宣言》不光给了殖民统治者重重的一击，也给了美洲人一次不小的震荡。宣言中主张的"人人生而平等""每个人都有生存权、自由权和追求幸福的权利"，让几乎所有人都重新审视了一番这个世界，自由和平等，人们意识到，这是他们听说过的最动听、最美好的两个词。

在《独立宣言》发表后不久，"拉丁美洲"也爆发了要求独立的战争。所谓拉丁美洲，就是包括北美洲的墨西哥在内的南美洲的众多殖民国家。

1742年，秘鲁爆发了由胡安·桑托斯领导的印第安人起义，起义者赶走和杀死殖民官吏、地主和传教士，起义把复兴印加国家作为主要目的。1780年，康都尔堪基又领导了一次秘鲁印第安人的起义，号召印第安人复兴独立的"印加帝国"，参加者达数万人，起义队伍席卷了秘鲁南部广大地区，历时两年之久。起义虽然最后以失败告终，但表现了拉丁美洲人民不甘屈辱，争取自由和独立的革命精神。

在巴西，社会结构与西班牙殖民地相似，不同的是巴西300万人口中有近一半的黑人奴隶，因此这里的起义主要是黑人奴隶反对奴隶种植园主的斗争。1630年有两万多黑人集会成立自己的政权巴马瑞斯国，抗击葡萄牙殖民政府的围剿，此次起义前后坚持半个世纪之久。

18世纪欧洲资产阶级启蒙运动和美国、法国资产阶级革命极大促进了拉丁美洲人民的民族独立运动。18世纪下半期，殖民地出现了一批接受过革命教育的知识分子，他们多熟悉启蒙思想家的学说和著作，熟悉美国独立和法国革命的历史，以这些人为核心，在殖民地资产阶级革命的思想得到传播，革命的思想准备日益成熟。哥伦比亚人纳利诺（1769～1822年）于1794年翻译发表了法国的《人权宣言》。智利罗哈斯（1743～1816年）曾在智利建立秘密组织，阅读和讨论《人权宣言》和《百科全书》。委内瑞拉的米兰达（1750～1816年）参加过美国独立战争和法国大革命，深受资产阶级革命的影响，后来他成为独立战争的领导人之一。1796年，英法战争之际，西班牙被迫与法国签订同盟条约，加入对英作战。由于英海军实行封锁，西班牙商业每况愈下，1807年，葡萄牙、西班牙被迫参加了拿破仑的"大陆封锁体系"，这引起英国对西海岸更加严密的控制，这种控制削弱了西班牙对拉丁美洲殖民地的控制，从而有利于拉丁美洲民族解放运动的开展。

自由海地

海地位于中美洲，原来被强大的西班牙殖民者占领，后来法国打败西班牙，占领了海地。海地人大多是非洲黑奴的后代，1791 年，海地的混血种人和黑人发动武装暴动，高喊着"宁愿死也比当奴隶好"的口号，放火焚烧了咖啡园和甘蔗种植园，烧毁了殖民者的豪华别墅，杀掉了法国殖民官吏和许多白人奴隶主。仅仅两个月，烽火就燃遍了海地，2000 多名法国殖民者被打死。

在这次起义中，黑人马车夫杜桑脱颖而出，他以严明的纪律统率部队，所到之处，敌人望风而逃。当时的法国正在闹内乱，政府只派出了 6000 人的军队到海地镇压起义，结果当然是没起任何作用。西班牙和英国看到有机可乘，先后派兵入侵海地，但都被杜桑领导的起义军赶走。

1801 年，海地召开制宪会议，制定了宪法，宣布废除奴隶制度，所有海地人不分人种、肤色一律平等，都享受自由的公民权。在这次会议上，杜桑被选为终身总统，海地正式宣布独立，并恢复了印第安人的传统名称——"海地"，意为"多山的地方"。

拿破仑无法容忍，立刻派他的妹夫黎克勒远征海地。当 3 万法国远征军来到海地的时候，海地军队早在他们要登陆的地方点起火来，烧毁了那里的一切。法军不但找不到吃的，甚至找不到喝的，因为水中已被下了毒药。

黎克勒大伤脑筋，不久，一个大胆而有效的计划出来了。

黎克勒写了一封言辞恳切的信给杜桑，建议双方坐下来协商，一起消除战争。这封信言辞恳切，诚意十足，且信誓旦旦。杜桑相信了黎克勒，一个人单枪匹马来到法军驻地，想与黎克勒会面。然而，接待杜桑的却是镣铐。

杜桑被押送到法国，拿破仑下令将他送进监狱。不久，这位杰出的黑人领袖便死在了法国监狱中。杜桑之死让海地的革命烈火又熊熊燃烧起来，在克里斯托夫和德萨利纳领导下，海地人对法国殖民者进行了沉重打击。

黎克勒的抵抗越来越弱，不久便死于黄热病，法国侵略军陷入了绝境。仅剩的 8000 老弱残兵无奈，决定返回法国，在回国途中被英国海军俘虏，全军覆没。

"解放者"玻利瓦尔

西蒙·玻利瓦尔，是南美洲北部地区独立战争中最为重要的领导人，生于委内瑞拉，家里除拥有大片种植园和 1000 多名奴隶外，还有金矿、糖厂、房产以及呢绒商店等。虽然生活富足，但经常受到西班牙殖民者的歧视和压制。

玻利瓦尔曾在西班牙、法国、意大利等国家留学，回国后，他建立了委内瑞拉第一共和国，不久被西班牙镇压。玻利瓦尔不甘心失败，率领革命军解放了加拉加斯等地区，在那里建立了委内瑞拉第二共和国，但不久又失败了。玻利瓦尔不得不流亡于牙买加、海地等国家。

当玻利瓦尔来到海地的时候，海地总统佩蒂翁送给了他 7 艘船和大批武器弹药。玻利瓦尔经过两个月的准备，于 1816 年返回委内瑞拉，在奥里诺科省成功登陆。

经过认真总结经验，玻利瓦尔不再攻击大城市，而是把部队引入奥里诺科河流域的东被群众称为南美解放者的玻利瓦尔，怀有一个把西班牙所有殖民地国家结成一个政治联盟的梦想，并为之奋斗，为南美的独立做出了杰出的贡献。

部地区，展开游击战。

1818年，委内瑞拉第三共和国成立，玻利瓦尔率领部队翻越安第斯山，突袭新格兰纳达地区的西班牙人。西班牙军队没想到玻利瓦尔的军队会从天而降，一时间惊慌失措，还没等拿起武器应战，就被消灭了。

这次袭击大获全胜，玻利瓦尔乘胜追击，向波哥大进军。波哥大的西班牙守军顽强抵抗，双方展开了艰苦的鏖战。最后，玻利瓦尔终于取得胜利，开始以强大的攻势横扫委内瑞拉全境，西班牙军望风而溃，玻利瓦尔的军队终于开进了首都加拉加斯。

委内瑞拉解放后，玻利瓦尔又南下厄瓜多尔，将盘踞在这里的西班牙军队赶走，至此，南美洲的西北部地区也获得了独立。

1819年，新格拉纳达、委内瑞拉、厄瓜多尔共同成立了"大哥伦比亚共和国"。玻利瓦尔被选为总统和最高统帅，不久即进军秘鲁。秘鲁当时是西班牙势力最为顽固的地区，玻利瓦尔为之付出了巨大代价，当秘鲁东部（又叫上秘鲁）被玻利瓦尔解放后，就改名为玻利维亚，以纪念这个国家的解放者。

玻利瓦尔与圣马丁

玻利瓦尔有一位亲密战友圣马丁，他在翻越安第斯山、出其不意地进攻智利的西班牙守军时立下赫赫战功。在秘鲁与西班牙军队作战时，圣马丁更是表现得异常英勇，因此被大哥伦比亚共和国推为"护国公"。

由于圣马丁的突出功勋，他后来便担任了阿根廷北方军总司令，还享有"南美洲的解放者"，秘鲁、智利、阿根廷3个共和国的"祖国之父"和"自由的奠基人""南方的华盛顿"等各种称号。

正当人们以无限钦佩的心情庆祝圣马丁的胜利时，圣马丁却主动辞职了。关于他急流勇退的原因，人们议论纷纷，最终的焦点便都集中到了玻利瓦尔身上。

1822年，圣马丁到瓜亚基尔与玻利瓦尔会谈，会谈的第二天和第三天是在绝密的情况下进行的，没有任何第三者参与，因此会谈的内容至今无人知晓。会谈结束后，玻利瓦尔未做任何透露，圣马丁也同样缄口不言，但就是在这次会谈后，圣马丁默默离开了，给世人留下了一个永远的迷惑。

人们后来对会谈内容作了各种猜测。据说圣马丁到达港口时，玻利瓦尔的两位助手去迎接，玻利瓦尔在他要居住的宾馆欢迎他，两位巨人还紧紧拥抱在一起。但是会谈结束后，圣马丁却神情严肃、一声不响地走出了大厅，他旁边的玻利瓦尔则带着一种神秘的表情，两个人没有再度拥抱。当晚，玻利瓦尔在通宵舞会上尽情欢乐，圣马丁却悄无声息地不辞而别。

返回秘鲁不久，圣马丁即辞去了国家首脑和军队统帅的职务，决定不再拥有任何权力。并取下了他身上象征权力与最高荣誉的两色绶带。当时在场的人都非常吃惊，纷纷劝说圣马丁收回辞呈，但圣马丁依然意志坚决地离开了。

关于圣马丁的悄然隐退，人们的说法很多，对于圣马丁的"我并不寻求荣誉""我的剑绝不为争权夺利而出鞘"这句话，每个人都记忆尤深。所以大多数人认为是玻利瓦尔排挤了圣马丁，至于排挤的手段和方法，就只有玻利瓦尔、圣马丁和上帝知道了。

相信唯一让圣马丁遗憾的不是放弃权力，而是独立并没有给大多数人带来所期望的自由。那里的印第安人、黑人和各个种族的混血儿，虽然摆脱了西班牙人和葡萄牙人，却又陷入大地主、大商人、官吏和宗教贵族的压榨之中，新的法律导致了贫富进一步分化。

巴西的独立与奴隶贸易

南美洲最大的国家是巴西，在长达 300 年的殖民统治时期，数百万的葡萄牙人、意大利人、德国人、波兰人移居巴西，其中一部分人与当地的印第安人融合在一起，出现了大量印欧混血种人。后来大批黑奴被贩运到巴西，东方黄种人也拥入这里，不同种族间长期通婚，各种混血种人之间又再次融合，逐步形成了巴西特殊的民族。

1500 年，葡萄牙航海家佩德罗·卡布拉尔率探险队来到巴西，给这里起名叫"圣十字地"。后来，人们在海岸附近的热带森林中发现一种可以提炼贵重红色染料的树木，于是他们就把这里叫作"巴西"。"巴西"在葡萄牙语里就是红木的意思。

随着美洲独立浪潮的掀起，巴西也爆发了武装起义，黑人宋巴发起的反葡运动持续了 60 多年。1792 年，"巴西的国父"、民族英雄蒂拉登特斯被殖民者残酷绞杀，尸体被砍成 9 段，由此激发了更大规模的反抗。

1822 年，巴西宣布完全脱离葡萄牙独立，成立了巴西帝国，年仅 24 岁的彼得罗一世成为国王，宣布废除奴隶制。第二年帝制垮台，巴西又成立联邦共和国，在宪法颁布后定国名为巴西合众国。

那些同样获得独立的黑人奴隶，都是欧洲殖民者从非洲贩运过来的，要不是美洲的独立运动，他们世世代代都将是奴隶。

原本充当奴隶的，是美洲土著居民，那些印第安人被成批赶往矿井，继而成批成批埋于废弃的矿井之中。土著居民的数量本就不多，其中许多人因过重的劳动又过早地结束了生命，殖民者于是将目光转移到了贫瘠落后的非洲。

4 码约 3.66 米白布可以在非洲换取一个黑奴，把这个黑奴运到牙买加，可以卖 60～100 英镑。一艘贩奴船往返一趟可以运 300 多名黑奴，获利 1.9 万多英镑，利益快呈几何倍数增长了。西班牙、荷兰、英国、法国，尤其是最先垄断奴隶贸易的葡萄牙，都在贩奴运动中发了横财。

一般的贩奴船从欧洲起航以后，直接从欧洲各地开往非洲西岸距美洲最近的几内亚湾，在这里用船上的商品换取奴隶。每一个奴隶身上都要烙上所属奴隶主的姓名，然后像运送牲畜那样，把奴隶塞进拥挤不堪、污浊熏天的船舱中。

在运送过程中，各种疾病经常凶猛肆虐，还不时流行瘟疫。奴隶主也十分害怕瘟疫，所以只要发现患病黑奴，就立刻把他们扔进大海。一旦奴隶们不甘忍受、揭竿而起，就会遭到最为惨烈的屠杀。

在人类的历史上，没有什么比贩奴更可耻的了，但是这种公开的奴隶贸易竟然延续了长达 400 年的时间！

富兰克林

美国的第一位科学家，当数富兰克林，他是第一个用科学的方法揭示雷电秘密的人。如果没有富兰克林，希腊人会认为雷电是万神之王宙斯手中的武器，当他生气发怒时，就

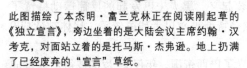

此图描绘了本杰明·富兰克林正在阅读刚起草的《独立宣言》，旁边坐着的是大陆会议主席约翰·汉考克，对面站立着的是托马斯·杰弗逊。地上扔满了已经废弃的"宣言"草纸。

把雷电放出来震慑群神和人类。中国人会认为，那是雷公电母在惩治邪恶。而基督徒们认为，那是上帝愤怒的表示，如果刚巧雷电劈倒大树，引发火灾，那一定是有人触怒了上帝。

1752年，富兰克林做了一次震惊世界的实验。他在大雷雨即将到来之时，把一只大风筝放到天空上，这时大雨倾盆而下，富兰克林握着风筝线的手突然感到一阵麻木，紧接着，挂在风筝线下端的铜铃动起来，伴随着阵阵声响冒出点点火花。"成功了！成功了！"富兰克林扔下风筝兴奋地大叫起来。他冒着生命危险，终于揭开了雷电之谜。

其实，富兰克林以前就曾写报告给英国皇家学会，建议用尖端金属杆装在屋顶上，再用铁丝把铁杆同地面连接起来，这样就可以把天上的电引到地下，防止房屋遭到雷击。但这个建议遭到皇家学会的"科学家们"无情的嘲笑。富兰克林相信自己的想法是对的，他把这个方法告诉了一个法国朋友，那个法国人就用一根铁杆直立在屋顶上，在雷雨时真的把天空中的闪电引到了地下。

这就是富兰克林发明的避雷针，我们至今还在使用。后来，富兰克林了解到电是会流动的，分为正电和负电，由此创立了电学原理。

除了科学，富兰克林还是一位卓越的外交家，美国独立战争爆发后，他把自己的财产支援战争，参加了《独立宣言》的起草工作，而且作为外交特使出访欧洲，为战争的胜利奠定了基础。

电气时代的辉煌

第二次工业革命以电力的广泛应用为显著特点，从19世纪六七十年代开始，相继出现了一系列电气发明。1866年，德国人西门子制成发电机，1870年，比利时人格拉姆发明电动机，电力开始用于带动机器，成为补充和取代蒸汽动力的新能源。这使得电力工业和电器制造业迅速发展起来，从此人类跨入了电气时代。

在第二次工业革命中，一个重大成就是内燃机的创制和使用。19世纪七八十年代，以煤气和汽油为燃料的内燃机相继诞生，90年代又出现柴油机。交通工具的发动机问题由此获得解决。1885年，德国人卡尔·本茨成功地制造出第一辆由内燃机驱动的汽车。此后内燃机车、远洋轮船、飞机等都得到迅速发展。内燃机的发明，还带动了石油开采业的发展和石油化工工业的产生。石油的开采量和提炼技术大大提高。1870年，全世界只生产了约80万吨石油，到1900年已经猛增到2000万吨。

不久之后，以内燃机为动力的飞机飞上了蓝天，开启了人类翱翔天空的篇章。

在第二次工业革命期间，电信事业的发展也尤为突出。继有线电报出现之后，相继出现了电话、无线电报等，这为快速传递信息提供了极大的方便。从此，世界各地的经济、政治和文化联系得到进一步加强。

除此以外，化学工业的建立在这一时期科学技术应用与生产发展史上也是一项重大突破。1867 年，诺贝尔研制成功炸药，80 年代出现了改良的无烟炸药，促进了军事工业的发展。80 年代初，科学家提炼出氨、苯等化学产品，对城市生活的发展也有很大促进作用。

第二次工业革命还推动了一些老工业部门，如冶金、造船和机器制造业等的技术革新和发展。

与第一次工业革命相比，第二次工业革命具有如下 3 个特点：

第一，第一次工业革命时，很多技术发明都来源于工匠的实践经验，科学和技术没有真正结合；而在第二次工业革命期间，自然科学开始同工业生产紧密结合，科学在推动生产力发展方面发挥了重要作用。

第二，第一次工业革命首先在英国发生，重要的新机器和生产方法主要由英国发明，其他国家革命进程相对缓慢；而第二次工业革命几乎同时发生在几个先进资本主义国家，新的技术和发明超出了一国的范围，其规模更广泛，发展更迅速。

第三，第二次工业革命时期，在一些主要资本主义国家如日本两次工业革命是交叉进行的。这使它们既可以吸收第一次工业革命的技术成果，又可以直接利用第二次工业革命的新技术。

工业革命的影响

第二次工业革命，其规模之大，发展之迅速，对世界各地的文明进程都产生了重要的影响。生产力的迅猛发展改变了社会结构和世界形势，资产阶级掌握了先进生产力，实力日益壮大，他们开始走上殖民征服的道路。这时期，企业规模也越来越大，生产和资本的集中促成了垄断组织的形成。

首先，新能源在第二次工业革命时期得到大规模应用，如电力、煤炭等，这些新能源的广泛应用直接促进了重工业的大踏步前进，使大型的工厂能够方便廉价地获得持续有效的动力供应，从而使大规模的工业生产成为可能，并为之后的经济垄断奠定基础。

其次，长期困扰人类的动力不足的问题因内燃机的发明而得到解决。内燃机的发明同时促进了发动机的出现，发动机的发明又解决了交通工具的问题，进而推动了汽车、远洋轮船、飞机的迅速发展，人类的足迹从此遍布全世界，各个地区的文化、贸易交流更加密切，更加便利。

第三，通信工具的发明为远距离及时沟通提供了可能。自从 19 世纪 70 年代美国人贝尔发明了电话之后，人与人之间的交流就不再局限于面对面的谈话。

最后，化工业的迅猛发展使人们的日常生活发生了许多变化。炸药的发明和改良，大大促进了军工业的进步，并最终导致第一次世界大战的爆发。人们开始从煤炭中提取各种化合物、塑料，人造纤维先后被投入实际生活。

上述 4 种发明，对第二次工业革命产生了决定性的作用，人类开始通过科学研究来获得纯粹知识，然后再反过来促进理论的应用。

明治维新

德川幕府时期，日本开始实行闭关锁国的政策，自丰臣秀吉把基督教传教士赶出日本后，连经商的外国人也无法进入日本了。

到了幕府末期，天灾不断，民不聊生。西方殖民者这次带来的不是《圣经》，而是坚船利炮，叩开了锁国达 200 余年的日本国门。1853 年，美国海军将领柏利率领舰队两次闯进江户湾，迫使日本开港通商。幕府屈服于列强的炮火，连续与列强签订了很多不平等条约和关税协定，大批农民和手工业者因为外货的倾入而纷纷破产。

在内忧外患的双重压力下，日本人逐渐认识到，只有推翻幕府，向西方学习，才是日本的富强之路。于是，一场轰轰烈烈的倒幕运动展开了。

1868 年，在有"维新三杰"之称的大久保利通、西乡隆盛、木户孝允的领导下，成功发动政变，迫使德川幕府第十五代将军德川庆喜交出政权，并由新即位的明治天皇颁布"王政复古"诏书。这就是日本历史上的"明治维新"。

明治天皇虽然年幼，可颇有见识，随即宣布迁都江户，并将其改名为东京，随后从政治、经济、文教、外交等各方面都进行了一系列重大改革，在后来的甲午中日战争中击败中国的北洋舰队，全歼俄国太平洋舰队和波罗的海舰队，成为亚洲头号强国。

明治天皇

明治天皇（1852～1912 年），名睦仁。1852 年 11 月 3 日生，他是孝明天皇的第二皇子，其母为英照皇太后。实际上他真正的生母是权大纳言中山忠能的女儿，名中山庆子，又名典侍庆子。1860 年，他被定为储君，并赐名睦仁。

"广兴公议，万机决于公众；公卿与武家同心，以至于庶民，使各遂其志，人心不倦；破旧来的陋习，立基于天地之公理正气。"这是明治天皇登基的誓言。

日本明治维新，在世界史上堪称一大奇迹。一个既小又穷、资源贫乏的偏僻岛国，仅用半个世纪，便实现了社会、经济、军事等多方面的脱胎换骨，成为一个世界强国。这一切，总是与"明治"这个年号有千丝万缕的联系。

1867 年倒幕运动开展之际，孝明天皇骤然离世，16 岁的睦仁继承皇位。1868 年 1 月，倒幕派发动政变，迫使将军德川庆喜将政权交与天皇睦仁。3 月明治天皇发布《五条誓约》，7 月改江户为东京，翌年以旧江户城为皇宫，天皇总揽统治大权，同时规定明治新政府的官僚在天皇权威的基础上保持政权。8 月 27 日天皇举行即位典礼，9 月 8 日改元明治。10 月，明治天皇抵达东京执政。12 月，天皇返回京都，与一条美子（昭宪皇太后）举行大婚之礼。明治二年即 1869 年，明治天皇再度抵达东京，定东京为首都。接着，在明治政府大力改革，接二连三地推出一些前所未有之策令。

1869 年天皇政府宣布"版籍奉还"（版是领地，籍指户籍），1871 年又实行废藩置县，1873 年政府着手地税改革。明治十四年（1881 年）发布《军人敕谕》。1889 年制订《大日本帝国宪法》和《皇室典范》。1889 年颁布帝国宪法，并于次年召开帝国议会。其中与天皇地位联系最紧密的就是大日本帝国宪法的制定。1890 年 10 月天皇政府发布《教育敕语》。这些文件后来成为近代天皇制国家的基本法律和意识形态的支柱。

在对外政策上，明治天皇于 1894～1895 年发动中日甲午战争，1904～1905 年又发动日俄战争。随着甲午战争、日俄战争的胜利，明治天皇至高无上的地位日益稳固。

明治四十五年（1912 年）7 月 30 日凌晨，明治

明治天皇像

388

天皇因尿毒症医治无效去世，享年 61 岁。在他执政的 45 年中，日本资本主义极大发展，并迅速走上了军国主义的道路。

伊藤博文

伊藤博文，1840 年出生于长州藩（今山口县）山村的贫农家庭。其父被下级武士伊藤家收为养子，并被选为继承人，遂继姓伊藤。

早年伊藤博文曾入吉田松阴创办的松下村塾学习，从那时起他和井上馨曾一同被秘密派往英国学习现代海军技术。

在英期间，他得知英国战舰炮轰萨摩藩后，于是辗转回国，结果回到日本后他发现长州藩也被炮轰了，于是他加入了长州藩军队，反对幕府统治，主张"开国进取"。

明治维新成功后，在木户孝允、大久保利通和细田道一的领导下，伊藤博文主要负责处理外交事务。曾先后出任外国事务局交涉员、判事，兵库县知事，会计官权判事、大藏少辅兼民部少辅、工部大辅等职务。

1885 年 12 月，由明治天皇政府根据伊藤博文的建议废除太政官制，开始实行内阁制，并由伊藤博文出任首届内阁总理大臣兼宫内大臣，负责宪法的起草。因此在日本的历史上伊藤博文被誉为"明治宪法之父"。

1894 年，伊藤博文参与策划了日本对朝鲜的侵略以及中日甲午海战，并于战后由其出面与中国政府签订了《马关条约》。

1898 年，戊戌变法时他曾亲往北京访问，面见光绪皇帝和康有为，并提供改革方针。政变后，他又参与救援被捕的黄遵宪，并协助康有为和梁启超逃往日本。1900 年伊藤博文创立政友会，自任总裁，开日本两党政治之先河。

1905 年，日本在日本海海战（对马海峡海战）获胜后，伊藤博文被任命为第一任韩国统监，于 1907 年迫使朝鲜签订第三次日韩协约，使朝鲜变为日本的保护国。尽管如此，伊藤博文本人是反对日韩合邦的，在 1909 年的阁议中他就曾公开表达反对立场，表示"合并是长期的问题"，这有别于众多的日本对朝鲜政策参与者的想法。

1909 年 10 月，为解决日俄争端，伊藤博文到中国东北与俄国财政总长谈判，当他坐车抵达哈尔滨车站时，被朝鲜爱国志士安重根刺杀身亡。伊藤博文遇刺以后，主张日韩合并的一派成为日本对朝政策的主导。1910 年 8 月 22 日，日本终于迫使朝鲜签订了《日韩合并条约》。同年 10 月 1 日，日本统监府改为总督府，由此开启了对朝鲜长达 36 年的全面殖民统治时代。

伊藤博文在日本的发展过程中，是促成其迈进现代化国家、成为近代世界列强之一的功臣，但由于伊藤博文一贯奉行对外扩张政策，因而无论在日本国内，还是世界其他各国，对他的评价仍是毁誉参半。

章西女王葩依

章西是印度中部的一个小城，葩依在 1835 年生于印度的贝拿勒斯，从小精通武艺，7 岁就学会了骑马。17 岁时，葩依嫁给了比她大许多的章西王公甘加达尔·拉奥，成了章西王后。

王公死时没有儿子，按照当时英国所定的规矩，王公死后如果没有儿子继承王位，那么就要废除他的领地，收归英国所有。虽然葩依已经领养了一个儿子，但英国殖民者不管这些，强行兼并了章西。

当印度爆发了反英民族大起义后，章西人也在女王葩依的领导下参加了起义。女王亲自冲锋陷阵，率领章西起义军占领了英军军火库，打死了英国在章西的最高指挥官邓洛普，并重新占领章西，登上王位。

英军攻陷德里后，很快扑向了章西，葩依早已率军等候多时了，他们先把粮食运进城中，并在城墙上构筑了工事，架起了大炮，做好了一切准备。

英军统帅罗斯到达章西后，派军队把章西城围了个水泄不通，还在城南和城东南修筑炮台。女王葩依看准时机，命令部下率先发起攻击。一时间，炮声隆隆、硝烟弥漫。英军急忙发炮还击，虽然英军的大炮比葩依女王的炮威力大，但仍是连续两天僵持不下。第三天，英军猛攻南城门，试图集中火力打开南门。女王见状，急忙掉转炮位，对准英军炮台，只听见"轰轰"几声巨响，英军的一座炮台飞上了天。

英军重新集结后，依然对准南门开炮。不久，南门的缺口越来越大，章西马上就要被英军攻破了。女王派人去与附近的起义军领袖托比联系，请他火速增援。托比得到消息后，立刻发兵章西，不料途中中了英军埋伏。女王寡不敌众，率军弃城而走。

女王葩依将军队带出章西，同托比的部队会合在一起，进驻到瓜辽尔。瓜辽尔是印度中部的一个军事重镇，但由于德里的莫卧儿王朝已投降英军，各地起义军群龙无首，盲目作战。葩依和托比于是推举起义军的一个重要领导人萨希布为领袖，托比担任起义军总司令。

罗斯追踪起义军到了瓜辽尔，女王手拿钢刀，骑着一匹白色的战马，亲自在战场上纵横驰骋，镇守东门。起义军们见女王如此骁勇，信心倍增，多次打退了英军的进攻。

僵持了几天后，英军决定发动总攻，女王与以往一样，率军袭击攻城英军，她本人身着男装，多次迎着敌人的炮火英勇杀敌。英军看到女王所守的东门不易攻克，就派兵袭击其他守军，直到最后才包围了女王。

在英军迅速向城内逼来时，女王却率起义军的骑兵部队径直冲向了敌人的炮兵阵地，英国炮兵本以为自己的队伍已经杀进城里了，没想到起义军会向自己冲来，急忙放下大炮，想去拿步枪。但已经来不及了，葩依的部队横扫敌营，敌军尸体遍地。

杀散了敌人的炮兵，葩依准备回去救援，但这时敌人已经围了上来，葩依陷入重重包围之中。这时，一名英国军官认出了身穿男装的女王，立即喊道："她就是女王葩依，快把她活捉！"于是，大量英军都向女王移动过来。女王四面受敌，仍英勇奋战，最后英勇牺牲。这时，她才22岁。

奴隶贸易

从人类有战争开始，奴隶便出现了，他们作为战胜者的财产，离开自己惨遭洗劫的家乡，世代为征服者服务。

罗马人就把所有战俘变成奴隶，让他们在皮鞭下摇着全副武装的战舰渡过茫茫大海，然后战死疆场。那些侥幸活下来的，则回到农田里继续劳动。

就在欧洲的奴隶制逐渐被历史遗弃之时，非洲的贩奴运动又猖獗起来。欧洲殖民者为了获得足够的劳力奔走于全球各地，为了寻找更广阔的商品销售市场和原料产地，他们逐渐把北非各国变成了自己的"保护国"。

欧洲人将非洲人强行带走，用船运过大西洋。这些黑人在拥挤、恶臭的船舱中，被像牲畜一样捆在一起，踏上一条不归路——去新世界中过痛苦的、牛马不如的生活。他们一天要劳动20个小时，砍甘蔗、制糖、摘棉花、收获烟草并把它们晒干、锄草、播种等。即使他们有幸不被累死，也不会躲过奴隶主随心所欲的鞭打。枪杀男奴或奸污女奴，这些罪行都不会受到处罚。

那些没被卖到美洲去的非洲人，生活也没好多少。由于非洲的金矿和钻石产量非常丰富，许多经济作物也种植成功，让欧洲人感到分外眼红。以英国、法国为主的殖民者，掀起了一场瓜分非洲的狂潮，到 20 世纪初，除了埃塞俄比亚和利比里亚保持独立外，整个非洲都被瓜分。

非洲人不但丧失了主权和大片土地，还因为奴隶贸易而人口锐减，丰富的资源遭到无情掠夺，许多地区被强制变为单一的经济种植区，造成了经济的畸形发展。

阿散蒂的抗英斗争

非洲人当然不甘心任人宰割，从 15 世纪末西方殖民者在西非的黄金海岸（加纳）登陆开始，反抗就没有停止过。

黄金海岸的内陆民族阿散蒂族，18 世纪初形成了强大的阿散蒂国家，首都设在库马西。英国在 1807~1900 年间，先后发动了 8 次侵略阿散蒂的战争。前 4 次战争中，英国遭到惨败，被迫和阿散蒂签订和约，承认阿散蒂的独立。

1873 年，英国向阿散蒂发动了第七次侵略战争。阿散蒂军民在埃尔米纳英勇抗击敌军，后因军队感染痢疾和天花，人员损失巨大而被迫退兵。英国侵略军占领了库马西，但在英军侵占的前一天，阿散蒂军民已带走了所有粮食，只给英军剩下一座空城。英军生怕孤军深入被围歼，慌忙撤出了库马西，但在临走前炸毁了皇宫，并放火烧毁全城。阿散蒂不久被迫和英国签订屈辱的条约，规定阿散蒂赔款 5 万两黄金，并放弃对沿海地区的领土主权，英国则承认阿散蒂为独立的主权国家。

和约签订后，英国又担心德、法两国的势力渗透到阿散蒂，所以改口要阿散蒂接受英国"保护"，遭到阿散蒂的坚决拒绝。1896 年，英军再次大举进犯阿散蒂，俘虏了国王普列姆佩一世，阿散蒂成为英国的保护国。

抓住了国王的英军十分嚣张，总督弗雷德里克·霍奇森在库马西召集酋长会议，逼迫他们交出象征权力和尊严的金凳子。这件事激怒了阿散蒂人，女酋长雅·阿散蒂娃宣布起义，开始了阿散蒂的第八次抗英战争。起义军把英军围困在库马西长达数月之久，大量英军饿死、病死。这时，英军提出停战，在起义者停止了军事行动后，英军乘机突围南逃。不久英国援军到达，围攻库马西，经过激烈的战斗，起义军最终战败，雅·阿散蒂娃被俘。

不久，阿散蒂国被肢解为 18 个小邦国，归英国总督统辖，正式并入英属黄金海岸殖民地。

阿拉比的反抗

非洲的文明古国埃及也没能在这次瓜分狂潮中幸免。

1805 年，奥斯曼帝国驻埃及的军官阿里夺取政权，自立为总督。阿里上台后进行了一系列改革，并提倡学习西方文化，派留学生出国，还在国内建立新式学校，办印刷所，出版了《埃及纪事报》。埃及的国力得到极大增强。

从 19 世纪初起，埃及不断对外用兵，先后占领了苏丹、叙利亚和黎巴嫩等地。英国不愿意看到埃及的强大，唆使奥斯曼帝国发动对埃及的战争，随后又联合俄、普、奥支持奥斯曼帝国。结果埃及失败，被迫签订《英埃条约》，规定埃及只保留本土和苏丹，陆军裁减到 1.8 万人，取消造船厂，承认奥斯曼帝国的宗主权。

对外战争的失败，使埃及国力一蹶不振。阿里死后，英国开始在埃及修建铁路，架设电报线，开办工厂和银行，建立商船队。法国则取得了修建苏伊士运河的特许权。埃及国库日益空虚，一再被迫以高达 7%～9% 的年利向英法等国借债。

1874 年，埃及将自己占有的 44% 的苏伊士运河公司股票全部廉价卖给了英国，但仍无法解决财政困难，只得宣布财政破产，由债权国英、法接管财政大权。在这之后的埃及内阁中，英国人被任命为财政部长，法国人担任公共工程部长，埃及人的政府完全变成"欧洲内阁"了。

很快，"欧洲内阁"以紧缩开支为名，解除了 2500 名埃及军官的职务。陆军中校阿赫美德·阿拉比创立"祖国党"，提出了"埃及是埃及人的埃及"的口号。在接下来的议会选举中，祖国党获胜，阿拉比担任陆军部长，修改了宪法，削弱了英法的财政监督权。

英国人从此将阿拉比视作眼中钉，1882 年，英国舰队炮击亚历山大港，声称要给阿拉比点儿颜色看看。阿拉比毫不示弱，宣称埃及"全民族与英国进行不可调和的战争"，双方展开了战斗。

由于阿拉比轻信了英国关于遵守苏伊士运河中立的保证，因而只注意了西线和北部沿海，忽视了东线的防御。英军秘密调动北线主力到东线，出其不意地占领了运河区，并向开罗进逼。阿拉比急到东线布防，但为时已晚，只好退守到开罗。英军与开罗城内叛军里应外合，占领了开罗，阿拉比等抗战领袖被俘。自此，埃及逐渐处于英国的统治之下。

马赫迪起义

英国控制埃及后，很快将势力渗入到苏丹这个非洲当时面积最大的国家。苏丹有美丽的白尼罗河，河水清澈透明，两岸的树木翠绿茂盛，异常迷人。这样美丽的家园被英国人占领了，谁都不会甘心。

马赫迪号召苏丹人为摆脱外国奴役进行不懈的战斗。

英国人听说马赫迪在布道，也派兵前去他的住地阿巴岛。结果，英军被马赫迪的随从打败，死了 100 多人，剩下的都狼狈逃走。

初战告捷，马赫迪和他的众多追随者非常高兴，立即宣布起义，在卡迪尔山建立了根据地。苏丹总督指使拉希德也马上行动起来，率领"讨伐军"偷袭马赫迪的根据地。马赫迪率起义军预先埋伏在"讨伐军"所经过的山路周围，当拉希德带兵进山后，堵死了各个要道出口，然后亲率士兵冲下山去。"讨伐军"仓促应战，结果全被歼灭。

第二年，新上任的苏丹总督盖格勒又派遣尤来福·沙拉得来征讨，这回的英军比上次多了一倍。当这支部队长途跋涉而来，立足未稳时，马赫迪率起义军连夜奇袭，取得了成功，再次全歼了敌军。

这两次战役的胜利，让马赫迪缴获了大批武器弹药，起义队伍也迅速壮大。1883 年，起义军攻下苏丹第二大城市乌拜依德。英国政府派希克斯率领万人大军再次征伐起义军，希克斯除了这支万人远征军外，还有 14 门大炮、6 挺机枪、500 匹战马和 5000 多头骆驼，规模异常庞大。而马赫迪仅有步战人马，力量悬殊。

马赫迪早已得到了英国行动的消息，并时刻派人跟踪打听英军的部署动向，将希克斯进军乌拜伊德沿途的水井全部封填，英军到达乌拜伊德附近时，已经是唇焦口干，疲惫不堪了。到达目的地后，希克斯把部队分成 3 大块，第一部分人马在前开路，后面是并行的两部人马，以便前呼后应。英军为了搞突袭，不顾疲劳连夜行军，在凌晨时分进入了乌拜伊德地区。

恩图曼战役

1898年10月，马赫迪率军抵达离喀土穆不远的恩图曼城下。马赫迪写信给英守城将领戈登，要求戈登投降。但戈登不予理睬，因为他已得到消息，英国援军已从埃及出发。12月14日马赫迪紧缩包围圈，起义军大败英军。

其实马赫迪早就将英军的动向了解得一清二楚了，英军刚进入一个小山坳，就遇见了一股起义军，这支起义军故意袭击希克斯，然后掉头就跑。希克斯哪里想到是计，他一直以为自己的行动很诡秘呢，于是下令追击。

追着追着，起义军突然不见踪影了，希克斯大怒，下令一定要找到这帮人。正当他急得找不到人时，又一股起义军在英军前方放了几枪，于是大队人马飞速向前，结果还是没追着。英军就这样一步步走进了马赫迪的埋伏区。

天亮后，英军看到了一片开阔地，希克斯便下令英军休息。疲惫的英军得令，横七竖八躺倒了一地。还没等英军喘过气来，就听"砰"的一声枪响，惊起了尚未坐下的士兵。希克斯连忙向四周遥望，他的头刚抬起来，一连串的枪声响了起来。紧接着，四周的山上冒出了无数起义军，将希克斯的军队包围起来。希克斯大惊失色，连忙命令士兵战斗，但已经晚了。马赫迪亲自率军拼杀，英军转瞬间便尸横遍野，希克斯也没能逃脱。

自此之后，起义军所向无敌，不久就占领了苏丹大部分地区。英军占据的苏丹首都喀土穆，变成了一座孤城。

乌拜伊德战役让英国政府震惊不已，为了挽回败局，派戈登担任苏丹总督。1884年，这个曾在中国犯下屡屡罪行的刽子手到达了苏丹。

戈登的第一招是收买，他任命马赫迪为科尔多凡省的省长，但马赫迪没有上当，反过来劝戈登投降。戈登一计不成又生二计，他一面加紧备战，一面向伦敦发出求援电报。

马赫迪等不及了，他率先领兵攻占喀土穆北部地区，切断了戈登的退路，继而包围了喀土穆。为了使敌人投降，起义军采用了围而不攻的战术，希望英军因饥饿而束手就擒。果然，长时间的围困让英军不但面黄肌瘦，还军心动摇。但戈登却死不投降，他相信英国援军已从埃及出发，马上就会到达喀土穆。

马赫迪也得到消息，知道英国援军正在赶往喀土穆，必须在他们到达之前攻下喀土穆。起义军终于得到了进攻的命令，马上向喀土穆发动总攻，成千上万的起义军像潮水一样冲进城内，经过短时间作战便占领了喀土穆。戈登在逃跑时被起义军用长矛刺中心窝而死。

长达4年的马赫迪起义宣告成功，建立了统一的马赫迪王国。正当人们欢庆胜利的时候，马赫迪却病逝了，他的战友继任，定都恩图曼。

1896 年，英国再次派出大军进犯苏丹，苏丹军民进行了两年抵抗后，沦为英国殖民地。

埃塞俄比亚的胜利

曾为英国占领苏丹充当了枪手的埃塞俄比亚，是北非一个古老的国家，1853 年才在库阿尔族的卡萨领导下统一全国。卡萨于 1855 年自立为帝，称提奥多二世。

提奥多二世建立起统一的军队，改革税制，减轻捐税，并限制教会特权，收回了大量教会土地。英国为了占领埃塞俄比亚，借口领事和传教士被扣，悍然出兵。由于许多贵族不满提奥多二世的改革，纷纷叛变投敌，只剩下提奥多二世和 16 名战士死守马格达拉要塞，最后全部牺牲。

提奥多二世死后，贵族们为争夺皇位进行了长达 4 年的内战。1872 年，提格雷的领主在英国支持下夺取了皇位，称约翰四世。约翰四世一上台便给了英国许多特权，例如免征关税，提供种植棉花、咖啡的租让地，允许英国商人和传教士在埃塞俄比亚境内自由活动，等等。

英国在埃塞俄比亚的特权引起了法国和意大利的忌恨，它们也要求分一杯羹。英国与法国是老对手，为了遏制法国的势力，决定联合意大利。英国将马萨瓦港让给意大利，并公开怂恿意大利入侵埃塞俄比亚。但意大利军队在侵入提格雷后大败，不得不退回马萨瓦港。

1889 年，约翰四世在进攻苏丹马赫迪起义军时战败身亡，绍阿公国的麦纳利克在意大利的支持下继承皇位，将埃塞俄比亚北部的一部分领土作为报答，割让给了意大利，意大利则公开宣布埃塞俄比亚成为自己的保护国。

麦纳利克没想到事情会变成这样，又提出抗议，宣布收回割让的领土，于是意大利发动了侵略埃塞俄比亚的战争。麦纳利克见战争无法避免，只得迎头出击，他发表《告全国人民书》，号召人们为保卫祖国而战。

很快，麦纳利克建立起一支配备有强大武器的军队，并收复了被意军占领的马卡累。这时麦纳利克曾提出议和，但意大利不甘心失败，决定孤注一掷。1896 年，双方在阿杜瓦进行决战，意军伤亡过半，损失了全部大炮和辎重。经过这次惨败后，意大利被迫求和，承认埃塞俄比亚的完全独立，并赔款 1000 万里拉。

埃塞俄比亚的胜利，是殖民者瓜分非洲时期非洲地区取得的唯一一次胜利的卫国战争。

美国黑奴困境

在非洲人反对奴役的同时，美国的黑奴也掀起了声势浩大的解放运动，由此拉开了美国南北战争的序幕。

美国独立后，北方各州的工商业得到迅速发展，而南方各州却仍然保留着奴隶制度。在南方的种植园中，棉花被大量种植，其产量相当于当时世界总产量的 3/4，几乎垄断了欧洲的纺织业。种植棉花需要大量劳动力，而黑人奴隶就成为首选。

美国黑奴的生活，就像小说《汤姆叔叔的小屋》所描绘的一样，每天拼死拼活地工作，子女都沦为奴隶，没有出头之日，逃跑的黑奴一旦被抓住，不但要被狗咬、被毒打，还要戴着脚镣在种植园里摘棉花。

但这些残酷的惩罚依然阻止不了黑奴们逃离种植园，同时，北方各州也掀起轰轰烈烈的废奴运动，废奴主义者到处演讲，主张解放黑奴，废除奴隶制。他们还建立"地下铁路"，也就是秘密通道，把黑奴从南方分段护送到北方的"自由州"或转送到加拿大。废奴运动中的杰出领袖，就是当时已年过半百的约翰·布朗。约翰·布朗是白人，但对奴隶制一直表示愤恨。他的父亲也是一个坚决的废奴主义者，约翰·布朗的家就是"地下铁路"的一个中转站。

《解放黑人奴隶宣言》发表后，华盛顿上下一片欢腾。

1854 年，在南方奴隶主的操纵下，美国国会通过了一个《堪萨斯—内布拉斯加法案》，规定让堪萨斯和内布拉斯加两地区的居民自行决定他们自己居住的地区应为蓄奴州还是自由州。南方奴隶主组织了大批武装匪徒，企图建立奴隶制。北方的废奴主义者也拿起武器来到堪萨斯，决心把这里变为自由州。

在一次废奴派的集会上，几百名蓄奴派武装匪徒突然闯进来，不由分说开枪杀人，堪萨斯立时陷入恐怖中。约翰·布朗听到这个消息，当晚就带着儿子、女婿和另外几名勇士来到了堪萨斯，径直闯进匪徒的巢穴，处死了杀害废奴主义者的 5 名凶手。随后，布朗带领手下的战士隐蔽在深山里，昼伏夜出，不断袭击蓄奴派的据点，终于让堪萨斯成了自由州。

这次胜利坚定了约翰·布朗用武力解放黑奴的决心。1859 年，约翰·布朗来到弗吉尼亚州，进攻哈泼斯渡口。哈泼斯渡口是波托马克河和申南多亚河的汇合口，周围是群山、沼泽和丛林，地势十分险要，而且这里有一个很大的军火库，一旦到手，便可把奴隶武装起来。这支仅有 22 人的队伍，以无畏的精神勇猛地扑向哈泼斯，仅用了几小时，便俘虏了全部驻军，控制了整个城镇，把当地几个庄园的黑奴都解放了。

这时，闻讯赶来的军队包围了他们，将布朗和战士们困在军火库里。经过两天一夜的激战，大部分起义战士都牺牲了，其中包括布朗的 4 个儿子，但布朗仍然不肯投降，最后身负重伤被俘。

约翰·布朗被弗吉尼亚州州长判处死刑，罪名是"杀人叛国，煽动黑奴叛乱"。在临赴绞刑架之前，约翰·布朗留下了最后的遗言："我，约翰·布朗，现在坚信只有用鲜血才能清洗这个有罪的国土的罪恶。过去我自以为不需要流很多血就可以做到一点，现在我认为这种想法是不现实的。"

在约翰·布朗英勇就义的时刻，北方各州统统下半旗，教堂鸣钟致哀。

美国内战

19 世纪上半期，美国在西进运动过程中不断发出废奴的呼声，这与南方种植园主的利益产生了冲突。北方资产阶级和农民主张在新州内禁止奴隶制存在，力主建立自由州。南方奴隶主力图把奴隶制扩大到西部，主张建立蓄奴州，即容许奴隶制存在。但是在 19 世纪初期争夺西部土地的斗争中，北方资产阶级最初表现为向南方奴隶主让步，突出事件是 1820 年达成的"密苏里妥协案"。它确定密苏里为奴隶州，同时从马萨诸塞州分出一个新州——缅因州作为自由州。尤为重要的是，它还划定了奴隶制与自由制的分界线——北纬 36°30′以南为奴隶区域，以北为自由制区域。但是南方奴隶主并不满足北方这次让步，他们妄图将奴隶制扩充到整个西部地区。1854 年，当讨论堪萨斯和内布拉斯加建州问题时，国会在奴隶主压力下，通过了《堪萨斯—内布拉斯加法案》，规定新州的奴隶制问题由该州的居民自主决定，这就等于否认了"密苏里妥协案"所规定的分界线，并将把整个西部置于奴隶制下。法案一通过，奴隶主武装便冲进堪萨斯，但是当时从北方也赶到成千上万的农民，他们用英勇的斗争反击了奴隶主的强暴行为。结果，在堪萨斯发生了流血冲突，即"堪萨斯内战"。这次冲突后，在美国形成了一个新的政党——共和党，该党是由北方工业资产阶级领导，有广大农民、工人和自由黑人积极参加的反对奴隶主的统一战线组织。这时与共和党对立的是民主党，代表南方奴隶主的利益。共和党在成立后不久，参加了1856年的总统选举运动。不过未能成功入选，但它信心百倍地准备参加1860年的大选。1860年在竞选当中，共和党代表亚伯拉罕·林肯当选并提出一个反奴隶制纲领。在纲领中他要求限制奴隶制的扩展，要求实行保护关税及实现《宅地法》。但他并非废奴主义者，他反对马上取消奴隶制度，反对干涉南方诸州现存的奴隶制度，而仅是要求限制奴隶制向西部扩张。尽管如此，林肯的当选对于南方奴隶制仍是一个直接的威胁。林肯在选举中的胜利，无疑意味着反奴隶制扩张的纲领势在必行。如此南方奴隶制度及奴隶主的统治就面临崩溃的危险。为了保全自己的统治，奴隶主决定做最后的挣扎，脱离联邦，发动叛乱。1861年2月4日，南方7个州的代表在亚拉巴马州的蒙哥马利集会，宣布成立"美利坚诸州联盟"。同年4月，南方奴隶主叛乱集团发动武装进攻，于是酝酿多年的内战终于爆发了。内战爆发后，南方又有4个州参加了叛乱。

林 肯

　　南北战争中的中流砥柱亚伯拉罕·林肯生在一个农民家庭，因为贫穷没机会上学，每

天都在西部荒原上开垦农田。

　　长大后，林肯离开家乡外出谋生，他打过短工，当过水手、店员、乡村邮递员、土地测量员和伐木工。无论干什么，林肯始终都坚持一件事：自学。他抓紧一切空闲时间，自学历史、文学、哲学、法学，获得了丰富的知识。

　　1830年，林肯迁居伊利诺伊州。在那里，他第一次发表了政治演说。由于抨击黑奴制，提出了一些有利于公众事业的建议，林肯在公众中有了影响，加上他谦逊的人品，4年后当选为州议员。不久，林肯通过自学成为一名律师，在1846年当选为美国众议员。

　　1854年，北方各州主张废奴和限制奴隶制的人士成立了共和党，林肯很快成为这个新党的领导者。他在一次集会上发表了著名的演说《裂开的房子》，把南北两种制度并存的局面比喻为"一幢裂开了的房子"。他说："一幢裂开了的房子是站不住的，我相信这个政府不能永远保持半奴隶、半自由的状态。"林肯生动的演说为他赢得了很大声誉。1860年，林肯作为共和党候选人，当选为美国第16任总统。

　　林肯任职后不久，南部奴隶主挑起了南北战争，他们宣布成立一个"美利坚邦联"，推举大种植园主杰弗逊·戴维斯为总统，还制定了"宪法"，宣布黑人奴隶制是南方联盟的立国基础："黑人不能和白人平等，黑人奴隶劳动是自然的、正常的状态。"

　　在这场战争中，林肯肩上的担子沉重，是以

林肯雕像

往绝大多数美国总统都未曾经历的。他凭借着自己的非凡毅力和决心，履行了自己的职责，即使在遭到诋毁时，也从未动摇。1862年9月，林肯发布了著名的《解放黑人奴隶宣言》，宣布即日起废除叛乱各州的奴隶制，解放的黑奴可以应召参加联邦军队。宣布黑奴获得自由，从根本上瓦解了叛军的战斗力，使北军得到雄厚的兵源。内战期间，直接参战的黑人达到18.6万人，他们作战非常勇敢，平均每三个黑人中就有一人献出了生命。

这个法令的颁布也是南北战争的转折点，1864年6月，南北战争以北方胜利而告结束，美国奴隶制彻底崩溃。由于林肯的卓越功绩，他再次当选为美国总统。

然而，还没等林肯把他的战后政策付诸实施，悲剧发生了。1865年4月14日晚，林肯在华盛顿福特剧院遇刺。凶手是一个同情南方的精神错乱的演员，他从林肯的背后对着其后脑开了一枪。第二天，美国历史上最伟大的巨星之一陨落了，时年56岁。

林肯的不幸逝世引起了国内外的巨大震动，他的遗体在14个城市供群众凭吊了两个多星期，700多万人停立在道路两旁，向出殡的行列致哀。得到解放的黑人，纷纷给他们的孩子取名为林肯，以此向这位伟人表达自己的敬意。

《飘》

美国的南北战争结束了，但以这场战争为背景的小说《飘》，却成为永恒的经典。从某种程度上说，是这部小说让这场战争永远留在了人们的记忆里。

《飘》算是一部有关战争的小说，但战争场景的描写并不多，而是从南方女性的角度叙述了这场美国内战，将饱受战争之苦的体验和感受娓娓道来。反映了人们从战争伊始对战争怀有的崇敬心理，对战争全然的支持，到因战争而感受到失去亲人的痛苦，不得不屈服于失败的命运，以及战后立志重建家园的艰辛历程。战争失败了，有的人因此而意志消沉，无法调整心态，不能面对战后支离破碎的生活。有的人则凛然面对严酷的现实，重新在新的生活中寻找目标。郝思嘉——小说主人公的座右铭："明天又是另外一天了。"一度成为美国人乃至所有看过《飘》的人最喜欢的一句话。

《飘》的作者玛格丽特·米切尔，一生就写了这一部作品，并且因此名扬天下，经久不衰。

米切尔出生在美国南方城市亚特兰大，是个典型的南方姑娘。虽然她并没有经历过美国南北战争，但这段历史一直是亚特兰大市民热衷的话题，米切尔从小就是听着这段历史的谈论长大的。26岁时，米切尔开始动手写作，完成这部作品占去了她近10年的时间。

1936年，这位无名作家的"巨著"一经面世，其销售情况立即打破了美国出版界的多项纪录：日销售量最高时为5万册，前6个月发行了100万册，第一年200万册。随后，小说获得了1937年普利策奖和美国出版商协会奖。时至今日，这部小说在全世界的销售量已经接近3000万册了。

据米切尔的女佣人回忆，在小说出版的当天，电话铃每三分钟响一次，每五分钟就有人敲门，每隔七分钟会有一份电报送上门来。公寓门口总站着10多个人，他们在静候着米切尔出来，请她在小说上签名。

接下去，便是从小说到电影的长达3年的艰苦历程。终于，当这部定名为《乱世佳人》的影片和观众见面后，整个美国，应该说整个世界都为之轰动，成为电影史上无可争议的经典之作。

垄断组织

19 世纪末 20 世纪初主要资本主义国家美、德、英、法、日、俄等，相继进入帝国主义阶段。帝国主义作为资本主义的垄断阶段，它的经济实际就是垄断。而垄断组织是在资本主义生产集中的基础上产生的。

卡特尔是垄断组织的一种形式，为法语 cartel 的音译，原意是协定或同盟。生产同类商品的企业为垄断市场，获取高额利润而达成有关划分销售市场、规定产品产量、确定商品价格等方面的协议，从而形成垄断性企业联合。1865 年在德国最早产生。第一次世界大战后在各资本主义国家迅速发展。随着垄断资本的国际化而后产生了国际卡特尔。按协议内容卡特尔可以分为规定销售条件的卡特尔、规定销售价格的卡特尔、规定产品产量的卡特尔、规定利润分配的卡特尔、规定原料产地分配的卡特尔等。作为卡特尔成员，各企业除必须遵守协议所规定的内容外，在法律上保持其法人资格，独立生产经营。

辛迪加，垄断组织的另一种形式。参加辛迪加的企业，在生产上和法律上保持自己的独立性，但丧失了商业独立性，销售商品和采购原料由辛迪加总办事处统一办理。其内部各企业间存在着争夺销售份额的竞争。

同卡特尔相比，辛迪加较稳定，存在时间也较久。辛迪加的参加者虽然在生产和法律上拥有独立性，但他们在商业上完全受制于总办事处，不能独立行动。因此在各参加者不能与市场发生直接联系的情况下，它们若想随意脱离辛迪加，事实上也很困难。

托拉斯，英文 trust 的音译。垄断组织的高级形式之一。它由许多生产同类商品的企业或有联系的企业合并组成。旨在垄断销售市场、争夺原料产地及投资范围，从而增强竞争力，以获取高额垄断利润。参加的企业无论在生产上、商业上还是法律上都丧失独立性。托拉斯的董事会负责统一经营、销售和财务活动，最大的资本家掌握领导权，原企业主成为股东，按股份取得红利。

1879 年，托拉斯首先在美国出现，如美孚石油托拉斯、威士忌托拉斯等。这种垄断形式一方面保障投资者获利丰厚，从而刺激投资，有利于经济发展；另一方面它也减少了竞争，阻碍企业技术进步和新兴企业的发展，影响中小企业的生存。

美国的"门户开放"

中日甲午战争后，西方列强兴起了瓜分中国的狂潮。因为主客观条件的限制，美国扩大在华利益的企图并未得逞。当美西战争开始后，美国更是无暇东顾。美西战争结束后，它虽然战胜了西班牙，但作为一个后起之国，美国毕竟还不是其他大国的对手，不能凭借武力来同其他帝国主义国家争斗。此外还有一个重要原因，就是当时国内以抨击美国政府对外扩张政策为主的反战运动。这样当时的麦金莱政府既要遵照垄断资产阶级的意旨，积极保护美国在华利益，又要谨慎从事，掩饰侵略面目，避免反帝运动的攻击，于是"门户开放"政策应运而生。

从 1899 年 9 月到 12 月，美国国务卿海约翰训令驻英、俄、德、法、意、日等 6 国大使，向各驻地国政府递交一项照会，这就是近代史上著名的所谓第一次关于中国的"门户开放"通牒。尽管这些照会的行文略有不同，但基本内容一致，都要求 6 国政府承认以下 3 项原则：

（1）对在中国的所谓利益范围或租借地内的任何条约口岸或任何既得利益，一概不加干涉；

（2）中国现行条约税则适用于所有势力范围内一切口岸（自由港除外）所装卸的货物，不论其属何国籍，此税款均由中国政府征收；

（3）在各自势力范围内任何口岸，对他国入港船舶所征收的入港费，不得高于对本国船舶所征的入港费；在各自势力范围内修筑、管理及经营的铁路，对他国臣民运输的货物征费，应与对本国臣民运输同样货物、经过同等距离所征收的铁路运费相等。

从上述 3 项原则可以看出，门户开放政策以承认列强在华的势力范围和既得权利为前提。它所要求的，仅仅是势力范围和租借地内实行同等的关税、入港费和铁路运费，也就是保持各国在华租借地和势力范围都对美国开放。"门户开放照会并没有提出帝国主义应停止对中国的要求，它仅仅表示了'我也要分享'这样一个要求。"在未征得清政府同意的前提下，美国擅自与其他国家交换照会，要求在列强控制的势力范围内享受同等的贸易地位，这是对中国

列强瓜分中国时局图

主权的粗暴践踏。当清政府得知门户开放照会的消息后，向美国国务院提出质询时，海约翰对此不但未做解释，也没有表示歉意。

门户开放政策提出后，各大国对美国照会的态度各异。只有意大利表示无条件接受，其余各国都做了不同程度的保留，而俄国基本上没有接受。

光荣孤立政策

19 世纪 80 年代是欧洲各大国结盟争霸的时代。德奥于 1879 年结盟，意大利在 1882 年加入，于是形成了三国同盟。后来法俄日渐接近，于 1894 年签定协约。此时英国却独辟蹊径，采取置身于结盟浪潮之外的立场。自由党领袖格拉斯顿于 1880 年重任首相后，着手实施他的"正确政策"，此政策包括两个基本点：其一是英国在欧洲大陆各国中协调斡旋，以确立所谓的"协调的欧洲"。其二是英国要避免与欧洲其他国家结盟，以保持自己的行动自由，实现"光荣孤立"。因此，可以说英国的协调与孤立政策是相辅相成的。

不过，协调政策很不成功，它遭到欧洲大陆上最强大的国家德国的猜疑和反对。唯一令格拉斯顿感到安慰的是欧洲列强在 1880 ~ 1881 年对于重新划定门特内哥罗与希腊之间的边界采取了协调一致的行动。但不久这项政策在奥斯曼帝国、南非和埃及等地接连碰壁。在 1884 ~ 1885 年解决埃及财政问题的国际会议上，德国联合法国将欧洲各国置其控制之下，致使英国备受冷落。

1885 年，索尔兹伯里的保守党政府上台执政，逐渐放弃协调政策。从当时欧洲实力对比来看，德奥意三国同盟显然超过法俄两国。在 19 世纪 80 年代后半期，英国首先与德奥意接近，但并不正式加入该同盟。另外，英与法俄关系较为冷淡。

在德国的推动下，意大利于 1887 年 2 月 17 日与英国达成一项秘密协定，两国约定防止任何其他国家在毗邻地中海地区建立霸权。6 个星期后，奥匈帝国加入这项协定。尽管如

此，英国仍恪守不结盟的孤立政策。1889 年 1 月，索尔兹伯里拒绝了俾斯麦的邀请，拒绝加入同盟国。

到 19 世纪 90 年代，欧洲局势发生改变。法俄两国先后缔结咨商协定和军事协定。军事协定于 1893 年生效，标志着法俄正式结盟。德皇威廉二世登基后，于 1890 年解除了俾斯麦的职务，变本加厉地扩充军备。英国对此感到不安，开始与德国疏远。到 19 世纪 90 年代中期，英国再一次处于孤立境地。加拿大政治家们于 1896 年初首先使用了"光荣孤立"此术语来形容英国的这一处境，很快就在英国流行开来。海军大臣戈申曾宣称这种孤立是有选择的和光荣的，因为它赋予"我们选择行动的自由"，不像其他国家那样互相牵制。同年，索尔兹伯里在伦敦市长举行的宴会上致辞时也将"光荣孤立"作为外交政策加以阐述。他强调英国不应该参加任何同盟和集团，保持行动自由，便于操纵欧洲均势。"光荣孤立"这个词虽然产生于 19 世纪 90 年代，但它作为一种外交政策，从 19 世纪中叶起就已为历届英国政府所奉行。

巴拿马丑闻

1893 年，一起震惊全国的"巴拿马丑闻"被揭露，这是一件耸人听闻的贪污受贿舞弊案，因此引起了法国政局的动荡。早在 1879 年 5 月，法国的企业家、工程师雷赛布从哥伦比亚政府中取得了巴拿马运河开凿权，1881 年他还成立了巴拿马运河开凿公司，并发行总数达 30 多亿法郎的股票，想发财的众多中小资产阶级把股票抢购一空。运河开工后，由于对运河开凿工程估计的错误及法国银行强加的苛刻条件，另外开凿公司的贪污挥霍，使资金严重短缺，工程很快陷入绝境。为获得资金，公司企图发行新的股票，但这需要经议会立法授权及政府批准。为此，公司通过银行中间人贿赂国家要人、高级官员、议会议员及报刊舆论界，从而使公司得以再次发行股票。但是到 1889 年 2 月，当公司骗到了大量股金后，竟突然宣布因负债 12.8 亿法郎而破产，只完成 1/3 的工程被迫停工，约 90 万户小股东也因此破产，许多企业倒闭。

1892 年底，巴拿马舞弊案的真相得以披露，当时法国许多政府要员以及一些报刊记者均受贿赂。正是因为政府官员的支持，才酿成了这次巨大的骗局。

1893 年 2 月，法国政府对巴拿马公司的董事长和 3 名董事以诈骗罪进行审判，其中公司董事长 88 岁的雷赛布和他的儿子被判处 5 年徒刑并罚款 3000 法郎，另 3 名同案人被判处两年徒刑，但许多受贿的政府头面人物却逍遥法外。4 个月后，重罪法庭再次宣判他们全体无罪，就这样这场轰动一时的骗局在资产阶级政府的庇护下，草草收场。

尽管如此，巴拿马丑闻曝光后，一些著名的资产阶级激进派人士因受贿而声名狼藉，不得不退出政治舞台。新一代共和派取代他们的位置，这些人抛弃了机会主义派的特点，变得更加温和，而且丑闻还使资产阶级政府和实业家信誉扫地。

丑闻的揭露让人民群众，尤其是无产阶级开始认清统治者的真面目，他们纷纷脱离资产阶级激进派转向社会主义，社会党的力量开始加强。

日俄战争

中日甲午战争之后，《马关条约》的签订极大地影响了俄国的在华利益，其中关于割让辽东半岛给日本的规定，更是引起了沙俄的不满，于是沙俄联合法德上演了一场"三国干涉还辽"。对此，日本怀恨在心，伺机报复。1900 年，中国爆发义和团运动，沙俄乘机出兵占领东北全境，企图据为己有，日本伺机与英国订立反俄同盟，要求俄国撤出在中国东北的占领军，双方谈判未果。日本便依仗英美等国的支持，于1904年2月8日派遣海军偷袭停泊在旅顺港外的沙俄舰队，并击沉在朝鲜仁川的俄军舰。日俄两国遂于2月10日同时宣战。

其时，日本现役兵员13个师，20余万人，军舰152艘。俄国实力则远胜日本。但俄国陆军精锐集中于西部边境，这样驻扎远东俄军仅4个师，12万人，海军则较分散，战斗力弱。

战争开始后，日本黑木第一军6万人，在仁川登陆，迅速北上，5月初强渡鸭绿江，迅速击败沙俄沿江守军3万余人，攻入中国境内。占领了重要据点九连城、凤凰城，取得对俄陆上作战的首次胜利。

反映日俄海战的版画

日本舰队对旅顺港实施闭塞和严密封锁，给躲在旅顺港内的沙俄太平洋分舰队出海作战造成威胁，迫使俄军向海参崴突围。双方在黄海海面上展开了激战，俄军惨败。黄海海战后，日军取得了海上主动权。

沙俄于是在辽阳修筑牢固工事，与太平洋舰队基地旅顺要塞共同作为抗击日本陆海进攻的强大堡垒。

1905年1月1日，经过几个月的激战，在双方均遭极大伤亡后，旅顺俄军投降。日军将领乃木希典遂率第三军移师北上，参加奉天会战。3月10日，俄军被迫后撤，日军占奉天，乘胜进攻铁岭、开原。俄军退至四平街。5月27日至28日，俄日发生对马海战，俄国舰队几乎全军覆没，随后日军占领库页岛的一部分。至此，大规模军事行动停止。

当时俄国因国内爆发革命，无心再战；日本也因战争消耗，急欲结束战争；美国方面因担心日本过分强大，于是从中调停。1905年9月5日，日俄两国签订《朴次茅斯和约》，该条约背着中国，擅自在中国东北划分"势力范围"。根据条约，俄国将其势力范围的库页岛南半部及附近一切岛屿割让给日本，将旅顺、大连及附近领土领海的租借权转让给日本，同时还承认朝鲜为日本"保护国"。条约签订后，日、俄两国立刻逼清政府给予承认。1905年12月，在日本的压力下，清政府与日本签订《中日会议东三省事宜条约》，除接受日、俄《朴次茅斯和约》中的所有规定外，还额外给日本一些权益。

"三国同盟"与"三国协约"

三国同盟是德国、奥匈帝国、意大利在维也纳结成的秘密同盟。1881年法国从阿尔及利亚侵入突尼斯，并将它变为自己的保护国。这破坏了意大利对此的侵略计划，于是意大利投靠德、奥。经过谈判，1882年5月20日，德、奥、意三国在维也纳签订同盟条约。条约承诺：若意大利遭法国进攻，德、奥两国应全力援助，如德国受法国侵略，意大利也担负同样义务。缔约国的一国或两国如遭两个或两个以上大国（特指法、俄）进攻，则缔约三国应协同作战。意大利对此有一个保留条件：如英国攻击德国或奥匈，意大利不承担援助盟国的义务。另外条约还约定当一大国（指俄国）攻击缔约国一方时，其他两缔约国应取善意中立，即一旦发生俄、奥战争，意大利应保守中立。条约有效期5年，后来在1887年、1891年、1902年、1912年又4次续订，并增补了一些义务条款。

三国同盟的缔结标志着欧洲两大对峙军事集团的一方初告形成。三国同盟的矛头直指俄国和法国，随着德国不断扩张以及英、德矛盾激化，意大利改善了同法国的关系。第一次世界大战爆发后，1915年5月意大利参加协约国，三国同盟瓦解。

三国协约是英、法、俄为对抗三国同盟，通过1904～1907年签订一系列协议而结成的一个帝国主义集团。英布战争后，英国开始放弃"光荣孤立"政策，同法国接近。1903年春，英王爱德华七世访法。7月，法国总统卢贝回访，两国外长开始谈判。1904年4月8日英法达成"衷心协约"，其主要内容有：法国在埃及对英国的行动不予干涉，同时英国承认法国在摩洛哥的权利；两国划定在暹罗的势力范围；法国放弃在纽芬兰的捕鱼独占权，在西非英国让给法国一些殖民地。此外额外秘密条款规定，双方政府之一如为"情势所迫"，可变更埃及或摩洛哥的现状，但自由贸易、苏伊士运河自由通行、直布罗陀海峡南岸禁止设防等原则需继续维持。

英法协约签订后，英俄开始接近，1907年8月31日，俄英签订了分割殖民地的协定。两国划定波斯东南部为英属势力范围，北部为俄属势力范围，两者之间的地区为中立地带，对两国平等开放；俄国不对阿富汗有管理权，并承允英国代管阿富汗外交。英国则宣称不变更此国家的政治地位；两国共同尊重西藏的领土完整，不得干涉它的内政，只能经过中国政府中介与它进行交涉。西藏自古以来是中国的神圣领土，协定关于西藏的条款是对中国主权的粗暴侵犯。英、法协约和英、俄协约，加上法俄同盟，共同组成了"三国协约"或"协约国"。与三国同盟不同，三个协约国没有签订一项共同条约，只有俄、法两国负有军事义务，英国拒绝承担军事义务。三国协约与三国同盟疯狂扩军备战，终于导致第一次世界大战的爆发。

萨拉热窝的枪声

14世纪下半期，奥斯曼帝国开始入侵巴尔干，后来俄国人也来了，打着解放斯拉夫人的旗号，其实是为自己扩张势力范围。巴尔干人曾不止一次结成联盟，共同反抗外国殖民者的入侵，但都失败了。殖民者在瓦解了巴尔干的地区同盟后，开始了瓜分狂潮。由于分赃不均，殖民者彼此间的矛盾也进一步加深。巴尔干这个火药桶，一触即炸。

1914年6月28日，一个阳光灿烂的星期日，在巴尔干地区波斯尼亚的首府萨拉热窝，人们都聚集在道路两侧，探头张望着。不久，一列豪华专车驶进了萨拉热窝车站，从车厢里缓缓走出的，是显赫的奥匈帝国王储弗兰茨·斐迪南大公和他的妻子索菲女公爵。

描绘斐迪南大公夫妇被刺场面的图画。

斐迪南大公是来这里巡视的，奥匈帝国在吞并了波斯尼亚后，开始将目光投向了邻近波斯尼亚的塞尔维亚。斐迪南大公在来萨拉热窝之前，刚刚亲自指挥了一次军事学习，假设的进攻对象就是他今天来到的萨拉热窝。

斐迪南大公的嚣张和明目张胆的侵略，早就激起了塞尔维亚人的极大愤恨。以加夫里洛·普林齐普为首的一个爱国军人团体，组成了一个7人暗杀小组，早已埋伏在车站到市政厅的街道两旁。

当车队行驶到拉丁桥时，普林齐普早已做好准备。这位年仅19岁的塞尔维亚青年，在车子离他不到两米时，突然一个箭步冲上前去，不等侍从官缓过神来，便举起手枪对准斐迪南夫妇扣动了扳机。

"砰！""砰！"两声枪响，一颗子弹射进了斐迪南的脖子，第二颗洞穿索菲的腹部。当侍从武官举刀要向普林齐普砍去时，普林齐普立即将枪对准自己头部。还未开枪，就被警察逮住，双方挣扎中，普林齐普服下了毒药。

斐迪南大公夫妇被刺身亡，这让早想吞并塞尔维亚的奥匈帝国欣喜若狂，终于找到了一个借口，可以出兵了。

7月28日夜晚，奥匈帝国的部队炮击塞尔维亚首都贝尔格莱德，炸死了5000多居民。紧接着，德国以俄国拒绝停止战争总动员为理由，对俄宣战。法、英两国见状随即对德国宣战。奥匈帝国于是又向俄宣战。短短几天内，欧洲这几个国家互相宣战，全部卷入了战争，日本见状也加入进来，宣布对德国作战，侵占了德国在中国的殖民地——胶州湾。

第一次世界大战终于爆发。

坦伦堡战役

德国对俄国宣战后，并没有直接进攻俄国。因为当时绝大部分德军都布置在西线，德国人想借助优势兵力，通过闪电战术一举攻克巴黎，打败法国。他们认为俄国国内充满危机，不可能在战争一爆发就立即向东进攻，因而在东线只配备了一个集团军——第八集团军，以此防御俄国。

但俄国的军事计划是与英、法两国共同制订的。这份计划规定，一旦德国集中精力对付法国，俄国就从东线进军，直逼东普鲁士和奥地利的加利西亚，迫使德国东、西两线作战，分散他们的兵力。俄国的参谋总长吉林斯基将军还向法国信誓旦旦地保证："两个星期内，将有80万俄军做好战斗准备"。

403

1914年8月中旬，吉林斯基将军率领两个集团军向东进发，由莱宁堪普和萨松诺夫各率一个集团军，兵分两路进攻东普鲁士。守在东线的德国第八集团军毫无防备，只得向西撤退。

俄军初战告捷，傲气顿生，两个集团军各行其是，长驱直入突进了普鲁士。但过了不久，因为战线过长，后方供给不及，两个集团军之间很快就出现了一条100千米的空隙地带。

德军的霍夫曼上校抓住俄军的漏洞，首先攻击萨松诺夫的第二集团军。双方刚一接触，德军便溃不成军，掉头向西就跑。萨松诺夫误认为这是德军的全线溃退，便拼命向西追击。一天后，俄军疲惫不堪，德军也不见了踪迹。萨松诺夫正在迟疑，忽然接到侦察兵的报告，说发现两翼出现大量德军。萨松诺夫吃了一惊，急忙给吉林斯基将军发电，请求暂停追击，以免遭到德军夹攻。

吉林斯基这时正在离前线三四百千米的指挥部喝酒，看到萨松诺夫的电报，一脸不耐烦。他认为德军根本无暇东顾，这不过是小股德军在做垂死挣扎。吉林斯基回电斥责萨松诺夫怯懦，命令他继续进攻。

就在电报发出的时候，德军突然向萨松诺夫发起进攻。疲惫不堪的俄军毫无招架之功，仓皇后退，有几个连的士兵竟然是掉进湖里淹死的。德军很快就在坦伦堡附近包围了萨松诺夫的第二集团军，萨松诺夫再次发电求救，请第一集团军迅速靠拢。

在东普鲁士境内的莱宁堪普看到电报，根本不予理睬，想到自己以前被敌军围困时，萨松诺夫曾坐视不理，这回怎么能放过报仇的机会呢？吉林斯基也收到了第二份请求增援的电报，但他顽固的脑袋就是不肯相信，并一口咬定德军根本没有大规模作战的能力。

萨松诺夫见一次次电报均无回音，只好硬着头皮下令迎敌。不久，德军便从四面八方向俄军阵地发起进攻，饥疲交加、士气低落的俄军，被德军像羊群般兜捕起来，纷纷缴械投降。10余万俄军顷刻之间便土崩瓦解，除战死和失踪的3万多人外，近10万名俄军被俘，500多门大炮被毁，萨松诺夫也在战火中举枪自杀。

等到吉林斯基发现与第二集团军失去了联系，才意识到自己的判断出了错误，急忙命令莱宁堪普去寻找已经不存在的第二集团军。莱宁堪普还不知道自己已是孤军了，仍旧傻乎乎地向前挺进，结果一头扎进了德军的怀抱。

德军刚消灭了第二集团军，势头正旺，看到掉头就跑的莱宁堪普，马上一鼓作气包抄上来，一场激战后，俄国第一集团军死伤过半，莱宁堪普虽然逃回了俄国，但马上被撤职了。德国的霍夫曼上校则因作战有功，晋升少将军衔，并担任德军东线总参谋长。

马恩河交锋

德国的主力军，此时正在西线与法国恶战。1914年8月，德国首先在西线发动进攻，占领了比利时、卢森堡，并很快突破了法国的边境防线。

法军迅速动员预备队第四、第五集团军和英国远征军撤至马恩河以南，在巴黎至凡尔登一线布防。法军总参谋长霞飞将军组建第六、第九集团军，分别部署在巴黎外围以及第四和第五集团军之间，准备实施反攻。

德国的第一、第二集团军，为了追歼法国第五集团军，偏离了原定的进攻方向。德军总参谋长毛奇在获悉法军即将反攻后，急忙命令第一、第二集团军在巴黎以东转入防御。由于毛奇所在的最高统帅部和其他军队之间距离拉得太长，让当时还不完善的无线电通信变得更加杂乱。已经深入法国腹地的第一集团军统帅克卢克，根本听不见毛奇在对他嚷嚷什么，他也无法告诉毛奇他正在干什么。

克卢克继续率军南下，结果遭到法军的突袭，双方在乌尔克河西岸遭遇。法军这回首次使用汽车，把第六集团军的一部由巴黎运往前线，这种快速的进军是克卢克根本想象不到的。等到他发觉右翼和后方受到威胁时，只得命令所有部队全部撤至马恩河北岸，与第二集团军之间出现了宽50千米的防御间隙。

法国第五集团军和英国远征军便从德军的防御间隙地带穿插，逼近了马恩河，将克卢克的集团军团团围住。这时，德国的第二集团军也面临被围的危险，不得不选择后撤。

德军虽然在其他地段略占上风，但鉴于第一、第二集团军所面临的态势，毛奇下令全线停止进攻，撤至努瓦永和凡尔登一线。英法联军趁机推进，以伤亡25万人的代价，换取了前进60千米、消灭德军30万人的成果。

因为俄国在东线的进攻，德军还不得不抽调部分兵力赶往东线支援，英法联军阻止了德军速战速决的打算。

凡尔登战役

毒气战之后，德英又展开了一系列小型激战，但始终没打开僵持的局面。1916年初，法尔根汉又提出了"处决地"计划，即全线进攻凡尔登。

法尔根汉为了在军队的数量和力量上压倒对方，下令把俄国、巴尔干半岛前线以及克虏伯兵工厂的大炮全部运来。在12千米长的战线上，排列了德军近千门大炮，前沿阵地还配有5000多个掷雷器，兵力更是高达27万。

2月21日清晨，德军开始了猛烈进攻，近千门大炮随着一串闪光的信号弹在高空爆炸，一齐怒吼起来，顷刻之间，法军阵地变成一片火海。紧接着，德军又用13门16.5英寸口径的攻城榴弹炮，把一颗颗重磅炮弹射向要塞。在一阵阵震耳欲聋的爆炸声中，法军整段整段的堑壕变成了平地。

经过12小时的不间断轰炸后，德军又搬来了小口径高速炮，开始发射霰弹，对惊慌失措、乱跑乱叫的法军进行扫射，并用喷火器进一步制造恐怖。

这样反复轰炸和扫射之后，凡尔登要塞附近的狭窄的三角地带的堑壕完全被摧毁，森林全被烧光，连山头都被削平，整个法军阵地完全暴露出来。

法军在战争后期逐渐掌握了主动权，图为法国空军在对撤退中的德军阵地进行轰炸。

德军的6个步兵师开始了冲锋，虽然法军的阵地上是一片火海，但士兵们仍然凭借剩余的工事奋勇抵抗，靠白刃近搏，一次次把敌人压了回去。经过两天激战，法军终因寡不敌众败退了，前沿的野战防御阵地基本上被德军占领。

法军在凡尔登失利的消息很快传到霞飞耳朵里，总司令大吃一惊，委任贝当将军为凡尔登地区司令官，死守阵地。

贝当来到凡尔登后，看着堆满尸体的前沿阵地，感到情况危急，急忙召开前线军事会议，讨论怎样保证后方援军和军火物资的迅速到达。法军负责后勤的指挥官亲自督促修路，两天后，被德军炸毁的巴勒迪克——凡尔登公路修通了，6000辆汽车通过这条路，源源不断地把19万援军和两万多吨军火物资运到凡尔登要塞。这是战争史上首次大规模汽车运输，人们后来把这条路叫作"圣路"。

这下，双方的军事力量逐步趋向平衡。法尔根汉做梦也想不到，短短1周时间，法军竟然派出了这么多援军赶来。但吃惊过后，他却高兴起来，这与他事先估计的一样，法国将全部埋葬在这里！

3月5日，大规模的战斗再次打响。德国步兵在猛烈炮火的掩护下，从30千米的战线上一齐向法军阵地发起进攻。贝当将军命令所有的法国大炮一齐开火，还击德军，剩下的士兵则用各种武器向德军扫射。

这一次德军死伤惨重，退了回去。法尔根汉命令德军缩短战线，集中兵力突击马斯河左岸，并由急促的冲击改为稳步进攻。经过70个昼夜的苦战，德军只前进了两千米，而且代价极高。

到了7月，双方开始来回拉锯，德军前进的步伐再一次放缓。10月24日，法军转入反攻，迅速收复了丢失的炮台，德军无奈溃退。

在这次空前规模的战役中，伤亡人数多达70万，因此被称为"凡尔登绞肉机""屠宰场"和"地狱"。法尔根汉确实让法国人流尽了血，但也使德国把血流尽了，回国后便辞去了参谋总长的职务。

索姆河战役

凡尔登战役惨烈进行之时，法军总司令霞飞正在索姆河战役指挥，这也是一次大规模的残酷战争。

1916年初，根据协约国确定的战略方针，英法联军计划在索姆河及其支流昂克尔河地区发动大规模进攻，彻底击溃盘踞在法国北部的德军。

索姆河地区属丘陵地带，地势起伏不平，森林和村庄星罗棋布，德军在这里构筑了三道阵地，主阵地是阶梯式堑壕和坑道工事，前沿阵地敷设多道铁丝网，贝洛将军指挥的德第二集团军，防御纵深达到8千米。

英法联军经过一番准备，在7月1日率先发起攻击。英国第四集团军在罗林森将军指挥下，从正面实施突击。法国的第六集团军由法约勒将军指挥，实施辅助突击。当日，法军和英军右翼突破了德军的第一道阵地，但英军左翼为德军坑道工事所阻，损失惨重，伤亡了近6万人。

但很快英军右翼和法军就攻占了德军的第二道阵地，一度占领巴尔勒、比阿什等德军防御要地。可因为联军组织协同不力，进展迟缓，使德军得以迅速调集援兵。双方你来我往，从攻击战变成了消耗战。

9月15日，英军使用了坦克，配合步兵进攻。这种新式武器让德军一度大幅度后退，不得不调动在凡尔登的军队前来增援。

索姆河一役，英法联军虽然没有彻底击败德军，但迫使对方收缩了防线，在西线暂时转入战略防御。

日德兰海战

1916年5月30日，以"留佐"号为首的战斗巡洋舰，沿着日德兰海岸向北海航行，并不时向德军军港报告自己的航线和位置。这些电报信号很快被英军截获，并马上送到海军司令杰立克的手里。

杰立克认为德国此举是公然挑衅，于是，命令贝蒂率4艘战列舰和6艘巡洋舰，迅速驶向日德兰半岛西北部海面，迎击德舰。按照杰立克的命令，贝蒂会先假装败退，引德国舰队来到英国海军的大部队面前。杰立克将亲率由24艘战列舰、3艘战斗巡洋舰和许多辅助舰组成的强大舰队，离开军港，到海上坐镇。

"留佐"号一路频繁发报，就是要引诱英国海军。其后实际上跟着由德国海军总司令舍尔率领的大批德军主力舰队。

一天后，两支舰队都驶到日德兰西北部的海面上，很快英军舰队的前锋船只首先发现了德国舰只，舰长赶快报告贝蒂中将。贝蒂马上命令战舰全速向前。德军舰队也是一样，当他们发现英舰后，也全速向前驶来。

"隆隆"的炮声震荡着日德兰海面。贝蒂本想按照杰立克的布置，稍一接触便回转逃去。可这时德军舰只死死咬住不放，英舰相继中弹，贝蒂怒不可遏，下令舰只向德国人冲去。

德军舰只见状急忙掉转航向，全速向舍尔的主力舰队靠近。贝蒂隐约发现大批的德国舰只，急忙下令转向。"留佐"号再次掉头追击。英国人瞄准"留佐"号射了一弹，"留佐"号中弹起火。

这时，英国主力舰队已经赶到，杰立克以为贝蒂已经把德舰诱引过来，兴奋地下令："全部战列舰向左排成舷侧单行，进入战斗状况，准备迎击敌人！"很快，24艘战列舰就排成了一条长长的作战单行。

舍尔只顾猛追，猛然发现英国舰队时，双方已形成"T"字作战阵势。这下德国慌了手脚，因为英国能够使用所有大炮轰击，而德国舰只能用舰首炮，后面的舰队距离太远，不能射击。

英国人抓住时机，炮火齐发，德国的 3 艘军舰马上遭到重创，沉下了海底。"留佐"号本来就已中弹，这时雪上加霜又挨了一炮，率先沉了下去。

舍尔兴冲冲而来，没想到立脚未稳，劈头盖脸挨了一顿炮弹，急忙下令舰队掉转船头，在薄雾中仓皇逃出。舍尔本想撤回本土，但因夜色黑暗，偏离了航线。

深夜时分，德国军舰又与英舰相遇。双方在照明弹、探照灯的照射下，进行了一场混战，直到黎明时分才分开，各自向本土驶去。

这次海战是第一次世界大战期间规模最大的海战，也是世界海战史上最后一次战列舰大编队交战。但是，英国和德国的舰队主力并未发生重大变化，预期的战役目的也都没有实现。

兰斯保卫战

1918 年 7 月，德军意识到战争不能再无限期僵持下去，为了迅速攻占法国首都巴黎，在统帅鲁登道夫的布置下，从两面包围巴黎的"门户"兰斯城，想一举攻克兰斯，然后长驱直入巴黎。

为了实现这个计划，德军由皇储威廉亲自率领，庞大的集团军秘密进入阵地。为了高度保密，在行军过程中，连车轮也用布包裹起来，以避开法国侦察兵的耳目。

法国第四集团军司令古罗将军，根据战争的态势，果断地做出判断，认为德军即将对兰斯发动进攻，下令情报部不惜一切代价猎取德军情报。情报部门于是派出一股精干的小分队，捉住了一名德国士兵，果然获悉德军将要发动进攻，时间就在当晚的零点 10 分。

古罗将军马上做出反应，命令炮兵部队提前开火。零点整，法军的 2000 多门各种口径大炮同时向德军开火。德军毫无防备，仓促应战，但为时已晚。

鲁登道夫见状，率领军队企图强渡马恩河，但守卫在河对岸的美军怎能允许他们轻易过河，立即朝那些船只进行猛烈射击。德军正好渡到河中央，几十艘小艇在瞬间被击沉，损失惨重，当德国军队以惨重的代价涌过对岸后，迅速占领了一个制高点，开始向美军进行反击。美军 38 步兵团越战越勇，双方一时也分不出胜负。

与此同时，在兰斯城的其他方向，双方也进行着激战。你进我退、你退我进，拉锯战异常惨烈，战场上枪炮声不绝，双方士兵的尸体也在不断增多，整条马恩河都被鲜血染红了。

到了第二天傍晚，德军以前仆后继的发疯般的人海战术，前进了 3 英里。而协约国的炮兵则以逸待劳，整整一天都在接连不断地炮击河对面的德军后备部队。这样前击后炸，处处开花，德军攻击渐渐被削弱。

鲁登道夫决心拼死一试，下令皇储的第六集团军补充战斗力，准备把这支后备力量投到前线去。但是皇储没有接到命令，他已经撤退了。这下，鲁登道夫只得靠马恩河和兰斯之间的两个军，准备第二天重新发起攻击。

就在这时，在兰斯附近的茫茫森林中，24 个整编师的协约国部队正集结待命，准备向疲惫的德军发起全面进攻。

第二天清晨，协约国的坦克轰然而至，喊杀声震耳欲聋。德军立时乱了方寸，纷纷退却，片刻之间，协约国就俘获 1.5 万名德军。面对强大的攻势，德军大部分都投降了，只有少数部队在继续抵抗，做着困兽之斗，但很快也被打退。德军见大势已去，纷纷扔下长枪，不断地喊道："结束战争！"

兰斯保卫战，虽然协约国也付出了惨重的代价，总计伤亡达5000人，但这却是协约国从防御转入反攻的转折点。

阿尔贡战役

美国第一集团军在总司令潘兴将军的率领下，向阿尔贡森林推进。因为在森林很难保持通信联系，潘兴将军便把英国信鸽协会送的600只信鸽带上，作为互相联系的工具。

为了向法军靠拢，美军308步兵师一营营长惠特尔西和二营营长乔治，按照潘兴将军的命令，率部进入夏尔沃山谷。为了保持与指挥部的联系，潘兴将军分出8只信鸽给他们。

惠特尔西和乔治率部行进不到两小时便与德军遭遇，因寡不敌众，美军仓皇奔逃，在森林中迷路了。他们开始向森林慢慢推进，不出半天，又接连与敌军遭遇，经过几次激烈的战斗，一营和二营也被打散了。

不久，司令部便派出纳尔逊上尉指挥的快速反应部队到达了惠特尔西的营地，但只有一个连的兵力。尽管如此，惠特尔西还是非常高兴，连忙与纳尔逊上尉商议，由增援部队连夜前往山头察看。同时派卡尔中尉带50名士兵去寻找失散的队伍。

第一只信鸽被放飞了，虽然它也完成了自己的任务，安全飞到司令部。可美军所有后备军队都已布置在阿尔贡战役中，准备向森林里的德军发动进攻，无暇顾及惠特尔西和乔治他们。

这时惠特尔西的部队已经死伤过半了，食物也吃光了，他又派一只信鸽报信，请求司令部火速增援，并再次要求空投食品、药品和弹药。他在信中写道："形势十分紧急，我们迅速减员，士兵在挨饿受冻，伤员无法治疗，士气低落。请火速提供支援。"

但这时的阿尔贡森林已是弹火纷飞，炮弹在空中窜，飞机在空中投弹。这只信鸽一飞出去便惊恐万分，迷失了方向。这无疑是雪上加霜，大家都惊恐万状。只有惠特尔西依然镇定，他又写了一封信："我们自己的炮兵在向我们开火！请立即停止开火！"并告诉司令部自己的准确方位。

这时只有两只信鸽了，惠特尔西从鸽笼抓出一只，可这只惊恐的鸟尖叫一声，挣脱惠特尔西的手飞走了。这一来，只剩下一只了，这只名叫彻尔·阿米的黑色雄鸽，是8只信鸽中最平常的，十分老实，一直得不到重用。

无奈，这封最后的求救信只能让它去送了。信被牢牢地系在它的脖子上，然后惠特尔西把它扔到空中。可彻尔·阿米在空中飞了一圈，便停在附近一棵树上，向炮火纷飞的阵地望着。惠特尔西、乔治和部下们急红了眼睛，但这只信鸽仍然不动，这时附近的德国军队听到动静后，一齐向信鸽射击。只见彻尔·阿米摇晃了一下，它中了一弹。可就在这时，彻尔·阿米摇晃着身子，扑腾着翅膀，竟然飞向了天空。

当司令部的士兵在门边逮住彻尔·阿米时，它已是鲜血淋淋了，一颗子弹打穿了它的胸骨。士兵赶忙解下它脖子上的信交给司令部，然后救治这只忠于职守的信鸽。

3天后，增援部队终于击溃了包围第一营和第二营的德军。惠特尔西急忙打听彻尔·阿米的情况，当听到彻尔·阿米在身受重伤的情况下，仍然冒着枪林弹雨把信送到后，全体将士竟都流下了热泪。

后来，彻尔·阿米被送回美国，一年后死去。它被做成标本，放在史密森协会展出，至今还作为英雄供人瞻仰。

第四章　世界现代史

俄国布尔什维克

俄国社会民主工党于 1898 年成立，但当时尚未制定出党章和党纲，党的组织也不够成熟。这时列宁在"彼得堡工人阶级解放斗争协会"和在国外出版《火星报》的活动为进一步建党做了理论与思想上的准备。1903 年 7 月俄国召开社会民主工党第二次代表大会。会上就党纲、党章问题展开激烈争论。在列宁的坚持下，党纲中最后写入了无产阶级专政的条文。讨论党章时，在入党条件问题上又出现尖锐分歧。列宁主张一切承认党纲，在物质上帮助党并加入党内任一组织者，均可入党。但是马尔托夫等人反对把参加党的任一组织作为入党条件。结果马尔托夫的条文最后被通过。在选举党中央委员会及机关报《火星报》的编辑部时，拥护列宁的人又占多数，被称为布尔什维克。而以马尔托夫为首的少数派被称为孟什维克。因此从 1903 年开始，布尔什维克成为马克思主义者的称号，布尔什维克的理论及政策被称为布尔什维克主义。从此俄国社会民主工党内部出现了两个对立的政治派别。以后布尔什维克在列宁的领导下，不断发展马克思主义的无产阶级专政学说，从而积极进行争取民主革命和社会主义革命的斗争。1912 年 1 月俄国社会民主工党布拉格代表会议把坚持机会主义的孟什维克派开除出党。布尔什维克从此成为新型的无产阶级政党。1918 年 3 月该党听取列宁的建议改名为"俄国共产党（布尔什维克）"，简称俄共（布）；1925 年 12 月该党又易名为"苏联共产党（布尔什维克）"，简称联共（布）；1952 年 10 月在苏共第十九次代表大会上取消双重名称，改称苏联共产党，即苏共。

二月革命

第一次世界大战爆发后，俄国的参战促成了国内革命运动的发展。战争期间，俄国国民经济遭到严重破坏。工业发展大幅度倒退，农业生产也受到严重破坏，而且这时沙皇政府的财政面临全面崩溃，其内部斗争也日趋表面化。在这样的环境下，全国革命运动高涨起来。

1917 年 1 月 22 日，彼得格勒工人在布尔什维克的号召下举行罢工。以后革命势头不断高涨，3 月 3 日（俄历 2 月 18 日），彼得格勒普梯洛夫厂工人罢工，要求提高计件工资并召回被解雇的工人。3 月 7 日（俄历 2 月 22 日），军管当局拒绝工人的要求，工人于是成立罢工委员会，并决定请求其他工人支援，冲突逐渐发展成全市性的斗争。

3 月 9 日，彼得格勒罢工的人数增加到 20 万。3 月 10 日，彼得格勒罢工转变为总罢工。各种企业、商店、餐厅、咖啡馆都停止工作。沙皇尼古拉二世下令对罢工运动实行恐怖手段。但是，革命烈火并未因此而熄灭。根据布尔什维克党中央局的决定，由维堡委员会代行彼得格勒委员会的职权，继续领导人民进行斗争。在3月11日，彼得格勒举行了星期天起义，在此之后士兵开始转到人民方面。3月12日，成千上万的工人向彼得格勒市中心行进，大批士兵不断转到革命方面。起义士兵和工人冲进营房，击毙教导队长，夺取了武器，武装了工人。越来越多的军队士兵参加起义。3月12日晚，沙皇的大臣们在马利亚宫开了最后一次会，但很快即被逮捕了。尼古拉二世企图从前线调回军队镇压彼得格勒起义，但是，当地附近的军队已经起义，沙皇的讨伐队被阻拦在半路，起义人民掌握了整个首都。

3月12日晚，布尔什维克党中央委员会发表了《告全体俄国公民书》，宣告沙皇制度垮台，同时指出这时工人阶级和革命军队的主要任务是建立民主共和国，没收地主土地，实行8小时工作制，联合各交战国人民制止帝国主义战争。

彼得格勒起义取得胜利后，革命在各地迅速展开。3月14日，起义人民控制了整个喀琅施塔फ़。赫尔辛基的水兵、士兵也举行起义，各地的民族解放运动广泛开展起来。这样，俄国第二次资产阶级民主革命，即二月革命取得了胜利。

《四月提纲》

二月革命后，俄国出现两个政权并立的局面，即工兵代表苏维埃和资产阶级临时政府。正当人民不知何去何从之时，列宁从芬兰回到彼得格勒，对人民作了及时指导。1917年4月17日（俄历4月4日）列宁在塔夫利达宫布尔什维克会议上发表了《论无产阶级在这次革命中的任务》的演讲，因其发表在俄历四月，故又称之为《四月提纲》。

在提纲中列宁指出俄国资产阶级民主革命已经基本完成，目前应努力过渡到社会主义革命阶段，从而实现无产阶级和贫苦农民的专政；新建立的国家政权形式应该是苏维埃共和国，而不应为议会制共和国；资产阶级临时政府进行的战争是掠夺性的帝国主义战争，要摆脱这场战争，只有推翻他们的统治；同时在演讲中列宁还提出了"不给临时政府以任何支持"和"全部政权归苏维埃"的口号。他认为，因为苏维埃支持它，所以当时不能采取一般的暴力方式去推翻临时政府，如果这样做就会同苏维埃对立，导致脱离群众。他要求苏维埃收回全部政权，然后通过苏维埃内部的斗争，从而使苏维埃真正成为无产阶级专政的政权。同时，列宁也提醒人民警惕资产阶级反革命的暴力镇压；在经济方面他提出，没收地主土地，实行土地、银行国有化，由工兵代表苏维埃对社会生产和分配实行监督。

《四月提纲》指出俄国当时形势的特点是从革命的第一阶段向革命的第二阶段过渡，在第一阶段中由于无产阶级的觉悟和组织程度不够，所以政权落到了资产阶级的手中，在第二阶段应当使政权转到无产阶级和贫苦农民手中。

《四月提纲》成为布尔什维克党从资产阶级民主革命过渡到社会主义革命的纲领性文件。

十月革命

第一次世界大战爆发后，1917年2月，俄国爆发了第二次资产阶级民主革命，沙皇被迫退位。在彼得格勒成立了一个资产阶级的临时政府，与士兵代表苏维埃政权并立。

7月1日临时政府冒险向德意志帝国和奥匈帝国军队发动进攻，妄图用战争消灭革命，但遭到惨败，于是在国内，彼得格勒的工人和士兵及其他革命群众在7月16日走上街头，举行示威，要求全部政权归还苏维埃。临时政府派出军队进行血腥的镇压，制造了"七月流血事变"。此后布尔什维克党转入地下，两个政权并立的局面结束。

9月，布尔什维克在各大城市的苏维埃中都取得了绝对多数。其政策主张渐渐被大多数群众所接受。列宁于是提出组织武装起义的任务。11 月 2 日，临时政府派士官生占领彼得格勒重要的据点，试图封闭《工人之路》和《士兵》报，同时搜捕布尔什维克党的领导人，妄图切断彼得格勒苏维埃与工人区的电话联系，并密令彼得格勒军分区司令派兵进攻革命军事委员会所在地斯莫尔尼宫。

根据列宁的指示，布尔什维克党决定提前于 11 月 6 日发动武装起义。11 月 6 日列宁秘密来到总指挥部——斯莫尔尼宫，亲自领导武装起义。从 6 日夜到 7 日上午，20 多

冬宫前的广场及凯旋门

十月革命前，俄国临时政府的驻地即在冬宫。

万革命士兵和起义工人迅速占领彼得格勒的各个战略要地。7 日凌晨 1 时起义部队占领邮政总局。2 时攻占了波罗的海火车站及尼古拉耶夫斯基火车站。接着起义群众关闭了政府大楼的照明电路，电话局还切断了临时政府和司令部的大部分电话。6 时左右，赤卫队员、士兵和水兵占领了皇宫大桥。这时除了宫廷广场和伊萨基耶夫斯卡广场地区外，其他地区几乎都掌握在起义者手里。临时政府总理克伦斯基仓皇出逃。10 时，革命军事委员会散发了列宁起草的《告俄国公民书》，宣布临时政府垮台，政权已经转归苏维埃。但是由于临时政府的垂死挣扎，晚上 8 时过后，革命军事委员会向临时政府下达了无条件投降的最后通牒书，遭到拒绝。晚上 9 时 45 分，停泊在涅瓦河上的阿芙乐尔号巡洋舰开炮，发出了总攻信号。赤卫队员和革命士兵越过街垒，猛冲向冬宫，在冬宫的楼梯间，革命士兵与工人赤卫队员同士官生展开了激烈的白刃战，到 8 日凌晨 1 时 50 分，临时政府的成员除克伦斯基外全部被擒。彼得格勒武装起义取得胜利，标志着资产阶级临时政府彻底被推翻。

德国十一月革命

随着阿尔贡战役的结束，德国在第一次世界大战中的败局也眼看就要到来。然而，德国并不甘心就此认输，还想做最后的挣扎。

1918 年 10 月，德国军队首脑命令基尔港的舰队出海，同强大的英国舰队再次决战。指挥部还下达了死命令：如果战败，就永远不要回来了。

这无疑是把海军官兵当作炮灰，水兵们愤怒了！11 月 3 日，8 万名水兵在基尔发动起义，他们拒绝去送死，并且杀死军官，夺取了舰艇。消息传开，基尔的工人也发动总罢工，声援水兵。起义的工人迅速占领政府机关，很快便控制了基尔港地区，宣布成立工人和士兵代表苏维埃。德国十一月革命开始了！

从 5 日到 8 日，汉堡、不来梅、莱比锡、慕尼黑等地也相继发生武装暴动，在德国社会民主党的左派组织斯巴达克团的领导下，柏林的工人、士兵举行总罢工和武装起义，占领了警察局、邮局、火车站和国会，成千上万的武装人群拥向了德皇的皇宫。

魂飞魄散的德皇威廉二世赶忙宣布退位，然后仓皇逃向荷兰。柏林的市民和工人非常激动，他们来到广场上欢呼胜利。起义的组织者卡尔·李卜克内西和罗莎·卢森堡发表演讲，宣布德国从此成为自由的社会主义共和国，和苏联一样！

德国社会民主党右派的艾伯特，不甘心这样被左派夺得权力，依靠皇室巴登亲王，宣布成立"自由德意志共和国"，并组成了临时政府。李卜克内西和卢森堡等人领导的社会民

主党左派斯巴达克团，马上成立了德国共产党，发出了"全部政权归苏维埃"的口号，和艾伯特针锋相对。

1919年1月，李卜克内西和卢森堡领导柏林工人发动武装起义，与艾伯特的临时政府军发生激烈冲突。由于起义准备不够充分，很快就失败了。艾伯特的临时政府开始大屠杀，悬赏10万马克索购李卜克内西和卢森堡的首级。由于叛徒告密，李卜克内西和卢森堡在避居的地下室里被捕，遭到枪杀。

临时政府镇压了各地的起义，宣布德国为联邦共和国，由艾伯特出任总统。艾伯特死后，兴登堡又登上总统宝座，德国加快了扩军备战的步伐。

巴黎和会

德国基尔港的水兵起义，让已经在战争中筋疲力尽的德军斗志尽失。1918年11月11日凌晨，德国以外交大臣为首的代表团走上联军总司令、法国元帅福煦乘坐的火车，签订了第一次世界大战的停战条约。

德军交出了3000门迫击炮、3万挺机枪、5000门火炮、5000台机车、2000架飞机、1万辆卡车、24艘战列巡洋舰、30艘驱逐舰后，还撤出在这次战争中占领的法国、比利时、卢森堡的领土，还有在普法战争中所占领的阿尔萨斯—洛林地区，以及承担7.14亿美元的战争赔款。

战争结束了，那么如何分享这些胜利果实呢？1919年1月18日，在法国巴黎的凡尔赛宫召开了分赃的巴黎和会。

为了索取战败国的赔款，英国首相劳合·乔治和法国总理克里孟梭吵得不可开交。美国总统威尔逊则一直在英法之间周旋，忙着打圆场。3个人在经过无数次的争执和讨价还价后，终于有了结果：英国得到了国际联盟所规定的委任统治制度下拥有1000万人口的领土，法国得到750万人口的地区，日本得到了德国在太平洋上的属地，而美国的"门户开放"原则也得以通过，美国的商品与资本可以进入这些地区，实行机会均沾，大家都有好处分享。

除分赃外，巴黎和会还有别的议程，主要是对苏俄实行经济封锁，以此把它扼杀在摇篮里，同时重新瓜分德国原有的殖民地。

6月28日是巴黎和会的最后一天，也是全体战胜国在和约上签字的一天。但作为战胜国的中国代表没有出席会议，拒绝了签字。

巴黎和约里有3条是关于中国的。即战前德国侵占的山东胶州湾的领土，以及那里的铁路、矿产、海底电缆等，统统归日本所有。

中国参加了协约国，曾支援协约国大量粮食，还派出17.5万名劳工，牺牲了2000多人。作为战胜国的中国，索回德国强占的山东半岛的主权，本是顺理成章的事。但英、美、法却当中国不存在，将山东作为礼物送给了日本。

在卖国求荣的中国北洋军阀政府准备签字的时候，中国的青年学生举行了轰轰烈烈的五四运动。在法国的3万多华人齐集在中国代表团的住所外面，不

巴黎和会上的各国代表

让他们在和约上签字。"谁签字，就打死谁！"华人愤怒的叫喊声让中国代表团终于发表了一项声明："山东问题不解决，我们决不在和约上签字！"

巴黎和会的分赃，其实就是对战败德国的疯狂掠夺，由此也埋下了一粒仇恨的种子。巴黎和会结束后，法国元帅福煦曾说："这不是和平，这是20年休战。"历史也无情地嘲笑了巴黎和会，20年零两个月后，希特勒果然再次在欧洲掀起大战。

凡尔赛—华盛顿体系

凡尔赛—华盛顿体系是第一次世界大战后，英国、法国、美国、日本等战胜国通过巴黎和会及华盛顿会议建立的帝国主义和平体系。

1919年1月18日~1920年1月21日，第一次世界大战后战胜国与战败国在巴黎凡尔赛宫召开和平会议。其间，协约国同德国于1919年6月28日签订的《协约和参战各国对德和约》，通称《凡尔赛和约》。

有关德国的部分在和约中规定：确定战后德国的新疆界。德国放弃其海外一切殖民地及其领地。限制德国军备并确定德国战争赔款。此外，协约国还与德国的盟国分别签订和约。协约国同德国及其盟国缔结的一系列和约，构成了凡尔赛体系。

但是巴黎和会未能解决远东及太平洋问题，美国为打击日本独霸中国，削弱英国的海上霸权并拆散英日同盟，于1921年11月12日~1922年2月6日发起华盛顿会议，美、英、日、中、法、意、比、葡、荷9国出席。1921年12月13日，美、英、法、日签订《美、英、法、日关于太平洋区域岛屿属地和领地的条约》，通称《四国条约》，从而取代英日同盟。1922年2月6日，美、英、法、意、日签订《美、英、法、意、日五国关于限制海军军备条约》，通称《五国海军条约》，同一天，出席会议的九国还签署了有关中国问题的《九国公约》，这样就肯定了美国提出的在中国实行"门户开放，机会均等"政策。

华盛顿会议实质上是巴黎和会的继续和补充，在会议中帝国主义战胜国占支配地位。通过这次会议，他们最后完成了战后对世界的重新瓜分，从而确立了战后帝国主义国家间的多极结构，即凡尔赛—华盛顿体系。这个体系暂时维持了资本主义世界的平衡。但是，随着资本主义经济、政治危机的发展，以及帝国主义国家间不平衡因素的存在，自30年代起，该体系相继被德、日、意法西斯国家打破。1939年9月，德国进攻波兰，发动了第二次世界大战，凡尔赛—华盛顿体系彻底崩溃。

新经济政策

十月革命胜利后，苏维埃俄国成为世界上第一个社会主义国家。帝国主义列强惊恐万分，正在进行第一次世界大战的英、法、美、日各国及德国，纷纷派出军队入侵苏俄，直接进行武装干涉；国内反动势力趁机纷纷叛乱，企图一举颠覆新生的社会主义政权。在这种极端困难的条件下，布尔什维克党和苏维埃政府带领着人民，经过近3年的艰苦奋斗，到1920年10月，终于打败国内外的武装，取得了决定性的胜利。

在国内局势稳定后，新政权接下来的任务是治理战争留下的巨大创伤。饥荒当时威胁着广大农村地区，农民迫切需要苏维埃政府可以在经济上帮助他们，同时他们还希望城市可以提供布匹、靴子、钉子、犁和其他工业品，以便改善生活。但是连年的战祸也使工业衰败不振，许多工厂处于半毁坏状态，多数设备破旧不堪；铁路运输几乎停顿，在战争中几百座铁路桥被炸毁，几千千米的铁轨报废，大部分机车和车厢已经超过使用期限；很多

手握镰刀斧头的苏联男女雕像，标志着
苏联是一个工农社会主义国家。

工人失业，跑到了农村。

这时在国际上，资本主义国家联合起来对苏俄实行经济封锁，为了打击苏维埃，他们还在暗地里组织匪帮和富农暴动，时刻准备进行颠覆活动。

面对严峻的形势，列宁认识到，党和政府必须要有新的举措，于是苏维埃的工作重心逐渐转到经济方面，在改进农业的基础上，着手恢复工业，及时为农村提供机器和货物供应，从经济上加强工农联盟；同时在国家电气化的基础上恢复工业。

1921 年 3 月，布尔什维克第四次代表大会通过了实行新经济政策的决议。新经济政策以粮食税代替征收，允许农民自由出卖余粮，允许私商的自由贸易，并且将一部分小工厂还给私人，而且还准备把一些企业租给外国资本家，等等。

尽管这些政策遭到一些人的反对，但它对恢复经济确实起到了巨大作用。

新经济政策使苏维埃国家的经济得以顺利恢复，从而国家建设进入社会主义时期。1922 年 12 月，第一届苏维埃代表大会召开，宣布成立苏维埃社会主义共和国联盟，简称苏联，并制定了第一部宪法。第一个社会主义国家终于在世界上站稳了脚跟。

共产国际

共产国际即第三国际，指由列宁领导创建的各国共产党和共产主义团体的国际联合组织。第一次世界大战爆发后，第二国际破产，十月革命的胜利，使各国共产党得以发展，客观形势要求建立一个新的国际组织。1919 年 3 月 2 日国际共产主义代表会议在莫斯科召开，来自 21 个国家的 35 个政党和团体的 52 名代表参加。大会通过了《告国际无产阶级宣言》《共产国际行动纲领》《关于资产阶级民主和无产阶级专政的提纲》等文件，标志着第三国际的成立。第三国际的任务是宣传马克思主义，团结世界各国工人阶级及广大劳动人民，为推翻资产阶级的统治、建立无产阶级专政、消灭剥削制度而奋斗。它以民主集中制为组织原则，其最高权力机关是代表大会，各国共产党成为它的支部。代表大会在闭会期间，要由代表大会选出的执行委员会负责向各国支部发布指示和监督他们的工作。第三国际总部设在莫斯科。

在其存在的 24 年中，第三国际共召开过 7 次代表大会、领导过 65 个共产主义政党和组织。在捍卫马克思主义，推动国际工人运动和亚非拉民族解放运动，反对法西斯主义和帝国主义战争，以及促进国际共产主义运动发展等方面都做出了不可磨灭的贡献。它曾帮助过欧洲、美洲、亚洲的许多国家建立马克思列宁主义政党，协助他们培养一批革命骨干，加速了各国共产党的成长。但是，它在工作中也存在一些失误，特别是后来由于受斯大林大国沙文主义错误的干扰，国际共产主义运动的发展出现了偏差，其高度集中的组织形式也曾影响各党的独立自主和各党间的平等关系。第二次世界大战爆发后，为有效地组织反法西斯斗争，经各国共产党同意，共产国际于 1943 年 6 月宣告解散。

柯立芝繁荣

第一次世界大战后，美国的经济得到了飞速的发展。这一时期恰巧在总统柯立芝任期之内（1923～1929年），所以美国这一时期的经济繁荣又被称为"柯立芝繁荣"。

第一次世界大战虽然是人类历史上的一次浩劫，但却给美国的经济发展提供了机遇。英、法、德在经历第一次世界大战后，此时正值资本主义相对稳定发展时期，经济处于停滞或恢复状态，这非常便于美国将经济势力向外扩张。当时在美国国内通过技术革新、固定资本更新和企业生产及合理化管理，其生产和资本的集中过程空前加速，经济得到迅速发展。国民生产总值和工业生产总值均刷新纪录，其中汽车制造、电机电器制造和住宅建筑业的发展尤其显著。

战争结束后，美国靠在战争中积累下来的雄厚资金，并随着一些新技术的突破，出现了一个更新生产设备、扩大生产规模以及采用新技术的热潮，促进了经济的迅速发展。到了1929年，美国工业生产的比重超过了当时英、法、德三国所占比重的总和，以致柯立芝总统声称，美国人民已达到了"人类历史上罕见的幸福境界"。但这种繁荣主要集中在部分工业部门和城市中，其他一些工业部门和农业的不景气，使美国经济发展很不平衡。并且由于股票投机成风，使繁荣本身带有一定虚假性。

经济危机

随1929年秋华尔街股票市场的崩溃而出现的世界性经济危机，1930年初就波及英国。英国本来就没有出现美国那样的柯立芝繁荣，长期存在的失业问题因经济危机的影响变得更糟。

虽然英国政府实行了一系列施救措施，可失业状况并没得到好转，英镑也在不断贬值。一年内，全国罢工工人的人数从30万激增到50万，仅伦敦就有15万工人举行示威游行，各地工人还多次举行到首都的"饥饿进军"。

看到英国的窘境，法国起初还暗自庆幸，因为他们还在享受19世纪20年代的繁荣。然而，当1930年11月乌斯特里克银行突然宣告破产后，法国人傻眼了，经济危机原来就这样一声不吭地空降了。

法国的经济危机虽然来得晚，但持续的时间长。1933年，当欧洲许多国家从危机中复苏的时候，法国的经济还在恶化，并一直延续到1936年。许多企业、银行倒闭，工农业生产和贸易额大幅度下降。轻工业遭受的打击最大，6年间，约有130家纺织厂破产，许多中小企业和小商人纷纷破产。

在美国，柯立芝的泡沫繁荣也未能使他们逃过经济危机的阴云。在危机的年代，穷人们时常不能果腹，生计维艰，而大农场主却把一桶桶的牛奶倒入河水，把一车车的大肥猪倒进河中，仅1933年一年，就有640万头猪被扔到河里淹死，5万多亩棉花被点火烧光。同样，在丹麦、在荷兰，整箱的橘子、整船的鱼、整袋的咖啡豆都被倒进大海，无数的奶牛、小羊被杀死……

当时的美国，30万儿童失学，许多州的矿区营养不良的儿童有时达90%以上。

在这次危机中，据粗略统计欧美各国大批的工厂矿山企业倒闭，造成300多万工人失业；还有刚从学校毕业找不到工作的青年人、两手空空的农民以及退伍老兵。他们经常是饥肠辘辘，衣裳破烂，流落街头。

经济危机的爆发其根源就是资本制度，资本家扔掉牛奶面包，这并不是"真正过剩"，而仅能称作"相对过剩"。资本家要追求利润，就必须将过剩的产品毁掉，这样市场供应量的减少就能保证产品高价，从而保持高额利润。这就是资本主义社会的"经济危机"。

罗斯福新政

就在这种大萧条的极端时期，富兰克林·罗斯福就任美国第32届总统。他在就职演说中表达了要实行新政、挽救美国经济于危难之中的决心，并表示新政的核心就是3个R：改革（Reform）、复兴（Recovery）和救济（Relief）。

1933年3月6日，罗斯福在正式就任总统后的第三天，即从整顿金融开始下手，宣布全国银行"休假"，这是他所采取的重建银行和经济结构的第一步。

3天后，国会通过《紧急银行法令》，对银行采取个别审查、颁发许可证制度，对有偿付能力的银行，允许其尽快复业。半个月内，全国绝大多数的银行经过财政部审核，在政府的监督下，分批陆续恢复了营业。罗斯福对惊魂不定的美国人说："我向你们保证，把你们的钱存入重新开业的银行比藏在床褥下更为保险。"不久国会又通过《1933年银行法》，建立由联邦承担责任的联邦储备体系。由于采取了这些措施，银行信用很快恢复，存款在不到一年的时间里增加了近20亿美元！

罗斯福的第二步是整顿农业，新设立的农业调整管理局着手开展了一场雷厉风行的行动：在春夏两季犁掉了大约1000万英亩棉田，收购和屠宰了大约20万头即将临产的母猪和600多万头小猪，几千万头牛和羊。物缺则贵的无情法则马上显现了作用，随着农业生产的下降，加上严重的旱灾，让农产品的价格开始回升，农民们的元气得以迅速回复。

1933年春天，罗斯福政府还制定了旨在整顿工业的《全国产业复兴法》，提出了公平竞争规约和成立"公共工程署"的计划，并为此拨款33亿美元。

在罗斯福的新政中，"救济"也是一个主要方面。在进行直接救济的同时，更主要的是以工代赈。罗斯福上任后，以极大的力量兴办大规模的公共工程，扩大政府开支来弥补私人投资下降而出现的空白，并解决部分就业问题。罗斯福宣布，对有工作能力的失业者不发放救济金，而是帮助其通过参加不同的劳动获得工资。

罗斯福像

罗斯福的新政和他雷厉风行的作风，帮助美国渡过了这场空前大灾难。当时的美国是世界经济中心，美国得救了，世界也缓过气来了。欧洲主要国家普遍认为，美国实行的政府干预经济的做法十分成功，纷纷仿效。

美国和欧洲的一些国家，依靠国家干预经济的办法，利用旧市场，开辟国内新产业来缓和经济危机。而德国和日本等国也爆发了不同程度的经济危机，他们没有采取积极的经济对策，而是希望获取新的市场，用战争掠夺殖民地的物资和廉价劳动力来转嫁经济危机，战争的阴云已然开始聚拢。

墨索里尼登台

第一次世界大战之后，几乎大部分欧洲国家都经历了经济危机，人们对于政府在困难时期的表现大多表示不满，意大利人贝尼托·墨索里尼就在这时发明了所谓"法西斯"的政治体制，巧妙利用人们的不满情绪，组建了一支穿制服的打手队伍——"黑衫党"。

墨索里尼生于一个农村铁匠家庭，曾在 1900 年加入社会党，后来因为力主意大利同英法一起参加第一次世界大战而被社会党开除。成立了"黑衫党"这个法西斯战斗团后，墨索里尼开始帮助工业家镇压工人的起义，得到许多大财阀的信任。

1922 年 10 月，墨索里尼率领他的 5 万名黑衫党徒向罗马进军，旨在夺取国家控制权。怯懦的国王维克托·埃马努埃尔三世在墨索里尼的压力下无奈退让，任命他为首相。

成为国家元首的墨索里尼，开始频繁出现在公众面前，发表蛊惑人心的讲演。当有人问他法西斯的思想基础时，墨索里尼毫不犹豫地回答说："不需要什么思想，行动比哲学更为重要。"

墨索里尼还号召全体意大利人放弃私利，作为整体的一部分和谐地共同生活。并且这个目标要在每个人的儿童时期就加以灌输，只有这样，才能让这个信念深植骨髓。"信任、顺从和斗争！"这就是墨索里尼给意大利人提出的口号纲领，而且这位元首也正是借助这个纲领，使意大利在短短几年里就变成了一个极权的元首国家。

希特勒夺权

希特勒上中学时，没毕业就退学了，因为各科成绩太差。他唯一喜欢的就是绘画，于是 18 岁的希特勒带着当一名画家的幻想来到了维也纳，报考美术学院，但因为成绩不理想未被录取。

不久父母双双亡故，希特勒开始过着贫困潦倒的流浪生活。希特勒 25 岁的时候，第一次世界大战爆发了，于是他参军了。在军队中，希特勒第一次感到安全，命令和服从的原则使他着了迷。

但战争还是结束了，在所有人都欣喜若狂地赶回家乡团聚时，希特勒却失落迷茫起来，他不知道自己该去干什么。

不久，在好奇心的驱使下，希特勒去参加了一次德意志工人党的会议，并在会上发了言。由于希特勒很会讲话，所以一个月之后就被选进德意志工人党的理事会，担任宣传部长。之后在不到一年的时间里，希特勒又迅速上升为党的主席，具有几乎无限的权力。

墨索里尼成功进军罗马后，希特勒十分羡慕，也想模仿这个榜样。1923 年 11 月 8 日，希特勒率领他组建的"冲锋队"进军慕尼黑，包围了一家名叫格勒劳凯勒的大啤酒馆，并发动了一次啤酒馆政变。但是这次政变最后失败了，希特勒因此还被判处 5 年徒刑。

希特勒的啤酒馆政变虽然失败了，但他却一举成名，成了全国性的新闻人物。在狱中的希特勒开始写书，定名为《我的奋斗》。在书中，他毫不掩饰地表明自己的思想和目标，其中很大一部分和意大利的法西斯一致。不同的是，希特勒还加进了他为之狂热的种族学说，以及基于这种学说形成的对犹太人的仇恨。

很多人都把这看成是一个失意和绝望男子的妄语，不值得认真对待。但世界性的经济危机恰在此时爆发，德国工人斗争高潮迭起，内外交困的资本家们，感到建立在议会制度上的软弱政府已经毫无作用了，希特勒就在这时脱颖而出。

希特勒走上纳粹德国的最高统治宝座。

希特勒只坐了9个月牢便出来了，他吸收啤酒馆政变失败的教训，决定通过宪法手段来夺取政权。希特勒于是开始竞选活动，他坐着火车到全国演说，向处在贫穷中的人们许下种种美好的谎言，大谈人们的苦难、民族的仇恨和共和国政府的无能……

希特勒煽动性的言语赢得了人们的赞同，一年间，纳粹党徒从17万增加到38万，纳粹党的冲锋队员有10多万人，比国防军还要庞大。通过竞选，希特勒让纳粹党成为德国的第一大党，控制了议会的多数席位。德国17个工业、银行巨头集体上书给总统兴登堡，要求任命希特勒为总理，让他组阁。

1933年1月，寒冷的北风呼啸着，希特勒从兴登堡的手里接过了总理印章，他发誓，要建立一个前无古人、"永世不衰"的新帝国。

国会纵火案

1933年2月27日晚上，寂静的德国首都柏林突然燃起火光，只见坐落在共和广场旁的国会大厦浓烟滚滚，红光照亮夜空，很快就吞噬了大厦的中央圆顶。

国会议长戈林很快赶到现场，他没有指挥人群救火，而是满脸通红，两眼放光，挥动着双拳大声叫喊："这是共产党干的！共产党反对新政府！我们把他们抓起来杀掉！"

在戈林歇斯底里的喊叫声中，德国总理希特勒和宣传部长戈培尔也来到现场。希特勒对一旁的外国记者说道："看，这是神的指示，我们要消灭共产党！"

当夜，德国政府发表通告，宣布是共产党放火烧了国会大厦，并声称纳粹冲锋队在现场抓到的一个"纵火犯"，名叫卢勃，是荷兰的共产党员。

第二天，希特勒党徒按照早已拟定好的名单开始了大搜捕，希特勒颁布了紧急法令，勒令解散除法西斯党以外的一切政党，取缔工会及一切结社和集会。德国的秘密警察——盖世太保到处抓人，德国的共产党领袖恩斯特、台尔曼和1.8万名共产党员被捕入狱。就连正在德国的保加利亚共产党主席格·季米特洛夫也未能幸免。

很显然，这是个蓄谋已久的阴谋，希特勒不过是借着这把火来拔除他的眼中钉，从而消灭异己，控制全国罢了。

1934年8月2日，兴登堡去世，希特勒接管了帝国总统的职务，从此成了帝国国防军的最高统帅。他的正式头衔是"德意志国家和人民的元首"，德国终于成了一个极权主义的元首国家，进入第三帝国时代，它的心脏和灵魂就是它的元首——希特勒。

日本"二·二六事件"

日本军阀早就有征服中国进而征服世界的野心，之所以能够如此迅速地呼应希特勒加入轴心国阵营，还要源于1936年的"二·二六事件"，让一批"皇道派"掌握了政权，日本由此走上了坚定的军国主义道路。

日本的一些中下级青年军官，迫切要求建立军事独裁，对于政府中资历老、谋划长、决断慢的高级官员们，少壮派很不满。他们主张发动政变，刺杀这些大臣，以达到夺取决策权的目的。

其实，在"皇道派"采取行动之前，陆军省的一名少佐告了密，高层已知道了他们——第一师团要发动武装叛乱的消息。但是他们没有予以足够的重视，认为这些少不更事的青年不过是血气旺盛，说说罢了。因而只是采取了几项很一般的措施，如监视嫌疑分子，给政府要员加派保镖，用钢筋加固各处官邸，在里面安上直通警视厅的报警器等措施。

2月25日的夜晚，第一师团的兵营里，叛乱计划正在紧张地制订。"皇道派"准备在次日拂晓前分头袭击东京的6个目标，其中包括警视厅和政府要员的住宅。要知道，第一师团的兵营就在皇宫的侧面。

26日凌晨4时，香田清真大尉下令集合，各个小组由叛乱将领带着，迅速奔向各自的目的地：香田清真率领一组人马去攻占陆军大臣官邸，另一组人马直奔警视厅，其他4个小组分头去刺杀首相、藏相、宫内相和侍从长。

刺杀首相冈田启介的是中尉栗原，暴乱的士兵冲进官邸大厅就是一阵乱枪。首相的秘书急忙给警视厅打电话求援，不料接电话的竟是叛军。冈田启介在睡梦中被惊醒，刚走出卧室门口，就碰到迎面跑来的妹夫松尾传藏。只见松尾传藏上气不接下气，喊道："不好了，发生暴乱了！快跟我来！"两个人三转两拐来到密室门前，松尾传藏把首相往里一塞，转身想去接应其他人。还没走出10步，迎面就碰到了正在搜寻首相的叛军。叛军以为松尾传藏就是首相，对着他就是一梭子弹，松尾传藏还来不及叫一声，就倒在血泊中了。

在这场持续不到4小时的叛乱中，首相幸得不死，天皇的侍从长铃木身中数枪，也幸得不死，教育总监渡边锭太郎身中数枪，然后脑袋被砍下，天皇的心腹顾问牧野伸显侥幸躲过子弹，前首相斋藤实被杀。其中藏相（财政大臣）高桥是清死得最惨，他由于坚持削减上一年的巨额军费而遭到少壮派军官的憎恨。当叛军冲进他的卧室的时候，这个悲惨的老人还在打着节奏分明的呼噜。一名中尉一脚踢开他的被子，大喊一声，朝他一连开了数枪。紧接着另一名军官也跳上去，挥起军刀砍下了高桥的右臂，继而又把刀刺进他的肚子，恶狠狠地左右乱捅。

叛军很快占领了东京市中心约1平方英里的地方，他们把"尊王义军"的旗子挂在首相官邸外，宣布要清君侧，粉碎重臣集团，认为元老、重臣、军阀、财阀、官僚、政党均为破坏团体的元凶。由于这一叛乱行动没有得到其他军队的支持，最后和平投降，但是自此以后，日本的法西斯势力得到了进一步的加强。以东条英机为首的统制派在日本陆军中占据了领导地位，确定了全面对外进行侵略扩张的国策，开始大规模扩军。

《慕尼黑协定》

张伯伦在交谈结束后，次日便赶回了伦敦，当晚即召开内阁会议，鼓吹只有把苏台德区割让给德国，才能阻止希特勒进犯整个捷克。两天后，法国总理达拉第也愁眉苦脸地赶到伦敦，双方经过一夜协商，决定在慕尼黑的"元首馆"里进行会谈，签署一个《慕尼黑协定》。协定上规定，捷克必须把苏台德区及其附属的一切设备无偿地交给德国。

根据协定，捷克斯洛伐克将苏台德区割让给德国，德国军队将分阶段占领日耳曼人占多数的领土；由签约国组成国际委员会，以公民投票确定领土的归属，并由国际委员会确定最终边界。英、法、德、意"保证"捷克的新疆界不再受侵犯。英、德两国首脑另外还签署了一项共同宣言，声称将采取协商的方法处理有关两国关系的一切问题，排除两国纠纷的根源，努力确保欧洲的和平。

作为主权国的捷克代表，虽然在会谈前已经来到，但没被邀请进入会场，只是在做出决定后他们才被告知的。虽然捷克斯洛伐克政府提出抗议，但在英法的压力下，1938年9月30日捷克斯洛伐克政府被迫接受《慕尼黑协定》。此外在德国支持下，波兰和匈牙利分别获得了捷克斯洛伐克的一部分领土。

以后，在国际上凡企图以牺牲他国利益为代价、纵容侵略以达到自身苟且偷安的政策，均泛称为"慕尼黑政策"。1973年12月，捷克斯洛伐克和联邦德国签订相互关系条约，宣布：鉴于根据本条约建立的相互关系，《慕尼黑协定》失效。

《钢铁盟约》和《三国公约》

虽然德国一些将领对意大利的军事实力评价很低，而希特勒仍然急于同意大利成立军事同盟，但墨索里尼却并不急于缔结。但是随着形势发展，意大利逐渐调整同德国的关系，在感觉到德国对波兰的行动已"迫在眉睫"后，为了避免在开战后意大利处于被动地位，德意两国外交部长开始接触。

1939年5月6日，德意外交部长在米兰会面。齐亚诺带来了墨索里尼的书面指示，向德国人强调至少在3年之内意大利希望避免战争，令意大利人意外的是，德国代表里宾特洛甫也表示希望能维持这么久的和平。在轻松的谈判中，德意代表达成共识，他们研究了欧洲的形势，同意改进轴心国同苏联的关系，于是在休会后共进晚餐，庆祝会谈成功。

这个条约后来被称为"钢铁盟约"，它于5月22日在柏林总理府签订。齐亚诺还赠给里宾特洛甫一枚阿农齐亚塔颈章。

第二次世界大战爆发后，德日为进一步在欧、亚扩大侵略战争，于1940年9月在东京再次谈判，意大利随后也加入。9月27日三国在柏林签订军事同盟条约，即《德意日三国同盟条约》，通称《三国轴心协定》，又称《柏林公约》。条约有效期为10年。至第二年6月，匈牙利、罗马尼亚、斯洛伐克、保加利亚和克罗地亚等国相继加入。条约共6条，主要内容为：日本承认并尊重德意在欧洲建立新秩序的领导权，德意承认并尊重日本在"大东亚"建立新秩序的领导权；三国保证若缔约国一方受到目前未参与欧战或中日冲突中的一国攻击时，应以一切政治、经济和军事手段相援助；同时强调上述条款毫不影响各缔约国与苏联现存的政治关系。另外，在三国谈判期间，德日还秘密商定：一旦日英发生战争，德国将全力援助日本；德国同意除将其太平洋地区前殖民地仍委日本管辖外，其他地区在战后先由德国收回，然后再与日本讨论归属问题，日本为此应向德国提供相应补偿。《三国公约》的签订标志着德、意、日军事同盟正式形成，它加速了苏德战争和太平洋战争的爆发。

敦刻尔克大撤退

1939年9月1日，德国以闪电战侵略波兰，6000门大炮，2000架飞机，2800辆坦克同时出现在波兰的国土上，波兰很快沦陷，这宣告了第二次世界大战爆发。英、法两国面对东边战事形势的千变万化，却依然一动不动，西线的法德边疆平静得让人发毛。

英、法两国之所以没采取行动，是认为德国的目标是他们的宿敌——苏联。在占领了波兰后，希特勒一定会去攻击苏联，他们哪里会想到，昔日的不共戴天之敌，在政治利益面前会达成和议。

希特勒正是利用了这点，宣称只要英、法承认德国吞并波兰，就不和英、法为敌。在这种谣言的掩护下，希特勒进一步扩军备战，于1940年4月进攻丹麦和挪威，之后又侵占了中立国荷兰、卢森堡和比利时。

但法国依然没采取任何行动，他们自认为有固若金汤的马奇诺防线，因此对德国宣而不战。在德法边境上，只有小规模的互相射击声零星响起。

1940年5月，德军绕过马奇诺防线，出其不意地攻入了法国，直趋英吉利海峡，把近40万英法联军围逼在法国北部的狭小地带，只剩下敦刻尔克这个仅有万名居民的小港可以作为海上退路。但敦刻尔克港口是个极易受到轰炸机和炮火持续攻击的目标，40万人要从这个港口撤退，还是在德国炮火的强烈袭击下，困难显而易见。英国政府和海军只得发动大批船员和民众，请他们帮忙营救军队，力争撤离 3 万人。

对于即将发生的悲剧，人们怨声载道，但仍然宁死不惧地投入到撤离部队的危险中去。于是，在德国炮火的猛烈袭击下，上千条各色各样的船向着敦刻尔克方向前进：颜色鲜艳的法国渔船、运载乘客的旅游船、维修船、小型护航船、扫雷艇、拖网渔船、驱逐舰、英国救援船、雷达哨船……

这支极为离奇、难以形容的船队，由各色各样的英国、法国人驾驶。他们中有银行家、牙科医生、出租汽车司机、快艇驾驶员、码头

敦刻尔克大撤退
战争初期，英法联军在德军强大的攻势下节节败退，40 多万人被围困在敦刻尔克一带。查尔斯·坎德尔的油画生动地再现了敦刻尔克大撤退时惊心动魄的一幕。

工人、工程师、渔夫、政府文职官员甚至刚学会开车、开船的少年……这支船队上没有武装、没有护航，只有迎着枪林弹雨和硝烟烈火的人，在海面上奋力向前行驶。

整个敦刻尔克都在德国的炮火下燃烧起来，但没有人去救火，人们唯一在做的事就是帮助军队撤离。这支杂牌船队就在这样危险的情形下，在一个星期的时间里，救出了 33.5 万人，举世震惊。

一个月后，法国贝当政府宣布投降，将法国送给了希特勒。

法国投降了，英国怎么办呢？

"巴巴罗莎"计划

"巴巴罗莎"的意思是"红胡子"，"红胡子"是神圣罗马帝国皇帝腓特烈一世的绰号，这个崇尚扩张侵略的皇帝曾 6 次入侵意大利。希特勒想像"红胡子"一样，以闪电战的方式突然袭击苏联，一举将它消灭。

为了迷惑苏联的注意力，希特勒故意制造出种种假象。他散布谣言说要去进攻英国，招募英语翻译，搜罗英国地图，甚至还制订了向英国登陆的所谓"鲨鱼"和"鱼叉"计划。

在这些谣言和假象的掩护下，1941 年 5 月，德国铁道部门每 24 小时开出 100 列军车，在短短的两个星期内，将 47 个师运往德苏边境，其中包括 28 个坦克师。

与此同时，德国仍然和苏联保持着正常的贸易关系，满载着苏联粮食、石油、矿石和各种物资的火车，仍源源不断运往德国。毕竟他们还签署了秘密协定，整个苏联都被蒙骗了。

6 月 14 日，苏联塔斯社发布一则消息："根据苏联方面的材料，德国和苏联一样，始终不渝地遵守着《苏德互不侵犯条约》。因此苏联人士认为，关于德国打算撕毁条约准备进攻苏联的一些传说是毫无根据的……"就在同一天，希特勒和他的军事首领召开了最后一次大规模的军事会议，布置了全面进攻苏联的最后细节。

一周之后，斯大林突然接到边境上发来的一系列报告：在西北边境，德军拆去了他们自己设置的铁丝网；在布格河西岸，德军的发动机声音突然开始轰鸣；边境上似乎出现了

伪装的士兵……斯大林有些恼怒，他认为这是希特勒想用激怒苏军的办法来破坏《苏德互不侵犯条约》，寻找进攻的借口。

这一天的夜晚，正是苏联一年中最短的仲夏之夜。苏军俱乐部里，官兵们正载歌载舞欢度这美丽的夏夜。突然，苏兵的通讯联络的线路中断了……

凌晨3时，德军的6000门大炮突然发出"轰隆隆，轰隆隆"的巨响，千万发炮弹飞向了苏联边界。与此同时，2000架轰炸机压向苏联边境，炸弹如雨点般落下。成千上万的苏联官兵就在睡梦中死去了，苏联的800多架飞机还未起飞，就全部被击毁……

苏联500英里长的边境线上，几乎所有边防部队都在向莫斯科发电，请求指示行动。但斯大林却一直沉默，没有人知道为什么，他的回答只有："继续监视。"直到次日太阳西下时，德国坦克深入苏联边境50多千米了，莫斯科才发出了进攻命令。

这次突袭，希特勒总共出动了190个师，3700辆坦克4900架飞机，4.7万门大炮和190艘战舰。全军分3路，同时向苏联进攻：北路攻打苏联波罗的海沿岸和列宁格勒（今名圣彼得堡）；中路指向莫斯科；南路夺取苏联的"粮仓"乌克兰。希特勒的美梦是，以迅雷不及掩耳的闪电战，在冬季来临之前打垮苏联。

7月3日，斯大林站出来，向全体苏联人发表广播演说，号召全体苏联人民团结起来，全力以赴同希特勒法西斯作殊死的斗争。

列宁格勒保卫战

苏德战争爆发了。

8月中旬，希特勒的部队兵临列宁格勒城下，宣布要在9月1日前占领列宁格勒。列宁格勒全城不分男女老少，纷纷行动起来，修筑战壕街垒，决心与列宁格勒同生死。

德国的进攻开始了，半个月内，死伤官兵17万人，损失飞机300架、坦克500辆、大炮500门，负责进攻列宁格勒的莱布元帅焦头烂额。希特勒简直要疯掉了，大骂莱布无能，并疯狂地叫嚣道："给我把彼得堡（列宁逝世后，苏维埃将彼得堡命名为列宁格勒）从地球表面抹掉！"

德军于是从陆海两方面严密封锁列宁格勒，同时日夜不停地轰击，企图迫使城内的军民整天待在防空洞里，无法进行抵抗。围困的时间越来越长，城里的粮食越来越少，军队养马场的饲料成了粮食，榨油厂做燃料的棉籽渣也成了食品。最后，连从海底沉舰上打捞起来的发了芽的谷子，也成了宝贵的粮食。城里的人开始因饥饿而丧生了，从1941年11月到1942年12月期间，列宁格勒死于饥饿的人共有6.3万多人。

但饥饿并没让列宁格勒人投降，他们在冰封的拉多加湖上开辟了一条冰上运输线，联结拉多加湖东西两岸，终于可以得到一些援助。狡猾的德军很快就发现了这条"生命之路"，派飞机整天轰炸湖面。但列宁格勒勇敢无畏的司机们依然冒着枪林弹雨，冒着零下34摄氏度的严寒，把粮食、燃料和各种急需物品运进城里，同时也把城内的老人、儿童、妇女、伤员和重要的文化珍品运离城市。

一年的围困，让希特勒妄图饿死列宁格勒人的诡计没有得逞。1943年1月，苏军开始反攻，2000门火炮一齐轰鸣，德国对列宁格勒长达17个月的围困终于被突破。

斯大林格勒保卫战

北路的德军失败了，再看看中路的情况。这一路的德军有150万，于1942年7月17日开始进攻斯大林格勒（今名伏尔加格勒）。

斯大林格勒巷战场面

　　斯大林格勒位于伏尔加河下游西岸，原名察里津，是苏联内河航运干线伏尔加河的重要港口，也是苏联南方铁路交通的枢纽和重要的工业城市。

　　德军集中了 40 个师的精锐部队，每天出动上千架次飞机，把 100 多万颗炸弹投向了这座城市，斯大林格勒几乎成为一片瓦砾，建筑物全被炸毁。

　　9 月 13 日，德军在几个地段突破了苏军防线，进入市区阵地。苏联的市民人人手执武器跑来，和士兵一起，在废墟中同德军展开搏斗，一场最为残酷、最为激烈的市区争夺战开始了。

　　为了争夺火车站，德苏双方战斗得最为激烈，一周内，火车站 13 次易手。守卫"巴甫洛夫大楼"的激战更是持续了 58 个昼夜。连斯大林格勒的姑娘们都纷纷走上战场，成为高射炮手、无线电兵、卫生员和护士，7.5 万人壮烈牺牲。在激战中，拖拉机厂的工人竟然坚持生产，一个月内造出了 1200 辆坦克……

　　希特勒原想速战速决，但斯大林格勒人的顽强反击，使德军陷入困境。市区争夺战持续了 13 天，德军每天的伤亡都在 3000 人以上，但仍无法占领全城。德军的士气一天天低落，随着冬季的来临，毫无过冬准备的德国士兵陷入饥寒交迫之中，很多士兵被活活冻死。

　　11 月 19 日，斯大林发起了大反攻的命令，33 万德军被围困起来。这时希特勒发来急电，命令统帅保卢斯不许投降，必须死守阵地，直至一兵一卒一枪一弹。保卢斯陷入万分绝望之中，他也给希特勒发出了一份回电："部队将于 24 小时内最后崩溃。"

　　斯大林格勒大会战终于结束了，历时 6 个月。9.1 万多德国官兵，其中包括保卢斯在内的 24 名高级将领，都穿着单薄的衣衫，抓紧裹在身上满是血污的毛毯，在 -24℃ 的严寒下，一步一拐走向了寒冷的西伯利亚战俘营。

坦克大战

　　斯大林格勒保卫战的胜利，让苏德战争发生了根本变化，苏联开始转向反攻，并取得了一系列胜利。德军统帅部为了摆脱不利处境，决定发动大规模的夏季攻势。

　　1943 年 7 月 5 日，德军开始在库尔斯克突出部向苏军发动进攻，"帝国坦克师""骷髅坦克师"和"阿道夫·希特勒坦克师"一起上阵。在这个坦克集团内，有大量虎式重型坦克和斐迪南式强击火炮。德军企图由此突破苏军防线，然后再从东南实施突击，夺占库尔斯克。

当时苏军配备的是 T－34 型坦克，在性能和射程上都比不上虎式重型坦克。T－34 坦克唯一的优势，就是速度快。苏军于是将坦克部队展开，采取"以快制慢、近战肉搏"的战术，迅速突入德军的战斗队列。敌人完全没料到苏军会有这么多的坦克迅速投入战斗，一时乱了阵脚。

这场坦克战持续了一整天，在普罗霍夫卡草原上，到处都是坦克的残骸。在这次库尔斯克会战中，德军30个精锐师包括7个坦克师被击溃，其余均遭重创。其损失兵力达50多万人，损失坦克约1500辆，损失火炮和迫击炮3000门，损失飞机3700架。会战的失利使纳粹德国从此丧失战场主动权，再也无力在东线发起有威胁的攻势。

同时苏军也为库尔斯克会战付出了惨重代价，损失兵力80多万，并分别损失坦克6064辆、火炮5244门、飞机1716架。但是会战的胜利使苏军从此获得战场主动权。此次会战后苏军又向德军连续发动攻势，收复了大量失地。

偷袭珍珠港

1941年12月7日，一个明媚的星期日早晨，夏威夷的珍珠港碧海如镜。驻扎在这里的美国太平洋舰队，官兵们有的在吃早饭，有的上岸度假去了。舰艇都整齐地停泊在港内，飞机也密密麻麻地排在机场上。

两个值班的美军新兵在雷达监视器前无聊地摆弄仪器，突然，荧屏上显示出东北方向130海里外，一群飞机正朝这里飞来，他们立即拿起电话通报了陆军基地。"别神经过敏，那是我们自己的飞机。"值班军官嘲笑地说。原来，值班军官曾接到通知，今天早晨将有一队美国空军的 B－17 飞机从本土飞来。他放下话筒，便把这件事扔到脑后去了。港湾里，美国军舰正准备举行升旗典礼，一切都像平日一样，轻松而安详，战争的硝烟远在北非和苏联，一时半会儿还烧不到这儿。

雷达屏上显示的机群，实际上是日本战斗机，而它们袭击的目标正是珍珠港。占领印度支那和南太平洋诸国，夺取石油资源，一直是日本的梦想，看到德国和意大利已经在欧洲扩大了战果，日本再也无法忍耐下去，他们决定消灭驻守在夏威夷群岛上的美国太平洋舰队，除去南进太平洋的最大障碍。

在日本天皇的授意下，日本联合舰队司令山本五十六决定由南云海军中将率领舰队去完成这一任务。

日本海军偷袭珍珠港

此时，偷袭珍珠港机群的指挥官渊田美津中佐已飞临珍珠港上空，他身后是49架水平轰炸机、40架鱼雷轰炸机、51架俯冲轰炸机和43架制空战斗机。这天的天气非常晴朗，穿过云层，渊田清楚地看到了珍珠港中停泊的军舰和机场上的飞机。

"开始攻击！"渊田的攻击命令下达，日本机群随即呼啸而下，机关炮喷吐着火焰，炸弹飞蝗般落下去。美军士兵望着从天而降的炸弹和军舰上的滚滚浓烟，全部惊呆了！

"空袭！空袭！这不是演习！"舰队司令部的军官们此时才醒过神来，纷纷准备投入战斗，而此时的珍珠港，已经是一片火海了。渊田中佐见袭击成功，发出了预定信号：托拉！托拉！托拉！（虎！虎！虎！）坐镇在万里之外的广岛"长门"号旗舰上的山本五十六收到这个信号后，兴奋得脸都红了。

日本机群的第一次攻击进行了半小时，随后而来的 171 架日本战斗机继续进行第二次攻击，前后历时 1 小时 50 分钟，炸沉美国主力舰 4 艘，重创 1 艘，炸伤 3 艘，还炸沉、炸伤驱逐舰、巡洋舰等各类辅助舰 10 余艘，击毁飞机 188 架，机场全部炸毁，美军官兵死伤 4500 多名。而日本仅损失 29 架飞机。

在日本飞机开始攻击珍珠港后的一小时，日本驻华盛顿代表野村来到美国国务卿赫尔的办公室里，递交了一份最后通牒。赫尔气愤地说："我在 50 年的公职期间，从未见过这样厚颜无耻的文件！"挥手把他赶了出去。

日本偷袭珍珠港，宣告了太平洋战争的全面爆发。第二天，美国对日宣战，接着，澳大利亚、荷兰等 20 多个国家也对日宣战。随后，德、意对美宣战。第二次世界大战的范围更加扩大。

美国宣战

日本偷袭珍珠港成功后，开始向南太平洋伸出魔爪。

1942 年 3 月 7 日夜，日本第四舰队偷偷在新几内亚的莱城登陆。莱城是战略重镇，控制了这里，就等于拿下了南下澳大利亚的跳板。

日本军方当然知道，美军决不会对日军占领莱城漠然置之，但美国要想进攻莱城，只能从海上强攻，等到美国舰队劳师远袭到达这里，日本可能已经占领澳大利亚了。于是，日军便放心大胆地将军舰、油船、供应舰、运输舰停泊在莱城港口里。

此时，美国却在布朗海军中将的指挥下，率"列克星敦"号和"约克敦"号航空母舰南下。3 月 10 日，100 余架美国舰载机从航空母舰上起飞，飞越了新几内亚丛林，将机下挂着的千磅炸弹统统投向了莱城港口。持续了 20 分钟的猛烈轰炸，让日本损失惨重。

但美国并没就此罢休，日本偷袭珍珠港使美国蒙受了奇耻大辱，罗斯福总统岂能就这样饶了日本，他一再要求陆海军参谋长："一定要狠狠回击日本！"

当时，美国没有一个地面基地够得上轰炸日本本土。如果像新几内亚这次袭击一样动用航空母舰，则必须驰近海空戒备森严的日本，危险极大。美军当局经过仔细研究，提出了一个大胆的方案：用航程较远的 B-25 轰炸机从航空母舰上起飞，返航时在中国或苏联着陆一下，这样既可以轰炸日本，又可以使航空母舰保持在日本陆上轰炸机的作战半径之外。这个计划当即得到罗斯福总统的首肯。

1942 年 4 月 18 日，也是一个晴暖的日子。中午，东京街头挤满了熙熙攘攘的人群。12 时 30 分，街上突然响起了警报声，惶恐的日本人开始东奔西跑寻找藏身之所，他们边跑边在心底抱怨："防空演习偏偏挑在中午吃饭时间！"

很快，一批轰炸机从海上飞来，日军以为是自己用于演习的飞机，都静静地看着它们飞近。飞机以超低空飞到东京北郊后，突然投下了炸弹，顿时火光冲天，硝烟弥漫。

指挥这次袭击的，是美国中校杜立德，虽然这次空袭在军事上给日本造成的损失并不大，但却给日本带来了巨大的心理冲击。日本人做梦也没想到，美国的航空母舰明明远在 500 英里以外，飞机却会飞到自己本土来轰炸。

而美国却因为这次成功袭击而士气大振，各大报刊都得意地宣布："杜立德立奇功、创奇迹。"杜立德则被美国国会授予荣誉勋章，并越级由中校晋升为准将。

中途岛海战

日本偷袭珍珠港虽然获得了重大胜利，但主要目的并未达成，于是决定再集中优势兵力，进攻中途岛。

可是，准备偷袭的日本海军做梦也没想到，他们这次行动不会成功了，因为美国情报机关已经破译出了日军的密码电报，知道了密码电报中频繁出现的"AE"目标，就是指中途岛。美国决定将计就计，让日本海军自投罗网。

1942年6月4日，在黎明的晨曦中，隐蔽在预定海域的日本舰队开始进攻了。随着南云中将的命令，108架飞机轰鸣着向中途岛飞去。不一会儿，扩音器再次发出命令："第二次攻击准备！"第二批飞机都被提到了甲板上，只等第一批飞机攻击胜利的消息传来，就立即起飞。

与此同时，中途岛的美国空军早已严阵以待。当日本战机距离中途岛还有30英里时，美国的25架野猫式战斗机便出现在日本机群前，双方展开了一场空中激战。当日本轰炸机好不容易飞赴中途岛，穿过美军高射炮的猛烈火网，扔下炸弹后，却发现机场和跑道上空空如也，美军的飞机全都飞到了空中，有的进行拦截和攻击，其他的则隐藏了起来。

日本战斗机发回了战况报告，此时，升到甲板上的第二批飞机已装好鱼雷，准备前去轰炸美军军舰。南云中将于是命令士兵卸下鱼雷，换上炸弹，他认为刚才飞出去躲避的美国战机应该降落了，此时轰炸才能达到目的。

甲板上顿时一片忙乱，就在此刻，日本侦察机报告发现美国军舰。南云中将大吃一惊，赶忙又下令战斗机重卸下炸弹，装上鱼雷，改去袭击美军舰队。

恰巧这时，第一批轰炸中途岛的飞机回来了，南云中将只得又命令把飞行甲板腾出，让返航飞机降落。装好鱼雷的飞机好不容易可以起飞了，信号兵刚发出起飞命令，美国轰炸机竟然出现在他们头顶！

随着瞭望兵绝望的喊声，三架美国"无畏式"轰炸机朝南云中将所在的旗舰"赤城"号垂直俯冲下来，一颗颗黑色的炸弹落下，"赤城"号闪起夺目的闪光，随即便是巨大的爆炸声。

此时的山本五十六正威风凛凛地端坐在"大和"号战舰上，突然望见烈火蔓延的"赤城"号，山本五十六痛心不已。他知道日本舰队惨败的命运不可避免了，但还要做垂死的挣扎。

战斗进行到中午，日本只幸存下"飞龙"号航空母舰。在6架零式战斗机的掩护下，"飞龙"号上的18架轰炸机重创了美国航空母舰"约克敦"号，"约克敦"号慢慢沉没海底。于是，美国士兵对"飞龙"号发动了更为猛烈的攻击。虽然"飞龙"号成功躲过了26枚鱼雷和大约70颗炸弹，但最后还是被击沉——被日本舰队自己的鱼雷击沉。

中途岛战役，美军损失一艘航空母舰、一艘驱逐舰和147架飞机。日本损失了4艘航空

美国飞机正面俯冲轰炸日本舰船

中途岛海战的胜利成为太平洋战争的转折点。此战过后，美国的舰队开始向日本本土一步步靠近。

母舰、一艘巡洋舰和330架飞机，还有几百名经验丰富的飞行员和几千名舰员。

从此，日本海军在太平洋上的优势很快丧失。

德黑兰会议

1943年反法西斯战争各主要战场形势开始发生转折，盟国这时逐渐取得战略进攻主动权。为商讨加速战争进程和战后世界安排的问题，美、英、苏三国首脑于1943年11月28日至12月1日在德黑兰举行会晤。

德黑兰会议的主要内容有：决定于1944年5月在法国南部开辟欧洲第二战场；就战后成立一个维护世界和平与安全的国际组织问题交换了意见；对战后如何处置德国进行了初步讨论，三国分别提出不同的分割方案；会上三国一致赞成战后重建独立的波兰，将其边界西移，并将德国东部的部分地区并入波兰；苏联还表示在欧洲战争结束后参加对日作战，同时提出归还整个库页岛等条件。

丘吉尔在战争最惨烈的时候，曾以自己特有的不屈精神鼓舞了英国人和所有反战人们的士气。

会议签署了《苏、美、英三国德黑兰宣言》和《苏、美、英三国德黑兰协定》，三国表示以后将"共同协作"，"力求所有大小国家的合作……全心全意抱着消除暴政和奴役、迫害和压制的真忧"。此次会议是反法西斯联盟三大首脑在二战中的首次直接会晤，对维护及加强盟国间的团结与合作，协调军事行动，加速反法西斯战争的胜利起了重大作用。但三国在会议期间为自身利益而达成的一些损害他国利益的妥协与默契，又给战后的国际关系造成了许多不良影响。

诺曼底登陆

1943年，美国艾森豪威尔将军被任命为盟军总司令，近300万盟军陆海空将士在英伦之岛集结，准备横跨英吉利海峡，登上欧洲大陆，开辟第二战场，和东线的苏联红军配合，夹击德军。这个大规模的作战计划，代号为"霸王行动"。

盟军的登陆地点选在法国西北部的诺曼底，为了迷惑早已布下重兵、严阵以待的德军，不让他们知道盟军的真正登陆地点，盟军摆开了声势浩大的"迷魂阵"。

英国电影制片厂的布景道具师们设计出"登陆艇""弹药库""医院""兵营"和"飞机、大炮"，布置在英国东南沿海一带；盟军谍报人员开始在各中立国到处收集法国加莱海岸的详细地图；英国建筑师在沿海显眼的地方制造起"油船码头"，还配备了发电厂和贮油罐等。

这时德军元帅隆美尔错误断定：盟军要在加莱海岸登陆了，于是加强此处防御。看到加莱海岸变成了铜墙铁壁，隆美尔非常满意。这时德国空军气象站报告说，近几日英吉利海峡的气候将变得非常恶劣。这令隆美尔更加确信，盟军是不会在恶劣的天气发动渡海作战的。

而此时，盟军的百万大军已做好从诺曼底登陆的准备。1944年6月6日凌晨，载着3个伞兵空降师的3000余架英、美运输机和滑翔机，从英国的20个机场起飞，驶出了严密

盟军总司令艾森豪威尔及其指挥的规模宏大的盟军诺曼底登陆场面。

伪装的英国南海岸基地，飞向法国诺曼底海岸。

直到此时，德军仍然蒙在鼓里。正在睡觉的德军西线司令伦斯特听到诺曼底前线紧急报告："一股英美空军部队着陆，看来是一次大规模行动……"但他依然漫不经心地回答："不必惊慌，空降伞兵是盟军惯用的虚张声势、声东击西的手法。"

但这回狼真的来了！黎明时分，英国皇家空军1000多架飞机，对事先选定的德军海岸的10个堡垒投下了5800吨炸弹。美军第八航空队的1000余架轰炸机则对德军海岸防御工事投下了1700多吨炸弹。盟军的各种飞机轮番轰炸着海岸目标和德国内陆炮兵阵地。

诺曼底海滩此时已成一片火海，美军第四师率先登陆，蒙哥马利指挥的英国第二集团军也随后赶到，后续部队和装备源源不断地运到岸上。正在家中休息的隆美尔得到消息，立刻乘车返回。

希特勒也得到了消息，但他拒绝了伦斯特急调两个精锐坦克师去诺曼底的建议。等他慌忙批准装甲师支援诺曼底时，一切都晚了！

傍晚时分，登陆的盟军已在诺曼底建立了牢固的阵地，近10个师的部队连同坦克、大炮及其他武器都已上岸，后续部队仍源源而来。到了6月12日，盟军在诺曼底的几个滩头连接成了一条阵线。希特勒所吹嘘的"大西洋铁壁"被彻底突破！

诺曼底登陆胜利后，盟军又成功地在法国南部登陆。

希特勒的末日

墨索里尼的下场让希特勒震惊不已，此时，苏联红军完成了对柏林的包围，并与英、美联军会师，开始对柏林进行猛烈攻打了。

1945年4月25日，苏联红军突入柏林市区，开始了激烈的巷战。希特勒躲进离地面50英尺的地下室，像困在笼中的野兽一样，只剩下喃喃自语和不时地大声吼叫："我没有可信赖的人。他们都背叛了我！"

就在几天前，希特勒的心腹，空军总司令戈林，坐上满载着金银财宝的汽车逃跑了，随后他从萨尔斯堡打来电报，声称要"接管帝国全部领导权"。党卫军总头目、陆军元帅希姆莱也独自逃出柏林，准备和盟军谈判投降。只有党卫军将军施坦因纳还留在柏林，但当希特勒命令他向苏联红军反攻时，这位将军却表示只有把部队带到西线投降美国人才是上策……

当墨索里尼的死讯传来，希特勒满脑子都充斥着可怕的场景：他的尸体被愤怒的人群拖着游行，头朝下吊在广场上，成千上万的人对着他的尸体吐唾沫……

4月29日，希特勒口述了两份遗嘱：任命海军元帅邓尼茨为他的"继承人"；与情妇爱娃·勃劳恩结婚。

当天深夜，婚礼在地下室的地图室举行。而第二天中午，苏联红军已经打到离总理府只有一条街了。午饭后，希特勒和他的"新娘"同部下告别，回到了自己的房间。不久后，外边的人们听到一声枪响。

希特勒坐在沙发上，用一支 7.65 毫米口径的手枪，冲着自己的右太阳穴开了一枪。爱娃·勃劳恩则吞下了剧毒的氰化钾。卫队长格林和几个随从军官走进来，用毛毯裹起希特勒和爱娃的尸体，一起抬着走出地下室，放在总理府花园的一个小坑里，浇上汽油，然后把点燃的纸卷扔了上去。随后，第三帝国的宣传部长戈培尔也模仿希特勒，先毒死了自己的 6 个孩子，然后命令部下开枪打死自己和妻子。

5 月 2 日，苏联红军占领柏林，30 万德国官兵被俘投降。5 月 8 日，德国宣布无条件投降，统帅部代表在投降书上签了字。希特勒和他那自吹是"千秋帝国"的法西斯德国一齐灰飞烟灭了。

投放原子弹

现在，依然在负隅顽抗的就只剩下日本了。

美军为了让日本投降，从 1945 年 3 月开始，不断向日本本土投放炸弹和燃烧弹，大阪、神户、名古屋等城市无一幸免，东京的东区甚至整个消失。但是，日本就是不宣布投降。

1945 年 8 月 6 日清晨，尖厉的防空警报再次响起，但人们并没有显出特别的惊慌，美国飞机几乎每天都要投下成吨成吨的炸弹，大家都习惯了。

不过，广岛还一直没有遭到大的轰炸破坏。这次警报响起后，几架美国飞机在广岛上空盘旋了数周就离开了，没有投掷炸弹。城市又恢复了平静，人们以为这是美国的恐吓或是飞行训练，一些人甚至还抬头看着天上慢慢飞来的 3 架 B – 29 轰炸机。

9 时 14 分，当其中一架美机上的瞄准仪对准广岛一座大桥的正中时，一颗不同寻常的"炸弹"落了下来，在离地面 600 米的空中爆炸。白光一闪，人们仿佛看到天空中又出现了一个太阳。这令人目眩的白色闪光一瞬即逝，随后，震耳欲聋的大爆炸在广岛市中心上空响起，烟尘好像是从地面生长出的一支巨大蘑菇，瞬间腾空而起，几百根火柱从地面竖起，广岛变成了一片焦热的火海。

爆炸的光波使成千上万的人双目失明；10 亿摄氏度的高温把钢铁在瞬间熔化；冲击波形成狂风，建筑物全部坍塌；在爆炸中心范围内的人和物，都消失在空气中了；离中心远一点的地方，满是散落的残骸，男人、女人和孩子，都变成了焦土般的尸体；更远的一些地方还有幸存者，但他们不是被严重烧伤，就是双眼变成了两个窟窿；强烈射线形成放射雨，让更多人慢慢走向了死亡。

当时，广岛的人口为 34 万，在爆炸中立即死去的有 8.8 万多人，负伤和失踪的为 5.1 万多人。全市 7.6 万幢建筑物中的 4.8 万幢完全毁坏，2.2 万幢严重毁坏。

广岛惨烈的悲剧立时引起全国混乱，但日本政府还在为是否投降而激烈地争论着，他们希望苏联出面进行调停。但是，8 月 8 日，日本从苏联政府得到的回答是：苏联遵守对联合国的义务，接受联合国的要求，将从 8 月 9 日起对日宣战。

1945 年 8 月 9 日，随着日本长崎上空升起的蘑菇云，日本政府在几天后宣布无条件投降。

就在苏联出兵的这天上午 11 时 30 分,美国又在日本长崎投下了第二颗原子弹,1/4 的长崎市民当场死亡。

到了 8 月 15 日,日本天皇终于宣布:无条件投降。

正义的审判

美国首先列出了一张长长的日本战犯名单,在军事法庭上将其中罪大恶极的 22 人予以公开审判。1946 年 5 月 3 日,由中、苏、美、英等 11 国代表组成的远东国际军事法庭,经过长达半年的调查后,对以东条英机为首的战犯,正式开庭审判。

东条英机是日本的重要战犯,他指挥日本关东军大举侵略中国、发动太平洋战争。虽然在日本败局已定的情况下被迫下台,但发动战争的罪恶是无法逃脱的。

东条英机知道自己的末日快到了,请医生确定了心脏的位置,还用墨汁在胸膛上做了标记。当美国士兵来到面前时,他开枪自杀,但子弹没射中要害,他很快就被救活了,押到了法庭上。

在近两年的审讯中,东条英机拒不认罪,坚持日本发动的对外战争是"自卫战争","九·一八事变"和"七·七事变"是由中国的"不正当行为引起的"……在死前的遗书中,东条英机写道:"想起刚开战时的情况,令人悲痛断肠!这次死刑,对个人是个安慰,但作为国际性的犯罪,我始终认为是无罪的,只不过是在强力面前的屈服。"

1948 年 11 月,远东国际军事法庭再次开庭,判处东条英机、板垣征四郎、土肥原贤二、广田弘毅、木林兵太郎、松井石根、武滕章等 7 人绞刑。